地铁车站建筑功能与空间组合

韩小勇 著

同济大学 出版社
TONGJI UNIVERSITY PRESS
·上海·

内 容 提 要

本书是一本关于地铁车站建筑设计的理论书籍。首先,从地铁车站基本功能入手,依据经典建筑理论,把地铁车站空间划分为"内三区"和"外三区",详细阐述各分区功能特性,以及它们之间相互联系与制约的关系,为建筑空间组合设计筑牢理论根基。其次,在论述车站基本功能的基础上,进一步研究结构体系、设备功能等对建筑布局的影响,分析地铁车站各类技术经济指标,提出"空间利用率""体积利用率""体形系数"等概念,系统性剖析地铁车站的外部控制因素,综合考量内部空间平衡与外部空间平衡的影响,最终形成一套系统的地铁建筑空间组合理论。

希望读者通过阅读本书,提升系统思维能力,掌控车站方案全局,充分发挥建筑专业的龙头作用,协同各专业以最优建筑空间组合形式,满足地铁车站功能性、经济性、可实施性需求,融入复杂建设环境,最大限度降低地铁车站建设对边界条件的影响。本书内容由浅入深、从部分到整体,对初学者而言便于学习,对有经验的设计师也有助于提升其地铁建筑理论素养。

图书在版编目(CIP)数据

地铁车站建筑功能与空间组合 / 韩小勇著. --上海:同济大学出版社,2024.12. -- ISBN 978 - 7 - 5765 - 1284 - 7

Ⅰ. U231.4

中国国家版本馆 CIP 数据核字第 2024U1X299 号

地铁车站建筑功能与空间组合
The Architectural Functions and Space Combination of Metro Stations

韩小勇 著

责任编辑:陆克丽霞
责任校对:徐春莲
封面设计:王 翔

出版发行	同济大学出版社 www.tongjipress.com.cn
	(地址:上海市四平路1239号 邮编:200092 电话:021-65985622)
经 销	全国各地新华书店、建筑书店、网络书店
排版制作	南京文脉图文设计制作有限公司
印 刷	上海丽佳制版印刷有限公司
开 本	787mm×1092mm 1/16
印 张	20.25
字 数	493 000
版 次	2024年12月第1版
印 次	2024年12月第1次印刷
书 号	ISBN 978 - 7 - 5765 - 1284 - 7
定 价	198.00元

版权所有 侵权必究 印装问题 负责调换

前　言

近年来,轨道交通发展迅猛,地铁车站设计在技术上和建筑功能上愈发复杂。地铁车站的设计周期长,单个设计师能够总结的经验有限,这限制了建筑师与结构工程师、设备工程师之间创造性的相互配合。地铁车站建筑设计师多年来苦于地铁车站建筑空间组合的基础理论在系统性和全面性上有所欠缺,因此在面对复杂项目时,一直处于摸着石头过河的状态。

地铁线路的敷设方式有地下、地面和高架三种,相应地,地铁车站有地下车站、地面车站和高架车站。其中,地下车站的建设环境一般较为复杂,设计难度大,具有独立的设计理论体系。本书所论述的内容主要以地下车站为重点研究目标。

笔者回顾以往的职业生涯,参与了国内多个地铁项目的建设,经历了很多成功与失败的案例,日常工作中也积累了大量的经验和资料,一直以来,都有整理成书的想法。在构思过程中,既希望便于初学者和相关专业人员理解,通俗浅显一点;又希望能给有经验的地铁建筑设计人员带来一定的理论深度。为了能够兼顾读者多元化的需求,笔者从地铁车站的基本功能入手,对地铁车站的建筑空间按照功能进行分区,论述了地铁车站设计方案的各类控制因素,经过综合分析,最终形成系统的地铁车站建筑空间组合理论。书中内容由浅入深,由部分到整体,不仅方便初学者按照理论逻辑逐步开展学习,也有助于有经验的设计师提高地铁车站建筑设计理论素养。

本书首先带领读者熟悉地铁车站建筑的基本功能,了解地铁车站建筑的上游线路规划专业对地铁车站建筑的影响;之后按照经典建筑理论对地铁车站建筑空间进行定义和分析,提出地铁车站外部空间和内部空间的划分原则,为后续建筑空间组合提供基础理论依据。再从建筑师的视角论述结构、设备等专业对建筑布局的影响,对地铁车站的各类经济技术指标进行分析;接下来,对地铁车站建设环境的控制因素进行研究,提出总图功能落位的整体思路,阐述车站各部分功能落位相互影响、相互制约的关系;在此基础上,提出车站建筑空间组合的基本理念和思路。最后,对地铁车站的建筑方案进行综合分析,以指导车站建筑的最终空间组合。

后轨道交通建设时代,由于城镇化进程放缓,城市建设资金日趋紧张,节约工程造价被很多城市地铁建设者提上日程。为此,本书提出了"空间利用率""体积利用率""体形系数"等概念。这些概念被灵活运用于地铁车站建筑空间组合中。同时,本书始终强调应选择最佳的建筑空间组合形式来满足相关功能需求,将地铁车站融入复杂建设环境当中,最大限度地减少地铁车站在建设过程中对交通、管线、建(构)筑物等边界条件的影响,进而实现大幅度压缩建设成本的目的。

本书着重阐述建筑专业在地铁车站设计中是如何起到龙头作用的,从而引领各个专业实现专业间的相互协调与融合。为此,笔者提出了一种强调从整体出发的思维方法,把结构专业及设备专业的设计理念融入地铁车站建筑设计思想当中。通过对本书的系统学习,读者能清楚地了解和掌握地铁车站各部分空间的基本功能，掌握地铁车站建筑空间组合与建设环境的关系，从而快速地分析比较方案的优劣性和合理性。

  本书不仅可以作为地铁车站建筑从业人员学习和提升的工具书，也有助于线路规划师、结构工程师、设备工程师拓展其知识储备，还可以帮助建设管理者提升方案分析能力及整体方案决策能力，并且能够辅助运营管理人员优化客流组织方案，同时还能为地铁车站后续的改造升级提供理论基础。本书所有内容均是笔者根据实际工程经验以及学习和交流过程中的一些心得所写，限于水平有限，如有不当之处，欢迎读者批评指正。

2024 年 5 月 16 日

目 录

前言

第1章 概述 ··· 001
1.1 总论 ··· 001
1.2 地铁车站建筑设计过程 ·· 002
1.3 学习地铁车站建筑设计的总体要求 ··· 003
1.4 地铁的规划与线路 ··· 004
    1.4.1 地铁的规划 ··· 006
    1.4.2 地铁的线路 ··· 006
    1.4.3 地铁的行车 ··· 007
1.5 城市轨道交通设计发展趋势 ·· 015

第2章 地铁车站的建筑功能与空间 ·· 016
2.1 概述 ··· 016
2.2 地铁车站建筑功能分析 ·· 017
2.3 地铁车站的外部空间 ··· 018
    2.3.1 外一区：站台层公共区 ·· 018
    2.3.2 外二区：站厅层公共区 ·· 026
    2.3.3 地铁车站公共区标准化布置 ··· 032
    2.3.4 外三区：出入口通道 ··· 045
    2.3.5 车站公共区的运营服务设施 ··· 062
    2.3.6 车站建筑流线分析 ·· 073
2.4 地铁车站的内部空间 ··· 090
    2.4.1 内一区：核心功能区 ··· 091
    2.4.2 内二区：环控功能区 ··· 101
    2.4.3 内三区：变电所功能区 ·· 139
    2.4.4 内部空间的消防疏散与救援体系 ·· 149
    2.4.5 设备管理用房的空间划分 ·· 156

第 3 章　地铁车站的空间与结构 160
3.1　概述 160
3.2　地铁车站的结构体系 160
3.3　各结构工法的应用 163
3.4　区间对地铁车站方案的影响 170

第 4 章　地铁车站建筑总体环境布局 173
4.1　外部环境控制因素 173
4.1.1　规划对地铁车站方案的影响 173
4.1.2　边界条件对地铁车站方案的影响 175
4.2　地铁车站总平面布置 178
4.2.1　车站在总图布局中的均衡与稳定 178
4.2.2　地铁车站总平面方案布局 181

第 5 章　地铁车站技术经济优化控制 189
5.1　地铁车站的各类技术经济指标 189
5.2　地铁车站技术经济的主要控制因素 192
5.3　地铁车站建筑技术经济的优化措施 194
5.3.1　优化地铁车站的平面利用率 194
5.3.2　优化地铁车站的体积利用率 201
5.3.3　车站规模优化整体思路 208
5.4　运营成本对地铁车站技术经济指标的影响 211

第 6 章　地铁车站的建筑空间组合 213
6.1　建设工期对地铁车站建筑空间组合的影响 215
6.2　综合开发对地铁车站建筑空间组合的影响 217
6.3　柱网布置 219
6.4　地铁车站建筑的内部空间平衡 226
6.5　地铁车站建筑方案的外部环境平衡 229
6.6　标准地铁车站的空间组合 230
6.7　特殊站型研究 242
6.8　配线车站研究 254
6.9　换乘车站研究 272
6.9.1　换乘车站建筑空间组合的影响因素 273

6.9.2 节点换乘·· 274
6.9.3 平行换乘·· 285
6.9.4 通道换乘·· 295
6.9.5 多线换乘枢纽·· 308
6.9.6 综合交通枢纽站·· 310

后记 ·· 316

第1章 概述

1.1 总论

人类为了避风雨、御寒暑、躲野兽,采用各种物质材料围合成了空间,这就是建筑的起源。人类的聚居逐渐形成了城市,工业革命之后诞生了火车。起初,火车只能解决城与城之间的交通问题,大城市想引入火车进城来解决日常通勤需求则困难重重,城里密密麻麻的建筑和街道无法满足火车的通行要求,聪明的工程师们开始想办法将火车放入地下。火车要进入地下,首先需要挖两条隧道,满足火车行驶的需要;接下来局部外扩,创造出上下车的公共空间;地下空气不流通,需要设置风机房;地下太黑了,要考虑照明配电;地下发生火灾的救援难度大,便引入水管来灭火;技术进步之后有了通信信号设备,逐渐形成了车站的设备区。一个车站的地下空间就这样形成了,而形成地下空间的外壳是由结构工程师采用各种方法用建筑材料聚合而成的。城市与地铁车站的发展演进关系如图1-1所示。

每座地铁车站都有共性的空间和功能,一座地铁车站好比一个人:建筑相当于车站的容貌、体形,展现车站的形体姿态;装修相当于车站的衣服、发型、首饰,提升车站的整体气质;结构相当于车站的骨骼、肌肉,决定车站的使用寿命;供电系统相当于车站的心脏,提供车站的供给动力;动力照明系统相当于车站的血管系统,为车站输送大量能量;通风空调系统相当于车站的呼吸系统,给车站带来新鲜空气;给排水系统相当于车站的淋巴系统,是车站的重要防卫系统;通信、信号、综合监控系统相当于车站的神经系统,是整个车站运作的控制系统;环境与设备监控系统(Building Automatic System,BAS)和火灾自动报警系统(Automatic Fire Alarm System,FAS)相

图1-1 城市与地铁车站的发展演进关系

当于车站的耳朵和眼睛,用于感知危险的存在,传导危险事故发生的信号。

另外,地铁车站同样像人一样,除了有容貌及器官组成外,还有体形和姿态,主要受制于周边环境等因素。人体的姿态有坐、立、卧、行,类似地,根据环境的不同,地铁车站也会呈现出不同的形式。

建筑及各专业设计人员有责任全面地考虑建筑、结构、设备各方面的设计问题。建筑师的设计思想应着眼于总体,而不是过多地关注个别因素,在设计方案早期阶段尤其如此。建筑师必须根据总体规划、周边环境来构思地铁车站的空间,因此,在总体方案阶段,建筑师应及时介入,与其他专业设计师一起开展创造性的合作。遗憾的是,工程师教育的专业化模式导致各专业设计人员考虑问题常常从细节开始,而对总体方案缺乏足够的重视,这就造成了建筑师与各专业设计师的隔阂。

经过一段时间之后,许多有经验的建筑师和工程师开始认识到了这种隔阂对他们产生的限制。多年从事地铁车站设计的工程师们开始着眼于总体方案,意识到任何一个技术专业都须放在总体方案层面加以理解,必须找到一种学习方式,使得建筑、结构、设备专业的工程师们在方案设计中将技术知识概念化。因此,本书强调总体构思应成为建筑师们和工程师们工作的基础,帮助地铁车站建筑的从业者从整个体系角度对建筑空间进行合理的组合。

1.2 地铁车站建筑设计过程

设计地铁车站的建筑师必须处理好建筑与环境的融合问题,同时也要解决好内部空间的平衡问题,需要将相互有关的空间形式按照其内部规律形成一个建筑环境。显然,这是一项复杂的任务,要完成它,找出其中的主要矛盾,建筑师需要经历分阶段的反复推进的过程,其中至少包含方案阶段、初步设计阶段和施工图设计阶段这三个"互动"阶段。

这种分阶段的设计方法可以突出设计构思的概念,从而避免设计的基本思路受到无数细节问题的干扰。事实上,可以说,一名建筑师能否从许多细节中分辨出主要矛盾,是他能否成为一名优秀的地铁车站建筑师的重要因素。

1. 方案阶段

方案阶段的目的是在规划基础上,按照地铁车站特性,考虑环境因素的影响,构思车站的整体布局。在这个阶段,建筑师必须将注意力集中于最主要的矛盾,解决主要矛盾,并在矛盾中寻找平衡点。同时,在这个阶段,还需要结构专业人员的密切配合,实施方案对控制因素是采取避让措施还是采用结构措施加以保护,这需要结构专业人员参与决策;由于地铁地下空间的特殊性,在这个阶段,环控专业人员也需要初步介入。须在这两个专业参与的基础上,整体考虑功能性、经济性、可实施性等因素来确定地铁车站的建筑形态,选择合理的方案。

总的来说,方案阶段以解决外部矛盾为主。

2. 初步设计阶段

在大方案基本确定的基础上,在初步设计阶段,建筑师的侧重点将转移到精心勾画、完善方案上。建筑师对结构的要求也转移到具体结构的实施方案上,即确定主要结构构件的尺寸以及构件间的相互关系;此时,各专业设备工程师也需要深入介入方案,明确具体的通风方案,对设备系统提出具体的功能需求。建筑专业人员与结构工程师、设备工程师通过几次反馈互动,根据各个功能区的内在联系,完善设计方案。

总的来说,初步设计阶段是以解决内部矛盾为主。

3. 施工图设计阶段

在施工图设计阶段,设计师和建设管理者对初步设计方案基本达成一致,全部的设计基本问题应该已经解决,细节设计也不再会引起大的布局改变,设计的侧重点就转移到细部设计。各专业之间需要精细化配合,以完善所有的细节设计。

在实际项目中,施工图设计阶段也会出现影响初步设计甚至是方案阶段的大方案调整的情况。但是,如果方案阶段和初步设计阶段的工作做得够全面,方案阶段的决策和初步设计阶段的配合都比较到位,则可以很大程度上避免方案反复的问题。良好的设计过程应该是一个正向逐步发展的过程,即从决策整体方案的方案设计到完善设计的初步设计阶段,进而实现精细化的施工图设计,如图 1-2 所示。

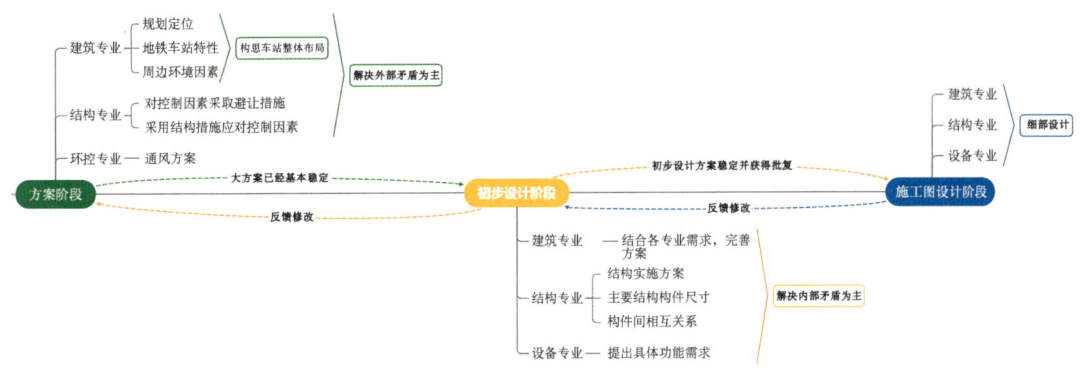

图 1-2 设计流程图

1.3 学习地铁车站建筑设计的总体要求

设计是一个融合了科学原理和技术创新的领域。地铁车站项目的建筑师应该对线路规划、结构概念、设备专业基础知识有所了解,并将之融入建筑方案中加以应用。只有这样,建筑师才能与线路规划师、结构工程师、设备工程师紧密合作,更好地完成社会发展、科技进步赋予地铁土建设计人员的使命,建造出适用、经济、安全的地铁车站建筑,成为既有建筑理论基本修养又懂得相关专业工程技术的优秀建筑师,使地铁车站建筑技术和线路规划、结构工程、设备专业得到协调发展。

回顾我国地铁车站建筑发展史,一名建筑师被阻挡在优秀设计师门槛之外的最大原因或许就是综合知识和综合能力缺乏。为了扭转这个局面,近年来,很多设计院尝试各专业学科交叉培训,从健全设计人员知识体系角度进行了许多有益的探索和改革。但是,相关专业所讲述的知识点过于广泛,与建筑专业的接口要点仅从单专业角度无法解释清楚,还往往罗列出一连串冗长繁杂,甚至还很晦涩难懂的概念,使得建筑新人在知识海洋里找出对自己有用的知识点成为一件非常困难的事。

如何培养优秀的地铁车站建筑设计人员是近年来各家设计院都面临的一个难题。在这个特殊的建筑设计领域里,建筑师没有太多展现才华的机会,设计方案会受到非常多的限制,例如受线路规划方案的影响、被复杂的边界条件限定、被众多的设备系统控制、被结构工法制约等。刚入门的建筑师往往会被相关专业牵着走,但相关专业人员通常站在自身角度考虑问题,给出的答案相对于整体方案的最优目标来说常常不会是一百分的答案。如何站在一定的高度来思考问题,并通过综合分析,做到融会贯通,实现总体方案最优,是当前人才培养亟待解决的一个重要问题。

在这里,笔者对地铁车站建筑设计从业人员提出以下四点建议。

1. 熟悉建筑设计相关知识

应了解建筑设计相关规范及地铁设计相关规范,掌握车站的基本功能;了解标准车站规模控制因素;了解车站层高和埋深控制因素;掌握车站空间的组合要素;熟悉换乘车站的基本形式和设计要点;了解在特殊线路条件和边界条件下特殊站型的基本应用;同时,对车站设计规律有初步的了解。

2. 深入了解规划线路专业的设计及运营流程

应了解不同阶段与线路专业的配合深度,熟悉线路专业相关规范要求,明确线路专业与建筑专业的互动关系。

3. 了解能够保证建筑可靠性、经济性、实用性的结构体系要素

应了解各类结构工法与建筑形式间的相互关系;理解典型结构体系的受力和构造特征,有能力在建筑设计中进行正确合理的结构选型;掌握基本站型的相关结构构件大概的尺寸,以满足方案的相关要求,并能在整个设计过程中与结构工程师密切协调配合。

一名建筑师并不需要具备扎实的结构理论基础,也不必掌握精确的结构计算方法,但是他需要准确地理解结构概念,以便在决策建筑方案问题时有科学分析的能力;还要学会近似的估算方法,了解一些宏观量的估算,从而选择合理的建筑形式,在保证经济性的基础上实现相关功能。

4. 掌握所有地铁相关设备系统的基本原理

应掌握相关专业与车站建筑的接口,相关专业之间的相互接口,了解主要系统的电缆路径、设备运输路径和房间布局需求等。

一名优秀的设计师应该保持思维的开放性,不能不假思索地生搬硬套以往的经验,因为任何经验都有特定的应用场景。一切事物都在飞速演化,甚至很多理论和思路会相互矛盾。然而,两个矛盾的观点存在于大脑之中未尝不是一件好事,这会让你不断地思考,经过无数次的模型推演,才会在实际应用中做到恰到好处。

地铁是一个复杂的系统工程,想要完全掌握全部知识是一个漫长的过程,能够迅速地将相关知识融会贯通自然是最好的,但步步为营,一步一个脚印地成长也很重要。如果把设计拆分成若干个阶段,每个人的基础情况不同,针对不同阶段都可有所作为,一名建筑师无论在哪个环节做得优秀都可以脱颖而出。

1.4 地铁的规划与线路

一座座地铁车站并不是独立存在的,而是需要有一个专业能够用一条线将这些站点串联起来,这个专业就是线路专业。当然,这条线不是随机产生的,而是按照地铁网络规划的要求走行,辐射其服务区域。这就形成了点、线、面的关系,车站是点,线路是线,线网就是面。线网是由线路组成的,许多个地铁车站共同串联成线路,站点是线路的重要节点,一切都与线路专业息息相关。地铁车站建筑空间组合需要地铁建筑师掌握线路的基本知识,具备局部微调线站位的能力。

若说地铁车站建筑设计专业是设计一个站点的小综合专业,那么线路专业就是设计一条线路的大综合专业,是整条线的龙头专业,地铁线路的走向要遵从线网规划的要求。由于城市发展的历史原因,客流走廊往往是弯转曲折的,而地铁线路走向不像城市道路那样自由,需要较大的转弯半径;另外,线路要保证区间隧道、桥梁等能够过得去,同时还要串联站点,各个站点需要保证可实施性,并具有良好的客流服务功能。因此,线路专业在站位上确保客流服务功能的基础上,还要考虑地铁列车的运行功能,加之地铁列车体形庞大,无法像小汽车那样自由地转弯、掉头,部分站点就需要配合行车需求设置配线功能,以上这些工作都依赖于线路专业牵头来实现。

地铁车站建筑设计专业作为设计站点的小综合专业,其主要作用是布局车站交通空间功能、整合相关设备专业、协同结构专业、配合线路专业实现车站功能。一座地铁车站的站位究竟是由线路专业决定还是由建筑专业决定,其实这个问题本身就是一个伪命题,这两个专业是相辅相成、相互依存的关系。线路的目的是串联起沿线的站点服务于沿线客流,站点之间是通过区间隧道连接的,如果站点的实施不具备条件,这个点就失去了客流服务功能,若区间隧道不具备可实施性,那整条线路就无法贯通。线路专业就是在线网规划的大路由之下,兼顾车站的可实施性和功能性、区间的可实施性以及线路线形的合理性的一个大综合专业。总的来说,线路分析主要研究整体的线站位,地铁车站建筑设计是研究站点局部的车站功能落位,但线路专业和建筑专业又是相互影响、相互渗透的,线路需要考虑站点建筑的客流服务和工程可实施性,建筑专业则要综合考虑区间线路的合理性和可实施性。一般情况下,街区级的线站位调整线路专业占据更大的主导性(图1-3),站点级的线站位比选建筑专业占据更大的主导性(图1-4)。

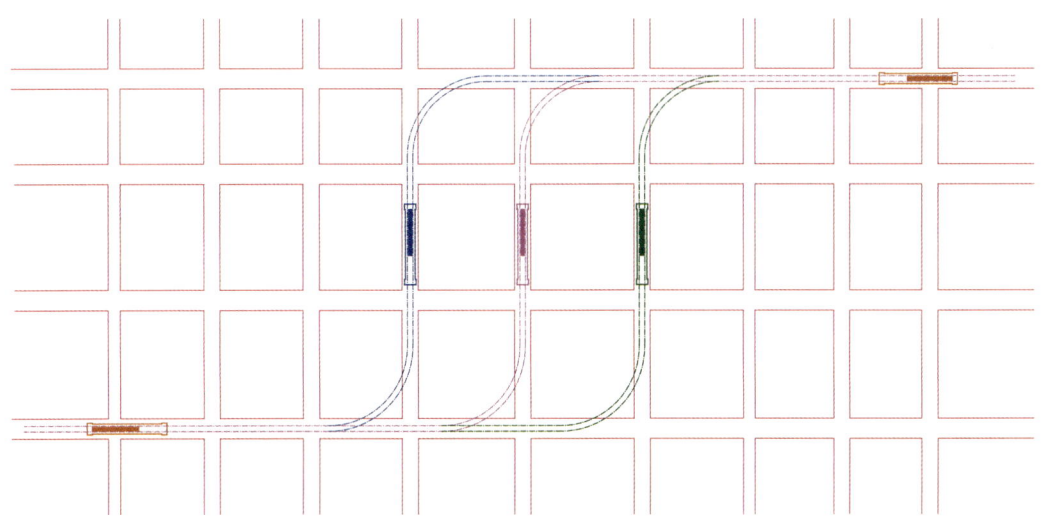

图1-3　街区级线站位综合比选示意

要了解地铁车站建筑,就要知道车站的由来,要想了解车站的前世今生,就要从线路专业说起。线路专业是地铁车站建筑设计的上游专业,从规划到方案落地,线路专业对地铁车站建筑设计方案有着决定性的影响。

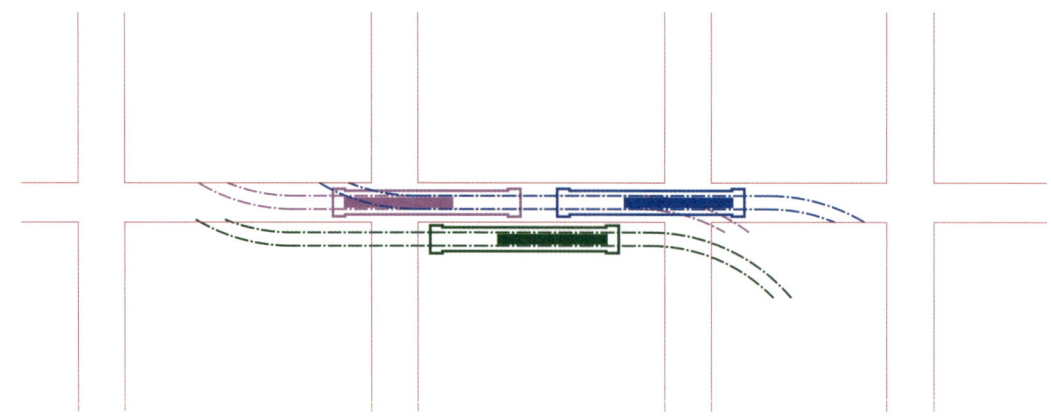

图 1-4　站点级线站位比选示意

线路专业是一个贯穿于整个地铁建设过程的专业,其主要工作分为前期规划阶段和后期设计阶段两个阶段。前期规划阶段的工作包括线网规划、建设规划和工程可行性研究,后期设计阶段的工作包括总体设计、初步设计和施工图设计。

1.4.1　地铁的规划

线网规划是地铁前期规划阶段的起点,其从线网需求的角度论证线路的起点、终点、线路分布的主要客流走廊,根据城市现状及规划条件,初步确定线路的车站位置、车站数量和线路的敷设方式。线网中的地下线一般位于城市的建成区,其控制因素较多,在基本掌握城市规划、控制性建(构)筑物情况的基础上,对于重要的换乘节点段的线路关系进行重点研究,是未来各换乘节点获得良好换乘关系的基础。

建设规划是在线网规划的大框架下进行的,其在对本线在线网中的定位进行深入研究的基础上,对线网中的节点设计进行深入研究,通过初步的客流预测及分析对线路规模进行控制,对线路进行贯通设计,对重点车站的站位提出稳定且可行的方案。

可行性研究是一条线路从规划层面向工程层面过渡的关键阶段,设计工作的重点从规划层面转向工程实施,相关专业的配合工作逐步加强,重要的工程基础资料逐步落实,技术标准逐步明确。

1.4.2　地铁的线路

初步设计阶段线路专业开始真正进入工程设计阶段,需要更加细节的设计配合工作,其以可行性研究报告工程方案为基础,在明确起终点、车辆段选址、系统制式、配线功能的基础上,与土建工点设计及设备系统设计共同完成初步设计工作。初步设计阶段是线路专业与地铁车站建筑专业互动性最强的时期,线路专业与建筑专业需要配合的工作是确定车站站位、换乘车站方案等内容。在这个阶段,线路专业确定车站站位时需要充分考虑方案的可实施性,根据控制性管线、交通疏解、征地拆迁等控制因素,配合建筑专业来局部微调线站位,同时明确平面线路布置与运营组织的关系,落实全线的配线形式和布局等内容。

施工图设计阶段是在初步设计稳定方案的基础上,进一步确定平面布置,量化纵断面标高。翔实准确的资料是施工图线路设计的基础。

总之,线路专业在前期规划阶段主要控制地铁车站的站位、换乘形式、站台形式、配线形式等;在后期设计阶段主要配合车站建筑专业稳定车站站位,优化换乘方案,协调配线布置,确定车站埋深。线路专业与建筑专业之间的配合是一个互动的动态过程,前期以线路为主导,后期以车站建筑为主导,相互协调,从而实现方案的稳定。

1.4.3 地铁的行车

行车专业的主要工作内容是分析客流的规模、组成、空间分布、时间分布和敏感性变化来确定车型与编组方案,常见的车型有A、B、C型,编组数有4～8节组;根据客流分布特征、沿线用地规划、换乘情况、线路条件等确定列车交路。先说说什么是交路,即一条线路为了节约运营成本,在客流量较少的区域考虑少跑几辆列车,有一部分列车需要提前掉头,另一部分列车到了终点之后需要折返,从而形成大圈套小圈的行车方式,小圈内跑的是小交路,大圈内跑的是大交路,如图1-5所示。之后,再根据线路规划、交路情况、故障处理、站点建设条件等情况确定线路的配线。

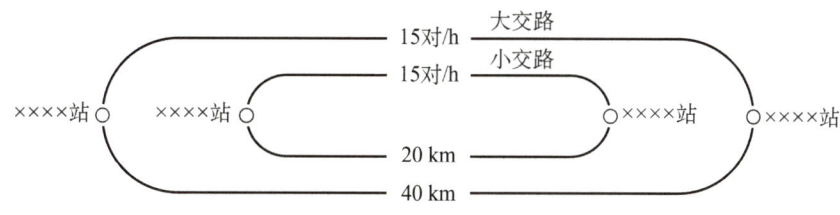

图1-5 大、小交路示意

地铁线路分为正线、车场线和配线。配线一般结合车站设置,设置配线的车站简称配线车站。配线车站的配线形式主要包括停车线、单渡线、交叉渡线、折返线、安全线、出入段(场)线、联络线、越行线、主支线等,如图1-6所示。车站的配线功能主要由单个配线或者多个配线组合而成。

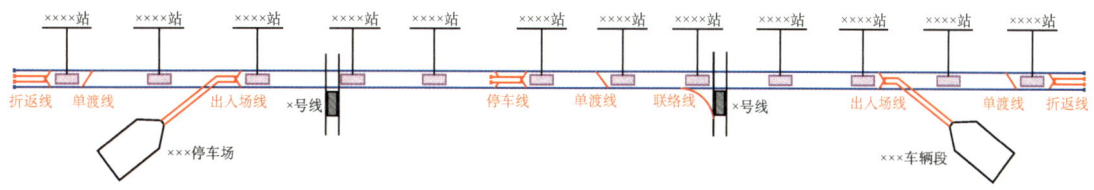

图1-6 地铁配线示意

配线车站的配线形式多样,而配线形式对车站内部空间组合影响较大,对边界条件的适应性较差。有时为了适应不同的边界条件,需要考虑将配线调整到相邻车站,或者考虑将配线调整为功能相同的不同配线形式。下面对各类配线车站的各种配线形式进行全面介绍,为后续配线车站的建筑空间组合打好基础。这里,笔者将用通俗的说法来介绍各种配线的功能。

1. 折返车站

地铁线路上列车需要掉头的车站称为折返车站,在线路末端的折返站称为终点折返,在小交路范围运行、提前折返的车站称为小交路折返站,也称中间折返站,后续统称为中间折返站。折返站须根据功能需求配置折返线。

1) 终点折返站

终点折返包括站前折返、站后折返和站前站后组合折返。站前折返一般采用交叉渡线折返，站后配合安全线；在临时过渡的情况下，也可以采用单渡线作为临时折返，站后设安全线，但是，单渡线折返容错能力较弱，一般较少采用。站后折返一般是设置两条折返线，以满足可靠度需求，同时，长度满足列车身位长度和安全长度要求。从折返能力来说，站前折返能力较弱，站后折返能力较强，站前站后组合形式的折返能力更强。

永久终点折返站的配线形式主要有岛式站后折返线加站前单渡线、侧式站后折返线加站前单渡线；临时终点折返站的配线一般采用岛式站前交叉渡线和侧式站前交叉渡线等形式。终点站的站后折返是否需要兼顾停车线功能则要综合考虑，不仅要考虑线路延伸的问题，还要考虑既有停车线的分布问题。岛式站后折返线在线路延伸之前和延伸之后都能兼顾停车线功能，且线路延伸后具备小交路折返能力，是现阶段最常见的终点折返站配线形式。岛式站前折返站规模较小，在线路短时间内就延伸，且不考虑作为小交路的情况下才使用。侧式终点折返站两根轨道中心线贴临布置，道岔较短，规模较小，方便采用非开挖工法实施折返线，所以在特殊的建设环境下采用。岛式站后折返站可考虑正线出岔后迅速与折返线撇开间距，在具备盾构实施条件后能够满足后续延伸条件，剩下的一段也可以采用非开挖工法。对于永久终点站，在不考虑延伸的情况下，站前设置单渡线，站后正线直接去掉即可，站后的整条折返线都可采用暗挖工法。各类终点折返站的配线形式如表 1-1 所列。

表 1-1　　　　　　　　　各类终点折返站的配线形式

配线车站类型	配线形式简图	备注
岛式站后折返终点站		站前配单渡线，永久终点站，折返能力强，灵活度高，停车条件好
		临时终点站，折返能力较强，线路分期建设
		不预留延伸条件
		预留延伸条件
岛式站前折返终点站		临时终点站，没有停车功能，折返能力差
侧式站后折返终点站		站前配单渡线，永久终点站，线路延伸后没有停车功能，折返能力强
侧式站前折返终点站		临时终点站，没有停车功能，客运服务能力差

2) 中间折返站

中间折返站也称小交路折返站,由于折返能力需求不大,一般不考虑站前站后组合的配线方式。中间折返站大多数情况下都是采用站后折返,站后折返需要增加两条一个列车身位长度的折返线。在只有折返功能的前提下,一般不设置后面的两个道岔,但是,大多数情况下,中间折返线都有条件作为停车线使用,增加两个道岔代价较小,不设置后部的这幅道岔停车功能较弱。当遇到实施困难时,可考虑不设置后面的道岔,正线提前撤开线间距,折返段即可采用非开挖工法。

中间折返站的配线采用岛式站后折返和一岛一侧站前折返两种形式(表1-2),其中岛式站后折返较为常见,且兼顾停车线使用。只有在车站长度方向实施条件较为困难的情况下,考虑采用一岛一侧站前折返的配线形式。

表1-2　　　　　　　　　　　中间折返站的配线形式

配线车站类型	配线形式简图	备注
岛式站后中间折返站		中间折返站兼停车功能,列车进出较方便
岛式站后折返站		中间折返站,也可兼停车功能,但列车进出不方便
一岛一侧站前折返站		中间折返站,但折返线的折返功能与停车功能不能共用

2. 出入段(场)接轨站

一条地铁线的列车需要配置停车和检修的场地,也就是车辆段和停车场。相应地,就需要在正线到段(场)之间设置连接线,即出入线。出入线应在车站接轨,这样就会对车站的规模产生较大影响。出入线宜选在线路终点站或折返站。

出入线一般采用出入分开的双向设计,在停车场规模较小的情况下,可按单线设计。出入线能够兼作事故停车线使用,在事故停车线的间距较大、需要增加停车线的情况下,可以考虑采用八字线方式,这样停车线的间距就可以按照接轨的两个车站来计算,同时,八字线对运营更加有利。出入段(场)接轨站的配线形式如表1-3所列。

表1-3　　　　　　　　　　　出入段(场)接轨站的配线形式

配线车站类型	配线形式简图	备注
岛式接轨站		车站规模较大,可兼顾停车线与折返功能

(续表)

配线车站类型	配线形式简图	备注
侧式接轨站	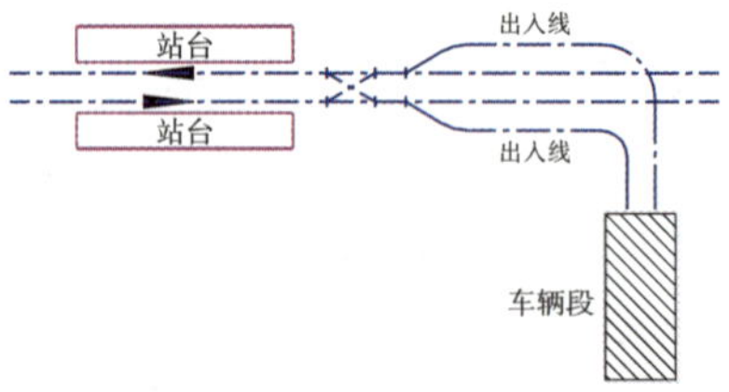	出入线发生故障时,收发车需要切割正线,影响正线运营
八字接轨站	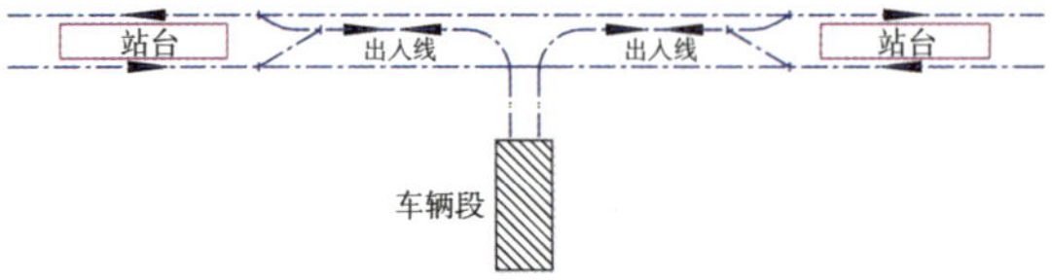	单个车站规模小,双向收发车便捷,但两条分设的出入线对沿线地块切割严重

3. 停车线车站

地铁车辆在运营阶段需要考虑列车故障情况下的应急处理方案,如果将事故列车一路牵引到车辆基地会耗费大量的时间,正线无法快速恢复运营。所以,考虑每隔一段距离在正线旁边设置故障停车线,将故障列车就近推入停车线,正线便可快速恢复运营。

根据规范要求,正线每隔5~6座车站或8~10 km设置停车线。停车线的主要形式有岛式站后停车线、侧式站后停车线、侧式中间停车线和一岛一侧中间停车线等。其中,岛式站后停车线较为常见,当车站长度方向的实施空间受限时,考虑其他的停车线形式。从停车线的规模来说,大致包括两线一列位、两线两列位、一线一列位、一线两列位等形式。几线就是代表几条停车线,几列位则代表一条停车线能停几列车。实施两列位的意义是拖车和事故车能够一同进入停车线,而不需要两车摘钩,拖车驶离,正线恢复运营的时间更短;实施两线的意义是方便夜间存车,提高道岔故障情况下的容错率。停车线车站的配线形式如表1-4所列。

表1-4　　　停车线车站的配线形式

配线车站类型	配线形式简图	备注
岛式两线一列位停车线车站	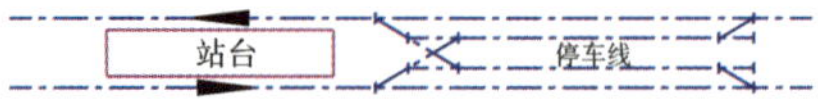	常见的停车线形式,可作为小交路折返站
岛式一线一列位停车线车站	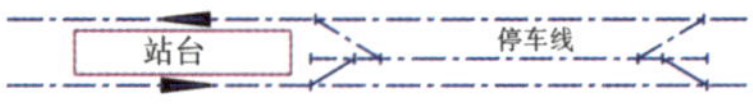	停车功能与折返功能不能共用
		停车功能一般,方便采用非开挖工法
岛式一线贯通式停车线	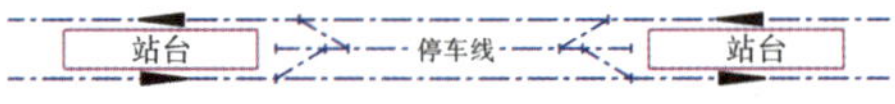	停车功能强大,停车线可采用盾构形式

(续表)

配线车站类型	配线形式简图	备注
侧式站后停车线车站		—
侧式中间停车线车站		车站规模小,不能作为折返站,故障车清客不便
一岛一侧停车线车站		车站规模较小,方便故障车清客

岛式两线一列位停车线车站与岛式小交路折返站的形式是一样的,可以兼顾折返功能,能够提供更灵活的运营方案,是最常见的停车线形式。岛式一线停车线具备各种成熟的非开挖工法的应用条件,能够适应特殊的建设环境,其中一线贯通式停车线的停车功能强大,能够兼顾折返功能,土建规模较小,现阶段的应用越来越普遍。

4. 渡线车站

为了便于运营灵活调度,方便事故情况下的救援组织,相关规范要求正线每隔2~3座车站或者3~5 km加设渡线。单渡线应设置在车站端部,一般中间站的单渡线道岔宜按顺岔方向布置。单渡线与其他配线组合时按功能需求布置,采用站后折返的永久终点站应增设站前单渡线,并宜按逆向布置。渡线车站的配线形式如表1-5所列。

表1-5 渡线车站的配线形式

配线车站类型	配线形式简图	备注
岛式单渡线车站		车站规模较大
侧式单渡线车站		车站规模较小

5. 联络线车站

由于地铁线路之间需要考虑车辆的临时调度问题,以及运送大修、架修车辆和工程车、磨轨车运行等问题,所以需要考虑设置线路之间的联络线。原则上,一条线至少应有一处联络线能够实现与线网连通,联络线与正线的接轨点宜靠近车站。

联络线一般设置在换乘车站,节点换乘车站的联络线一般设置在两线远端的端部,平行换乘车站一般采用单渡线的形式连接。节点换乘车站是最常见的换乘形式,相应地,节点换乘车站联络线的形式也是最常见的,一般会配合联络线设置单渡线。相对来说,平行换乘车站设置联络线的代价较小,应作为首选的联络线设置方案。

上下平行双岛换乘形式要实现两线的联络是比较困难的,可考虑在车站主体旁边平行布置联络线以实现上、下层之间的联络。在条件允许的情况下,为了解决两线之间的联络线和停车线问题,可考虑采用盾构方案,即从一条线的一个车站推盾构到另外一条线的另一个车站,不仅能够实现联络功能,还能兼顾停车线的设置,功能比较强大。联络线车站的配线形式如表 1-6 所列。

表 1-6　　　　　　　　　　　联络线车站的配线形式

配线车站类型	配线形式简图	备注
节点换乘联络线车站		一般需要配合单渡线使用,若本站没有条件设置单渡线则考虑在相邻车站设置
岛侧同台换乘联络线车站		平行换乘采用单渡线作为联络线
平行双岛换乘联络线车站		联络线规模较小,这种类型的联络线基本不会增加土建规模
叠侧同台换乘联络线车站		上下两个单渡线作为联络线
上下叠岛联络线车站		车站较宽较长,规模较大
异站联络线兼停车线		可兼顾两条线的停车线

(续表)

配线车站类型	配线形式简图	备注
异站联络线不兼停车线	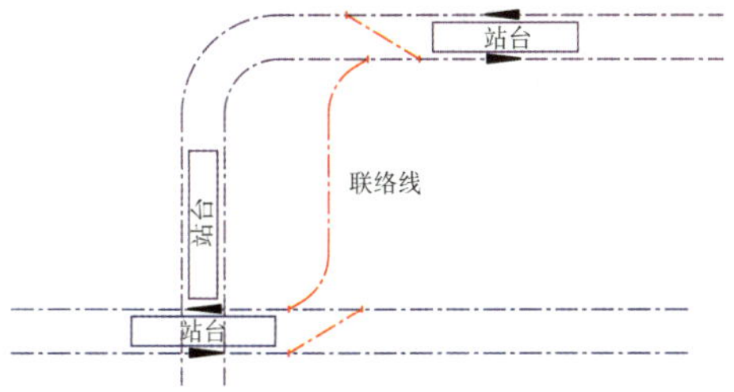	只能作为联络线使用,车站规模较小
区间接联络线方案	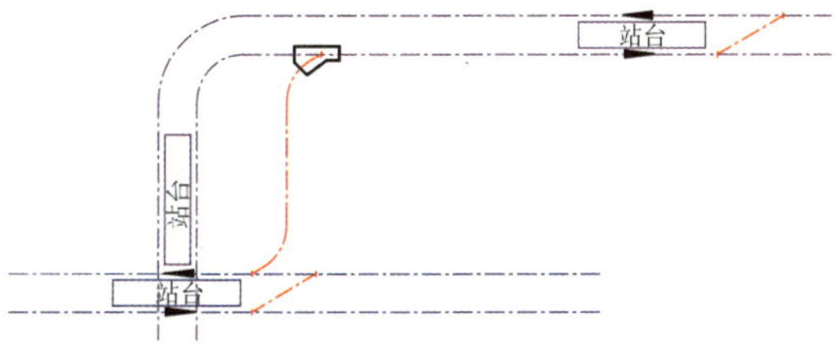	只能作为联络线使用,不能兼顾停车线,联络线道岔管理不便,一般不推荐采用
叠侧同台换乘车站联络线兼停车线	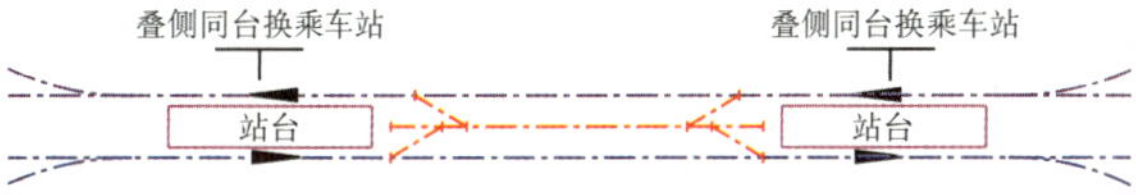	连续两站同台换乘,联络线可兼顾停车线功能

6. 主支线接轨

在线网规划需要的情况下,线路也会出现开叉出支线的情况,支线在干线上的接轨点应设在车站范围,并应按进站方向设置平行进路,也就是支线进入本站的共线方向一侧应保证主、支线的车辆分别独立拥有上下客的站台,向支线一侧出站的方向主、支线的车辆可只有一个站台。主支线接轨配线形式如表 1-7 所列。

表 1-7　　　　　　　　主支线接轨配线形式

配线车站类型	配线形式简图	备注
双岛支线车站	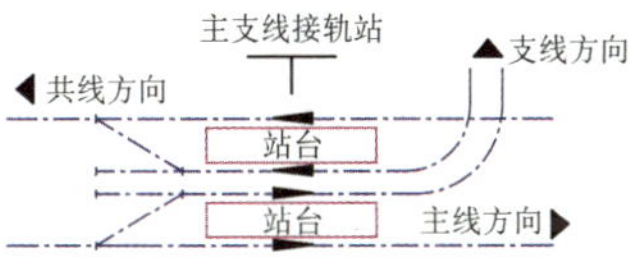	车站规模较大
岛侧式支线车站	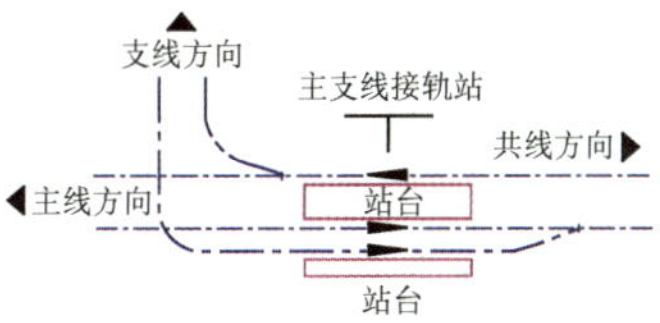	车站规模较小

7. 安全线

安全线都是配合别的配线设置,例如在出入段(场)线、主支线、越行线等安全距离不足的情况下设置安全线,另外列车折返线与停车线末端均应设置安全线。安全线端部设置车挡以保护列车安全。安全线的配线形式如表1-8所列。

表1-8　　　　　　　　　　　　　安全线的配线形式

配线车站类型	配线形式简图	备注
岛式终点站后安全线		终点站设置
侧式终点站后安全线		终点站设置

8. 越行站

越行站能够配合运营实现快慢车功能,车站的配线形式可以停靠慢车,也可以让快车从本站迅速通过。

双岛越行站功能强大,正线和越行线均能实现上下客功能,运营组织灵活方便。平行双岛和上下重叠双岛都可以实现越行功能。单岛越行线不具备上下客功能,但单岛越行车站规模较小,可实施性更强。从功能上来说,越行线也可作为事故停车线,当发生事故时,可将事故列车停靠在越行线上,停止开行越行车辆。越行站配线形式如表1-9所列。

表1-9　　　　　　　　　　　　　越行站配线形式

配线车站类型	配线形式简图	备注
平行双岛越行站		双岛布局,越行线具有上下客功能;正线和越行线可以互换位置
上下重叠双岛越行站		上下线重叠布置,越行线具有上下客功能;正线和越行线可以互换位置
单岛越行站		单岛布局,正线不过岔运营,越行线无上下客功能,越行车辆减速
单岛越行站		单岛布局,正线过岔运营,越行线无上下客功能,越行车辆不减速

配线车站的建筑规模较大,对车站建设环境的适应性较弱,在车站周边限制条件较多的情况下,很多配线车站不具备实施条件。除折返站以外,配线的选位其实还是有一定的灵活度的,相关规范要求每隔5~6座车站或8~10 km设置停车线,每隔2~3座车站或3~5 km应加设渡线。当某座车站的建设环境不满足配线车站的实施条件时,可与相邻车站协同考虑建

设条件,即调整配线位置或者调整配线形式,以实现工程可实施性的颠覆性突破。

1.5 城市轨道交通设计发展趋势

现在很多大城市的轨道交通网络已经初步建成,接下来即将进入轨道交通后建设时代,这既是城市的机遇,也是挑战。所谓机遇,在于初步网络建成后给了人们总结经验的机会,可在新一轮建设大规模开展之前对初步网络的建设规划、投融资、设计管理、土建和各项机电建设、运营维护等关键过程及相关体系进行总结梳理和再评估,以便在后续的建设中修正前一阶段发展中存在的各项缺陷和不足,并制定合理的工程建设标准。所谓挑战,在于各个城市随着轨道交通高强度的建设,建设条件较好、客流量较大的线路已经建成,新建线路难度加大,需要特殊处理的方案越来越多,甚至出现了很多刚刚预留好的换乘节点用不上、刚刚建成的线路挡了新建线路的路由的情况,加之城市建设资金越来越紧张,所以以往的大开大合、大拆大建的建设思路不复存在,工程建设需要更加精细化,这便大大增加了工程设计的难度。

很多超大城市的地铁已经出现了部分车站客流严重拥堵的情况,也出现了很多人口较少的城市已建成线路的客流量较低的情况。随着城镇化进程的放缓,城市人口的增长速度随之减慢,接下来正是应该停下脚步进行思考和总结经验的时候。回顾过去,展望未来,后建设时代的轨道交通应该走哪条路,是继续高歌猛进、大气恢宏,还是谨小慎微、缩减规模?笔者认为,建筑界一直沿用了几十年的设计方针——"实用、经济、美观"已经给出了答案,鉴于地铁工程的特殊性,这里应该将"美观"替换为"安全",其中"实用"对于地铁车站的建筑来说最为贴切。所以,笔者将"实用、经济、安全"作为地铁车站建筑设计的三要素。

对城市轨道交通而言,可持续发展才是硬道理,才能保证城市轨道交通建设的有序推进。所谓可持续发展,是指轨道交通当前的规划和建设应该充分考虑后人的需要,要用发展的眼光来确定方向。轨道交通建设是城市发展的百年大计,在设计阶段,一定要充分考虑城市轨道交通的网络发展、线路总体方案、换乘方式选择、车站建筑空间规模等问题,对于轨道交通网络覆盖的主要客运走廊、城市规划布局和发展方向的基础支撑、城市道路交通拥堵问题的改善、主要活动中心的服务水平和沿线土地利用价值的提升等内容提出合理的解决方案。

第 2 章 地铁车站的建筑功能与空间

2.1 概述

建筑建造的初衷是为了遮风挡雨,其他功能需求则是随着社会发展慢慢进化而来的。最初,人们为了躲雨和遮挡阳光做了一个屋盖,为了撑起这个屋盖,增加了立柱;后来发现虽然有屋盖和立柱,但还是会被风吹到,所以在立柱四周建了围墙;之后为了进出方便,增加了门窗;再然后逐步发展成为内部有了卧室、卫生间、厨房等功能;最后,为了提升建筑空间的舒适度,又增加了通风、水电等相关设施。这就是建筑的建造初衷。

地铁车站的建造初衷是为地下铁路构建一个可供乘客上下车的空间,也就是建设一个地下火车站。地下火车站和地上火车站的主要功能类同:一个供乘客进出车厢的服务等候空间,也就是站台空间;一个进出站售检票的地方,也就是站厅空间;为了将乘客由地面引入车站站厅,设置出入口通道连接地面与站厅公共区,为了保证地下空间空气质量、满足空气流通,配置通风空调设施,空间上需要设置各类通风机房及风道、风亭;为了满足消防需求和上下水,车站需要配置各类泵房空间;为了满足通风系统、水系统以及车辆的动力需求,车站需配置供电系统和动力照明系统,空间上需要布置变电所和动力照明等房间;为了控制车站的相关设备以及控制行车安全,需要配置很多弱电设施,同时配置相关的弱电用房;为了保证车站的正常运行以及运营安全,还需要设置一定的管理用房。所有这些空间组合起来,形成了现在的地下车站(图 2-1)。

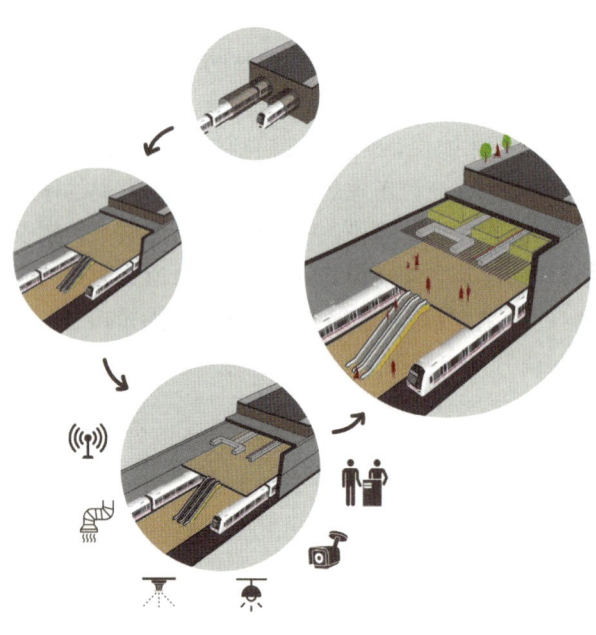

图 2-1 车站空间演变示意

车站建筑需要结合上位规划、各专业需求以及周围边界限制条件,整合车站的各部分空间并进行排布组合,形成最后的空间布局。不同于地上建筑需要同时重视功能布局和外立面设计,地下车站除少量的出地面出入口、风亭以外,没有外立面设计需求,地下车站更注重功能性和可实施性,这是地下车站建筑和常规地面建筑的不同之处。

2.2 地铁车站建筑功能分析

地铁车站的空间包括供乘客乘降地铁列车的站台层空间,以及供乘客进出站的站厅层集散空间,还包括联系站厅与地面人行道的出入口通道空间。这些空间都是乘客能够直接到达的服务性空间,也可称之为外部空间。根据不同的服务功能,将外部空间划分为三个区域:站台层公共区、站厅层公共区和出入口通道,笔者将其定义为"外三区"。

为保证地铁车站外部空间的服务功能,车站需要配置大量的设备管理用房,概念上可以称之为内部空间。根据设备管理用房功能的关联性,设备管理用房可以划分为以下三大区:①核心功能区,以车控室为核心的弱电用房及管理用房区域,承担重要的服务功能;②环控功能区,由于地下空间的特点,通风设备房间规模大,功能复杂,与外界联系紧密,所以将其单独划分为一个区域;③变电所功能区,变电所提供车站的动力照明及车辆的牵引动力,规模较大,其空间布局对车站的整体空间组合影响较大,划分为一个独立的功能区域。笔者将以上三个功能区定义为"内三区"。车站功能分区划分如图2-2所示。

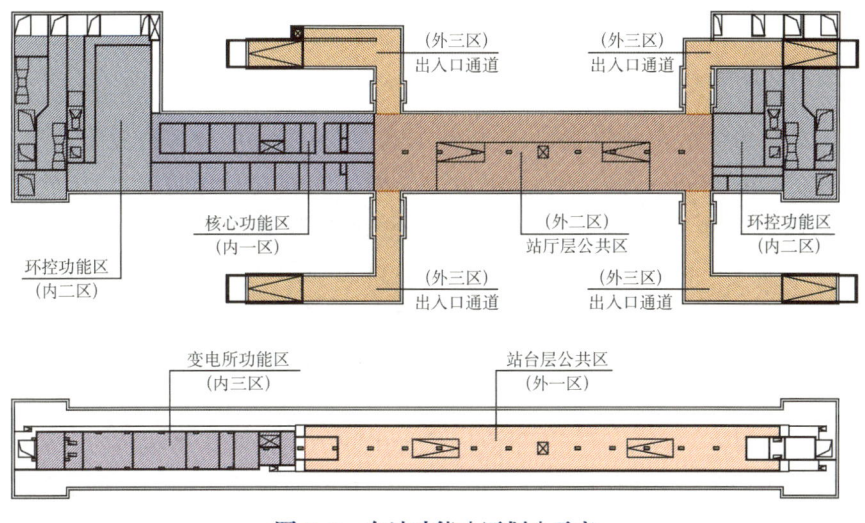

图2-2 车站功能分区划分示意

为了做好地铁车站的空间组合,先要对车站的各个功能分区有深入的了解。地铁车站的公共区受制于站台位置,站厅层公共区与有效站台位置相对应,出入口与站厅层公共区的接口位置受到客流组织的限制,也是相对固定的。结合周边环境,需协同调整站台位置和出入口布局,以实现车站外部空间的整体功能布局合理。总的来说,站台决定了车站的整体站位,站厅与站台对位布置,出入口的布局也会反过来影响站位。车站"外三区"的稳定是一个协调互动的过程。

地铁车站的"内三区"是车站整体布局的重要控制因素,故设备管理用房区域的布置应重视均衡性和协调性。首先,"内三区"对车站整体布局影响最大的是环控功能区,其占用空间大,既要考虑对内部空间的服务,又要考虑对外布置风口,内外部的控制因素较多,是地铁车站建筑设计的重点、难点。其次,变电所功能区是一个完整的功能模块,其占用空间较大,同时还需要考虑设备运输、电缆路径、电缆夹层等问题,所以变电所的落位对地铁车站的功能布局影响也较大。最后,地铁车站的核心功能区包含了大量的设备管理用房,房间和房间之间有一定的关联性,但是关联性没有环控功能区和变电所功能区那么强,其中只有车控室和警务室等需要能与外部空间便捷沟通,核心功能区具有较好的适应性和可变性。

"内三区"和"外三区"的整体空间组合应形成空间均衡、功能合理的地铁车站建筑空间,从空间与空间之间的联系与分割、对立与统一的设计理念中引申出功能分区的问题。地铁车站建筑中不同使用性质的空间之间往往存在着密切联系或需要设置隔离措施,因此,在分析功能关系时,应使功能分区得到合理安排,从而为建筑空间组合设计打好基础。

2.3 地铁车站的外部空间

地铁车站的外部空间包括站台层公共区、站厅层公共区和出入口通道三个区域,也就是"外三区",其空间布局主要受控于有效站台的形式和落位,不同的站台形式对应不同的站厅布局,同时,站厅的位置也影响着出入口与车站主体的接口位置,接口位置与外部空间的联络则影响着出入口的形式。

2.3.1 外一区:站台层公共区

站台是车站最重要的空间组成部分,地铁车辆在此处停留,乘客由此上下车,其也是车站人员最密集的公共空间。有效站台长度取决于列车的长度。现阶段,中国轨道交通比较常见的是 6 辆编组 A 型车(以下简称 6A)和 6 辆编组 B 型车(以下简称 6B),其有效站台长度分别为 140 m 和 120 m;在客流超大的线路中,部分城市采用了 8A 车型,站台长度达到 186 m。另外,比较少见的还有 4B、4C、6C 等车型。一条地铁的主线是由两条轨道组成,乘客通过集散空间乘坐地铁车辆,不同的乘降方式形成了不同的站台形式。

1. 岛式站台

两条轨道分列两边,乘客上下车集散空间位于中间的站台叫作岛式站台。岛式站台的中间主要布置楼扶梯等垂直交通设施和结构柱,扣除垂直交通设施和结构柱剩下的空间就是侧站台。侧站台宽度是影响车站服务能力的重要指标,决定了车站的站台集散空间是否满足需求;中间垂直交通设施的通行能力也是一项重要的服务指标,它决定着车站服务水平的高低,平时需要满足上下客的功能需求,紧急情况下,则需要满足人员疏散的要求。

岛式站台的垂直交通设施位于中间,两边侧站台可以共享楼扶梯,特别是在潮汐性客流比较明显的车站,楼扶梯的服务优势更大。从横向来看,车站整体宽度由两个轨行区、两个侧站台和一组垂直交通设施组成,垂直交通设施占用面积相对较小,车站整体宽度较小。乘客进入站厅后不用选择方向,进入站台后再选择乘车方向,该方式服务水平高、导向性好。作为地下车站,区间施工一般以小盾构或者小断面暗挖工法为主,岛式站台左、右两线自然分开,方便实施区间工程,所以岛式车站是地下车站的主要站型。常规岛式站台如图 2-3 所示。

图 2-3 岛式站台示意

为了适应建设环境的变化,岛式站台也会有些变形的站台形式,如鱼腹式岛式站台、梯形岛式站台、曲线岛式站台、错位岛式站台、半错位岛式站台和分离岛式站台等,如表 2-1 所列。

表 2-1　　　　　　　　　　　　岛式站台变形形式

站台形式	简图	备注
鱼腹式岛式站台		车站端部宽度受限、压缩线间距控制配线区长度的情况下采用
梯形岛式站台		区间避让障碍物,车站主体适应边界条件的情况下采用
曲线岛式站台		为了适应边界条件,区间避让障碍物等情况下采用
错位岛式站台		在车站宽度方向受限、长度房间不受限的情况下采用的特殊站台形式
半错位岛式站台		车站端部避让障碍物所采用的特殊站台形式
分离岛式站台		车站主体为了避让路中的障碍物,将有效站台一分为二

2. 侧式站台

两条轨道并列布置于中间,乘客从两侧上下客的站台叫作侧式站台,如图 2-4 所示。侧式车站的两边侧站台需要分别设置垂直交通设施通往站厅层,这就造成上下行线的客流不能共用垂直交通设施,所以侧式车站在有效站台范围内的整体宽度相对较宽,过了有效站台后车站宽度可以根据空间需求进行收窄。

这种站台形式的优点是应用在配线车站能够整体优化车站规模,配线区适用于车站局部暗挖方案;缺点是客流组织便捷性较差,两侧站台需要分别设置垂直交通设施,且站厅层非付费区也不能实现连通。侧式站台在建设空间受限的情况下也可采取两侧站台错开、曲线等变形方式。

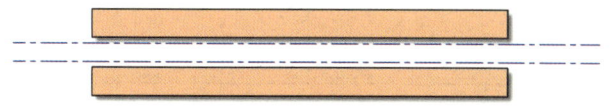

图 2-4　侧式站台示意

3. 混合站台

岛式站台车站(以下简称"岛式车站")和侧式站台车站(以下简称"侧式车站")是目前最常规的站型做法。但是,由于配线、区间工法等原因,为了适应边界条件,也会在特殊情况下采用其他混合站台形式,如表 2-2 所列。

表 2-2　　　　　　　　　　　　　　混合站台形式

站台形式	简图	备注
半岛一侧站台		一个侧站台为右侧上车,另一个站台为左侧上车。该站台形式线间距较小,适合区间避让障碍物或者是作为配线车站压缩配线区规模
一岛一侧站台		乘车习惯与半岛一侧站台形式相同,一般作为停车线车站使用,岛上一侧为正常上下客的空间,另一侧为紧急情况下的卸客空间,也可作为某一侧高峰客流集中的大客流车站使用
一岛两侧站台		一般在超大客流车站采用,高峰时段车辆可以两侧开门,方便上下客,服务能力强
叠侧站台		两条轨道上下叠落,上下行线的乘客分别在不同楼层上下车。这种站台形式主要在区间躲避障碍物或者车站主体开挖宽度不足等情况下采用

4. 配线车站的站台空间

一条线上的每座车站都需要完成客流乘降的站台功能,考虑到车辆运营需求,还有各类配线车站,如单渡线车站、折返线车站、出入线车站和停车线车站等,如图 2-5 所示。常见的区间形式是 6 m 直径的小盾构,但无法满足配线区的空间需求,由于配线车站的主体空间除实施有效站台空间以外,还需要将配线区实施出来,所以一般配线车站的长度受控于车站的配线形式,配线车站需要实施的主体空间较大,大部分的车站功能都可以在车站主体内解决。

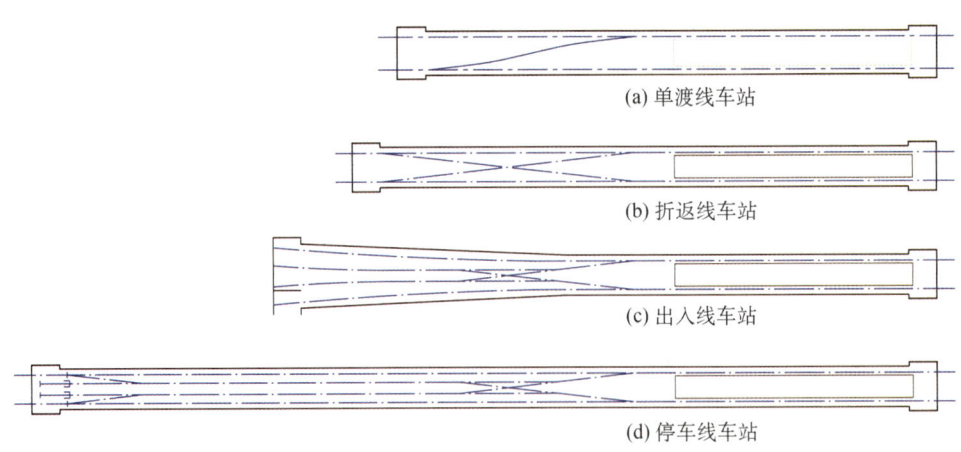

(a) 单渡线车站

(b) 折返线车站

(c) 出入线车站

(d) 停车线车站

图 2-5　各类配线车站

配线车站的内部空间布局与标准车站在设计思路上存在较大差异,主要是考虑如何适应建设环境以及充分利用主体空间设置车站的功能用房。

5. 换乘车站的站台关系

上述对单个车站的站台空间功能进行了概述,而换乘车站的站台功能相对较为复杂,可以将其简单地理解为由几个独立车站组合而成,几个独立车站的公共区实现站厅—站厅及站台—站台的连通功能,部分设备管理用房可以采取资源共享的方式。换乘车站按照换乘形式一般分为节点换乘、平行换乘、通道换乘和多线换乘等。换乘形式通常是以各线路站台之间的空间关系来定义的。由于岛式车站应用较为广泛,故在各类换乘形式的定义中以岛式车站作为表述对象。

1) 节点换乘

节点换乘包含 T 形换乘、"十"字形换乘、L 形换乘等(图 2-6),通常指两线主体相交,且设置了站台到站台的换乘楼梯。概念上,根据两线之间有效站台的位置关系对其换乘形式进行定义:当一条线的有效站台中部与另一条线的有效站台端部相接,形成一个 T 形时,这样的空间关系就为 T 形换乘;当两条线的有效站台中心点十字相交就形成了"十"字形的换乘关系;当两条线的有效站台首尾相接,就形成了 L 形换乘。这三种是节点换乘的基本形式,但实际工程中经常会碰到两线斜交的情况,或者是两线的位置关系介于上述三种形式之间的过渡情况。在实际设计中,根据大概的位置关系对其换乘关系进行定义即可。

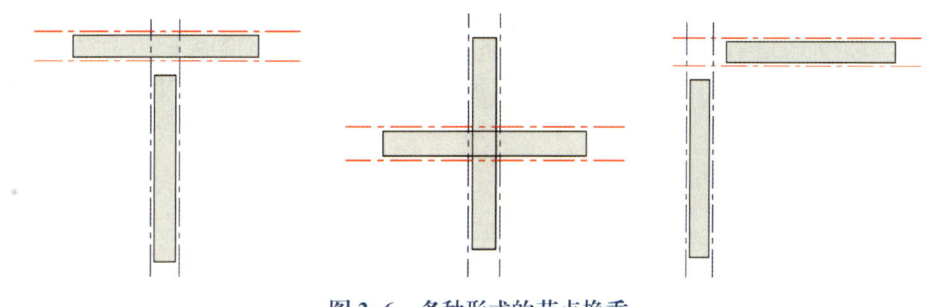

图 2-6 多种形式的节点换乘

2) 平行换乘

平行换乘有两大类:一类是平铺平行换乘,包括岛侧同台换乘、平行双岛换乘;另一类是叠落平行换乘,包括叠岛换乘、叠侧同台换乘,如图 2-7 所示。

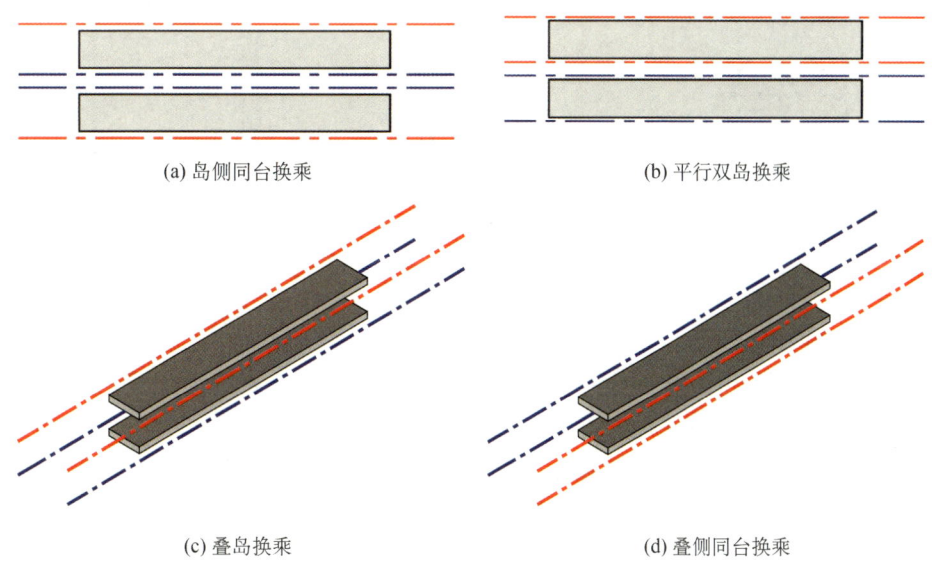

(a) 岛侧同台换乘　　　　　　　　　　(b) 平行双岛换乘

(c) 叠岛换乘　　　　　　　　　　(d) 叠侧同台换乘

图 2-7 平行换乘

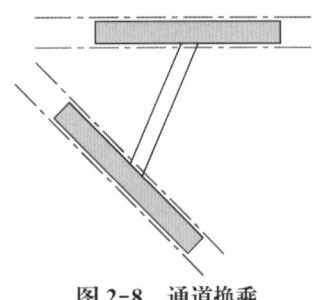

图 2-8 通道换乘

3）通道换乘

通道换乘，顾名思义就是采用通道形式连接两个或两个以上车站，使付费区连通，实现付费区换乘，如图 2-8 所示。通道换乘通常是新建车站与已建线路车站进行换乘所采取的一种补救措施，这种换乘形式也可在远期线路方案不稳定的情况下采用。

通道换乘的缺点是换乘距离长，不便捷，但也有自身的优势，例如：对于大客流车站而言，有利于客流疏导，具有缓冲大客流的作用，且车站布置较为灵活，对前、后期车站的建设有较大的适应性，避免造成废弃工程。

4）多线换乘

在大型城市的轨道交通线网中，经常会出现三线及三线以上的换乘枢纽，如图 2-9 所示。这样的换乘枢纽有三大类：第一类是同步规划完成的，同步或者分期实施的，有严格的形式，形状如"工""门""△""米""卄""川""丰""井""口"等；第二类是换乘站升级为换乘枢纽，即原本是两线换乘，后续根据线网调整情况，增加了一条或者两条线路，从而形成了三线以上换乘枢纽；第三类是原本该区域只有一条线路，后续线网规划新增了两条或者两条以上线路所形成的换乘枢纽。

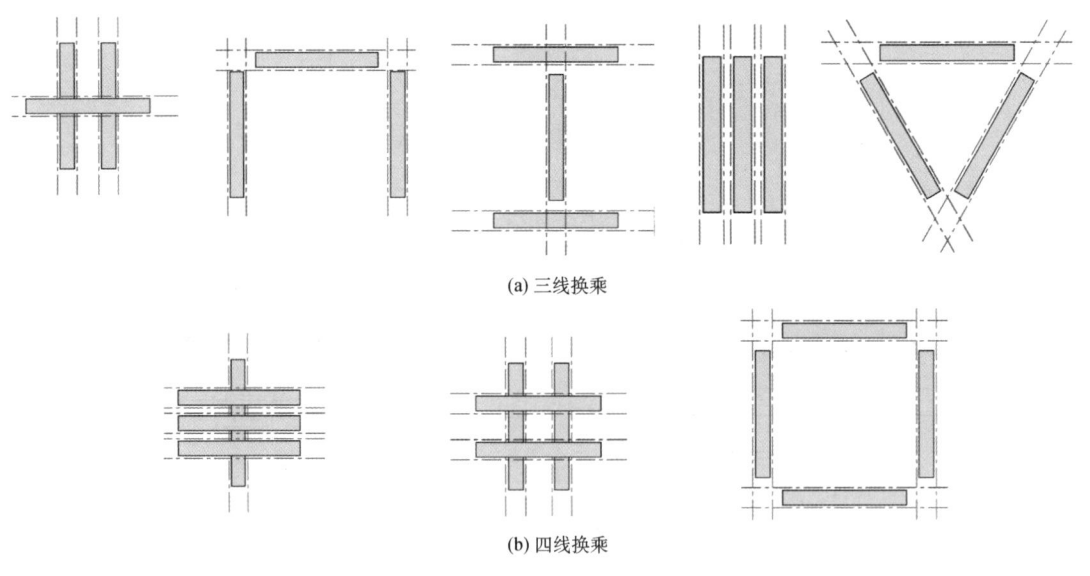

(a) 三线换乘

(b) 四线换乘

图 2-9 多线换乘

6. 站台宽度的确定

地铁车站的主要使用功能就是为乘客提供能够安全、舒适地乘降地铁列车的空间，该空间是站台层有效站台范围内的公共空间，更准确地说，这个空间是指站台公共区的侧站台空间，也是车站最重要的使用空间。地铁车站的站台宽度对车站的整体规模有较大影响，且对于车站的服务水平和功能拓展有重大影响，所以在确定基本站位的情况下，首先应明确站台宽度。站台公共空间布置如图 2-10 所示。

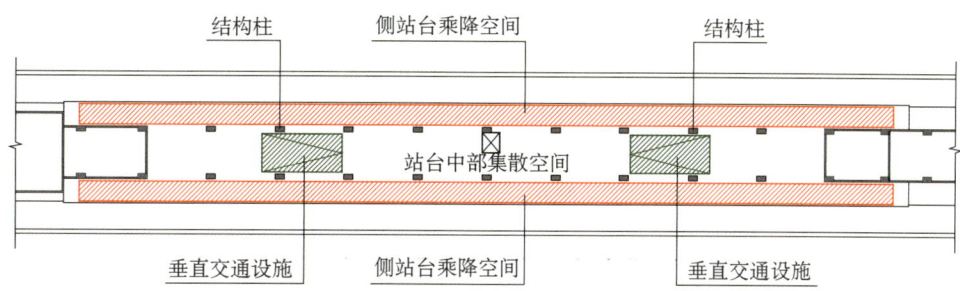

图 2-10 站台空间示意

根据相关规范要求，侧站台的最小宽度为 2.5 m，实际宽度需根据客流预测计算，同时再考虑站台边至站台门立柱内侧距离后最终确定。在设计中，楼扶梯口若朝向侧站台，需考虑增加缓冲空间，局部加大侧站台宽度。

站台是地铁车站内乘客等候列车和上下列车的平台，站台宽度应满足乘客候车及乘降要求。一座车站一般由两个侧站台组成，为便于理解，将两个侧站台宽度分别定义为 b_1 和 b_2，两个侧站台的宽度可以相同，也可以根据客流计算出来的实际需求设计成不同宽度。侧站台宽度的计算见式(2-1)：

$$b_1, b_2 = \frac{Q_{上、下} \rho}{L} + M \text{ (m)} \tag{2-1}$$

式中 ρ——站台上人流密度($\rho=0.33\sim0.75$ m²/人)，一般取值 0.5 m²/人，对于改造项目在困难情况下可取下限，而同台换乘车站客流集中宜取上限；

L——站台计算长度，m；

M——站台边至站台门立柱内侧距($M=0.26$ m)；

$Q_{上、下}$——远期或控制期每列车高峰小时单侧上、下车设计客流量。

计算出了侧站台宽度后，再同时考虑结构柱子的宽度和垂直交通设施的宽度，就可以计算出整个车站的站台宽度了。岛式站台的宽度等于两个侧站台加上柱子宽度再加上垂直交通设施宽度的总和(图 2-11)，计算见式(2-2)。

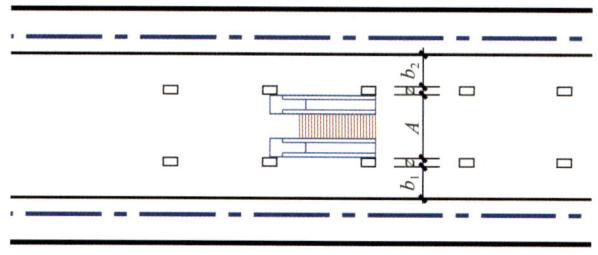

图 2-11 岛式站台的宽度

$$B_{岛} = b_1 + b_2 + nz + A \text{ (m)} \tag{2-2}$$

式中 b_1, b_2——侧站台宽度；

n——柱数；

z——柱宽,m;

A——每组人行楼梯加上自动扶梯的宽度,m。

侧式站台的宽度为一侧站台的侧站台宽度加上结构柱宽度再加上垂直交通设施宽度(图 2-12),计算公式见式(2-3)。一般还要适当考虑垂直交通设施洞口的孔边梁宽度。

$$B_{侧}=b_1+z+A\ (\text{m}) \tag{2-3}$$

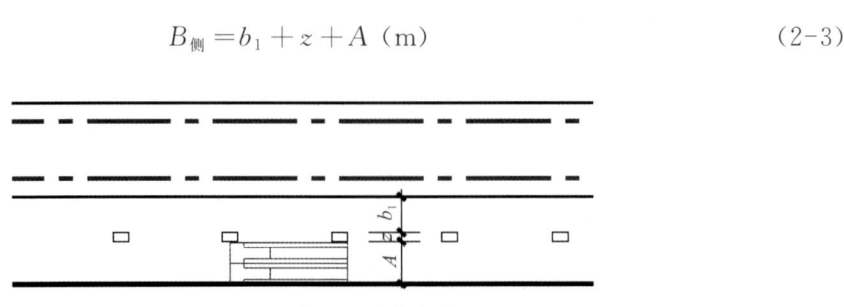

图 2-12 侧式车站的站台宽度

式中,A 是垂直交通设施的宽度,其宽度计算是一个综合过程,设计目标是要满足紧急疏散和正常使用的要求。其中,紧急疏散是指站台上的候车人员和一列车上的乘客能够在 4 min 内撤离站台。通过客流量计算出车站整体垂直交通设施的通行能力需求,然后根据服务要求确定楼扶梯的配置和组数情况。现阶段,6A、6B 车型一般采用三组楼扶梯的形式。楼扶梯组数越多,垂直交通设施宽度 A 所需宽度就越小。当然,楼扶梯组数越多,公共区需要的面积也就越大。上下客流量较大的车站还需验算正常使用状态下的垂直交通设施能力。关于垂直交通设施的宽度问题在后续章节中详细论述。

另外,对于终点车站的站台宽度计算还应考虑站台是单侧运营还是双侧运营的问题,特别是站前交叉渡线作为终点车站的情况。当列车对数小于 20 对时,一般选择单侧运营模式,也就是整个车站的上客和下客都采用同一侧站台,需要采用整个车站的上、下客数量来验算侧站台宽度。

站台是车站最核心的使用功能空间,若要优化车站规模,一般不宜在站台宽度上动脑筋,如果要削减站台宽度,一定是有附加价值的,例如可以避让拆迁或重要管线等。标准车站压缩 1 m 站台宽度只能节省约 200 m^2 公共区面积,而设备用房面积并不能减少,且由于主体变窄,空间利用率会大幅降低。对于无配线车站而言,压缩站台的同时还需要加长车站,对车站的服务水平和功能拓展性影响很大,性价比极低。所以,优化车站规模应体现在空间利用率上,即通过优化辅助空间来控制车站规模,并减少征地拆迁、管线搬迁等费用。但是,配线车站压缩站台宽度对于节约规模还是很有意义的。配线车站的长度是受配线控制的,主体内有足够的空间布置车站的功能空间,压缩站台宽度会使得整体规模大幅下降,同时站台宽度每压缩 1 m,车站长度可缩短 5~10 m,由此可进一步压缩土建规模。为了不影响车站的服务功能,配线车站可以通过增加楼扶梯组数的方式来减小 A 值,在不影响侧站台宽度的情况下压缩整体站台宽度。

受边界条件限制,不是每座车站的站台都能设计成规则的矩形。当采用曲线站台时,应考虑柱网和楼扶梯的布局对侧站台宽度的影响。除曲线站台以外,为了适应边界条件,还会采用梯形站台、鱼腹式站台、站台局部削角等形式。

局部削窄站台的方案经常被采用,但应注意技巧,比如大客流一端尽量少削,小客流一端可以多削。削窄站台最好是在站台端部向内30 m范围内，这里一般是楼扶梯的位置，是决定最小侧站台宽度的地方，通过"侧站台宽度+结构尺度+垂直交通设施宽度"就可以确定该点位的站台宽度了；站台端部30 m范围内无楼扶梯位置的站台宽度不影响侧站台的服务水平，但应尽量压缩有效站台范围内的设备用房，方便乘客使用。在小客流一端压缩垂直交通设施宽度A值，对于局部削减站台的效果更加明显，在设计中可根据边界条件和客流情况灵活掌握。

直接压缩站台宽度来解决交通、管线问题，不如采用削减站台的方案。直接压缩站台宽度只能减小1~2 m的宽度，如果采用局部削减站台的方案，则甚至可以把车站的端头井都收进来，从而优化4~5 m的宽度，同时不会影响车站的站台空间使用效率。

对于不可预测的线网变化，车站的站台规模应适当考虑未来线网的情况。很多城市由于线网调整导致很多标准车站升级为换乘车站，若原标准车站未考虑预留条件，则服务能力无法同步提升，将大大影响车站的整体服务水平。特别是横跨路口的车站，若所跨路口为重要的城市干道，道路路幅较宽，车站所处道路区段顺直通长，几公里范围内道路无尽头，或者尽头处有较好的线路转弯条件，哪怕是这条路上线网规划目前没有线路，也应考虑车站跨路口的围护结构预留穿越条件，即预留未来建设轨道交通走廊的可能性。这种类型的车站在设计过程中可以考虑适当加宽站台，提升设计标准，以应对未来线网的不确定性。

在城市规划的留白区设站，车站的站台宽度也要考虑好未来的可变性。如果是预留车站，站台应做宽一些，压缩车站主体长度，同时将设备用房外挂设置，为了控制初期投资，可仅实施车站主体，附属后续实施，或者将预留车站设计为侧式站台，站台宽度可以在未来根据需求进行拓展。

7. 站台区疏散

车站公共区的客流疏散分为两段：一段是从站台疏散至站厅层，通过车站的公共区楼扶梯来实现；另一段是从站厅层疏散至地面，通过车站的出入口通道来实现。其通行能力按照车站的客流量进行核算。公共区的疏散宽度以及消防关于疏散距离的要求对车站建筑空间组合有较大影响。

站台层是乘客乘降列车的空间，在此空间内，人员密集使得站台成为车站疏散最不利的位置，所以，车站的疏散人数是以站台作为目标位置来计算的，需要满足高峰时段一列进站列车所载乘客及站台上的候车乘客在4 min内全部撤离站台的要求。站台层的疏散为什么要考虑将一列车的乘客疏散掉？对于地铁来说，发生事故最不利的情况是区间内车辆发生火灾，所以要考虑将一列事故车所携带的进站人员疏散掉，同时站台上等车的人员也要疏散掉。那为什么不是两辆车上的人？考虑到概率问题，规范要求一条线仅考虑一处火灾，若一辆列车上出现事故，对面区间的车辆就应过站，而不在本站卸客疏散。站台区疏散客流分布如图2-13所示。

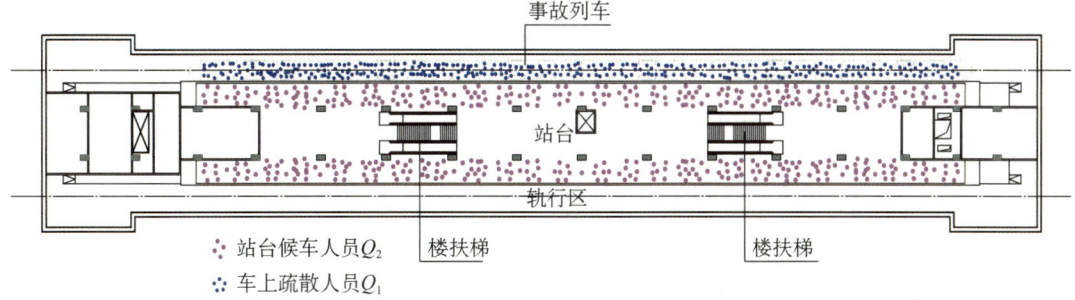

图2-13 站台区疏散客流分布

乘客全部撤离站台的时间应满足式(2-4)的要求：

$$T = 1 + \frac{Q_1 + Q_2}{0.9[A_1(N-1) + A_2 B]} \leqslant 4 \text{ (min)} \tag{2-4}$$

式中　Q_1——远期或客流控制期中超高峰小时最大客流量时一列进站列车的载客人数，人；

　　　Q_2——远期或客流控制期中超高峰小时站台上的最大候车乘客人数，人；

　　　A_1——一台自动扶梯的通过能力，人/(min·台)；

　　　A_2——单位宽度疏散楼梯的通过能力，人/(min·m)；

　　　N——用作疏散的自动扶梯的数量，台；

　　　B——疏散楼梯的总宽度，m，每组楼梯的宽度应按 0.55 m 的整倍数计算。

相关规范要求每个站台至站厅公共区的楼扶梯分组数量不宜小于列车编组数的 1/3，且不得少于 2 组，从而保证站台层有两个安全口，事故情况下能够保证多条逃生路线，避免当一个楼梯口发生火灾时乘客无处逃生的情况发生。楼扶梯的组数越多，提升能力越强，相对来说，站台中间的垂直交通设施的宽度也能适当降低。很多换乘车站为了能够设置更多的楼扶梯，一般考虑将楼扶梯顺向布置，同时使楼扶梯的方向能与换乘客流方向相匹配。有时，为了控制车站规模，压缩车站站台，6A、6B 车型的车站甚至可以将楼扶梯数量增加至四组，而多组楼扶梯的布局同样考虑顺向布置。当车站为配线车站时，一般不会增加车站的整体长度规模；如果是没有配线的标准车站，势必会增加车站的长度，设计中需要综合考虑采用此类方案。同时，当选用窄站台时，还要考虑到站台中部空间，也就是车站客流集散的储备空间，对其积极作用也不能忽视。总之，采用窄站台多组楼扶梯的应用是有诸多前提条件的，最好是配线车站，在压缩长度、宽度的同时也可避让与车站平行的重要管线等。

站台层安全疏散点的概念必须明确，这个安全疏散点影响着疏散口的数量，同时也影响疏散距离的计算。对于标准形式的车站而言，安全疏散点就是楼梯的起步点和自动扶梯的下工作点，在计算站台层的疏散距离时，按照走行距离计算最不利点至楼梯起步点或者自动扶梯下工作点。这里的安全疏散点完全不同于民用建筑中的相关概念，民用地下建筑的疏散通常设置防烟楼梯间或封闭楼梯间。而地铁之所以能够定义楼梯口作为安全疏散点，主要是地铁空间受限，乘客正常通行路径同时也是疏散路径。很多大型公共建筑的疏散路径和正常通行路径是不同的路由，相互之间并不影响。地铁车站建筑作为大客流公共建筑，其客流密度很高，乘客疏散较为集中，同时，公共区又要求较高的通透性和便利性，在紧急疏散时，防火门都是连续开启的，与开敞楼梯相似，所以，地铁车站采用无防火门的楼梯间进行疏散，但是其楼梯间也不同于民用建筑的开敞楼梯间，为了保证楼梯口的安全，通风设计中会加强站台排风，站厅层公共区利用出入口自然补风，以保障楼梯口向下 1.5 m/s 的送风速度，其作用相当于民用建筑封闭楼梯间通过正压送风造成压力差来保证楼梯间的安全。每个站台至少保证 2 个安全疏散点，同时，还应保证站台上任意一点至安全疏散点的走行距离小于 50 m。

2.3.2　外二区：站厅层公共区

地铁车站的站厅是客流进出站的集散空间，其主要功能是汇聚各出入口的进站客流，疏解客流从各出入口出站。站厅层为进站客流设置了自动售票机、安检设备、进站闸机等设施，为出站客流设置了出站闸机等设施。站厅层将公共区空间划分为付费区和非付费区，在付费区与非付费区的分界线上设置进出站闸机和围栏，付费区内部设置楼扶梯通向站台层。

1. 站厅层公共区设计要点

在一般公共建筑中，考虑到客流的集散、方向的转换、空间的过渡以及与通道、楼梯等空间的衔接等，需要设置门厅、过厅等空间形式，起到交通枢纽与空间过渡的作用，如宾馆的大堂、办公建筑的门厅、医院的门诊大厅等空间都属于交通枢纽空间。那么，地铁车站建筑的交通枢纽空间就是站厅层公共区。从空间性质上和概念上分析，出入口通道类似公共建筑的大门，车站设置的4个出入口相当于4个大门，这些出入口通过站厅层整合在一起。同时，站厅层中部还设置了通向站台的垂直交通设施，车站通过站厅层公共区实现空间过渡、人流集散和方向转换等功能。换言之，站厅层公共区是乘客进出站台的过渡空间。所以，笔者将站厅层公共区定义为地铁车站建筑的交通枢纽空间。

宾馆的大堂作为交通枢纽空间，常设有接待、休息、行李、商务中心等服务空间；办公建筑的门厅常设有服务台、文印、展示、咖啡等服务空间；医院的门诊大厅常设预诊、挂号、等候、收费、取药等服务空间。因此，一般公共建筑中的交通枢纽空间部分除去需要考虑人流集散所需要的空间外，还需要根据公共建筑的性质设置一定的辅助空间，同时将主要垂直交通设施设置在交通枢纽空间的中间，起到引导人流、丰富空间、美化环境等作用。地铁的站厅层公共区乘客状态基本上是流动的，为了方便乘客乘车，会设置便民服务、客服中心、售票、检票、安检等配套服务功能，如图2-14所示。可以看出，参考民用建筑的分类，地铁车站的站厅层公共区从空间属性和服务功能方面是完全可以被定义为交通枢纽空间的。

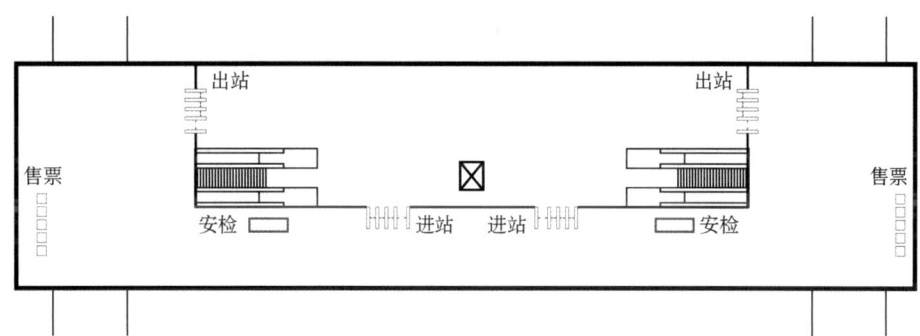

图2-14 站厅层公共区标准布局

公共建筑的门厅空间环境，除应满足通行能力要求之外，还应体现一定的空间构思意境，而这些意境的形成，与空间形状、体量大小等共同构成的空间环境艺术氛围是分不开的。车站建筑的站厅层公共区作为交通枢纽空间，其功能性和交通属性强于公共建筑的门厅，而其空间形状及尺度规模又受到功能性的控制，相对来说是比较稳定的，都是长条形的空间，四角连接出入口，中间连通站台层公共区，设计尺寸约为20 m×100 m，相比民用建筑中的门厅或大堂更易把握空间尺度。

标准地铁车站建筑站厅的纵向空间一般以有效站台中心为次轴对称布置，两端为非付费区、中间为付费区，付费区的楼扶梯布局一般也是对称的；站厅横向空间以纵向中心线为主轴布局一般是不对称的，标准岛式车站横向空间一侧是付费区，另一侧是非付费区，非付费区通道连接两端的非付费区空间。设计时，可以利用这条非付费区通道组织客流流向，使客流转变方向，因而其具有很强的空间导向性，同时可增强人流的方向感。站厅层公共区作为主次轴相交的枢纽空间，通常会强调主轴的重要性，将主要的楼梯、电梯或自动扶梯等交通设施，均衡有序地布置在主轴线上，以显示空间强烈的导向性。

由于地下空间工程造价极高，在满足功能的前提下，设计时应尽量减少车站埋深，这就导致很难给站厅层提供层高很高的空间环境，容易给乘客带来压抑的空间感受。随着生活水平的提高，人们对精神感受的需求也随之增加，车站建筑设计也逐步需要将空间的舒适性和艺术性纳入其中。对于设计者来说，应更加重视作为车站枢纽门面空间的站厅层公共区的空间环境设计。当地铁车站受外部边界条件限制时，也要尽量保证站厅层公共区的空间需求，以便给未来装修设计提供更大的发挥空间，例如可以结合现下流行的大跨无柱空间设计方案，将地铁车站站厅设计为拱顶空间，从而给乘客带来视野开阔、空间通透的感受。对于高度受限的站厅层公共区，也应尽量回避平顶装饰方案，无论采用多么丰富的天花造型，平顶给人的感受总是压抑和单调的，在设计中应尽可能地寻求顶部空间层次的变化，例如将站厅的管线布置在两侧、中间无管线的位置挑空设计，同时结合装饰手法，诸如采用以低衬高、以小衬大等对比方案，在丰富空间层次感的同时使站厅层更加灵动，从而取得理想的视觉艺术效果，如图 2-15 所示。

(a) 上海地铁14号线豫园站站厅层实景　　(b) 上海地铁17号线诸光路站站厅层实景

图 2-15　站厅层设计效果实景

为了提升站厅层空间的整体视觉效果，在条件允许的情况下可采取"引入""渗透""延伸"等设计手法，使室外空间环境得以向地下空间延伸或渗透，突破地下空间的封闭性和局限性，从而获得通畅又开阔的空间环境，有效解决站厅层层高较低给人带来的压抑、沉闷的感受。这些设计手法一般包括采用下沉广场、采光天窗、中庭、挑空等，如图 2-16 所示。

(a) 站厅层出入口采用下沉广场方案　　(b) 站厅层公共区采用采光天窗方案

图 2-16　常用空间设计手法效果图

2. 站厅层公共区的疏散

站厅层公共区是乘客进出站的交通枢纽空间,乘客在这个区域完成买票、安检、进站、出站等行为,客流流线复杂,人员密度较高,因而站厅层公共区也是车站解决疏散问题的重要空间。《地铁设计防火标准》(GB 51298—2018)规定,每个站厅层公共区至少设置两个直通室外的安全出口,且安全出口应分散布置,换乘车站的安全出口数量应是每条线路不少于2个。每个站厅层公共区的安全出口不少于2个也是车站运营通车的必要条件,除了满足数量要求外,还需要满足疏散距离要求,站厅层公共区内任意一点至最近的疏散口口部的走行距离应小于50 m,如图2-17所示。

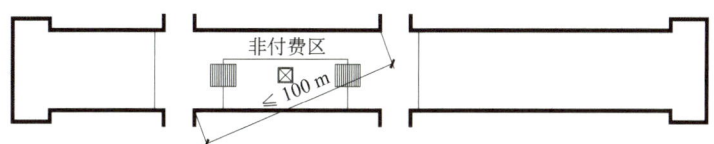

图2-17 站厅公共区疏散距离要求

3. 站台与站厅的空间关系

站台与站厅的空间关系可分为厅台分层和厅台同层两大类。

1) 厅台分层

厅台分层是最常用的空间布局方式,站厅和站台的功能分开、各自独立,并采用垂直交通设施进行联络。站厅与站台分层后,站厅层可以将付费区整合在一起,便于客流组织,乘客进入站厅层不用思考乘车方向,先检票进入付费区。如果是岛式车站,则乘客直接下站台,在站台层辨识自己需要乘车的方向;如果是侧式车站,乘客进入付费区后再选择自己乘车的方向。站厅层的付费区一般整合为一个,非付费区一般设置在两端。如果是侧式站台,两个非付费区无法连通。厅台分层功能分区示意如图2-18所示。

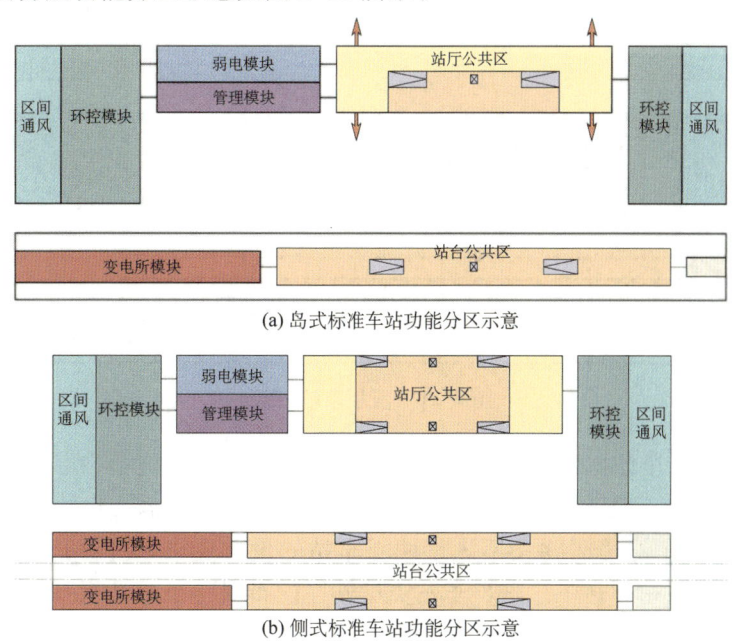

图2-18 厅台分层功能分区示意

特殊情况下,也有分站厅的形式,站厅被切割成两个部分,如图 2-19 所示。例如,河流或者下穿隧道将站厅截断成两个。这种情况不利于过街和客流组织,仅在特殊情况下采用,每个站厅各划分一个付费区和一个非付费区。

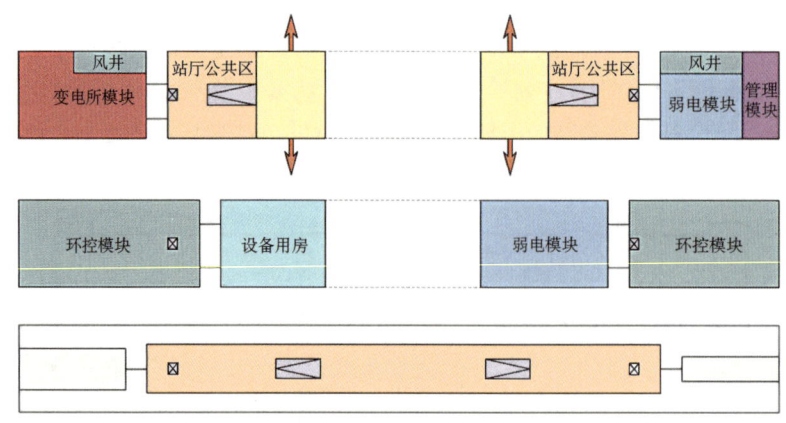

图 2-19　分站厅示意

有些车站的轨行区埋深较深,在采用明挖工法的情况下,可以布局三层及三层以上的空间。除站台层、站厅层以外,还可以设置设备层,即把大部分的设备管理用房设置在该层,这样的站型可以缩短车站长度,如图 2-20 所示。根据功能需求,设备层可以位于地下一层,也可以位于地下二层。

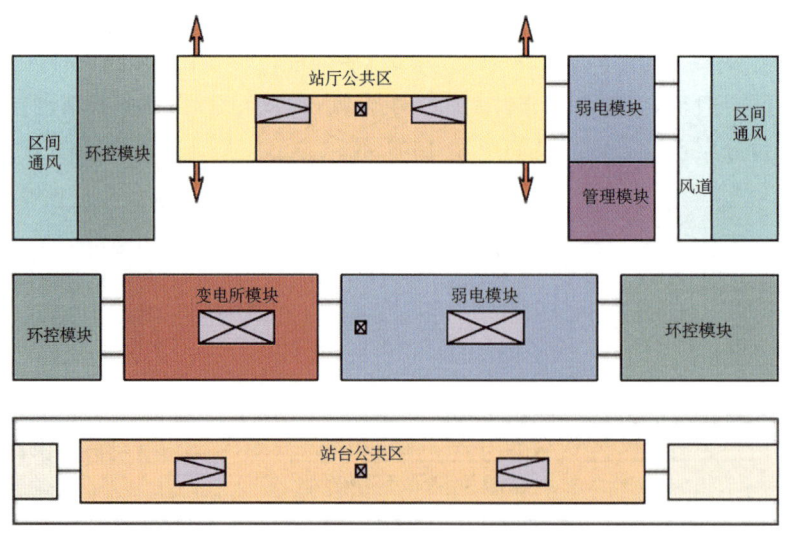

图 2-20　三层车站示意

厅台分层的地下车站的常规做法是站台在下、站厅在上。但是,在有些车站区间下穿既有线路区间或下穿深埋隧道、深埋管线的情况下,车站埋深很深,工程造价和实施风险都大幅增加,可是区间上穿障碍物又不满足两层车站的设置要求,此时可考虑采用厅台倒置的方案,即站台在上、站厅在下。这种车站类型站厅的布局与正常站型基本相同,如图 2-21 所示。

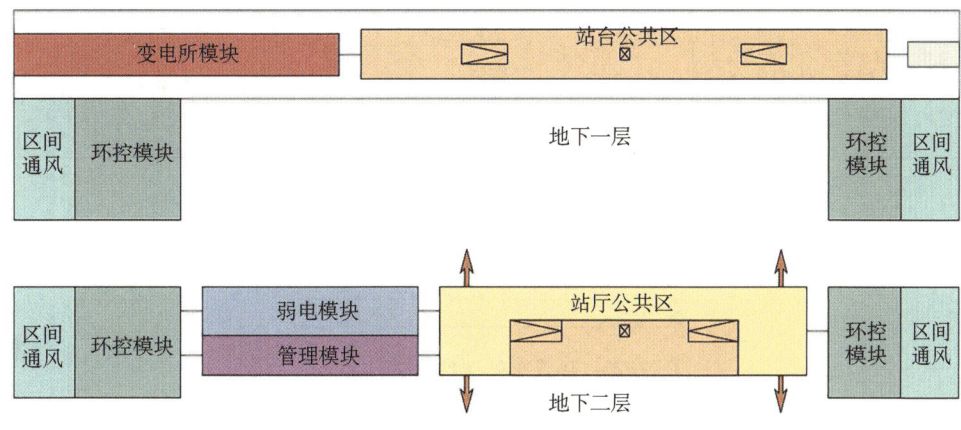

图 2-21　厅台倒置方案示意

2) 厅台同层

厅台同层形式在实际工程中并不多见，但是这种站型也有其特殊的应用场景。厅台同层方案常见于侧式车站，特殊情况下，岛式车站也可以采用。厅台同层方案一般受到线路标高控制，车站只能设计为单层车站，无法实现厅台分层，因此才会考虑厅台同层的方案。

对于侧式车站而言，厅台同层方案只能采用分站厅的方案：上行线侧站台对应一个站厅，下行线侧站台对应一个站厅，每个站厅均设置两个出入口，每个站厅均划分为付费区和非付费区，如图 2-22 所示。在厅台任意一点都可以满足疏散距离的情况下，厅台可以整合为一个大空间；如果部分区域无法保证疏散距离，则考虑在站台和站厅之间设置防火分区。防火分隔墙以内定义为站台空间，防火分隔墙以外定义为站厅空间，防火分隔墙上设置若干门洞作为站台层的安全疏散点，站厅空间的任意一点至出入口的距离均能满足疏散要求即可。

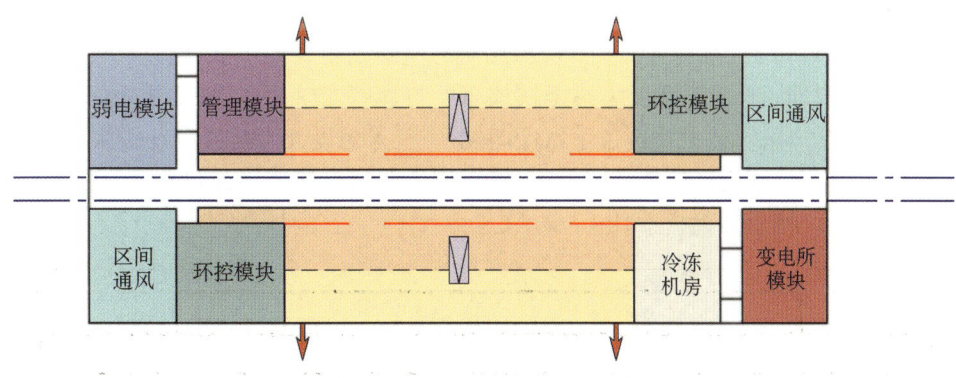

图 2-22　侧式车站厅台同层方案示意

岛式车站的厅台同层方案必须设计为宽岛，将站厅和站台均设置在宽岛之上，如图 2-23 所示。同样地，可考虑防火分隔墙将站厅与站台分开，分隔墙上设置门洞作为站台的安全疏散点，或者统筹考虑整个公共空间的疏散问题。这种站型一般考虑设置在路侧，出入口能够顶出；如果设置在路中则通过夹层空间或下穿通道设置出入口。

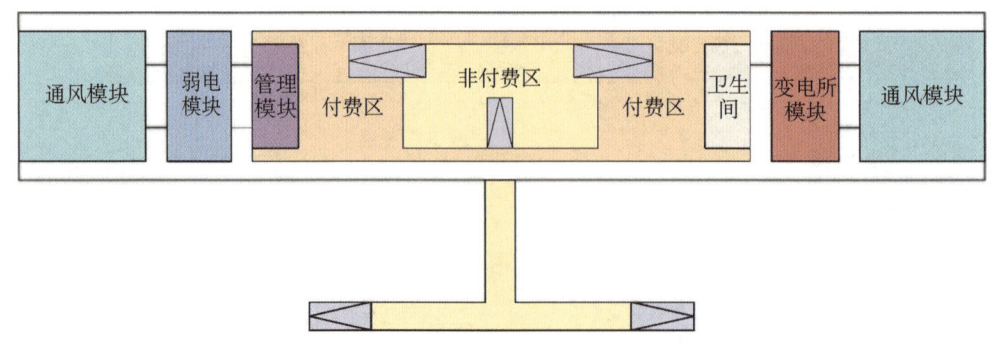

图 2-23 岛式车站厅台同层方案示意

2.3.3 地铁车站公共区标准化布置

地铁车站设计初期阶段应首先进行公共区标准化设计,针对不同车站类型,设计为标准站公共区和重点站公共区。在满足功能需求的前提下,应有效地控制车站规模,避免出现一条线的各家设计院各自为政、盲目设计、规模不一、功能不匹配等情况。

现阶段各大城市的轨道交通建设都很重视标准车站的研究工作,特别是对公共区的标准化研究,是每条地铁都要充分讨论和研究的一项重要课题,也都在彼此对照和相互参考。首先,需要确定车站的站台宽度,宽度过大会浪费,过小则无法应对车站周边的突发客流。现阶段各地的标准车站基本上都是以 11 m 的站台宽度起步,同时也在研究 11.5 m、12.0 m、12.5 m、13 m 这几种站台宽度的标准化设计。也有部分城市建成线路客流量很小,遂开始反思研究 10 m、10.5 m 的站台宽度。

站台层公共区长度主要受车型长度控制,其空间形态比较狭长,站厅层作为客流集散空间可适当控制规模。所以,标准车站的楼扶梯一般采用"八"字形布局,形态上从站台层至站厅层是一个收缩的状态,如图 2-24 所示。楼扶梯相对的空间是站厅的中部,通过栏杆和进出站闸机围合成付费区空间。付费区主要考虑楼扶梯布置与柱网能够适应,楼扶梯中间的相对空间能够满足客流集散要求。非付费区位于站厅两端,一般考虑设计为两跨。当车站为 4B、4C 等小编组车站时,为了控制站厅层规模,可考虑设置一处非付费区和一处付费区,采用单边进站形式。

图 2-24 标准站楼扶梯"八"字布局示意

1. 标准车站公共区整体布局
1) 6B 车站三组楼扶梯公共区布置形式
2010 年以前停靠 6B 车型的车站(以下简称 6B 车站)都是以两组楼扶梯布局为主,垂直交通设施能力有限,在后续的运营中逐渐出现了运能不足的问题,所以现阶段基本上以三组楼扶梯的布局形式为主,如表 2-3 所列。

表 2-3　　　　　　　　　　　　　　　6B 车站楼扶梯形式

6B 车站楼扶梯形式	简图	备注
两组楼扶梯: 一楼一扶		垂直交通设施能力较弱,一般不适用
三组楼扶梯: 一端上下行扶梯, 一端一楼一扶梯, 中部 T 形楼梯		通行能力强、服务均衡,现阶段的设计主流
三组楼扶梯: 两端上下行扶梯, 中部 T 形楼梯		通行能力强、服务均衡,人性化服务水平高,紧急疏散能力较弱
三组楼扶梯: 两端上下行扶梯, 中部 L 形楼梯		中间楼梯通行能力小,服务不均衡
三组楼扶梯: 两端上下行扶梯, 中部折跑楼梯		中间楼梯通行能力小,服务不均衡

(续表)

6B 车站楼扶梯形式	简图	备注
三组楼扶梯：两端上下行扶梯，中部直跑楼梯	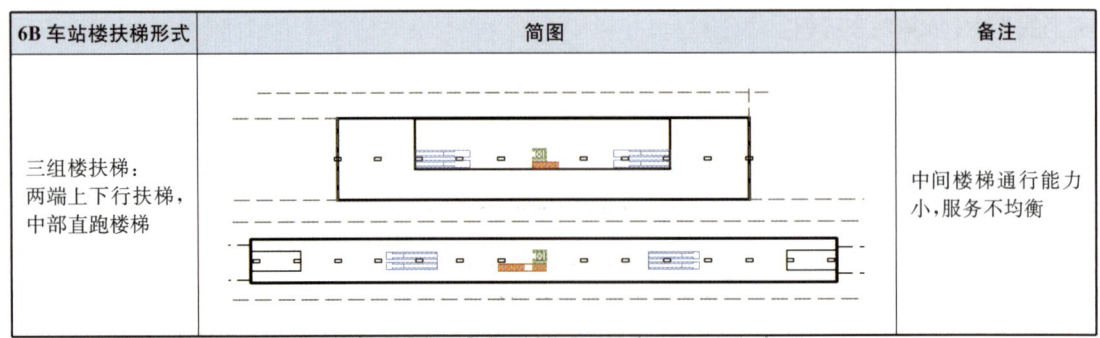	中间楼梯通行能力小，服务不均衡

以 6B 车站站台为例，现阶段基本以 11 m 的站台宽度为主，个别城市做到 11.5 m、12 m。三组楼扶梯的布局是现阶段的主流做法，两端采用上下行扶梯或者一楼一扶梯，这种形式一般没有争议。受到 B 型车公共区长度的限制，中间只能设置楼梯，而楼梯方案相对较多，有直跑梯、折跑梯、L 形梯和 T 形梯等。其中，T 形梯以其通行能力强、服务均衡等特点成为现阶段的主流设计。

当车站为 6B 三层车站时，由于楼扶梯的提升高度大，楼扶梯"八"字布局到达站厅后两组楼扶梯间距较近，空间上已经不存在布置三组楼扶梯的可能性，为了不减弱垂直提升能力，考虑将站台做宽，设置两组上下行扶梯夹楼梯的形式，如图 2-25 所示。

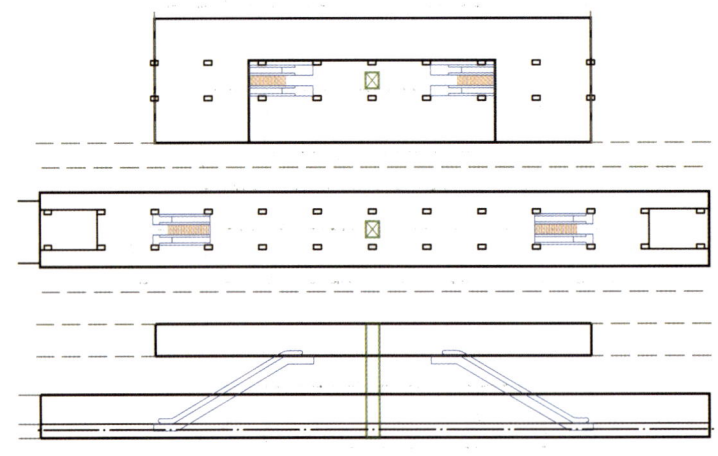

图 2-25　6B 三层车站"八"字布局楼扶梯

当车站为换乘站时，若三层车站采用"八"字楼扶梯布局形式，垂直提升能力就太低了。为了适应客流需求，可以考虑采用顺向布置楼扶梯的形式（图 2-26），避免楼扶梯相对布置产生干扰，在提高垂直交通设施能力的同时，楼扶梯的方向也能与换乘客流方向相匹配。当然，顺向布置的楼扶梯形式也适用于大客流的三层车站，这种布局形式站厅层规模较大，实际运用时，应关注客流的匹配性。

2) 6A 车站三组楼扶梯公共区布置形式

现阶段各大城市地铁工程中 6B 车型应用的比例大于 6A 车型，6B 车站的公共区标准布置是否适应 6A 车型车站（以下简称 6A 车站）值得深入研究。这个问题的答案需要从客运能力上寻求答案：6A 车型相较于 6B 车型的客流运载能力提升约 27.4%；相对来说，由站台宽度

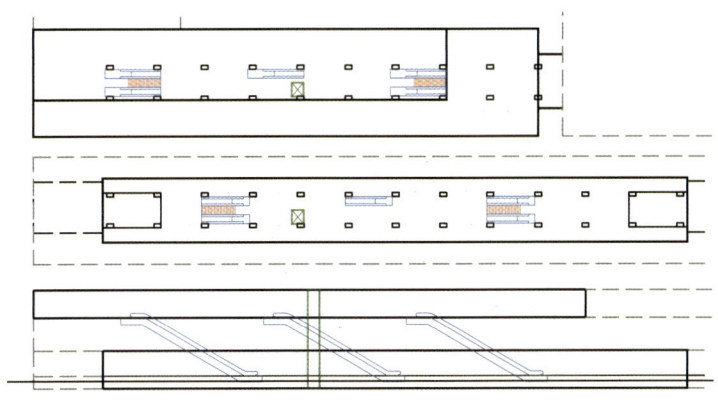

图 2-26 6B 三层车站楼扶梯顺向布置形式

增加导致的土建费用占总投资的比例是很少的,而 6A 车型相较于 6B 车型每延米侧站台车辆的极限客流运载能力提升将近 23.5%;所以,6A 车站其侧站台宽度和垂直交通设施能力相较于 6B 车站是有提升需求的,不应简单地照着 6B 车站加长一下就可以了,否则无法与车辆客运能力相匹配。所以,在设计中,6A 车站的站台宽度相较于 6B 车站整体上应有所提高。6A 车站可以考虑将 12 m 作为起步站台宽度,这样,在车站中柱偏心布置的情况下,车站公共区两端的楼扶梯可以从上下行扶梯提升为两扶夹一楼形式,公共区楼扶梯之间的间距也可适当加大,从而有效提升垂直交通设施能力。

由于 6A 车站的公共区长度较长,当客流量较大,或者为换乘车站时,为了提升垂直交通设施能力,也可以考虑采用"八"字加一撇的形式,甚至是 6A 三层车站也可采用"八"字加一撇的形式。当站台宽度达到 13 m 及以上时,中间上下行扶梯与垂直电梯可以并列设置,在这种情况下,可以考虑中间采用剪刀扶梯。6A 三层车站顺向布置的思路与 6B 三层车站是相似的,只是楼扶梯之间的间距加大一跨。6A 车站三组楼扶梯公共区布置形式如表 2-4 所列。

表 2-4　　　　　　　　　6A 车站三组楼扶梯公共区布置形式

6A 车站楼扶梯形式	简图	备注
三组楼扶梯: 两端两扶夹一楼, 中部 T 形楼梯		两层车站,站台宽度 12 m 起步,中柱偏心布置,公共区楼扶梯之间的间距适当加大
三组楼扶梯: "八"字加一撇楼扶梯,三组均为两扶夹一楼		两层车站,应用于客流量较大的车站或换乘车站

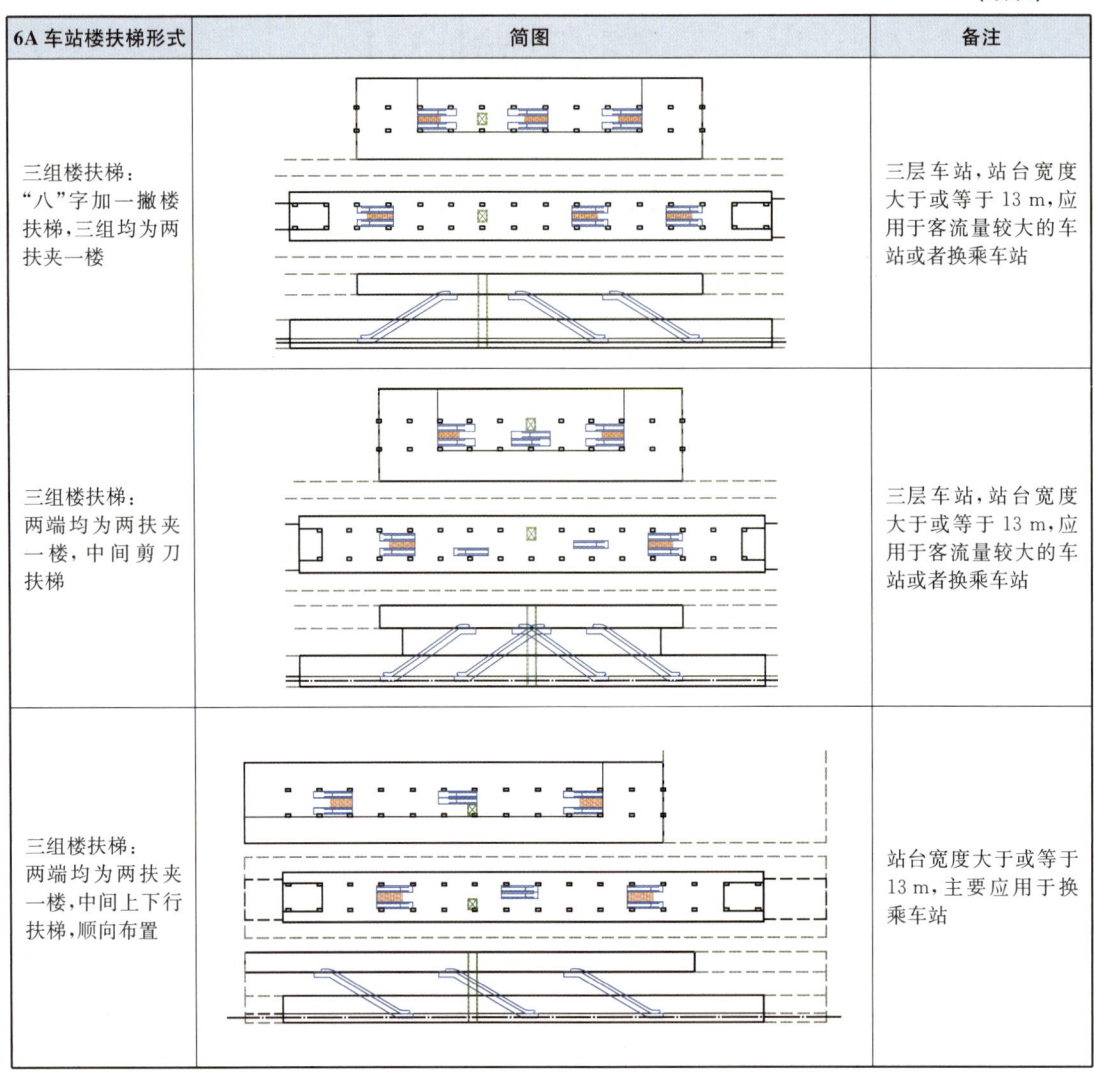

6A 车站楼扶梯形式	简图	备注
三组楼扶梯："八"字加一撇楼扶梯，三组均为两扶夹一楼		三层车站，站台宽度大于或等于13 m，应用于客流量较大的车站或者换乘车站
三组楼扶梯：两端均为两扶夹一楼，中间剪刀扶梯		三层车站，站台宽度大于或等于13 m，应用于客流量较大的车站或者换乘车站
三组楼扶梯：两端均为两扶夹一楼，中间上下行扶梯，顺向布置		站台宽度大于或等于13 m，主要应用于换乘车站

3) 四组楼扶梯公共区布置形式

8A车型的车站（以下简称8A车站）有效站台长度达到186 m，楼扶梯的布局空间较大，为了提升垂直交通设施能力，应进一步增加楼扶梯组数，一般标准车站可以考虑采用4组楼扶梯的布局形式，如图2-27所示。

当车站在建设宽度方向上受限，但是客流需求又特别大时，可以考虑采用窄站台多组楼扶梯的形式，这样既能保证侧站台宽度，又能保证较强的垂直提升能力。6A车站可以采用4组双"八"字形布置，6A、6B车站都可以采用4组楼扶梯顺向布置的形式，如图2-28所示。如果车站为带配线的、客流量较大的换乘车站，为了控制车站规模、压缩车站长度，可以采用窄站台增加楼扶梯组数的方案。采用四组楼扶梯顺向布置朝向配线区，这样既可以提升垂直交通设施能力，又可以保证足够的侧站台宽度。

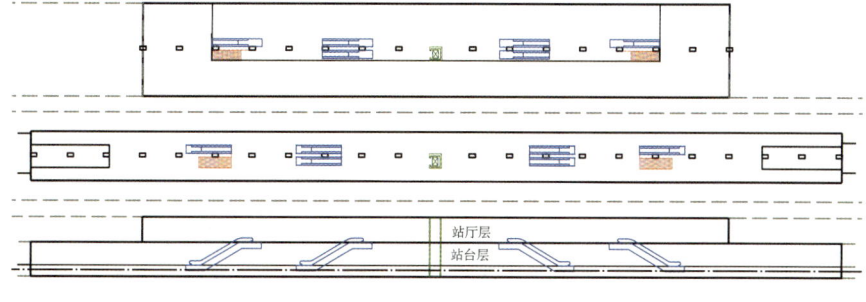

图 2-27　8A 车站楼扶梯公共区布置形式

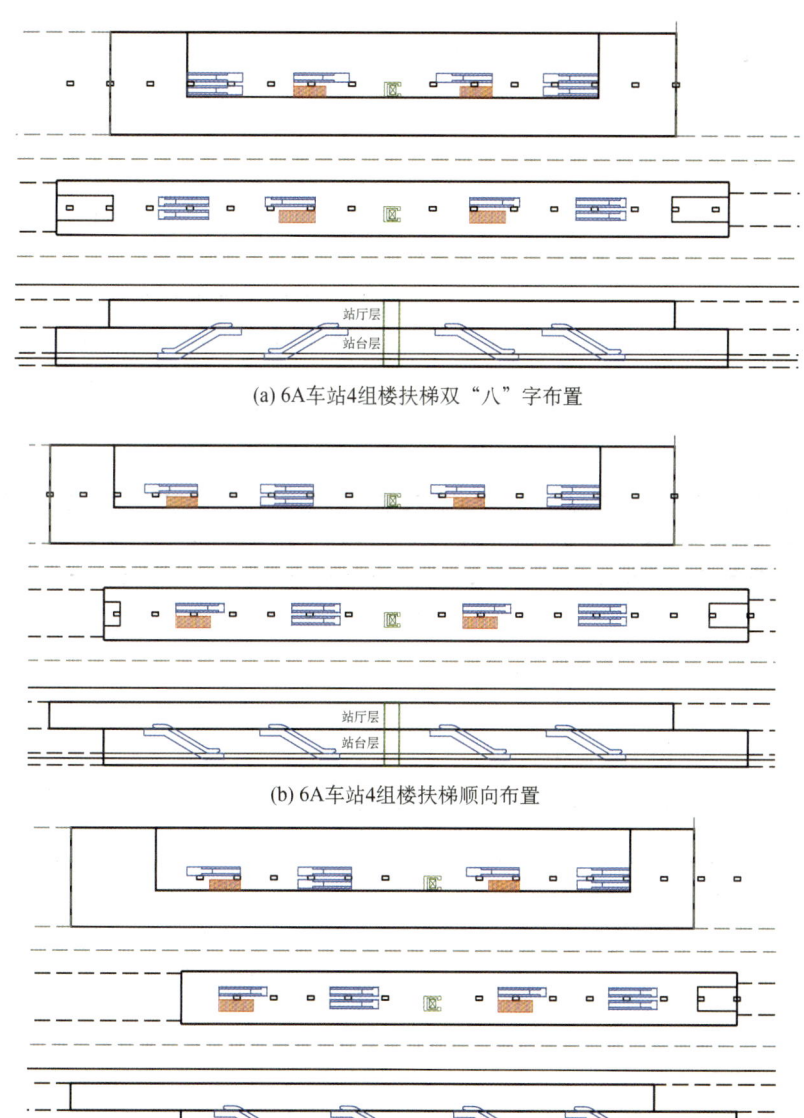

(a) 6A车站4组楼扶梯双"八"字布置

(b) 6A车站4组楼扶梯顺向布置

(c) 6B车站4组楼扶梯顺向布置

图 2-28　四组楼扶梯公共区布置形式

4) 公共区布局思考

当地铁车站的客流量较小时，若完全参考标准化布局是不合理的。想要压缩车站的规模，思路有很多，比如压缩站台宽度、压缩公共区长度等。从压缩规模的效率和功能合理性角度分析，非配线车站通过压缩站台宽度能够优化的车站规模较为有限，相比之下减少楼扶梯组数、压缩站厅层公共区长度，以及充分利用站台端部的空间设置设备管理用房才是最有效的控制规模的思路；为了不降低垂直提升设施的能力，可适当加宽站台，两组楼扶梯都采用两扶夹一楼的形式，如图 2-29 所示。以 6B 车站为例，两组楼扶梯宽岛布局方案较三组楼扶梯方案（图 2-30）可优化 600~800 m^2 土建规模。从发展的角度分析，如果车站周边的客流量发生巨大突变，车站升级为大客流换乘车站时，通过改造车站将部分设备管理用房设置在新建线路内，就可以置换出空间来增加楼扶梯，从而提升垂直设施的交通能力。如此一来，一个本来规模较小的车站转变为可满足大客流需求的车站。

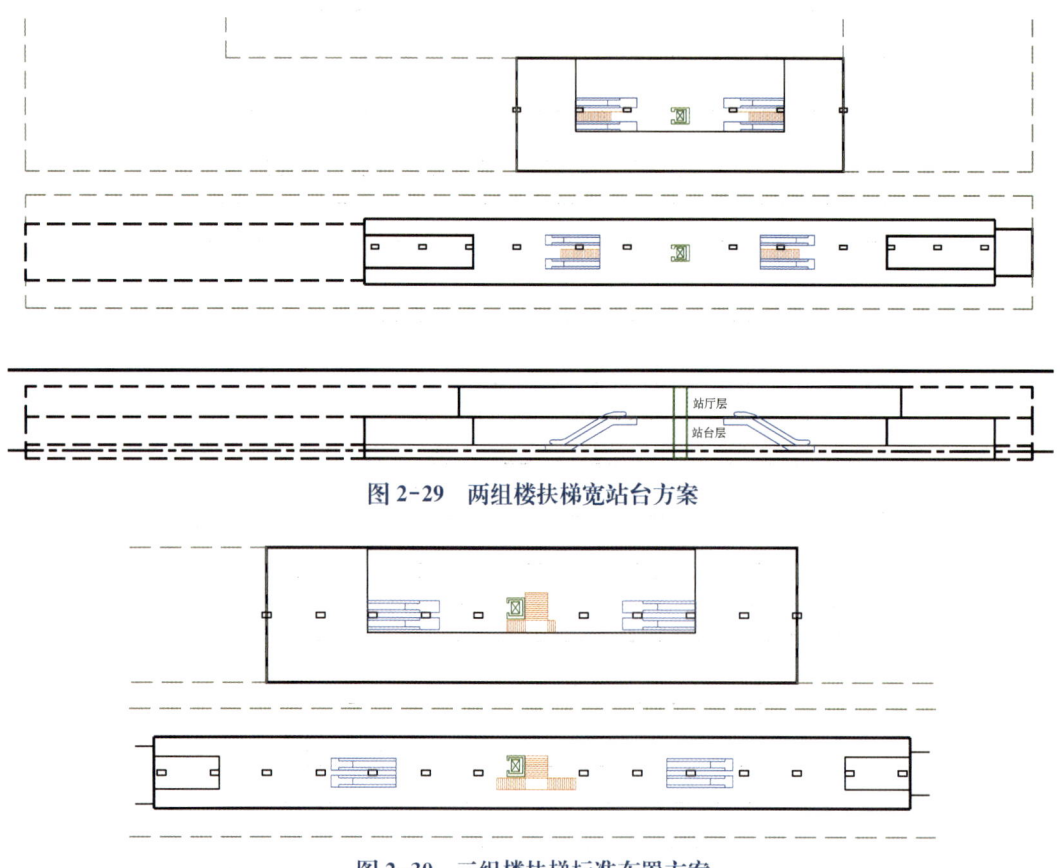

图 2-29　两组楼扶梯宽站台方案

图 2-30　三组楼扶梯标准布置方案

现阶段随着手机 App 扫码进出站的普及，自动售票机的使用频率越来越低，两端非付费区规模优化也成为车站公共区规模优化的主要方向。客流量不大且只有一个出入口的一端可以压缩非付费区宽度，不用拘泥于两跨方案。

对于 4C、4B 等车型的地铁车站而言，在客流量较小的情况下，可考虑一个付费区一个非付费区的单边进站方案，以有效控制车站站厅层的规模。

2. 换乘车站公共区整体布局

换乘车站公共区整体布局更加复杂,既要考虑垂直交通设施的能力提升问题,又要考虑公共区的换乘功能和客流组织问题。但是,不管多么复杂的问题,都可以拆解为若干单元去分析。就换乘车站而言,可以将其分解为几个标准车站,再找到各标准车站之间的互动关系。两个车站之间最主要的互动关系就是如何实现便捷换乘,这就需要楼扶梯的布置与换乘客流方向相匹配。为了更容易理解这个问题,找到两个车站的站台投影形心位置,一条线路的所有楼扶梯都朝向或者趋于朝向另一条线路的有效站台的形心方向就是合理的楼扶梯布局。

1) T形换乘车站公共区布局

以T形换乘车站为例,一个车站的有效站台是T形的一横,另一个车站的有效站台是T形的一竖,根据站台的位置关系很容易得出结论,作为T形换乘车站中一竖的站台,其楼扶梯应顺向布置,即朝向另一条线路的形心位置,而作为T形换乘车站中一横的站台,其楼扶梯应"八"字布置,即趋于朝向另外一条线路的有效站台的形心位置。

不管是6A车站还是6B车站,作为T形中一竖的车站,其楼扶梯均考虑顺向布置,目的是保证服务的均衡性。一般6B车站每组楼扶梯的间距为两跨,6A车站每组楼扶梯的间距为三跨。作为T形中一横的换乘车站,6B车站的有效站台长度有限,且受到中部换乘楼梯的影响,只能"八"字布置两组楼扶梯(图2-31)。但是,6A车站的有效站台较长,既可以参考6B车站的两组楼扶梯布置方案,适当加大楼扶梯间距(图2-32),也可以考虑两个站台偏心对位,设置三组楼扶梯,采用"八"字加一撇的形式(图2-33)。

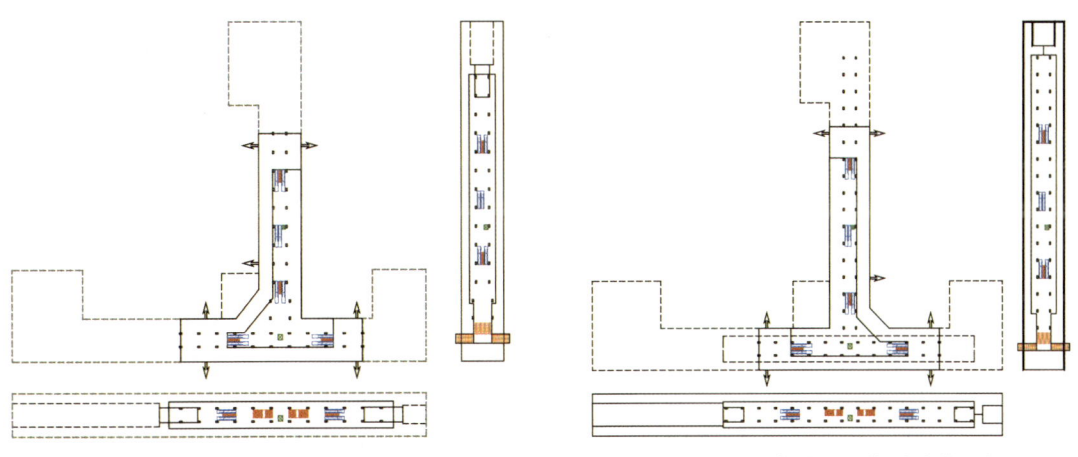

图2-31　6B车站T形换乘公共区布局　　　　图2-32　6A车站T形换乘公共区布局

2) L形换乘车站公共区布局

L形换乘车站两条线路之间的站台首尾相接,从空间形态上分析,两线之间的楼扶梯均应采用顺向布置方式才能实现两线之间的便捷换乘(图2-34)。一般情况下,均考虑设置3组楼扶梯,目的是保证服务的均衡性。通常,6B车站每组楼扶梯的间距为两跨,6A车站每组楼扶梯的间距为三跨。

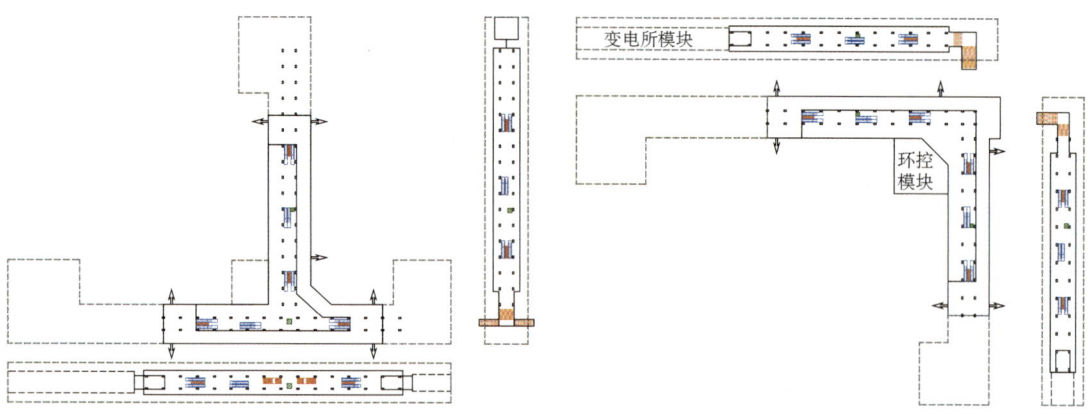

图 2-33　6A 车站 T 形换乘公共区布局
（"八"字加一撇布局）

图 2-34　6B 车站 L 形换乘公共区布局

3)"十"字形换乘车站公共区布局

"十"字形换乘车站两线有效站台十字相交，形心重叠，两线的楼扶梯均采用"八"字布置，这样能够方便乘客换乘，在站台设置两线之间的"十"字形换乘楼梯（图 2-35）。为了客流组织较为便捷，有足够的客流缓冲空间，站厅层公共区两线相接处均考虑设置腋角拓宽，以增加付费区和非付费区的空间。A 型车的"十"字形换乘车站的垂直交通需求较大，一般考虑偏心相对，采用三扶梯"十"字形换乘方案，如图 2-36 所示。

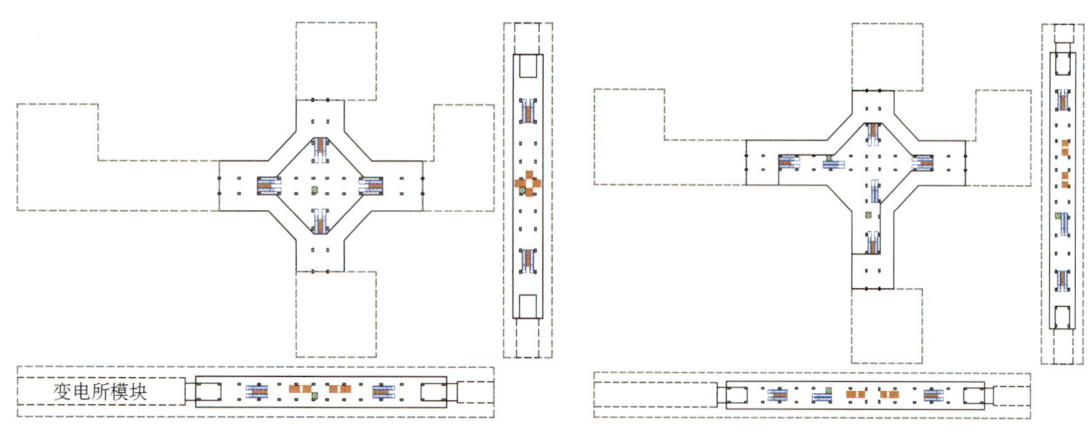

图 2-35　6B 车站"十"字形换乘公共区布局

图 2-36　6A 车站"十"字形换乘公共区布局

4) 岛侧同台换乘车站公共区布局

岛侧同台换乘车站是比较常见的平行换乘形式，中间两根线为 A 线的左右线，两侧两根线为 B 线的左右线，部分换乘客流可以通过同站台实现换乘。两个站台对称布置楼扶梯，考虑到很多乘客已通过站台实现换乘，所以垂直交通的压力变小了。6B 岛侧同台换乘车站的两个站台的楼扶梯可以按照"八"字布局，中间布置 T 形楼梯（图 2-37）；如果平行换乘的两条线为 6A 车站，其楼扶梯布局不仅可以采用"八"字布局加中间 T 形楼梯的方案，也可以采用"八"字加一撇的形式，只是这种布局方式会使公共区的规模加大（图 2-38）。

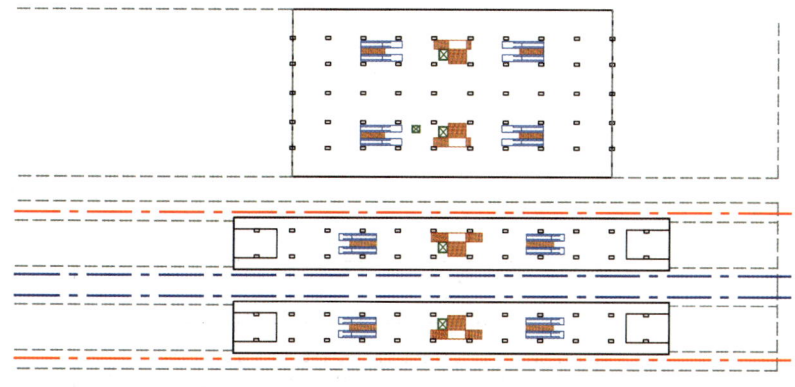

图 2-37　6B 岛侧同台换乘车站公共区布局

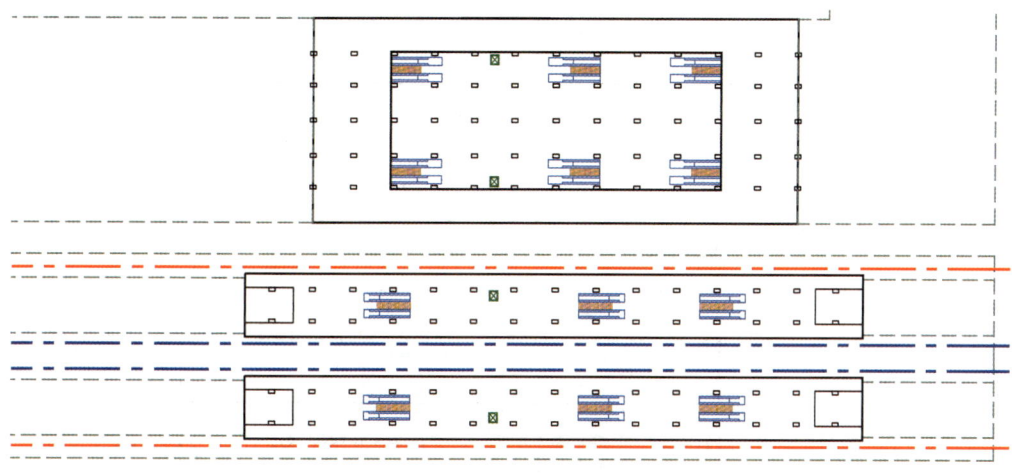

图 2-38　6A 岛侧同台换乘车站公共区布局

5) 平行双岛换乘车站公共区布局

平行双岛换乘车站相当于两个标准车站靠拢在一起，所有的换乘客流都需要通过站厅层公共区进行换乘，也就是所有的换乘客流都需要通过垂直交通设施升至站厅层，同时叠加车站自身的上下客，导致垂直交通设施的压力较大。所以，相较于岛侧同台换乘，平行双岛换乘车站更应重视垂直设施交通能力的提升。

在 6B 平行双岛换乘车站设计中，考虑将中间的 T 形楼梯替换成剪刀扶梯，在提升垂直交通设施能力的同时也提升人性化服务水平（图 2-39）。如果是配线车站，公共区面积的增加不会影响车站整体土建规模，为了提升垂直交通设施能力，应增大站厅层客流集散空间，楼扶梯可采用顺向布置方案（图 2-40）。从客流组织角度考虑，顺向布置的楼扶梯每个楼扶梯的走行方向一致，以便于针对早晚高峰制订合理的客流组织方案，可以最大限度地避免客流交叉问题。对于 6A 平行双岛换乘车站而言，由于站台长度优势，可选方案较多，既可以顺向布置，也可以"八"字加一撇方式布置；如果客流量较大，又是配线车站，甚至可以采用窄站台 4 组楼扶梯的形式，以实现减小工程规模的目标。

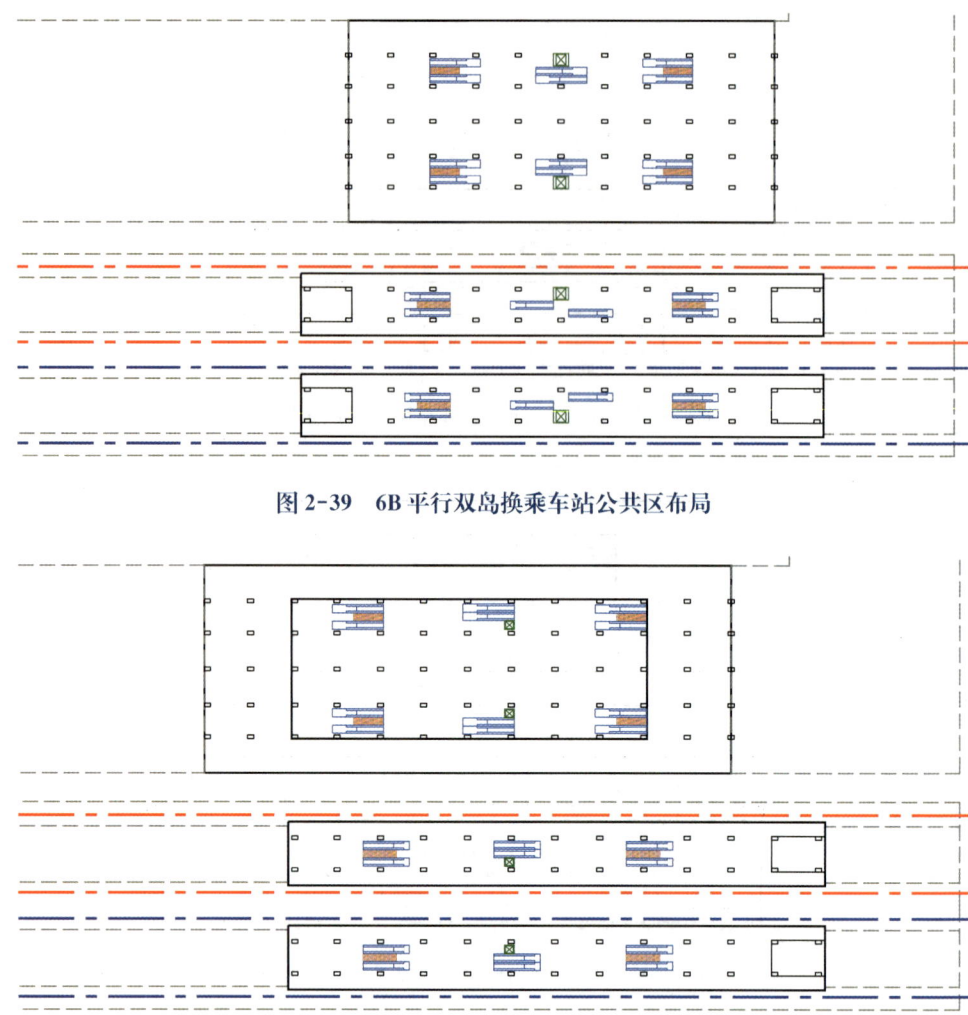

图 2-39　6B 平行双岛换乘车站公共区布局

图 2-40　6B 平行双岛换乘车站楼扶梯顺向布置

6）叠侧同台换乘车站公共区布局

叠侧同台换乘是指一条地铁线路左、右线自叠,然后再与另外一条左、右线自叠的线路平行布置,分别将不同线路的侧站台设置在同层岛上,实现同台换乘功能。这种类型的换乘车站大部分的换乘客流可以通过同站台实现换乘,另一部分换乘客流则需通过换乘楼梯走行至另一层站台实现换乘。所以,相对来说,换乘客流对于垂直交通设施的压力并不大。上、下两层站台,能够设置的楼扶梯数量有限,为了减小上、下层楼扶梯之间的影响,考虑两层站台以及站台之间的垂直交通设施全部采用顺向布置方案。设置两组楼扶梯从上层站台直达站厅,设置两组楼扶梯从下层站台直达站厅,同时在上、下层站台之间设置一组联络楼扶梯,该组楼扶梯可与上层站台的楼扶梯顺接,则联络楼扶梯除满足换乘功能以外还可以作为出站设施使用,从而给下层站台提供多个通行路径。6B 叠侧同台换乘车站只能考虑垂直电梯与自动扶梯并列设置(图 2-41),而 6A 叠侧同台换乘车站可以实现垂直电梯与楼扶梯分开布置,以增强垂直交通设施的提升能力(图 2-42)。下层站台垂直交通设施能力强,站台阻断较少,设计中应考虑将两线换乘客流量较大的行车方向成对布置在下层站台。

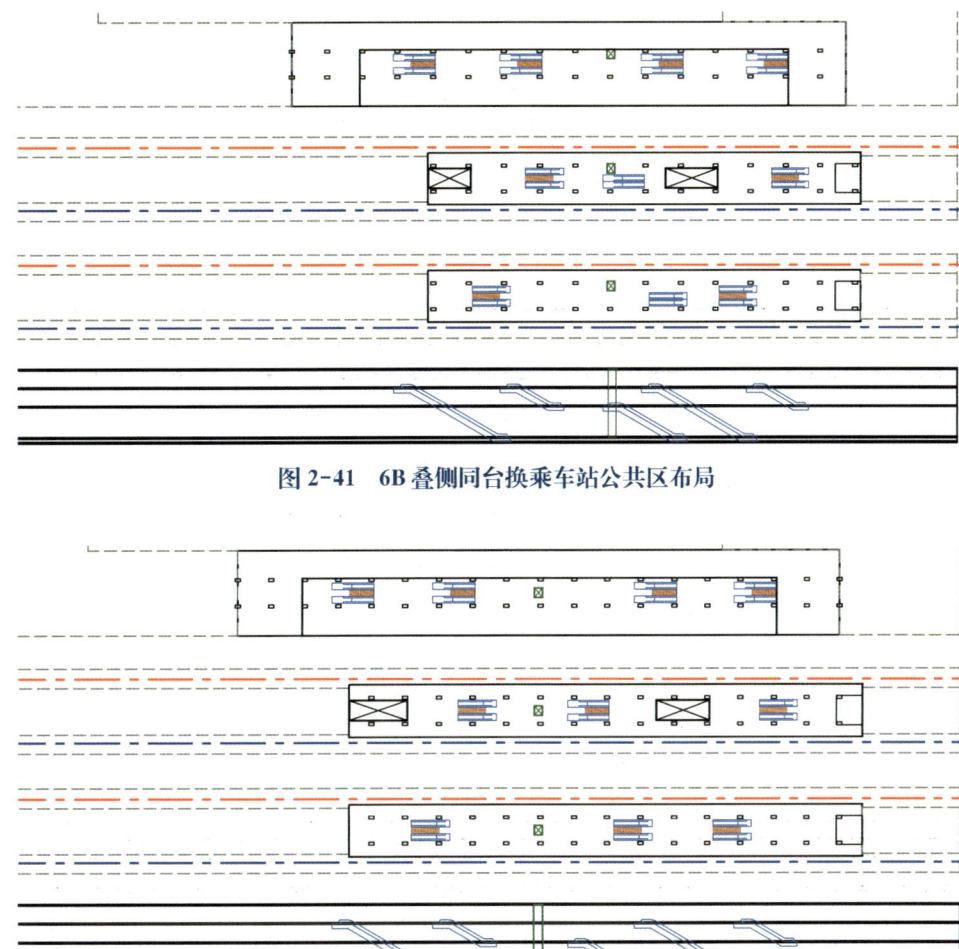

图 2-41　6B 叠侧同台换乘车站公共区布局

图 2-42　6A 叠侧同台换乘车站公共区布局

7）上下叠岛换乘车站公共区布局

上下叠岛换乘车站是两线站台重叠布置,线路之间不能实现同站台换乘,换乘客流必须通过站台到站台的联络楼扶梯实现换乘。如果换乘客流比较集中,站台到站台的换乘楼扶梯不能满足通行能力需求,会有部分乘客拥堵在站台至站厅的垂直交通设施口部,从而影响服务水平,所以换乘车站设计上下叠岛的楼扶梯布局是不能完全照搬叠侧同台换乘车站的布局,应该重视站台到站台之间联络楼扶梯的提升能力。鉴于此,在方案设计阶段,考虑将上下叠岛换乘车站的站台到站台换乘楼扶梯设计为两组。这样一来,6B 叠岛换乘车站有两组楼扶梯从上层站台升至站厅层,有两组楼扶梯从下层站台升至站厅层,还有两组楼扶梯实现台到台的换乘功能。较强的站台到站台的提升能力可以避免乘客从站厅绕行换乘,如图 2-43 所示。

对于超大客流的车站而言,其上、下层站台之间的换乘客流量较大,同时,每条线的进出站客流量也较大,这种情况下,可考虑上、下层站台错位布置,以增加上、下层站台的楼扶梯数量,如图 2-44 所示。

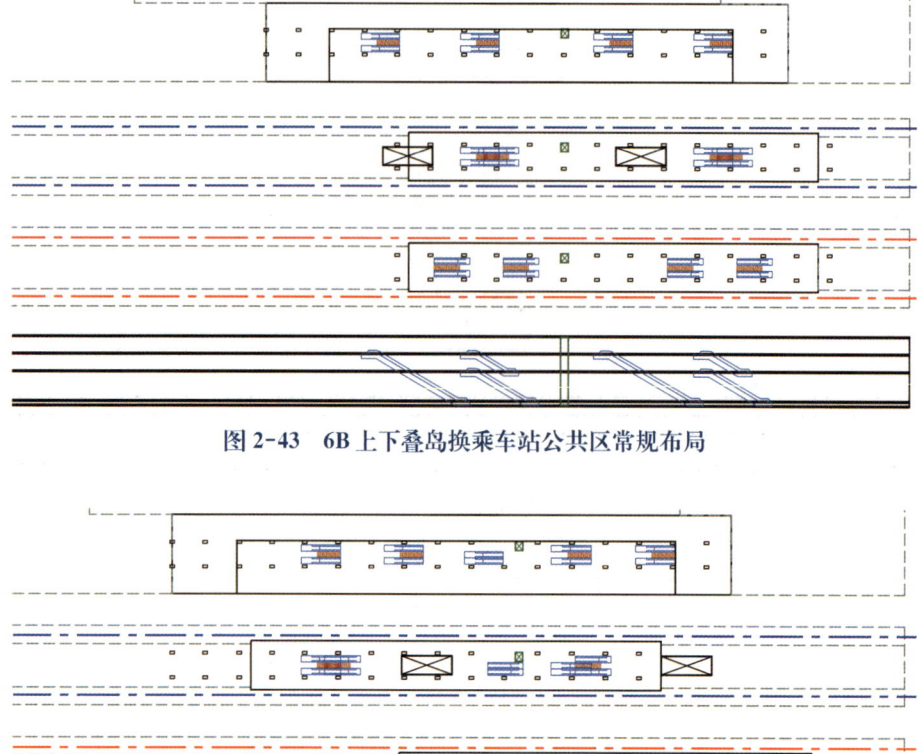

图 2-43　6B 上下叠岛换乘车站公共区常规布局

图 2-44　6B 上下叠岛换乘车站公共区错位布局

对于 6A 上下叠岛换乘车站，在站台不错位的情况下，可以实现上、下层两组换乘楼梯，还能够根据上、下层线路的客流情况额外增加一组楼扶梯，如图 2-45 所示。

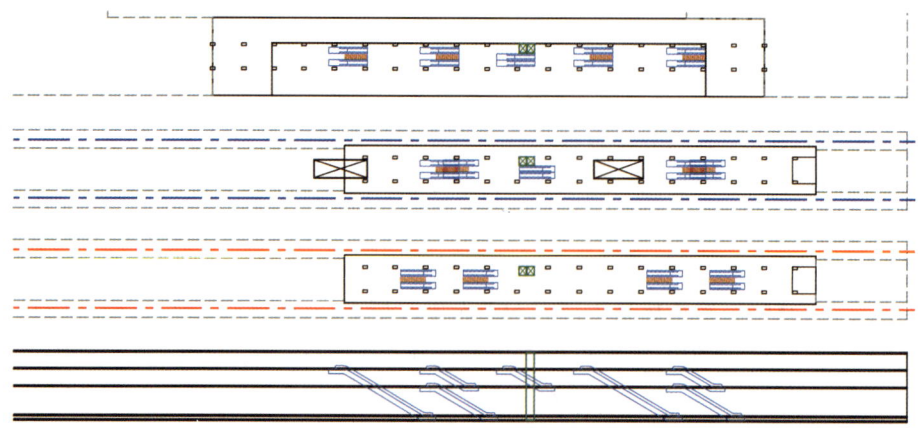

图 2-45　6A 上下叠岛换乘车站公共区布局

2.3.4 外三区:出入口通道

出入口通道是车站重要的交通空间,同时也是站厅公共区与室外的过渡空间。相较于民用建筑,地铁车站的这个过渡空间较长,包含通道、提升段、地面罩棚、室外台阶、地面小广场等。总之,地铁车站建筑的出入口通道既是站厅公共区连接室外地面的过渡区域,也是站厅空间的延续,它既有着重要的功能性要求,也有着艺术处理上的需求,要考虑乘客在漫长、狭窄、压抑的过渡空间中的精神感受。

出入口通道可以利用下沉广场、采光天窗等手段来提升景观效果。对于出入口的出地面罩棚的设计,一般有两种思路:一种是设计为标志性建筑,强势引流;另一种是设计为标准口,与周边环境相融合。地下长通道的常规设计手法也有两种,其中最普遍的做法是将出入口通道的装饰色彩及材料与公共区相近,把其作为公共区空间的延伸;另一种做法是将出入口通道的色彩及材料与站厅公共区形成强烈对比,乘客从出入口通道进入站厅后会有一种豁然开朗的感觉,这种设计手法适用于装饰效果鲜明、空间恢宏大气的站厅层公共区。总之,车站出入口通道是车站建筑空间组合的重点,在进行空间环境设计构思时,应满足使用方便、空间得体、环境优美、装修适宜、技术合理、经济有效等要求,如此才有可能解决好出入口通道空间布局的问题。

地铁车站属于功能比较复杂的公共建筑,各种制约条件远比普通公共建筑要多,尤其是出入口通道,其对内需要兼顾客流组织和紧急疏散,对外要衔接市政道路,形式复杂多样。但是,在进行空间组合时,依然能够按照出入口通道的具体条件和要求,对不同形式的出入口通道进行分析,根据对内、对外的不同排列关系,搭配出合理的方案,并因地制宜地解决出入口功能布局中的主要矛盾。当然,各部分中的小矛盾不是不需要解决,而是随着方案设计的深入再逐步地展开,这种逐步展开的思维方法应以不失掉大关系的完整性为前提。

1. 出入口的位置及数量

地铁车站的出入口是车站与城市道路的重要接口,是车站服务空间的起点(图 2-46)。出入口位置的均衡性、与客流方向的匹配性共同决定了出入口的服务水平,也影响着整个车站的服务水平。

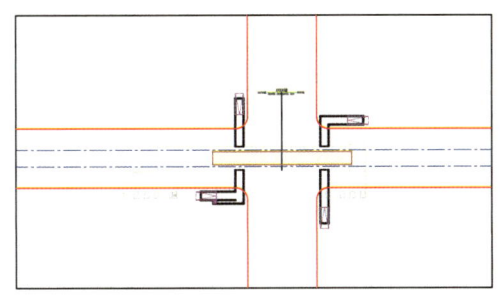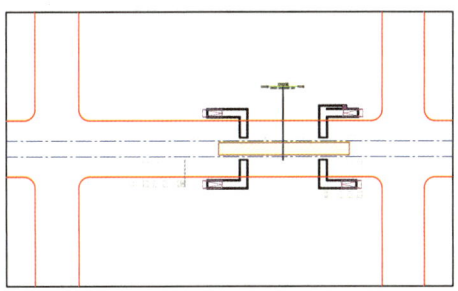

图 2-46 标准地铁车站出入口布局

一个标准地铁车站的出入口数量最合理的是 4 个,其布局也有多种形式,根据客流需求和建设环境决定(图 2-47)。对于跨路车站,当 4 个出入口分别位于路口的 4 个象限时,服务均衡性最好;对于不跨路车站,4 个出入口也能分别代表每侧道路的两个方向,缺少任意一个都会在该方向上造成客流服务水平的降低;当然也有例外,如果在某个方向上面对的是规划绿地、山体、工业区、军事区等没有客流的情况,可以考虑取消这个方向上的出入口。

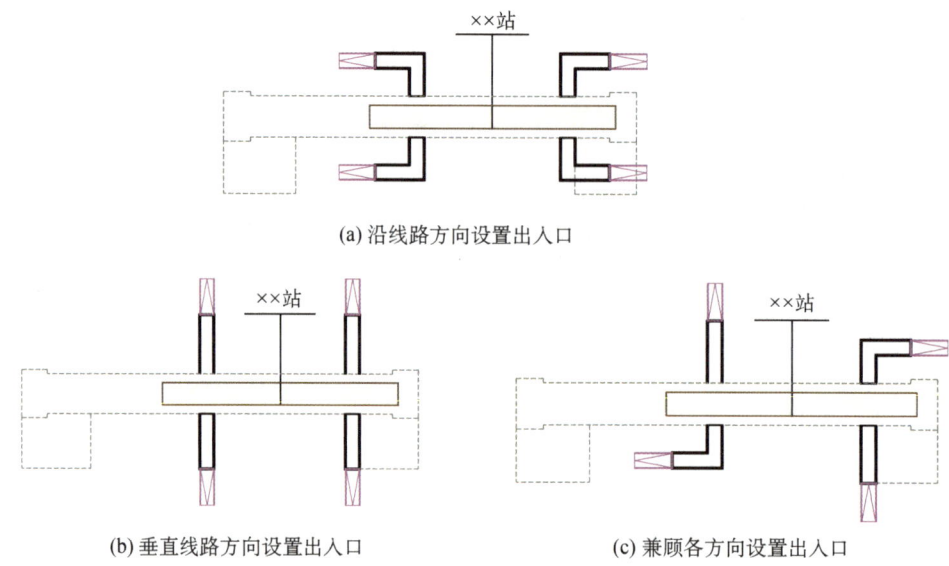

(a) 沿线路方向设置出入口

(b) 垂直线路方向设置出入口　　　　　　(c) 兼顾各方向设置出入口

图 2-47　出入口不同布局方式示意

在建设条件允许的情况下,一定要把标准车站的出入口数量做足;对于斜穿地块等特殊站位的出入口则可根据规划条件设置,原则上也需要均衡地兼顾各个方向的客流。

换乘车站的出入口更应该注意服务的均衡性,结合建设环境条件兼顾各个方向的客流,由于换乘车站客流量较大,因此,当某个象限缺失出入口时,想办法创造条件也要做一个过街的出入口来满足客流需求。换乘车站出入口的布置如图 2-48 所示。

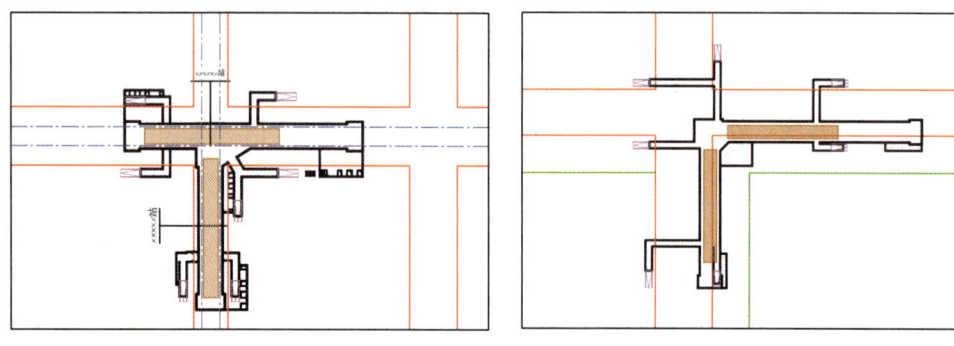

图 2-48　换乘车站出入口的布局

2. 出入口的布置法则

出入口的基本布置法则是顺应客流、分散向外、顺直通畅、简短直接。其中,顺应客流、分散向外的原则是能够兼顾各个方向的客流,出入口功能不重复,开口方向不顺拐(道路同侧出入口开口方向相同),如图 2-49 所示。可以把出入口比作手指,其最佳的状态应该是像五指分开的手掌一样,以掌心为形心向外延展。车站的出入口就应该是以有效站台为形心向外延展,开口方向也是向外延展,以便接纳各个方向的客流,如图 2-50 所示。车站投影范围内的客

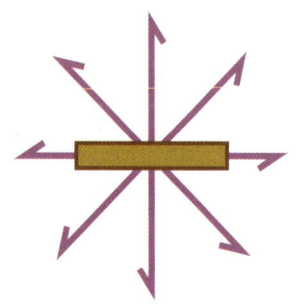

图 2-49　出入口伸展示意

流毕竟是少数,应重点照顾外围客流。另外,顺直通畅、简短直接是指出入口通道避免迂回弯折,减少走行距离以及避免出现三个以上的拐弯。

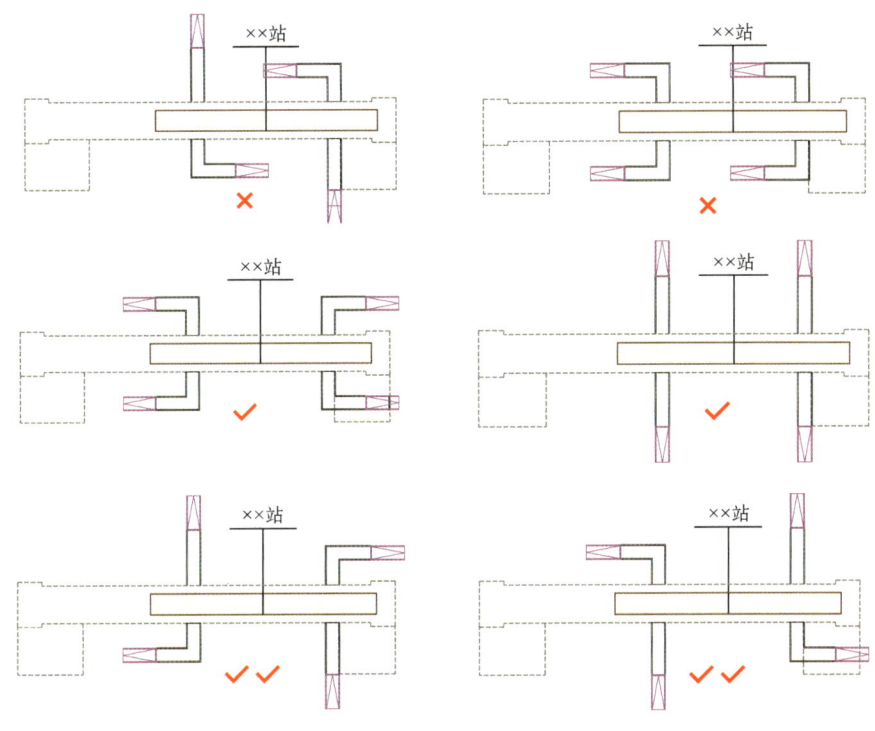

图 2-50　各类出入口布局形式
(✓✓表示最佳,✓表示合理,✗表示不合理)

如果出入口所在道路与车站主体斜交,则出入口通道出主体后迅速弯折垂直朝向道路方向延伸,至路侧后立即弯折爬升出地面就可形成整个出入口通道的路径,这也是最短路径,如图 2-51 所示。如果两个弯折点之间能够满足设置人防段条件,将人防段设置在弯折段是最节约出入口长度的方式;若弯折段不满足设置人防段条件,则根据具体情况考虑设置在另外两段长度范围内。

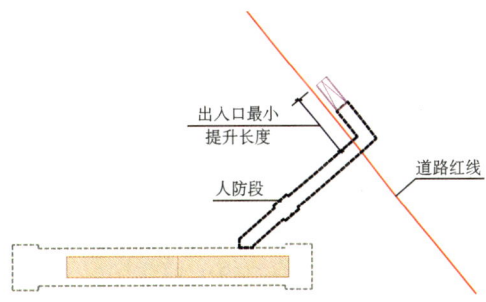

图 2-51　出入口通道布置

3. 出入口设计的控制因素

地铁车站的出入口布局主要受三方面因素的控制:①出入口布局应满足公共区的疏散要求;②出入口布局应满足客流服务的需求;③出口布局需适应建设条件的限制。

1) 满足公共区的疏散要求

满足公共区的疏散要求主要体现在两个方面:疏散距离和疏散宽度。

(1) 疏散距离。

根据相关规范要求,标准地铁车站的公共区至少要有两个出入口,且宜分散布置,同侧的两个出入口的开口位置间距应大于 20 m,并需要保证站厅层公共区内任意一点的走行疏散距

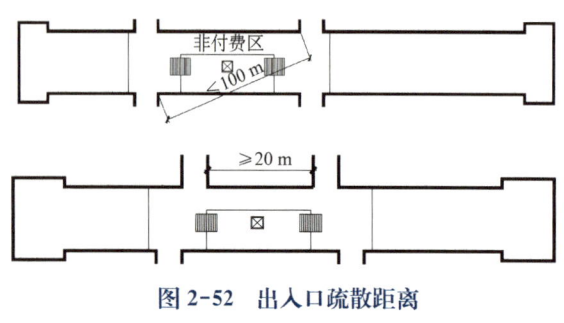

图 2-52 出入口疏散距离

离不能超过 50 m，如图 2-52 所示。对于分站厅车站及单层侧式车站而言，每个站厅都应设置两个出入口，如果建设标准出入口条件有限，也必须保证有一个标准出入口，另一个是宽度不小于 1.8 m 的折跑楼梯出入口。换乘车站的出入口数量不少于两倍线路数，如果换乘车站的公共区面积不大于 5 000 m^2，无须划分防火分区，整个公共区的出入口共享，且对出入口位置没有具体要求，满足数量和疏散距离要求即可；如果换乘车站的公共区面积大于 5 000 m^2，则需要划分防火分区，每个防火分区均需设置两个以上疏散口，且每个防火分区应独立满足疏散距离要求。原则上，不能将车站公共区两个防火分区之间相互连通的防火门计入任何一个防火分区的出入口数量。

(2) 出入口宽度。

关于出入口宽度问题，一般情况下，出入口的净宽度按照 6 m 考虑，出入口楼扶梯段的两个 1.8 m 的自动扶梯加上一个 2.4 m 的人行楼梯宽度刚好为 6 m，如此便满足大多数车站的通行功能需求。对于条件受控的出入口，可以考虑设置 4.5 m 宽的一楼一扶的布局形式。但是，如果出入口所在区域未来有再开发的可能性，建议出入口通道还是按照 6 m 净宽设计，出地面的楼扶梯按照 4.5 m 宽设计，预留出以后开发接入条件，以防有大客流汇入的可能性。

2) 满足客流服务的需求

从满足客流服务需求的角度来说，出入口数量越多、布局越分散越好，但考虑到服务是有限度的，所以出入口设置还需考虑性价比，同时，对于重要的客流方向必须考虑设置出入口。

当地铁车站的出入口不受建设环境控制，出入口的布局应综合考虑客流特征、主客流方向、客流吸引范围等因素。通过线网分析能够知道与车站垂直方向的客流服务范围更大，同时，交通接驳的公交车等配套交通设施一般也主要是垂直于地铁线路方向走行，不会与地铁线路重叠布置，所以，出入口的布局也要考虑交通接驳设施的影响。

关于出入口在一个象限内具体朝哪个方向布置也是有讲究的，需要充分调研车站周边的客流情况、本线相邻车站的站间距以及周边轨道交通线网分布情况后确定。一般情况下，城区内地铁车站的站间距仅为 1 km 左右，相邻两个车站的出入口间距很多时候甚至不到 500 m，但是垂直于线路方向的其他线路可能要在 7～8 km 以外了，也就是说，垂直方向 3～4 km 范围内的客流可能都需要通过步行或者其他形式的接驳交通至本站乘车。原则上，垂直于线路方向的出入口其覆盖的客流范围更大，所以需要综合分析周边情况才能确定合理的出入口朝向。地铁车站客流吸引范围如图 2-53 所示。

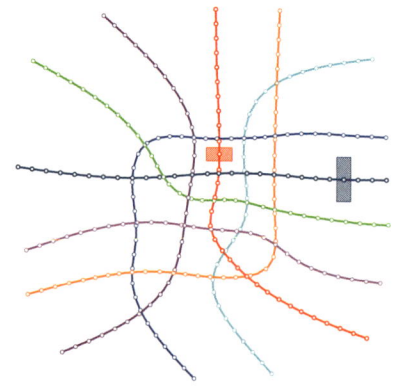

图 2-53 地铁车站客流吸引范围示意

很多情况下，地铁车站早、晚高峰会显现出不同的客流特征。以通勤客流为例，车站周边以大型居住区为主的情况下，早高峰客流特征以进站为主，且早高峰时段通勤乘客都比较赶时间，所以在考虑车站出入口与其他交通方式衔接的便捷性的时候以早高峰时段的客流为重点研究对象。早高峰时段的便捷性体现在车站出入口与其他交通设施的匹配性上，其他交通方式一般都遵循右侧通行原则，那么，对于大型居住区的客流来说如何方便地进站成为最重要的客流特征。居住区客流特征与地铁车站出入口关系如图2-54所示。对于大型商务办公区域，早高峰时段以出站客流为主，设计中应重视出站客流与右侧通行的其他交通设施之间的便捷沟通。商务区客流特征与地铁车站出入口关系如图2-55所示。在客流特征混合的情况下，每个出入口会有自己的重要服务特性，需要针对不同方向的出入口做详细的分析论证。对于会展中心、体育活动中心等重要客流对象，更应该分析其日常通勤客流与大型活动或赛事的叠加影响，会展中心、体育活动中心等设施的客流特征是进场为连续客流、散场为集中客流，特征比较明显，所以其出入口的布局同样有典型的布置模式。在重点客流服务对象距离较远需要交

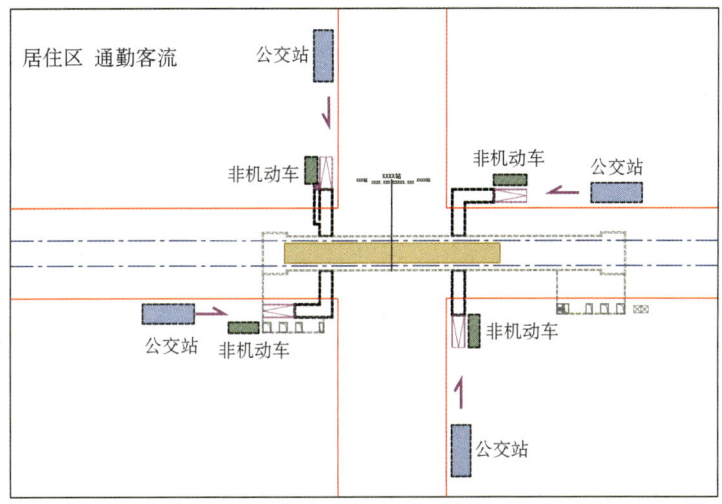

图2-54　居住区客流特征与地铁车站出入口关系

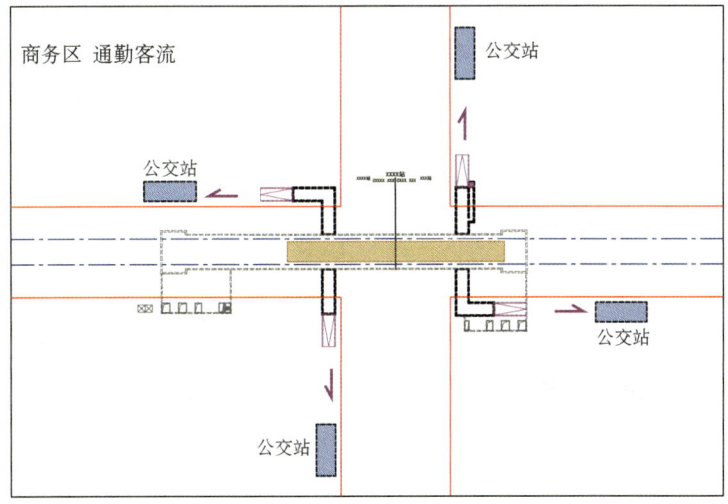

图2-55　商务区客流特征与地铁车站出入口关系

通接驳的情况下,其出入口应与集中客流方向相匹配,如果地铁车站的出入口布置在重点客流服务对象附近,则应充分考虑车站出入口服务的均衡性,为了提高车站服务设施的能力,尽量考虑车站两个非付费区能够分别有出入口接入重点客流服务对象的广场范围,且两个出入口的通行能力较为均衡,这样就能减少集中客流对车站单端的客流压力。

3) 适应建设条件的限制

建设条件的限制是地铁车站出入口设计中最难克服的问题,疏散需求和客流服务需求都可以通过客流计算及分析来做出比较准确的判断,但是理想中的出入口落位点往往与建设边界条件产生矛盾。出入口作为地铁车站出地面的设施,一般不能侵入道路红线,路侧征地拆迁对出入口的影响是非常大的。

为了克服建设条件的限制,首先考虑微调车站的站位及车站的大小端对调(图 2-56),协同考虑车站的几个出入口、风亭与车站主体的接口位置以及出入口的落位地点,使出入口的布局既能满足建设环境的要求,又能使出入口简短顺畅,还能使出入口具有良好的客流服务功能。

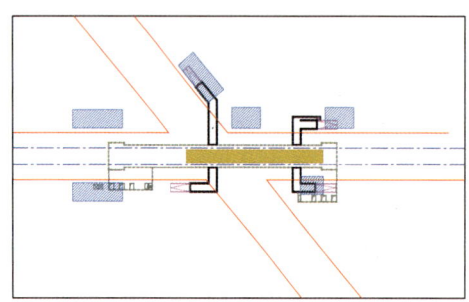 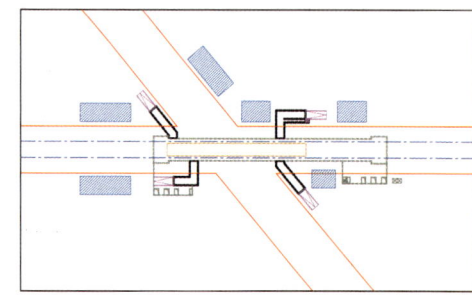

图 2-56　微调车站的站位及车站的大小端对调

地铁车站周边能够选址作为车站附属设施用地的空间有限,除了出入口外,车站还需要考虑风亭、冷却塔的选址。相对来说,风亭、冷却塔的选址要求更高,除了占用物理空间外,还需要考虑对周边敏感建筑环评的影响。一般,地铁车站至少有两块用地作为风亭的落位空间。在风亭选址落位之后,出入口考虑与风亭整合在一起,这样就能极大限度地减少车站附属设施的征地拆迁量(图 2-57)。两组风亭的选址可解决两个出入口的落位,也就解决了车站的最低服务要求,使车站具备基本通车条件。再通过技术手段克服另外一两处出入口的布置空间,整个车站的服务水平就会得到进一步的提升。

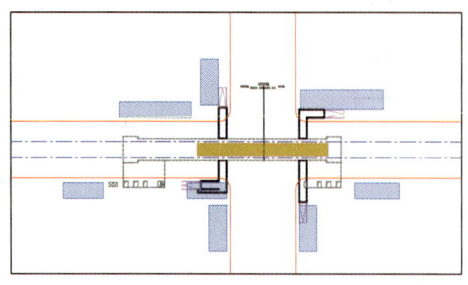 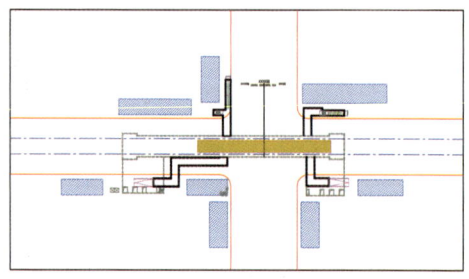

图 2-57　出入口与风亭结合设计

当通过站位优化没有办法规避建设条件影响时,为了满足最基本的规范要求以及主要客流方向的服务问题,设计中会采用多种出入口形式来适应出入口的建设场地需求。

(1) 在车站的出入口建设场地进深不足的情况下,可以考虑将出入口宽度压缩,最简单的方式就是直接将出入口宽度由 6.5 m 压缩至 4.5 m,采用一楼一扶的形式。这样就可以缓解建设条件上的矛盾。

(2) 如果遇到在某个象限只有一个出入口但两个方向都有较大客流的情况,可考虑采用 T 形口的布置方式(图 2-58),既能减小出入口用地进深,又能兼顾两个方向的客流。T 形口根据客流需求以及爬坡段长度和场地进深控制因素,选择不同的搭配方式,例如:上下行扶梯+折跑楼梯、上下行扶梯+一楼一扶、一扶+2.4 m 一楼。如果某个象限有两个方向的大客流,单个出入口的建设场地不受限,则考虑采用两扶夹一楼+两扶夹一楼的形式。

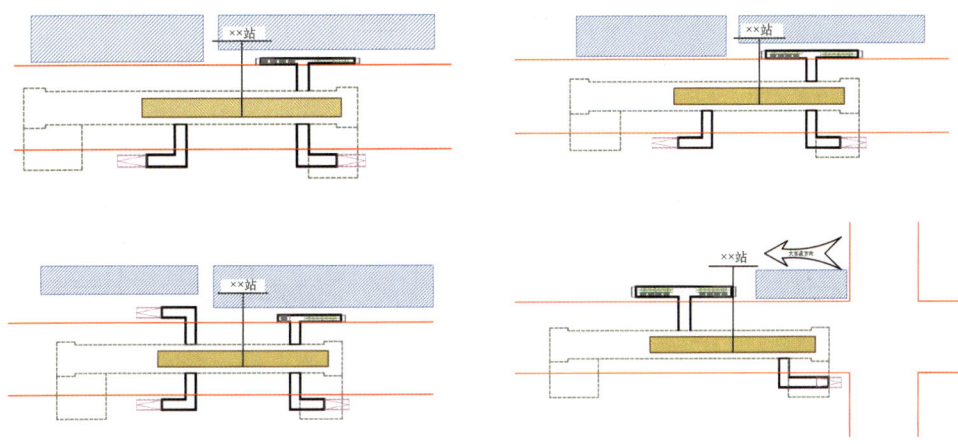

图 2-58　T 形口的各类应用场景

(3) 如果某个象限有两个出入口,或者建设场地不但进深受控而且长度方向也受控,可以考虑顺叠口的方案,如图 2-59 所示。在建设条件允许的情况下,顺叠口应尽量采用上下行扶梯+折跑楼梯的组合形式。在建设场地空间局促的情况下,顺叠口也可以采用上行扶梯+楼梯的形式,这种顺叠口的服务能力相当于一楼一扶出入口形式的服务能力,只是这种类型的出入口是两个出入口前后叠加布置,所以占地较为狭长,对景观影响较大,一般只在特殊的建设环境下采用。对于一楼一扶的顺叠口,一般楼梯在前扶梯在后,楼梯以下行为主,楼梯在前便于乘客下行,扶梯在后方便出站乘客识别和使用。

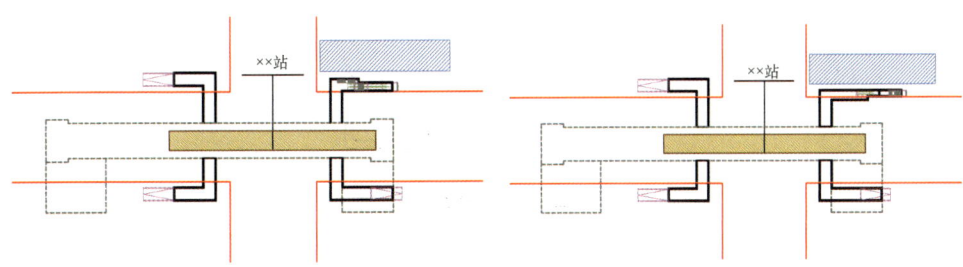

图 2-59　采用顺叠口解决场地进深、长度问题

（4）在出入口的建设场地宽度受控的情况下，有三种出入口形式分别对应不同的场地宽度：①出入口落位长度欠缺不多的情况下，可以考虑采用侧出入口的形式（图2-60），减少出入口前方小广场的征地长度；②若建设场地宽度再窄一些，就要考虑采用折跑的形式（图2-61），将出入口的整个提升段一分为二，最后一段的提升段和出入口的缓冲空间占用的长度就会大幅减少；③当出入口的建设宽度较为狭小但是场地的进深方向没有控制因素时，可以考虑采用折跑形式的出入口，同样也是将提升高度一分为二，第一跑朝向地块，第二跑折回朝向人行道方向，从而大幅降低对建设场地的宽度要求（图2-61）。

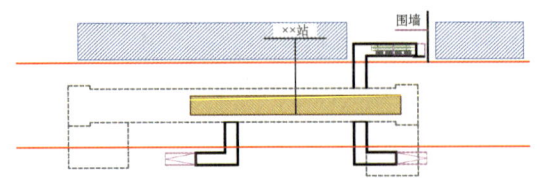

图2-60　出入口采用侧出入口形式

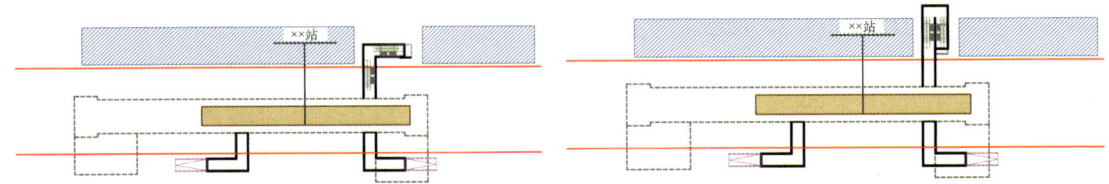

图2-61　出入口采用折跑形式

地铁车站出入口根据客流特征和建设环境的影响，也会有设置支口的情况，如Y形支口和F形支口等形式（图2-62、图2-63），有些支口位于同一个象限以解决建设空间不足的问题，吸引不同方向的客流，有些支口跨路设置，对客流服务更好，还能兼顾过街需求。

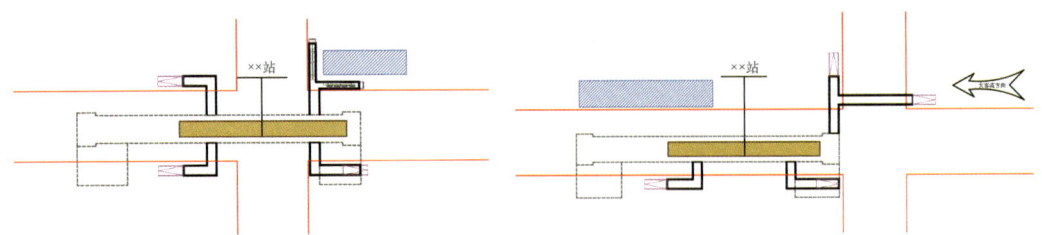

图2-62　出入口采用Y形支口

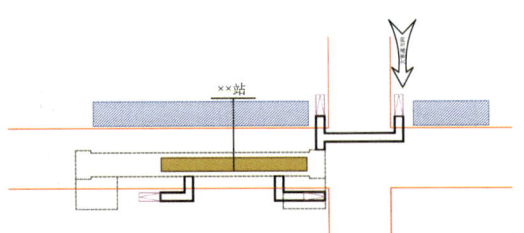

图2-63　出入口采用F形支口

4. 出入口的形式

1) 出入口的常规形式

出入口通道是重要的垂直交通设施,满足乘客从室外空间进入地铁车站内部空间的需求。为了适应大客流的服务特征,在条件允许的情况下,地铁出入口采用直跑楼梯+自动扶梯的形式,其朝向与客流吸引方向一致,以便快速引入和疏散客流,如图2-64所示。

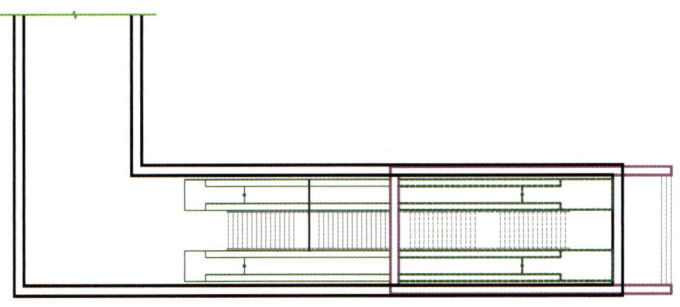

图 2-64 标准出入口布局

考虑到人性化服务需求,现阶段出入口若有条件均应采用上下行扶梯加楼梯的形式。出入口通道内及出入口提升段一般遵循右侧通行原则来组织客流,出入口提升段的扶梯一般采用两扶夹一楼的形式,其上下行方向依然遵循右侧通行原则,如图2-65(a)所示。如果出入口地面部分与人行道较近,缓冲空间不足,上下行扶梯并列布置在远离人行道一侧是合理的布置方式,毕竟出入口客流密度小,楼梯使用频率较低,即使是扶梯并列在一起也不会对右侧通行原则有太大的影响,如图2-65(b)所示。设计中不需要采用固定模式,可以灵活掌握设计原则,比如出入口边缘距离人行道大于2 m以上,有足够的缓冲空间则采用两扶夹一楼的形式;出入口边缘与人行道的距离小于2 m,则考虑采用两扶远离人行道并列设置的方案。

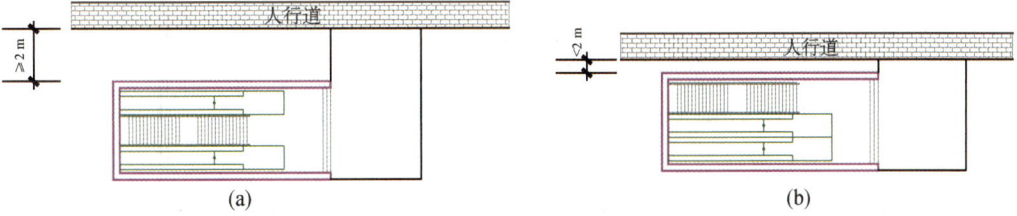

图 2-65 出入口自动扶梯布局形式

2) 出入口的特殊形式

有些出入口的建设条件较差,但是从客流吸引角度来说又必须建这个出入口,所以,在设计中就存在一些特殊的出入口形式,以适应不同的建设环境需求。特殊形式的出入口包括:窄型口、侧出口、Y形口、F形口、顺叠口、L形口、折跑口、T形口等,如图2-66所示。其中,T形口包括多种组合形式:两扶夹一楼+两扶夹一楼、上下行扶梯+折跑楼梯、上下行扶梯+一楼一扶、一扶+2.4 m直跑楼梯等。

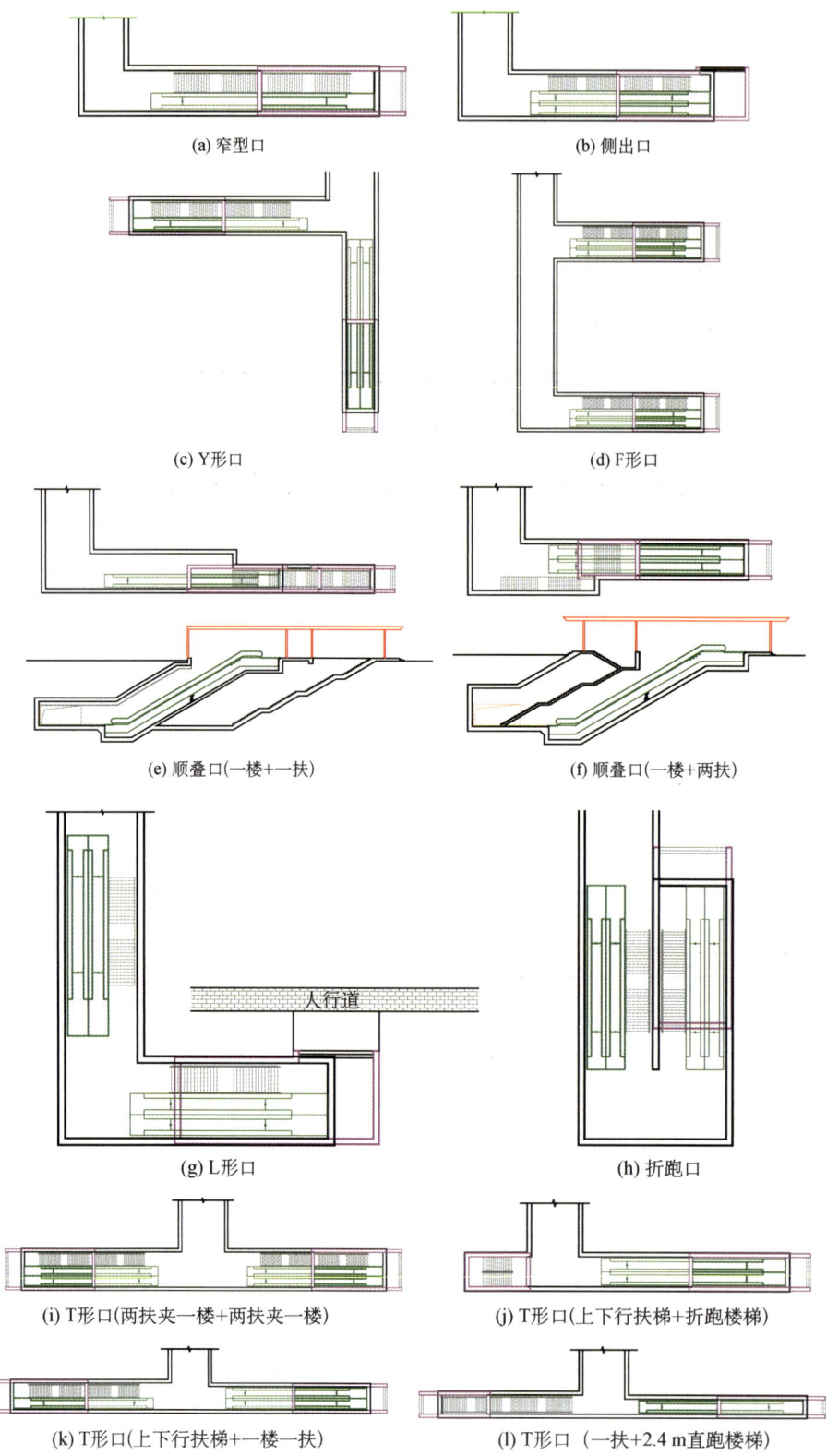

图 2-66 特殊形式出入口

3) 主体内设置出入口通道

由于地铁车站功能布置的需求,出入口与主体相接的位置相对较为固定,但有时候某个出入口实施所需占用的空间刚好是一栋建筑,则出入口设置需要考虑避让建筑障碍物(图 2-67)。当车站主体有效站台位置已经没有调整空间时,为了避免拆迁,出入口可以在主体内走一段,待避开房屋后再从主体接出。这种方式最适合配线车站,因为在配线车站主体内走一段出入口通道并不会增加工程规模,如图 2-68 所示。

当地铁车站主体内设置出入口通道时,原则上其安全疏散点的计算位置可以调整。将挡烟垂壁的设置位置作为地铁车站的安全疏散计算点,该位置以外是出入口、以内是公共区。其中,设备管理用房的疏散门不能直接开在界定为出入口通道的范围内,只能设置在公共区范围内。另外,在确定分界位置时还应注意出入口的长度不应超过 100 m、公共区的疏散距离不超过 50 m。

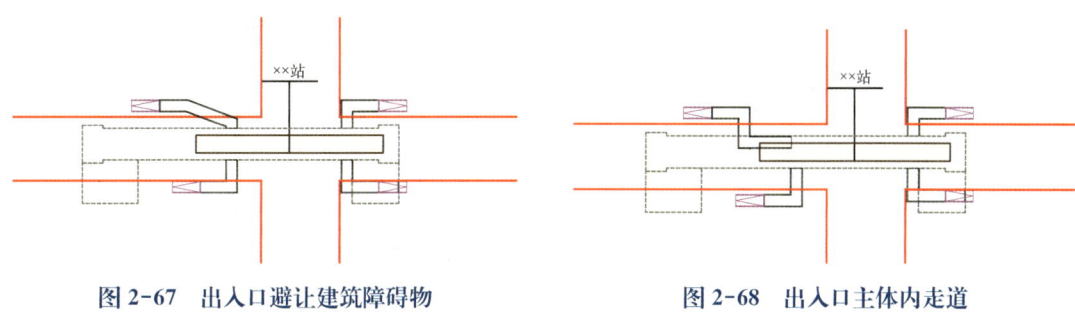

图 2-67　出入口避让建筑障碍物　　　　图 2-68　出入口主体内走道

4) 出入口顶出形式

在地铁车站的方案设计过程中,虽然顶出形式的出入口存在扶梯基坑的高差和排水等问题,但是由于站位、站型等多种原因,实际工程中出入口难免会出现主体顶出形式。

当地下两层车站采用顶出形式的出入口时,出入口自动扶梯基坑会与上排热风道或站台管线安装空间产生冲突,解决这个标高冲突问题的传统手段是设置楼梯踏步,但这种方式对服务水平有较大影响。近年来,随着设计行业对人性化服务水平的高度重视,设计师开始想各种办法来解决这个高差问题,尽可能地避免采用楼梯踏步方式来解决高差问题,尤其是主体内设置换乘通道时,更应该避免这种方式。下面,笔者介绍几种可采用的措施,以解决两层车站顶出形式出入口扶梯底坑标高冲突问题。

(1) 采用单扶梯顶出形式出入口,扶梯底坑避让轨行区,设置在站台范围,同时统筹考虑站台层管线安装空间,避免二者之间的冲突,如图 2-69 所示。这种形式适用于客流量较小的出入口。

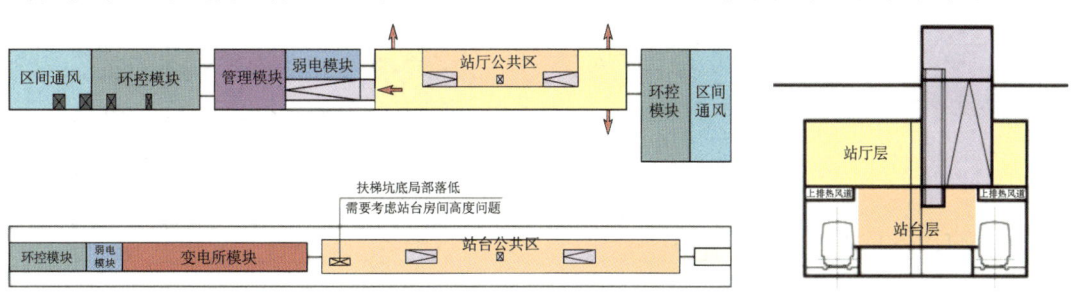

图 2-69　顶出形式出入口单扶梯方案

（2）配线车站配线端空间较大，规模不受控，可考虑做通道将出入口扶梯底坑设置在站台层设备区范围内。先利用通道设坡以解决一部分高差，同时将扶梯底坑下方设置成备用间，如果下方不满足管线安装要求，则扶梯下方空间不利用，专门用来走管线。

（3）由于主体站位的限制，同时受控于地面道路红线，有些设置上下行扶梯的出入口必须在轨行区上方顶出。在这种情况下，考虑利用站台轨行区上排热风道的空间，加之车站主体外扩来解决上排热风道的通过性问题。利用原上排热风道仅可以解决1 m的基坑高度，扶梯还需要再解决0.6 m的高差问题，这可以通过坡道来解决，如图2-70所示。

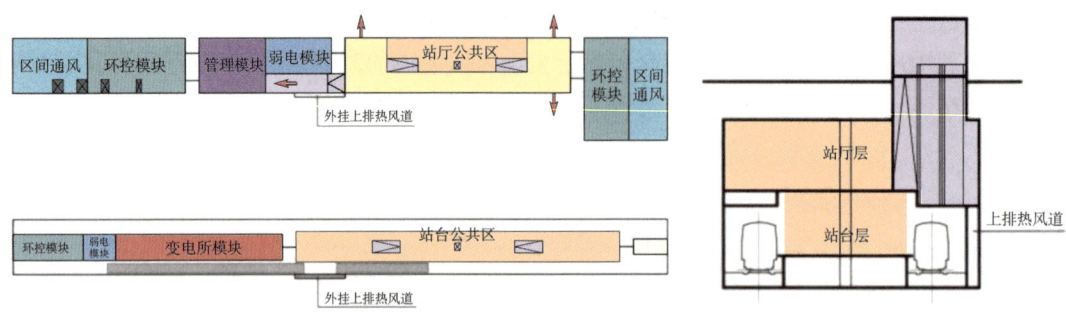

图2-70　上下行扶梯轨行区上方顶出方案

（4）车站受区间控制，属于深埋两层车站的情况，对此可以考虑将富余的站厅层层高让出一部分给站台层以解决扶梯底坑的问题，即采用增加站台层层高、设置坡道和主体外扩等联合手段，如图2-71所示。如果站台层加高能解决1 m以上的高差问题，则不需要车站主体外扩，直接将扶梯在轨行区上方顶出即可。

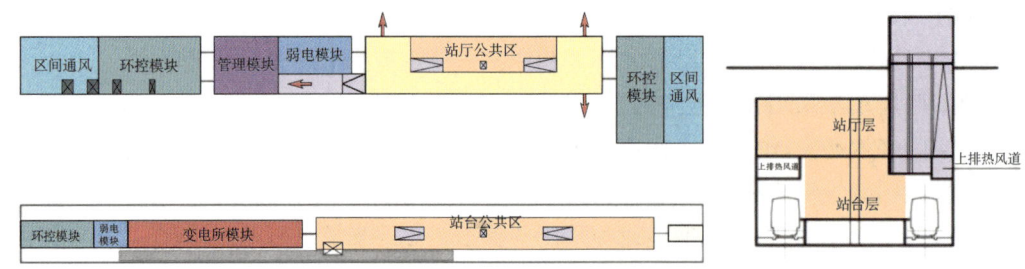

图2-71　出入口顶出站台加高方案

（5）双柱车站在地面条件允许的情况下可以将出入口设置在中跨，中跨空间管线敷设较少，局部压低中跨空间，也能够满足顶出的要求，如图2-72所示。

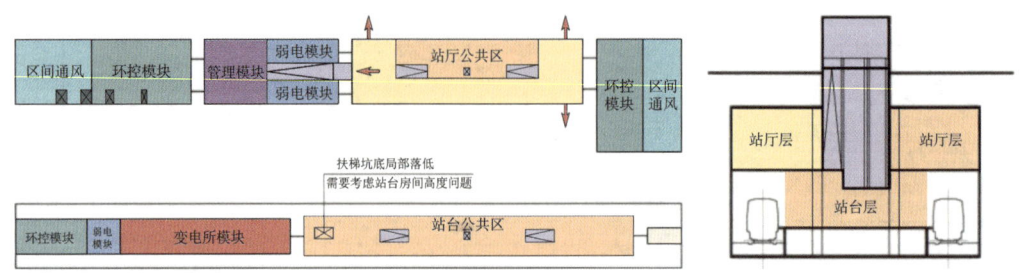

图2-72　双柱中跨落低顶出方案

当然,在设计中,还是应该尽量避免小头端的顶出,其对于控制车站规模较为不利,也不利于采用通道的方式来解决高差问题。

5)出入口顶管形式

现阶段,在地铁建设中,随着顶管技术的不断成熟,很多过街出入口都可以采用顶管工法来解决开挖所带来的交通组织问题以及缓解管线搬迁压力。但顶管出入口的找坡、变截面、拐弯等很难实现,对出入口方案也有一定的限制。顶管形式的出入口在避让深埋管线标高时,可考虑在主体旁边的工作井内设置楼梯踏步以解决高差问题;如果管线距离车站主体很近,没有实施工作井的条件,则考虑将车站主体作为工作井,这个时候设置出入口下穿深埋管线会影响车站埋深,因而可以考虑利用上排热风道的高度解决一部分高差问题,具体的解决思路与车站顶出口的高差解决方案相似。

现阶段,比较常见的顶管宽度为6 m、8 m,出入口一般采用6 m宽的顶管即能满足通行要求。长度超过100 m的出入口可按照8 m宽进行设计,隔出2 m作为疏散通道(图2-73),疏散通道设置直通地面的楼梯,垂直楼梯与水平通道整体定义为楼梯间,对该楼梯间采用正压送风,如果提升高度超过10 m,还需要设置防烟前室。

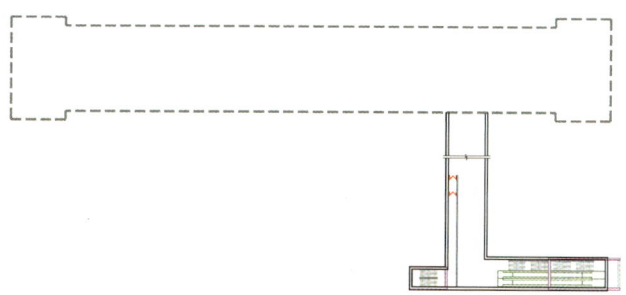

图2-73 超长顶管出入口加疏散通道

顶管形式出入口的人防段一般设置在工作井内,车站主体边上为了避让管线,往往利用主体而不单独设置工作井,这样的话,一般人防段都设置在路侧的工作井中,这就带来了排烟问题。超过60 m的出入口根据相关规范要求需要考虑排烟措施,人防段设置在路侧就意味着风管需要穿越人防门。这个问题的处理方案一般是并列设置两道人防门,一道人防门作为人员通道,另外一道人防门作为风管通行的空间。在工作井内还需要留出管线通过人防门之后弯转至出入口顶部的路径。

5. 出入口通道的长度计算

出入口通道的长度决定了相关消防设施的配置,当地铁车站公共区的出入口长度超过60 m,便认为其通道内部发生火灾的可能性会增加,出入口通道需要采取排烟措施。因此,首先需要明确出入口长度的计算方式,起点为车站出入口通道与车站主体公共区相接的位置,终点是出入口地面罩棚的后部见天的位置,提升段按照水平投影长度的1.5倍计算。

出入口的起点位置从出入口通道与站厅层公共区接口位置起算,接口位置设置挡烟垂壁,这点毫无争议。但对于出入口的终点位置一直存在争议,有人认为是出地面楼扶梯的起步点,有人认为是出地面楼梯台阶处,还有人认为是出入口后部见天的地方。《地铁设计防火标准》(GB 51298—2018)中明确了将出入口见天的位置作为出入口长度的计算终点。但是,这个终点并没有自然排

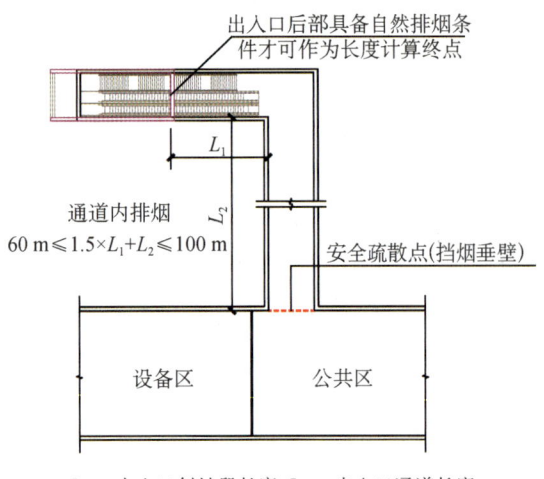

图 2-74 出入口通道的长度计算示意

L_1—出入口斜坡段长度；L_2—出入口通道长度

烟条件，不具备作为长度终点的条件，应该考虑在出入口后部设置自然排烟的百叶窗。出入口通道的长度计算示意如图 2-74 所示。

通道的排烟设置一般考虑安排在出入口部，风口与地面风亭合建。如果长通道出入口位于车站小头段，环控机房设置在出入口旁边，可以考虑从车站设备区的机房里接风管来解决排烟问题；设置排烟设施的出入口通道须适当增加层高，以满足风管的敷设要求。

6. 出入口通道的疏散

出入口通道的口部之所以能够定义为安全疏散点，是因为车站内在事故排烟的情况下会形成负压，出入口自然补风，将烟气压制在公共区，但相关规范中没有对出入口安全疏散点的补风速度提出要求，但该断面位置的宽度在小于等于出入口通道宽度的情况下才能最大限度地提高风速，从而保护出入口通道的安全。扩大断面的位置加上挡烟垂壁是不能够作为地铁车站公共区的安全疏散点的(图 2-75)。

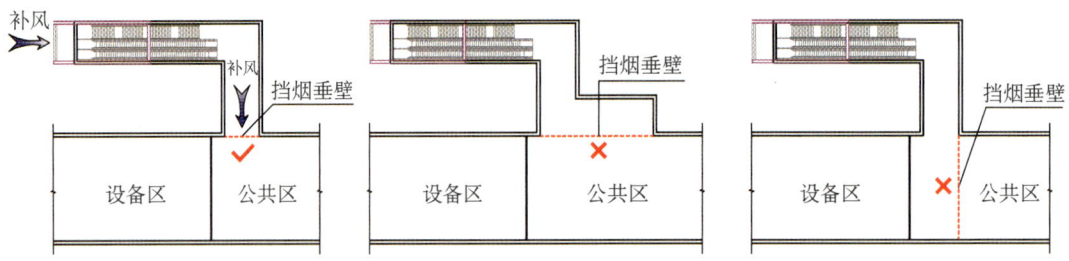

图 2-75 安全疏散点示意

（✓表示可以作为安全疏散点　✗表示不可以作为安全疏散点）

出入口通道的长度不应大于 100 m，但当其大于 100 m 时，通道内的集散空间较大，同时在出入口通道内的乘客会较多，火灾风险进一步加大，通过排烟已经无法满足出入口通道的安全要求，所以，长度超过 100 m 的出入口通道应增设安全出口，如图 2-76 所示。《地铁设计防火标准》(GB 51298—2018)规定了长通道内任一点至最近安全出口的疏散距离不应大于 50 m，对此业内一直存在着争议。例如，原本一个 90 m 长的出入口是能够满足规范要求的，可是如果在 70 m 的地方开个岔，增加一个出入口反而不满足规范要求了，在逻辑上就出现了问题。为了能够理解这句话，笔者把出入口分段，离地铁车站公共区最近的一个出入口为第一段，只要不大于 100 m 就能够满足规范要求，后面的出入口就相当于原来出入口的延长，这两个出入口之间的通道内可以按照疏散距离不超过 50 m 来考虑。

地铁车站的出入口通道可以被视为一个完整的楼梯间，这个楼梯间包括水平通道和楼扶梯两部分。当设备区考虑疏散的时候，为了少设置一处楼梯间，设备区走廊可以向出入口通道开门作为安全疏散口。这在概念上是可行的，但必须通过走廊接入，不能是房间直接开门，可

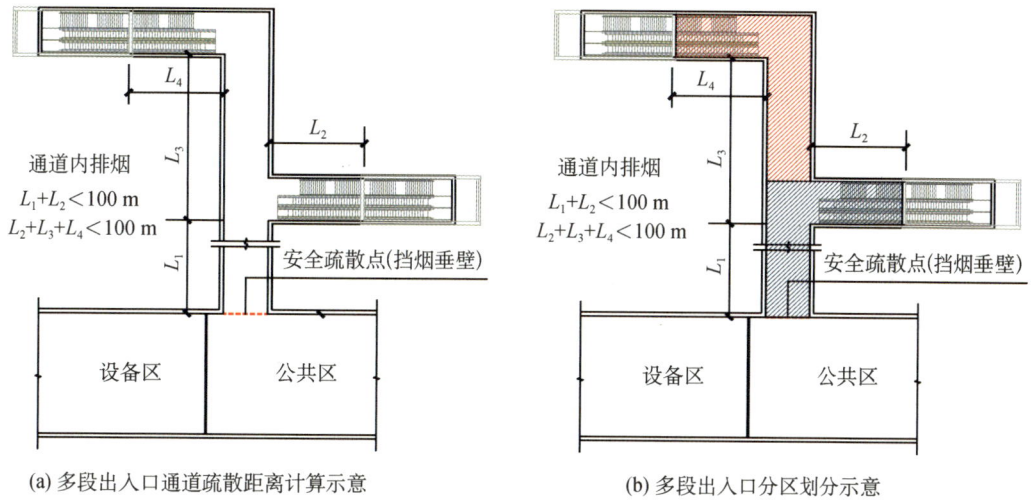

L_1—第 1 段出入口通道长度；L_2—第 1 段出入口楼扶梯洞口见天位置长度；
L_3—第 2 段出入口通道长度；L_4—第 2 段出入口楼扶梯洞口见天位置长度

图 2-76　出入口疏散距离计算示意

理解为不同的楼层向楼梯间开门的概念。不同的楼层存在疏散时间差，为了套用这个概念，公共区的安全疏散点和设备区走廊的安全疏散门之间应保持一定的间距。公共区与设备管理用房属于不同的防火分区，火灾工况也是不同的，出入口通道的疏散瓶颈在楼扶梯位置，水平段空间较为开阔，设备区的疏散不会影响出入口通道的安全。如果房间门直接开向出入口通道，则考虑公共区的安全疏散点后移，将开门段的出入口通道纳入公共区范围内，如图 2-77 所示。

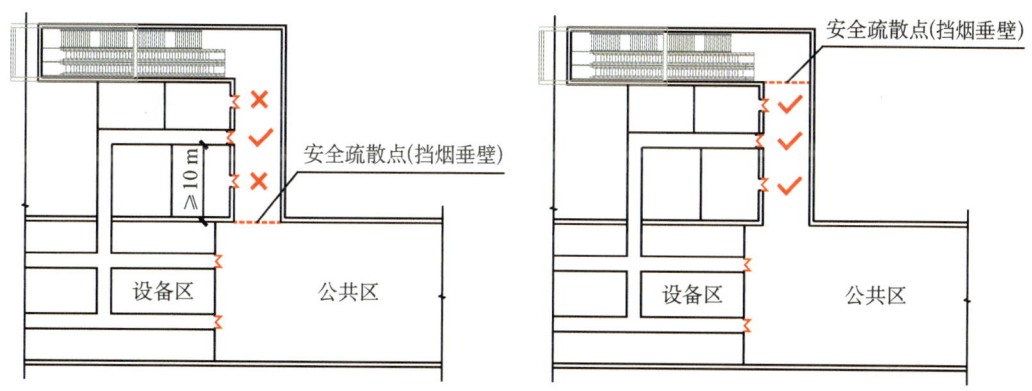

图 2-77　设备区走廊的安全疏散口与出入口通道
（✓表示此处可以设置开门，✗表示此处不可以设置开门）

7. 出入口的地面景观

出入口是地铁车站最重要的出地面附属设施，其建筑造型和景观效果体现了城市轨道交通的门面，在设计手法上既要突出标志性，也要注意其与周边环境的融合性。笔者认为，融合性的要求应高于标志性，日本建筑师隈研吾在《负建筑》一书中所传达的建筑理念就是将建筑尽可能地融入自然直至"消失"这样一种天人合一的观点。地铁车站的出入口等附属设施周边有老的、新的、大的、小的各种建筑且它们参差不齐，地铁车站的出入口一旦建设完成后，就会与这些建筑为伍,条件好的可能有绿化空间过渡,条件不好的则可能近在咫尺。关于出入口的造型,仁者见仁,智者见智,这里就不过多表述,笔者想要重点强调的是一条线路的出入口未必要完全统一,还是需要因地制宜地进行设计,毕竟其体量很小,而且多数情况下地铁的附属设施都是城市建筑群中的后来者,所以不必赋予地铁车站出入口太多的建筑使命,让其自然融入环境之中即可。造型上不需要太过标新立异、特立独行,反而在材质及色彩的选择上应照顾到周边环境。

1) 出入口与其他地面附属设施的整合

地铁车站的地面附属设施主要包括出入口、风亭、冷却塔、无障碍电梯、消防专用通道等,受到场地条件限制及建筑造型的需要,出入口通常要与其他附属设施进行整合。

首先,出入口与消防专用通道整合是比较常见的形式。一般,消防专用通道采用单跑楼梯,与出入口并列设置,既可以从起步点开始并行,也可以在折跑楼梯最后一跑开始并行。折跑楼梯不是很适合与出入口并列整合,因为其造型不是很理想,占地也较大,若通过夹层设置在出入口后部倒是可以的。

其次,出入口与风亭整合也是常见的形式。在附属建设场地进深方向不足的情况下,可以考虑将出入口与风亭前后整合布置,如图 2-78 所示。出入口与垂直电梯整合布置是现在比较主流的做法,玻璃井道的垂直电梯与出入口进行整合,其造型不违和,使用功能也比较合理,乘客来到地铁口旁,如果其行动不便或携带较大行李,刚好有无障碍电梯可供其使用。

图 2-78 出入口与风亭前后整合方案

当附属设施建设场地在长度方向上受限时,一般采用出入口与风亭并列整合的方案,如图 2-79 所示。在这种情况下,需要严格控制新风口、排风口及活塞风口对出入口的影响,原则上,水平间距应达到 10 m 以上或者风口高出出入口 5 m 以上。在视觉效果上,整合设计的高度对于环境的影响更大,所以建议在设计高风亭的时候考虑适当拉大间距,在平面上增大尺寸,以压缩风亭高度。在方案设计阶段,最佳的选择是将风井设计为低风亭,通过绿化景观来遮挡;如果在没有条件,风亭必须与出入口整合的情况下,应提前对高风亭建筑方案进行研究,做到体量最小,尽可能地削弱其对周边环境的影响。

原则上,出入口与冷却塔不进行上下整合,因为冷却塔的体量过大,不考虑将其置于出入口之上。冷却塔与出入口一般是前后布置或者并列布置的关系。

出入口地面厅除了重视造型之外,还要考虑对人行道和机动车道等的影响。在有条件的情况下,一般出入口都选择退道路红线 3 m 以上设置;在周边建筑密集、场地条件受控的情况

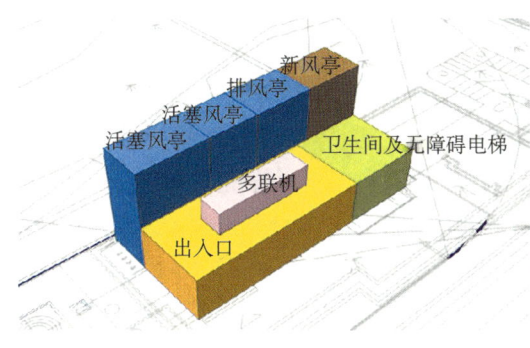 

图 2-79　出入口与风亭并列整合方案

下,出入口可能会设置在道路红线以内,甚至局部侵占人行道宽度,设计中需要充分考虑局部削弱的人行道是否能够满足行人的通行要求,最好能够在出入口外侧补充人行道的通行宽度。位于基地附近的地铁出入口应考虑其与基地机动车出入口的距离大于 15 m,若不满足此要求则应考虑采用护栏等安全措施。

2）出入口与下沉广场的衔接

出入口与下沉广场衔接是一种比较常见的结合形式。下沉广场作为室外开敞空间,考虑到安全性以及防止事故情况下烟气的集聚和阻止火灾蔓延,其短边长度不应小于 13 m。地铁车站的出入口接口与下沉广场其他空间(商业、车库等)的开口间距应大于 13 m,开口之间应采用防火墙进行分隔。

地铁车站和商业设施是分别独立考虑疏散的,不能互相借用,所以,下沉广场通向地面的垂直交通设施宽度应为商业设施最大防火分区的宽度加上地铁出入口的通行宽度。通向下沉广场的排风口和活塞风口距离地铁接口的净距应大于 10 m,距离下沉广场的地面应高于 2 m。车站出入口接入下沉广场方案如图 2-80 所示。

 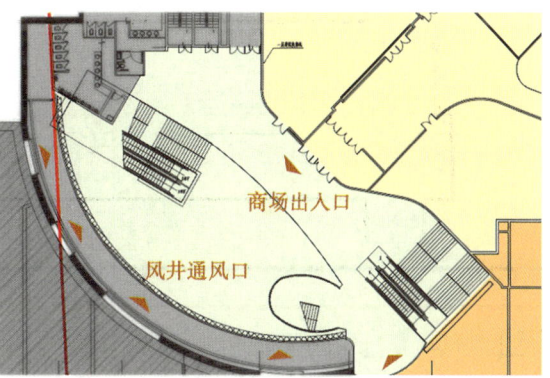

图 2-80　车站出入口接入下沉广场方案示意

3）出入口与开发建筑结合设置

出入口与开发建筑结合设置也是一种常见的形式,这种方式适用于新建建筑与出入口的结合,如图 2-81 所示。如果是与既有建筑结合设置,结构的改造工程量会很大,实际工程中应用极少。这种结合形式可以是开发建筑与地铁车站同步建设，也可以是开发建筑先建，由开发商代建所开发建筑投影范围内的出入口地下及地上部分，甚至是代建至道路红线，而后地铁车站开始实施阶段主体内接出的通道与已建成部分对接。如果是开发商后建项目，可以考虑提前建设出入口附近的一部分结构，后期再与开发建筑结构对接；也可以设置临时出口，待开发建筑内的出入口建设完成并投入使用后，废除原来的临时出入口。不管是哪种结合形式，出入口均应与开发建筑之间有可靠的防火分隔措施，地铁车站附属设施与开发建筑虽然整合在一起，但是仍要按照两个建筑考虑其消防间距。地铁车站附属设施应采用3h防火墙和2h楼板与开发建筑进行分隔。参考两个民用建筑防火间距不限的情况下，两个建筑洞口之间的间距要求来控制地铁车站附属设施的口部与开发建筑口部的间距。

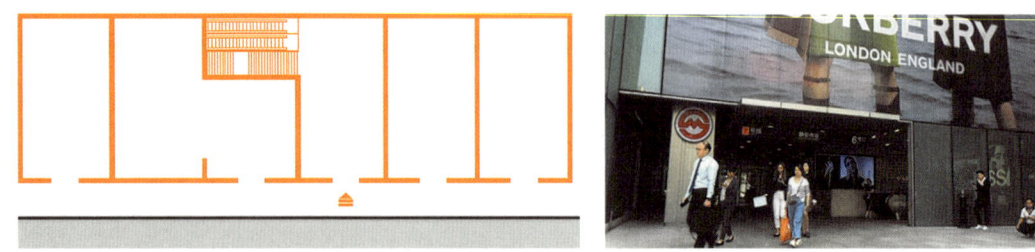

图2-81　地铁车站出入口完全融合于建筑内

2.3.5　车站公共区的运营服务设施

地铁车站公共区的运营服务设施包含自动扶梯、楼梯、垂直电梯、自动售票机、便民服务设施、安检设施、进出站闸机、客服中心、公共区疏散栅栏门、站台门、公共卫生间等（图2-82），这些设施的合理配置能够有效提升地铁车站的服务水平。下面跟随乘客的视角来介绍这些运营服务设施。

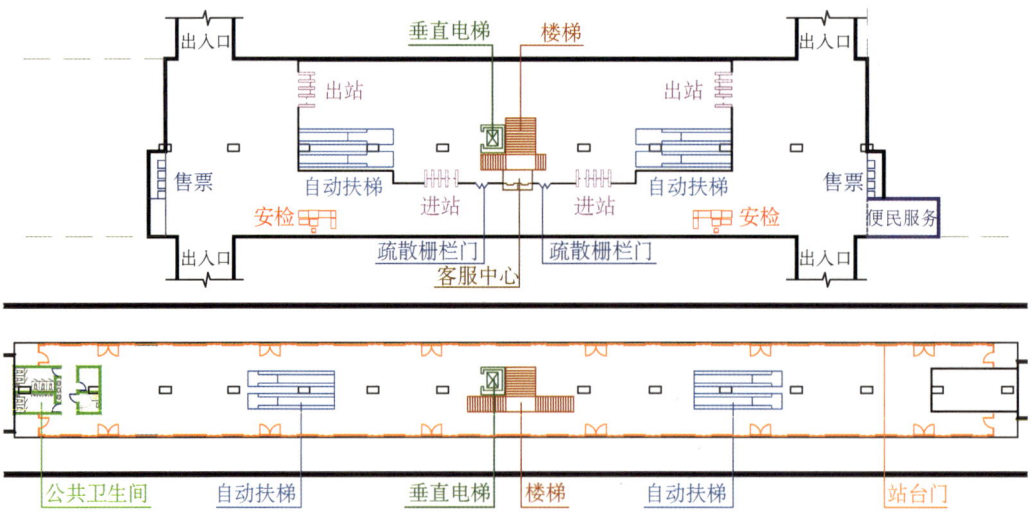

图2-82　地铁车站公共区的运营服务设施

1. 自动扶梯

乘客从地面进入地铁车站，最先看到的服务设施就是出入口处的自动扶梯。自动扶梯是重要的服务设施。近年来,全社会倡导提高人性化服务水平,故地铁设计相关规范也提高了自动扶梯的配置要求,原则上要求超过 10 m 提升高度的出入口都应设置上下行双自动扶梯,不超过 10 m 提升高度的车站也至少要设置两个上下行自动扶梯的出入口。

当然,这个要求对于设计师来说只能量力而行,有些出入口的设置条件较为苛刻,不具备设置上下行自动扶梯的条件,只满足设置一个扶梯的空间要求。如果规范限定死了,就只能取消这个出入口的设置,这对于服务的损失会更大。原则上还是尽量考虑出入口设置上下行扶梯,提高服务标准;对于没有设置条件的出入口,采用 T 形、Y 形、顺叠形等出入口形式来创造自动扶梯设置条件。

公共区的自动扶梯设置对客流服务标准的影响很大,能够帮助乘客舒适、迅速地进出站台。自动扶梯有较强的导向性,对于车站的客流组织有很强的引导作用,尤其是在客流量大的换乘车站,通过自动扶梯的有效引导,可以避免客流的交叉和局部区域的客流拥堵。比如若某换乘车站的换进客流和换出客流都集中在站台的一个端部,则可以通过扶梯将换进客流引导至远端下站台,客流集中端采用扶梯全上行的方式来缓解拥堵,如图 2-83 所示。

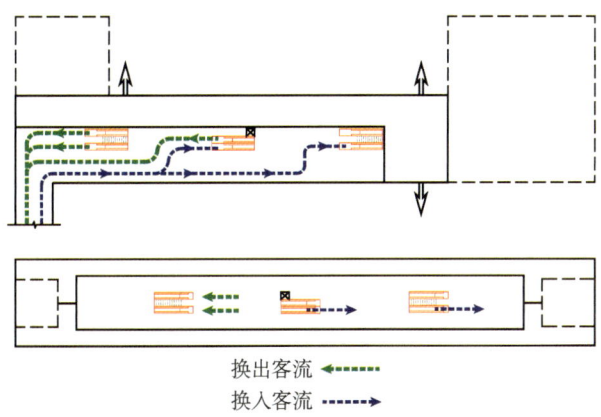

图 2-83 自动扶梯引导换乘客流

设计师对于自动扶梯的工程造价应有基本的概念:一般情况下,自动扶梯每延米(按提升高度计)10 万元左右,每年摊销的电费和维护成本约 1.5 万元。设计师掌握这些数字,有助于辅助衡量整体方案的优劣。例如,当深埋车站和浅埋车站方案综合比选时,不但要考虑土建的工程费用,还要考虑自动扶梯的采购和运营成本。自动扶梯的数量越多,人性化服务水平就越高,相应地,也会带来造价和运营成本的提高。任何功能上的优势都需要综合考虑其代价才能判断其实施的必要性。

2. 楼梯

公共区的楼梯以直跑楼梯为主,直跑楼梯的导向性较强,便于大客流顺畅通行,且直跑楼梯经常配合自动扶梯使用。当配置单向自动扶梯时,扶梯一般负责向上的出站客流,楼梯承担向下的进站客流;当楼梯与上下行扶梯并行时,主要被用来承担大客流期间的分流功能,平峰时段则作为备用楼梯使用。

在站厅至站台的垂直交通设施中,楼梯设计一般也是采用直跑楼梯配合自动扶梯使用,但是在空间局促的情况下,车站公共区也经常采用别的楼梯形式。特别是 6A、6B 车型的车站,站厅至站台的空间很难满足设置三组直跑楼梯及自动扶梯的要求,所以在设计中通常将中间楼梯设计为 T 形楼梯、L 形楼梯、折跑楼梯、直跑楼梯等,以起到节省空间的作用,如图 2-84 所示。

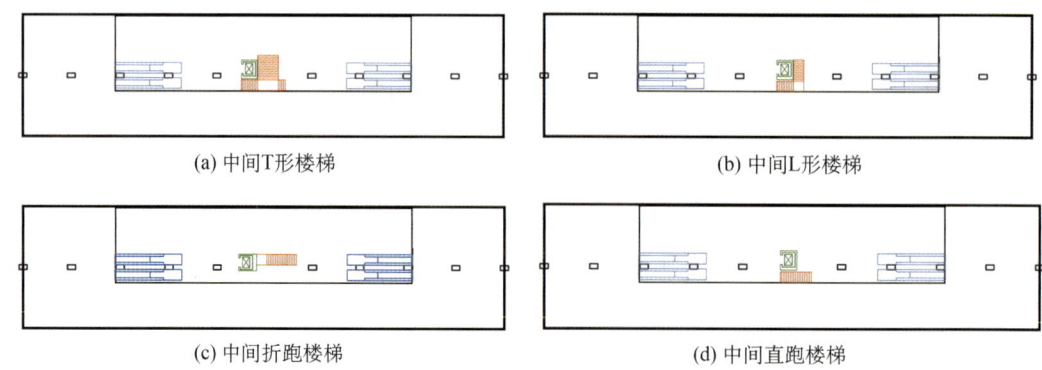

图 2-84 中间楼梯的多种形式

楼梯与自动扶梯共同组成垂直交通系统,车站在每个站台通往站厅付费区内至少应设一部楼梯,楼梯的总宽度不宜小于 2.4 m;每个出入口均应设楼梯;车站主要设备管理用房区内至少应设一部楼梯,该楼梯的宽度不得小于 1.2 m;当地下车站的层数超过两层时,应采用防烟楼梯间,此楼梯的宽度不计入紧急疏散楼梯宽度。就楼梯的设置而言,主要有下列规定:

(1) 踏步高:乘客使用应为 150~160 mm,工作人员使用应为 150~165 mm;
(2) 踏步宽:乘客使用应为 280~300 mm,工作人员使用应为 260~280 mm;
(3) 车站内公共区楼梯每个梯段的踏步级数应不少于 3 级,且不多于 18 级;
(4) 楼梯休息平台宽:1 200~1 800 mm;
(5) 楼梯宽度要求:单向楼梯土建净宽不应小于 1 800 mm,双向楼梯土建净宽不应小于 2 400 mm;
(6) 楼梯台阶装饰面至上部障碍物的最小净空不应小于 2 400 mm;
(7) 一般情况下,公共区楼梯踏步宜采用 300 mm×150 mm 的尺寸,在车站出入口或三层车站公共区楼梯提升高度较大的情况下,与上下行自动扶梯并列设置时可采用 280 mm×160 mm 的尺寸。

6B T 形换乘车站的两层车站部分一般只有两组楼扶梯,所以,通常建议两层车站上下行扶梯之间的楼梯宽度设计为 2.4 m。2.4 m 宽的楼梯为双向楼梯,由于高差不大,其利用率也比较高,同时,加宽楼梯也便于站台层乘客迅速撤离站台。三层车站部分提升高度很大,楼梯使用频率低,且三层车站的楼扶梯数量较多,不需要太大的楼梯宽度,减小中间楼梯的宽度可以提升侧站台的通行能力,以便于换乘楼梯过来的客流迅速从站台端部向站台中部疏导。

相关规范要求单向楼梯最小宽度为 1.8 m,双向楼梯最小宽度为 2.4 m。笔者通过对楼梯实际应用的观察发现,1.8 m 宽的楼梯确实只能作为单向楼梯使用,一旦双向对冲使用,就无法满足三股人流的通行,会大大缩减通行能力,同时易发生拥堵,但作为单向楼梯三人并排同向通行是没有问题的。对于独立使用的楼梯,在客流组织需要该楼梯同时具有上下通行功能的情况下,原则上,必须按照双向楼梯设计,尤其是换乘车站的独立楼梯如果采用单向楼梯,通行能力较弱,高峰时期换乘客流对冲容易在楼梯上造成拥堵。另外,与上下行自动扶梯并行的楼梯使用频率不高，在条件不允许的情况下，可以按单向楼梯设计。在设计中应充分考虑装修厚度、栏杆形式、施工误差等对楼梯净宽的影响，尤其是独立使用的 2 400 mm 宽双向楼梯，应考虑楼梯两侧留出 150 mm 以上的宽度。如果空间受控，又需要双向楼梯，可以通过优化栏杆扶手和装修的形式来尽量提升楼梯的通行宽度。

3. 垂直电梯

垂直电梯即无障碍电梯，不但要满足残障人士的通行需求，还承担运送携带大件行李乘客的通行功能。原则上，一座地铁车站站台至站厅、站厅至地面各设置一台无障碍电梯就能满足规范的最低要求，但是现阶段乘客对无障碍的服务品质和需求提高了很多，主干道两侧的出入口宜设置两处无障碍电梯，以提高无障碍设施的服务范围，提升过街功能品质。同时，对于断站厅的地铁车站，也应考虑两个站厅均设置无障碍电梯。对于换乘车站，一定要实现付费区的无障碍换乘功能，节点换乘可以研究站台到站台的无障碍换乘，通道换乘车站应该解决换乘通道高差处的无障碍需求。

无障碍电梯地面厅及坡道对城市景观有一定的影响。现阶段的设计主要考虑将无障碍电梯与出入口整合设置，以减少车站附属建筑的数量。对于北方城市，考虑到冬季寒冷会导致无障碍电梯无法使用，可以考虑将无障碍电梯与地铁出入口设置在一个罩棚之内，利用车站内部的温度来保障无障碍电梯的正常使用。

当无障碍电梯提升高度超过 11 m 时，应设置救援口，可考虑从底部设置楼梯，也可从顶部设置竖向爬梯。特殊情况下，无障碍电梯可考虑前进后出的特殊形式以解决无障碍电梯开门与楼扶梯客流对冲的问题。站厅至站台的无障碍电梯，应设置在公共区中部付费区之内，且全线的无障碍电梯位置应尽量大致相同，以便于残障人士找寻。三层车站的无障碍电梯宜考虑在设备层开门，方便管理人员使用，兼顾设备运输。

由于无障碍电梯没有防火隔断的能力，所以在设备层开口需要设置防火卷帘或防火门进行防火分隔。公共区无障碍电梯的井道的常规做法有采用混凝土的，也有采用玻璃的。考虑到通透性，现阶段采用玻璃井道方案的情况越来越多，但是玻璃井道也有缺点，由于其井壁设置玻璃幕墙，所占用的空间较混凝土井道偏大，且玻璃井道不能作为结构柱使用，经常会挤占侧站台宽度。在一定要设置观光电梯的情况下，可以考虑结构局部断梁处理，或者采用混凝土墙与玻璃幕墙组合的形式。无障碍电梯开门在站台层不宜面向轨行区，如果面向轨行区应设置栏杆，但栏杆不应侵占侧站台宽度。

4. 自动售票机

乘客从车站出入口进入车站公共区首先使用的服务设施是自动售票机，其功能主要是充值、购票，应位于非付费区。其设置位置有多种方案：端墙嵌入式布置、沿侧墙布置、沿扶梯侧边布置、沿扶梯后部布置和混合布置，如图 2-85 所示。

端墙嵌入式布置是最常见的布置形式，考虑到客流流线，尽量避免乘客折返跑，自动售票机一般位于进站闸机一侧。端墙嵌入式布置方案对公共区的景观影响较小，但占用了大量的端墙面，对于车控室开窗、警务室开门的影响却较大，更是占用了较多的便民服务设施的服务面宽。

扶梯后背布置方案是将自动售票机设置在公共区楼扶梯的后部，能够释放端墙面来设置便民服务设施，但是由于自动售票机的体形较大，设置在扶梯后部会影响公共区的通透性。而沿侧墙布置方案同样可以释放出端墙面，但该方案的购票排队空间经常与安检排队空间冲突，

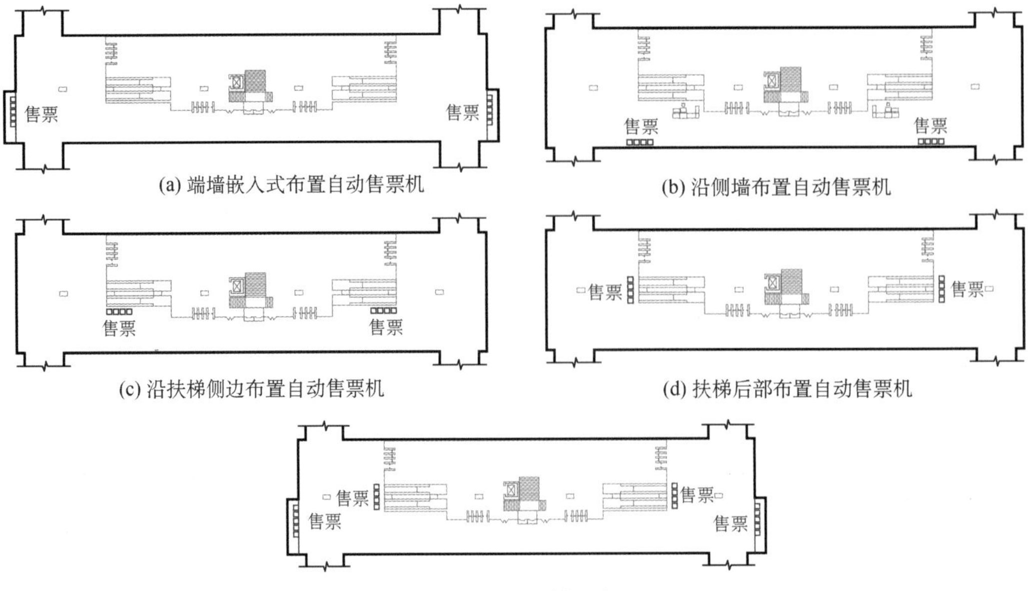

(a) 端墙嵌入式布置自动售票机

(b) 沿侧墙布置自动售票机

(c) 沿扶梯侧边布置自动售票机

(d) 扶梯后部布置自动售票机

(e) 混合布置自动售票机

图 2-85　各种自动售票机布置方案

且影响公共区的安全疏散,所以,这种方式逐渐退出了历史舞台。

在便民服务需求逐年增加的背景下,自动售票机究竟选择怎样的方案一直存在较大的争议,但随着手机 App 支付直接进站的逐渐普及,自动售票机的数量大幅减少,占用的端墙空间也越来越少,考虑到景观因素,现阶段自动售票机主推端墙布置方案是比较合理的。

如果是位于交通枢纽或旅游景点的地铁车站,其对外客流较多,客流量大且集中,在很多乘客不熟悉当地手机 App 进站的情况下,自动售票机还是发挥着重要作用的,其自动售检票的数量应根据客流量适当增加,甚至根据客流情况,增加非付费区空间,预留较大的排队空间,方便服务乘客。

5. 便民服务设施

便民服务设施是地铁车站提升服务品质的重要设施之一。根据相关规范要求,每座地铁车站可设置的便民服务设施总面积不应超过 100 m^2,单个房间面积不能超过 30 m^2,且需要采用防火卷帘与公共区隔开。关于是否增加疏散防火门的问题一直存在着争议,例如有些房间较小,加了防火门就没有服务面宽了,对此规范中并没有给出明确的说法。笔者建议按照面积来区分,面积小于 15 m^2 的便民服务设施不考虑设置防火门,仅考虑设置防火卷帘,面积在 15~30 m^2 的便民服务设施考虑设置防火门加防火卷帘。

便民服务设施不应设置在出入口通道内,首先是其营业面并不便民,其次还会影响出入口的安全;如果设置在出入口通道内,则应将公共区的定义范围后移,将挡烟垂壁设置在便民服务设施以外。便民服务设施宜两端分散设置,并且根据需求适当布置,不一定每座车站的便民服务设施都要做足,对于客流量较大的中心城区地铁车站可以考虑多设。后期加建的便民服务设施应满足相关消防设施和防火隔断要求,并应论证加建的便民服务设施对原公共区乘客疏散及客流组织的影响。

6. 安检设施

安检设施已成为地铁的标准配置,对确保地铁运营安全起着重要的作用,可以从源头解决火灾风险问题。

安检设备一般布置于进站闸机前,设计中需要解决的问题主要是排队空间问题和通行能力问题。一般标准车站每端各布置一台安检设备,其通行能力经常在高峰时段无法满足进站乘客的通行需求,导致出现排队的情况。中间进站两端出站的闸机布局所对应的安检设备布置在中间非付费区通道内,其安检的排队空间呈一字长条形布置(图2-86);如果进出站闸机为两端进站、中间出站的形式,则安检设备设置在非付费区两端,其排队空间长度较短,高峰时段须考虑采用栏杆引导乘客折返排队安检。

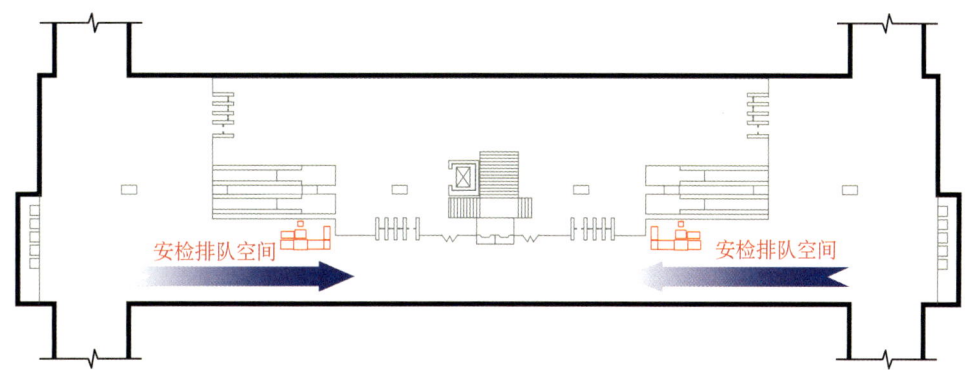

图 2-86 安检排队空间示意

安检设备的通行能力一直是设计中的一个痛点,其通行能力远低于进站闸机的通行能力,二者的通过量一般是不匹配的。对于大客流车站要想解决通行能力问题,可考虑双通道设计,一个是带行李通道,一个是不带行李通道,分类安检,以此增加安检通行能力;或采用大客流端两台安检设备前后顺接布置的方案。如果是交通枢纽类的超大客流车站,应考虑增加多台安检设备,也就是在方案设计阶段预留出足够的安检空间,具备多台安检设备并列设置条件,以便大幅提升安检通行能力。多数车站都有3~4个出入口,如果在出入口通道内局部外扩来设置安检设备也能够增加安检机的数量,同时也将提升车站公共区的安全度。但是,这种方案在比较短的出入口通道内很难实现,需要进行较大的方案调整。

为了提升大型交通枢纽站的服务水平,增强公共空间的安全性、便捷性,可采用安检互信方案,即高铁、市域铁路、飞机、长途汽车等公共交通换乘地铁车站采取免安检的方案。一般情况下,认为长途汽车、铁路、飞机等交通工具乘坐时的安检级别更高,因为这些交通工具发客间隔大、乘坐时间较长,交通建筑空间较大,有足够的时间和空间进行细致的安检;而地铁作为高密度通勤客流,其安检详细程度是略低的,所以从概念上来说,认为从这些交通工具下来的乘客其所携带的行李是安全的,乘客乘坐这些交通工具到达后无须通过安检即可直接乘坐地铁,如此可减少乘客进地铁前排长队安检的不便。

安检互信可以通过后期改造,也可以通过前期方案设计来实现。这里提出安检区的概念,通过安检后进入的围合空间被称为安检内空间,安检以外的空间被称为安检外空间。从流线角度分析,实现安检互信较为简单,在枢纽出站口与地铁进站口之间围成一个安检内空间就行了,但问题出在枢纽客流出站位置一般都有很多通过性客流,这些人员从各个出入口进入,也就打破了安检空间。所以,要想解决安检空间贯通问题,首先要解决通过性客流的安检问题,可以考虑在每个出入口及接口处设置安检,将安检空间做大,只要进入这个空间就进入了安检区。这样的方案适合后续安检互信的改造,但是整体空间需要安检的入口增加了很多,会大幅增加安检工作量,虽然方便了乘客,却对通过性的客流影响很大,特别是枢纽两侧广场过街的客流,每次都需要通过安检较为麻烦。这个问题最好的解决方案是设置专用出站通道接入轨道交通,将接站人员、过街客流和枢纽与地铁之间的换乘客流进行分离。

如果交通枢纽出站口与地铁站厅层同层,可直接将二者采用围栏封闭成安检互信空间,如此就能阻断其他通行客流。同层安检互信的方案比较适合小型枢纽,互信通道对其余流线影响很小。如果是交通枢纽出站通道与地铁车站站厅分层布置,通过竖向交通,可大幅减少安检互信区对大空间的切割,便捷实现免安检换乘,即枢纽客流由专用通道通过竖向交通直接接入地铁安检区内。

7. 进出站闸机

乘客通过安检之后,面对的服务设施是进出站闸机。通过对客流特征的分析可以知道,进站客流属于连续客流,在一段时间内,客流是相对均匀到达车站并通过进站闸机的;而出站客流是集中客流,最不利的情况是上下行线两列列车同时到达、同时出站,客流从站台迅速到达站厅集中出站。

如果出现闸机前排长队、出站不畅的情况,会降低服务水平。那么,如何评判服务水平是否能够满足要求呢?一般认为,客流控制期高峰时段两列车同时到达的情况下,从第一个乘客出闸机到最后一个乘客出闸机的间隔时间小于 1.5 min 是满足服务标准的,即乘客在出站闸机前滞留的时间很短。这也是计算出站闸机数量的标准。通过高峰小时上下行线的下客量除以发车对数就能得出上下行线一列车下客人数,上下行线下客量相加除以每台出站闸机的通行能力就能得出出站闸机数量。进站闸机数量的计算比较好理解,高峰小时上下行线上客量相加除以进站闸机每小时的通过量就能得出进站闸机数量。在计算换乘车站进出站闸机数量时,一定要减掉换乘客流,因为换乘客流是在付费区通行,不通过进出站闸机。

由于进站客流是连续客流,出站客流是集中客流,一般情况下,进站闸机数量会少于出站闸机数量。进站闸机前需要细长的安检排队空间,出站闸机前需要预留足够的蓄客等待空间。这些特征会影响进出站闸机的布局形式。出站闸机数量多,需要更大的闸机安装空间,进站闸机数量少,安装空间可以相对小一点。以常见的地下岛式站台车站为例,一般情况下,公共区中部是付费区,两端是非付费区,为了实现两端非付费区的贯通,中部切分出一条通道作为非付费区,使两端的非付费区连通,付费区的长度受列车长度影响。最常见的 6A 车站和 6B 车站的付费区长度有限,中间能够布置闸机的空间较小,所以考虑设置进站闸机,刚好利用中部的长条形非付费区通道布置安检设施;付费区两端安装闸机的空间较大,考虑设置出站闸机,且每个出站闸机前都有较长的出站蓄客空间,刚好与出站客流特征相匹配,如图 2-87(a)所示。

根据进出站闸机的服务特征,《地铁设计规范》(GB 50157—2013)也做了相应规定,规范要求自动扶梯工作点至出站闸机的距离不宜小于 8 m,出站闸机与楼梯距离不宜小于 5 m,进站闸机至自动扶梯工作点的距离不宜小于 7 m,进站闸机与楼梯的距离不宜小于 4 m。笔者认为,规范对于出站闸机要求是比较合理的,对于进站闸机距离扶梯的要求显然过高,在条件受限的情况下可以灵活掌握。对于换乘通道上设置的出站闸机,一定要注意其蓄客空间不能侵入换乘客流通行空间，一般情况下，考虑缓冲距离不应小于 5 m。

地下岛式站台车站中间进站、两端出站的闸机布置形式是如今应用最广泛的布局形式，国内大部分城市的地铁线路都采用这样的布局，当然也有特殊情况，例如上海地铁车站采用的就是两端进站、中间出站的布局，究其原因要从上海地铁的发展史说起。上海地铁 1、2 号线均是 8A 车站，有效站台长度达到 186 m，所以站厅层付费区较长，有足够的空间来安装闸机。从前文分析可知，出站闸机所需数量较多，因此上海地铁 1、2 号线车站采用两端进站、中间出站的布局形式。上海地铁后续线路基本以 6A 车站为主，延续了原来地铁 1、2 号线的设计习惯，甚至是 4C 车站也采用了这种布局。对于 6A 车站来说，两种布局形式功能差别不算太大，但对于更小编组的车站来说，显然是不合理的。鉴于安检需要，两端进站、中间出站的布局形式还是有其优势的，中间出站位置不用布置安检设备，车站出入口位置可调节的空间很大，甚至可以设置在公共区中间；中间进站、两端出站的布局形式对应的出入口接口位置调节余地很小，只能在两端非付费区的两跨范围内调节。两种进出站闸机布局形式详见图 2-87。

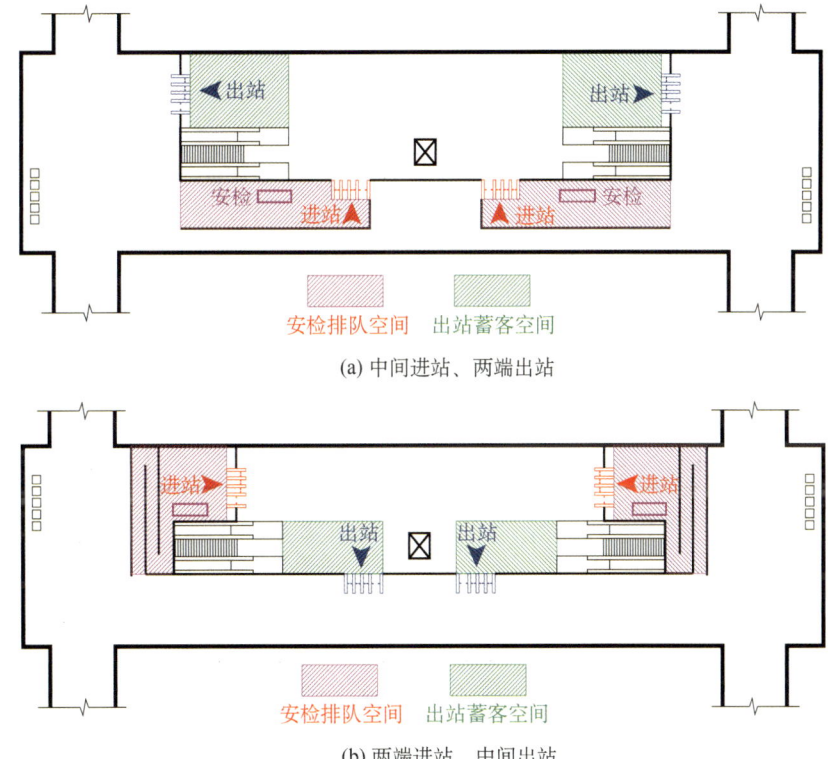

(a) 中间进站、两端出站

(b) 两端进站、中间出站

图 2-87 进出站闸机的布局形式

地下侧式站台车站因其站型特征，两端非付费区无法连通，也就是说，进、出站闸机均须设置在两端。根据前文分析的客流特征和进出站闸机的服务特性，原则上进、出站闸机是不能设置在一条线上的，应该错开布置，进站闸机向付费区凸出，靠近楼扶梯口，进站闸机前留好安检空间；出站闸机向非付费区凸出，出站闸机前留好出站蓄客空间。

关于地铁车站公共区中部付费区与非付费区的上下关系问题在设计中一直被忽视，进站闸机对应楼扶梯应该是下行，出站闸机对应楼扶梯应该是上行。每座地铁车站早晚高峰的客流特征都有明显差异，位于线路末端的车站其客流特征差异化更为明显，经常会出现早高峰时多数人位于一侧站台前往主城区方向，而晚高峰时多数人在另一侧站台下车出站。在这样的客流特征背景下，每一侧的侧站台与楼扶梯的上下行对位关系最为明显，理想的布局形式是下行楼扶梯对应着早高峰时前往主城区多数乘客候车的侧站台，上行楼扶梯对应着晚高峰时多数乘客下车的侧站台，楼扶梯的上下行关系进而会影响进出站闸机的布局，这就是比较典型的客流匹配关系。很多非末端车站也会有比较独特的客流特征关系，特别是换乘车站，这就需要充分解读客流资料，结合出入口布置条件合理确定进出站闸机的布局。

每座地铁车站都应设置宽通道闸机，以满足大行李和无障碍的通行需求，其配置数量根据站点周边环境和客流特征等确定。如交通枢纽型车站，携带大行李的乘客较多，或医院、养老院附近无障碍通行需求高的车站，其宽通道闸机数量应适当增加。

对于公共空间较小、潮汐客流较明显的地铁车站而言，其闸机安装空间局促，无法满足高峰时段的需求，可考虑多设置双向闸机，早晚高峰时段调整闸机进出方向，方便乘客使用，同时节约闸机安装空间。

8. 客服中心

客服中心的功能是问询、补票等，但它最主要的任务是补票，因此将其与出站闸机放在一起是最合理的。

在采用中间进站、两端出站的布局形式情况下，分别在两端的出站闸机处布置客服中心是最合理的[图2-88(a)]，方便补票和问询。考虑到运营成本问题，很多城市的地铁线路采用中间设置客服中心的形式[图2-88(b)]，虽然服务功能性略差，但可节约大量的运营管理人员，特别是现阶段手机App智能化结算已十分便捷，减少了大量的补票情况，同时，由于手机电子地图被广泛应用，问询人员数量也大幅减少，所以将客服中心布置在中间且只设置一个也是能够满足实际功能需求的。

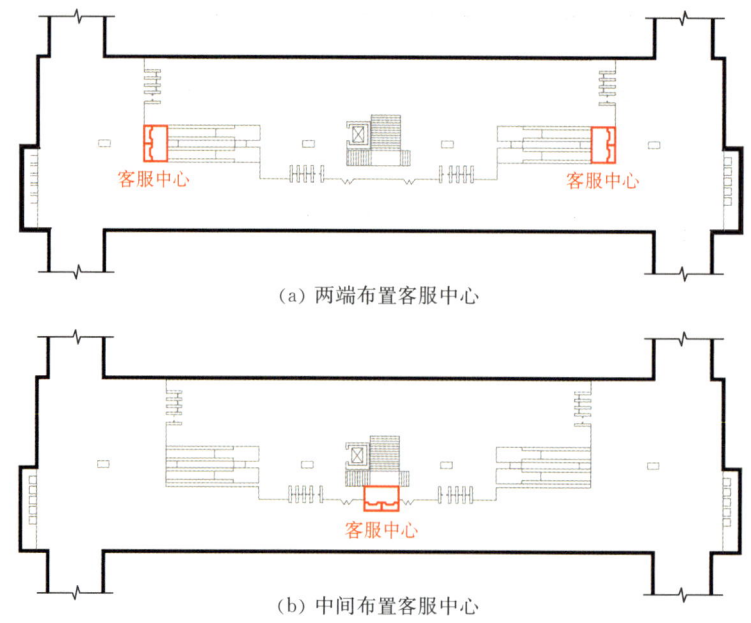

图2-88 客服中心布置方案

对于采用两端进站、中间出站的地铁车站而言,客服中心布置在中间更便于乘客补票,从客服中心的角度来说,方案也更合理。

9. 疏散栅栏门

车站站厅层公共区被进出站闸机和栏杆分割成了付费区与非付费区,除进出站闸机能够进出外,还应在分隔栏杆上补充疏散栅栏门,其主要功能是疏散,同时辅助无障碍通行、大行李通行、补票出站等。

考虑到辅助功能的需求,一般将公共区疏散栅栏门布置在客服中心附近,以便于补票乘客出站和残障人士进出。通常情况下,发生火灾时,所有进出站闸机全部打开再加上客服中心附近的疏散栅栏门是可以满足疏散要求的,其总疏散能力应与楼扶梯的疏散能力相匹配;如果核算之后无法满足通行要求,可通过增加疏散栅栏门来解决疏散问题。

栅栏门的设置位置也是有讲究的,按照规范要求,站厅层公共区任意一点至出入口口部的走行距离不能超过 50 m。很多情况下,进出站闸机的口部都不是最近的疏散路径。在车站的出入口疏散距离较紧张的情况下,可在最近的疏散路径上补充疏散门,以满足疏散距离要求。既然作为疏散设施,其宽度应满足人员密集的公共场所疏散门净宽度不应小于 1.4 m 的要求。

10. 站台门

乘客进入闸机通过楼扶梯进入站台,而后站在侧站台进行候车,在站台与轨行区之间设置站台门。站台门主要有两个作用:一是在站台与轨行区之间设置屏障,保证乘客安全;二是隔离轨行区与站台之间的气流,起到节能作用。

首先,来说一下站台门的安全性作用。列车进站停稳之前,站台门始终保持关闭状态;列车停稳后,列车门与站台门同步打开,确保乘客安全,避免落轨情况的发生。站台门系统的每一个滑动门对应着每一个列车门,这就对列车的停靠精度提出了较高的要求。为了解决列车紧急情况下停靠不准的问题,站台门在设置滑动门保证正常上下车的同时还设置了应急门,以确保紧急情况下列车上乘客的疏散安全。根据相关规范要求,应急门的数量不宜少于列车编组数。

侧站台空间作为乘客候车空间是一项重要的设计指标,但是侧站台以外的空间同样也是重要的集散空间,应被充分利用。以双柱车站为例,其中间跨设置楼扶梯,除了楼扶梯外,尚有大量空间可作为集散空间,特别是列车门对应的位置常有大量乘客排队,如果列车门正对着一根柱子显然对客流集散是不利的,所以在双柱车站的设计中考虑柱网避让列车门的方案。一般情况下,A 型车避让列车门的柱网是 9 120 mm,B 型车避让列车门的柱网是 9 750 mm。柱网与列车的对位关系将在后续章节中详述。

其次,来谈谈站台门的节能作用。为了提供安全舒适的乘车环境,地铁车站公共区采用通风空调系统,轨行区由于车辆散热、轨道摩擦生热等,其温度通常较高,按照能量守恒原则,所有电力消耗最后都以热量形式散发到轨行区中。为了解决轨行区的温度问题,并减少列车行进阻力,车站设置了活塞风井,实现轨行区与室外空间的气流交换,但是无论怎样,轨行区的温度都远高于站台公共空间的温度。在这种情况下,最好的节能方式就是避免车站公共区与轨行区之间的热交换,站台门与列车车厢门同步打开,仅在上下客时才会有短暂的热交换,从而达到节能目的。

站台门作为站台公共区与轨行区之间的一道屏障,影响了排烟模式。前些年解决这道屏障的方式是火灾情况下打开端门,借助区间排烟风机来解决站台层的排烟问题,也正是由于强大的区间排烟风机的存在,消防上才考虑采用开敞楼梯间连接站厅与站台,区间排烟风机能保证楼梯口部有足够的风速将烟气压制在站台,以确保楼梯口的安全。

近年来出现了站台和轨行区分别控制烟气的理念,并强调站台层的烟气不应进入区间,不依赖于区间事故风机独立解决站台公共区的排烟问题。这需要复杂的通风控制逻辑才能实现站台公共区独立排烟,保证楼梯口补风速度达到1.5 m/s。为了实现这个目标需要加大站台层风管的尺寸,而这会给站台层的管线综合设计带来较大的压力。

利用区间事故风机解决站台排烟问题,传统的做法是打开站台门端门或者是最后一道滑动门,通过轨行区将烟气排出,但是需要考虑乘客误入轨行区的问题。这里笔者提出两个思路供读者参考:一个思路是打开最后一道滑动门的同时联动一道栏杆阻挡乘客误入轨行区;另一个思路是在站台门的上方开设排烟口,根据排烟模式控制排烟口风阀。

11. 公共卫生间

公共卫生间是地铁车站最重要的服务设施,其服务水平的高低直接影响着地铁乃至整个城市的形象。地铁车站的公共卫生间主要由男厕、女厕、盥洗室、无障碍厕所、母婴室、污水泵房等组成。现阶段公共卫生间的位置选择主要有两种:一种是设置在站厅层非付费区,另一种是设置在站台层付费区。

公共卫生间设置在站厅层非付费区这种方案布置较为灵活,可以布置在出入口通道旁边,利用出入口与主体的围合空间,方案可调整的空间较大。由于站台层没有布置公共卫生间,因此对车站站台长度的控制非常有利,还能增加站台空间的通透性,并且不存在厕所异味对站台空间的影响。员工卫生间可邻近公共卫生间布置,与公共卫生间共用污水泵房,空间组合形式较为灵活多变。但是,站厅层公共卫生间很难布置在主体范围内,对于一些顶出配线车站需要增加外挂空间才能解决公共卫生间的布置问题,会增加土建规模,甚至增加交通、管线的工程量。公共卫生间布置在站厅层服务于轨道交通客流的同时可兼顾社会需求,从城市规划角度可减少地面公共卫生间数量,减少对城市景观的影响。凡事都有两面性,服务社会的同时也将增加地铁运营的成本和负担。

将公共卫生间设置在站台层付费区是现阶段最主流的做法。该做法可减少运营成本和管理压力,也便于服务地铁乘客。特别是对于已形成地铁网络化运营的超大型城市而言,乘车时间长、换乘频率高、乘车过程中需要使用厕所的情况会增加,若乘客在中途下车或者换乘过程中想使用厕所,而出站寻找厕所是非常不方便的,在这种情况下,站台层设置公共卫生间的优势就显现出来了。但是,站台层设置公共卫生间对于控制车站长度是非常不利的,公共卫生间侵入有效站台的长度较大,会影响站台公共区的通透性。为了共享公共卫生间的污水泵房,站厅层的员工卫生间一定要正对着下方站台层的公共卫生间或者污水泵房,这对于站厅层设备区的布置会有一定的限制。

近年来,关于母婴室的设置一直存在较大争议,民用建筑相关规范要求交通类建筑一定要设置母婴室,但是地铁车站空间有限、土建工程造价很高,每座车站均设置母婴室显然是比较浪费的。同时,火车站、长途汽车站等交通建筑中乘客的候车时间较长,乘客使用母婴室的概率较大,而地铁车站仅仅是通过性交通建筑,人员随到随走,候车时间很短,母婴室的使用频率自然很低。为了小概率的使用而设置母婴室是不合理的,笔者建议在换乘车站设置母婴室,同时,规模不受控的配线车站也可考虑设置母婴室,这样就可以照顾到绝大部分想要使用母婴室的乘客的需求了。

对于公共卫生间的布局,笔者提出以下几条建议:

(1) 应合理确定男女卫生间的厕位比例。客观上来说,男士使用厕所的时间较短,且有小便斗的配置,故可大量节约蹲位数量,建议男女厕所的蹲位数量按照1:3左右进行设计,男厕的蹲位数加上小便斗数之和应与女厕蹲位数持平,同时,男厕蹲位的数量不能少于2个。

(2) 做好视线屏蔽设计。公共卫生间方案应避免看到男厕使用小便斗的人,以及避免看到女厕侧位的开门,一般情况下小便斗与门布置在同一面墙,方便视线屏蔽。

(3) 尽量采用无门的迷路式公共卫生间。这样可减少开门带来的不便,提升空间品质。

(4) 交通枢纽站适当增加厕位尺寸,满足行李停放需求,避免乘客不放心自己的行李又不能带其进入厕位的尴尬。

(5) 清扫间宜靠近公共卫生间布置,方便清洁打扫。

(6) 尽量将洗手盆分别布置在男女厕所之内,方便使用的同时增强私密性。

(7) 无障碍卫生间的布置应满足轮椅的回转空间要求,同时建议没有母婴室的车站适当加大无障碍卫生间,增加母婴服务设施。

(8) 大客流长通道换乘车站的乘客在通道内滞留的时间长,因而使用公共卫生间的概率增加,宜考虑在换乘通道内设置公共卫生间。

2.3.6 车站建筑流线分析

不同类型的公共建筑,因其使用性质不同,往往具有不同的客流特征,有的客流集散比较均匀,有的客流又较为集中,这些客流活动特征常常通过一定的顺序或某种关系体现出来。地铁车站是具有典型流线特征的一类公共建筑,能否清晰地组织各种流线是地铁车站建筑设计基本功的重要体现。

车站公共区是指整个地铁车站的外部空间,主要包括出入口通道、站厅层公共区和站台层公共区。这些空间都是乘客能够抵达的区域,属于车站的服务性空间,其服务水平代表了整个车站的服务水平。一般而言,地铁车站建设难度大、工程造价高,其公共区的集散空间是有限的。如何在有限的空间内组织大客流,这就对客流组织设计提出了很高的要求。实现客流通行的便捷性和减少交叉是客流组织的主要目标。车站公共区的客流包括进站客流、出站客流、换乘客流和过街客流等。

1. 出入口通道客流组织

地铁车站最外部的空间是出入口通道,它直接对接市政道路的人行道。出入口宜平行或垂直于道路红线布置,设计原则是吸引客流、方便乘客进出车站。从空间概念上来说,客流吸引也是客流流线组织的一部分。出入口的位置、朝向与主要客流方向相匹配是地面部分大范围客流组织的首要原则,它影响着出入口的布局。关于出入口布局问题前文已进行了详细论述。

出入口一般退至道路红线外,通过小广场等空间与人行道相接。当出入口采用直出形式时,出入口的口部宜遵循右侧通行原则,采用两扶夹一楼形式(图2-89)。当出入口紧贴人行道布置或采用侧出形式时,车站出入口的口部空间较为局促,这种情况下虽然也遵循右侧通行原则,但是由于扶梯使用频率较高,为了增加口部缓冲空间,一般考虑将上下行自动扶梯远离道路红线贴临设置。在进入出入口通道水平段后,就完全遵循右侧通行原则来组织客流流线。

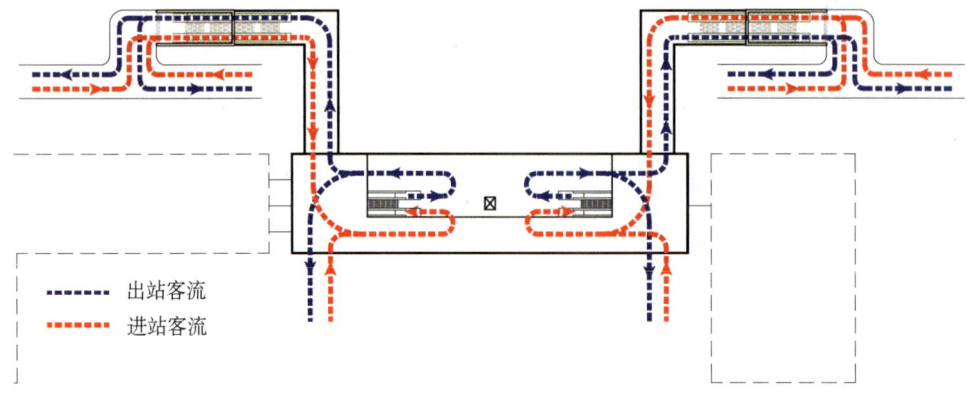

图 2-89 出入口通道客流组织

进入出入口通道之后客流组织的关键点是出入口通道与车站主体的接口位置。由于站厅层公共区的空间特点是狭长,因此从功能分区上只能对空间进行分段划分。标准车站一般采用中间付费区、两端非付费区的形式,其中两端非付费区是客流集散空间,从流线图上能够看到,这个区域内的客流交叉是无法避免的,所以出入口通道直接接入站厅层公共区两端是最合理的功能布局,在两端较宽非付费区组织客流集散,可避免客流在付费区内的关键路径上产生交叉。

2. 站厅层客流组织

站厅层客流组织最为复杂,乘客在这个空间内的行为动作也最多,包括过街、换乘、购票、过安检、过闸机、乘电扶梯等。站厅层公共区作为交通建筑空间是较为狭长局促的,同时也承载了最多功能,因此它的流线组织是流线设计中的重点和难点。合理地选择进出站闸机的位置、调整自动扶梯的运行方向都是强制调节客流流线的重要手段。

对于标准车站而言,进出站闸机的位置强制了客流的总体走向,自动售票机与安检设备的位置与之匹配,自动扶梯的方向与客流组织方向相适应;另外,出站闸机与进站闸机分散布置,以避免进出站客流的交叉,尤其是在付费区内的客流交叉。以上这些就形成了标准车站的基本客流流线设计方案。

以标准岛式车站中间进站、两端出站的闸机布局为例进行分析[图 2-90(a)],标准岛式车站公共区被栏杆和进出站闸机分割成两边非付费区和中间付费区,考虑到过街方便,公共区中部留出一条通道连通两侧的非付费区。乘客从出入口进入站厅,最先使用的设备是自动售票机。自动售票机的位置应与进站闸机的位置相对应,布置在正对连通道一跨的端墙位置,避免部分进站乘客折返跑。乘客买票之后经过连通道内的安检设施,再经过进站闸机进入付费区,最后通过对应进站闸机的楼扶梯组进入站台层。如果付费区内是上下行扶梯,则进站闸机对应下行扶梯,出站闸机对应上行扶梯,这样就可避免乘客在付费区内的交叉。如果付费区内是一楼一扶,则进站闸机对应楼梯布置,出站闸机对应上行扶梯。如果采用两端进站、中间出站的形式,相关服务设施应调整位置与客流流线相匹配,如图 2-90(b)所示。

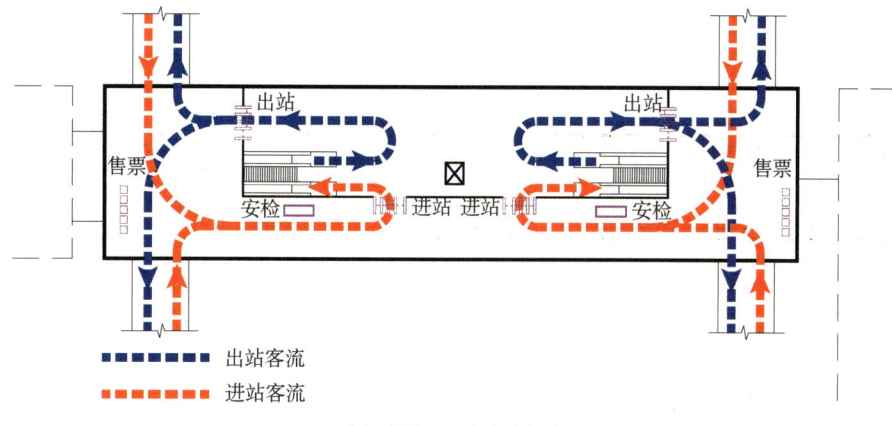

(a) 中间进站、两端出站客流组织示意

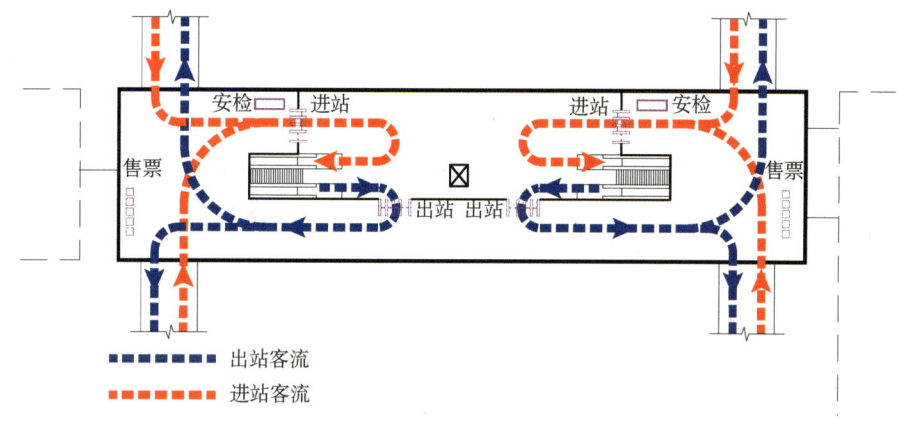

(b) 两端进站、中间出站客流组织示意

图 2-90　站厅层基本客流组织形式

两种基本客流组织形式在付费区内均实现了进出站客流的完全分离。出站乘客在两端的非付费区选择目标出入口出站与进站客流会有部分交叉，而这又是无法避免的，所以集合了购票、客流集散功能的两端非付费区一般按照两跨或者两跨以上进行设计。

问询、补票、无障碍通行等客流均属于非典型流线，在设计中尽量兼顾，若不能兼顾也不影响大局。

通过客流流线分析可知，不管是中间进站两端出站还是两端进站中间出站均可实现合理的客流组织方案。而决定采用哪种进出站形式还是取决于列车的编组情况和楼扶梯的配置情况，哪一种形式能够布置更多的出站闸机，给出站客流提供充足的蓄客空间，那它就是合理的进出站闸机布置形式。

3. 站台层客流组织

站台层客流组织主要是组织楼扶梯口部至侧站台候车位置的客流。站台层除动态的进出站客流以外，还有静态的候车乘客，所以，站台层的客流密度很大。特别是楼扶梯两侧的位置，无法与站台中部空间共同集散客流，是站台层客流组织的瓶颈位置。为了减小瓶颈处的影响，最好的方式是多设置几组楼扶梯，从而减轻排队上车乘客身后大量乘客穿行的压力。由于两侧站台都有乘客上下车，进站乘客从下行楼扶梯向两侧站台走行，出站乘客从两侧站台走向上行楼扶梯的口部,这个过程中一定会存在交叉,这是无法避免的,所以站台层楼扶梯前方的空间宜适当加大,如图2-91所示。

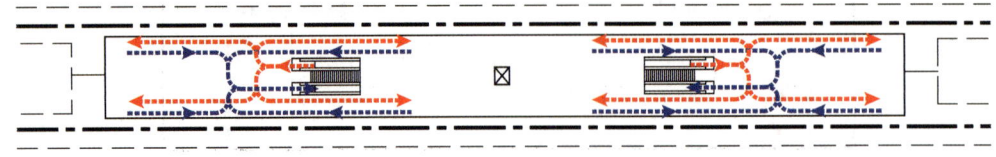

图2-91　站台客流组织示意

通常,车站两个侧站台的客流量在早、晚高峰时段是不均衡的,设计中为了减少客流交叉,应先分析客流特征,特别是线路端部的起始站和终点站,其客流特征一般都比较明显,早高峰期间乘客在一侧站台候车进中心城区上班(图2-92),晚高峰期间大量乘客在另一侧站台下车回家(图2-93)。楼扶梯的上下行布置需要重点考虑这些客流特征的影响,相应地,站厅的进出站闸机等设备也应与之匹配。

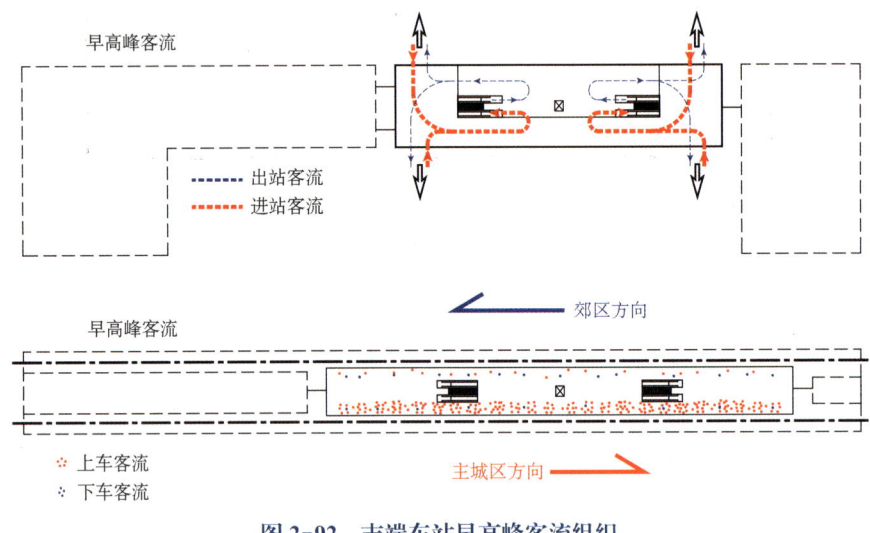

图2-92　末端车站早高峰客流组织

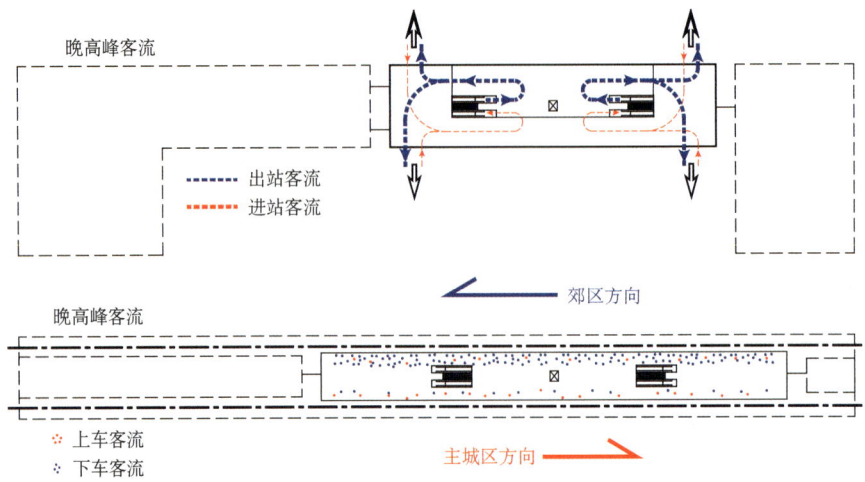

图2-93　末端车站晚高峰客流组织

对于地铁线路中部个别客流特征比较明显的车站,更应该重视楼扶梯设置与客流组织之间的协调性。如图 2-94 所示,有些车站的两个侧站台表现出比较典型的客流特征,比如,早高峰时段一边以下客为主,另一边以上客为主,晚高峰时段则刚好相反。这类车站其进出站闸机、楼扶梯的布置应该与客流特征相适应,以减小客流的交叉。当服务设施的布局与客流特征不匹配时,会在站台层出现严重的客流交叉问题,如图 2-95 所示。从概念上来说,很少有车站一

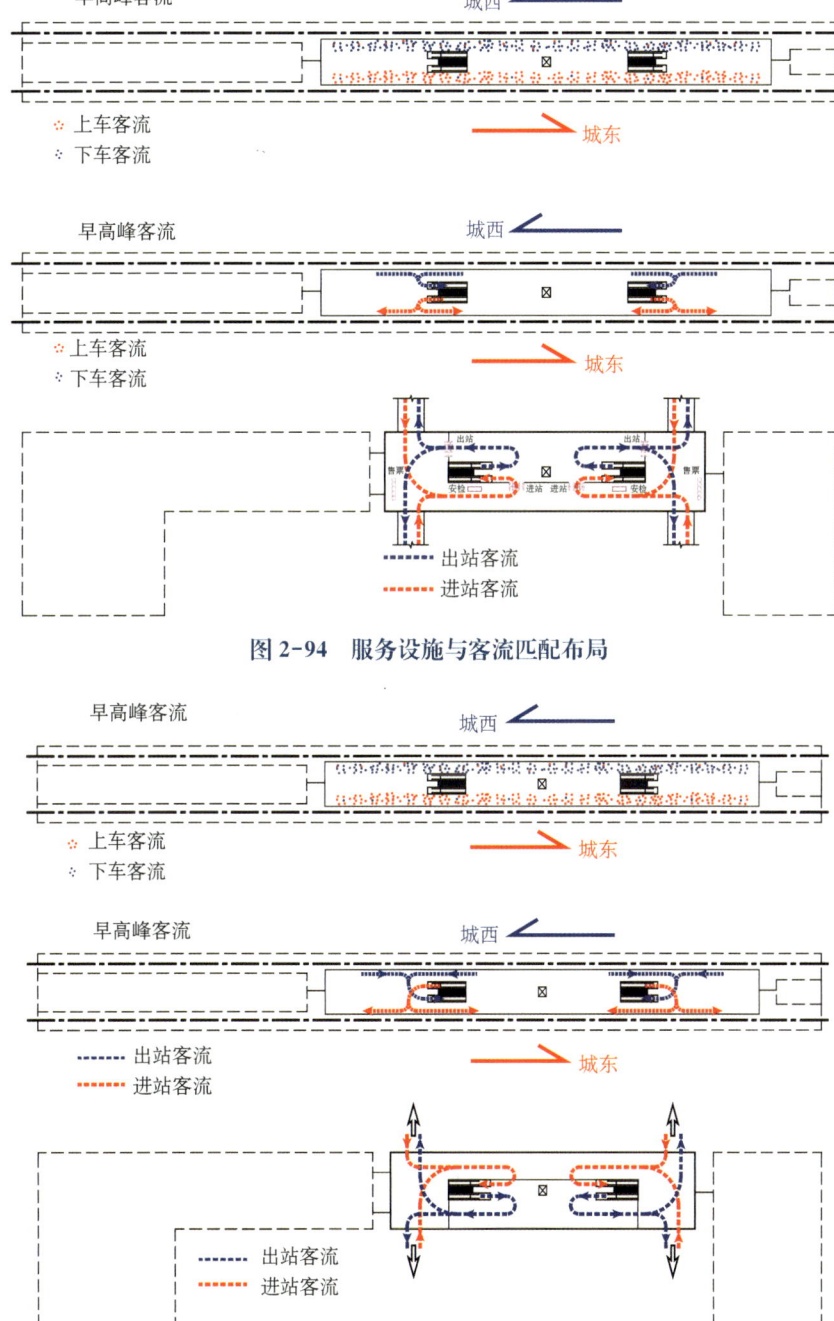

图 2-94 服务设施与客流匹配布局

图 2-95 服务设施布局与客流特征不匹配

天之内各个方向的客流都是均衡的,要想服务功能匹配,就需要充分分析客流特征,结合车站站型和出入口布局来布置车站的服务设施。也就是说,很多情况下车站的各项服务设施的布置是由客流特征来决定的。

4. 换乘车站客流组织

换乘车站站厅层的客流流线更为复杂,除了两线的进出站客流外,还包含付费区内的换乘客流。换乘流线上通道宽度应充分考虑换乘客流的通行需求,两线主体交会处以及换乘通道与车站主体交会处宜局部拓宽,以减少乘客的走行距离,提高通行效率,增强公共区的通透性。对于超大型通道换乘车站而言,应将换进客流和换出客流分散布置,同时减少换乘客流和进出站客流的交叉。甚至可以将超大型换乘车站设计成双换乘通道,换乘通道与两边的车站公共区形成环形通道。在流线设计阶段,应避免换进客流与换出客流交叉,同时尽量避免换乘客流与进出站客流交叉,通过合理组织客流行走路线,调整自动扶梯运行方向,配合进出站闸机位置,从而制订出合理的客流组织方案。

客流在付费区内交叉对于换乘车站来说是无法避免的,结合进出站客流和换乘客流情况优化楼扶梯及进出站闸机布局的时候,总会出现一些客流交叉情况。由于自动扶梯不间断地输送客流,楼扶梯口部的交叉容易发生危险,所以设计中最忌讳的是在楼扶梯口部出现客流交叉,当然,在空间开阔的公共区范围内适当的客流交叉还是能够接受的。

1) T形换乘车站客流组织

T形换乘是较为常见的节点换乘形式,在客流量较大的情况下,T形换乘车站宜采用单向换乘:利用换乘节点解决上层站台至下层站台的换乘,通过站厅解决下层站台至上层站台的换乘。这样可以最大限度地缓解换乘节点处的客流对冲,方便下层站台的乘客尽快撤离站台,同时给上层站台从换乘节点下来的客流腾出空间。对于组织单向换乘的车站而言,应结合客流仿真技术,配合好导向标识系统,引导乘客自然地形成单向换乘的客流组织模式。

相较而言,节点换乘车站的站台层客流组织更为重要。合理的客流组织能够最大限度地提升服务水平,减小运营风险。T形换乘车站的换乘楼梯一般位于下层站台的端部、上层站台的中间。相对来说,上层站台的乘客更容易到达换乘节点。在这种情况下,上层站台的换乘客流导向一律指向换乘楼梯就是合理的(图2-96)。下层站台应根据乘客所在位置进行换乘客流组织,如果让最远端的乘客一路从侧站台穿行至换乘节点,势必会给站台层的集散空间带来压力。笔者认为,下层站台应尽量通过楼扶梯将换乘客流引导至站厅层,以减小站台压力;另外,可以考虑将靠近换乘节点的换乘客流引导至换乘节点处,方便乘客,避免换乘路径迂回。

以上客流分析图不是完整的分析图,特别是出站乘客,很多乘客是走到靠近目标位置的出入口才考虑出站,所以,在公共区出站客流走行路径较为复杂,为了清晰地表达客流流线,一般还是考虑出站客流就近出站的流线。换乘车站完整的流线分析图是非常复杂的(图2-97),画得太完整就抓不住重点矛盾了,因此在进行换乘车站客流分析时,甚至可以省略出站客流流线,重点分析换进客流、换出客流和进站客流。当某一条线的出站客流有大量的穿行付费区去另外一条线远端出站的情况时,在客流组织中就不能忽视出站客流的影响。

通过流线图能够知道站台层的楼梯口部客流交叉是比较严重的,但这个交叉又无法避免,而缓解这个矛盾的方法只有认真分析客流资料,使下行扶梯与上车客流比较集中的一侧站台

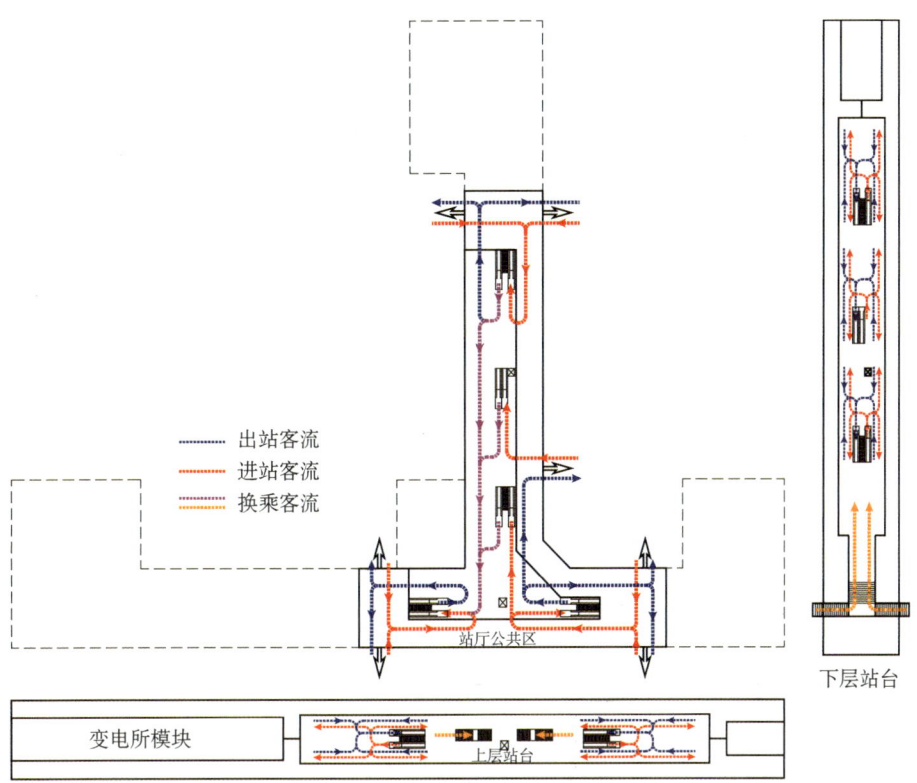

图 2-96　T 形节点换乘客流组织示意

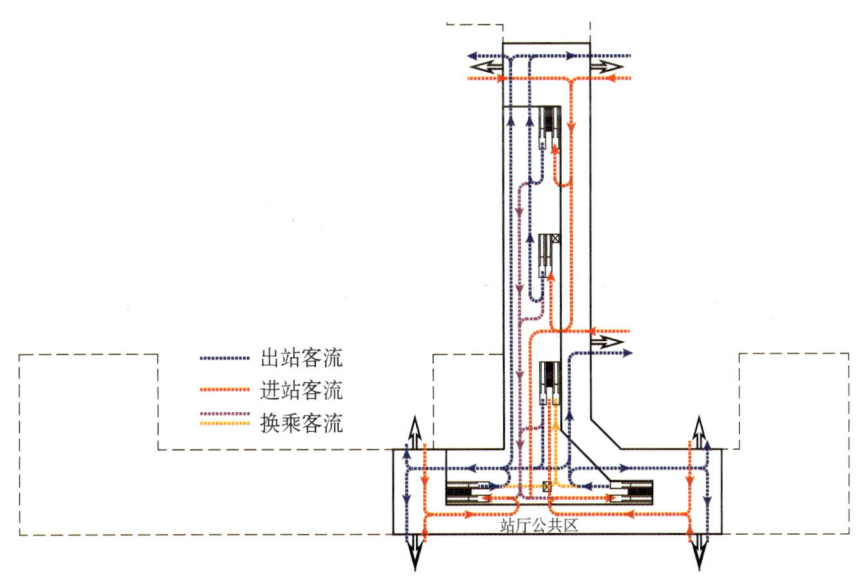

图 2-97　T 形换乘车站完整客流分析

相对应,上行扶梯与下车客流比较集中的一侧站台相对应。当然,个别地铁车站的客流特征并不明显,在早、晚高峰期间两个侧站台的上下客相差不大的情况下,这样的地铁车站通常是市中心大客流车站。既然客流交叉无法避免,那就适当加宽站台宽度,给交叉客流提供足够的集散空间。三层车站的楼扶梯顺向布置,非付费区连通道布置在楼扶梯的哪一侧,这需要根据客流特征来确定,在满足客流不交叉的前提下应尽量遵循客流集中时段的右侧通行原则。

对于T形换乘车站下层站台靠近换乘节点的一组楼扶梯采用什么样的形式有较多不同的方案(图2-98),如有三扶梯方案、两扶夹一楼方案、上下行扶梯方案等,具体采用哪种方案,需要认真分析客流数据,根据不同的客流特征来匹配不同的方案,没有必要完全统一做法。当下层站台以换进客流为主时,大量乘客从上层站台通过换乘楼梯集中到达下层站台端部,这种情况下应采用上下行扶梯方案,方便换乘客流从扶梯侧边穿过,如图2-98(c)所示,且空出来的一侧站台应该是上客比较集中的一侧;当下层站台以换出客流为主时,由于大量客流通过楼扶梯至站厅而后换乘到另外一条线,因此,须增加垂直提升能力,采用三扶梯方案比较合理,如图2-98(d)所示;当两线的换进换出相对均衡且换乘客流量不大时,可采用传统的上下行扶梯夹楼梯的方案,如图2-98(b)所示。

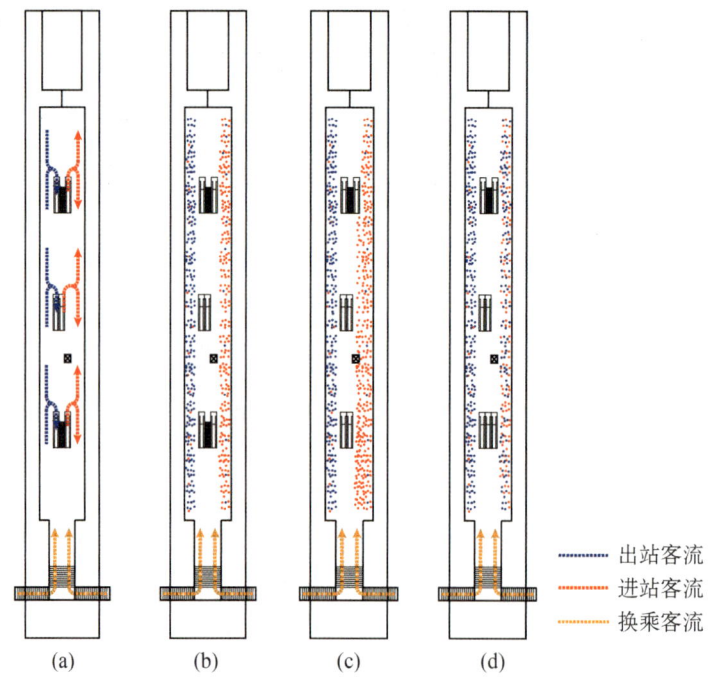

图 2-98　换乘楼扶梯形式

2) L形换乘车站客流组织

L形换乘车站的客流引导思路与T形换乘车站相似。当然,对于两线来说,L形换乘车站的换乘节点都位于站台端部,两线站台远端乘客的换乘流线参考T形换乘下层站台的模式,即引导客流至站厅层进行换乘(图2-99)。乘客被引导至站厅层后,习惯按照就近下站台的原则,这样可以节省步行距离。两线换乘节点位置,还是引导乘客通过换乘楼梯进行换乘,从而节省换乘时间,减少走行距离。L形换乘车站站厅层客流流线如图2-100所示。

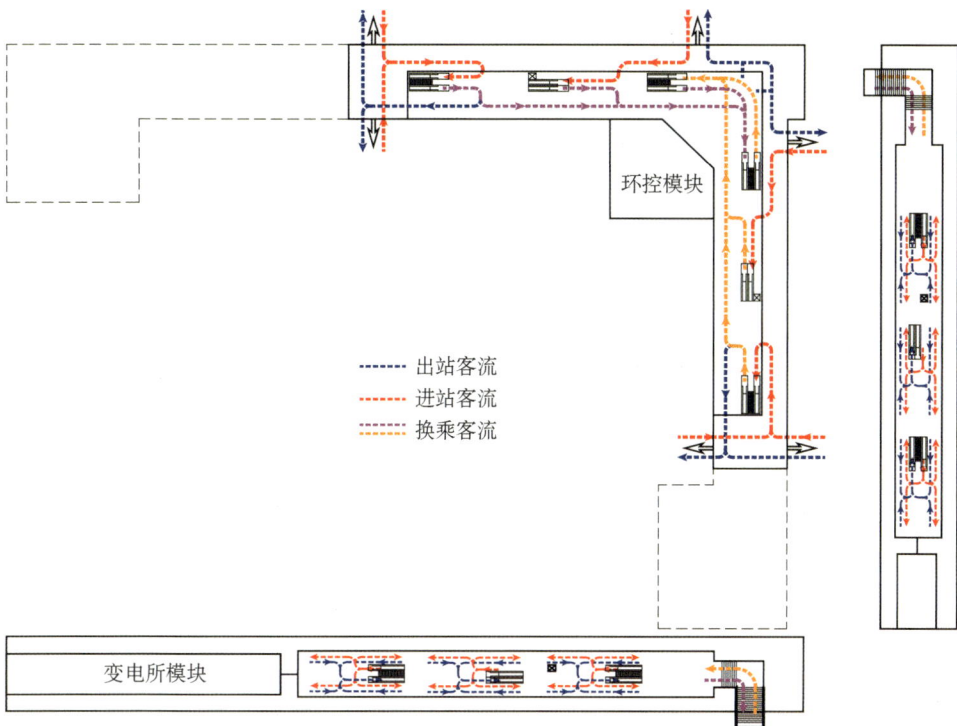

图 2-99 L 形换乘车站客流流线分析

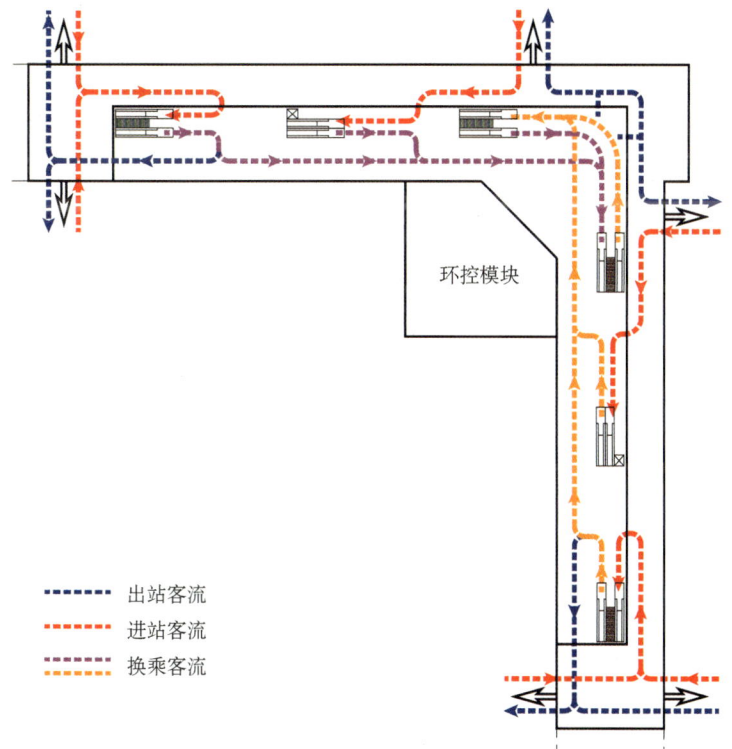

图 2-100 L 形换乘车站站厅层客流流线

L形换乘车站客流组织最复杂的位置是站厅层公共区两线相接处,既要考虑出站问题,又要考虑换乘问题;同时,这个位置也是客流最集中的区域,客流交叉情况无法避免。如果遇到超大型换乘客流,可考虑把三层车站部分的第一组楼扶梯改为三扶梯,并将换乘客流尽量引导至远端,以减少换乘节点处的客流压力,如图2-101所示。

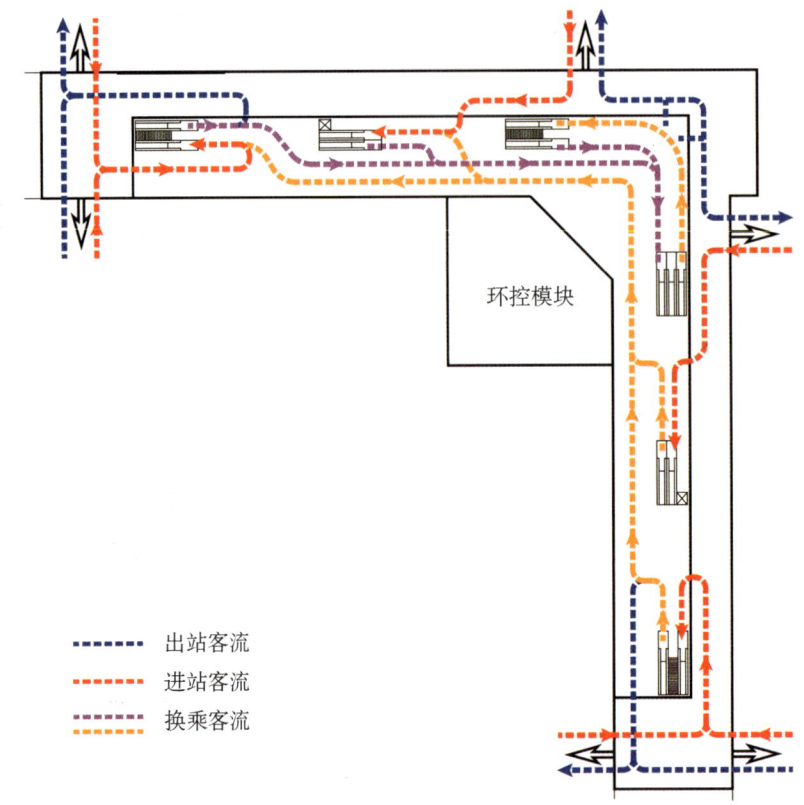

图2-101 L形换乘车站超大客流疏解方案

3)"十"字形换乘车站客流组织

"十"字形换乘车站的两个站台形心相对,换乘客流集中在站厅及站台的中部,特别是站台层的换乘客流集中在中部的"十"字形换乘楼梯范围内,这容易造成换乘客流对冲问题。就客流量较大的"十"字形换乘车站而言,可以考虑通过合理设置标识导向将部分乘客引导至站厅,通过站厅进入另外一条线的站台,从而减轻站台"十"字形换乘楼梯的通行压力。"十"字形换乘车站客流组织方案如图2-102所示。

4)通道换乘车站客流组织

通道换乘车站的客流组织随机性较大。由于换乘通道较长,在没有强制措施的情况下,除了考虑客流交叉问题外,还应关注换乘通道内的右侧通行原则,所以通道换乘车站的客流组织方案一般不能镜像使用,而且不同角度的两个车站通道换乘其客流组织也是不同的,相应的车站公共区服务设施的布局也会略有不同。通道换乘车站的客流组织需要考虑多方面因素:首先是客流交叉和拥堵问题,同时应关注换乘通道的通行能力和右侧通行原则;其次应该考虑站台层的客流特征;最后还涉及出入口的布局问题。鉴于这么多的控制因素,因而想要

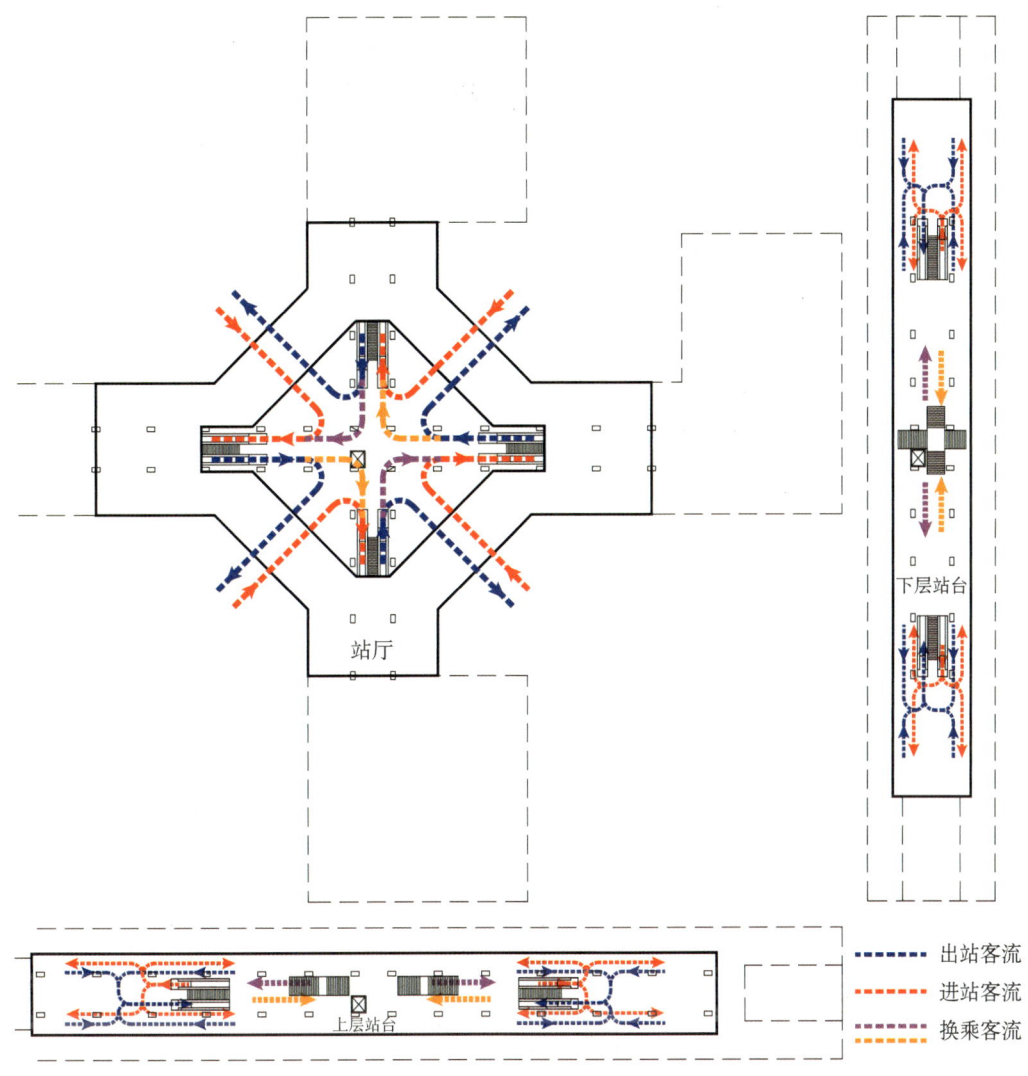

图 2-102 "十"字形换乘车站客流组织方案

在设计中得到理想的换乘模型是很难的,就需要综合考虑各方面因素来设计合理的客流组织方案。

通过对通道换乘客流组织图的研究可以发现,楼扶梯"八"字布局的公共区存在较多的交叉问题,主要原因是在楼扶梯"八"字布局的情况下,如果进出站闸机也是对称布局,则肯定会有严重的交叉问题(图 2-103)。笔者尝试进出站闸机采用非对称布局,一侧采用中间进站两端出站,另一侧采用两端进站中间出站的方案,可以有效缓解客流交叉问题,如图 2-104 所示。通过对镜像后的通道换乘车站进行客流组织分析,发现其流线组织并非像平面布局那样镜像,而是与原方案有较大的不同,因此需要根据客流特征,结合右侧通行原则重新设计客流组织方案,如图 2-105 所示。综上所述通道换乘车站的流线组织应具体问题具体分析,如此才能设计出合理的服务设施布局方案。

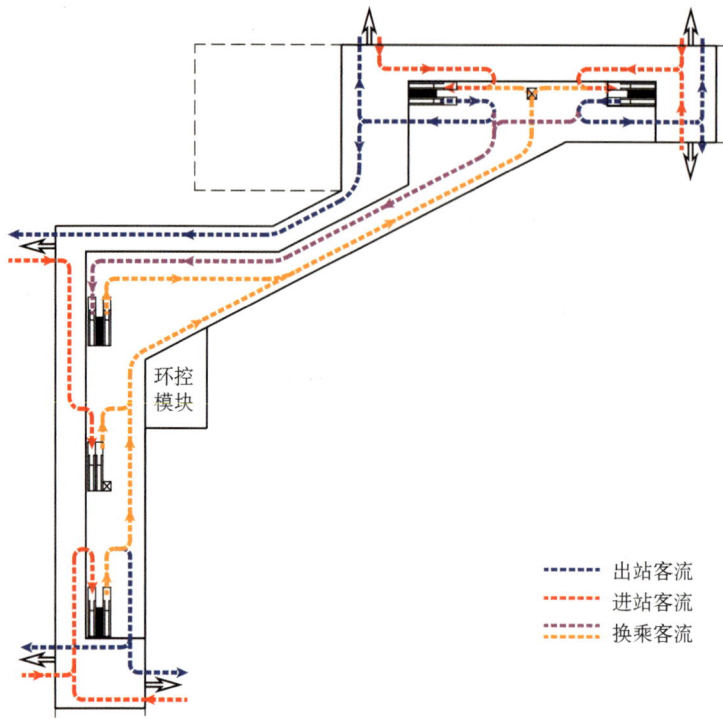

图 2-103　通道换乘车站客流组织方案一

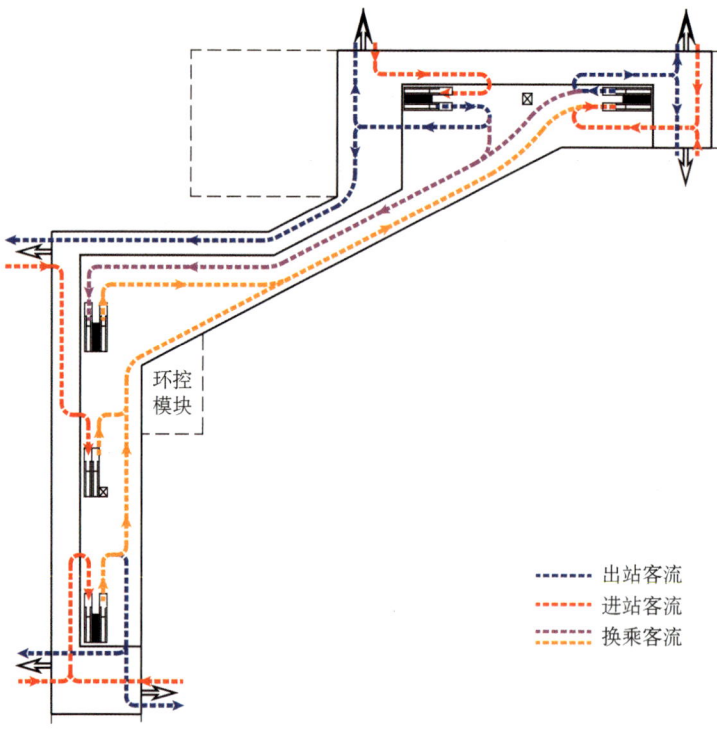

图 2-104　通道换乘车站客流组织方案二

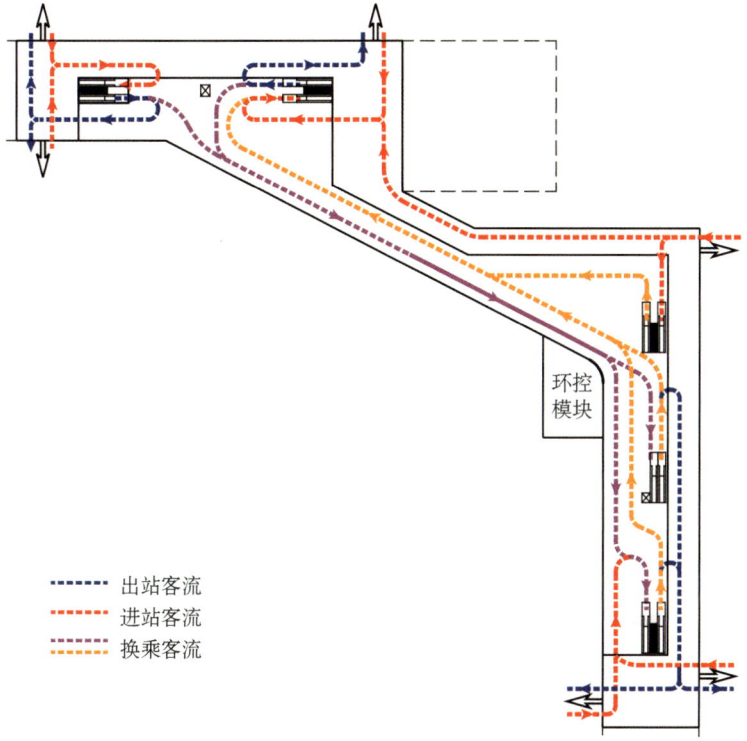

图 2-105　通道换乘镜像方案客流组织

就超大客流通道换乘车站而言,为了分解客流压力,可考虑采用双换乘通道方案,客流组织可以采用单向循环方案(图 2-106)。通过双换乘通道和单换乘通道客流组织方案的对比发现,双换乘通道的客流组织能够有效避免局部的客流拥堵问题。对于通道换乘来说,只要换乘通道的宽度和数量有保证,客流组织问题都可以通过服务设施的调整来满足相应需求。

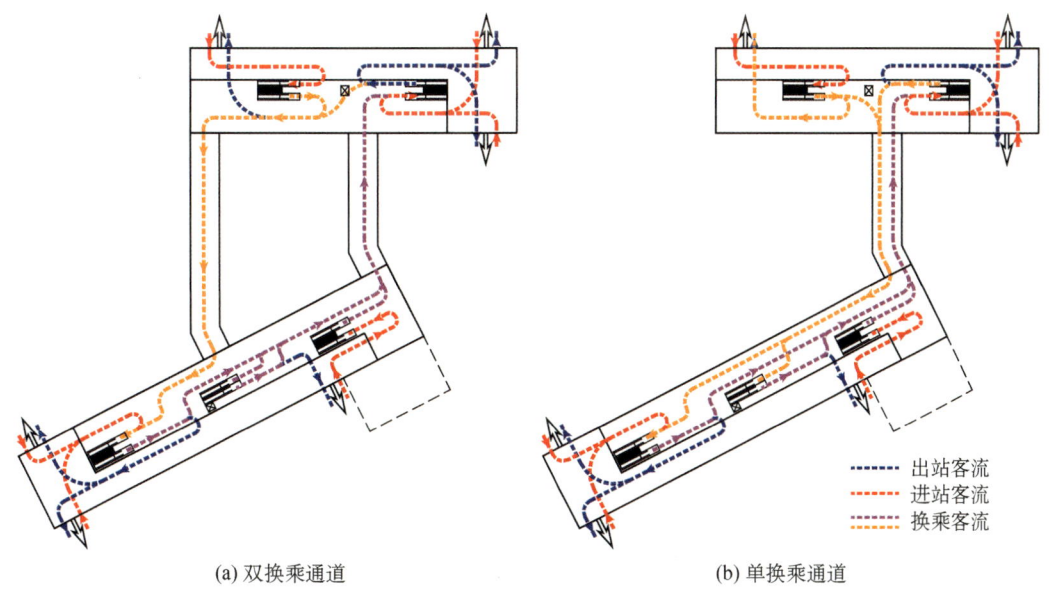

(a) 双换乘通道　　　　　　　　　　　(b) 单换乘通道

图 2-106　双换乘通道与单换乘通道客流组织方案对比

从客流服务角度来说,换乘车站是一个具有复合功能的场所,一方面服务于周边的客流,另一方面承担内部的换乘功能。对于周边有交通枢纽、体育会展场馆、旅游景点等重要客流服务点的大型换乘车站而言,除了关注换乘客流外,还应关注进出站客流的分流问题。设计中应充分考虑非付费区贯通,通过标识导向引导进站乘客通过非付费区到达目标线路后再进站,引导出站乘客就近出站,通过非付费区通道到达目标出入口位置。这样可以避免乘客在付费区内长距离穿行,缓解客流流线的交叉,减轻付费区换乘通道的通行压力,如图 2-107(a)所示。如果非付费区不贯通,就会出现 A 线的出站客流要通过换乘通道进入 B 线区域出入口出站,A 线的进站客流也可能是从 B 线进站通过换乘通道穿行过来的,如图 2-107(b)所示。通过以上分析可以知道,非付费区不贯通的换乘通道承担的客流不仅仅是换乘客流,也包含了在换乘通道内穿行的进出站客流,所以在计算换乘通道的通行能力时,尤其是在站点周边客流量较大的情况下,应考虑进出站穿行客流对换乘通道的影响。

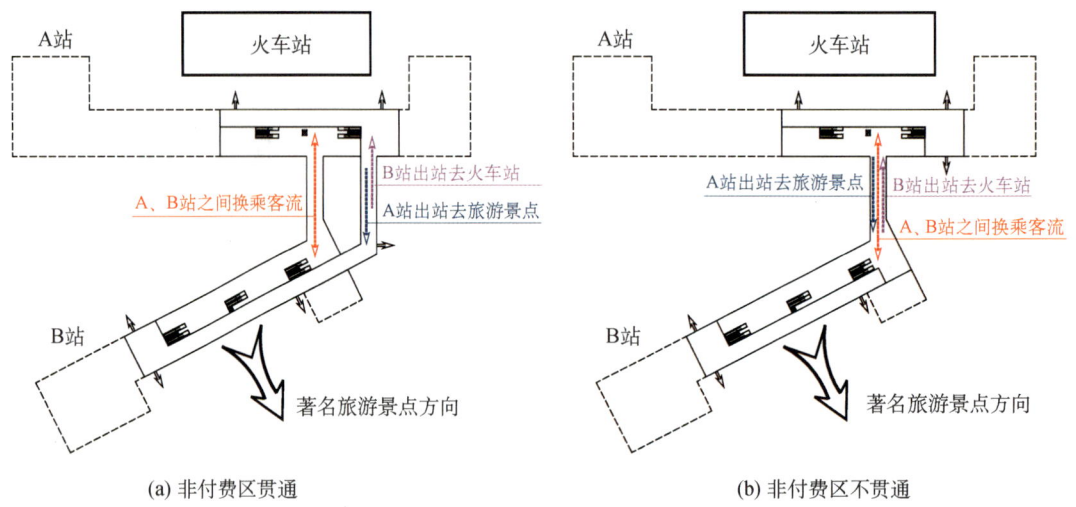

(a) 非付费区贯通　　　　　　　　　　　　(b) 非付费区不贯通

图 2-107　超大客流通道换乘车站客流走向分析

5) 平行换乘车站客流组织

平行换乘是比较便捷的一种换乘方式。一直以来,平行换乘车站实现同台换乘是设计师最想要实现的目标,但是不宜太过盲目追求,毕竟有些客流特征并不适合采用同台换乘。就火车站等大型枢纽的地铁车站而言,陌生客流较多,同台换乘车站的方向性较差,给乘客思考辨识方向的空间不足,往往带来站台层楼梯口拥堵问题,毕竟无法实现同台两个方向都能换乘。同时,这种大型枢纽车站的进出站客流量非常大,同台换乘是横向走行的客流,而进出站是纵向走行的客流,势必会造成站台层楼梯口部客流的硬交叉,便捷的代价是带来拥堵及运营风险,这在车站大方案决策时需要慎重考虑。有时平行换乘车站会将乘客疏导至站厅层,在站厅层找好方向再去站台层其实是更为合理的方案,特别是三线及三线以上的换乘车站,原本三线换乘的客流组织已经非常复杂,再加上难以找准方向的同台换乘,就会给客流组织带来更大的压力。

平行双岛换乘和岛侧同台换乘车站的建筑空间是基本相同的,只是线路的走行方式不同,这就带来了不同的客流组织形式。平行双岛换乘是考虑将所有的换乘客流引导至站厅层,然后再换乘到另外一条线的站台层,即大量的换乘客流在站厅集散,所以,两条线之间的换进客流和换出客流应避免交叉。采用完全对称布局的进出站闸机布置方案无法避免交叉,而考虑一侧进站一侧出站,两端均配置进出站功能的客流组织方案可以尽量避免换乘客流的交叉问题,如图 2-108 所示。岛侧同台换乘车站的客流特征是大部分换乘客流都可以通过站台实现同台换乘,不能实现同台换乘的乘客也可以通过站厅换乘到目标站台,考虑到这种换乘车站的乘客通过站厅实现换乘的比例较小,站厅层付费区客流集散压力不大,进出站闸机可采用对称布局形式,少量换乘客流在站厅层开阔空间内可存在一定的交叉,如图 2-109 所示。

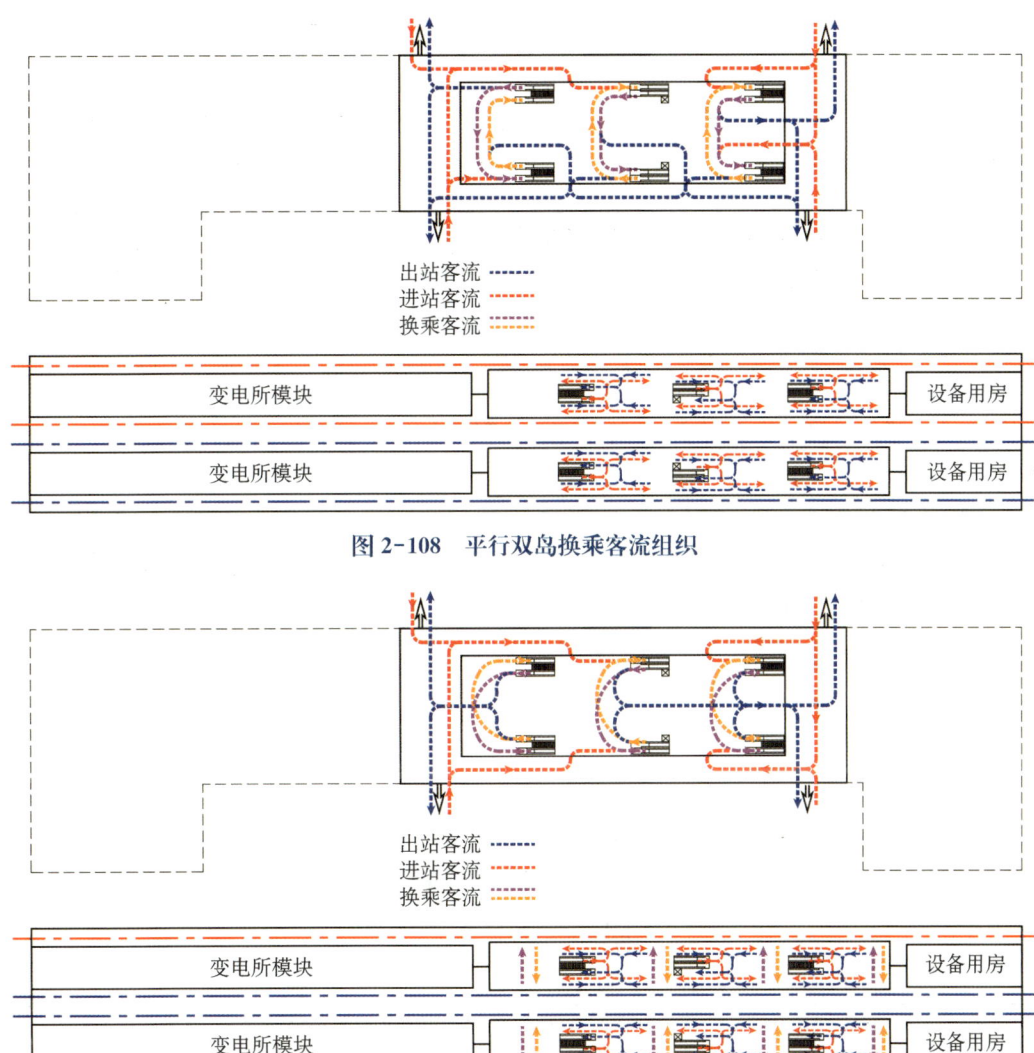

图 2-108　平行双岛换乘客流组织

图 2-109　岛侧同台换乘客流组织

上下叠岛换乘车站和上下叠侧同台换乘车站的建筑空间是基本相同的,只是线路走行方式不同。对于这种重叠的换乘形式,其站厅层公共区长度较长,考虑到进出站客流特征及进出站闸机的空间需求,将出站闸机布置在中间,进站闸机布置在两边,以便于进站乘客寻找目标楼梯,同时能够布置更多的出站闸机(图 2-110)。上下叠岛换乘车站的站台到站台只有一组换乘楼梯,在换乘客流较大的情况下,部分乘客还是会考虑通过站厅实现换乘,所以在站厅层的流线上需要补充换乘流线。在导向标志设计上,应考虑将远离换乘楼梯的楼扶梯口部标识为换乘方向,这样可以避免乘客在站台层穿行,通过站厅实现换乘,减小站台层的客流压力。

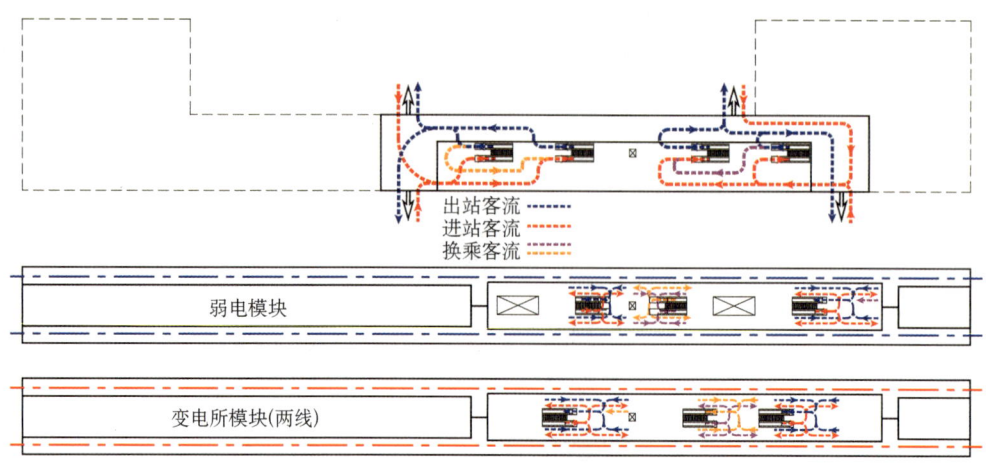

图 2-110　上下叠岛换乘客流组织

上下叠侧同台换乘方案可实现大部分乘客同站台换乘,对于没有实现同站台换乘的乘客,他们利用上下层联络的楼扶梯就可实现层间换乘,乘客基本不用通过站厅便可实现换乘,所以站厅的客流组织只有进出站客流(图 2-111)。通过流线分析可以看到,下层站台的楼扶梯占用空间少,更方便实现同台换乘,在选择上下层线路关系时,考虑将换乘客流量大的换乘方向布置在下层站台,换乘客流量小的方向布置在上层站台。由于站台上进出站客流和换乘客流的交叉问题较为严重,站台层瞬间集散的客流量大,且乘客都处于动态状态,需要的集散空间自然也就越多,所以同台换乘车站应考虑增加站台宽度,规范要求站台层的客流密度为 0.33～0.75 m²/人,一般设计时取为 0.5 m²/人,而同台换乘车站站台层的客流密度在设计时宜按 0.75 m²/人取值。

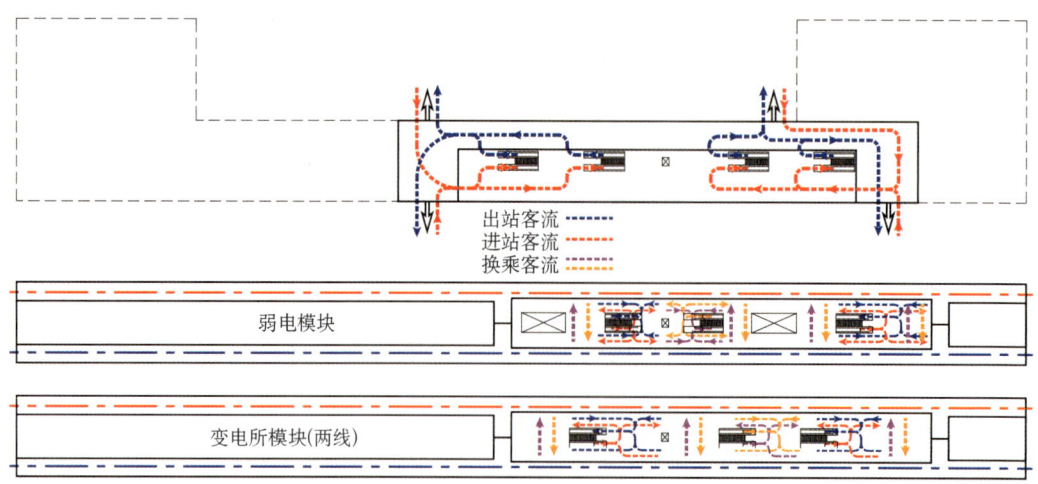

图 2-111　上下叠侧同台换乘客流组织

5. 外部流线的立体组织形式

一般车站的客流活动比较简单,流线多采用平面组织方式。而大型多线换乘车站由于其功能复杂，仅仅依靠平面布局方式不能完全解决流线组织问题，需要采用立体方式来组织客流活动。对于大型换乘车站和长通道换乘车站而言，为了实现付费区的换乘，它们的付费区空间通常又大又长，对整体空间造成较为严重的切割，因此可能会出现非付费区无法连通的情况，这不利于过街客流组织和进出站客流组织。

车站立体组织流线主要有以下几种形式：①换乘通道上部斜穿出入口的爬升段，解决出入口的设置问题和非付费区沟通问题；②两线站厅层存在一定高差，提前在站内将换乘通道抬升，换乘通道下方作为非付费区连通空间；③当通道换乘车站中实施换乘的通道空间不足时，可以组织单向换乘，将换乘通道上下叠落设置；④对于地下三层换乘车站，可以考虑将站厅层和设备层互换位置或者在设备层设置小站厅来组织立体流线；⑤立体流线对于层高较高的站厅层具有较好的实用性，为了减少流线交叉，可以设置局部夹层空间来组织客流。

总之，在客流流线出现较大问题且无法通过平面客流组织解决的情况下，可以通过立体流线来组织客流，从而减少客流交叉，使换乘流线简短直接，也方便乘客过街。

6. 客流组织的标识导向

公共区的客流组织应根据客流特征和运营需求配置标识导向，没有相应的标识导向配合很难直接实现设计师的设计意图。对于有些客流潮汐性特征比较明显的大型换乘车站而言，宜在关键部位设置可变标识，以适应早晚高峰时期不同的客流组织需求。

特别是大型换乘车站中的单向换乘客流组织方案，必然要通过标识导向来实现大客流分流等设计意图。例如，T形换乘车站：下层站台如需要组织单向换乘，就应该采用标识导向将换乘客流全部或部分引导至站厅，通过站厅层进行换乘；将上层站台的换乘客流引导至中部换乘楼梯向下换乘至下层站台。通道换乘车站为了疏解客流，避免换进客流集中于一点下站台造成站台局部客流拥堵，也需要标识导向的配合将客流引导至远端，将集中的换进客流分散到几组楼扶梯下站台，实现疏解客流的目的。

换乘车站的客流组织比较复杂，既要照顾站台层的主客流方向和客流特征，也要考虑出入口的具体位置，还要兼顾客流组织以减少交叉。除了合理引导换乘客流以外，合理配置标识导向，引导乘客在合理的位置进出站，也能够减少客流交叉和客流冲突。例如，将客流集中区域的进站客流通过非付费区的标识引导至目标线路进站，降低付费区压力；同时，引导乘客提前出站，避免穿行出站的乘客与其他流线在付费区交叉。

有些地铁车站换乘客流的潮汐性比较明显，早晚高峰呈现出极大的差别。在这种情况下，需要对换乘方案进行充分的分析，且换乘方案应具备一定的可调节性，以适应早晚高峰差异性较大的客流特征。有些地铁车站在高峰时段客流量大，有组织单向换乘的必要性，但是过了高峰时段，客流量大幅减少，因此，为了乘客使用的便捷性，可以考虑分时段采用单向换乘的方案。不管是分时组织单向换乘，还是应对早晚高峰的可变换乘，都需要配合好标识导向，可以考虑设置可变电子导向，在特定的位置根据客流情况进行调整。

7. 公共区的客流疏散

公共区除正常使用状态的进出站客流组织以外，当发生紧急情况时，紧急疏散便成为集中的问题。在考虑公共区客流疏散问题时，应考虑正常与紧急两种情况，如此方能合理地组织流线与空间序列。

紧急疏散的客流组织思路与正常状态下的客流组织思路是完全不同的。当车站进行紧急疏散时，进出站闸机全部打开作为疏散使用，同时还可以利用公共区围栏的疏散栅栏门进行疏散。当公共区的疏散距离不够时，设置专用的站台至站厅、站厅至地面的疏散楼梯，紧急状态下，将这些楼梯的疏散门打开参与疏散。正常使用状态下的客流组织主要解决客流交叉问题和集中客流的疏解问题，而紧急疏散状态下的客流组织是解决疏散路径的通畅性和匹配性问题。车站付费区楼扶梯至进出站闸机及公共区栅栏门的通行空间为付费区的乘客疏散区，进出站闸机和公共区疏散栅栏门与就近的安全出入口之间的通行空间为非付费区的乘客疏散区，售票、安检等服务设施不应影响乘客的疏散路径。

然而，对于复杂的换乘车站而言，紧急疏散状态下的客流组织尤为重要。节点换乘车站在紧急情况下，换乘节点下层口部的防火卷帘落下，两线独立进行紧急疏散，此处换乘客流组织方向与紧急疏散客流组织方向完全不同，这也是紧急疏散标识设置经常会出错的地方。乘客通过楼扶梯从站台疏散至站厅，进而再通过闸机和疏散栅栏门进入出入口通道，最后疏散至地面。如果站厅层公共区的总建筑面积超过 5 000 m²，就需要采用防火卷帘划分防火分区，一旦防火卷帘落下，站厅层公共区各分区也是各自独立组织疏散。通道换乘车站一般将防火分隔设置在换乘通道内，紧急状态时，防火卷帘落下，以防火卷帘为界两边独立组织疏散；有些超长换乘通道还需要设置紧急疏散口，平时不启用，只在紧急状态下作为疏散路径。

2.4　地铁车站的内部空间

地铁车站的内部空间包括各类设备用房和管理用房，是保证地铁列车正常行驶和公共空间发挥对外服务功能的后勤保障部分。设备管理用房根据车站站位、站型、对外接口等情况布置在车站的站厅、站台或者外挂空间，以及三层及三层以上车站的设备层空间，如图 2-112 所示。

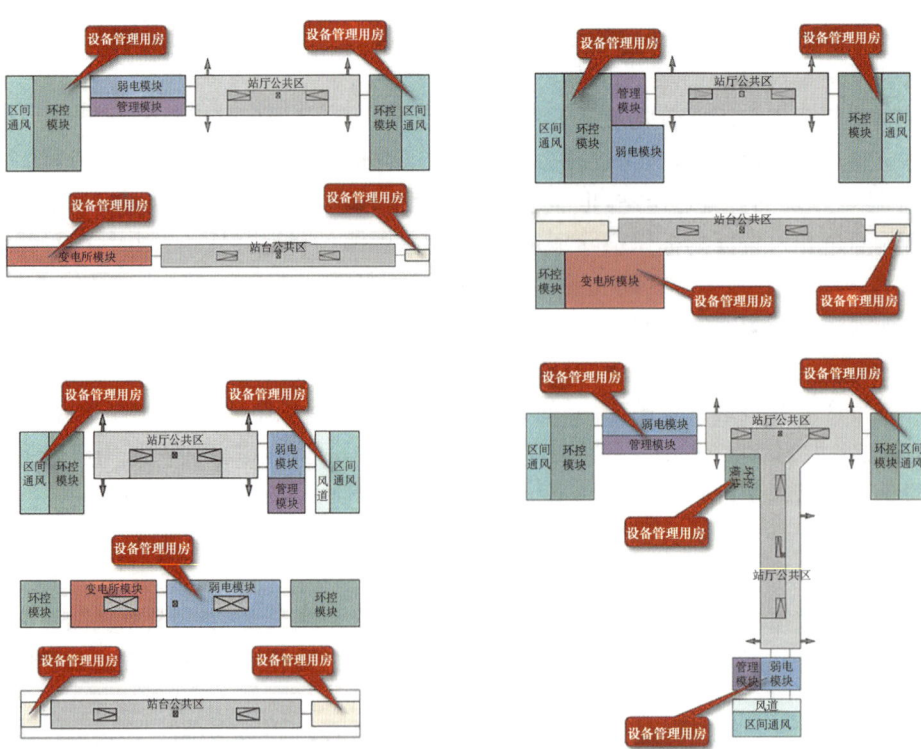

图 2-112　地铁车站内部空间布局示意

地铁车站的设备管理用房属于车站的内部空间，在车站的整体空间中约占一半空间，对车站的整体格局布置影响很大。为了便于后续对建筑空间进行合理的优化组合，将设备用房、管理用房主要划分为三大功能区块，笔者将其定义为"内三区"，包括车站的核心功能区、环控功能区和变电所功能区。

内一区即核心功能区，包括弱电模块、管理模块和水电模块。核心功能区的主体用房是以车站控制室（简称车控室）为核心的弱电系统用房，包括车控室、站长室、通信设备室、公安通信设备室、信号设备室、弱电电源室、综合监控设备室、AFC[①]设备室等弱电机房，其功能关系紧密，宜靠近布置，相当于车站的"神经系统"，是确保行车安全及车站正常运营的弱电控制系统。核心功能区的管理用房包括站长室、站务室、交接班室、更衣室、员工卫生间、茶水间、清扫间、公安值班室、AFC票务室、安检用房和各类工区用房等。水电模块包括配电间、环控电控室、气瓶间、各类泵房等，根据各大功能区的需求配置。

内二区即环控功能区，包括环控机房、补风机房、排烟机房、冷冻机房、区间通风机房等。该功能区相当于车站的"呼吸系统"，主要保障车站内的空气质量和事故情况下的防排烟功能。由于地铁车站的建筑空间为地下封闭空间，解决空气质量和排烟问题的功能用房在设备用房中规模较大，同时还需要设置大量的对外风井。所以，环控功能区对车站的空间格局和形态影响最大。环控专业是建筑设计师必须深入了解的专业，只有弄清楚了环控模块的运作模式和相关功能需求，才能把握住车站方案的整体格局。

内三区即变电所功能区，包括高压开关柜室、低压开关柜室、整流变压器室、再生能用房、控制室等。该功能区相当于车站的"心脏"，也是确保地铁车站及车辆正常运营的动力来源。由于变电所占用空间较大，还需要考虑设备运输、电缆路径、电缆夹层等问题；同时，由于变电所发热量较大，通风用房需要靠近变电所区域，因此，整体来说，变电所对空间使用要求最高，对车站建筑功能布局影响较大。

车站内部三大功能分区是按照功能属性进行分类的，在实际方案布局阶段按照各功能区的空间需求，结合车站建设环境条件进行整体布局，各功能区内部的联系相对来说更加紧密，但是各功能区之间也有着紧密的服务关系，因此设计中需要统筹考虑。

2.4.1 内一区：核心功能区

地铁车站的内部设备管理用房对车站的整体格局影响是很大的。环控功能区和变电所功能区相对独立，在空间划分上考虑将其独立分区，其余的设备管理用房空间以车控室为核心进行布局。车控室的功能定位比较特殊，它既是弱电系统的核心房间，也是管理的核心房间。以车控室为首的这些设备管理用房控制着整个车站的运营与管理功能，这个功能区就被定义为核心功能区，包括弱电模块、管理模块和水电模块。

1. 弱电模块

弱电系统好比是地铁车站的神经系统，车控室就是车站的大脑，控制着整个车站的运作。弱电系统房间包括车控室、通信设备室、通信电源室、信号设备室、信号电源室、综合监控设备室、AFC设备室、民用通信设备室、公安通信设备室等（表2-5）。地铁车站的弱电房间有很多，且房间面积也较大，因此对车站整体功能布局有较大影响。

---

① AFC：Automatic Fare Collection，自动售检票。

表 2-5　　　　　　　　　　　　　车站弱电用房

房间名称		面积/m²	备注
车控室		40	设在站厅层通信信号机房集中的一端，短边不小于 6 m
通信设备室		50	设在站厅层与车站控制室同一端，6.0 m×8.0 m
通信电源室		40	邻近通信设备室，6.0 m×6.7 m
综合监控设备室		25	含门禁系统设备机柜
UPS 电源室		40	包括各弱电专业的 UPS 电源
信号设备室	集中站	80	与车站控制室同一端，邻近通信设备室，13.5 m×5.0 m 或 8.9 m×7.1 m
	非集中站	40	设在站厅层与车站控制室同一端，邻近通信设备室，5.5 m×5.3 m
站台门设备室		20	设在站台层主要设备管理用房端下方，3.2 m×6.0 m
民用通信设备室		60	设在站厅层弱电引入方便位置，6.8 m×6.8 m
AFC 设备室		15	宜紧邻 AFC 票务室
公安通信设备室		25	邻近通信机房及警务室，3.8 m×7.25 m

注：表中第 2 列"面积"是指一般要求，第 3 列为房间尺寸的具体要求，仅为举例示意，不同的项目会有较大差异。

弱电用房之间有很多的电缆联络需求，一般考虑采用下进线方案，设置防静电地板，所有的重要联络线路都安排在防静电地板下，所以，在设计中应考虑将这些房间尽量邻近设置。这个邻近设置的意思是房间直接相邻或者仅隔一条走廊，相邻房间直接开孔就可以实现电缆的联络，隔着走廊的房间在面层内敷设钢管用于电缆沟通。因此，弱电用房之间的重要沟通联络都是在防静电地板下方实现的。

弱电用房的电缆路径也是建筑设计师应该了解的。整条线路会有一个控制中心，所有弱电用房都应与控制中心联系，这个联系主要通过区间电缆来实现。通常将弱电电缆沿站台层轨行区外侧靠墙敷设，沿着车站两个边墙侧壁向上开洞引入两侧的弱电电缆引入间，通过弱电电缆引入间再接入弱电用房。弱电电缆引入间最理想的位置是邻近某个弱电用房，直接开洞就可以将电缆接入弱电用房（图 2-113）。由于弱电房间电缆路径都是相通的，也就可实现弱电的区间电缆接入车站的每一个弱电用房。

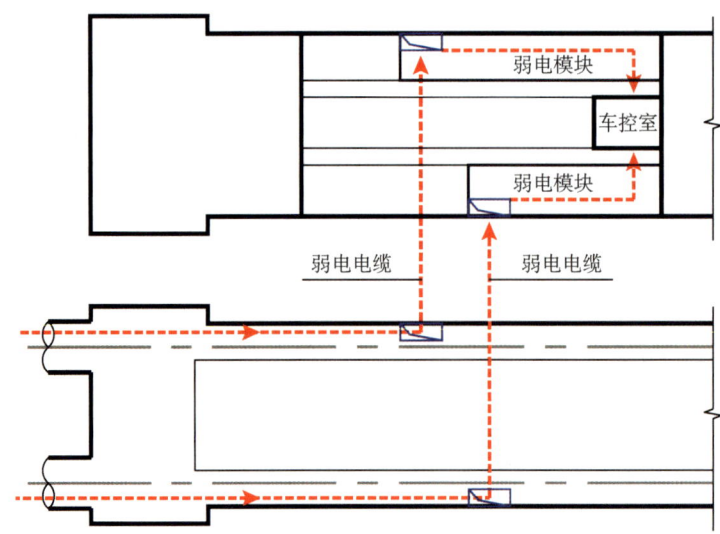

图 2-113　弱电系统电缆路径示意

弱电用房邻近布置以形成模块化布局是比较理想的状态。但是，由于受到边界条件限制，很多时候车站的整体布局无法将整个功能模块设置在一个区域内，可以考虑对弱电功能模块进行分区布局。总的来说，有同层分区和上下分区两种布局形式。由于弱电用房数量较多，因而分组方式较为灵活，其中车控室具有较为特殊的功能，需要靠近公共区布置，且能够向站厅层公共区开设防火观察窗。别的弱电用房能够靠近车控室就尽量靠近车控室，不能靠近也可以分组出去，甚至可以将车控室独立设置，其余弱电用房布置在就近区块或是对应的上下层空间。

以配线车站为例，当车站所处建设环境良好，风亭布局仅受控于内部空间的需求时，这种情况下，优先考虑核心功能区集中布置（图2-114）；当风亭位置受外部环境影响，须靠近车站中心区域布置，但环控机房至公共区之间的空间又不足以满足车站核心功能区的面积要求时，需要考虑对核心功能区进行拆分布局；如果缺少的面积较多，可在环控机房后部配线的上部空间再开辟出一个区域作为核心功能区的弱电模块（图2-115）；如果缺少的面积并不多，可以考虑将站台层的变电所模块设置在环控机房后面的配线区，而将剩余的部分弱电房设置在站台层，一般考虑将民用通信设备室等弱电用房设置在站台层空间（图2-116）。

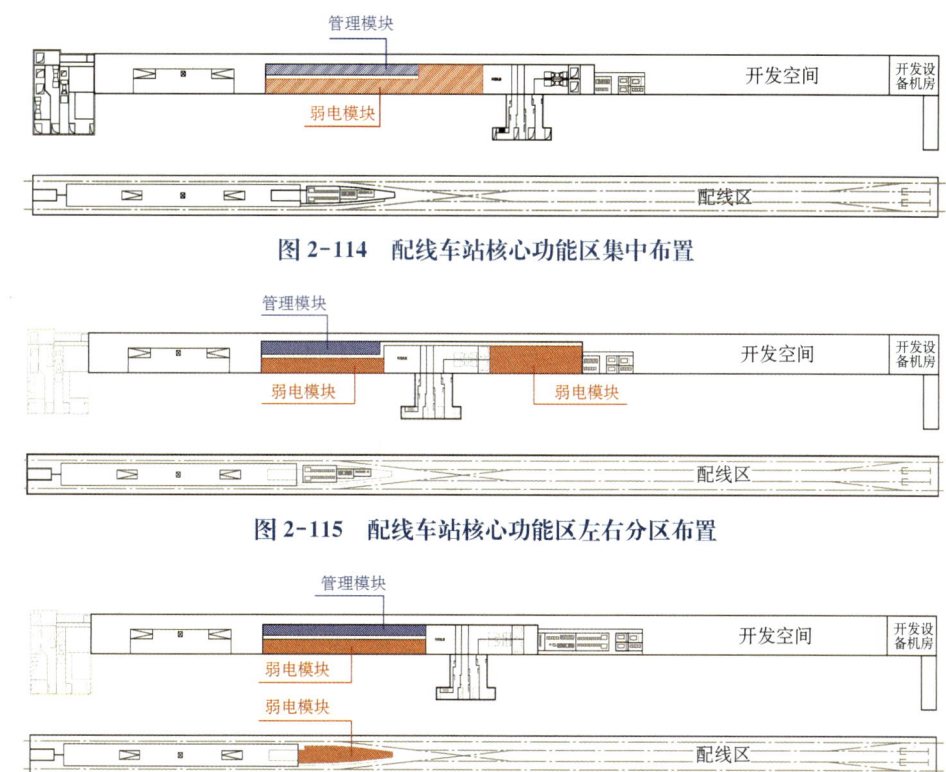

图 2-114　配线车站核心功能区集中布置

图 2-115　配线车站核心功能区左右分区布置

图 2-116　配线车站核心功能区上下分区布置

2. 管理模块

由于现代车站的自动化水平越来越高，管理人员的数量日渐减少，车站内部空间中管理用房只占了较小的一部分，且管理用房与弱电用房和公共区的联系紧密，所以也把管理用房划入核心功能区。管理用房包括站长室、站务室、交接班室、更衣室、员工卫生间、茶水间、清洁间、公安值班室、AFC票务室、安检用房和各类工区用房等，如表2-6所列。

表 2-6　　　　　　　　　　　　　　车站管理用房

房间名称	面积/m²	备注
站长室	12～15	与车站控制室相邻并设门连通
站务室	10～15	尽量靠近站长室
交接班室	20～25	设在站厅层管理用房较多的一端
更衣室	12×2	宜设在站厅层管理用房较多的一端
安检用房	15	宜设在站厅层管理用房较多的一端，靠近公共区设置
员工卫生间	5×2	邻近更衣室，并尽量靠近公共区卫生间，合用污水泵房
备用间	15～18	宜设在站厅层
清洁间	4～6	每层设 1 处
垃圾间	2～4	每层设 1 处
工区用房	10～30	根据系统要求布置
AFC 票务室	20～25	邻近车站控制室
公安值班室	20	邻近公安通信设备室，宜向公共区开门

管理用房总体规模不大，功能关联性不强，空间布局相对灵活。其中，车控室在核心功能区属于比较特殊的房间，既是弱电房也是管理用房，设备管理用房区域较多管理人员在车控室内值守，为了方便使用，其他辅助性管理用房，如站务室、交接班室、更衣室、员工卫生间等都应适当靠近车控室布置。同时，根据规范要求，有人的防火分区应设置直通地面的安全疏散口，所以，设计中考虑将有人的管理用房与车控室、站长室纳入同一个防火分区，既方便使用和管理，又能统筹考虑消防疏散问题。管理用房整体规模较小，一般不考虑分区布置，当车站内的某个区块无法将整个管理模块全部落位时，可以考虑将管理用房分区布置，但由于设备区上下层之间仅依靠楼梯连通，使用不便，原则上有人的房间只考虑水平分区，不考虑上下分区。

3. 水电模块

核心功能区内除了弱电用房、管理用房外，还有少量的水电配套用房，如照明配电间、气瓶间、各类泵房等（表 2-7）。其中，消防泵房一般跟随消防专用通道设置在车站核心功能区，照明配电间和气瓶间则跟随服务对象设置，核心功能区、独立的通风功能区、变电所功能区都需要配置水电用房。水电用房规模小，均根据相应功能需求配置，对车站的整体布局影响不大，在核心功能区可以归并至管理模块。为独立的环控功能区或独立的变电所功能区服务的水电用房，则纳入相应的功能区块。所以，在空间划分阶段，将水电用房作为相关功能区块的配套用房，而不单独为其划分区域。

表 2-7　　　　　　　　　　　　　　车站水电用房表

房间名称	面积/m²	备注
照明配电间	15～20	站厅、站台每端布置
通风空调电控室	70	邻近环控机房及冷冻站，小端 18 m×4.0 m 或 10 m×6.3 m，大端 20 m×4.0 m 或 11 m×6.3 m
气瓶间	15～25	邻近被保护房间，可分层设置
应急照明电源室	20	设置在站台层小端，5.2 m×3.6 m
消防泵房	30	邻近工作人员紧急疏散通道
污水泵房	18	设于厕所下方或相邻处
废水泵房	20～25	设于车站纵坡最低处

综合考虑消防疏散和使用便利,同时考虑到有人的管理用房规模有限,在车站方案阶段,原则上将有人的管理用房和车控室、站长室等房间布置在一个区块内(图2-117)。调节核心功能区的空间适应性,主要是研究弱电模块如何分区块布置,特别是两层外挂车站和三层车站的核心功能区布局相对较为灵活,如何合理分配空间,既满足合理的功能需求,又能提高空间利用率是设计阶段需要重点考虑的内容,如图2-118—图2-120所示。

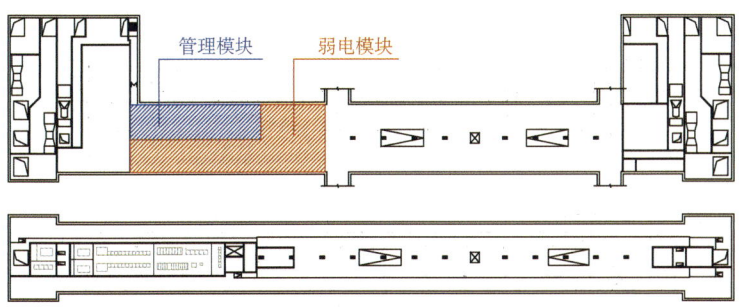

图 2-117　标准车站核心功能区布局

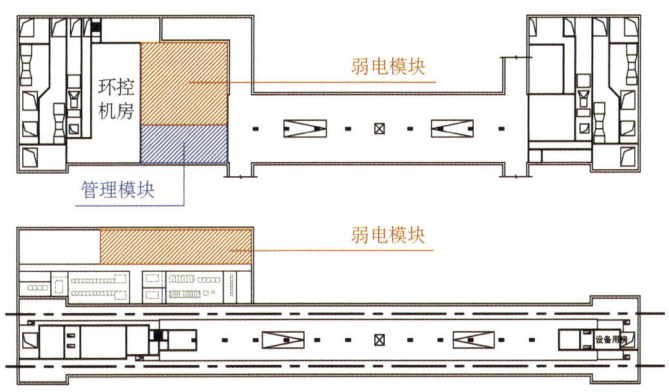

图 2-118　局部两层外挂车站核心功能区布局

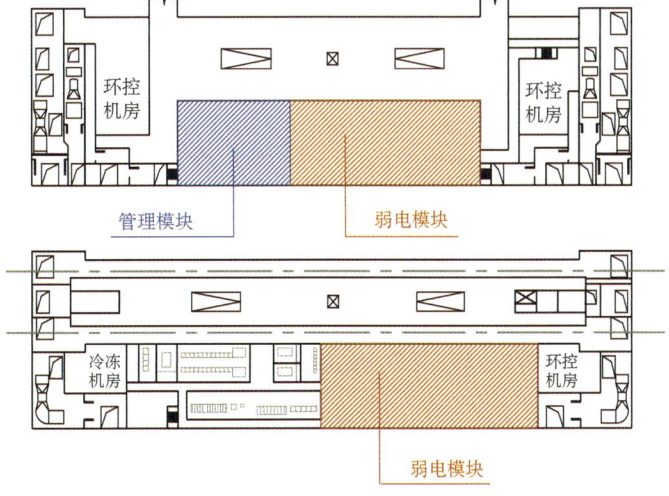

图 2-119　两层大外挂车站核心功能区布局

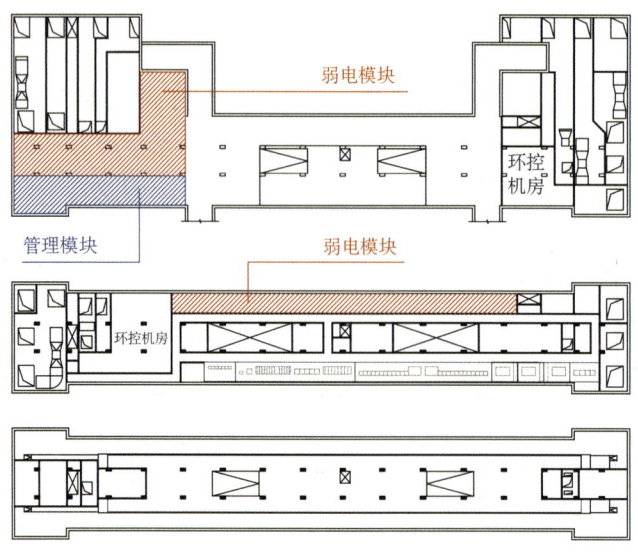

图 2-120 三层车站核心功能区布局

4. 核心功能区空间布局

1) 设备区走廊

地铁车站的核心功能区由多个分隔性空间组成,设备区走廊作为水平交通空间是设备区各功能房之间的联系手段。通过设备区走廊划分房间,这种空间布局通常称为"走道式"建筑布局,是一种广泛应用的空间组合形式。不同于地上建筑走廊有内廊和外廊之分,地下空间只考虑内走廊。车站主体宽度一般为 20 m 左右,考虑车站较大设备用房的进深要求,所以在设计中常采用两条廊三排房或者两条廊两排房的空间布局形式,双柱车站一般采用三排房的布局形式,如图 2-121 所示。对于较宽的外挂空间,可考虑采用 U 形廊或者回字形廊来分隔房间,如果是长条形的外挂空间,可以直接采用一字廊,在走廊两端连接楼梯间。对外挂车站的走廊影响较大的还有楼梯间的布局,合理的楼梯间位置对于走廊空间的划分较为有利,楼梯间位置宜相对分散,且位于两层外挂空间的角落处,如此既不影响功能,又能够方便消防疏散。

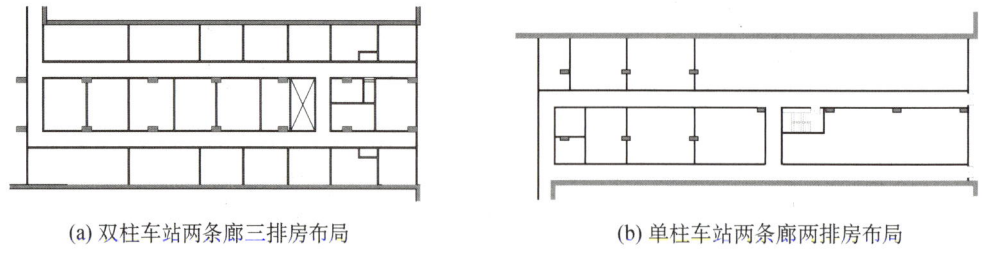

(a) 双柱车站两条廊三排房布局　　(b) 单柱车站两条廊两排房布局

图 2-121 地铁车站设备区走廊布局形式

设备区走廊的布局最重要的是考虑房间分隔的需求,其设计要点包括:①顺直、通畅,尽量避免弯转曲折;②进深满足房间功能需求,提高空间利用率;③尽量贴柱网布置走廊;④满足消防疏散距离要求。具体分析如下:

（1）顺直、通畅是为了方便使用管理，方便设备区走廊的管线安装敷设。

（2）满足进深要求是由于很多强、弱电房间对房间尺寸有明确的要求，走廊将车站的设备管理用房划分为几条设备区，很多弱电用房的短边尺寸都不小于 4 m，所以在布置走廊切割设备区时，应尽量避免出现大量小于 4 m 的长条形区域，否则空间利用率会很低，很多房间都无法满足功能要求。

（3）走廊尽量贴柱网布置是为了避免柱子影响空间划分，提高空间利用率。走廊贴柱网布置则柱子均位于房间的墙边，如此一来，对空间划分影响较小，能够有效提升空间利用率。

（4）走廊布置应考虑消防疏散距离是否满足规范要求，其中主要是控制最远房间的疏散门至安全出口的距离应在安全疏散的规范要求之内，具体设计时，应按照现行规范，并结合实际情况而定。

双柱车站的走廊布局相对简单，一般没有太大争议，都是考虑在两排中柱的两侧贴柱网布置双走廊。单柱车站的布局需要考虑的因素很多：如果变电所位于站台层，就要考虑单柱变双柱，柱网变化了，矛盾就会突出；如果考虑沿柱网布置走廊，则走廊会比较曲折；如果考虑走廊顺直，就会有较多的柱子出现在房间内，对空间划分不利；若考虑走廊顺直又要贴柱网，则有些设备用房的进深会过小，受设备房间的尺寸控制，空间无法被充分利用。

单柱车站双走廊会在单柱变双柱的位置出现大量柱子位于房间内的情况，为了避免柱子的影响，只能考虑某些大房间的墙体设置在柱子位置，这样对房间的限定就较多，势必会导致空间利用率不高。当单柱车站中走廊采用局部转弯布局时，会缓解部分柱网与房间划分的矛盾（图 2-122）；当单柱车站采用中、边跨走廊都转弯时，可以避让所有柱子的影响，但走廊转弯对使用和管线敷设均会造成不便（图 2-123）；当单柱车站双中走廊避让变跨柱网时，会产生大量小于 4 m 进深的房间，大部分设备用房都无法布置在该空间，影响房间的空间利用率，如图 2-124 所示。因此，在设计阶段采用较多的是单柱车站中、边双走廊的方案（图 2-125），虽然存在部分柱子的影响，但方案排布时，在部分房间受柱子影响较大的情况下，可考虑调整一些较小的房间来适应柱网的需求，从而避免空间浪费。

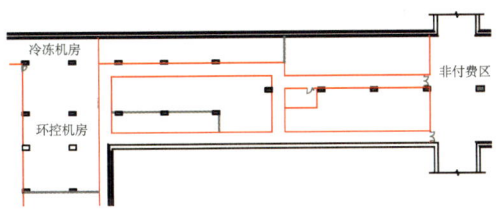

图 2-122　单柱车站中走廊局部转弯布局

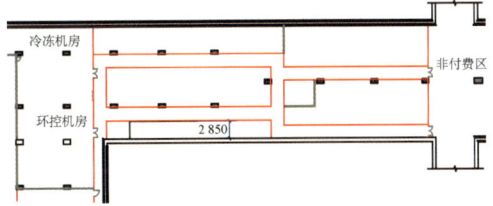

图 2-123　单柱车站中、边走廊转弯布局

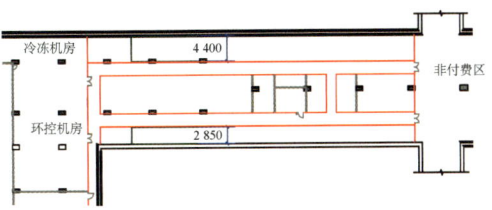

图 2-124　单柱车站双中走廊

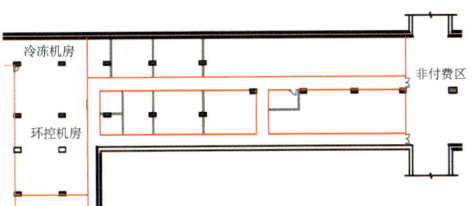

图 2-125　单柱车站中、边双走廊

设备管理用房区的水平交通布置应从全局出发,在满足功能要求的前提下,结合空间布局,力求走廊顺直简短,这样不仅可以使空间组合紧凑,还可以减小交通面积。在设备区的整体空间组合中,适当缩小使用开间、加大进深,充分利用走道尽端布置较大房间,或在走道尽端安排辅助楼梯等措施,皆能达到布局紧凑、缩短通道的目的。

2）环控专业对车站核心功能区的影响

对于车站的管线综合设计来说,影响最大的就是环控专业的风管,其所占的管线空间最大,若解决了风管之间的交叉问题,相当于解决了很多管线综合设计问题。环控专业对于不同的服务对象采用不同的通风系统,以下简称小系统:有人的房间一套小系统,服务对象包括车控室、站长室、交接班室、更衣室、工区用房、警务室、票务室、备用间等;变电所一套小系统,其中变电所控制室按照弱电用房考虑;弱电用房一套小系统,服务对象包括通信设备室、信号设备室、综合监控设备室、弱电电源室、AFC设备室、站台门控制室、民用通信设备室、配电间、环控电控室,另外,将气瓶间、消防泵房、废水泵房、电缆引入间、电缆井、备品间的小系统与弱电系统共用一套;卫生间单独设置一套排风系统。

从环控专业的角度考虑,各小系统对应服务的房间相对集中布置可以减少风管交叉;也可以通过环控风管的布局优化来解决风管交叉问题,解决管线综合高度不够问题。由于弱电房间需要布置到两侧靠墙,以便于弱电电缆从区间引入,但这与之前提到的集中布置相矛盾,此时应尽量集中多数弱电房于一侧,另外一侧布置少量弱电房,且尽量靠近公共区布置,这个位置接近风管末端,风管截面变小,可以避免或减少风管交叉问题。从整体布局上来说,由于变电所通风量较大,因此尽量避免变电所和弱电房间及有人房间的风管互相穿越和交叉;如果从功能上无法避免,则应提前做好相应的解决预案,例如采取增加层高或走廊宽度等措施。

3）核心功能区面积指标

车站的核心功能区设备管理用房合计总面积约 800 m^2（净面积），其中弱电用房除了满足面积要求外,还要满足长宽要求,所以,在布置弱电用房时,经常会出现少量空间浪费的情况。核心功能区空间还包含走廊、弱电电缆引入间、强弱电井、各类风孔、楼梯间、墙柱占用空间等。所以,核心功能区的总面积为 1 200～1 400 m^2。受走廊布局、工区用房配置、弱电集中站等影响,核心区的总面积会根据实际情况有一定的变化。有了总面积指标,了解核心功能区各功能模块的功能特性,对核心功能区的空间布局就会更加得心应手。

综上所述,笔者对地铁车站核心功能区的三大模块进行了分析,对三大模块的功能房间进行了分类,对各类房间的功能关系进行了说明,讲解了各功能模块的拆分与组合原则,对走廊的布置原则也进行了充分的论述,就通风专业对房间布局的影响进行了分析,同时也提出了整个核心功能区的总面积指标,有了这些理论基础,对各类不同站型的核心功能区的布局就有了一个整体思路。进行空间划分时,很多房间是不能完全按照功能模块示意图去布局的,不同的功能模块之间,甚至是不同的功能区之间的房间都有可能相互穿插,在设计时需要根据不同的功能需求灵活掌握,切忌生搬硬套。各类典型地铁车站的核心功能区划分情况如图 2-126—图 2-132 所示。

第 2 章 地铁车站的建筑功能与空间 | 099

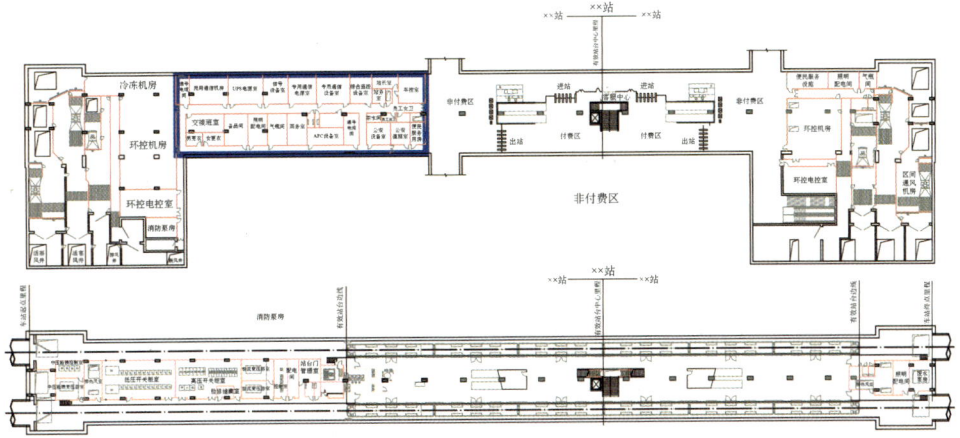

图 2-126 核心功能区全部位于车站主体范围内

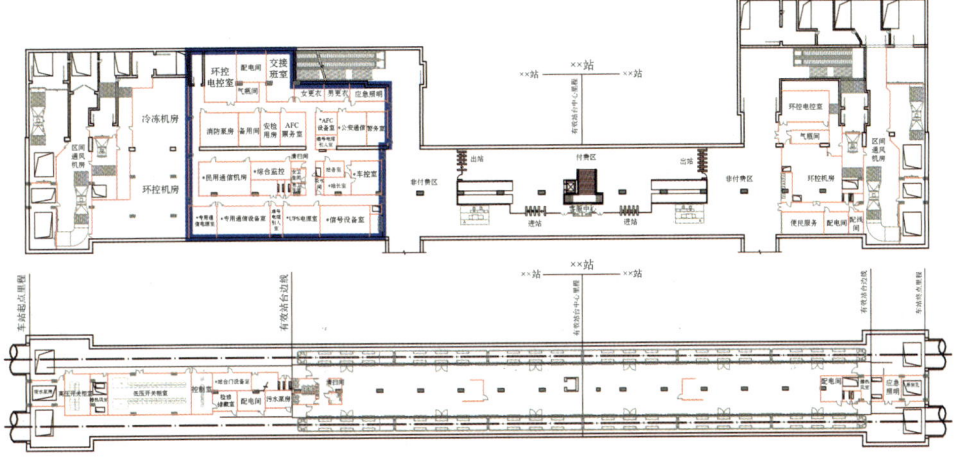

图 2-127 核心功能区位于车站主体及外挂围合空间

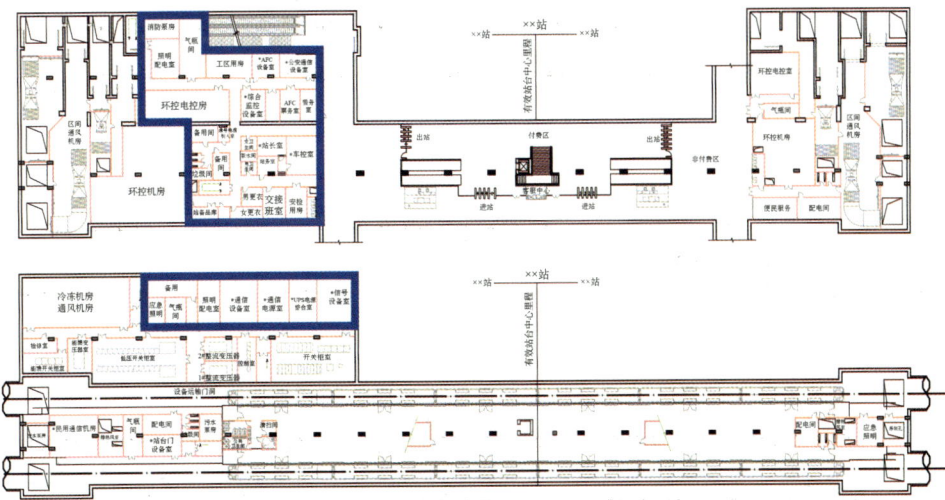

图 2-128 核心功能区位于车站主体及双层外挂空间

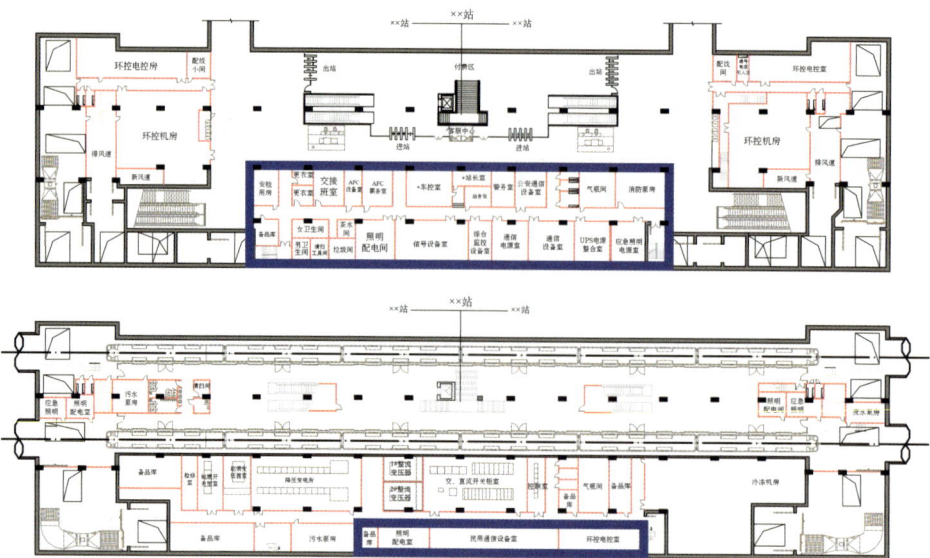

图 2-129　核心功能区位于双层外挂上下分层布置

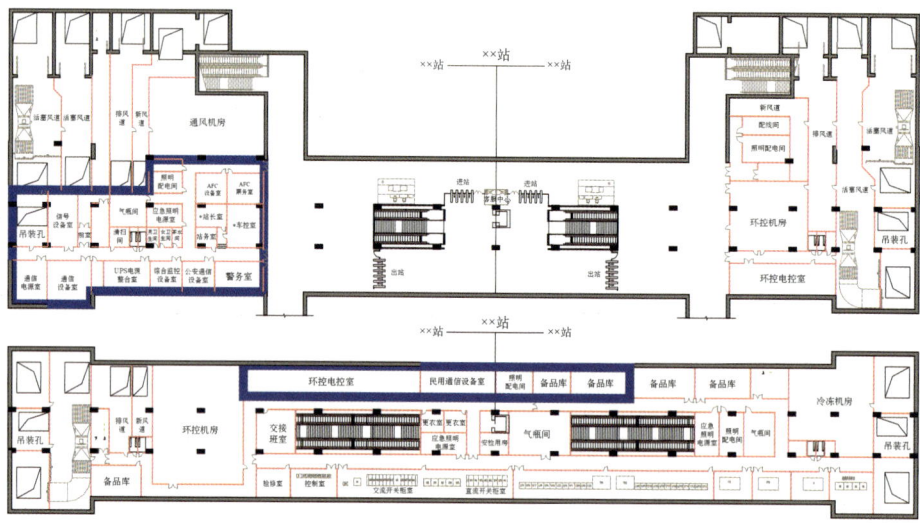

图 2-130　核心功能区位于三层车站站厅层及设备层

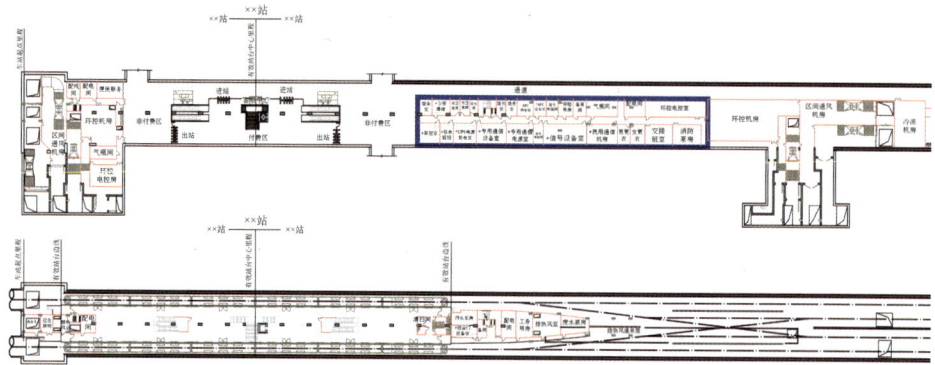

图 2-131　核心功能区位于配线上部空间(停车线车站)

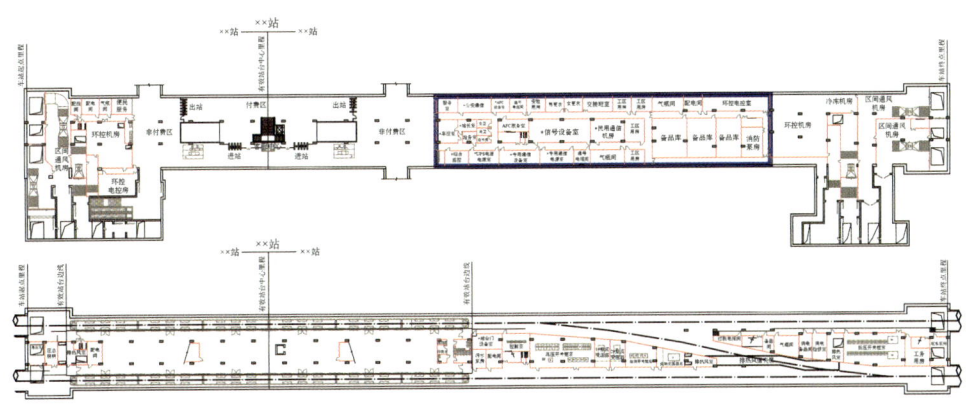

图 2-132　核心功能区位于配线上部空间(单渡线车站)

现阶段地铁工程已进入后建设时期,很多重要的客流走廊已经完成了地铁建设,新线路客流量一般较小,由于前期高强度建设,城市地铁建设的资金压力大增,因此,合理压缩车站规模是现阶段的重要任务。设备管理用房的核心功能区自身的面积会影响车站规模,若核心功能区的规模得到压缩优化,为其服务的通风功能模块、变电所模块也会随之得到压缩优化。一条线路常配有标准车站和配线车站:配线车站的主体规模受到配线控制,主体内的富余空间较多,相关设备管理用房可以配置高一点,不影响车站的整体规模;对于标准车站而言,节省出来的设备管理用房能够直接反映车站规模的变化。这里笔者留下一个课题给行业内的工程师们做进一步的研究和探索:将标准车站的设备管理用房都设置在配线车站,标准车站只保留设备终端房间和通风房间,混合变电所也考虑尽量设置在配线车站,这样可以大量压缩标准车站的土建规模。

2.4.2　内二区:环控功能区

环控功能区是控制地铁车站内部空气质量的相关设备所占用的空间,其面积占整个车站的 25%~30%。环控功能区的布局较为特殊,不但要考虑便于为内部空间服务,同时还要考虑出地面风亭位置,通风管道的长度和路径都会对气流有较大的影响,环控功能区与其服务的空间的关系较为紧密,同时外部还要考虑体量巨大的通风口的落位,内外都有较多的制约因素,所以,环控功能区布局方案对整个车站的整体布局和轮廓起着至关重要的作用。为了适应不同的建设环境,环控功能用房的布局应灵活多变、形式多样,作为地铁车站的建筑设计师必须熟知环控专业的相关功能,方能设计出合理的方案。

地铁车站的环控功能区分为区间通风模块和车站通风模块。其中,车站通风模块又包含多个子系统:排热系统、大系统(服务公共区)、小系统(服务设备管理区)和制冷水系统。区间通风模块和站内排热系统是大家比较陌生的,它们与区间、车站轨行区关系密切,受到很多工艺上的限定,也是车站确定环控方案的关键;大、小系统的布置有一定的灵活性,其服务对象是公共区和设备管理用房区域,所以,大、小系统机房的服务能力应能够覆盖其服务空间。

考虑到服务的均衡性,一般车站每端各设置一组环控功能区,该功能区通常考虑整合布置,将区间通风模块和车站通风模块邻近布置,以便于这两个模块的风道的整合实施。当空间布局受限时,也可以将区间通风模块和车站通风模块拆分布局,甚至车站通风模块的4个系统功能也可以根据功能需求和空间布局条件灵活布置。下面笔者针对不同站型和不同配线形式,分析环控功能区的布局对车站整体布局的影响。

1. 区间通风方案

区间通风模块主要包括排烟、泄压和通风排热三个功能。其中,排烟功能是由两个车站区间事故风机联动实现的,事故区间一端的车站送风,另一端的车站排烟,在区间内形成不小于 2 m/s 的纵向风速,从而实现排烟目的。为了控制烟气蔓延,两个区间需要考虑独立排烟,如图 2-133 所示。区间火灾情况下为了不影响非事故列车,如果有两列列车同时出现在一段长区间内,应考虑设置中间风井,采用分段排烟方案。

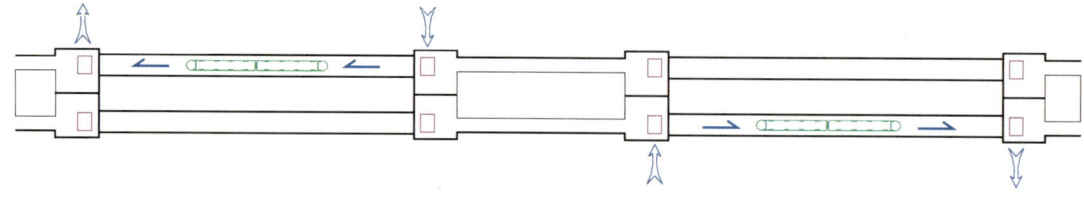

图 2-133 区间通风方案示意

区间通风模块的泄压和排热功能是通过连接区间与外界的活塞风道,由列车在区间内运动产生的活塞风效应来实现的。通常情况下,区间的机械排烟和活塞通风是可以共用一个风道的,采用风阀在区间事故工况下进行切换;对于特殊站型,也可以考虑机械风道和活塞风道各自独立设置,一般以活塞风道来命名该复合功能的风道,与区间相通的开口定义为活塞风口,出地面的开口叫做活塞风井。

当区间发生火灾时,两端的车站协同完成纵向通风排烟工作。规范规定纵向通风方向应与乘客的疏散方向相反,事实上列车发生火灾后,乘客一般是以起火点为界向两边疏散的,所以纵向通风的风向应该是与多数乘客的疏散方向相反,在火灾情况下以乘客为判断目标是很难的,通过车载探测设备判定列车上火灾发生的位置来判定多数人的疏散方向继而确定纵向通风方向才具有可行性。人员疏散方向应与送风方向相反,也就是应该迎风进行疏散,如此才能使人员尽快远离烟气覆盖区域。因此,先要确认着火点位置:当车头附近发生火灾时,应从车尾方向送风,从车头方向进行排烟,这样烟气就不会蔓延到更多的车厢;反之,如果着火点位于车尾,则考虑从车头方向送风,从车尾方向排烟,如图 2-134 所示。

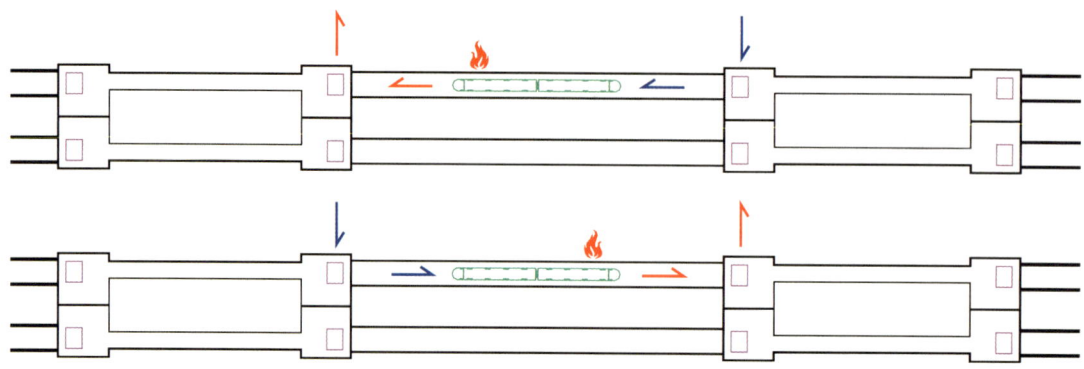

图 2-134 火灾发生在车辆不同位置的通风方案

地铁车站站台层的站台门为玻璃材质,不具备防火隔热功能,因此,区间排烟不应越过站台公共区,排烟口须设置在有效站台以外且不应被停站列车遮挡。为了不出现排烟死角,排烟口距离有效站台不能超过一列车的长度。对于有道岔车站,区间机械排烟口宜设置在道岔之后,以避免造成两个区间串烟,以提高区间排烟效果,如图2-135所示。

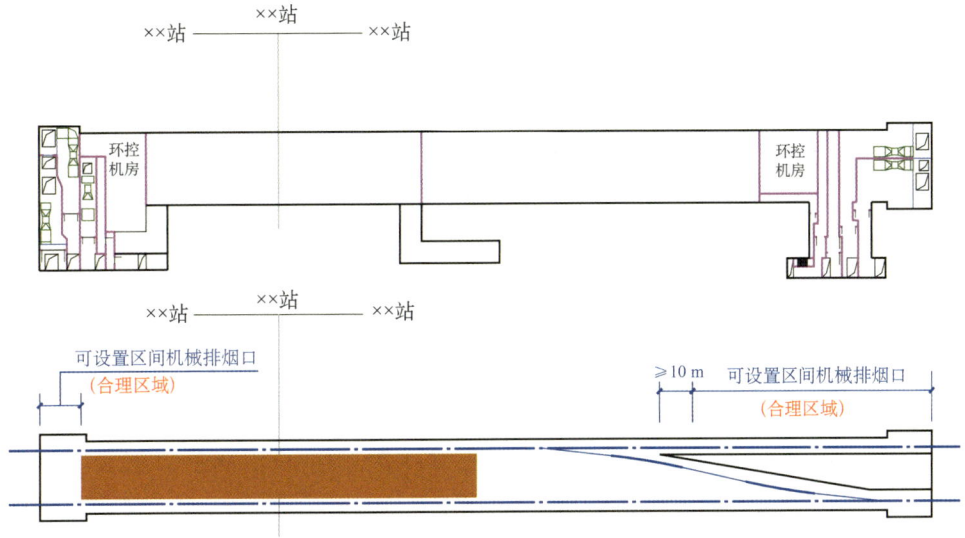

图2-135 道岔车站区间机械排烟口可设置范围

对于停车线等长配线车站,活塞风口的位置对环控系统方案的影响很大,常见的有两种方案:一种是区间通风机房位于车站中部(图2-136),另一种是区间通风机房位于车站端部(图2-137)。停车线车站一般还需要配合射流风机或排烟风道等技术手段来整体完成配线区的排烟工作。

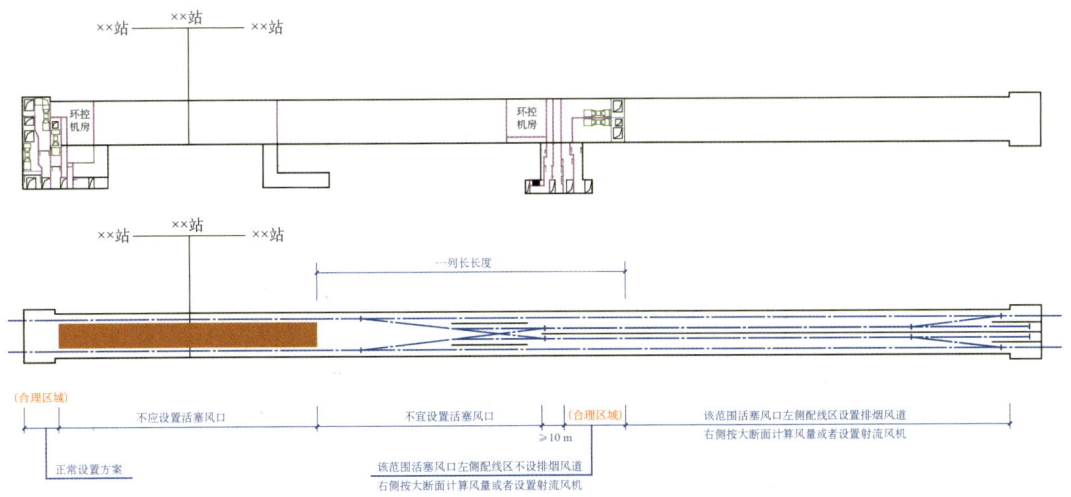

图2-136 区间通风机房位于停车线车站中部

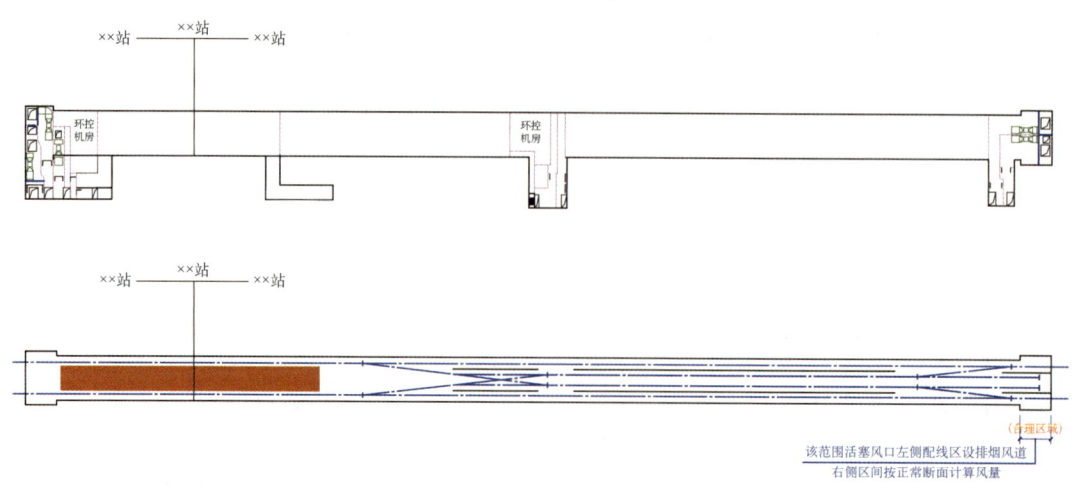

图 2-137　区间通风机房位于停车线车站端部

活塞风道的净面积一般需要 16 m²,与事故风机并行的活塞风道应扣除事故风机占用的面积,安装风阀的位置需要考虑折减系数,折减系数一般取 0.8。考虑到设备基础和结构梁的影响,车站在估算风道宽度时一般按 4 m 净高计算,则纯风道的宽度不小于 4 m;与事故风机并行段的宽度需要加上风机宽度,风机宽度一般按 3 m 考虑,则与风机并行的风道宽度不小于 7 m;如果活塞风道与风机平行布局,需要在风机长度范围内设置风阀,以实现活塞通风与事故通风的切换。装风阀的位置需考虑风阀的折减影响,安装风阀处的风道宽度应为 5 m,再加上风机宽度,安装风阀处的风道净宽应不小于 8 m。如果活塞风道的有效高度不是标准的 4 m 左右,则应根据具体层高计算风道宽度。风道的人防段需要按照风道通风面积来考虑人防封堵措施,为了满足人防门垛和上挡墙的要求,人防门位置的风道需要局部拓宽处理。每座车站连接两个区间,由于风道各个位置的宽度需求不同(图 2-138),为了提升风道空间的利用率,一般考虑将风道错位布置,一个风道的加宽位置对应另一个风道的收窄位置(图 2-139)。

图 2-138　不同位置风道宽度示意

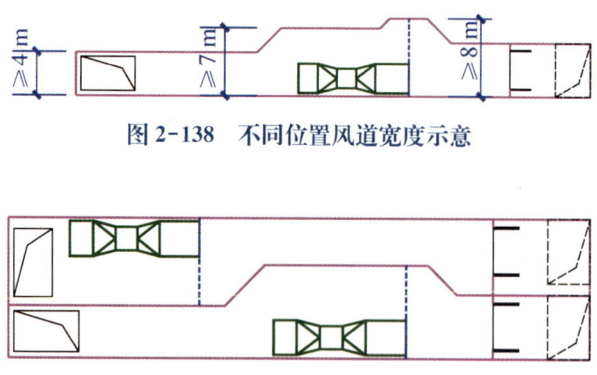

图 2-139　风道错位布置示意

由于机械排烟和活塞通风是共用风道,所以就涉及功能切换问题。在正常使用状态下,活塞风口风阀打开,与风机串联的事故风阀关闭,风机边上的竖向风阀打开,区间活塞风可以畅通无阻地与大气连通,如图 2-140 所示;在事故工况下,将事故区间一侧的活塞风口上的水平风阀打开,另一侧区间活塞风口上的水平风阀关闭,两台事故风机旁边的竖向风阀都关闭,事故风机串联的风阀打开,备用风阀打开,两台风机可以同时对事故区间进行送风或排烟,如图 2-141 所示。

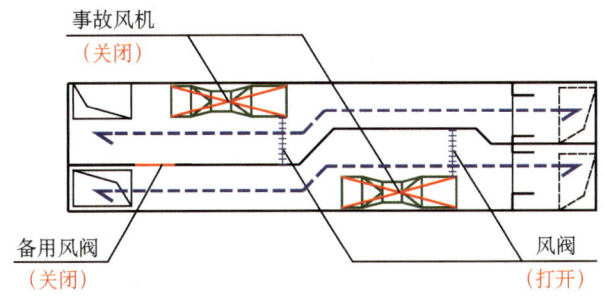

图 2-140　正常使用状态下的通风模式

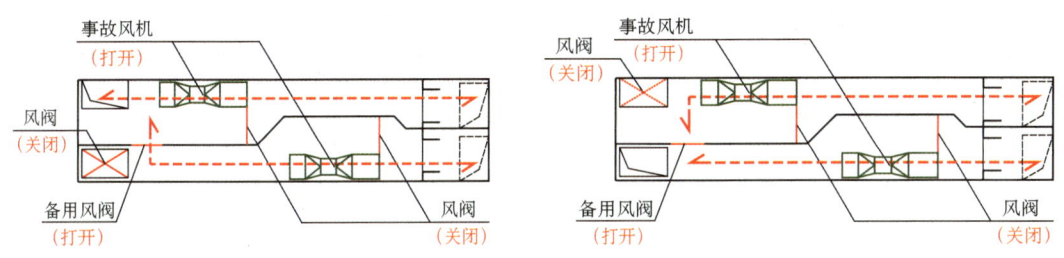

图 2-141　事故工况下的通风模式

原则上,区间事故风机是对区间方向送风或排烟,其送风和排烟方向宜顺直通畅,气流组织尽量避免迂回逆向的情况,以提高通风效率,如图 2-142 所示。

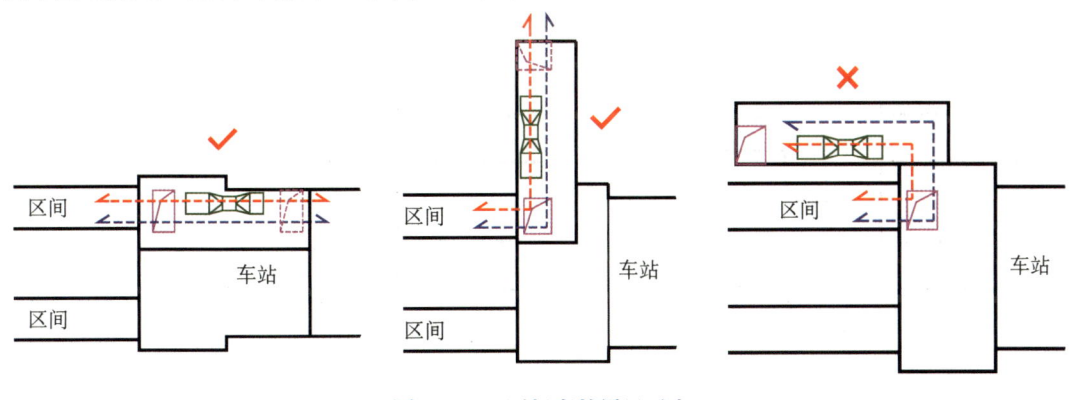

图 2-142　区间事故通风示意
(✔表示合理,✘表示不合理)

在日常使用状态下,两个区间通风机房是相互独立的;在事故通风情况下,可通过备用风阀实现两个事故风机之间的相互备用关系,两组风道在保证整体送、排风方向合理的同时,还需要考虑备用风阀的合理位置。两个风道的位置关系可以为平行、上下重叠以及分开,但都应找到合理的备用通道，如图 2-143 所示。

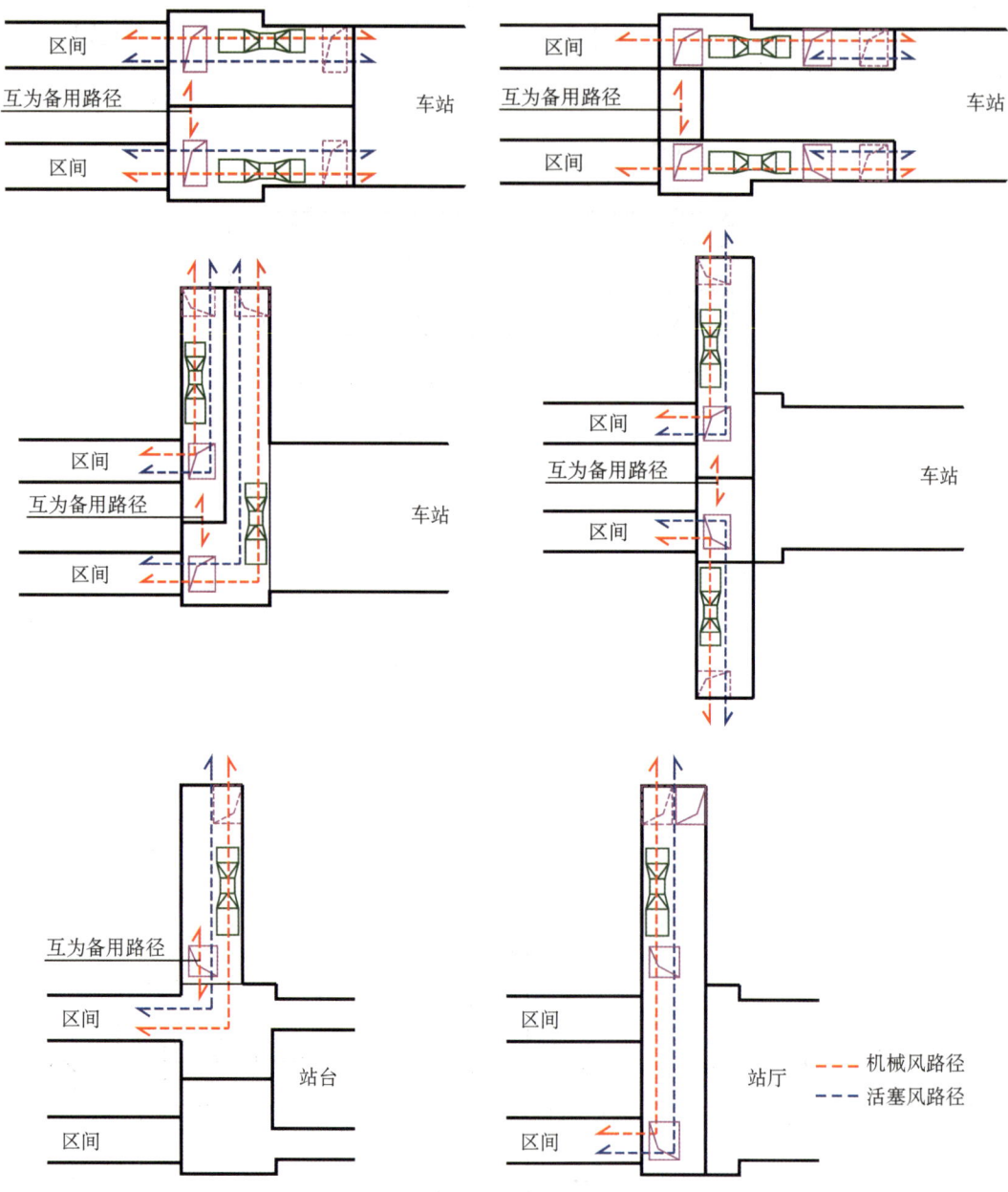

图 2-143　两个区间事故通风互为备用示意

车站主体位置影响活塞风口位置，地面的征地拆迁控制活塞风井位置，不同的风道长度、配线形式、受车站规模控制等因素形成了多种活塞风道的形式。

1) **路中设站，路侧设活塞风井**

首先介绍路中设站、路侧设置活塞风井的风亭布局方案。为了提升空间利用率，一般考虑主体空间内设置一台事故风机，附属空间内设置一台事故风机，两个活塞风道的宽窄位置错开布置。根据前文对活塞风道功能的介绍可知，活塞风道需要一定的长度来设置事故风机,有些车站从主体到路侧风井的距离较远,有足够长的风道方便设置风机;有些车站则是主体与路侧风井的距离较近,需要利用一部分主体空间来解决活塞风道空间不足的问题,然而为了提升空间利用率,需要在主体空间内将风机和两端的消声器转弯设置。当风井边至车站主体的距离达到 20 m 以上时,可以从容地将风机布置在风道内(图 2-144);当风井边与车站主体距离为 15~20 m 时,需要设置 7 m 宽人防门使风机靠近人防门布置(图 2-145);当风井边距离车站主体 10~15 m 时,可以考虑出地面活塞风井弯折来解决短活塞风道长度问题,或者将短活塞风道的活塞风口移至中跨来解决短活塞风道长度不足的问题(图 2-146);当风井边距离车站主体 5~10 m 时,短活塞风道长度愈加不足,需要更长的弯折长度,或者活塞风道侵占主体空间,事故风井在主体内弯折(图 2-147);当风井边至车站主体的距离小于或等于 5 m 时,需要进一步侵占主体空间,在主体空间内弯折以解决活塞风道长度不足的问题(图 2-148);当活塞风井贴临车站主体时,事故风机只能横置于车站主体内,侵占的主体长度更多(图 2-149)。事故风机在主体内横置的方案能够解决很多风道长度不足的问题,但是会浪费较多的主体空间,因此还是需要结合主体和外挂空间统筹考虑风道布局的优化。只有在配线车站中才可以不假思索地考虑事故风机横置方案,减少外挂面积。

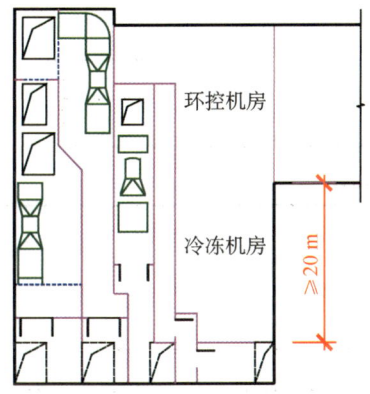

图 2-144 风井边距离车站主体≥20 m 的风道布局

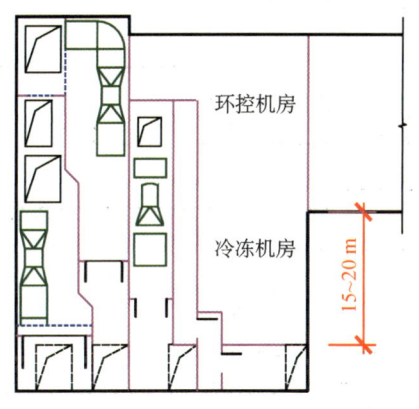

图 2-145 风井边距离车站主体 15~20 m 的风道布局

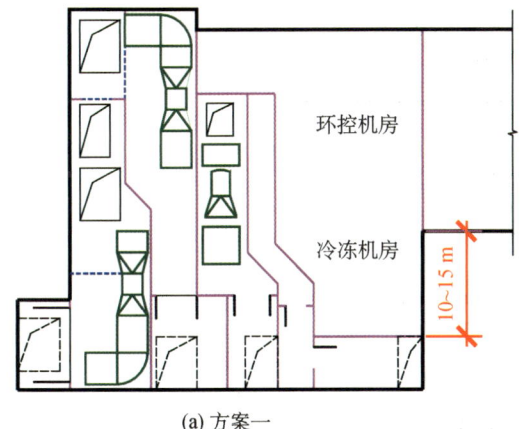

(a) 方案一

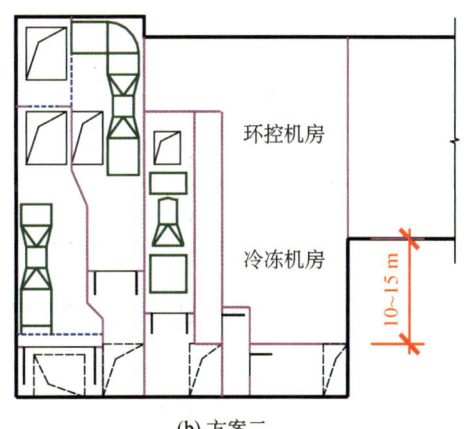

(b) 方案二

图 2-146 风井边距离车站主体 10~15 m 的风道布局

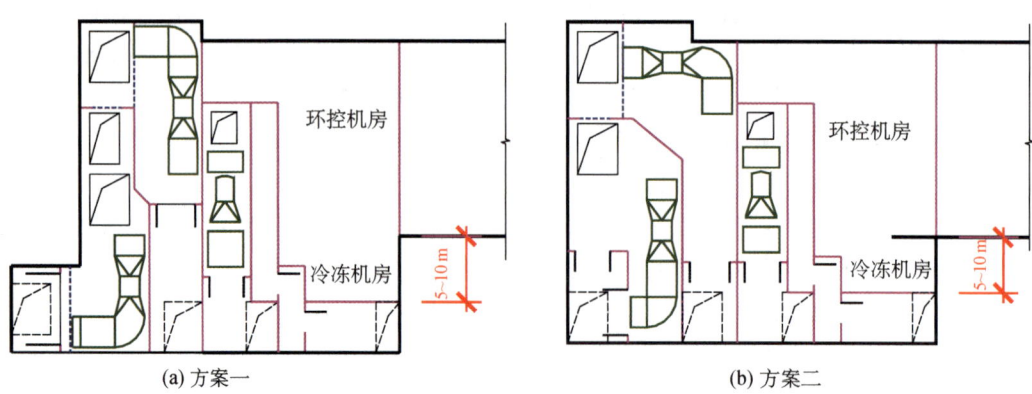

图 2-147 风井边距离车站主体 5~10 m 的风道布局

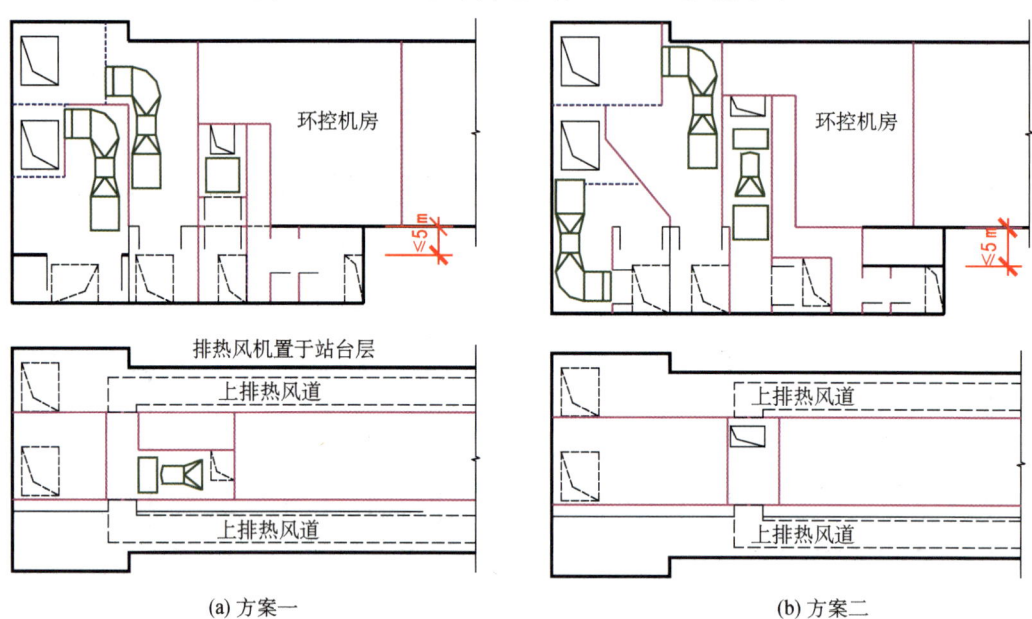

图 2-148 风井边至车站主体的距离小于或等于 5 m 的风道布局

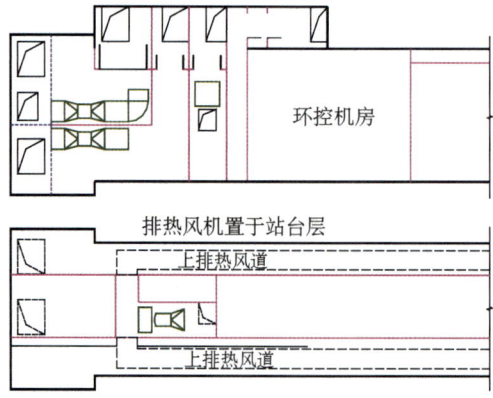

图 2-149 风井边贴邻车站主体的风道布局

2) 路侧设站,风井顶出布局方案

有些车站主体位于路侧,若从主体内拉风道出来会侵占较多的地块空间,此时,经常会选择风井顶出方案。有些车站部分主体位于路侧,风井可布置为整齐的"一"字形布局;有些车站主体完全位于路侧,且路侧绿化带较宽,风井的摆放就比较自由,可考虑采用"品"字形布局。

首先研究"一"字形布局的车站。如果路侧车站为配线车站,车站主体内空间较为富余,可以将风道布置得非常顺畅(图 2-150);如果车站为无配线车站,车站的主体宽度远超两个风道的宽度,为了充分利用主体内的空间,可考虑风机弯折,活塞风机与事故风机分离布置的方案,从而可以大幅压缩区间通风所占用的主体空间,如图 2-151 所示。

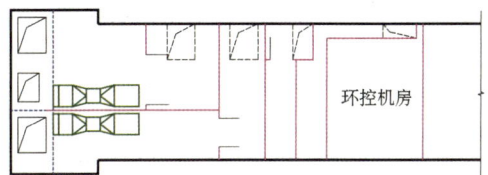

图 2-150　有配线车站风井"一"字形布局

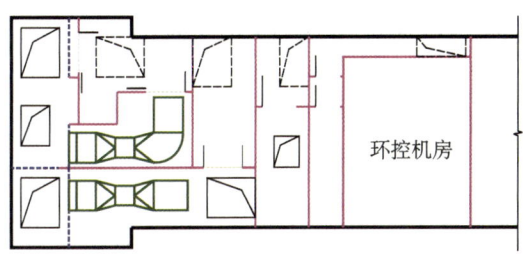 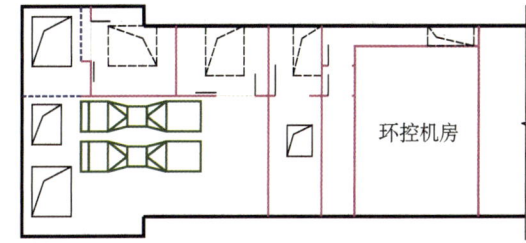

图 2-151　无配线车站风井"一"字形布局

其次对"品"字形风井布局进行论述。"品"字形布局的风井位置相对灵活,功能上更顺畅,空间利用率高。最标准的"品"字形布局,活塞风道占用整个车站主体的宽度,空间上略有浪费(图 2-152)。为了能够充分利用主体空间,将活塞风道与新排风道交叉布置,以充分利用主体的宽度空间(图 2-153)。当站台层空间较为富余时,也可以考虑将区间通风机房设置在站台层,活塞风道从站台直接出地面,如图 2-154 所示。

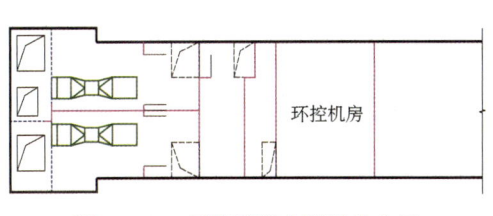 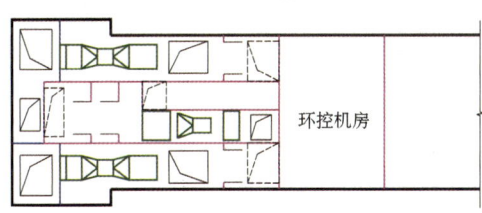

图 2-152　标准"品"字形风井布局　　图 2-153　优化后的"品"字形风井布局

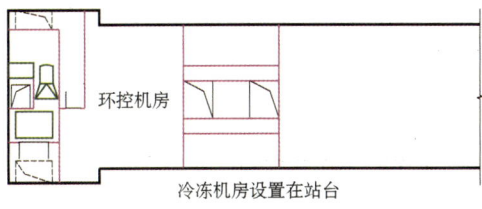 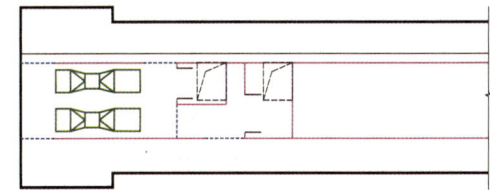

图 2-154　站台层布置活塞风道的"品"字形风井布局

3）三层车站顶出布局方案

三层车站顶出布局方案主要是考虑三层空间的平衡与空间利用率，避免在车站主体范围内浪费过多的空间。三层车站的风井也有"品"字形布局和"一"字形布局两种主要形式，如图 2-155 所示。

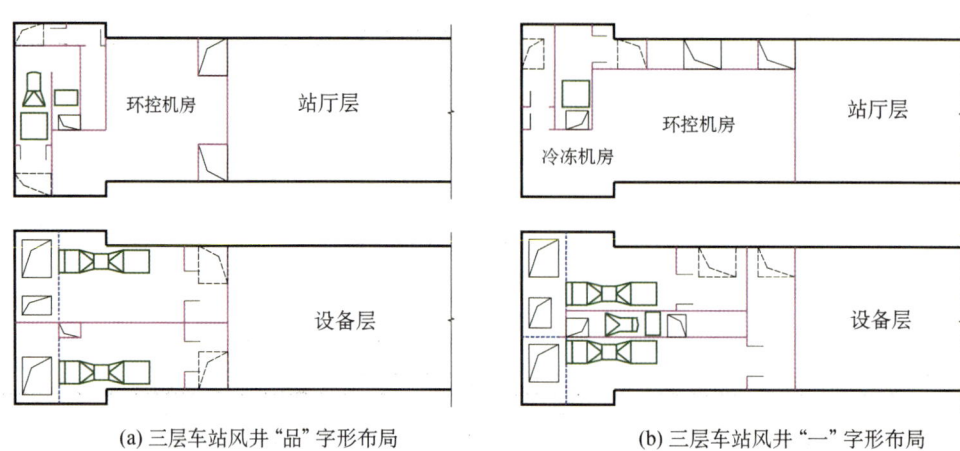

(a) 三层车站风井"品"字形布局　　　　(b) 三层车站风井"一"字形布局

图 2-155　三层车站顶出布局方案

4）压缩车站主体长度的风道布局方案

车站小头端的长度往往受风道布局的影响。当遇到特殊情况时，例如在特定环境下需要压缩车站主体长度来解决建设环境的矛盾，或者需要优化车站整体规模，以及考虑风道的布局以适应周边环境，则有以下几种特殊的风道布局可供参考。

（1）第一种是采用长风道的情况，可以考虑将两台事故风机都设置在车站主体以外错位布置，以压缩车站主体内的活塞风道空间，从而实现压缩车站主体长度的目的，如图 2-156 所示。

（2）第二种是将外挂风道局部外扩，将两台事故风机并列设置，以减少区间通风机房在车站主体内占用的空间，从而实现压缩车站主体长度的目的，如图 2-157 所示。

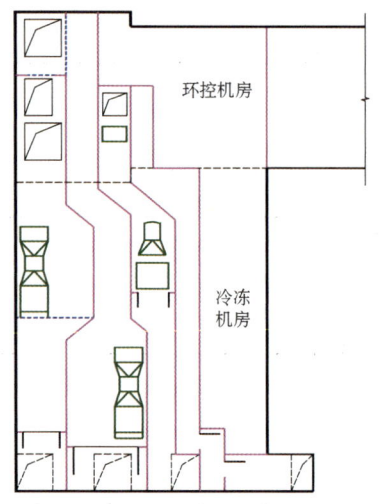

图 2-156　两台事故风机在长风道内错位布置

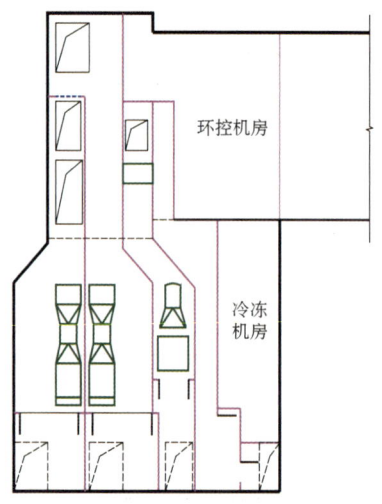

图 2-157　两台事故风机并列布置在外挂风道

(3) 第三种风道是活塞风道上下重叠设置,能够有效地实现减少车站主体长度和适应附属建设环境的需求,如图 2-158 和图 2-159 所示。其中,图 2-159 所示活塞风道上下重叠布置的长通道方案可适用于风道暗挖工法。

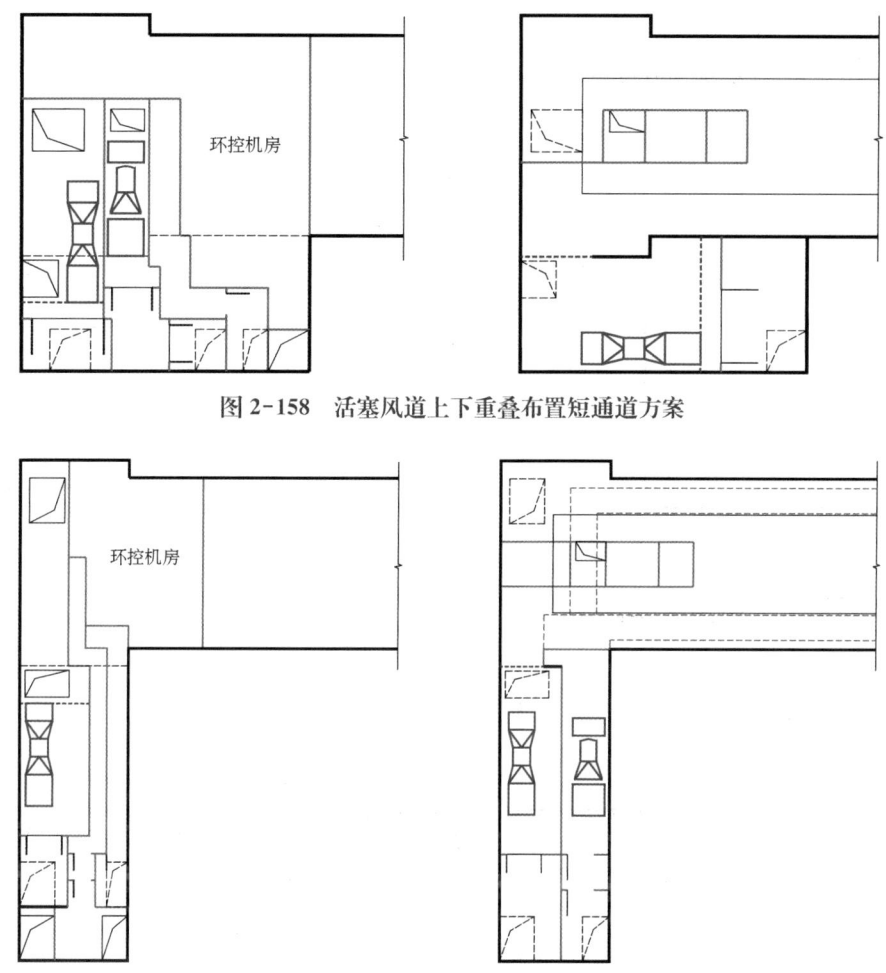

图 2-158　活塞风道上下重叠布置短通道方案

图 2-159　活塞风道上下重叠布置长通道方案

地铁车站的两个区间分别设置出地面的活塞风井,可以最大限度地实现区间散热通风的目的,但是北方寒冷地区的城市,没有那么高的散热需求,因而可以采用单活塞风井方案。在南方城市,有些建设难度较大、没有条件设置双活塞风井的地方可以考虑设置单活塞风井,全线总共有上百个活塞风井,偶尔某个车站设计为单活塞风井对于全线的通风散热影响不大。

单活塞风井有两种形式:一种是双活塞风道单活塞风井(图 2-160、图 2-161),另一种是单活塞风道单活塞风井(图 2-162、图 2-163)。双活塞风道单活塞风井是两个风道在末端融合,虽然不如双活塞风道双活塞风井通风能力强,但也能尽量减少两个区间活塞风互串的问题。

5) 配线车站的风井布局方案

配线车站的主体空间较为富余,设计时应充分利用主体空间来设置区间通风机房和风道,以减少车站的外挂空间。理论上来说,风道内的所有设备都应布置在车站主体范围内,只考虑纯风道从车站主体延伸至出地面风亭位置(图 2-164)。同时,配线车站的外挂空间可以进一步优化,如果设置低风亭,应尽量将风井设计为细长形,以减少风亭的整体宽度,同时考虑将消防专用通道设置在新排风井之间,从而减少整体外挂附属空间的宽度(图 2-165)。

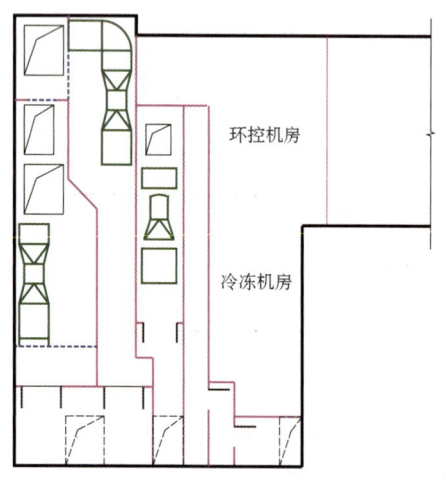

图 2-160　双活塞风道单活塞风井外挂方案

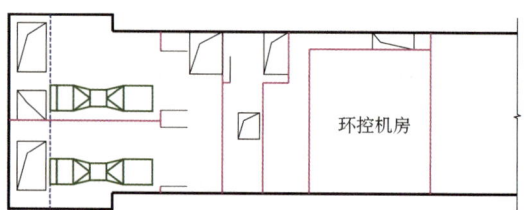

图 2-161　双活塞风道单活塞风井顶出方案

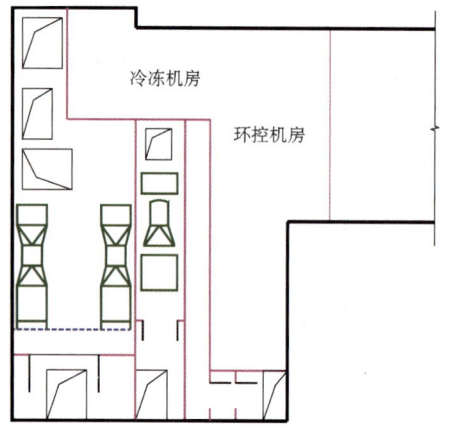

图 2-162　单活塞风道单活塞风井外挂方案

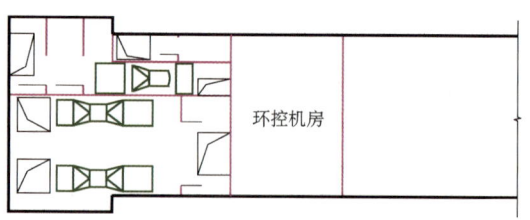

图 2-163　单活塞风道单活塞风井顶出方案

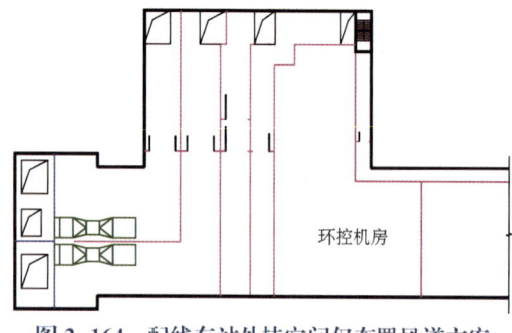

图 2-164　配线车站外挂空间仅布置风道方案

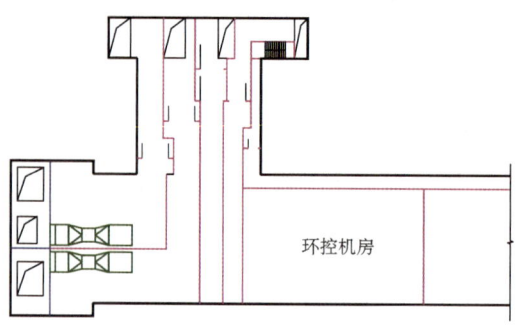

图 2-165　配线车站外挂空间优化布局方案

6) 顶管或暗挖工法的风道布局方案

当车站主体与风井之间的风道受重大管线影响无法采取明挖工法时,可以考虑采用顶管或者暗挖工法来实施风道。若活塞风道和新排风道都采用顶管方案,则可以考虑 4 个 6 m 顶管并列布置的方案(图 2-166),或者采用两根 8 m 顶管并列布置的方案(图 2-167)。如果活塞风道单独设置,可以采用双顶管方案或者单顶管方案来解决,如图 2-168、图 2-169 所示。

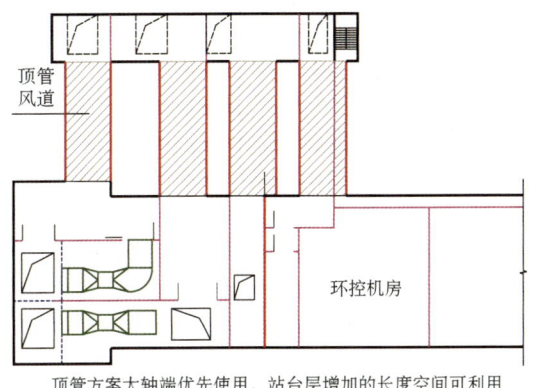

图 2-166 风道多顶管并列布置方案

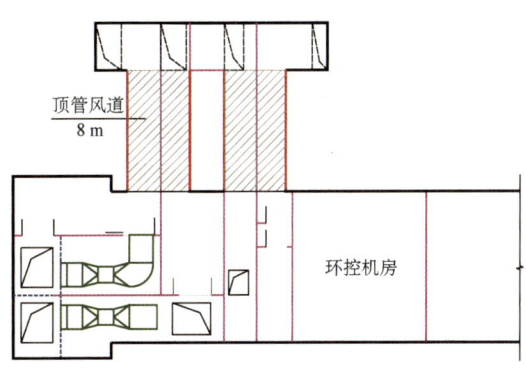

图 2-167 风道采用 8 m 双顶管布置方案

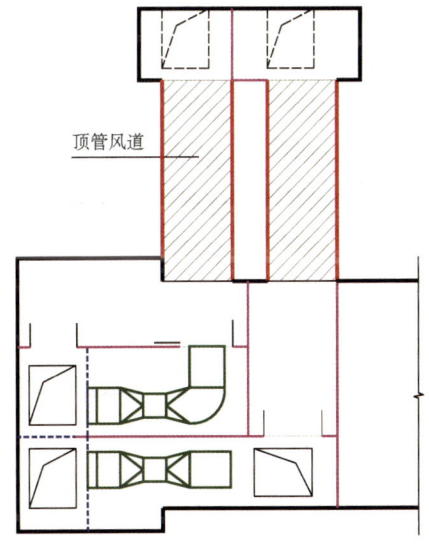

图 2-168 活塞风道双顶管实施

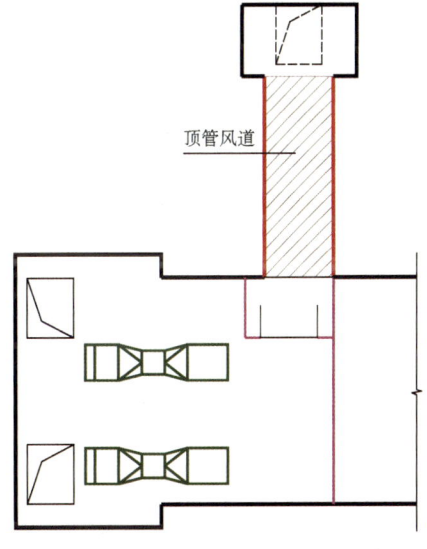

图 2-169 单活塞风道方案单顶管实施

7) 特殊的区间通风方案

地铁车站的区间通风机房及风道占用的空间较大,在土建规模受控或是气候条件允许的情况下,通风专业也在做一些特殊的优化方案,比如将区间事故风机设计为变频设备,平时作为车站的排热风机使用,当区间发生火灾时作为事故风机使用,如图 2-170 所示。

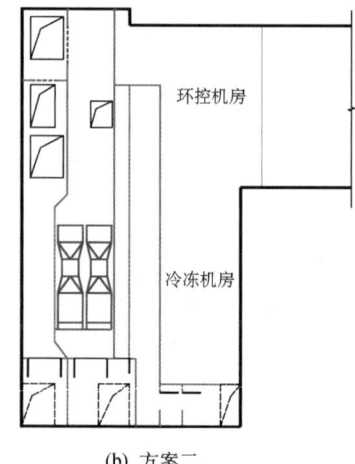

(a) 方案一　　　　　　　　　　　　(b) 方案二

图 2-170　区间事故风机兼排热风机方案

还有一种方案是设置三台事故风机，一大两小，其中，一台大的是标准事故风机，两台小的事故风机平时仅开启一台作为排热风机使用，区间事故情况下才同时开启。两台小风机与一台标准事故风机功能相同，相较于变频事故风机，两台小风机的可靠度较高，但是占用的风道宽度较大，如图 2-171 所示。在建设条件确实难度较大的情况下，甚至可以取消车站一端的活塞风井，利用车站排风道作为区间的送风和排烟路径，如图 2-172 所示。活塞风的主要功能是区间的降温节能，以上几种区间通风方案损失了一定的活塞风功能，故可广泛应用于严寒地区的地铁车站，对于炎热地区的地铁车站只能少量地应用于极特殊的建设条件。但无论什么样的特殊优化方案，都必须确保事故通风功能。

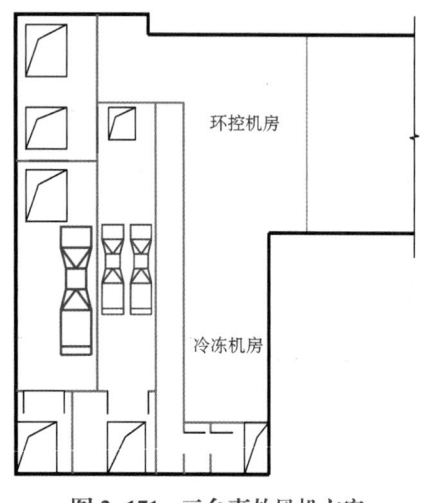
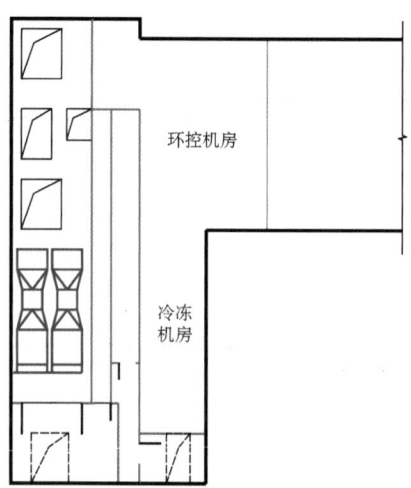

图 2-171　三台事故风机方案　　　　图 2-172　取消活塞风井方案

8) 活塞风道过轨方案

对于两层车站而言，远离风井一侧的活塞风道一般情况下都是考虑在车站两端设备区过轨。但是，对于 L 形换乘车站而言，由于公共区是连通的，活塞风井的位置被限定在 L 形的内拐弯处

(图 2-173),作为换乘车站三层的那一条线路的活塞风道可以通过设备层来解决过轨问题,但两层车站的活塞风道很难解决过轨问题。首先,最理想的方案是考虑端部过轨(图 2-174);其次,考虑上过轨,但会影响车站的层高(图 2-175);再次,还可以考虑中板局部落低过轨(图 2-176);最后,通过轨道下方过轨,这也可以解决很多空间上的矛盾,但是排烟路径从下部迂回,对于通风功能来说是非常不利的,如图 2-177 所示。

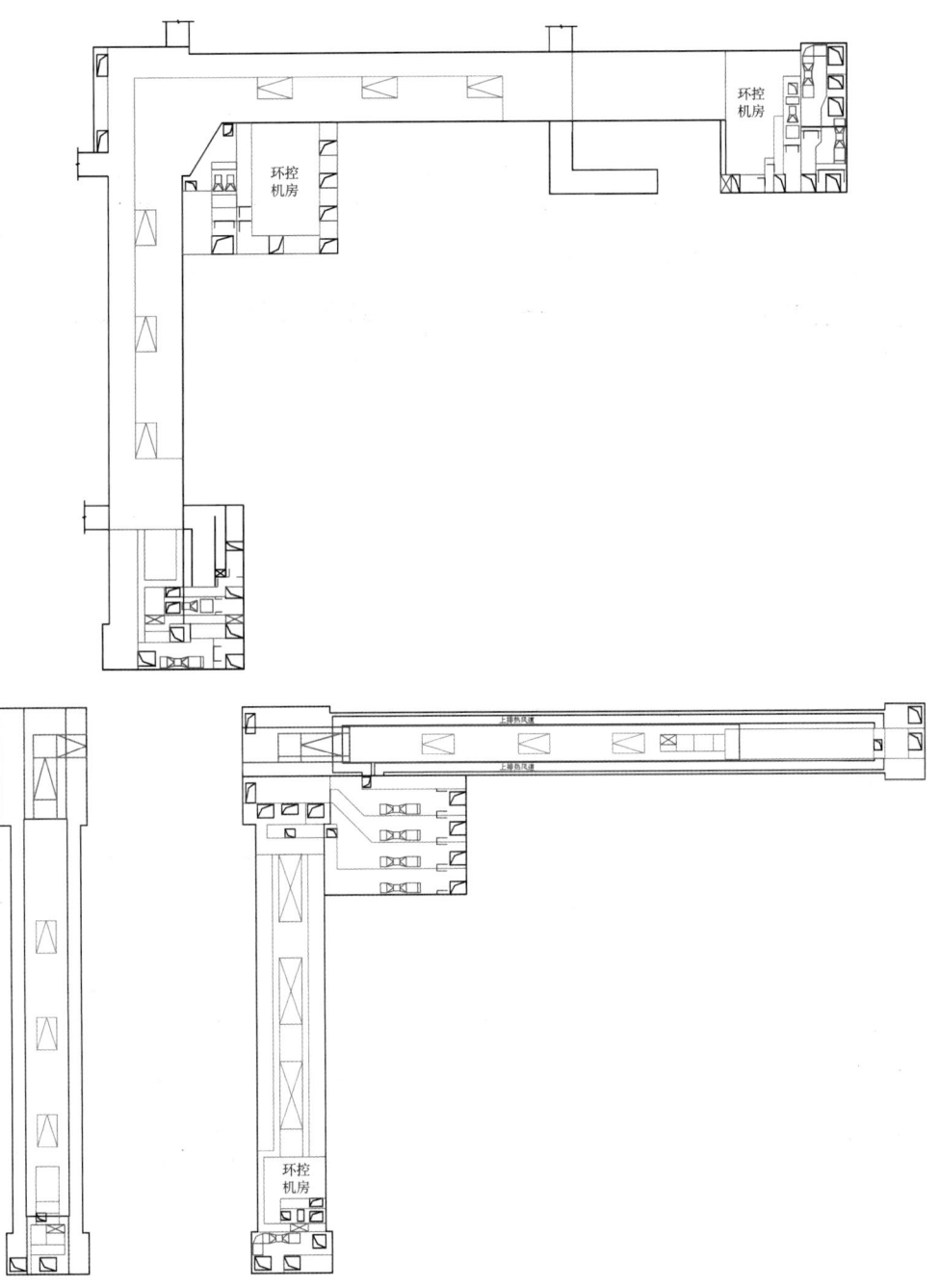

图 2-173　L 形换乘车站活塞风道过轨方案平面布置图

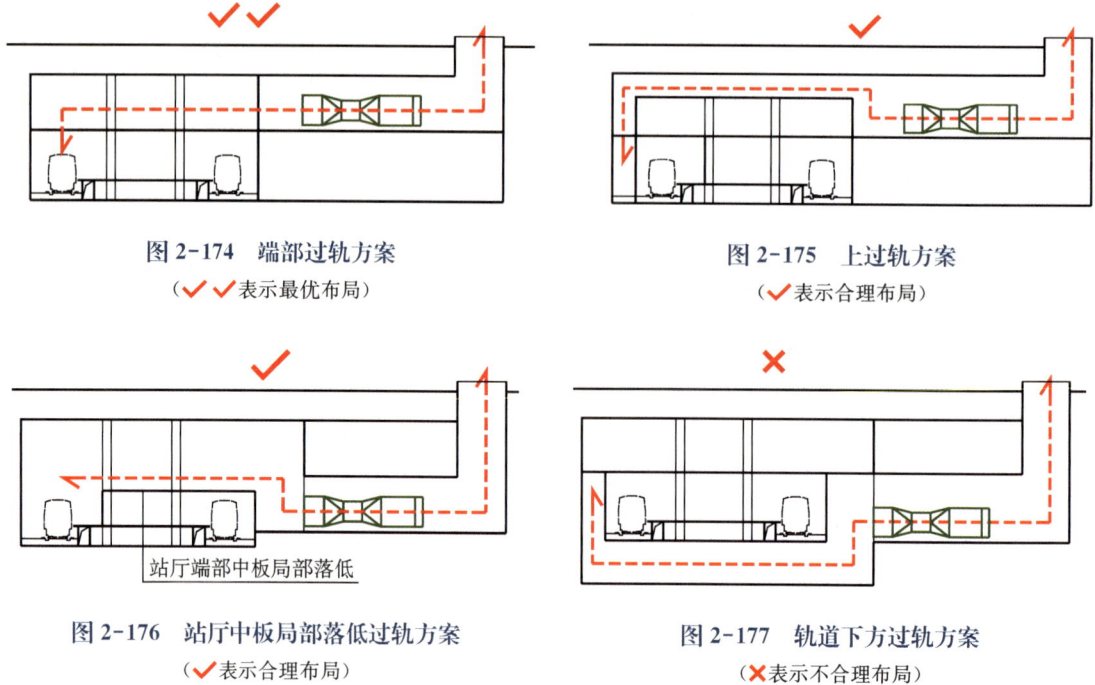

图 2-174　端部过轨方案
（✓✓表示最优布局）

图 2-175　上过轨方案
（✓表示合理布局）

图 2-176　站厅中板局部落低过轨方案
（✓表示合理布局）

图 2-177　轨道下方过轨方案
（✗表示不合理布局）

9）活塞风井与车站主体断开方案

关于车站端部活塞风井的设计，由于受拆迁等因素影响，可以考虑将活塞风井与车站主体断开，在区间有条件的地方设置活塞风井。该方案在确定活塞风口位置的时候，限定条件是活塞风口距离有效站台边线不能超过一列车的长度。在特殊情况下，这种方案给车站实施带来了很大的灵活性（图2-178）。由于这个风井位置与车站不连通，为了方便检修需要单独设置直通地面的安全出口。尤其是在换乘车站的换乘节点处，若近期没有活塞风井的实施条件，则适合采用这种方案来解决问题，特别是有些换乘车站由于空间复杂，端头井需要作为换乘通道，在区间独立设置活塞风井可解决活塞风道过轨与换乘通道的矛盾。

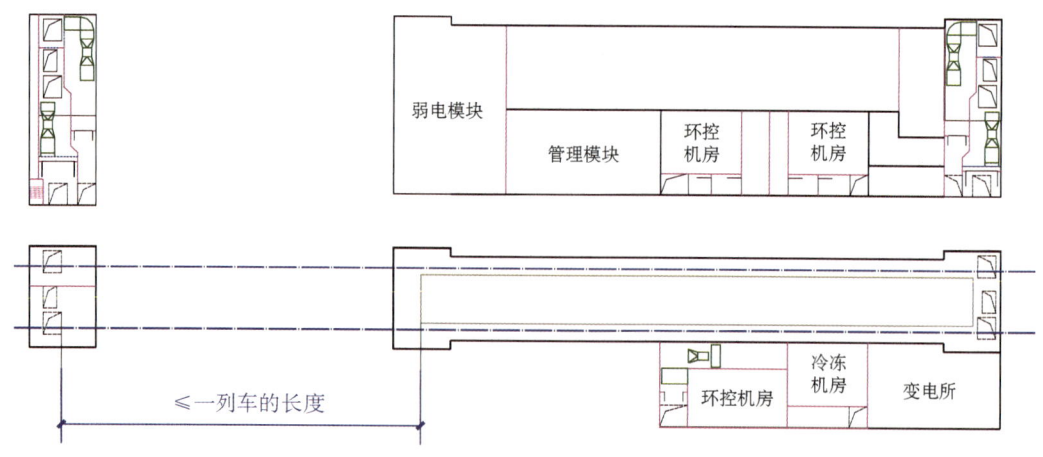

图 2-178　区间通风机房与车站主体脱离方案

2. 排热系统方案

排热系统也是地铁车站特有的一个通风系统。当列车在区间内运行时,由于轮轨摩擦、空气阻力、发动机余热、空调散热等原因带着热量进入车站,列车在车站内要停留几十秒的时间,如果不排除这部分热量,会对车站环境造成较大影响,所以,地铁车站需要设置专用排热系统,在列车停靠位置设置上排热风道和下排热风道,上、下排热风道汇入排热风室,由排热风机将热量排出车站。其中,上排热风道兼顾排烟功能。

从建筑功能上来说,排热系统方案主要解决排热风道的空间高度问题和汇总收集问题。排热系统大部分功能都是通过风道夹层来实现的。排热系统通常分为两种:一种最常规的做法是两端分设排热系统,将热量通过风道汇集到两端的排热风室,再通过排热风机—排风道—排风井的路径排至室外(图 2-179—图 2-181);另一种做法是采用中间集中排热,相应的环控机房外挂在车站主体中部(图 2-182—图 2-187)。一般情况下,排热风道还兼顾车站空调系统的排风道。

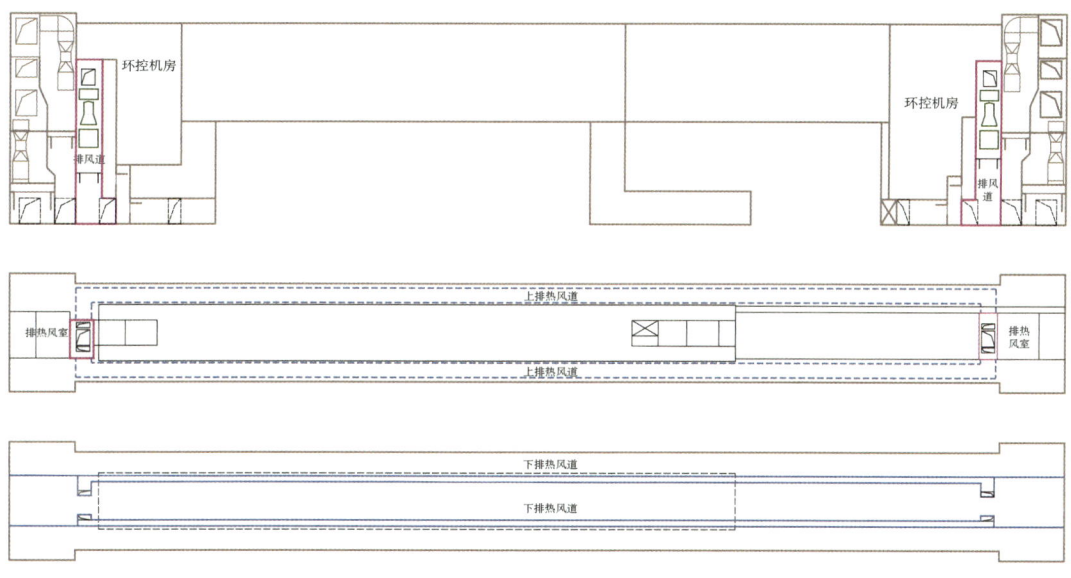

图 2-179 两端分设排热系统平面示意图

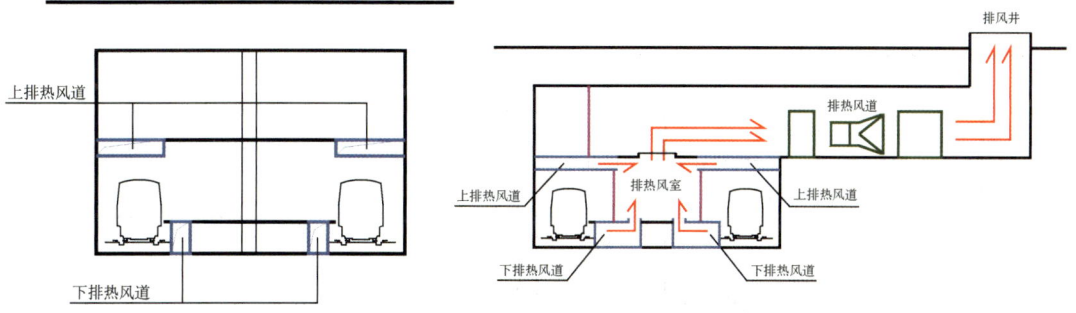

图 2-180 两端分设排热系统风道剖面示意图　　图 2-181 两端分设排热系统热量排出路径示意图

两层地铁车站的中间集中排热方案需要解决排热风道的过轨问题,具体采用站厅过轨方案还是站台过轨方案则要依具体情况而定(图 2-182—图 2-187)。不管是哪一种方案,都需要配合好土建排热风道和通风空调大系统风管的敷设路径,避免大系统风管下穿过轨排热风道,从而造成局部空间高度过低。为了简化路径,一般情况下两层地铁车站的下排热风道考虑站台下挖局部风道来解决过轨问题。但上排热风道都是兼顾排烟功能的,根据通风排烟相关规范要求,不能够通过底板下迂回绕行。

三层地铁车站的两端排热方案和中间集中排热方案不存在过轨问题,通过设备层设置排风道就可直接收集两侧上排热风道的热量,然后通过排热风机将热量排出车站。

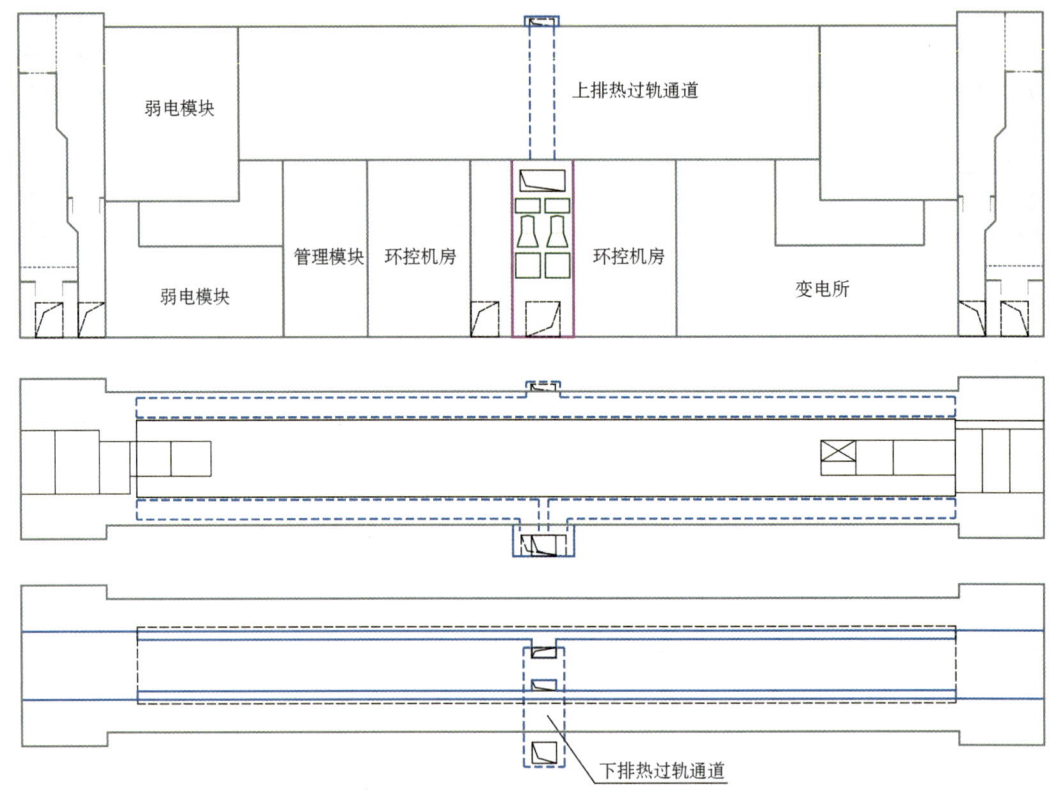

图 2-182 中间集中排热系统平面示意图

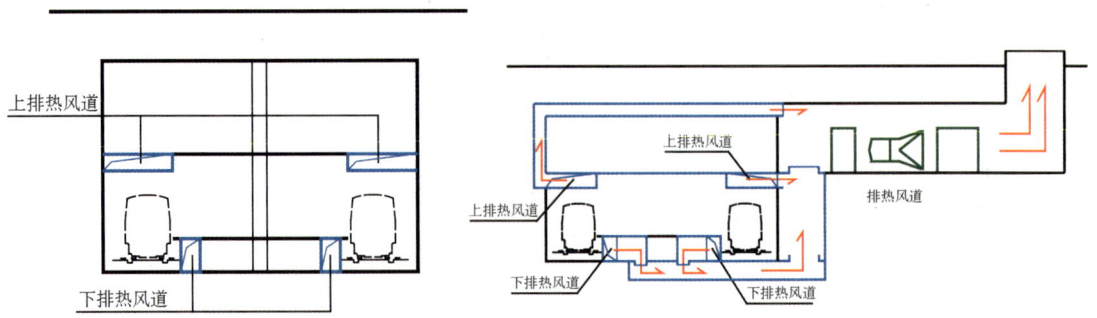

图 2-183 中间集中排热系统风道剖面示意图　　图 2-184 中间集中排热系统热量排出路径示意图

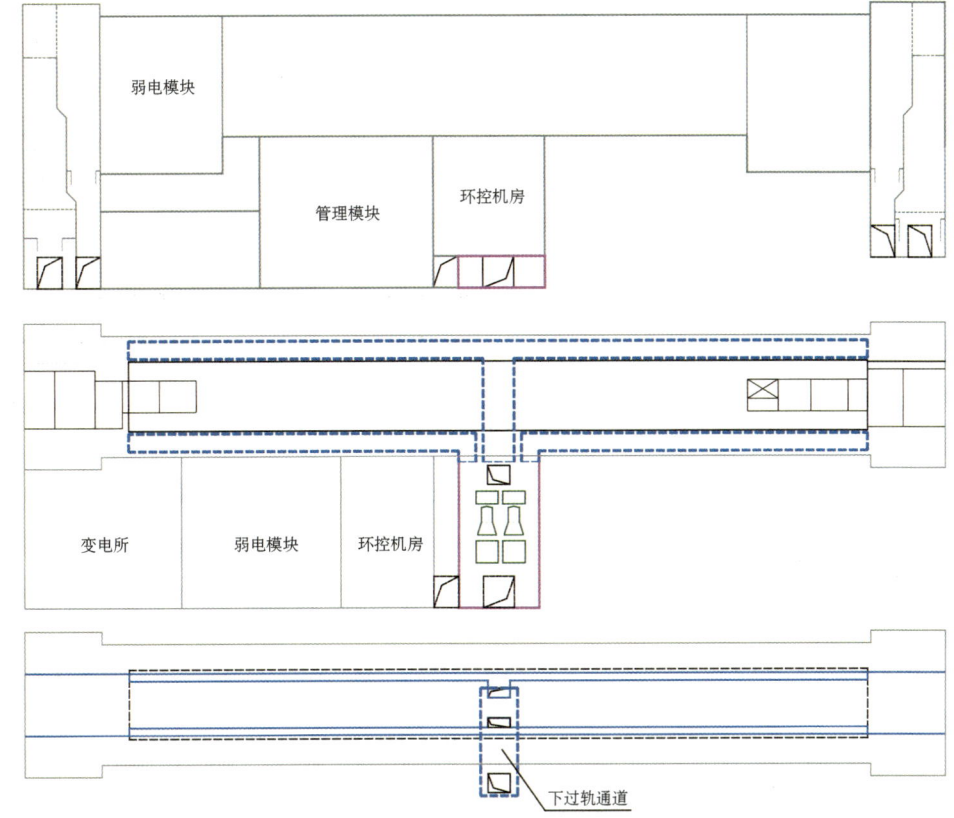

图 2-185　中间集中排热系统下过轨道方案平面示意图

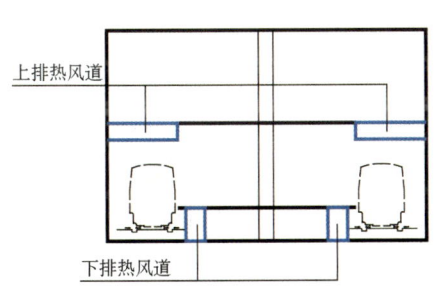

图 2-186　中间集中排热系统下过轨道
方案剖面示意图

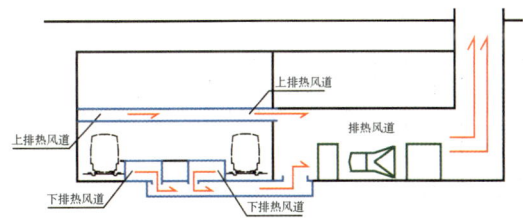

图 2-187　中间集中排热系统下过轨道
方案路径示意图

配线车站的上排热风道不但要兼顾列车停靠区的排热、排烟问题,有时还要兼顾配线区的排烟问题。配线区设置上排烟风道,接入排热风室,而后通过排热风机将事故情况下配线区的烟气排至地面(图 2-188)。

现阶段常见的排热系统需要设置大量的风道夹层,如此会增加土建规模,对车站功能布局影响大,土建施工难度大,环控系统控制逻辑复杂,且后续上排热风道的维护改造会影响运营安全,下排热风道则会影响站台板下管线敷设,因此对于排热系统的优化是很有必要的。考虑取消上、下排热风道,采用纵向排热方案,可实现大幅优化土建规模、简化事故情况下的排烟模

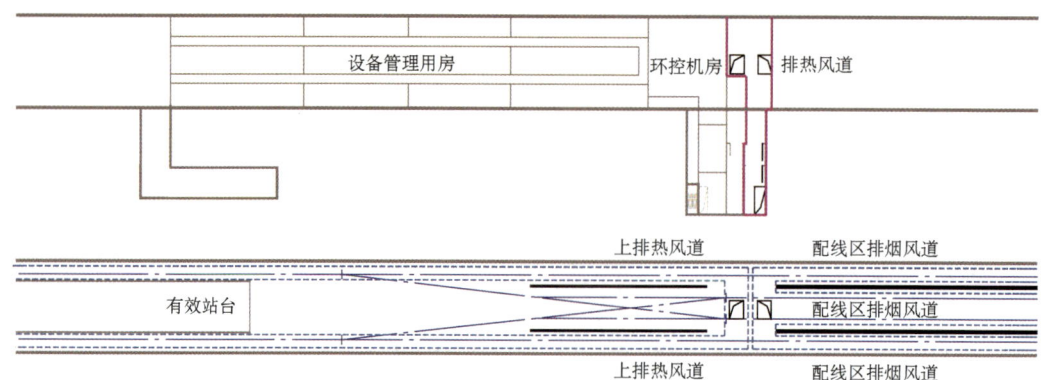

图 2-188 配线区排热方案示意图

式等目的。尤其是在寒冷地区的地铁车站,排热需求不大,完全没有必要设置复杂的风道形式的排热系统。有些方案的优化还需要在概念上有所突破,打破固有定式才能实现。

3. 地铁车站通风空调系统

地铁车站的通风空调系统是调节车站公共区和设备管理用房的空气湿度、温度和空气质量以及事故情况下排烟的设备系统,由于其服务对象为全部地下空间,且站内有大量设备会发热,所以其占用了地铁车站较大的内部空间。在服务路径上,通风空调系统对内需要联系其服务空间,对外需要连通新风道、排风道,因而对地铁车站的建筑功能布局影响较大。地铁车站的通风空调系统分为大系统和小系统,大系统是指服务于公共区的通风空调及防排烟系统,小系统是指服务于设备管理用房的通风空调及防排烟系统。

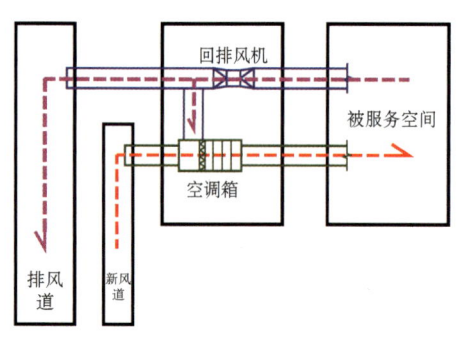

图 2-189 环控机房气流组织

车站环控机房模块可以理解为串联空间关系,只是这个串联空间关系不是以人的行为特征来串联的,而是以气流的组织过程串联起来的。新鲜空气从新风井进入新风道,通过新风道接入环控机房,空调箱从新风道接收新风之后制冷,而后通过风管送至服务目标空间;回排风机在服务目标位置通过对流方式利用风管将热空气回收至排风道,从排风道最后进入排风井再排至大气中(图 2-189)。为了节约能源,一部分回风与新风道进来的室外空气汇合,接入空调箱继续制冷送至公共区;一部分回风则被排至排风道随排热风道一同排出。防排烟系统的工作原理与空调系统相似,通过不同的设备在相同的路径上完成其系统功能。了解了通风空调系统的基本原理就能知道环控机房一定是位于新排风井与服务目标之间,整个气流组织路径可以是直线形的,也可以是 L 形的,但是应尽量避免 U 形路径。

1)通风空调大系统方案

地铁车站通风空调大系统就是公共区的通风空调及防排烟系统,其设备包括空调箱和回排风机,空调箱接送风管为公共区送风,回排风机接排风管,平时作为排风使用,事故情况下兼顾排烟。大系统风管通过送、排风风孔送至站台层。为了减小管线布置压力、节约能耗、提升服务的均衡性,一般会在车站两端各设置一个环控机房,各自负担一半的公共区空间的环境控制(图 2-190),特殊情况下,如风井受到建设环境限制,只能落位在车站中部时,也可考虑将环控机房集中设置在中部(图 2-191)。

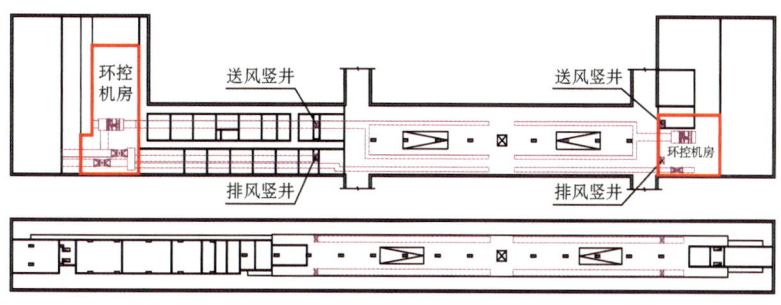

图 2-190　环控机房分设方案

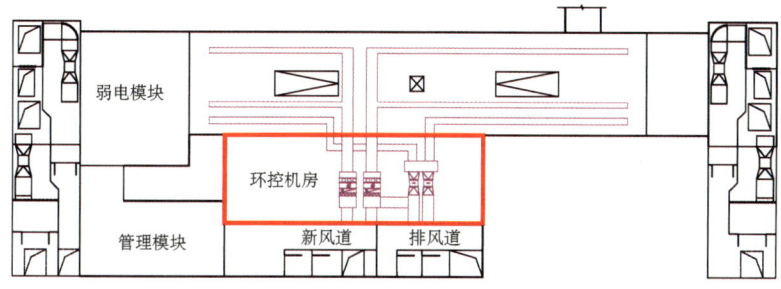

图 2-191　环控机房集中设置方案

2）通风空调小系统方案

地铁车站通风空调小系统就是设备管理用房的通风空调及防排烟系统。所有设备管理用房的通风、换气、排烟都是通过风管来实现的。由于地下空间的土建费用约为地上的十倍,因此不能浪费空间,在设计时要精打细算,尽可能地节约风管安装空间。节约风管安装空间的方案除了压扁风管外,最有效的方式就是减少风管之间的交叉。

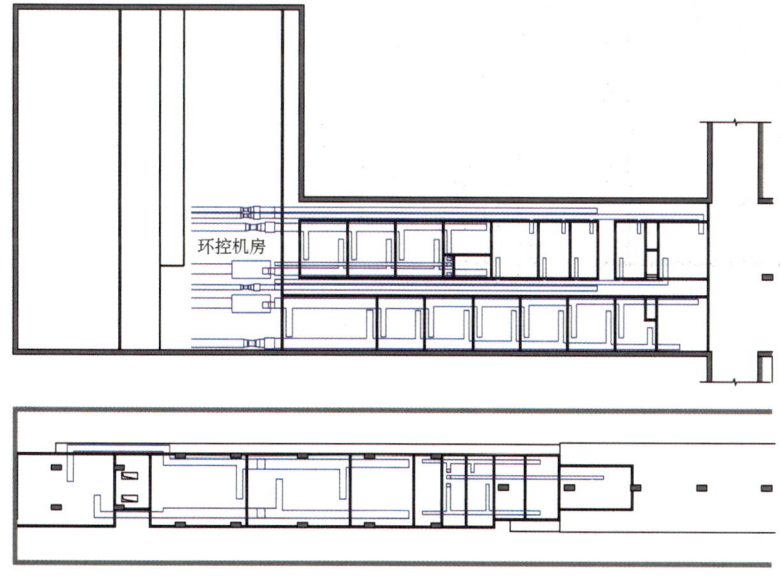

图 2-192　车站小系统通风方案示意图

解决风管之间的交叉首先应尽量避免小系统风管和大系统风管之间的交叉,有些无法避免的交叉应提前在环控机房内完成交叉后再出环控机房。

小系统风管的交叉问题需要从根源上解决,也就是对设备管理用房的布置进行优化。为了控制方便,通风空调专业对于不同服务对象采用不同的小系统,管理用房(车控室、站长室、交接班室、更衣室、工区用房、警务室、票务室、备用间等)设置一套小系统,变电所(控制室除外)设置一套小系统,弱电房间(通信、信号、综合监控、弱电电源室、AFC设备室、站台门控制室、民用通信、配电间、环控电控室、变电所控制室)、楼梯间、气瓶间、消防泵房、废水泵房、电缆引入间、电缆井、备品间共用一套小系统,厕所单独使用一套排风系统。

从通风空调的角度考虑,各小系统对应房间应相对集中布置,这样可以减少风管交叉。在设计中,随着设备管理用房方案的推进,各类风管的布局、走向应有整体概念,自然就可以解决风管的交叉问题和安装高度不够的问题,如图 2-192 所示。

3) 车站防排烟系统

车站的防排烟系统包括补风机房和排烟机房,《建筑防烟排烟系统技术标准》(GB 51251—2017)要求补风和排烟两个功能需要设置独立的房间且与其他空间采取可靠的防火分隔措施。原则上,补风机房靠近新风道设置,排烟机房靠近排风道布置,如图 2-193 所示。

一般情况下,车站的防排烟系统划归到车站大、小系统范畴,与大、小系统一起统筹考虑空间划分,只是用墙体将相关功能进行内部防火分隔。排烟系统有其特殊的布置要求,《建筑防烟排烟系统技术标准》(GB 51251—2017)规定,排烟机房服务的范围只能是同层空间和下层空间。对于三层车站或者是双层外挂车站而言,根据空间布局需求,环控机房设置在下层只能满足其上层房间的送风或补风需求,为了实现排烟功能,则需要在上层空间设置专用的排烟机房,且排烟机房应位于上层排风道附近,如图 2-194 所示。

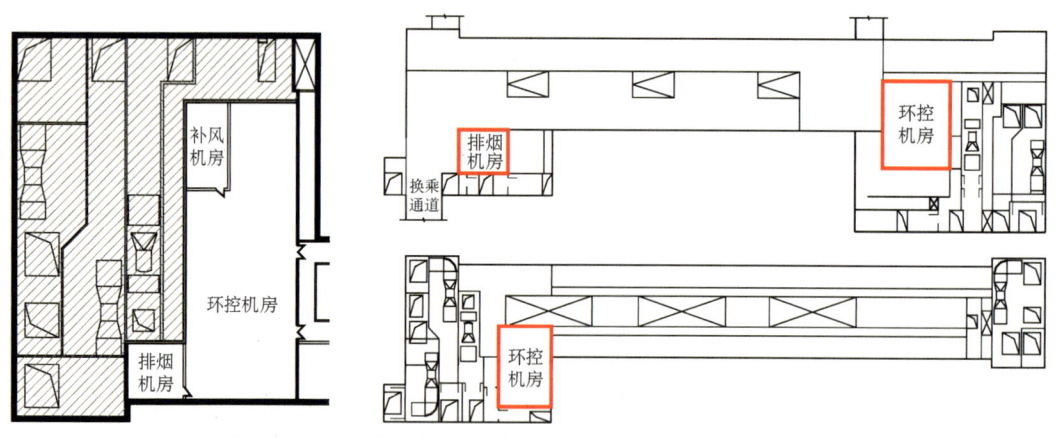

图 2-193 标准防排烟机房布置　　图 2-194 下层环控机房上层专用排烟机房

4) 制冷水系统

制冷水系统是地铁车站的冷源,除寒冷地区以外的地铁车站,其冷冻机房的规模都比较大,影响着车站平面的功能布局和整体规模。冷冻机房是地铁车站站内的负荷中心,冷冻机房宜布置在变电房同侧,由于冷水机组体积大、重量大,考虑到设备运输路径,因此,冷冻机房一端的吊装孔应放大。

一般情况下，标准站型的冷冻机房与环控机房合并设置在站厅层大端，这样便可减少一套通风系统(图 2-195)。当然，冷冻机房也可以独立设置：双层外挂车站可考虑将冷冻机房设置在附属地下二层空间，与地下二层的小系统机房合设(图 2-196)；单渡线车站可考虑将冷冻机房布置在站台层单渡线之后的中部空间(图 2-197)；停车线车站可考虑将冷冻机房布置在车站环控机房新排风道之后(图 2-198)；顶出车站可考虑将冷冻机房布置在站台层(图 2-199)；地下三层车站的冷冻机房落位在设备层(图 2-200)。冷冻机房的落位除考虑内部空间布局以外，还需要考虑外部冷却塔的落位问题，原则上，冷冻机房需要与冷却塔设置在车站的同一端，以方便冷水管的敷设，从而减少能量损耗。

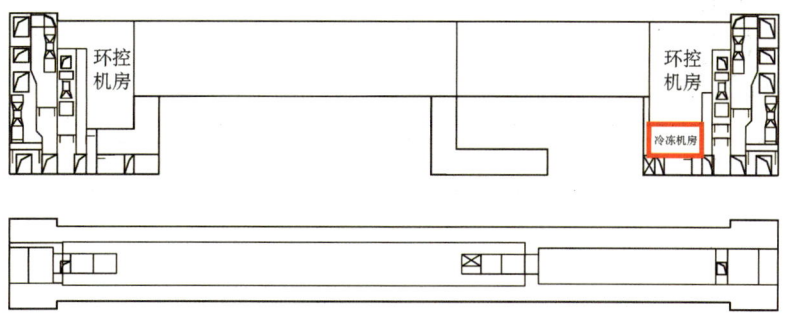

图 2-195　标准站型冷冻机房落位大端环控机房

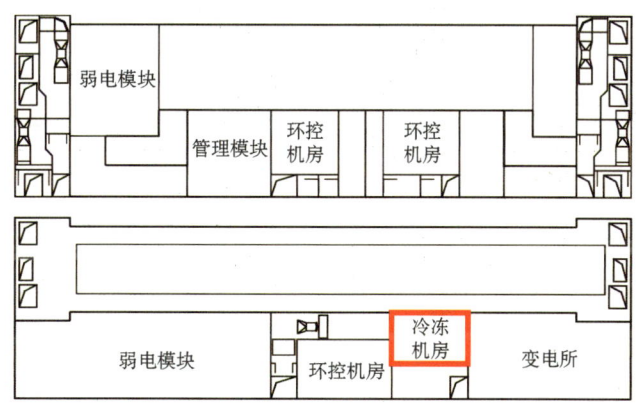

图 2-196　双层外挂车站冷冻机房落位地下二层外挂空间

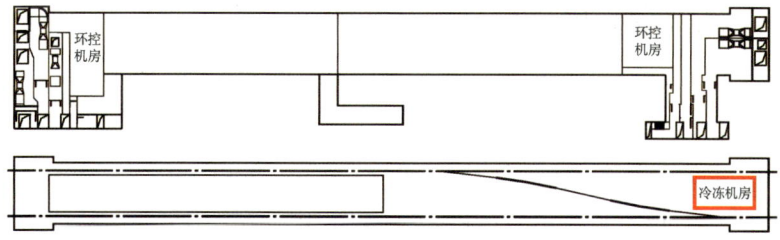

图 2-197　单渡线车站冷冻机房落位站台配线以外空间

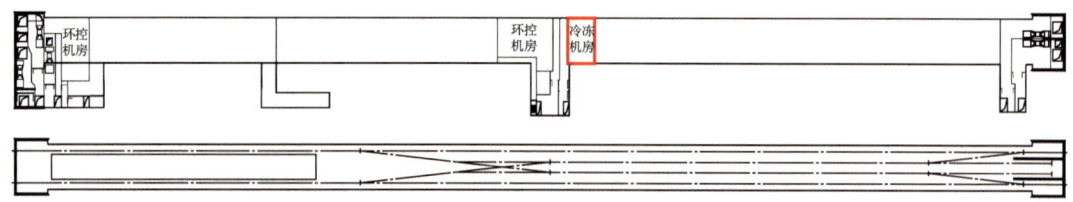

图 2-198　停车线车站冷冻机房落位配线上部空间

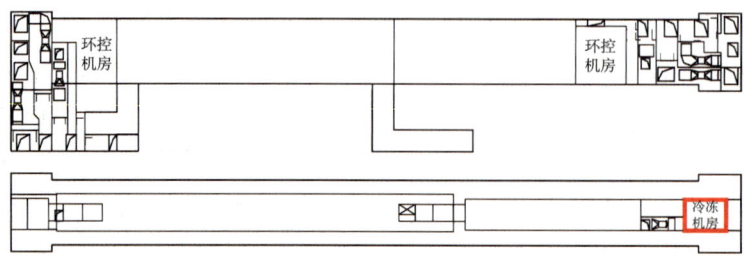

图 2-199　顶出车站冷冻机房落位站台层

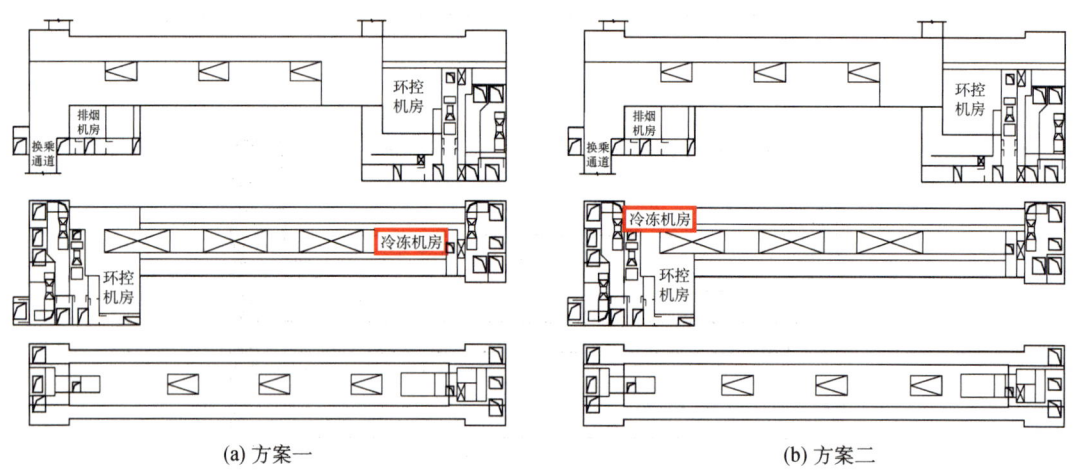

(a) 方案一　　　　　　　　　　　(b) 方案二

图 2-200　三层车站冷冻机房落位设备层

4. 环控功能区布局方案研究

前面讲述了环控功能区各个功能模块的功能需求,以及各功能模块之间的关系。下面针对各类典型车站环控功能区的整体布局进行分析研究。

1) 两层标准车站

两层车站的空间布局形式多样,车站各部分布局灵活,相应地,车站的环控功能区布局也有较多的变化。

一般情况下,车站两端布置环控机房,以标准站型为例,排风道与排热风道合并设置,新风道与排风道并列设置,新风道、排风道与活塞风道整合并列排布,如图 2-201 所示。这种布局形式对车站各部分功能区的服务是最均衡的,冷冻机房与集中端的环控机房整合布置,可以提高空间利用率。

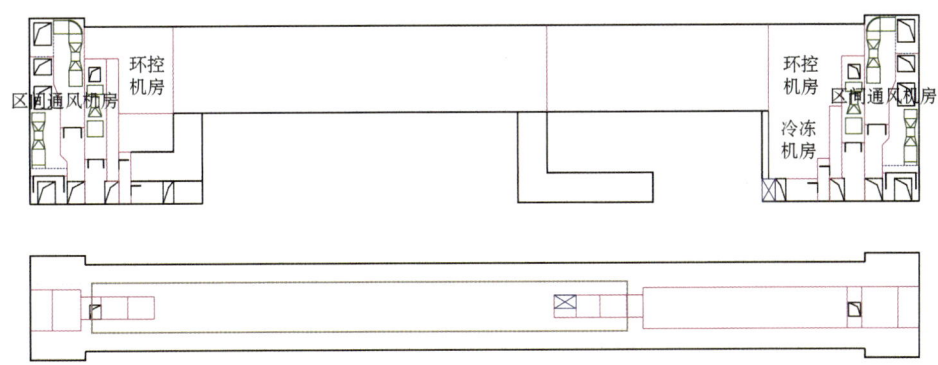

图 2-201　两层标准站型环控功能区布局

顶出车站的风道均设置在车站主体范围内,车站站厅长度被环控机房加长约 20 m,站台层富余出来的空间可考虑布置冷冻机房及站台层设备用房的小通风机房,这样可以实现站厅、站台之间的空间平衡,提升空间利用率,如图 2-202 所示。

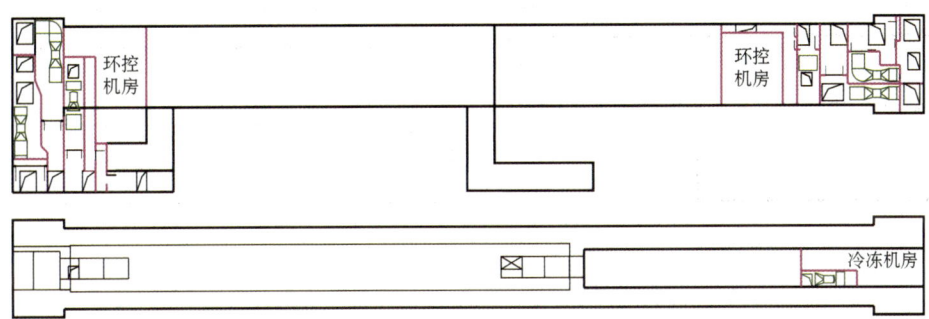

图 2-202　两层顶出站型环控功能区布局

两层大外挂车站的环控机房可以布置在两端,将车站核心功能区布置在中部外挂区域,一是为了更好地服务于核心功能区,二是为了平衡上下层空间,一般考虑在地下二层的外挂空间设置小通风机房和冷冻机房及部分区间通风机房,如图 2-203 所示。

中部设置外挂的车站具备中部集中布置环控机房的条件,中部环控机房可代替两端的环控机房,其他设备管理用房一般也布置在中部大外挂空

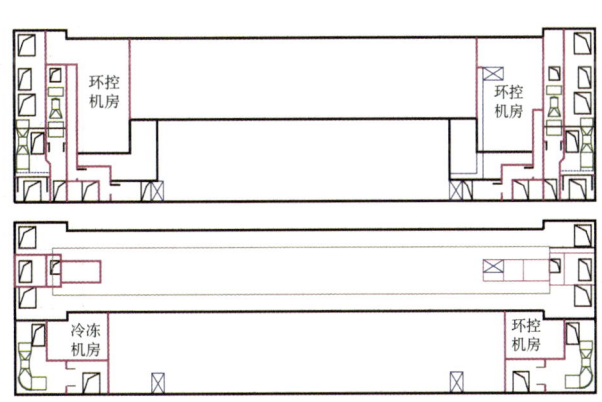

图 2-203　两层大外挂站型环控功能区布局

间,方便环控机房为其提供服务。中间布置环控机房同样采用排风道与排热风道合并、新风道与排风道并列设置的布局形式。这种环控机房布局不但要解决前面所说的排热风道的问题,还需要解决大系统风管的送、排风路径问题。

送、排风路径通常有两种形式:①从外挂部分向下进入站台层,站台层局部抬高从中板下

设置新排风管;②从公共区中部设置送风竖井,这种形式对公共区的景观影响较大,同时要考虑风管下到站台后与结构纵梁的交叉问题。为了平衡上下层外挂空间,设计时可考虑将冷冻机房设置在外挂的地下二层,同时考虑地下二层外挂空间设置小通风机房,以解决地下二层房间的通风问题。

区间通风机房只能设置在车站两端的有效站台以外,在新排风井中间布局的情况下,活塞风道需要考虑采取独立布局。中间布局的环控机房可以完全合并为一个环控机房(图 2-204),也可以分为两个机房,合用新排风道(图 2-205)。这两种环控机房布局送、排风路径复杂,空间布局难度大,只有在车站两端没有条件布置环控机房或车站两端地面没有条件设置风井等特殊情况下采用。

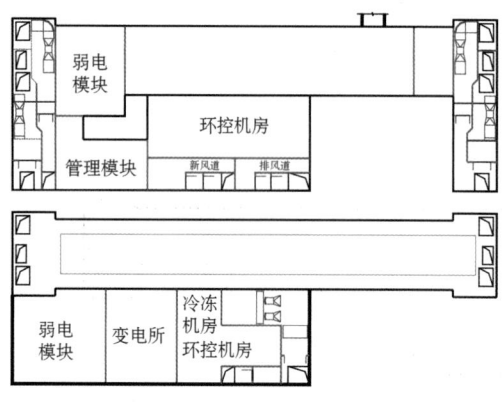

图 2-204 中间环控机房合设布局

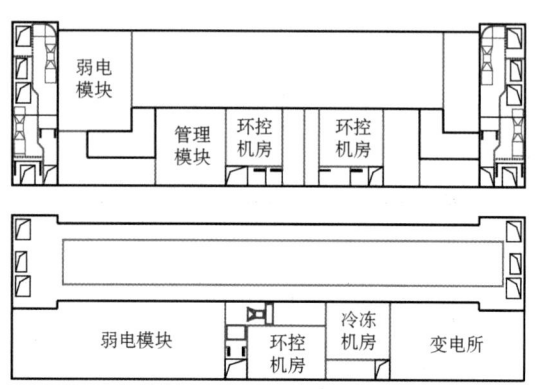

图 2-205 中间环控机房分设共用风道布局

2) 三层标准车站

三层车站两端布置环控机房是较常见的布局方式,两个环控机房左右分开布置对车站公共区的服务以及对设备管理用房的服务而言都是最均衡合理的布局,也不会在公共区中间出现送风竖井的情况,如图 2-206 所示。

双层外挂风道由于土建费用相对较高,同时,可能会出现空间利用率不高的情况,所以,一般情况下,设计中不会主动选择双层风道布局。但在车站端部风道较短、空间局促

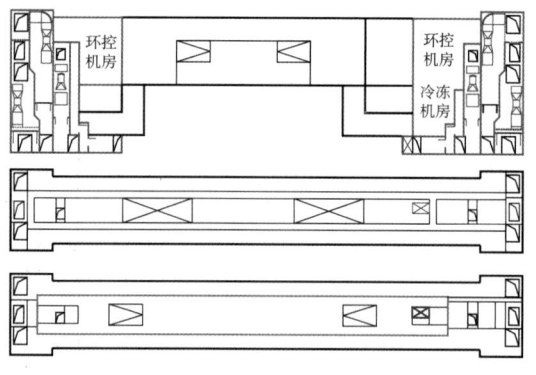

图 2-206 标准三层车站两端环控机房布局

的情况下,可以考虑研究区间通风机房与环控机房上下叠加布置的方式(图 2-207),是否选择双层外挂风道,取决于车站主体和车站附属能否提供充足的空间,车站主体空间充足,外挂附属布局不受限的情况下首选单层外挂附属方案。

三层车站环控功能区几大模块的空间布局关系灵活性较大,环控机房可以布置在地下一层,也可以布置在地下二层。车站集中端考虑到核心功能区方便沟通,将大部分的核心功能区房间设置在地下一层,此时可考虑将环控机房设置在地下二层,地下一层仅考虑设

置排烟机房(图 2-208),或者是上、下层都设置环控机房,上层以大系统为主,下层以小系统为主,同时将小系统与冷冻机房合并布置。三层车站的非集中端布置的功能用房相对较少,一般将环控机房设置在站厅层。

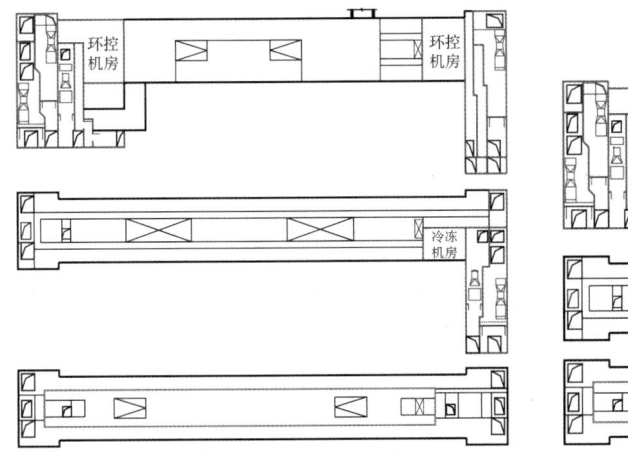

图 2-207　标准三层车站双层风道集中布局方案　　图 2-208　标准三层车站集中端环控机房下移方案

地下三层通道换乘车站,楼扶梯一般采用顺向布置方式,换乘方向的站厅需要留出空间作为换乘通道。在这种情况下,非集中端只能选择双层外挂,上部空间作为公共区,下部对应空间作为环控机房及风道,为了解决排烟机房不能以下排上的问题,在地下一层风道和主体围合的空间设置专用排烟机房,将外挂空间上下对齐布置,结合风道的长度,优化空间布局(图 2-209—图 2-211)。换乘车站集中端的通风功能布局思路与标准三层车站相似,考虑将环控机房设置在地下二层设备层,核心功能区房间优先布置在站厅层,空间允许时,尽量避免采用双层外挂风道。

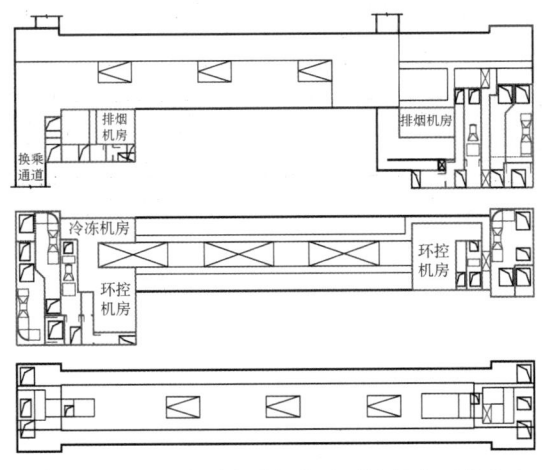
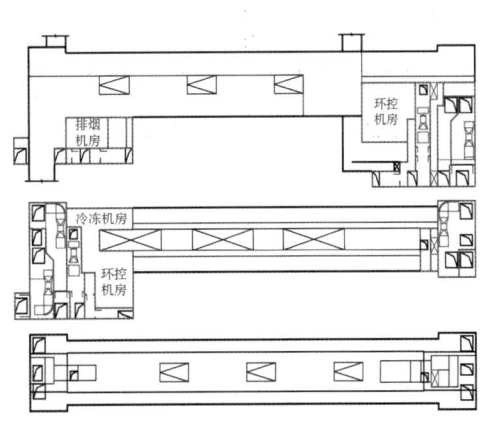

图 2-209　三层换乘车站集中端环控机房下移方案　　图 2-210　三层换乘车站站厅布置环控机房方案

地下三层车站中间集中布置环控机房方案因为有设备层过渡方便解决排热风道和大系统风管的问题,采用这种布局形式的车站一定要充分考虑好环控机房对设备管理用房的服务是否在合理覆盖范围内。由于车站中部为公共区,风道只能从下二层附属接出,所以,中间出风形式一般都是双层外挂形式(图2-212)。为了解决以下排上的排烟问题,在新排风道的正上方设置排烟专用机房。这种布局形式适用于车站两端设置风亭条件较差的情况,新排风井集中布置在车站中部,避免由于新排风井的分开布局带来征地拆迁问题。如果风道较短,风道需要横向布置风机和人防门,占用的空间狭长,可以考虑将中间双层风道与设备集中端的风道、出入口等附属设施整合设计(图2-213)。

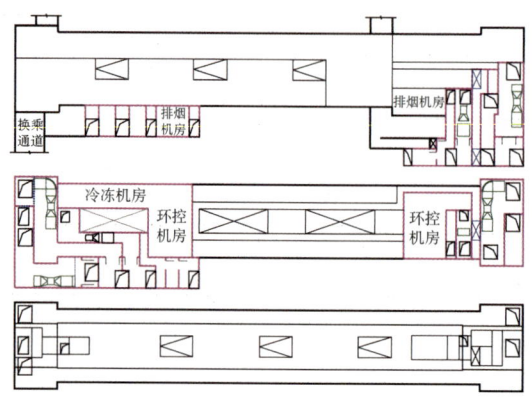

图 2-211　三层换乘车站两端环控机房短风道布置方案

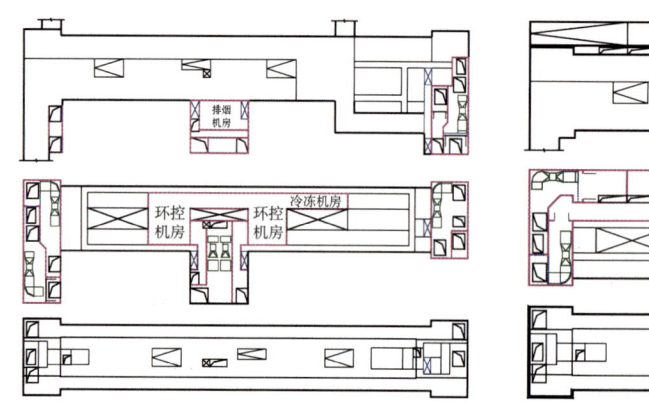

图 2-212　三层车站中间环控机房布置形式

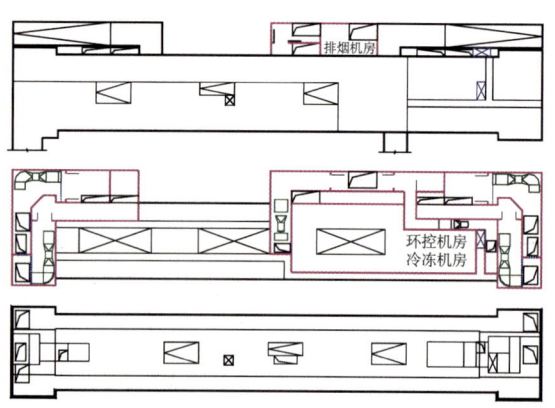

图 2-213　三层车站中间环控机房短风道布置形式

3) 换乘车站环控功能区布局方案

换乘车站包括节点换乘车站、平行换乘车站和通道换乘车站,其中通道换乘车站完全可以按照两个独立的车站来考虑其通风空调系统方案,这里就不再赘述。节点换乘车站可以按照一个标准两层车站和一个标准三层车站的组合模式来考虑功能布局;有些换乘形式适合两线资源共享,将两条线的环控机房整合在一起;平行换乘方案一般考虑两线环控机房资源共享,区间通风功能原则上不能资源共享,每个区间应有自己对应的风机,每条线的两个区间需要实现互为备用的功能,而线路之间是不能作为互为备用关系的。

T 形换乘车站由两层车站组成 T 形的一横,由三层车站组成 T 形的一竖,两层车站部分为标准布局,三层车站部分的布局则可参考通道换乘楼扶梯顺向布置的方案(图 2-214)。当换乘节点处无条件布置风亭时,可以考虑将活塞风井布置在两层车站主体对侧,新风井和排风井集中在中间布置(图 2-215)。

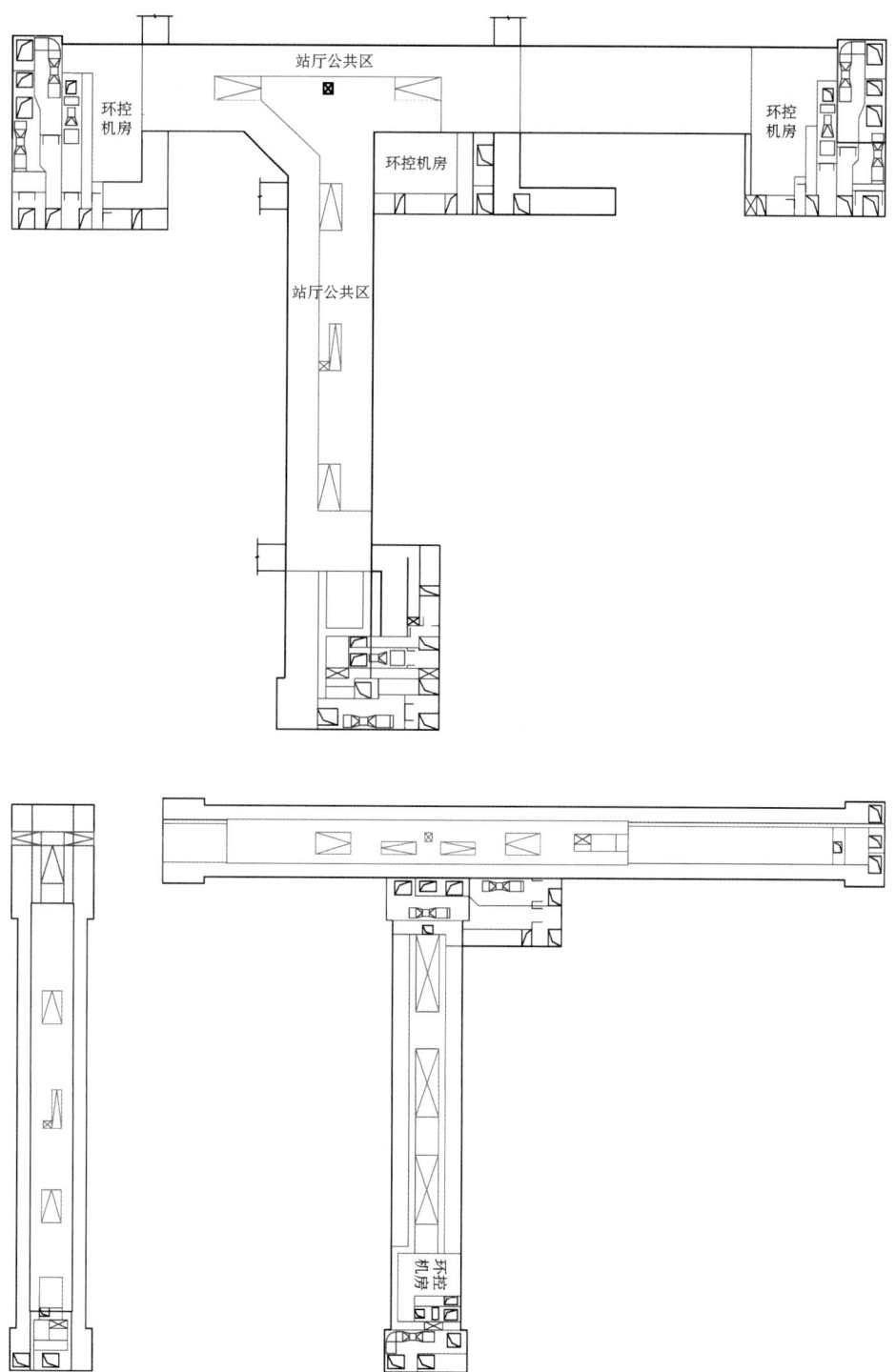

图 2-214 T 形换乘车站通风空调布局方案

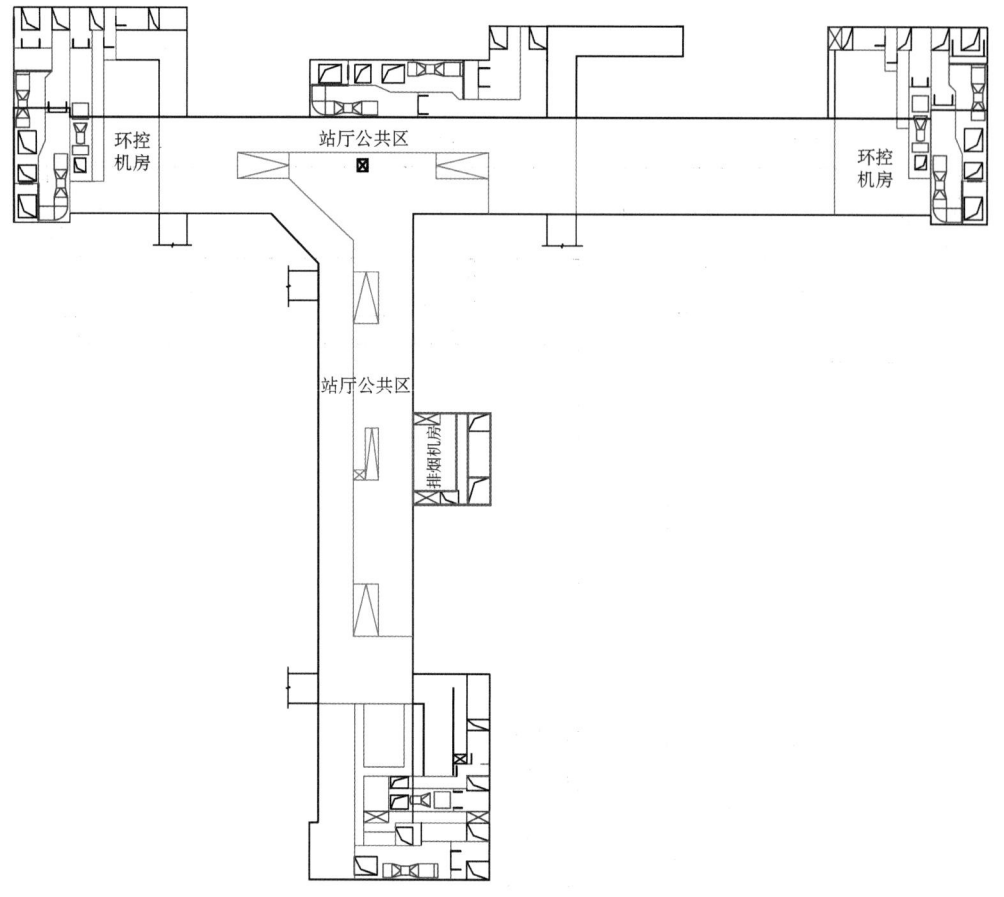

图 2-215　T形换乘车站风井分离布局方案

L形换乘车站由一个两层车站和一个三层车站首尾相接组成，两线相接处可考虑将两线的环控机房合并为一个环控机房，同时也可以考虑将两线的区间通风机房与小系统通风机房整合在一起，集中解决两线的通风功能，减少对周边环境的影响，这样只需要解决路口一个象限的征地拆迁问题就可以将车站的大部分附属功能落位，对建设环境适应性较强（图 2-216）。当然，该方案的两层车站部分的区间通风机房过轨问题比较难解决，设计中可以考虑从顶板下过轨，也可以考虑两层车站端部过轨再从三层车站的设备层绕行。从顶板下过轨影响换乘节点处层高，从三层车站设备层绕行会造成活塞风道上下迂回。当周边环境允许时，可以考虑将两层车站的主体局部加长，独立设置区间通风机房和环控机房（图 2-217）。

平行双岛换乘车站及岛侧同台换乘车站的通风功能布局基本相似，只是区间通风布局有一定的差别，主要是区间通风只能是同线之间的上下行区间互为备用。环控机房部分两种换乘形式都可以整合在一个空间内，根据周边环境，风亭可以集中布置于道路一侧（图 2-218、图 2-219），也可以分散布置在道路两层（图 2-220、图 2-221）。

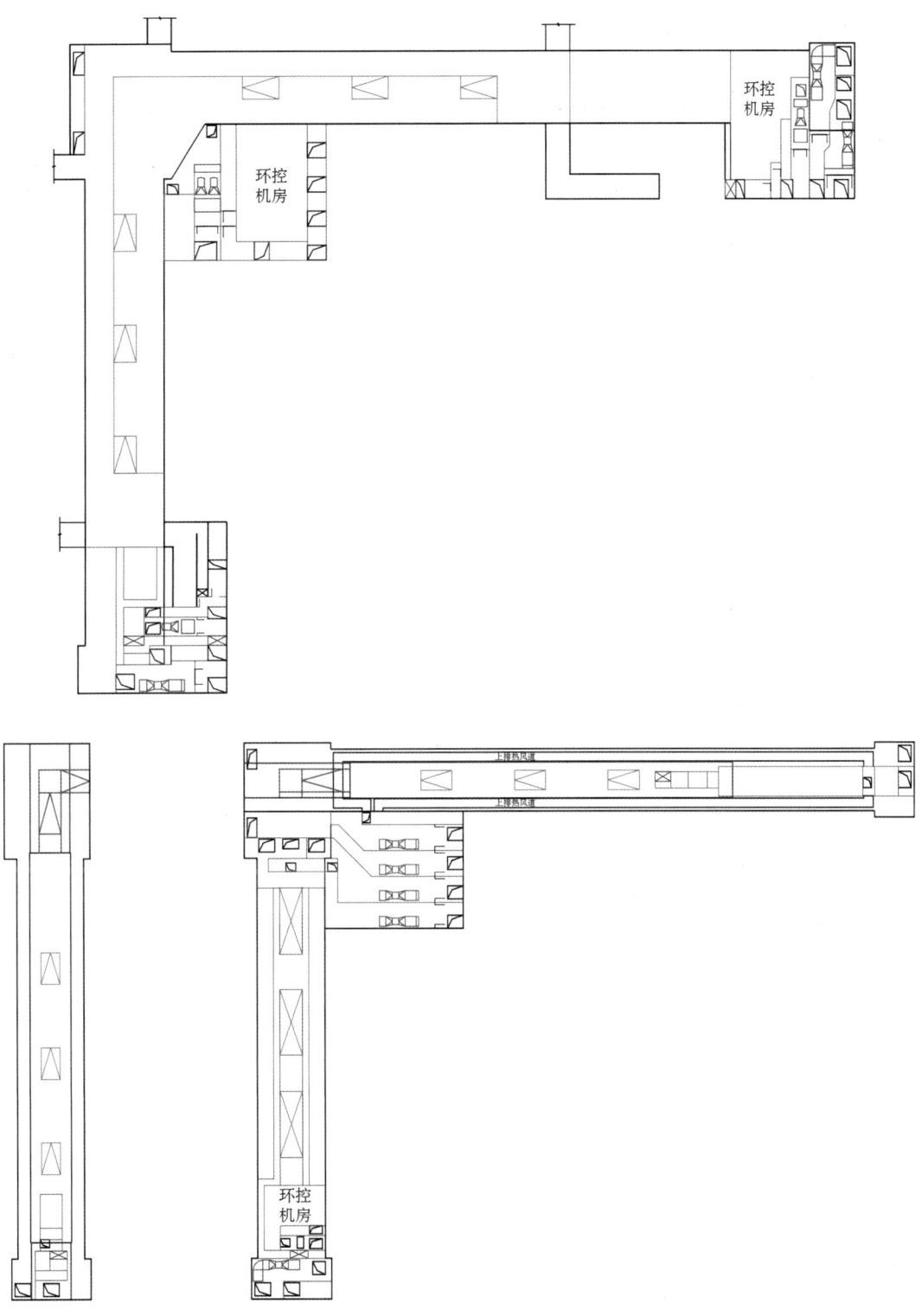

图 2-216　L 形换乘车站风井集中布置方案

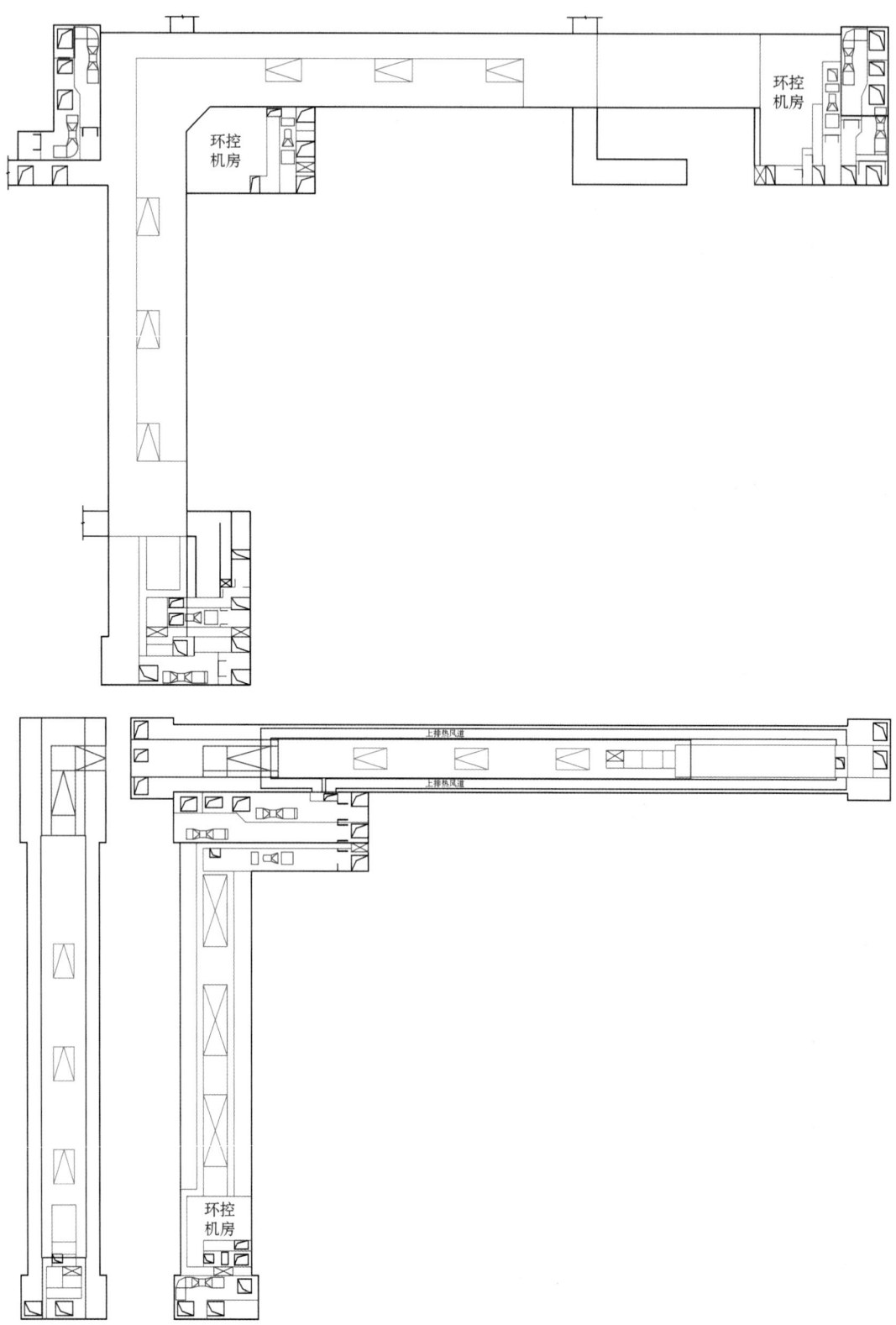

图 2-217　L 形换乘车站区间通风分离布置方案

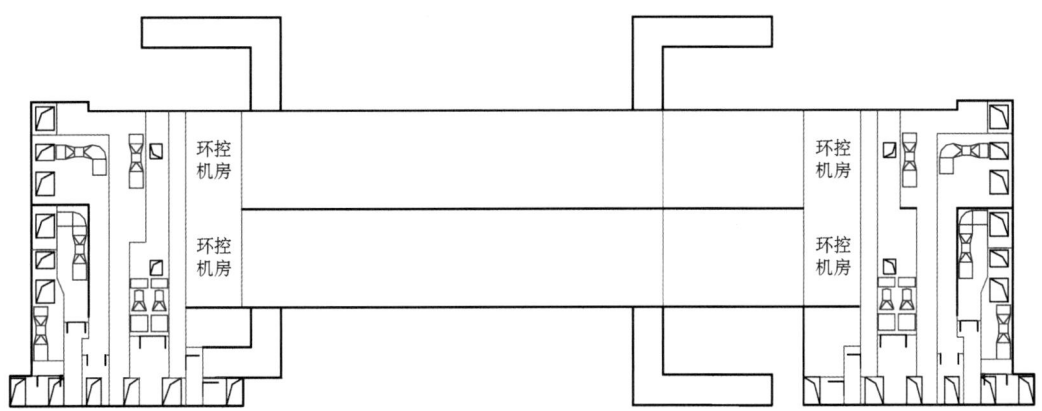

图 2-218　平行双岛换乘车站风亭集中布局方案

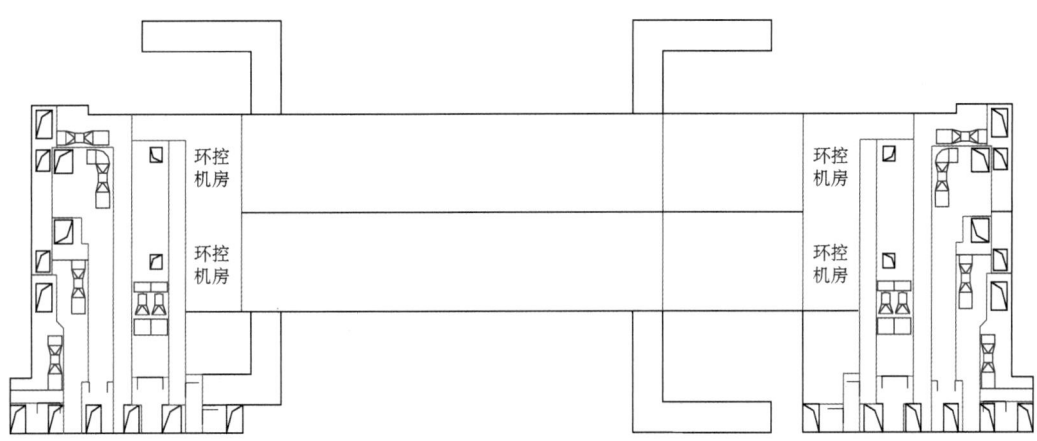

图 2-219　岛侧同台换乘车站风亭集中布局方案

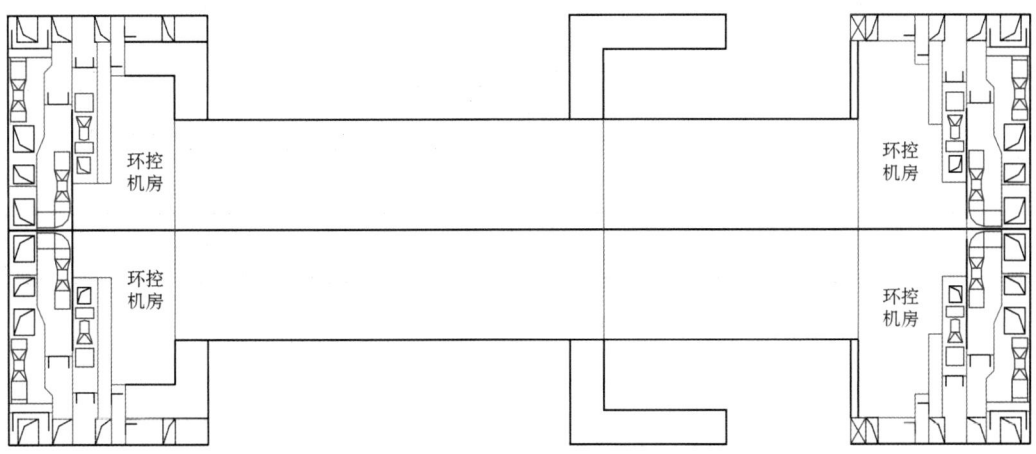

图 2-220　平行双岛换乘车站风亭分散布局方案

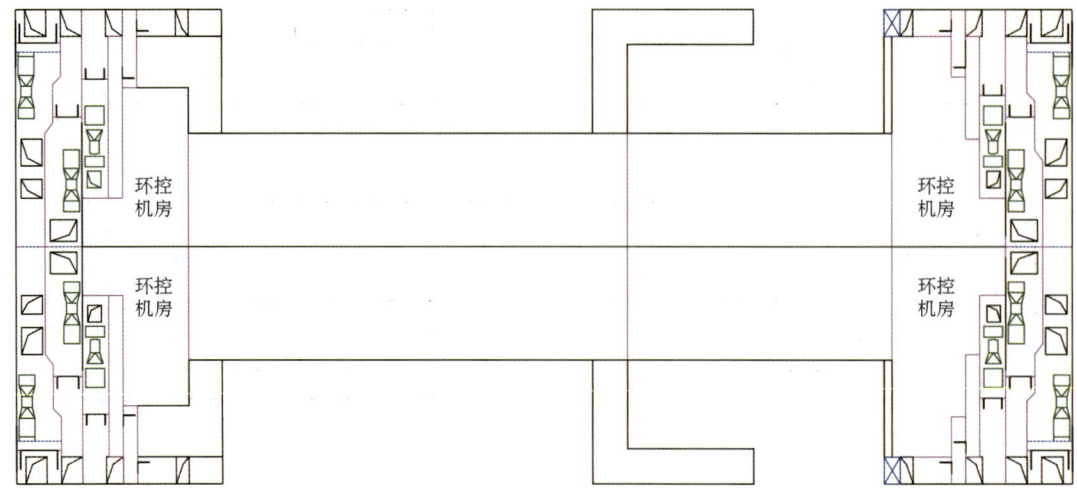

图 2-221　岛侧同台换乘车站风亭分散布置方案

叠侧同台换乘和上下叠岛换乘车站的通风功能布局较为相似,因只有同线之间的上下行线才能互为备用,所以这两种换乘形式的区间通风功能布局有较大的差别,但两种换乘形式的环控机房布局均可考虑整合共享,如图 2-222 和图 2-223 所示。

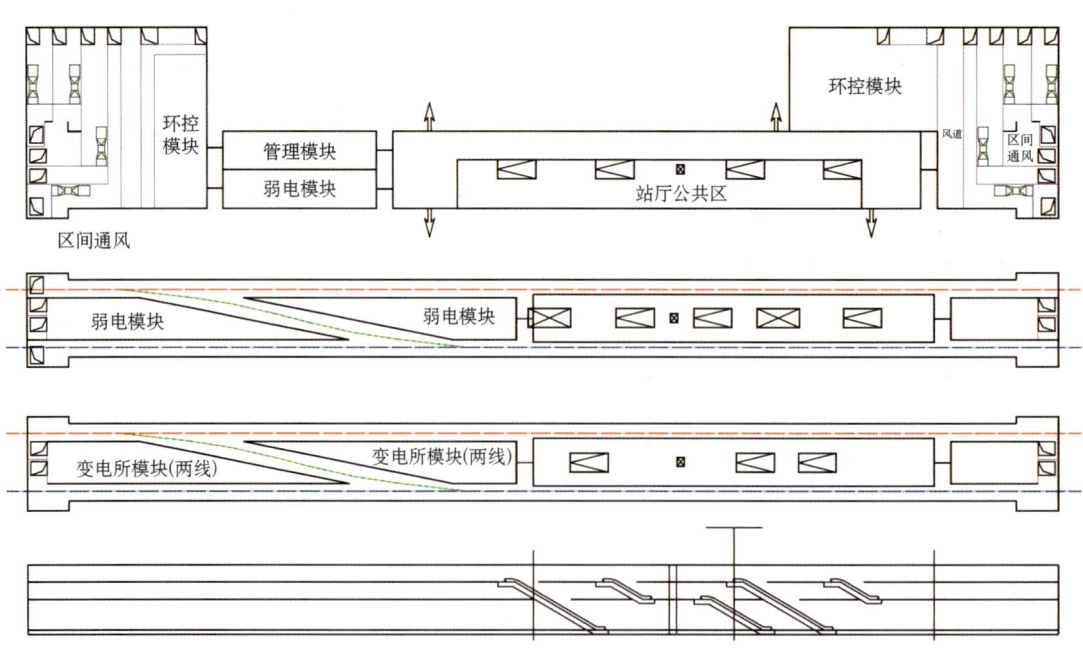

图 2-222　叠侧同台换乘车站通风功能布局方案

5. 冷却塔功能落位

冷却塔的体量巨大,且有较大的噪声,所以它的功能落位难度较大。从环保角度考虑,冷却塔需要距离住宅、学校等敏感建筑 15 m 以上。同时,冷却塔的景观处理难度也很大,它不像低风亭可以通过绿化就能得到很好的隐藏,为了较好地解决这个问题,在有条件的情况下尽量

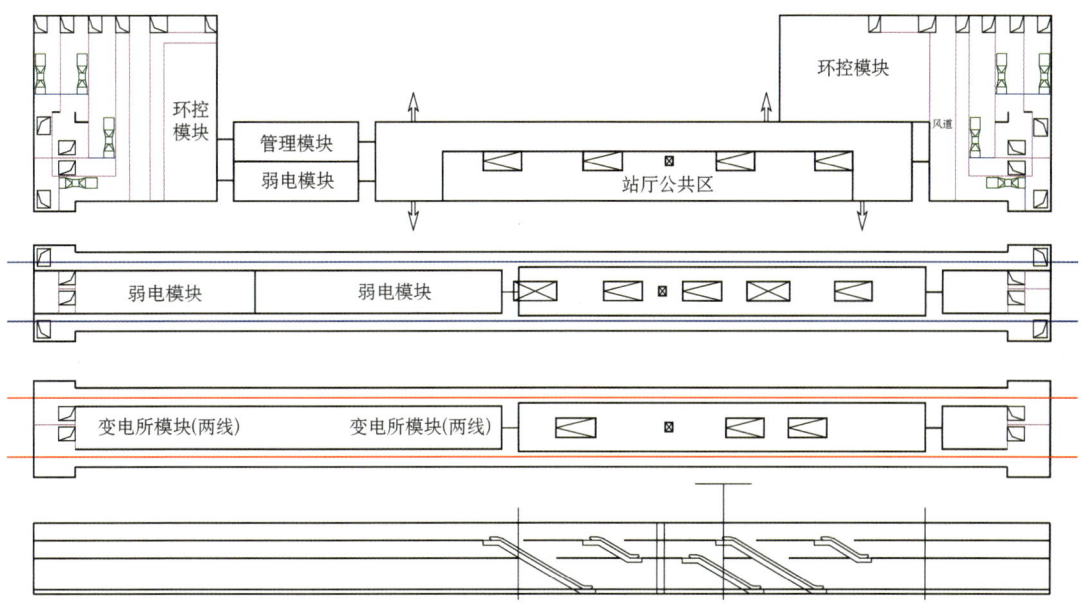

图 2-223　上下叠岛换乘车站通风功能布局方案

与开发建筑相结合,采取布置在建筑屋顶的方案[图 2-224(a)];当周边环境要求不高时,也可以采用地面布置方案[图 2-224(b)];对景观要求高且没有结合条件时,可采用半地下布置方案和全地下布置方案,但需要考虑好散热条件并做好排水措施,如图 2-224(c)、(d)所示。

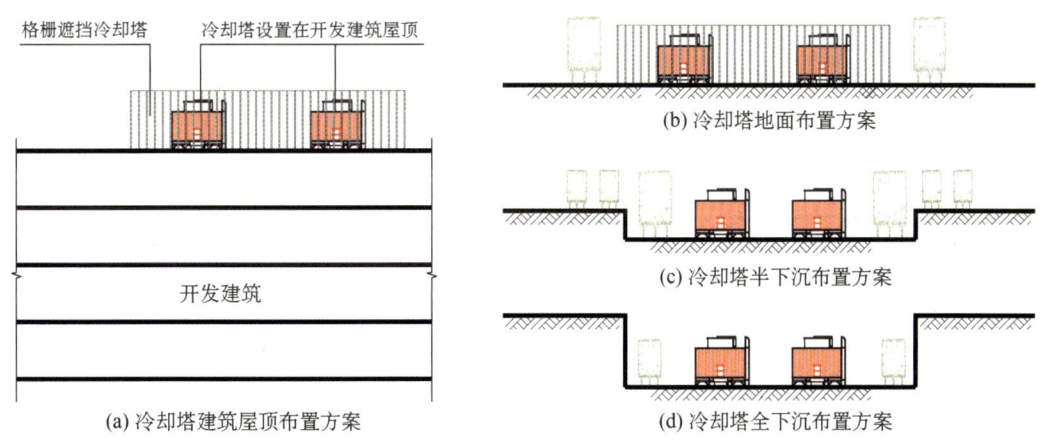

图 2-224　各种冷却塔的布置方案

这里笔者需要提醒的是,一般情况下,冷却塔应该位于冷冻机房所在端的地面位置,冷冻机房是车站的负荷中心,应靠近变电所布置。因此,冷却塔影响了冷冻机房的位置,进而影响着变电所的位置,这两个重要的功能模块对车站整体布局的影响是很大的,所以,在方案设计阶段,应提前谋划冷却塔的位置。当然,冷却塔与冷冻机房之间通过水管连接,在一定范围内,冷却塔的落位灵活性相对较大,不像风井、风道功能性那么强。冷却塔的理想位置是在冷冻机房一端的风亭附近,管路可以通过风亭引出。由于冷却塔对景观和环境的影响较大,所以在初期方案阶段,在背靠背的情况下,可以针对车站周边地块多谈几个冷却塔的落位点,助力方案顺利推进。

6. 风井的功能落位

风井是车站通风功能用房的对外出口,通过风道与车站的区间通风机房以及环控机房进行连接。其中,与区间通风机房对应的是活塞风井,与新风道、排风道对应的是新、排风井。风井的布局对内需要满足功能需求,对外需要考虑对征地拆迁的影响,同时还应考虑对景观和环评的影响。

当周边场地较为开阔时,一般考虑采用低风井方案,风井之间水平拉开间距,采用绿篱对其进行遮挡,对周边景观影响较小;当风亭落位的场地较小时,可考虑采用高风亭,通过竖向拉开间距,减小征地面积。

风井间距及高风井风口间距要求如下:

(1) 当采用敞口低风井形式时,进风井、排风井、活塞风井的口部之间,各风井口部与出入口之间的最小水平距离应符合图 2-225 的规定:

① 进风井与排风井、活塞风井之间不应小于 10 m。
② 活塞风井之间或活塞风井与排风井之间不应小于 5 m。
③ 排风井、活塞风井与车站出入口之间不应小于 10 m。
④ 排风井、活塞风井与消防专用通道出入口之间不应小于 5 m。

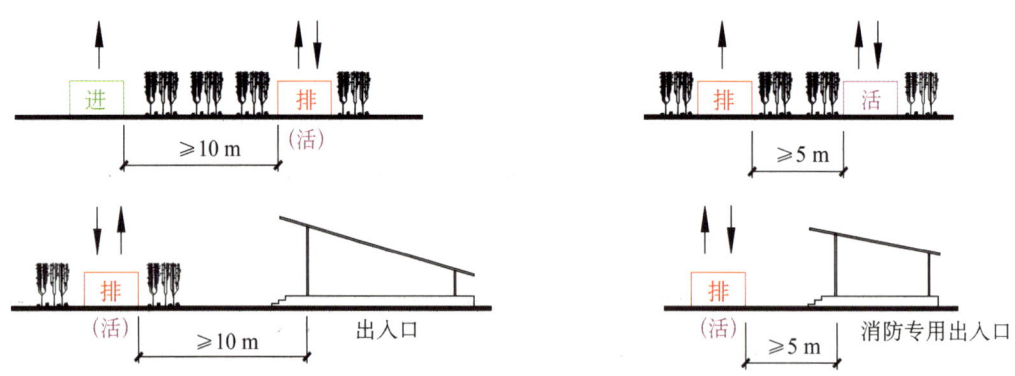

图 2-225 各风井口部与出入口之间的最小水平距离示意(当采用敞口低风井时)

(2) 当采用侧面开设风口的高风井时,应符合下列规定(图 2-226):

① 进风井、排风井、活塞风井口部之间的水平净距不应小于 5 m,且进风井与排风井、进风井与活塞风井口部应错开方向布置或排风井、活塞风井口部高于进风井口部 5 m;当风井口部方向无法错开且高度相同时,应按照低风亭的间距控制。
② 风井口部 5 m 范围内不应有阻挡通风气流的障碍物。
③ 风井口部底边缘距地面的高度应满足防淹要求;当风亭设于路边时,其高度不应小于 2 m;当风亭设于绿地内时,其高度应不小于 1 m。

(3) 与开发建筑结合的高风井尽量靠近建筑的外边缘或者位于建筑的角部,方便布置风口,为了减小对开发建筑的影响,还要尽量控制高风井的体量,如图 2-227 所示。与建筑合建的风井口部周围均应采用防火墙、固定甲级防火窗进行防火保护,保护范围应符合以下要求:

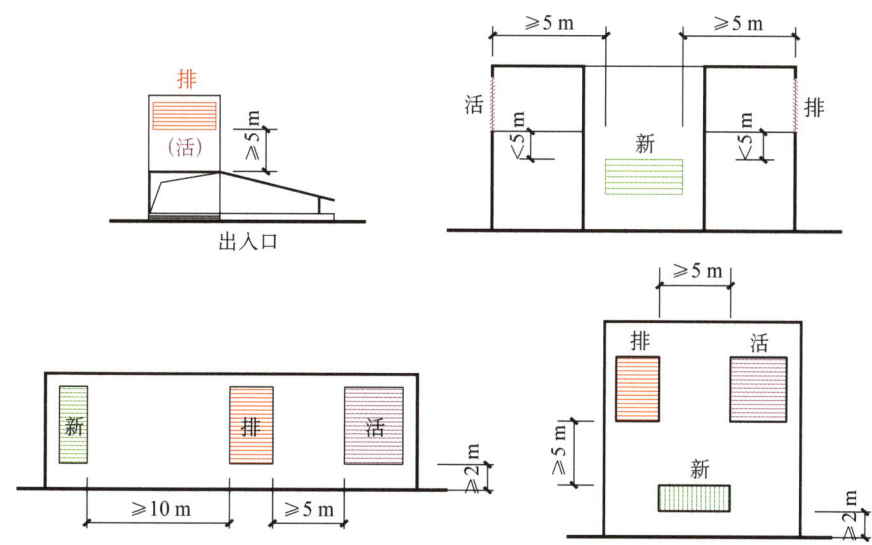

图 2-226　各风井口部与出入口之间的最小水平距离示意(当采用高风井时)

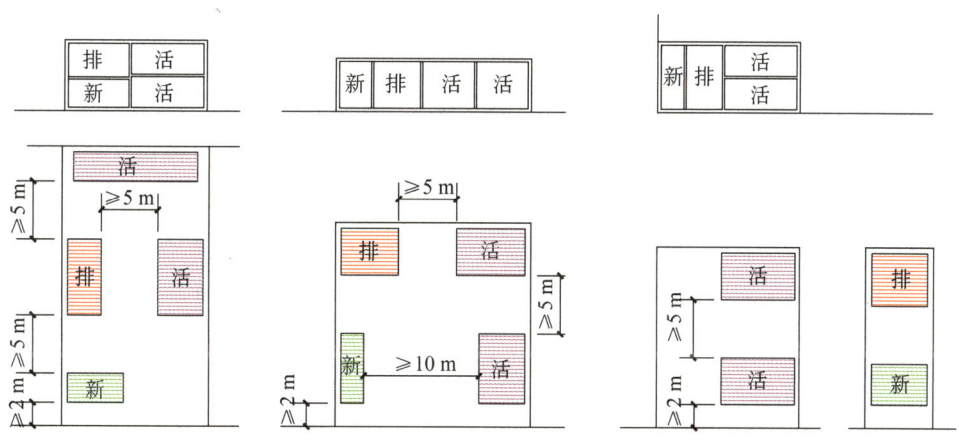

图 2-227　与开发建筑结合的高风井基本布局

① 与商业建筑合建的风井,其上方保护距离不应小于 15 m,两侧不应小于 5 m。
② 与其他建筑合建的风井,其上方保护距离不应小于 10 m,两侧不应小于 5 m。
当风井口部上方如设置宽度不小于 1.0 m 的不燃防火挑檐,其上方保护距离可减小至 5 m。

地铁车站高风井方案根据场地条件,有多种形式的布局(图 2-228):当场地较小时,可考虑将风井尽量做高,从高度方向上拉开间距;当场地空间较大时,为了减小风井的体量感,可适当拉开风井的水平间距,尽量减小风井的高度。为了避免对周边敏感建筑的影响,有些风口只能朝向一个方向开启,则风井的体量会相对变大;若四个方向都可以开风口再结合顶部开风口则可有效控制风井的整体体量。

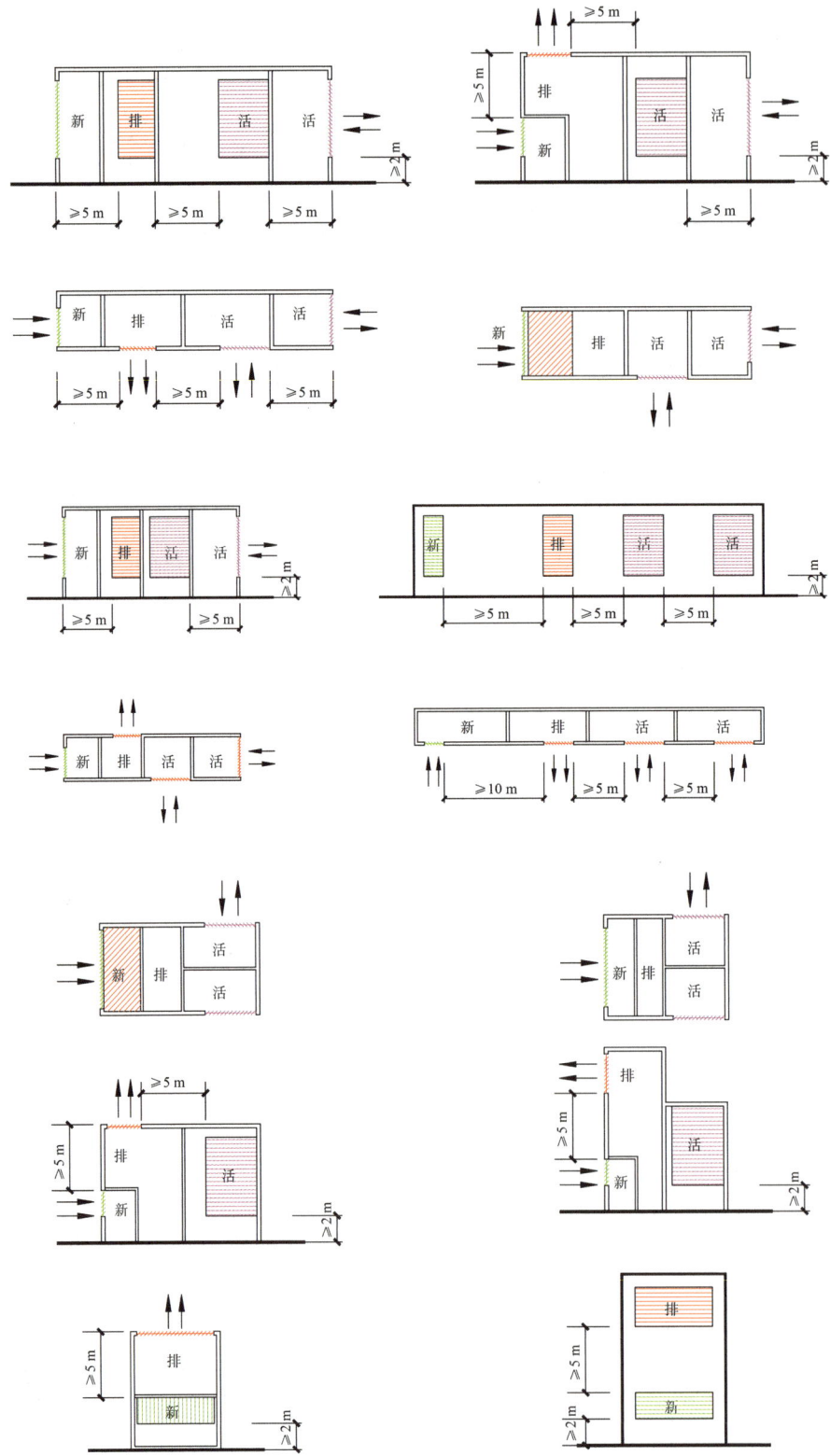

图 2-228 高风井的各种布局形式

2.4.3 内三区:变电所功能区

变电所是地铁车站的动力来源,经过变压之后的电力给车辆提供牵引动力,同时通过动力照明系统分配给相关专业的设备。变电所占用的空间较大,房间较多,相关功能联系紧密,其功能模块的落位会影响车站的整体布局,所以,在空间划分时,将变电所功能区作为一个独立的功能模块进行分析研究。

1. 变电所基本布局

1) 变电所全线分布情况

一条地铁线路一般由两个主变电站将 110 kV 高压电降压为 35 kV 接入全线的每一座车站。每座车站都要设置降压变电所来满足该站的动力和照明需求,同时,每隔 2～3 km 需要设置一座给车辆提供动力的牵引变电所。既设置了牵引变电所,又设置了降压变电所的车站即为混合变电所车站,而只设置了降压变电所的车站称为降压变电所车站。混合变电所占用的空间较大,为了控制车站规模,在条件允许的情况下,尽量将混合变电所设置在配线车站,一般配线车站的空间都较富余,所以,设置混合变电所不会增加土建规模,对控制全线土建规模有较重要的意义。

2) 降压变电所

降压变电所房间包括低压开关柜室、高压开关柜室和控制室(图 2-229)。其中,低压开关柜室的面积较大,在平面布局上有三种布置方式,包括双排对称布局、双排颠倒布局和单排布局,不同的布局形式适应不同的空间环境。

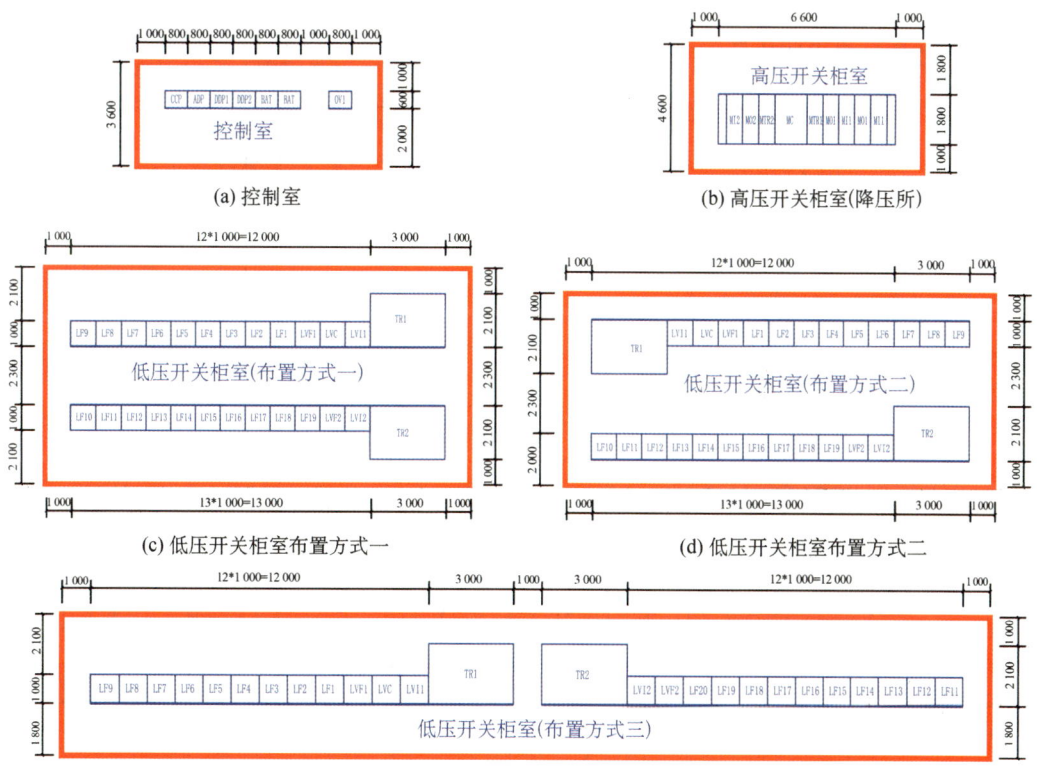

图 2-229 降压变电所房间布置

降压变电所的整体布局主要有两种形式:标准布局和狭长布局,如图 2-230 所示。根据变电所所在区域空间特点选择不同的组合形式,要求既能满足布局需求,又能方便设备运输,同时还能够提升空间利用率。

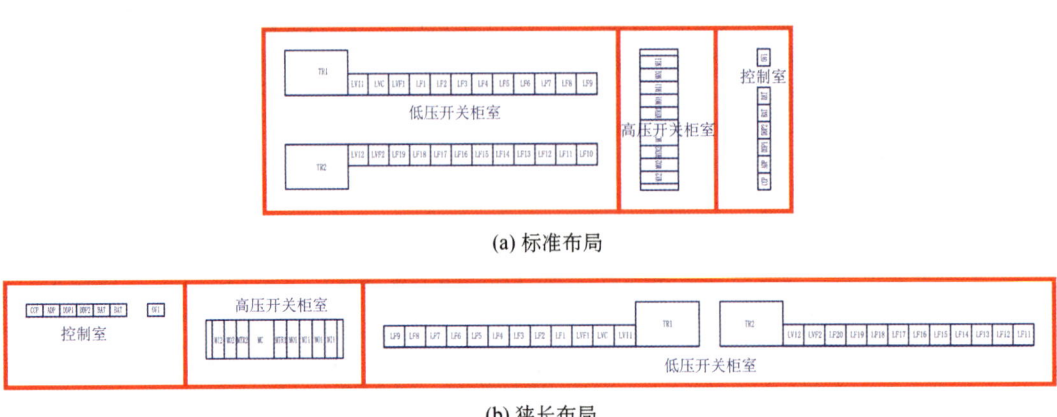

图 2-230　降压变电所整体布局形式

3) 混合变电所

混合变电所除了具有降压变电所的相关功能外,还合并了牵引变电所模块。混合变电所与降压变电所的低压开关柜室是相同的,控制室差别也不大,而高压开关柜室增加了直流开关柜相关功能(图 2-231),同时还增加了两个整流变压器室(图 2-232),部分线路为了回收车辆制动能,还设置了再生能模块的两个房间,包括能馈开关柜室和能馈变压器室(图 2-233)。

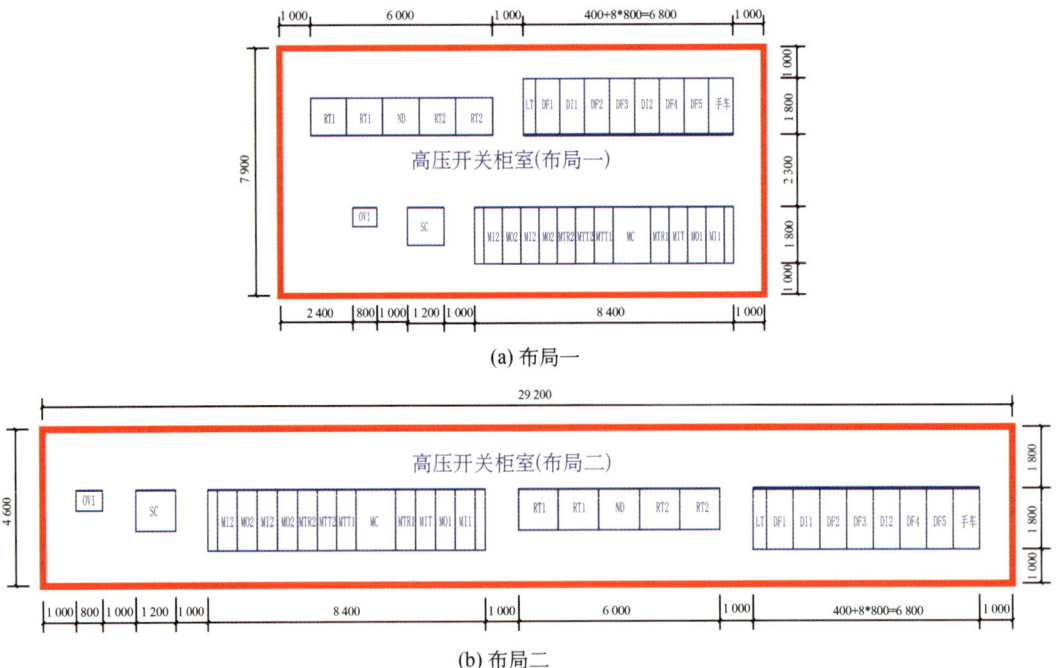

图 2-231　混合变电所高压开关柜室布局

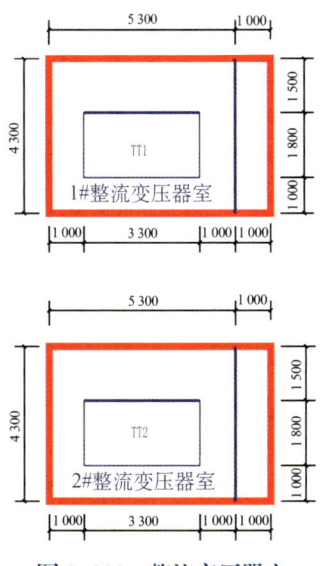
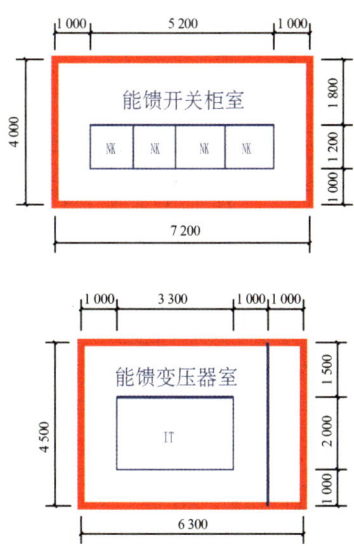

图 2-232　整流变压器室　　　　图 2-233　再生能设备室

由于混合变电所占用的空间较大,对车站建筑布局影响重大,所以需要有更多的组合方式来适应不同的空间布局。同样地,以既能够满足布局需求,又能方便设备运输,还能提升空间利用率作为设计目标。常规采用的空间组合形式有标准组合、集中组合和狭长组合三种,如图 2-234 所示。当然,由于混合变电所房间较多,真正实际建筑布局阶段会有更多的空间组合形式。

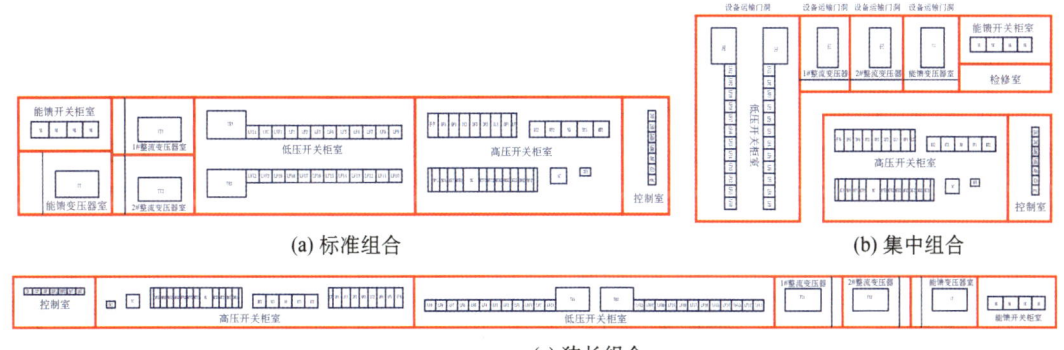

图 2-234　混合变电所常规空间组合形式

2. 变电所模块的功能落位

1）两层标准布局车站变电所功能落位

一般情况下,标准车站首选将变电所设置在站台层,这样布置既方便电缆引入,又方便设备运输,还可以利用站台板下空间设置电缆夹层。如果是降压变电所车站,一般站台层设置完降压变电所之后还会有富余空间,可以考虑将站厅层的部分房间设置在站台层,这样一来,上、下层的空间都能被充分利用(图 2-235);或者站台完全按照降压变电所的空间需求控制长度,站厅层设备用房空间不足问题可以通过外挂空间来解决。当混合变电所位于站台层时,站台空间宽度刚好满足标准布局的形式,站厅、站台刚好形成空间平衡。标准车站混合变电所站台布局如图 2-236 所示。

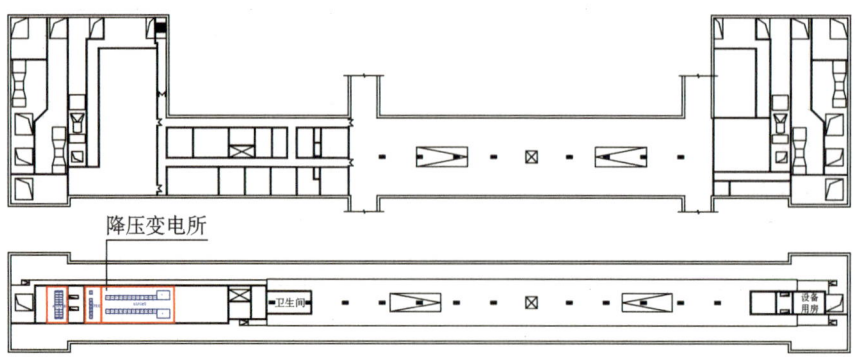

图 2-235　地下两层标准布局车站降压变电所功能落位

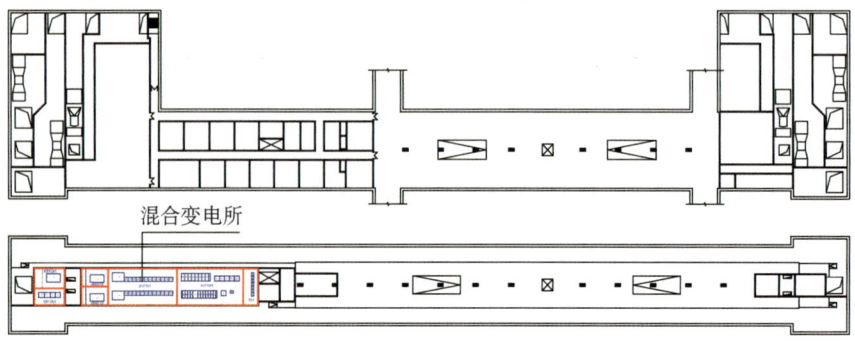

图 2-236　地下两层标准布局车站混合变电所功能落位

2）地下三层标准车站变电所功能落位

地下三层车站在没有配线的情况下，一般将车站长度都控制得较短，站台层除公共区外没有设置变电所的空间，因而通常将变电所设置在设备层空间，如图 2-237 所示。但车站设备层中部被楼扶梯切割，所以变电所一般落位在设备层边跨的狭长空间，狭长型空间布局刚好适应这种空间形式。为了尽量减少通风管线的交叉，一般不考虑双侧布置变电所。

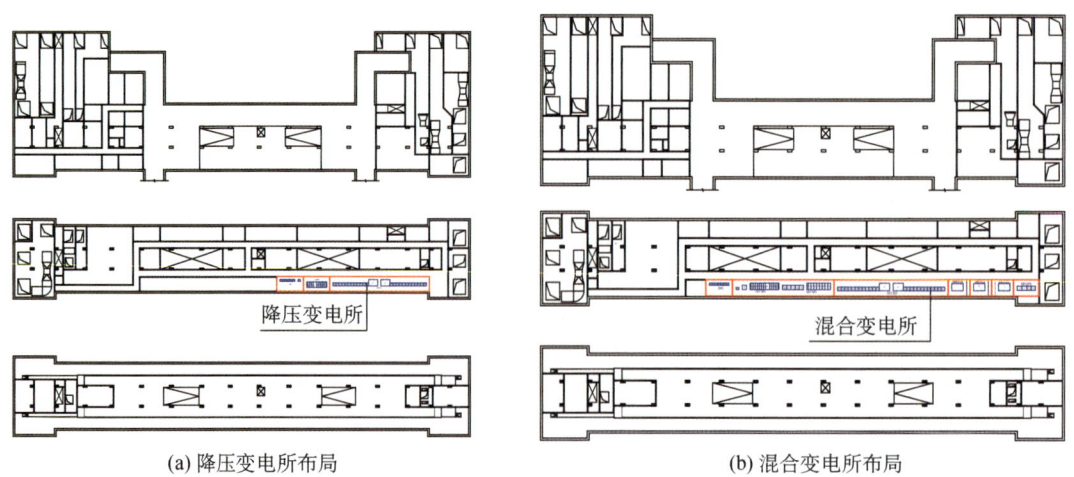

(a) 降压变电所布局　　　　　　　　　　　　(b) 混合变电所布局

图 2-237　地下三层车站变电所布局

3）两层车站，外挂空间布置

当车站受到外界因素控制需要外挂房间而压缩车站长度时，变电所的布置对于整个车站的布局影响很大。

当外挂长度空间足够时，一般设置单层外挂，变电所就设置在一层外挂位置，冷冻机房作为车站的负荷中心，应设置在变电所附近。从布局来看，外挂部分一端是以车控室为主的弱电系统房间和有人区，另外一端设置变电所和冷冻机房，从而实现左、右空间的平衡（图 2-238）。然而，当单层外挂空间不足时，也可选择双层外挂方案，一般考虑将变电所、冷冻机房、环控机房、区间通风机房等设置在地下二层，将以车控室为核心的弱电房间和有人房间设置在地下一层外挂部分。

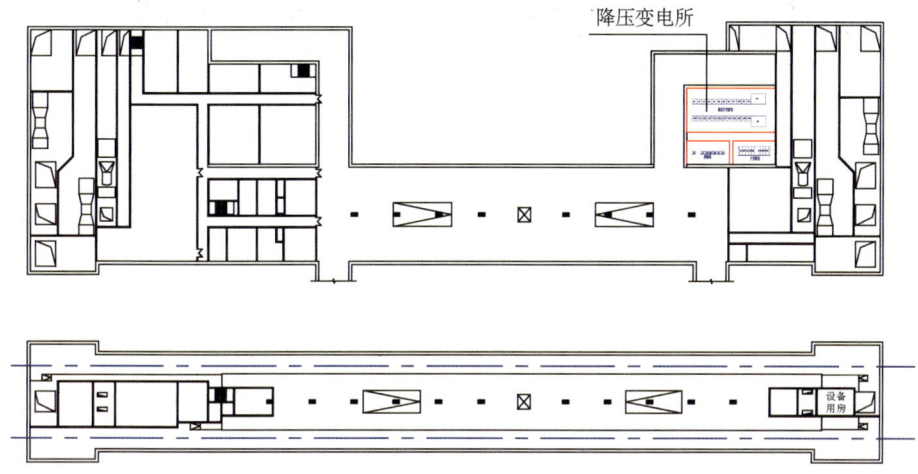

图 2-238　单层外挂变电所布局

外挂空间设置变电所，其空间布局较为灵活，无论采用标准布局还是集中型布局都可以将变电所合理布局到车站的外挂空间，具体采用何种形式还要结合其他设备管理用房的布局进行统筹考虑。其中，标准布局的外挂变电所更方便管线布设，但设备运输路径要浪费少量空间；紧凑型布局几个重要的变压器都靠近轨行区，在方便运输的同时也节约了设备运输空间，更有利于设备区的空间划分（图 2-239）。外挂降压变电所占用的空间较小，不管是横向标准布置还是竖向标准布置，都可以轻松解决空间布局问题。

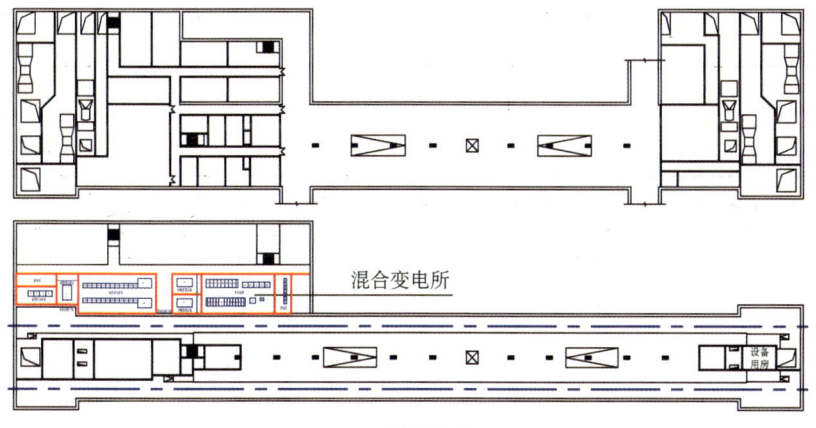

(a) 标准布局

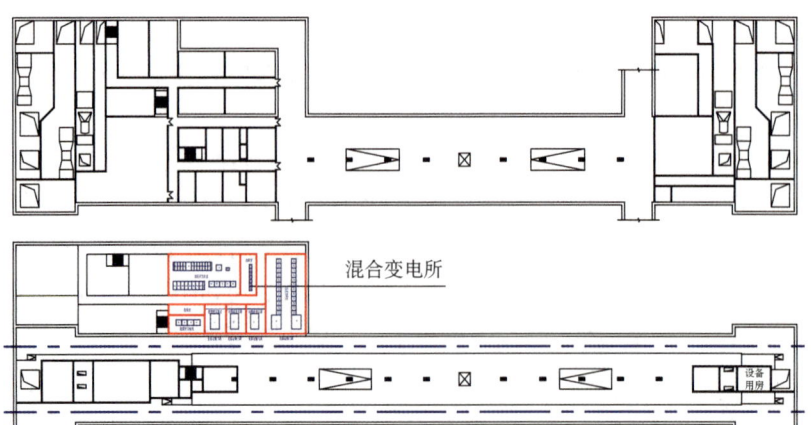

(b) 紧凑型布局

图 2-239 双层外挂车站混合变电所布局

4) 配线车站

配线车站有多种不同的形式，有些配线车站的站台层空间较多，有些配线车站的站台层空间较少。考虑到变电所设备运输和电缆引入的便捷性，首选是将变电所设置在站台层；如果站台层空间不足，则可根据功能需求和车站的空间特点，选择将部分功能模块设置在站台层，部分功能模块设置在站厅层。降压变电所规模较小，一般不考虑将其拆分布置；但混合变电所规模较大，当车站部分空间无法满足整体设置需求时，可以考虑将其拆分布置。

变电所主要包含两个功能模块，一个是降压变电功能，另一个是牵引变电功能，不同的功能决定了其可拆分类型。根据以往经验，可考虑将混合变电所的低压开关柜室与整个变电所进行拆分，可以同层拆开，也可以上下层拆开；此外，由于再生能功能模块与变电所之间的联系紧密度相对不高，因此也可以考虑将其与整个混合变电所拆分布置。

单渡线车站站台层靠近有效站台一侧可设置设备用房的空间较多，足够设置降压变电所（图 2-240）；如果是宽岛站台，甚至可以将整个混合变电所都设置在靠近站台一侧的空间；当站台宽度不大时，可考虑将混合变电所一分为二，一部分设置在站台层靠近有效站台一侧，另一部分设置在站台层渡线外侧（图 2-241）。

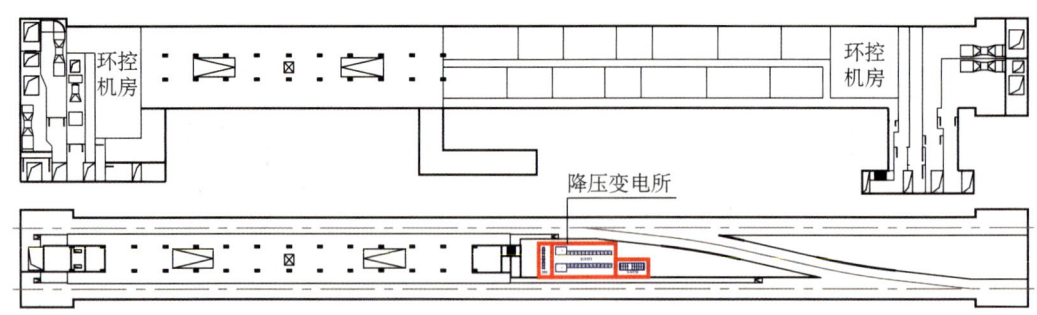

图 2-240 单渡线车站降压变电所布局

停车线车站和出入段（场）线车站的站台层可利用空间较小，如果站台宽度较宽，可将降压变电所布置下，但混合变电所无论如何都无法在该区域完整落位的。在空间布局上，

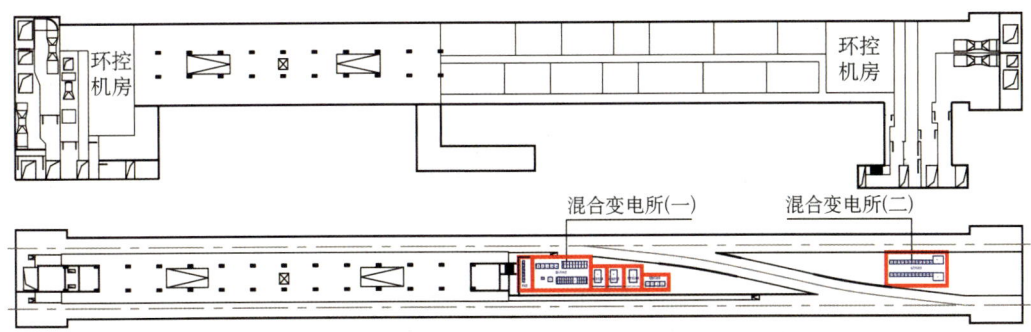

图 2-241　单渡线车站混合变电所布局

针对这类配线车站,首选将变电所布置在站台层;然后根据功能需求选择分散或集中布置在站厅层,若集中布置在站厅层,则考虑变电所空间对开发区域的影响。变电所布置在站厅层的主要问题是考虑变电所夹层对层高的影响,为了避免由于变电所设置在站厅层而导致车站层高增加,一般建议将变电所布置在配线车站环控机房后侧,这个区域没有上排热风道,可以局部将中板落低 1 m,这样可以大幅降低电缆夹层对车站的影响。停车线车站的变电所布局如图 2-242—图 2-244 所示,出入线车站的变电所布局如图 2-245 和图 2-246 所示。

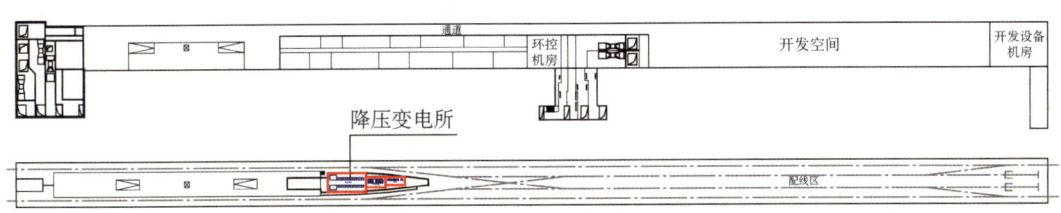

图 2-242　停车线车站降压变电所布局

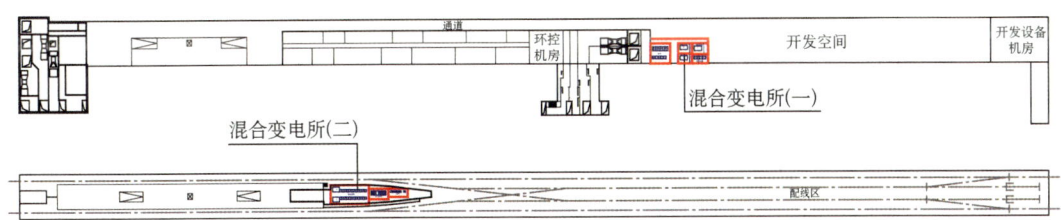

图 2-243　停车线车站混合变电所分散布局

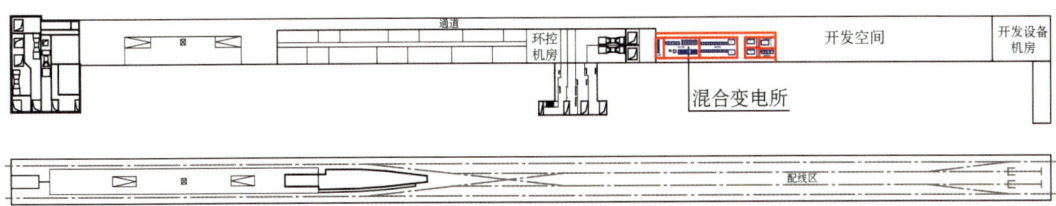

图 2-244　停车线车站混合变电所站厅集中布局

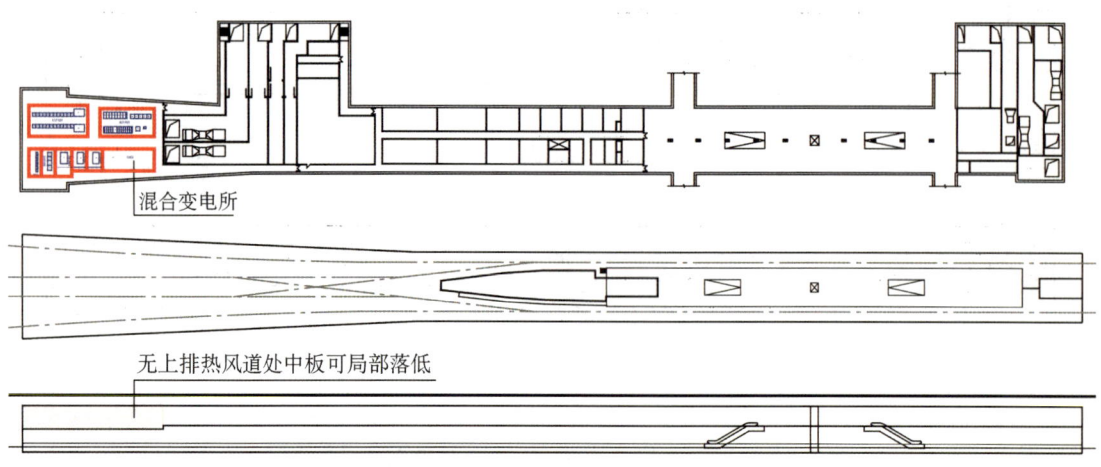

图 2-245 出入线车站混合变电所布局

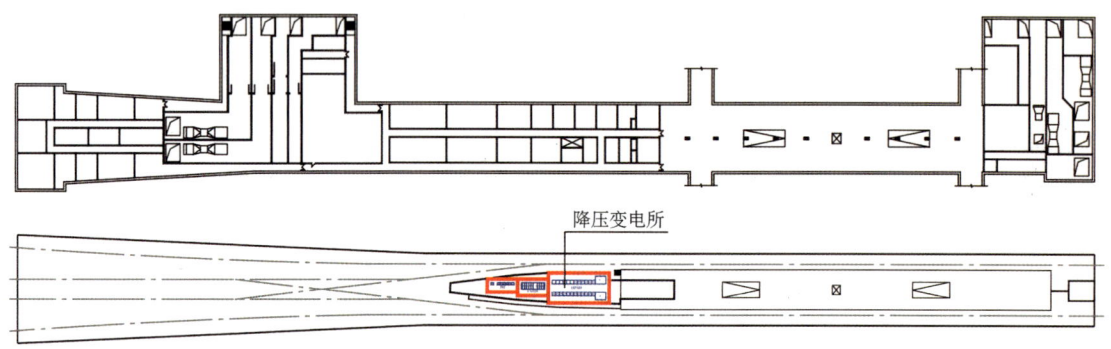

图 2-246 出入线车站降压变电所布局

3. 变电所的设备运输路径

变电所模块的功能布局与落位是车站空间组合的重难点,同时,变电所的设备运输路径也是需要重点考虑的内容。合理的设备运输方案可以方便管理,同时还能节约设备运输空间。变电所的设备一般是通过区间轨道运输的,所以轨行区为最终的运输目标位置:设置在站台层的变电所,直接开门洞通向轨行区即可(图 2-247);设置在站台层外挂空间的变电所,可以直接开门洞或设置运输通道接入轨行区(图 2-248);设置在站厅层及设备夹层的变电所,其设备则需要通过吊装孔运输至轨行区(图 2-249、图 2-250),同时,吊装孔应避让接触网设置。变电所需要考虑运输的主要是几个大型设备,包括配电变压器、整流变压器和能馈变压器等,其他设备均可通过房间门和走廊来完成运输。

4. 变电所模块的电缆路径

变电所模块除考虑设备运输路径以外,还需要考虑电缆路径,合理的电缆路径可以大幅减少电缆的绕行距离,节省工程造价,同时也便于后期的检修维护工作。由主变电站接入的 35 kV 环网电缆从区间隧道引入车站站台下夹层空间,若变电所设置在站台层则是最便利的

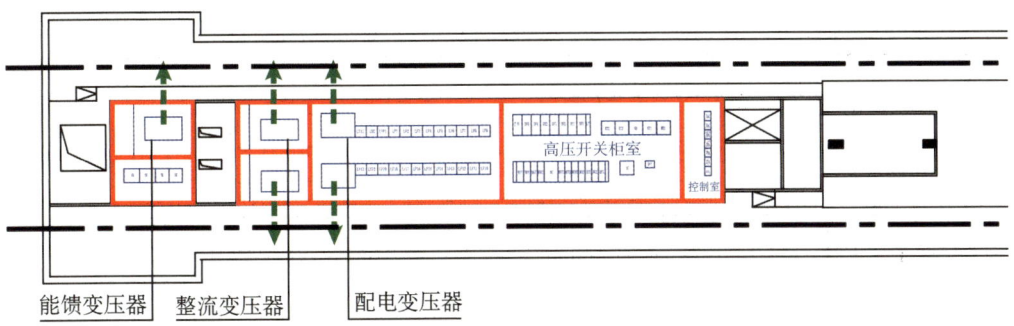

图 2-247 站台层变电所的设备运输路径

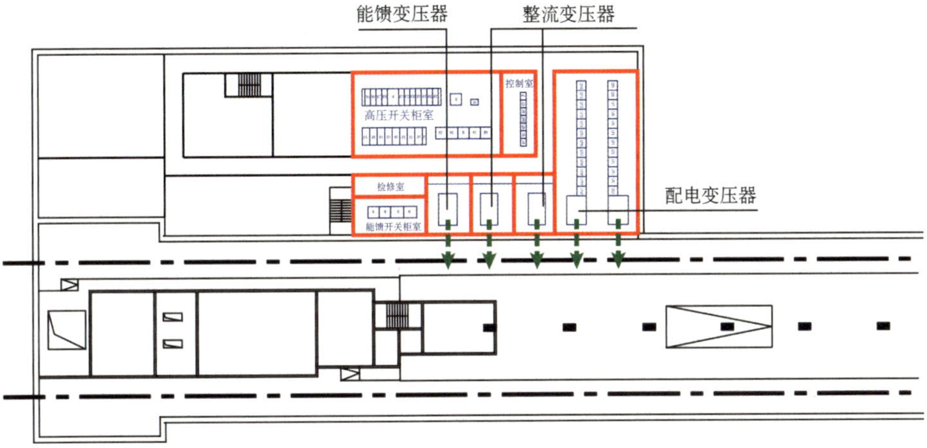

(a) 方案一

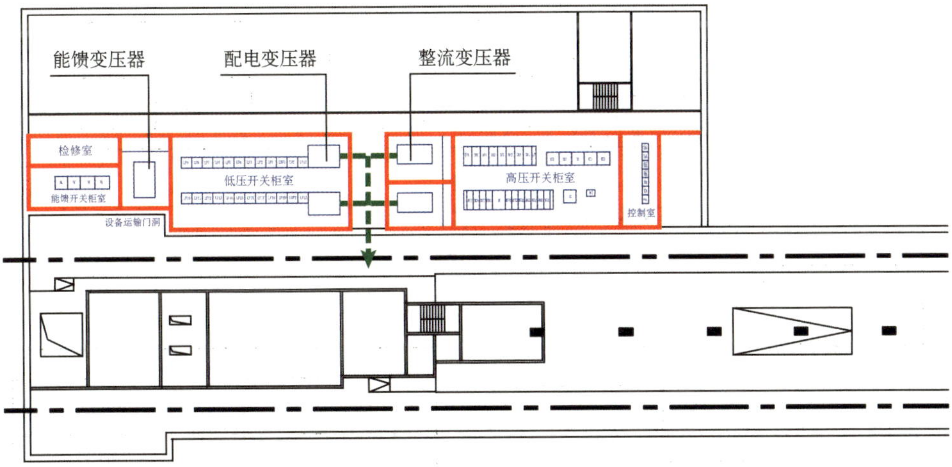

(b) 方案二

图 2-248 站台层外挂变电所的设备运输路径

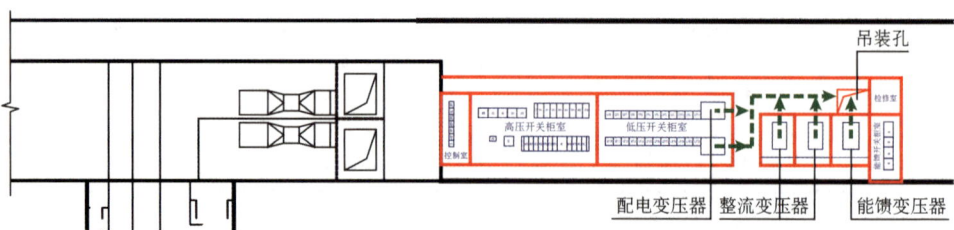

图 2-249　站厅层变电所的设备运输路径

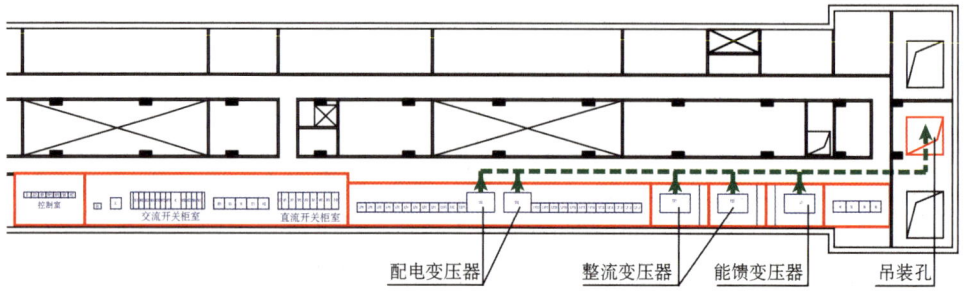

图 2-250　设备夹层变电所的设备运输路径

电缆引入路径(图 2-251);若变电所位于外挂空间就需要考虑设置电缆通道接入外挂空间的变电所下夹层(图 2-252);若变电所位于站厅层或者设备层就需要设置电缆竖井将电缆引入变电所下夹层(图 2-253)。

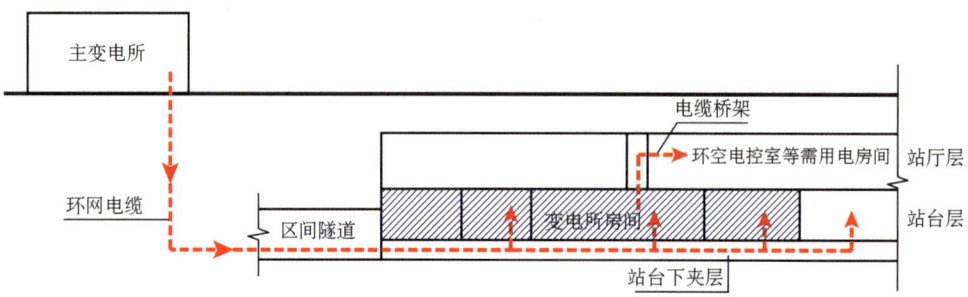

图 2-251　站台层变电所的电缆路径

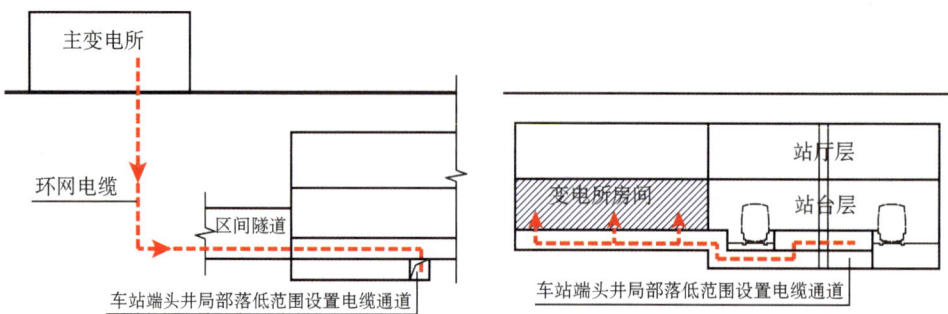

图 2-252　站台外挂变电所的电缆路径

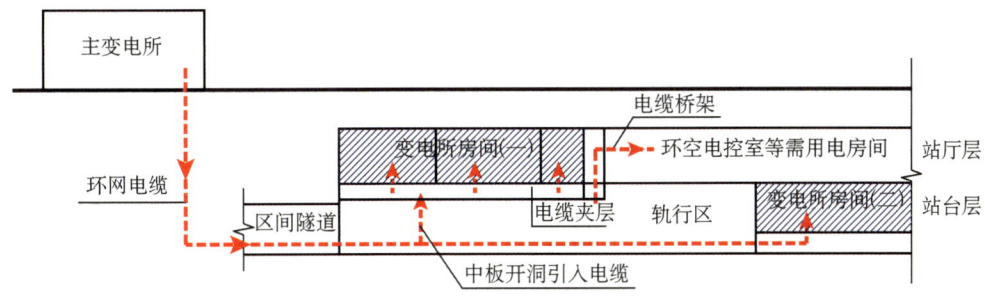

图 2-253 站厅层变电所的电缆路径

2.4.4 内部空间的消防疏散与救援体系

地铁车站建筑空间组合除满足相关功能需求以外,还应有清晰、明确的消防疏散体系和消防救援体系。就设备管理用房区域而言,消防救援与疏散路径主要由走廊和楼梯共同组成,它们对设备区的空间进行划分,也兼顾日常使用时的沟通联络,同时需要遵循消防相关要求。在构建"内三区"的各功能分区空间布局时,消防疏散和消防救援体系将与各功能房间共同组成完整的功能分区。

1. 设备区的安全疏散

《地铁设计防火标准》(GB 51298—2018)规定:设备管理区内有人值守的防火分区安全出口数量应不少于 2 个,并且至少有 1 个安全出口直通地面。当值守人员少于或者等于 3 人时,该防火分区可利用与相邻防火分区相通的防火门或者能通向站厅层公共区的出口作为安全出口。这也就引导建筑师在设计车站设备管理用房过程中,一般考虑将有人区集中设置,这样既方便管理,又方便解决疏散问题。前面对核心功能区进行分析时,有多种分组布局方案,但管理模块作为有人区一般与车控室、站长室设置在同一个防火分区内(图 2-254),这样既方便管理,又能集中解决疏散问题,不仅节省了疏散通道和疏散楼梯的空间,还减少了地面设施与周边环境的矛盾。三层车站、双层外挂车站的有人房间也可以分层,比如一些与车控室联系不紧密的工区用房和条线级管理用房等,消防专用通道可以上下贯通以解决两层有人区的疏散问题。在特殊情况下,当大量的条线级管理用房(如司机休息室、调度室、培训室等)无法与核心功能区共用疏散通道时,可以考虑单独设置疏散楼梯。

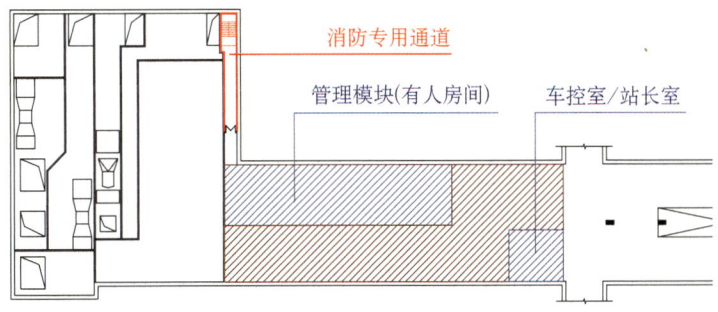

图 2-254 有人区设置的消防专用通道

根据《地铁设计防火标准》(GB 51298—2018)要求,有人区须设置直通地面的疏散楼梯。

除直通地面的疏散楼梯以外,设备区的疏散一般都是防火分区之间相互借用疏散口或者是向公共区借用疏散口。无人区原则上有两个借用相邻防火分区的疏散口就可以解决疏散问题。有些设备区位于车站尽端,其自身的两个安全口都是借用相邻防火分区的,在这种情况下,其相邻的防火分区就不能再借用尽端防火分区进行疏散。该情况经常会出现在地下三层车站的设备层。如尽端防火分区设置了通向站厅层公共区或者直通地面的安全疏散口,则相邻防火分区可借用通向该防火分区的防火门进行疏散,如图2-255所示。

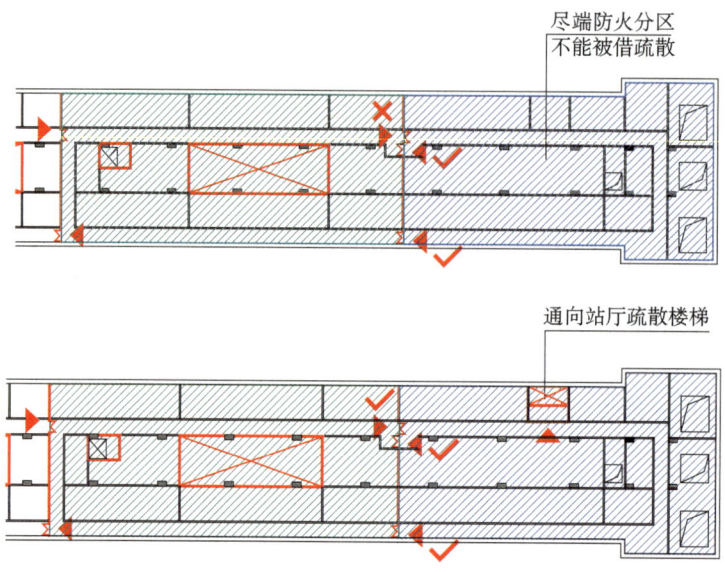

图 2-255　尽端防火分区的疏散口布置
(✓表示可行,✗表示不可行)

对于地下二层外挂设备管理用房或者地下三层的设备层房间而言,既可以考虑水平借用相邻防火分区,也可以通过楼梯间向上层防火分区借用疏散口。

设备管理用房的疏散门至最近安全出口的距离要求:当疏散门位于2个安全疏散口之间时,疏散距离不应大于40 m(图2-256),也就是2个安全疏散口之间的距离不大于80 m;当疏散门位于袋型走道两侧或尽端时,疏散距离不应大于22 m。这里强调的疏散距离最不利点是指设备管理用房的门,而不是走廊内的任意一点。

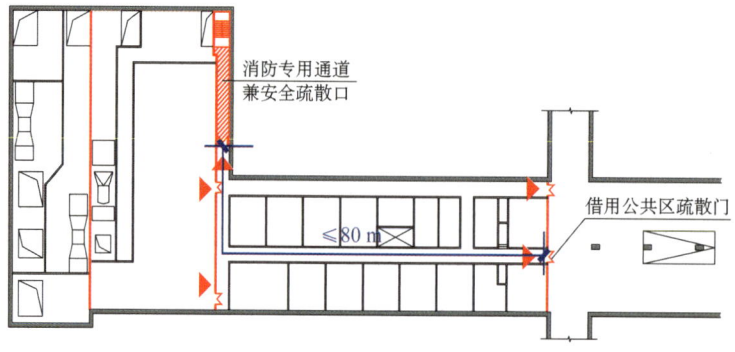

图 2-256　设备区疏散距离示意

安全疏散口的计算点是指疏散楼梯的疏散门和开向相邻防火分区的疏散门。如果有局部袋型走廊，那就计算局部袋型走廊的长度乘以 2 再加上剩余至最近安全出入口的距离，如图 2-257 所示，当 $L_1 \times 2 + L_2 \leqslant 80\ \text{m}$ 或 $L_1 \times 2 + L_3 \leqslant 80\ \text{m}$ 即满足疏散距离要求。

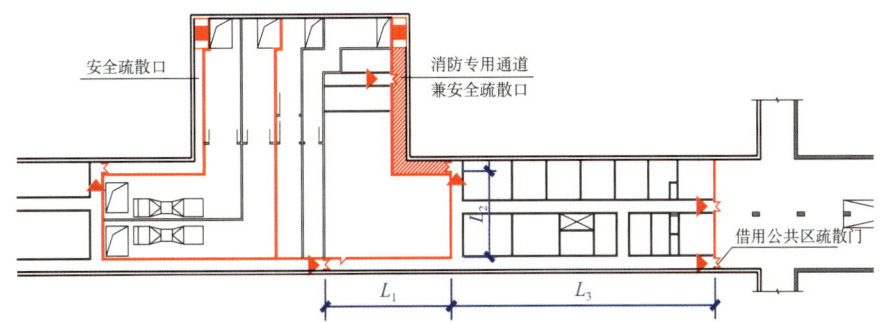

L_1—计算点至相邻防火分区安全疏散口的疏散距离；L_2—计算点至消防专用通道安全疏散口的疏散距离；
L_3—计算点至借用公共区疏散门的疏散距离

图 2-257 安全疏散口及疏散距离计算点示意

地铁车站站台层有效站台以外的空间会设置一定数量的设备用房，由于空间狭长，在设置了供区间疏散的边走廊之后，就很难再设置设备用房的内走廊了。《地铁设计防火标准》（GB 51298—2018）规定，站台设备区可利用站台公共区进行疏散，通向区间的楼梯不能用作疏散，也就是说，房间门开向边走廊之后，疏散方向还是朝向站台公共区。由于站台设备用房边走廊与轨行区是开敞的，烟气扩散能力较强，且区间有强大的排烟能力，所以可不考虑边走廊的疏散距离，类似于民用建筑里面的有盖步行街两侧的商店疏散。但是，对于两端区间采用明挖方式的车站而言，由于大量的设备管理用房设置在站台层，因此不对边走廊侧边的设备用房疏散距离提出要求显然是不合理的，而站台层边走廊属于地铁的特有疏散形式，还是有必要在今后的地铁相关标准里加以明确。

站台层的边走廊相对狭窄，但是边走廊又是区间重要的疏散通道，《民用建筑设计统一标准》（GB 50352—2019）要求，开向疏散走道及楼梯间的门扇开足后，不应影响走道及楼梯平台的疏散宽度。因此，开向边走廊的门，需要考虑房间门开启后对边走廊疏散宽度的影响，通常采用内退处理方式，如图 2-258 所示。

有人值守的设备管理区应至少设置一个直通室外的安全出口，也就是说，如果站台层布置了有人房间，应设置内走廊接入楼梯间，同时，该走廊设置开向边走廊的疏散门作为第二安全疏散口。楼梯间应按照防烟楼梯间进行设计，从站台层一路贯通至地面，这样就可以解决站台层设置有人房间的安全疏散问题了，如图 2-259 所示。

2. 消防救援

消防专用通道是地铁车站最重要的消防设施，其作用与民用建筑中的消防电梯功能类似，其定义为供消防人员从地面进入站厅、站台、区间等区域进行灭火救援的专用通道和楼梯间。消防专用通道主要承担消防救援的作用，同时也兼顾设备区的疏散功能，每座地铁车站一般仅考虑设置一处消防专用通道，这也是由地铁功能的特殊性决定的。

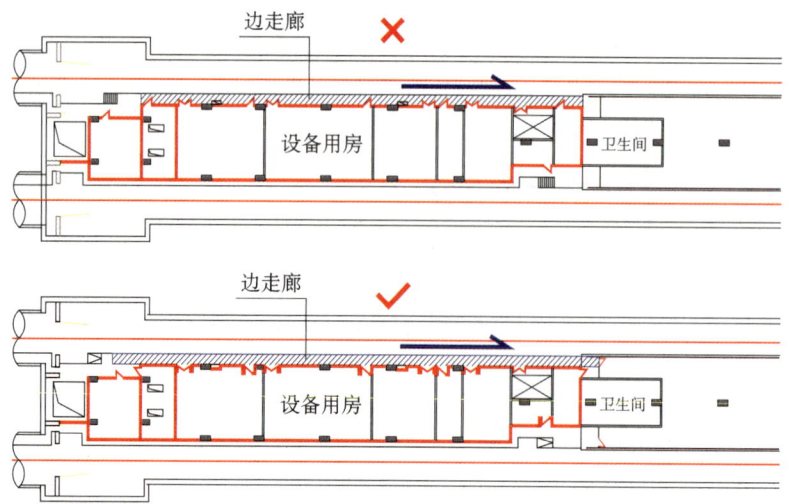

图 2-258　边走廊的疏散门内退处理

（✓表示可行，✗表示不可行）

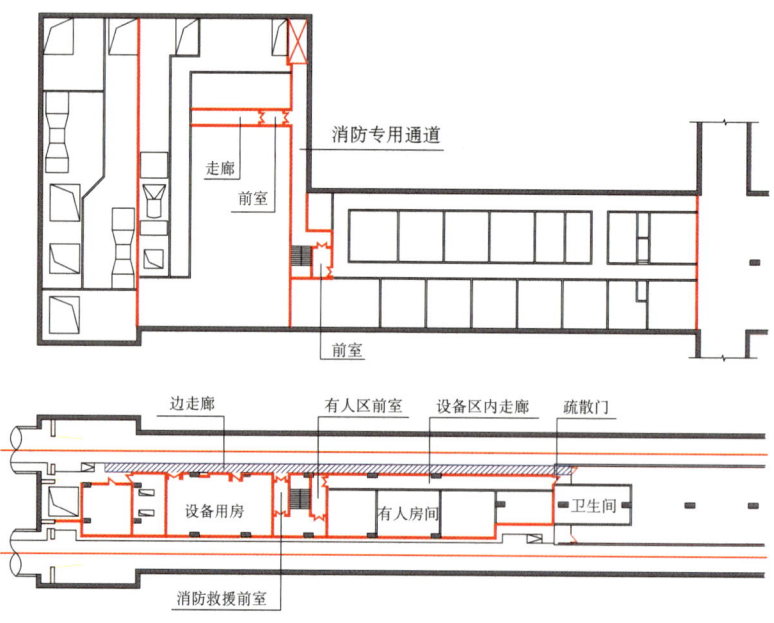

图 2-259　站台层有人房间的疏散路径

地铁车站往往设置在路中地下，楼梯间无法直出地面，也无法像民用建筑那样实现上下贯通。消防专用通道经常是由多个楼梯间和通道组合形成的消防救援及消防疏散设施。对于两层车站而言，消防专用通道由两部分组织，一部分是地面至站厅的楼梯间加通道，另一部分是从站厅直达站台的楼梯间。从救援角度来说，这两部分可以断开，通过设备区走道过渡，如图 2-260、图 2-261 所示。从功能上来看，从地面至站厅层这一段具有兼顾设备管理区疏散的作用，而从站厅至站台的这一段则不兼顾站台层设备区的疏散。

消防专用通道不能作为公共区乘客的疏散通道，但可以兼顾设备区的安全疏散。消防楼

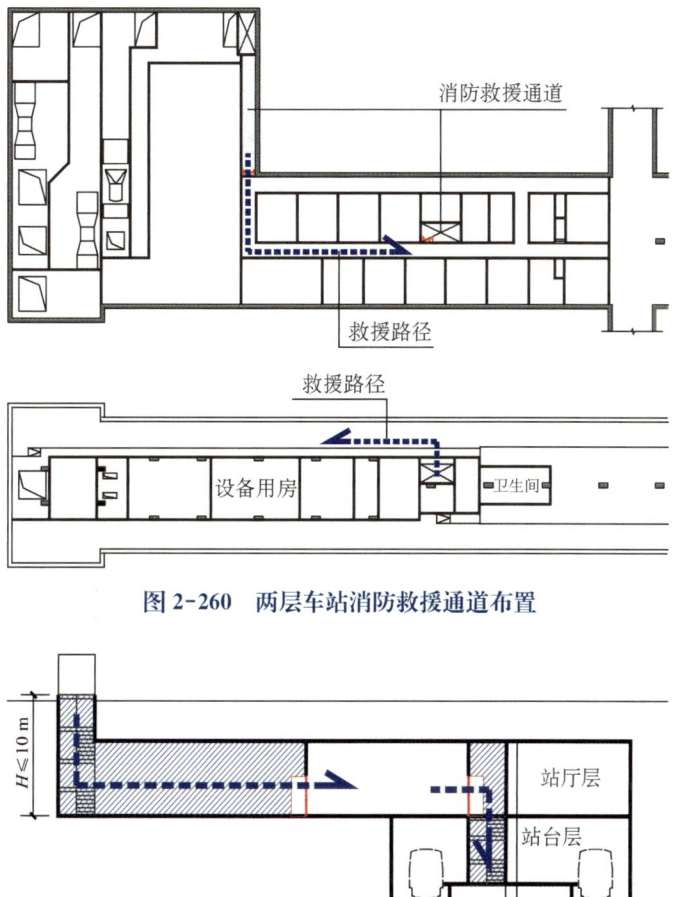

图 2-260 两层车站消防救援通道布置

图 2-261 两层车站消防救援路径示意

梯和水平通道的组合从概念上来说等同于民用建筑的上下贯通楼梯间,提升高度≤10 m 的楼梯间设计为封闭楼梯间,提升高度>10 m 的楼梯间则应设计为防烟楼梯间。当设备管理用房的走廊疏散距离不满足要求时,可以考虑加长消防专用通道,将通道的门内移,直至满足疏散距离为止。

在民用建筑中,同一个楼梯间在同一层内一般不考虑接入两个疏散门,但不同楼层之间存在疏散时间差,所以,可以每层接入疏散门。地铁车站的这个"楼梯间"比较特殊,弯转比较多,由垂直楼梯和水平通道组成,为了解决疏散距离问题,在同一层内不同的位置可以考虑接入两个及两个以上的疏散门,并把两个疏散门拉开间距,可以将它们视为不同楼层向楼梯间开门。有时,地铁车站的部分房间解决不了疏散问题,特别是通风机房和消防泵房等,可以考虑利用一段短走廊接到消防专用通道,如果是防烟楼梯间,就采用短走廊加前室的方式接入,如图 2-262 所示。

对于深埋地铁车站而言,救援难度增大,当地下车站超过 3 层(含 3 层)时,消防专用通道应设计为防烟楼梯间。三层及三层以上地铁车站的消防专用通道应尽量减少转折,原则上只能转折一次,而且这个楼梯间必须考虑上下贯通,从地面至站台一路上的几个楼梯及通道都应

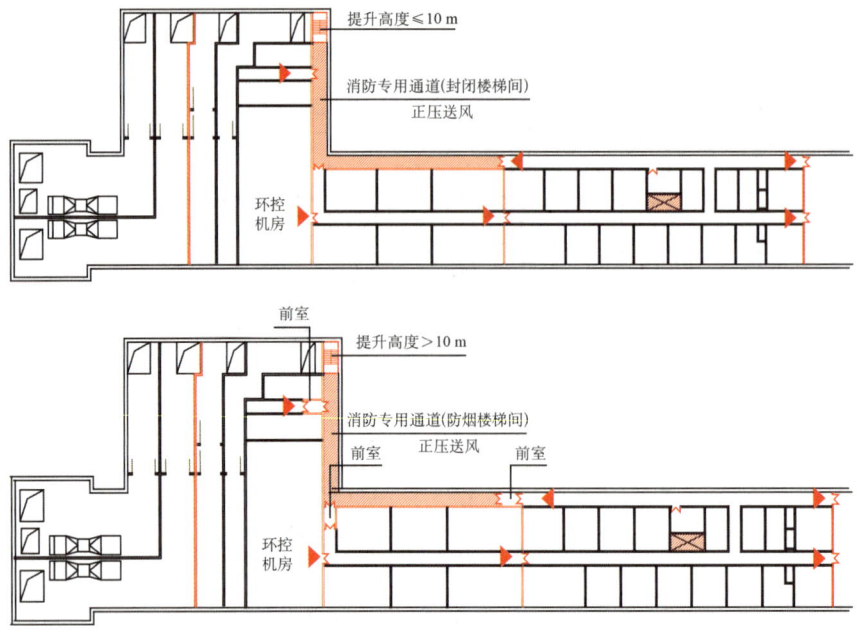

图 2-262　消防专用通道兼顾设备区疏散示意

按照民用建筑一个楼梯间来认定它,如图 2-263、图 2-264 所示,这个上下贯通的异形转折楼梯间内须考虑正压送风,凡是接入这个"楼梯间"的疏散口,必须采用前室接入。在同一楼层可以接入两个及两个以上疏散门,但疏散门接入位置必须拉开间距,可将其认定为不同楼层接入的疏散门。地下三层车站的消防专用楼梯同时兼顾站厅层和设备层的疏散,且该楼梯为直通地面的疏散楼梯,所以,这个消防专用通道能够兼顾站厅层或设备层有人防火分区的疏散要求,如图 2-265 所示。

根据相关规范要求,消防专用通道应能直达各层,以满足消防人员迅速到达火灾扑救点的要求。对于有些特殊站型,其大部分设备用房位于外挂空间,如果消防专用通道需要到达站台层公共区或者区间须通过站厅层公共区,则消防救援人员与疏散乘客之间会产生对冲,这就没有起到消防专用通道的作用,是错误的做法,如图 2-266 所示。设计中可考虑设置一个消防专用通道直达站台另一个安全疏散口直通地面;也可以考虑设置一个消防专用通道分别通向站台和外挂设备用房区域(图 2-267)。

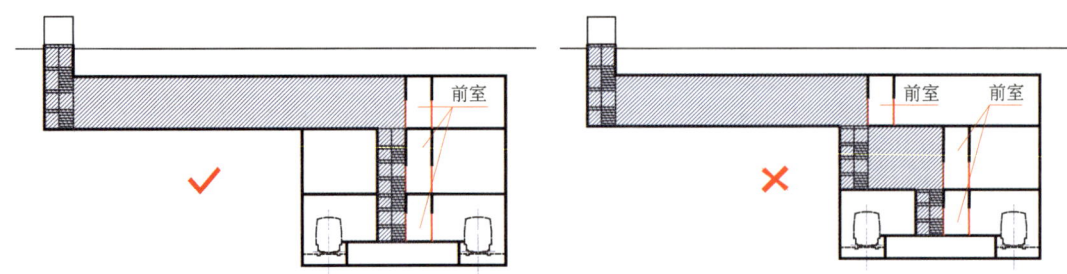

图 2-263　三层车站救援路径剖面示意
(✓表示可行,✗表示不可行)

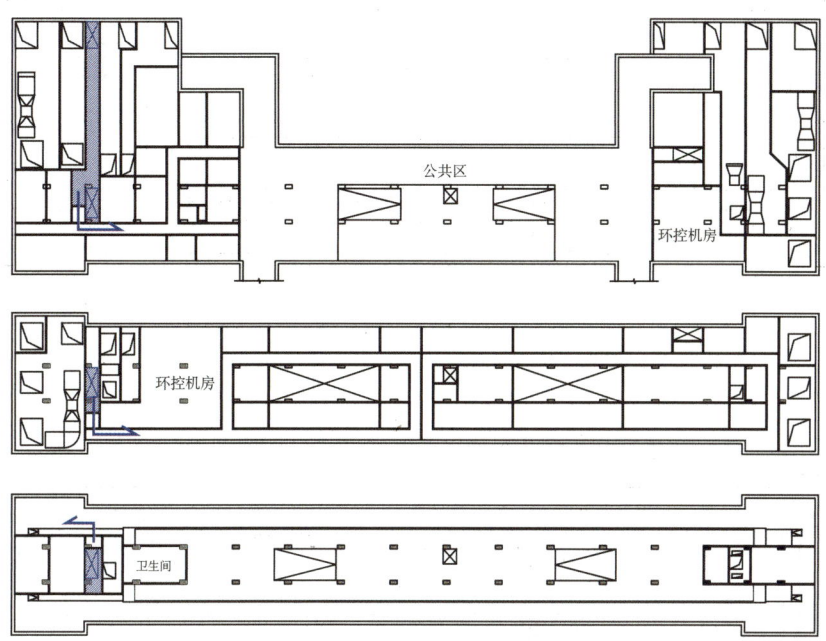

图 2-264　三层车站救援路径示意

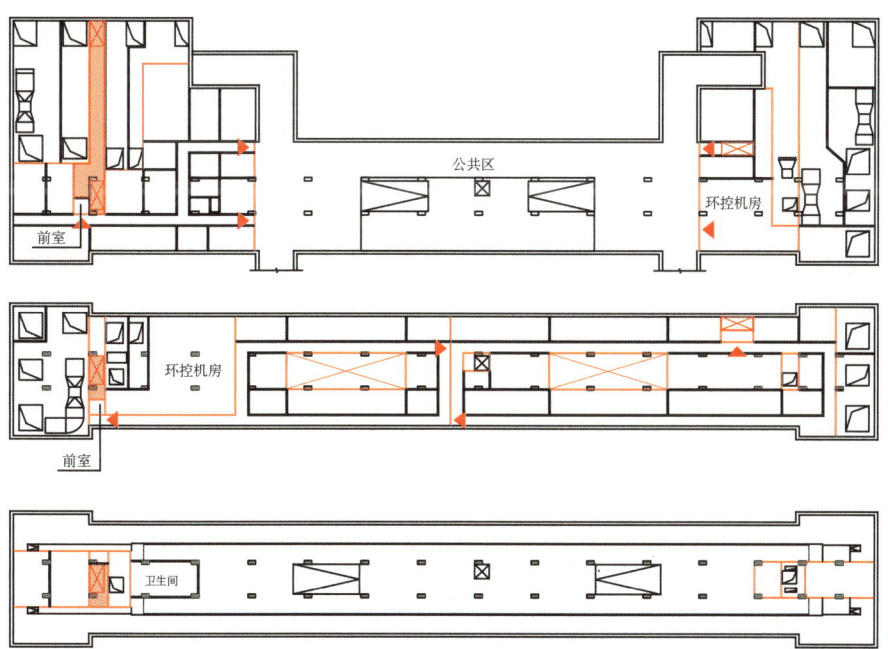

图 2-265　三层车站疏散路径示意

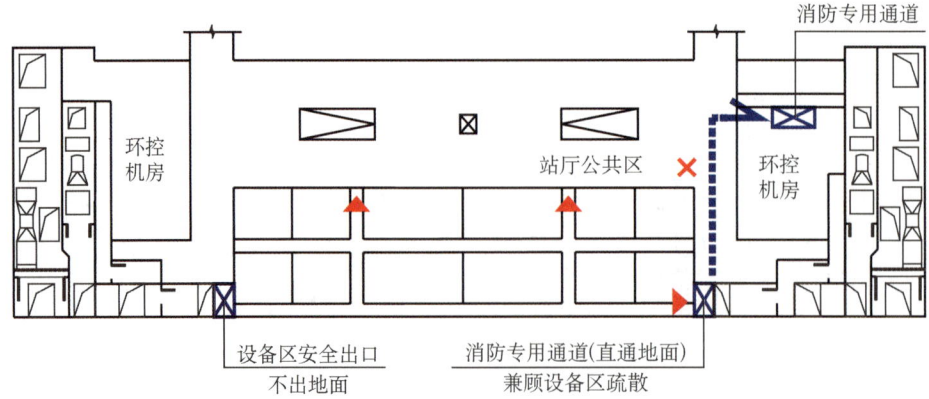

图 2-266　消防专用通道通过公共区进入站台

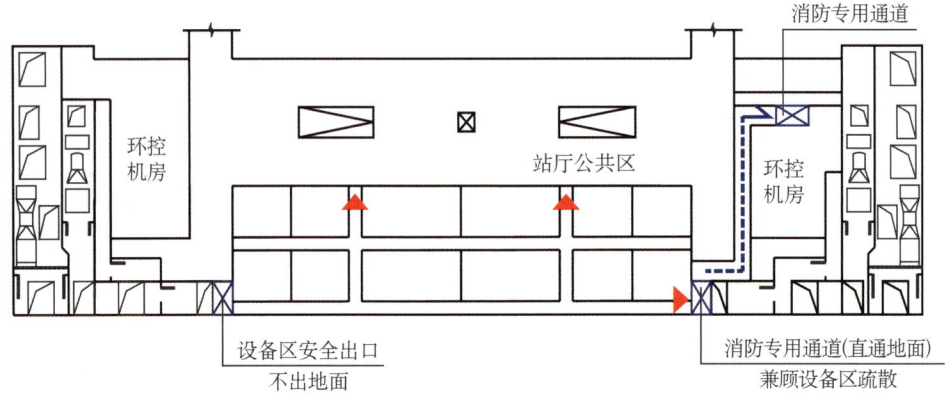

图 2-267　消防专用通道可直接进入站台

2.4.5　设备管理用房的空间划分

地铁车站建筑方案的好与坏,主要体现在和谐的空间环境、较高的客流服务水平、明确的功能分区、合理的客流组织、优秀的结构方案、适宜的设备布置、深入的经济比较和紧凑的总体空间布局等方面。在进行方案设计时,首先应协调好车站的边界条件,分析车站各设备系统的要求,整合外部输入条件及内部矛盾因素;其次,在进行空间组合时,应密切结合具体情况,做到主次清晰、层次分明、条理有序,并经过全面而又系统的研究和分析,找到设计中的主要问题并获得解决矛盾的方法。

方案设计就是发现问题、分析问题、解决问题的过程,具体对应的就是输入、整合和输出,其中输入是基础,整合是能力,输出是成果。地铁建筑由多个空间单元组合而成,因而在进行设计构思时,应是复杂平面与空间的设计工作。在具体设计过程中,为了剖析问题和表达设计意图,常常将一个车站建筑分解成总图、平面图、剖面图,但建筑是一个完整的有机整体,切忌将一个完整的空间概念简单地理解成彼此割裂、截然划分的片段。这是因为总体布局、平面功能分区与竖向对位关系设计时,三者共同反映对外的接口关系,反映功能布局与结构布置等方面的关系。所以,综合考虑总图、平面图与剖面图中各功能分区之间的关系,才能正确地进行建筑空间组合的设计工作。

为了方便论述,这里按不同的组合方式,将地铁的建筑空间大致归纳为三种基本类型:分隔型空间组合、串联型空间组合和并联型空间组合。

分隔型空间组合的特点是以交通空间为联系手段来组织各类房间,地铁车站的设备管理用房区域(环控模块除外)就是典型的分隔型空间组合。

地铁设备区各房间在功能上要求基本独立设置,各个房间之间以走道作为交通联系方式,形成一个完整的空间整体,故常称之为"走道式"空间布局。不同于民用建筑需要考虑采光问题,地铁车站的设备区设置走廊的目的是分隔房间和沟通房间。相较于民用建筑,地铁车站的设备管理用房在量、形、质方面的要求更高,相互关系逻辑更为紧密。这里的"量"是指面积指标,"形"是指房间的长、宽、高等具体要求,"质"是指房间的位置及其与其他房间的关系。"量"是基本要求,"形"与"质"是提升要求,同时,"形"与"质"也是地铁车站设备管理用房布置的重点和难点,决定了方案的功能合理性和空间利用的紧凑性。

房间组合形式通常包括一条廊两排房、两条廊两排房、两条廊三排房子、回字形廊等几种形式,为了避免走廊内出现立柱,一般将走廊靠柱边布置。车站设备区的房间布局应考虑一定的规整性和组织性,以便于使用和管理。所以,设计时,一般采用先有廊后有房的设计手法,将房间合理地归并至走廊两侧的有效空间中,避免出现七扭八歪、曲折的廊道。另外,合理地选择空间的有效进深同样也非常重要,应优先安排大房间的空间需求,相较而言,小房间辗转腾挪的可操作性较强。如果有些区域出现连续的小房间,就不宜将这一排房间的进深设计得过大,以免造成房间狭长的情况。

走廊和房间的组合布置都是在不停地试错中逐渐完善的,采用拉齐、平移、镜像、旋转等手法来调整房间布局,同时还应兼顾各房间自身功能之间的联系。排房间训练是一个长期反复的学习过程,主要包括切分训练和面积感训练,体现在地铁车站设备区的空间划分和房间面积控制方面。

设备区空间划分的理想顺序如下:

(1)将总图上框定的车站轮廓按照各功能逻辑关系进行大区切割,初步拟定柱网,按照标准化布置先将公共区切分出来。

(2)由外及内,按照风井—风道—机房的顺序将通风空调的区块切割出来。之后是变电所区块的切分,首先根据系统要求确定车站是降压变电所还是混合变电所;其次谋划变电所的位置,如果站台端部的空间足够长,优选将变电所设置在站台层,如果站台长度较短,则考虑将变电所设置在外挂空间;最后将变电所所在区块切割出来。

(3)剩下的空间就是车站的核心功能区,主要包括车控室在内的管理用房、弱电相关房间和水电用房等。

待几大功能模块切分完成后,再进行模块内部的功能划分。公共区按照标准布置划分为付费区和非付费区,再根据有效站台位置确定楼扶梯和进、出站闸机的位置;环控功能区按照系统专业要求和外部风井落位进行布置;核心功能区和变电所功能区则是需要进行细部切割的重点区域。

首先,利用走廊对核心功能区及变电所功能区进行大块切分;其次,布置设备区的整体交通框架,如此一来,设备区走廊与公共区和消防专用通道的接口就一目了然了,合理的走廊布置能充分有效地利用空间,并方便房间开门。

车站主体宽度通常约为 20 m，当设备区位于主体范围内时，一般采用双廊布局，房间的布置形式是两条廊三排房或两条廊两排房的组合布局；当设备区位于宽度小于 15 m 的狭长型空间且所布置房间的面积较大时，可考虑采用一条廊两排房的布局；当设备区位于面积较为方正的外挂空间时，可考虑采用回字形廊以节约交通面积，同时提高空间利用率。当采用两条廊时，应考虑两条廊之间设置连通廊，以便于疏散和管理沟通；当变电所区域设置在站台端部空间时，设置边走廊作为变电所的交通空间。在进行房间面积切分时，如果位于外挂空间，则考虑设置内走廊，由于变电所房间较大，应少设走廊，加大设备区进深。

房间面积控制主要针对核心功能区和变电所功能区，需要划分的房间包括设备管理用房、楼梯间、电缆井、风孔等，划分位置从核心功能区与公共区接口处开始。对于环控功能区主要根据系统功能需求优化空间布局。

1. 核心功能区划分

以采用双走廊形式且布置在车站主体内的核心功能区为例，具体分析设备管理用房分块区的房间组合逻辑，双走廊将核心功能区划分成三个纵向条带区域。

（1）首先确定车控室的位置，当地铁车站采用双柱时，一般将车控室设置在中间条带上，当地铁车站采用单柱时，一般将车控室设置在边条带上。

（2）确定好车控室位置后，接下来布置那些要求与公共区邻近的设备管理用房。车控室向公共区开设防火观察窗，之后在同一条带内布置站长室、站务室、综合监控室等房间；旁边条带布置公安值班室，并向公共区开门；随后，同一条带内布置公安通信设备室、安检休息室等房间；在另一条带内邻近公共区布置便民服务，其后布置票务室、AFC 设备室等房间。

（3）在与公共区邻近的设备管理用房布置完成之后，优先布置弱电房和管理用房等。由于员工卫生间、清扫间等房间须对应站台层卫生间，楼梯间须对应站台中部，电缆井等房间也须对应站台中部，以便于能够直接进入站台板下，所以，这几个房间都应布置在中条带上；弱电房则须邻近布置或者仅隔一条走廊布置，以便于电缆沟通。然后，围绕员工卫生间的位置就近设置交接班室、更衣室等管理用房。

（4）根据功能需求布置配电间、气瓶间等房间；环控电控室主要服务于环控机房，应邻近环控功能区房间布置；消防泵房须独立设置，且有直通室外或安全口的需求，可布置在贴外墙边或外挂空间靠近消防专用通道的位置，以便于设置排水设施。

按以上几大原则进行房间划分，由于设备房对尺寸要求较高，同时还有相互之间的功能联系需求，所以，待邻近公共区的房间布置完成之后，首要解决的是面积要求较为苛刻的强、弱电房间，之后再解决对面积要求没有那么高的管理用房等。

房间排布需要不断地优化和尝试：采用拉齐方式使走廊平齐布置；当设备距离柱子的间距不能满足要求时，可考虑局部调整柱子位置来优化空间布局；也可以运用镜像、旋转等手段，不断地优化调试方案，从而得到最终的稳定方案。

2. 变电所功能区划分

核心功能区布置完成后，开始考虑变电所功能区的空间布置。一般系统单位会提供降压变电所和混合变电所每个房间的典型布置，设计人员根据要求来解决这些房间位置的协调问题。

站台层布置变电所可直接参考标准布局，这样也方便电缆接入及设备运输。如果变电所设置在外挂空间,就需要重点考虑设备运输通道和电缆路径。其中,整流变压器和 0.4 kV 变压器由于设备较大,应靠近设备运输通道,从而减少因运输路径产生的空间浪费。同时,由于变电所是发热量比较大的房间,在方案设计中应考虑其空间与环控机房的关系,以便于环控机房风管的接入。

3. 环控功能区划分

一个完整的环控功能模块包括区间通风机房、环控机房、环控电控室等房间。区间通风机房需要结合功能需求和风井位置合理布局;环控机房按照环控专业要求,须合理安排风道和房间位置;其余房间一般设置在环控机房旁边,采用单走廊作为交通空间。当主体空间不足时,可考虑将部分房间设置在外挂空间。

有经验的设计师会考虑预留 2 个备用间作为未来方案调整的优化空间,也可以连续几个弱电房间都预留一些余量。如果未来系统方案调整需要增加房间时,可以将每个房间的"水分"挤出来以应对方案变化,这个余量尺度就需要依靠经验来把控。一旦方案做死,没有任何调整余地,就需要通过加长车站长度或增加车站外挂空间等方式才能解决,而调整车站轮廓对于相关专业的影响是巨大的,在设计中应尽量回避。不停地锻炼会使设计师的房间划分能力逐步提升,随着与各个专业的配合也会让设计者了解每个专业的配合特点以及他们的底线在哪,这样,在方案布置时,就会更加得心应手。

本书 2.4 节讲述了车站建筑设备管理用房区域空间组合的基本方法,并举例加以说明,有助于读者增进感性认识和理解深度。设计时,无论采用哪种站型,除了车站的通风空调模块不适用于走道式布局,核心功能区及变电所功能区其空间组合的基本原理都具有大量共性,可依照走道式空间组合的基本规律和方法,结合特殊要求进行方案构思,最终布置出功能合理、布局紧凑的设计方案。

第 3 章 地铁车站的空间与结构

3.1 概述

建筑设计的目的是创造一个有效的空间环境,无论是地上空间还是地下空间,都需要结构专业用一定的材料来建造成具有足够抵抗能力的空间骨架,以抵御自然界可能发生的各种作用力。

地铁车站作为地下空间,相较于一般民用建筑具有一定的特殊性,需要承担较大的覆土压力和侧向水土压力,工程造价高。同时,实施地下工程需要设置临时围护结构,以保证基坑开挖时周边水土的稳定性。地质条件越差,围护结构占总造价的比例就越大;基坑越深,相对而言,创造出来的空间所付出的代价就越大。这些因素对于后期方案决策都有着重要的影响。

地铁的建设环境往往比较复杂,在城市道路下施工经常会碰到管线和交通问题,结构工程师为了解决这个问题,研究了很多非开挖工法,如盾构法、洞桩法、矿山法、顶管法、管幕法等,可以有效缓解建设环境矛盾和节约工程造价。后面,笔者会针对各种结构工法的工程特点,从实用性角度进行详细分析,以实现工程的最佳方案。

在建筑设计与结构设计协调配合的问题上,曾经有两种截然不同的观点。一种观点认为:建筑空间、建筑功能至上,是设计建筑物的主要因素,一个优秀的建筑师应充分发挥自己的新颖构思和创造力,而结构设计则须无条件地服从建筑设计的需要。另一种观点认为:尽管构思可以新颖,但落实到建设,一定要有结构知识、材料知识和施工知识,而对于这些知识,有些建筑设计师往往是陌生的。地铁车站的受力特点和特殊的建设条件决定了其建筑设计需要从多方面向结构专业妥协、向建设环境妥协,所以,在地铁车站设计行业里,因为受到的限制条件太多,很多想法无法付诸实施,只有不断地总结经验,深入理解地铁车站结构的专业特性,才能从复杂的设计条件中找出控制性因素,在建筑空间组合的过程中创造出优秀的方案。不是能够排列组合几个房间就是优秀的建筑师,也不是能够计算梁板柱的配筋就是优秀的结构工程师,而是只有能够在矛盾中找到平衡,做到整体方案最优,有责任、有担当的才是优秀的设计师。

建筑设计师作为地铁车站设计的牵头人,必须在设计的各个阶段综合且全面地处理各专业的需求,使车站的总体性能达到最优。建筑设计师的工作和其他专业(尤其是结构)工程师的工作是紧密关联的,这意味着地铁车站是建筑师和其他专业工程师合作的创造性产物。

3.2 地铁车站的结构体系

地铁车站的结构形式主要有箱形框架结构和拱形结构。箱形结构的空间利用率高,开挖土方量少,是地铁车站最常见的结构形式;拱形结构受力合理,空间效果好,但是明挖起拱需要很大的开挖深度,造价较高,故在明挖项目中应用不多,一般采用暗挖法施工的车站因其受力特点影响常采用拱形结构,但暗挖法对地质条件要求很高,采取措施的费用较高。这两种结构形式在开挖工法和非开挖工法中都有应用,设计中一般综合考虑地质条件、工法特点、工程造价等多方面因素来选择结构形式。

1. 箱形框架结构

地铁车站的围合空间设置在地下,导致地下空间的受力较为复杂,既要承担侧向水土压力,同时顶板又要承受覆土压力等,底板还要承受水土反力,由顶板、底板、侧墙以及内部支撑的梁、柱等结构构件共同组成了箱形框架结构,如图 3-1 所示。

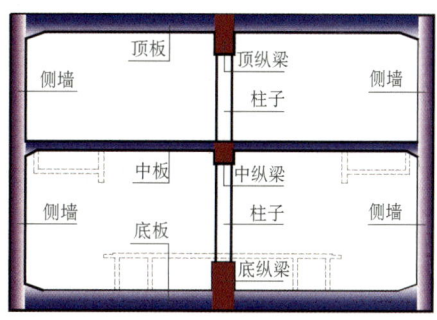

图 3-1 箱形框架结构

实施地下空间结构,需要付出的代价较大,基坑开挖会产生大量土方,同时还要做围护结构以及临时支撑,越深的基坑,所创造出来的单位空间花费代价越大。所以,压缩车站埋深是节约工程造价的一个重要手段。

传统的地上建筑框架结构体系纵、横两个方向都需要设置主框架梁,以承担水平地震力,同时,为了减小板厚,当板跨超过 5 m 时,一般需要设置次梁,由次梁将板上传来的荷载传递给主梁,主梁再将荷载传递给柱子。由于地下空间的封闭性,需要的通风、照明、消防等管线极多,这些管线安装后的高度决定了最后的室内空间高度;为了避免压抑感,地下空间同样需要较高的空间。地下结构板上荷载很大,特别是当顶板有较厚覆土时,梁就需要做得很高,横纵梁结构体系导致所有管线只能在梁下安装,梁体大大侵占了空间高度。这种情况下诞生了地铁特殊的厚板单向梁结构体系,这种结构体系的板厚往往达到 400 mm 以上,仅沿着车站长度方向设置纵向框架梁,局部洞口位置一般采用厚板内设置暗梁的方案(图 3-2)。纵向地震力由纵梁、厚板承担,横向地震力由侧墙和厚板组成的框体承担,管线避让纵梁安装,所有

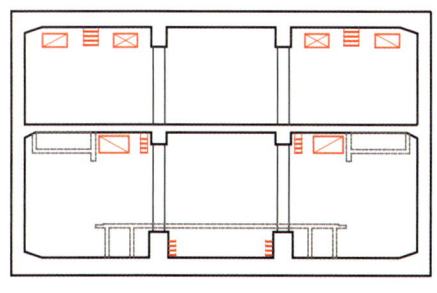
(a) 厚板单向梁结构体系

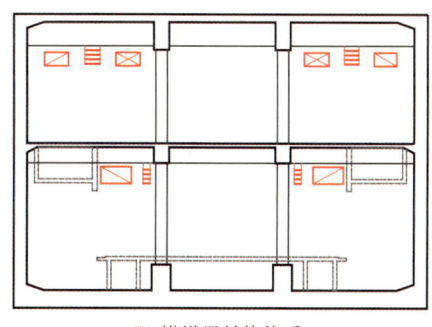
(b) 横纵梁结构体系

图 3-2 箱形结构体系

管线安装空间从板底计算。虽然，厚板单向梁结构相对于普通框架结构的板厚了很多，但其板底标高仍远远小于框架梁底标高。因而，在相同的装修净高要求下，厚板单向梁结构可以大大减小基坑开挖深度。从结构自身受力角度分析，厚板单向梁结构比较浪费，厚板在结构体系中并不能充分发挥其受力特性，且带来了较大的自重，但地下工程开挖深度对工程造价的影响更大，相较于厚板在材料上的费用，减小基坑开挖深度的性价比更高。

在设计配合阶段，厚板结构体系需要更加细致的配合，局部管线横穿的地方需要考虑梁上翻，同时应避免上翻梁侵占市政管线的敷设空间（图3-3）。在设计阶段，应充分分析管线路径和中板下风孔位置，尽量避免风管下穿主纵梁，若无法避免，也应仔细考虑梁上翻之后对站厅层房间的影响。

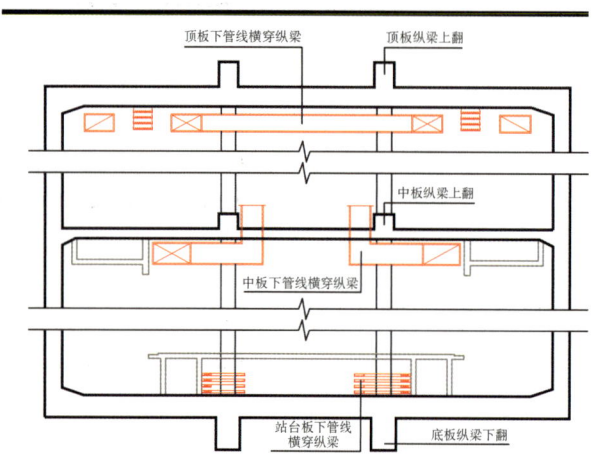

图3-3　局部梁上下翻避让管线方案示意

2. 拱形结构

拱形结构受力合理，是地铁常用的结构形式，主要应用于暗挖工法中。在地质条件较好的岩石地层中，一般可考虑暗挖单拱形式，顶板起拱，底板同时做反拱，暗挖单拱如图3-4所示；地下水位低的黏土层暗挖时，一般采用浅埋暗挖三联拱形式，内部还是采用框架结构，受力形态与箱形框架结构相似（图3-5）。当明挖工法受区间因素控制埋深较深时，也可采用拱形结构，不过一般只会顶板起拱，解决顶板受力和空间形态问题，明挖单拱如图3-6所示。

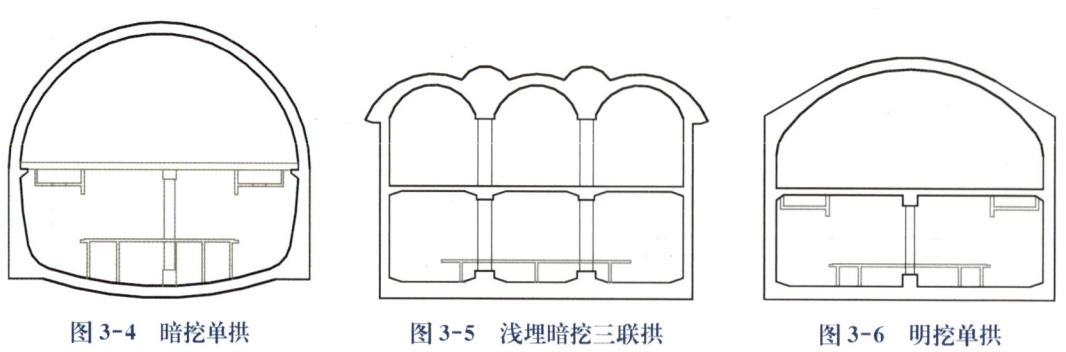

图3-4　暗挖单拱　　　　图3-5　浅埋暗挖三联拱　　　　图3-6　明挖单拱

3.3 各结构工法的应用

由于地下空间结构的受力特点和经济性需求,箱形框架结构是其最常见的结构形式,一般采用开挖的施工方法。开挖的施工方法主要包括明挖法和盖挖法,这两种工法都需要设置临时围护结构以确保实施期间的安全,其中盖挖法又分为盖挖顺作法和盖挖逆作法。

明挖法和盖挖法都会给交通、管线、拆迁等前期工作带来较大的影响,有时地铁车站因交通、管线、拆迁产生的费用会远高于工程建设本身的土建费用。经过多年不断地探索和进步,后来诞生了很多暗挖工法,也称为非开挖工法,包括洞桩法、矿山法、盾构法、顶管法、管幕法、冰冻法等,每种工法又有其独特的应用场景。往往方案的重大突破点就在车站工法的合理选择上,在不损失功能的前提下,可节约大量的工程造价。

1. 开挖工法

开挖工法是最常见的施工方法,符合传统工程特性。它的围护结构有多种类型,包括地下连续墙、工法桩、钻孔灌注桩、土钉墙等,其中地下连续墙的造价最高,安全度也最好,适用于软土地区或地下水丰富的地质条件。地质条件较差的情况下,一般考虑深度 15 m 以上的基坑采用地下连续墙围护结构。通常,地下两层车站一般采用地下连续墙方案。

1)明挖顺作法

明挖顺作法施工是从地面向下开挖至基坑底面后,再自下而上浇筑车站结构,然后回填土方,恢复路面。其主要施工工序是:首先,施工基坑围护结构;其次,进行基坑降水(具体根据工点的工程水文地质来确定);再次,由上向下边开挖土层边架设支撑直至坑底;最后,自下而上回筑内部结构,详见图 3-7。

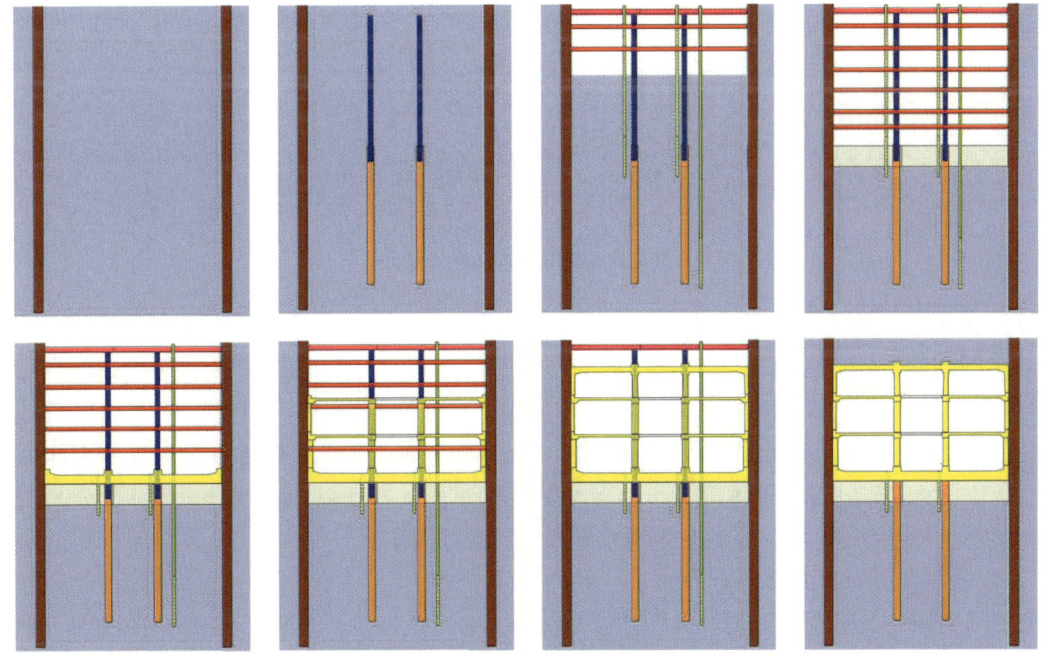

图 3-7 明挖顺作法施工工序

明挖顺作法一般适用于地面有条件敞口开挖且有足够施工场地的情况。结合地面拆迁和道路拓宽情况，站位可设在道路红线范围外；抑或设在现状道路下，但施工允许局部占道或有条件临时改道，使地面交通车流、人流得以疏散，就可考虑采用明挖顺作法施工。对于浅埋车站，明挖顺作法是首选施工方法，应用最为广泛。

2）盖挖法

盖挖法对车站方案的影响是体现在宏观方面的，在特定边界条件下，可以局部解决工程的可实施性问题。盖挖法分为盖挖顺作法和盖挖逆作法。盖挖顺作法与明挖顺作法比较相似，车站上方先实施部分盖板，用于交通疏解，待基坑开挖至设计坑底之后再由下向上施工（图3-8）。盖挖逆作法是在盖板之下一边开挖一边由上向下实施车站结构（图3-9）。一般情况下，盖挖逆作法的施工工效较低且施工质量很难保证，所以，现阶段很少考虑采用盖挖逆作法施工。

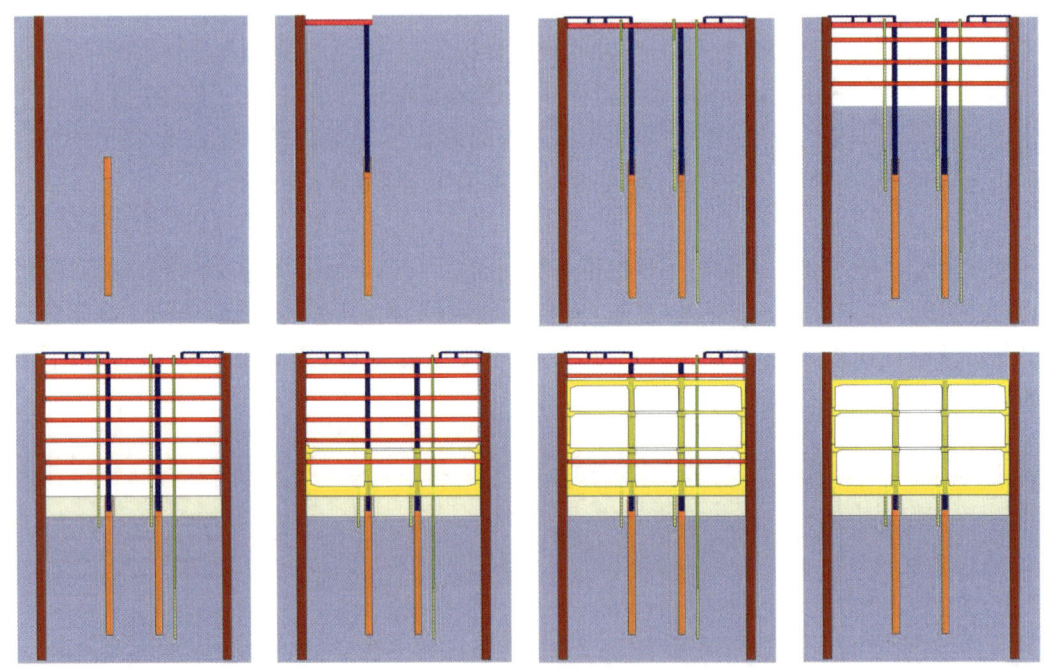

图3-8 盖挖顺作法施工工序

盖挖法施工的盖板分为临时交通盖板和永久车站顶板两种形式。临时交通盖板能够解决局部交通问题，在车站方案仅仅受制于临时交通疏解问题时可以采用，避免由于交通问题带来拆迁，甚至无法实施，从而影响车站大方案的稳定。永久车站顶板可以同时解决交通、管线问题，在车站实施空间较小的情况下，提前实施部分车站顶板，管线和交通一次性恢复至车站顶板上方。永久盖板方案一般只适用于车站横跨路口一段。沿车站纵向通长设置永久盖板对于车站的施工质量影响很大，容易发生漏水现象，故较少采用。

3）开挖工法对建筑形态的影响

地下结构的工程特性对地铁车站建筑方案布局有较大的影响。当地铁车站的站位地质条件不好时，双层地下结构需采用地下连续墙，附属应尽量设计为单层。由于采用地下墙的双层地下结构

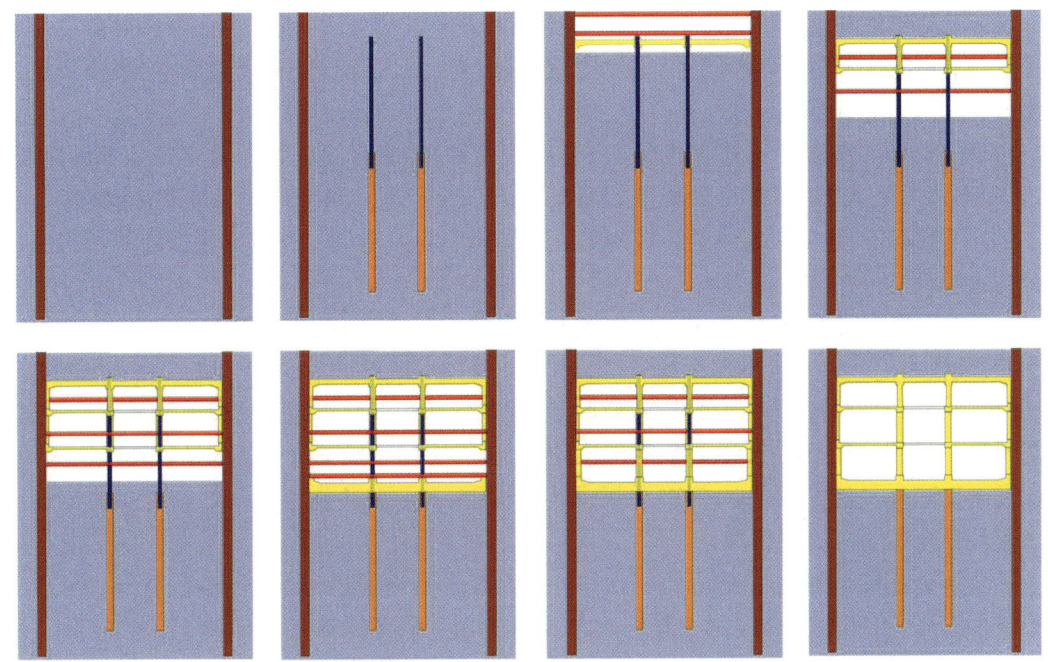

图 3-9 盖挖逆作法施工工序

的单位建筑面积造价远高于采用桩围护的单层地下结构,故这在建筑空间组合阶段对车站的建筑形态影响很大。

如果地质条件较好,地下二层的围护结构可采用钻孔灌注桩形式,钻孔灌注桩的费用要比地下连续墙低很多,并且钻孔灌注桩形式的地下一层和地下二层的造价差别不大。在车站方案的整体布局过程中,以车站功能需求为主,为了缩短车站长度,减少对交通管线的影响,可以采用双层附属外挂形式。对于有些特殊地层条件下的地铁车站而言,减小埋深对造价的影响不大,比如围护桩为嵌岩桩、地连墙隔断承压水等情况,坑虽浅了,但是围护深度变化不大,在方案整体优化时,为了减少埋深而损失其他的功能或带来其他边界条件的问题就不值得了。

众所周知,形状越规则,单位面积的边长就越短,围护结构也就越短,所以,不管什么形式的围护结构,车站附属都需要形状规则且尽量整合。附属越分散,形状越异形,单位长度围护创造出来的空间越小,造价就越高,有些细长出入口的单位面积工程造价甚至会超过地下连续墙施工的主体造价。如果采用地下连续墙的双层结构,建筑平面形态对于造价的影响将更加显著。

当然,除了考虑结构自身造价外,附属层数的选择还要综合考虑交通、管线等各类制约因素。如果单层附属过大,会侵入地块过多或者附属实施阶段二次影响路口的交通管线,这种情况下,就要综合考虑车站建筑空间的组合形式。同时,还要注意附属的上、下层对位关系,且尽量避免出现高、低坑,也就是一层二层混在一起的情况,因为在高、低坑交界处需要增加一道围护,这不利于控制工程造价。

2. 非开挖工法

一个车站的控制性因素有很多,其中有些是不可调和的矛盾,比如交通管线问题,它们影响车站方案的可实施性,可以考虑局部采用非开挖工法以化解车站实施与边界条件的矛盾。

非开挖工法的应用范围主要包括以下情况。

（1）车站实施与重大管线产生矛盾。如果管线迁移代价较大,则可综合考虑局部非开挖、明挖迁改管线、调整站位躲避管线等多种方案比选,最后以工期最短、风险最小、造价最低、功能最优作为综合评判标准。

（2）高压线、高架桥下方低净空施工。当高压线和高架桥下方低净空施工条件不满足要求时,首先考虑高压线升塔等施工方案,在没有升塔条件的情况下,再综合比选非开挖方案。

（3）下穿河道、建(构)筑物等。在河道没有导流空间或建(构)筑物无法拆迁的情况下,可综合比选局部非开挖方案来解决实施矛盾。

（4）岩面埋深浅的地区,采用矿山法施工的车站综合投资小。

1）洞桩法

洞桩法是浅埋暗挖法的一种类型,脱胎于矿山法,适用于城市地铁建设的一种工法。洞桩法对地铁车站的地质条件要求较高,一般应用于地质条件好、地下水位低的站址环境。采用洞桩法的地铁车站一般采用拱形结构,顶板设计为拱形,能够解决施工期间的临时受力问题,其永久使用状态受力也比较合理。

由于洞桩法的工程措施费用很高,所以一般在综合分析了地质条件、交通、管线、拆迁等重大影响因素后,再慎重选择应用。洞桩法也可以应用于局部困难地段的施工,如局部下穿隧道、重要管线,采用局部洞桩法可以解决障碍物以及交通、管线问题。为了减少车站的明挖段埋深,这种局部洞桩法可仅实施站台空间。

洞桩法是近年来比较常见的一种土质地层地下结构浅埋暗挖施工方法,多采用三联拱的结构形式,其主要思想是将盖挖法和分步暗挖法有机结合起来,以发挥它们各自的优势。这种浅埋暗挖工法的施工步骤详见图3-10。同时,这种工法也适用于出入口、风道等小断面空间。

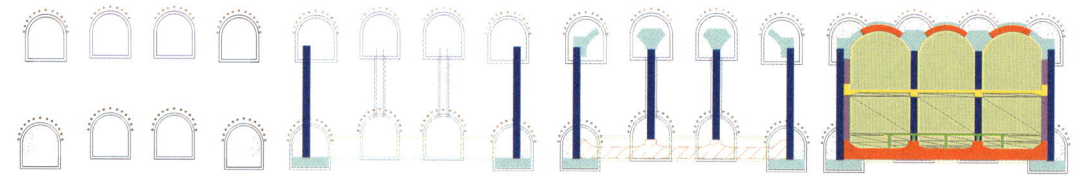

图 3-10 洞桩法施工步骤

2）矿山法

矿山法一般应用于基岩地层,这里特指传统矿山法,又称钻爆法,多采用单拱结构,可以创造较大的空间跨度。这种工法在重庆、青岛等城市应用较为广泛,能够解决深埋车站的开挖深度问题;同时,也能够解决交通、管线和拆迁问题,为深埋车站因为区间避让障碍物提供了有利条件。矿山法施工步骤如图3-11所示。在地质条件允许的情况下,出入口、风道等小断面的空间也可以采用矿山法施工,且矿山法在爬坡、转弯、变截面方面都较为灵活,还可以应用在车站配线端。

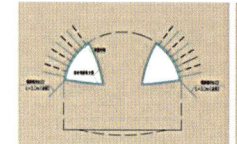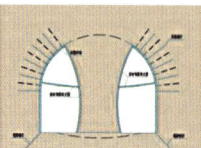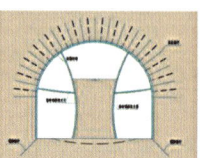

图 3-11 矿山法施工步骤

3）盾构法

盾构法是柱体的施工机械沿着隧道前进方向边推进边对土体进行挖掘,同时利用预制混凝土管片衬砌成环形结构,最后形成连续的空间。盾构法是区间最常用的施工工艺,技术也较为成熟,地铁区间隧道一般采用 6 m 左右内径的单洞单线盾构方案。同时,为了适应不同的应用场景,还有矩形盾构和各类直径的大盾构,主要应用于单洞双线区间、出入段线、停车线等部位,可以大大地压缩明挖车站的工程量。盾构法施工示意见图 3-12。

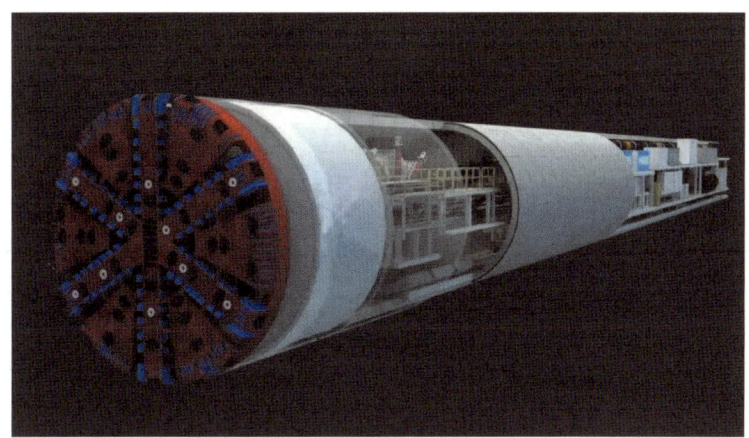

图 3-12 盾构法施工示意

4）顶管法

顶管法是用支撑于基坑后座上的液压千斤顶将一段一段的管节压入土层中,同时挖除并运走管节正面的泥土;连续将一个个管节顶入,做好接口,建成涵管(图 3-13)。该工法主要适用于软土或富水软土层,其最主要的优点是无须明挖土方,对地面交通、管线的影响较小,这样的应用方案应广泛为设计师们所熟悉。

图 3-13 顶管法施工示意

顶管法是一种应用比较成熟的施工方法,在车站出入口、换乘通道等分项工程中应用得比较多,解决了局部通道开挖带来的交通、管线、拆迁等问题。当车站的风道不具备明挖条件时,也可以考虑将风道拆分成多组,采用顶管法施工;甚至当车站主体有效站台长度范围内不具备全明挖条件时,车站主体全断面顶进在现阶段又难以实现,可以考虑采用大顶管方案,顶出车站的轨行区和有效站台,以解决车站主体局部无法明挖的难题,如图 3-14 所示。

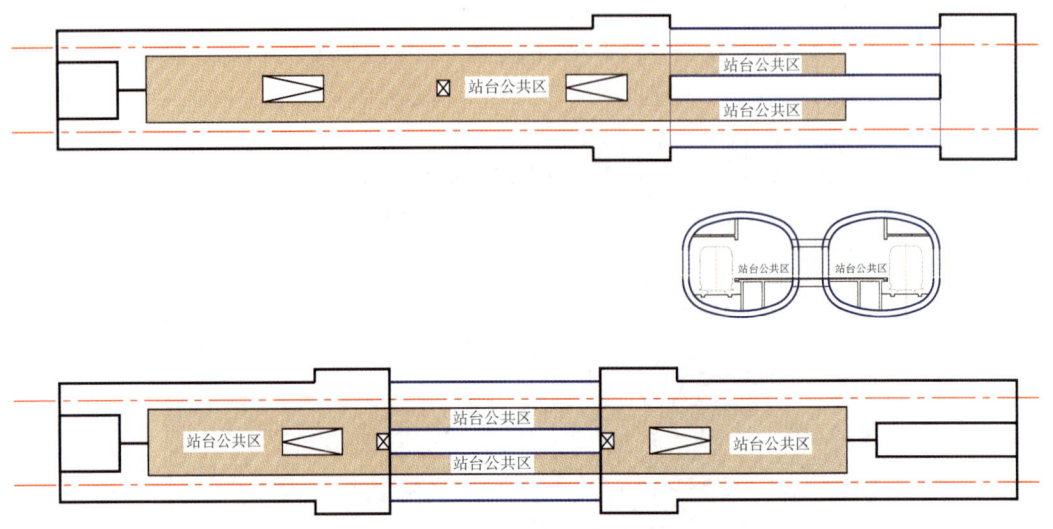

图 3-14 大顶管方案在车站主体上的应用

5)管幕法

在软土地区实施常规暗挖工法的难度较大,顶管法不能实现大跨度空间,在这种情况下,管幕法应运而生。管幕法是在管棚法的基础上发展起来的,管棚法主要以顶部支护为主体,而管幕法则在顶部支护的基础上又增加了两侧的支护及底部支撑。

管幕法的基本思路是两端明挖,采用水平定向顶进法、微型盾构法等方式,将两个明挖井之间用钢管在地下空间的顶部和侧墙形成一层临时结构,管与管之间采用锁扣互相连接,如此一来,不仅增加了整体结构的支护强度,而且起到了止水作用。这个纵向围幕类似于明挖结构的围护结构,实施期间采用分区施工的方法,如图 3-15 所示。

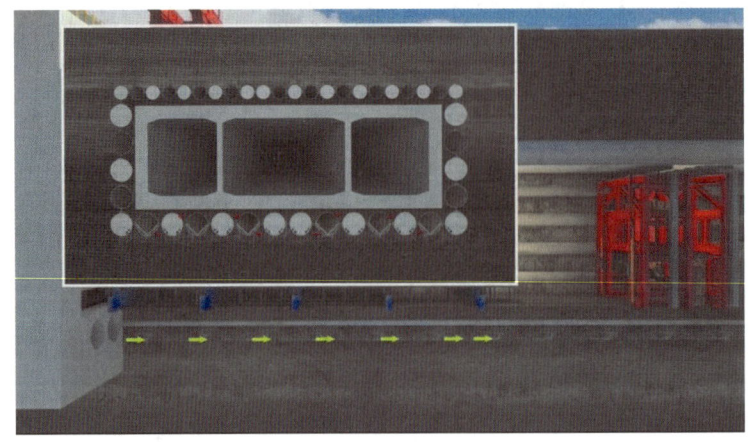

图 3-15 管幕法施工示意

管幕法的优点是具备软土地区大断面空间施工的优势,考虑到实施水平管幕难度较大,一般采用单层全断面形式,可局部应用于车站的站台公共区或者配线区;同时,管幕法也可以应用于出入口、换乘通道等小断面空间的暗挖。

6)冰冻法

冰冻法是指在含水土层内钻孔打入钢管,导入循环的液氮,使周边的地层冻结,以形成坚硬的冻土壳。冰冻法不仅能保证地层稳定,还能起到隔水作用,可以进行地下空间深层的挖土和施工。

冰冻法同样适用于软土地区的暗挖施工,地铁区间旁通道采用冰冻法施工已是一种成熟的施工方法。在车站主体受条件控制无法实施的情况下,也会采用冰冻法来局部实施车站主体;同时,也可以在局部改造的情况下采用冰冻法。另外,冰冻法也可应用于结构加固和抢险工程中。冰冻法的缺点是由于冻融循环会造成结构及地面变形过大,因此需要预先考虑施工变形问题。

7)非开挖工法对建筑形态的影响

施工工法是影响车站方案的一个非常重要的控制性因素。开挖工法对建设环境的影响较大,会影响交通、管线、拆迁、障碍物等;非开挖工法在特定环境下虽可化解这些矛盾,甚至对某些车站方案有"起死回生"的功效,但对建筑形态和工程造价的影响很大。

在满足地质条件的情况下,洞桩法和矿山法可以利用风道作为施工通道,车站主体实施完全不影响道路交通和管线,但是单位建筑面积土建费用高,需要进行综合的技术、经济分析,即考虑开挖工法的土建费用及交通、管线、拆迁等费用,同时结合线路条件、地质条件等因素,最终选择合适的工法。

一般情况下,地铁车站附属优先采用整合设计,但如果地铁车站是采用浅埋暗挖法、矿山法施工,则附属可适当分散布置,这样会减少暗挖工法的造价,同时,大大降低了工程风险,这与明挖工法尽量整合附属的设计思路是完全不同的。相对来说,暗挖工法对于配线车站而言,比选价值较大,明挖车站需要将车站的配线区也同样开挖出来,暗挖车站则可以通过单层暗挖配线区来大幅减少车站的总建筑面积。虽然,同等建筑面积暗挖工法比明挖工法造价高,但暗挖配线区随着建筑总面积的减少,工程总造价反而会降低。当然,一座地铁车站也可以采用混合工法,例如车站主体局部采用暗挖法,出入口风道局部节点采用暗挖法等,以解决车站实施的主要矛盾。

管幕法、冰冻法等工法只适用于局部非开挖方案。这两种工法可实现车站主体全断面暗挖,但都需要在暗挖段两端设置工作井,不能完全解决交通、管线和拆迁问题,只能化解局部矛盾,由于是全断面暗挖,所以对建筑功能布局影响不大。盾构法和顶管法这两种工法按照现有的技术能力还不完全具备车站主体全断面实施的能力,只能完成车站的部分附属功能,如果应用在车站主体上,只能将主体分解成几个小断面来实施,所以盾构法和顶管法应用在车站主体上对建筑形态的影响特别大,很多功能需要重新分解再组合成新的布局。

现阶段类矩形盾构、大顶管等工法已经开始广泛应用于配线车站。例如,车站配线区跨路口设置,路口交通和管线迁改压力很大,就可以考虑将双存车线调整为单存车线,采用类矩形盾构推出一根正线和一根存车线,另外一根正线区间则采用小盾构推进,这样可以大大压缩车站的明挖长度,也能解决很多交通和管线问题,大幅度节省工程造价;对于带出入场(段)线的车站,如果采用类矩形盾构来推进,车站端头就不需要每根线都拉开 9 m 线间距,可大大压缩车站的长度,可以在特定条件下解决交通和管线压力。当然,如果车站周边地质条件较好,也可以采用单洞双线的暗挖工法来实现以上目标。有些地铁车站需下穿隧道或河道等,对此可以考虑将车站设置为两个站厅,中间下穿位置采用两根类矩形盾构来局部暗挖,在每根类矩形盾构内设置一个轨行区和一个侧站台,实现站台层贯通;站台端部也可以采用类矩形盾构来解决明挖场地不足的问题。

采用非开挖工法下穿地块,虽然可以减少近期拆迁问题,但也需要考虑远期对地块开发的影响。非开挖工法中的盾构、顶管等方案为柔性结构,未来地块开发开挖基坑时,需要对这段工程采取退界和保护措施,特别是当车站位于地块中间时,如果地块狭长,非开挖工法正穿或侧穿地块,需要大范围长距离的退界保护,那这块地后期开发价值会大打折扣,反而造成严重的土地资源浪费。所以,在选择非开挖工法时,也要充分考虑该工法对地块开发的重大影响。

一条线如果引入新的工法,需要充分调研本地区现有设备和技术储备等情况。如果新工法在一条线里应用场景过少,不具备可持续性发展的条件,仅在极个别节点上能够采用,则设备摊销费用就会过大,性价比降低。现阶段单洞双线类矩形盾构或矩形顶管在地铁建设中的应用场景有很多,例如在停车线、出入场(段)线、车站避让障碍物等场景上都有大量的应用。设计师可以尝试在设计初期梳理全线特殊节点的应用场景,合理应用新技术和新工法。

3.4　区间对地铁车站方案的影响

城市轨道交通是一个系统工程,由多个车站与多段区间串联而成,车站与区间相互连接、相互制约,所以区间工程方案对车站方案也会有较大的影响。

1. 区间工法

区间施工的工法主要有盾构法、暗挖法和明挖法。

1) 盾构法区间

盾构设备有多种选型适用于各种地层,软、硬土层甚至是岩石地层中都能够广泛应用。其中,应用最普遍的是单洞单线小盾构,内径 6 m 左右,满足单根轨道通行需求,也是现阶段最经济的区间工法,应用范围较广。矩形盾构,适用于单洞双线的形式;双圆盾构,同样适用于双线区间;圆形大盾构,适用于单洞双线区间,一般应用于跨海、跨江断面,利用圆弧顶部富余空间设置排烟风道,方便解决排烟问题。另外,还有 8 m 单洞单线盾构,该盾构可以满足长距离排烟需求,能够减少中间风井的设置。

2) 暗挖法区间

在地层条件好的情况下,区间可实施暗挖工法。随着盾构技术的进步,盾构工法得到了广泛应用,但盾构区间有个致命的局限性,即没有变截面能力,只能一个截面从头到尾,想要变化就必须通过其他工法来实现。同时,盾构的截面尺寸也有限制,现阶段很难将车站全断面通过盾构实施出来。相对来说,暗挖工法具有较好的变截面能力,这样就给岔区采用暗挖工法提供了便利,通过逐级变截面来实现岔区暗挖。原本明挖工法的配线区一般由车站来实施,暗挖工法则可以将配线区设置在区间,对于车站整体规模优化具有较深远的意义。当地质条件允许时,暗挖工法在实施阶段方便清除盾构无法穿越的障碍物,在特定情况下,对于控制工程风险、降低车站埋深有很大的贡献。在邻近车站的区间内有障碍物的情况下,可先实施一段暗挖区间清障,清障工作完成后盾构再空推至暗挖断面处继续采用盾构工法施工。

3) 明挖法区间

明挖法需交通疏解及管线改迁,对周边环境影响大,前期费用高,协调难度大,工期难以保证,只有在特殊情况下才会采用。例如,区间过短,采用盾构性价比较低的情况下采用明挖区间;或者盾构、暗挖区间覆土不满足抗浮时,部分区段采用明挖区间;或者结合开发地块的实施情况采用明挖区间,以减小区间与开发地块之间的相互影响,同时创造出有价值的地下空间。

2. 区间工法对车站的影响

各类工法的区间与车站相接,对车站方案会产生较大影响。区间对车站的影响主要包括对车站的站型、埋深、站位、轮廓、内部布局、配线形式等的影响。

1) 对车站站型的影响

前文提到的小盾构、矩形盾构、大盾构等形式会直接影响车站的基本站型。小盾构适用于岛式车站,站台位于中间,区间设置在两边,两个轨行区相互独立。单洞双线的矩形盾构和大盾构一般适用于侧式车站,侧式车站两个轨行区合并在一起位于车站中间,刚好能够与单洞双线的区间形式平顺相接。当然,单洞双线的盾构形式也能应用于岛式车站,只是需要在车站端部设置过渡空间,将线间距从 4.5 m 一直展开至满足设置岛式站台的宽度为止,车站也可以通过局部消减站台宽度的方式来适应单洞双线盾构的应用。侧式车站也可以采用小盾构,同样也是将线间距从车站中部一直到车站端部逐渐拓宽,当线间距达到 9 m 时,就可以推进两个小盾构。当盾构区间穿越范围受到障碍物影响,需要两个小盾构尽量靠近时,会使车站形成岛侧式站台形式。当盾构区间穿越范围更小时,需要两个区间上下叠落,车站就会变成叠侧式站台形式。

暗挖区间和明挖区间对车站站型的适应性较强,对车站的站台形式影响不大。明挖区间会富余较多空间,可以设置设备管理用房;暗挖区间则可以解决配线区问题,这些都会对车站的规模和空间组合产生较大影响。

2) 对车站埋深的影响

车站与区间是相互影响、相互制约的,区间埋深也决定了车站埋深。区间埋深主要受控于两个方面:一方面是盾构区间下穿障碍物的安全距离要求;另一方面是盾构自身的抗浮需求,一般盾构区间的覆土厚度不宜小于一倍的盾构直径。当区间受控于下穿或上穿障碍物时,车站埋深除了受限于车站自身功能和市政管线需求,同样受控于区间埋深,故须综合区间埋深和车站外部控制因素来确定车站埋深。当区间埋深没有外部控制因素限制时,区间埋深就只受控于车站。相对来说,明挖区间对抗浮的适应性较强。对于浅埋车站而言,也可以通过明挖区间过渡到盾构区间,以满足盾构区间的抗浮需求。

由地铁车站自身的功能需求和市政管线需求反算出来的轨面埋深被定义为标准埋深。如果是无配线的两层标准车站,当受区间影响导致车站相对于标准埋深需加深 2 m 时,还是考虑按照标准两层车站布局,适当抬升车站层高,以提升装修效果,同时方便管线敷设;如果区间影响车站的埋深在标准埋深基础上增加 3 m 及以上时,可考虑适当加深车站,按照三层车站进行设计。如果是配线车站,其主体内空间较为富裕,在满足功能的前提下,车站埋深可以按照区间反算出来的轨面标高来设计。当区间衔接车站埋深较深时,配线车站甚至达到地下三层车站,埋深时就需要重点研究区间避让障碍物或采用清障方案,在综合考虑造价、功能、社会影响等多方面因素后确定车站方案。

当区间下穿河道时,盾构区间埋深需要依据河道的最大冲刷深度来确定。当河道宽度较窄时,可以考虑盾构区间上方设置抗浮板来减少区间埋深。这些方案的选择都依赖于综合经济技术分析的结果。

盾构区间抗浮深度限制轨面标高主要是针对浅埋车站。邻近车站位置线路标高受控于区间隧道抗浮深度,则车站形式就需要依据轨面标高来调整,例如采用地面站厅车站或地下一层车站等,车站与盾构区间的过渡需要通过增设明挖段以满足盾构区间实施条件的抗浮需求。所以,浅埋车站设计时,除考虑车站埋深对造价的影响以外,还需要考虑为了满足抗浮需求所要增加的明挖长度。从经济性角度出发,一条线如果有 1~2 个车站是浅埋车站或地面车站,则应考虑将长配线设置在浅埋车站范围内,可以大幅节约工程造价。

3) 对车站站位的影响

区间埋深也会影响车站站位。如果车站距离下穿障碍物较近就会导致埋深较深,特别是配线车站,而增加埋深会导致造价增加很多,此时应考虑车站站位远离障碍物布置。一般,每远离 100 m,可减少约 3 m 的埋深。在移动站位的同时,需要综合考虑新站位的可实施性和客流吸引情况,从多方面分析后再决策方案。除了从距离上解决问题外,还可以考虑从线位上避让,比如路中障碍物需要深穿,那就研究路侧设站方案。当然,路侧设站方案需要同步考虑征地拆迁和下穿建筑物的影响。有些既有工程(例如,地下过街通道等)的抗拔桩也会影响盾构区间的下穿,车站站位可考虑落位在过街通道位置,车站功能与过街通道整合,同时还能采用明挖法来解决清障问题。

第4章
地铁车站建筑总体环境布局

4.1 外部环境控制因素

地铁车站外部环境的控制因素有很多,有规划层面的,例如城市规划、城市管网规划、交通规划、线网规划等;也有边界条件层面的,例如交通、管线、拆迁、障碍物(桩基、管廊、隧道、河道、构筑物等)、市政工程共建、综合开发等。规划层面影响地铁车站的站位和换乘形式,边界条件层面影响地铁车站的形态,两个方面的控制因素共同决定了地铁车站建筑方案的站位、站型、层数等。

本章重点讲述:在确保车站内部功能的基础上,充分考虑地铁建设的外部控制因素,找到各控制因素之间的平衡点,以建立满足地铁建设全过程中多方面需求的整体思维模式,确保地铁方案在功能性与可实施性方面能够兼顾且均衡。这就需要建筑设计师具有一定的认知高度和视野,对外部控制因素进行充分的调研和分析,不能以偏概全,更不能以局部判断全局,这就好比一个巨大的四分之一圆柱,当很多观察者站在它的脚下时,从不同的位置能看到的只是直线或弧形的墙,从而简单地判断它是圆柱或者方柱,然而只有从不同的角度多方位观察,甚至要离远一点或者站在高处才能看到全貌(图4-1)。

总的来说,建筑设计师对外部控制因素的理解深度决定了其设计水平的高度,也影响着车站方案决策的正确性。

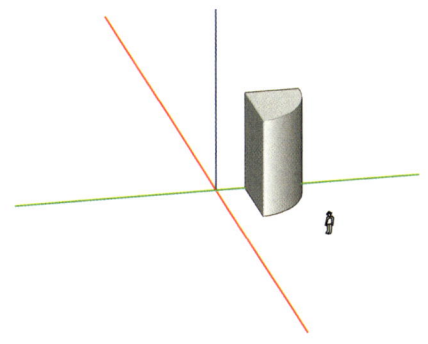

图4-1 观察角度示意

4.1.1 规划对地铁车站方案的影响

地铁是线性的系统性工程,其中车站是最难攻克的关键节点,一条线路由多段区间和多座车站组成,就像串联电路,断其任意一点都无法使整条线路贯通,有些车站的难点可以原位单点突破，有些车站的难点则需要协同相邻车站、区间共同突破。单点突破方式的主要手段是根据边界条件对建筑布局进行优化，需要依托设备系统的整合以及结构方案、结构工法的加持。协同相邻车站、区间解决问题的方式就需要了解一定的城市规划、线网规划、行车配线等相关专业知识，并能够融会贯通，灵活运用。

1. 国土空间规划

地铁车站周边环境较为复杂，在多个边界条件限制的情况下，沿线规划情况对车站建筑方案的稳定具有决定性的意义，特别是城市未建成区，规划情况直接影响车站站位的选择，反过来，合适的站位也能更好地服务客流量大的规划地块。同时，规划对车站的附属设施影响也较大，对环境影响较大的风亭、冷却塔等设施应避让规划环境敏感地块。

当车站方案受控因素较多、陷入僵局时，打开视野，放眼周边的规划，可能会给出最合理的答案，看看规划是否支持重新选择站位，从而跳出原来的困局。例如，研究一个车站的站位到底跨不跨路，除了考虑实施条件外，还需要规划来做最后的"裁判"。

2. 城市管网规划

城市重要的雨水管、排水管、热力管、电力管、煤气管等相关规划对地铁车站方案，甚至对地铁线位都有较大的影响，很多重要管线的规划路径与地铁线路重合，建设期间相互影响很大，如果不协调好，不管谁先建，后续工程都很难实施。另外，在局部线位比选时，很有可能因为受大型市政管网的影响而调整线位至另一条路，以避让重大市政管网；如果确实无法避让，可以考虑共建或局部代建的方案。当大型市政管网与地铁线路同路径时，一般将车站风道设置在道路一侧，大型市政管网设置在另一侧，车站出入口采用顶管方案上跨或者下穿市政管网。

3. 城市交通规划

交通规划中对地铁影响最大的是高架道路、地下隧道等。一般情况下，城市高架道路或地下隧道跟地铁是完全不同的交通方式，各自形成不同规划属性的交通走廊，它们之间没有联系的必要性。但在实际工程中，经常会出现避无可避、线位走向选择在同一条路，从而纠缠在一起的情况。这时就要充分研究相互之间的影响，虽然在同一个交通走廊内，也可以考虑一个位于路东、一个位于路西的分散布置方案。

当地铁工程与市政工程共用交通走廊时，需要同步研究两个工程的实施方案，包括两个项目的建设时序、保护方案，两个项目是否交叉，交叉点的代建、分建或预留穿越条件等问题。如果路幅不宽，分建实施条件较差，经过综合分析，认为共建具有较好的经济性和可实施性，也可以考虑市政工程与地铁工程共建。

4. 线网规划

线网规划对于地铁车站方案的影响主要体现在换乘形式、联络线设置、客流服务范围等方面。结合总体规划和既有线路的建设情况，优化整体线网规划，从线网角度分析换乘车站的客流特征及换乘的必要性，从线网服务角度分析站位的合理性。

当线路某个节点遇到困难，需要进行几个线位方案综合比选时，一个重要的影响因素就是线网规划。考虑到轨道交通服务的覆盖范围，线路成网的同时还需均衡布置，以增加客流服务范围，避免两条轨道交通走廊过近、局部区域线网覆盖过多，而某些区域又有大量轨道交通服务覆盖盲点等情况的出现。所以，线网规划对一条线路的局部线位会有很大影响，进而也影响着车站的方案。

轨道交通的线网布局既要保证能最大限度地吸引客流，还要考虑各线路之间的换乘方式和换乘位置能否给市民出行带来便利。例如,远期预留方案在远期线路方案比较稳定的情况下,可以优先考虑采用方便换乘的 T 形、L 形、"十"字形等节点换乘方案;如果远期方案不稳定,则考虑采用通道换乘方案;如果地铁车站与既有运营线路邻近,则要考虑调整车站站位,以便于与既有线路换乘。

4.1.2 边界条件对地铁车站方案的影响

1. 交通疏解对地铁车站方案的影响

地铁建设周期长,最常用的明挖工法,在施工期间会占用大量的城市道路资源,为了确保居民生活、生产能够顺利进行,必须组织好施工期间的交通疏解方案。车站横跨的主干道一般采用左右倒边施工来解决交通问题。当车站位于道路下方时,可以通过向道路两侧局部外扩来解决交通疏解问题。当路中布置绿化带且两侧建(构)筑物退界较大时,可以利用绿化带和路侧的退界空间来解决施工期间的临时交通问题,反之,可能会带来征地拆迁问题。

1) 交通疏解对车站站位的影响

当交通量大、导改条件差时,可研究站位避让路口、设置在道路交叉口一侧的方案。当路段两边建筑密集、建筑退界小且路幅较窄时,车站主体两侧空间局促,为了交通疏解需大量拆迁,设计中往往结合规划、客流吸引、站间距等因素将车站站位沿线路走向进行调整,甚至将局部线位调整一个路格。当部分区域实在无法克服临时交通疏解问题时,可考虑采用盖挖法来解决交通问题。

2) 交通疏解对车站站型的影响

如果道路交通量较大,道路两侧的绿化带较宽或局部有公园绿地等场地时,在综合考虑线路线形后,可以将车站站位挪至道路路侧,并采用顶出站型,同时解决了交通和管线问题。当道路两侧房屋较多,车站主体实施期间必须通过拆迁房屋才能解决交通和管线问题时,可以采用大外挂方案,极限压缩车站长度,减少交通疏解的影响范围。为了减少对交通的影响,车站主体应尽量与道路平行布置,避免斜交,如果道路是曲线线形,车站主体也可以考虑设计为曲线形车站。

2. 管线搬迁对地铁车站方案的影响

城市道路既是交通走廊,也是市政管线走廊。采用开挖工法实施车站不可避免地会影响各类市政管线,因而需要考虑管线临时搬迁方案,待车站实施完成后再回迁。但当遇到临时迁改代价较大或者影响较大的重要管线时,车站应该选择避让方式。管线迁改需要能够满足迁改的临时空间,而管线埋深也影响着车站埋深,这些因素都会对车站方案产生重大影响。

1) 管线对车站站位的影响

当与车站垂直的道路路中有重要管线且无法搬迁时,结合车站交通疏解和动拆迁情况,优先选择车站不跨路口、避让管线的方案。当与车站平行的管线迁改难度大且费用高时,考虑将车站主体偏于道路一侧设置,主体施工期间避让这根管线,过街出入口采用顶管等非开挖工法施工。车站实施时应尽量避让的重要管线包括:排水管(雨污水干管、总管)、上水管(DN 1 000及以上管径)、电力管线(110 kV 及以上)、燃气管线(超高压、高压、次高压)、特殊管线(原水管、航油管、输油管、综合管廊、军用缆)等。

2) 管线埋深对车站埋深的影响

跨路设置的地铁车站,其埋深受控于两个方向的管线埋深。与车站垂直的深埋管线如果没有条件绕行,则考虑在车站中部设置管廊,局部压低站厅层层高来解决车站埋深问题;与车站平行的管线,如果埋深较深,首先考虑主体避让,迁改后回迁的深埋管线也尽量设置于附属上方。

3) 管线对车站站型的影响

管线临时迁改路径原则上与交通疏解路径相同,当路中管线搬迁难度大而路侧设站条件较好时,优先选择路侧车站站型;当车站位于路中,但道路路幅较窄时,临时管线搬迁与交通疏解同样需要临时借用两侧地块用地,则可采用缩短车站的大外挂方案来减小管线迁改对周边环境的影响。

3. 征地拆迁对地铁车站方案的影响

车站的主体及附属设施需要征用大量的土地资源,特别是在建筑比较密集的中心城区,车站附属设施建设往往会带来大量拆迁,而对于工程的建设周期来说,拆迁是最不可控的因素,往往会因为一栋楼拆迁工作受阻,造成全线无法贯通。需要拆迁的原因,有些是因为主体和附属要占用建筑物空间,有些则是实施期间交通疏解或管线搬迁临时借地带来的拆迁。只要没有拆迁,临时借地通常还是比较容易实现的,但如果借的是公园绿化,甚至是国家级森林公园,就会涉及大量的绿化搬迁甚至是古树名木的移植问题。如今,社会对绿化的认知普遍提高,大量破坏绿化除了审批程序复杂外,也很容易引起公众投诉,导致本来的利民项目反而带来不良的社会影响。

1) 征地拆迁对车站站位的影响

地铁车站建设需要一定的场地条件,除车站主体及附属建设期间需要的开挖空间以外,出地面附属还需要永久占地空间,交通疏解和管线搬迁也需要一定的场地,这些空间都会导致拆迁。如果拆迁量大,会带来很大的财政负担和社会影响。这时就要结合征地拆迁情况、客流吸引、站间距和周边规划等因素,综合考虑车站站位的局部调整。

2) 征地拆迁对车站站型的影响

如果地铁车站的站位位于建筑较密集区域,道路宽度尚能满足车站主体实施期间交通管线的需求,为了减少拆迁量,减小协调难度,须充分调研车站周边建筑情况和可利用的空地情况,在最小拆迁量和最小拆迁难度的前提下设置车站附属。地铁车站建筑的功能性较强,为了满足功能需求,同时考虑车站附属设置条件,在进行方案设计时,可采用不同的类型,例如标准型、加长型、缩短外挂型等,还可以结合车站大小头对调等手段,将车站附属以最小的拆迁代价嵌入地形中去。如果车站所在位置路幅狭窄、周边建筑退界较少,车站主体实施期间的交通和管线就会有较大的拆迁。这个时候就要考虑尽量缩短车站,在主体实施期间减少交通管线的拆迁量,同时保证交通管线拆迁所创造的空间能满足车站附属设施的需求。

配线车站的长度由配线方案决定,由于配线端风亭位置相对灵活,为了减少拆迁,在考虑局部调整车站站位的同时,还可以调整配线端的风井位置,利用大小头对调等手段,统筹考虑拆迁量最小的车站方案。由于配线车站对拆迁的影响要远大于标准车站,如果某个配线车站较长、拆迁量较大,则可以考虑将配线调整至相邻拆迁量较小的车站,拆迁量较大的车站设计为标准车站,以减少拆迁量;或者在满足行车功能的前提下调整车站的配线形式,在特定的条件下减少拆迁量。

车站宽度带来的拆迁问题可以通过竖向空间调整来减少拆迁量。例如,标准车站可以考虑采用叠侧方案,减少车站宽度,从而减少拆迁量;平行换乘车站可以考虑设置叠岛换乘方案,减少车站主体开挖宽度,也能明显减小交通管线的压力,从而减少车站实施期间的拆迁量。

从工程筹划角度考虑,设计方案应尽量避免车站主体的拆迁。在很多情况下,可以采用异形站台的方式来避免主体拆迁或者避让重要管线,如曲线站台、鱼腹式站台、梯形站台等,从而解决局部拆迁问题。有时为了配合区间避免下穿深桩建构筑物,也可调整车站的局部站位或站台形式,通过综合优化手段来减少拆迁。特别是工期比较紧张的项目,应尽量避免车站主体实施期间的拆迁,这会严重影响车站的工程进度,若无法按时实现洞通、轨通,会导致全线工期受到影响。

4. 障碍物对地铁车站方案的影响

影响地铁建设的障碍物包括建(构)筑物、市政设施和水利设施等。其中,建(构)筑物主要是指各类工业与民用建筑等;市政设施主要是指隧道、桥梁、高速公路、过街通道等;水利设施包括河道、堤防、泵站、雨水调蓄池、水文观测站、水闸等。地铁的区间建设经常会下穿、侧穿各类障碍物,车站周边的障碍物直接影响着车站的整体方案,区间与障碍物的关系间接影响着车站方案。

1) 障碍物对车站站位的影响

地铁沿线的各类障碍物较多,为了避让障碍物,线路走向会作相应调整,从而影响车站站位。例如,地铁线路在路中遇到障碍物,可能为了避让障碍物,将路中站调整为路侧站;当地铁车站是一个配线车站时,区间近距离下穿障碍物,则为深埋的三层车站,工程量大增,如果调整站位,远离障碍物,车站利用纵坡可爬升至标准两层车站。当然,调整站位需要经过各种因素多方位比选之后才能实施。

2) 障碍物对车站站型的影响

障碍物对车站站位影响的同时,还会影响车站的埋深和形式,如车站方案可能从两层车站变为三层车站,也可能由原来的标准型变为顶出型,附属位置也会有相应的调整;有些地铁车站为了配合两侧区间侧穿桥梁,将有效站台设计为梯形站台。应对各类障碍物的主要手段有保护、避让、改造、清除等,原则上保护优先,其次是避让,如果保护和避让的代价太大或不具备可实施性,例如对车站功能影响太大、大幅增加拆迁量、工程风险太高、工程造价猛增等,这时就要考虑改造和清除方案。

很多设施性障碍物自身有重要的功能,改造和清除方案不仅要充分考虑实施期间的临时过渡方案如何解决,还要考虑改造完成后是恢复原样还是改变功能,若要改变障碍物原有功能,就要了解原来障碍物的工作原理,是否能够局部压扁、局部抬升或局部废弃等。有些障碍物工程的改造需要车站站位向它靠近,车站在明挖的同时把障碍物凿除和恢复,例如过街通道的桩基影响了区间通过,则索性将车站移至过街通道处,车站开挖废除局部通道,明挖凿除桩基,避免盾构区间穿越拔桩的情况,同时还可以将凿除的一段过街通道与车站合建,将过街通道作为车站的出入口。

比较有代表性的常见障碍物就是各类桩基,包括工程桩、抗拔桩、围护桩等。经常会出现区间下穿桩基导致车站埋深增加、避让桩基站位偏移导致拆迁增加、拔桩需要改造原障碍物工程等情况。车站方案应综合考虑多方面因素,如果是配线车站,增加埋深会导致工程量大幅增加,就要重点研究避让和清障方案;如果是标准车站,则可以考虑采用增加埋深的方案。总之,这是一个综合性的复杂问题,需要统筹考虑车站功能、工程造价、拆迁量、工程风险、交通、管线等多方面因素,经综合比选后,选择最合理的方案。

4.2 地铁车站总平面布置

地铁是一个极其复杂的系统性工程。地铁设计的系统思维应具备深度和广度,需要高瞻远瞩,把握方向,掌控全局。系统思维需要我们把车站当作一个整体加以考虑,立足整体的同时,从整体与部分、整体与环境的相互作用过程中认识车站的功能,最后应用系统思维理念。将车站的功能模块优化整合之后融入建设环境里形成合理的方案是接下来要讨论的问题。

地铁车站建筑概括起来包含地下建筑空间和地上建筑空间。地下建筑空间又包含主体空间和地下附属空间,主体空间是与轨行区密切相关的空间,附属空间是主体空间之外的外挂空间。地上建筑空间也称为出地面附属设施,包含出入口、风亭、冷却塔、无障碍电梯等设施,详见图4-2。车站建筑的外部轮廓不是凭空产生的,也不是设计者随心所欲决定的,而是地下建筑空间与地上建筑空间功能的反映。地下空间与地上空间相互联系、相互制约,最终形成完整的整体轮廓。车站建筑的空间布局除受功能控制以外,也受制于建设场地的边界条件,尤其是复杂的建设环境对空间布局有极大影响。在复杂边界条件限制下,将车站的地上空间、地下空间功能合理落位,并协调好二者之间的关系,协调好车站功能与内外空间的逻辑关系,把各方面的制约关系统一协调起来,才能设计出既满足功能又融入环境的车站总体方案。

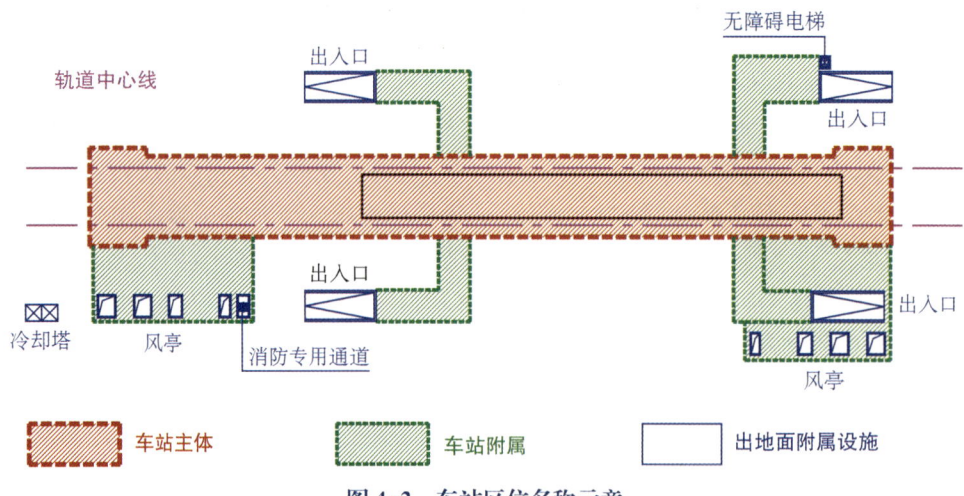

图4-2 车站区位名称示意

车站的总平面布置是建筑方案设计的起点,决定了未来车站方案的走向。车站总平面布置是外部控制因素与车站内部功能相互制约、协调的结果,也是车站的相关设施与城市环境融合的结果。首先,需要对外部控制因素进行收集、解读和整合;然后,在外部控制因素制约下,谋划车站内部的大功能格局,使车站的功能布局融入环境中;最后,输出初步成果,形成总平面图。

4.2.1 车站在总图布局中的均衡与稳定

自然界一切事物都保持着一定的均衡与稳定,例如,山的形态为上小下大,树干的形态为上细下粗,人的形态具有左右对称的特性。地铁车站的整体轮廓也遵从均衡与稳定原则,虽然不像民用建筑那样容易让人找到均衡与稳定的规律,但对于地铁设计师来说,这个均衡与稳定的原则也是有章可循的。这些原则不仅体现在实际功能的合理性上,也体现在车站与环境的融合性上。

地铁建筑的均衡与稳定不仅是审美范畴的均衡与稳定,也属于科学研究范畴,所以用的是逻辑思维方法。同时,地铁车站总平面布局也不能缺乏形体上的美,地铁车站的形体美是出入口的舒展,是风道的平顺,也是功能设施与环境的和谐。

1. 车站建筑的均衡

均衡有两种基本形式:一种是对称形式,另一种是非对称形式。

对称形式天然就是均衡的,加之它本身又体现出一种严格的制约关系,因而具有完整统一性。例如,一座车站在十字路口跨路设置,4个象限对称布置出入口,这就是典型的均衡与稳定(图4-3)。风亭的均衡有内、外之分,外部均衡是指与环境的融合与协调,远离敏感建筑,消隐于环境之中;内部均衡是指与其相应的通风空调房间对于车站整体服务的均衡。

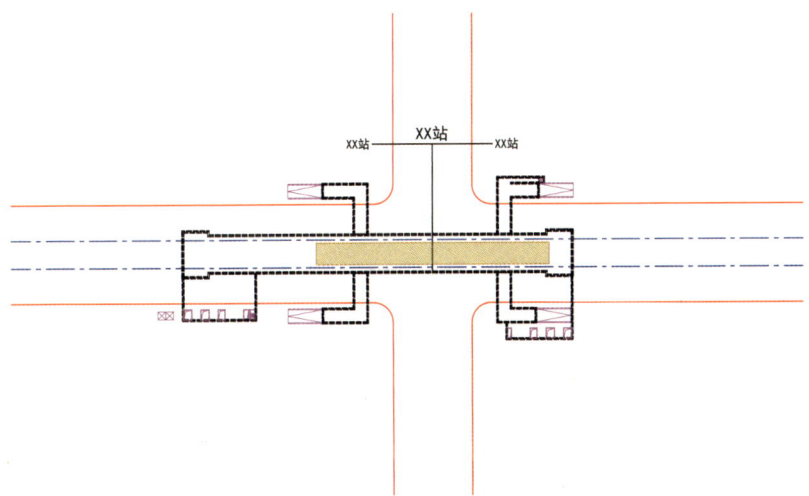

图4-3 出入口均衡布置示意

尽管对称形式天然就能实现均衡,但受到边界条件的限制,不是所有车站都有条件布置成对称形式,这时就要采用非对称形式来保持均衡。非对称形式的均衡虽然不像对称形式那样明显,但形体上的不对称不代表功能上的不均衡,要保持非对称形式下的均衡需要采用相应的技术措施来实现。例如,车站偏于道路一侧,风道也位于道路同一侧,但是通过出入口通道延伸加长布置,也能够照顾到各个方向的客流,这就是非对称的均衡,如图4-4所示。

除了静态均衡外,对于地铁车站来说,还应该研究动态均衡。地铁的功能目标是服务乘客,车站出入口是接收客流的通道,对于出入口来说,面对的空间是一个动态空间,客流量越大,动能就越大。出入口的布置顺应客流方向是最重要的,但不是一定要形式上的对称,例如,一个地铁车站位于十字路口,是否需要4个象限都设置出入口,还需要考虑客流需求,对于客流量较小、动能不足的方向是可以考虑不设置出入口的,这也说明了形式上不对称的布局其功能上仍可实现动态均衡,如图4-5所示。

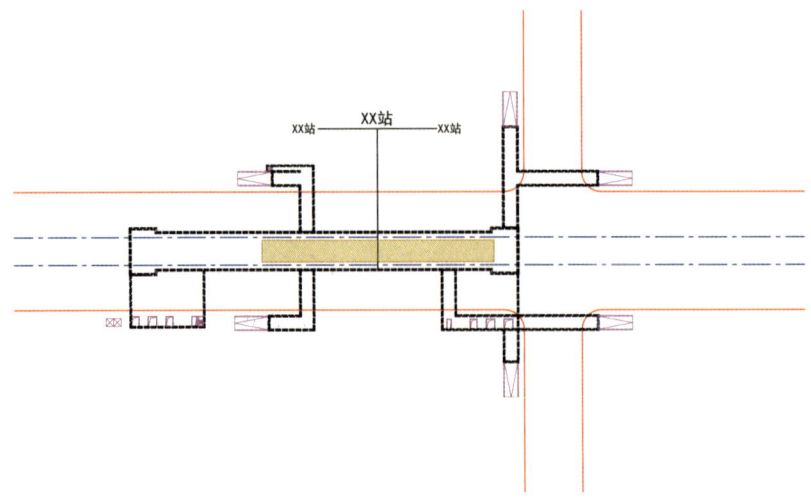

图 4-4 出入口通道非对称的均衡

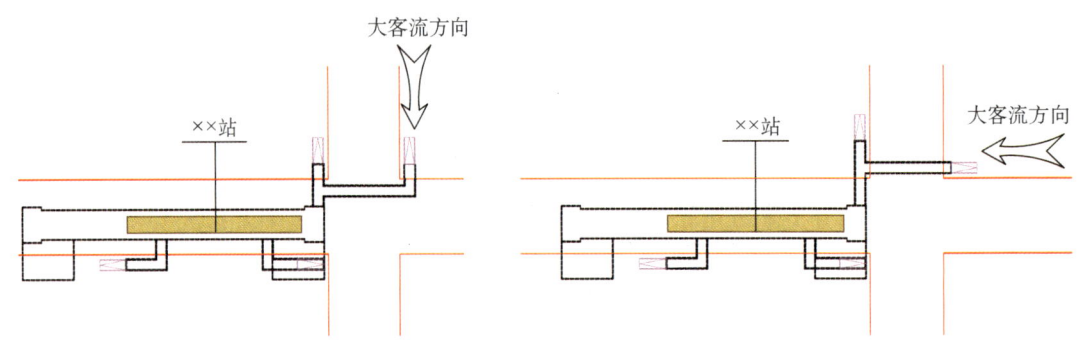

图 4-5 出入口的动态平衡

换乘车站相较于标准车站而言,除了注重外部的客流动能外,还应该关注内部的换乘客流动能。如在既有车站已经通车运营的情况下,新建车站的建设偏向于既有车站设站,虽方便了换乘,但也可能会造成新建车站空间上的不均衡,以及对周边客流的服务并不均衡;但换乘车站有自己的换乘功能使命,它必须去应对更主要的换乘客流功能需求,在重点照顾换乘功能的前提下去克服困难,解决客流吸引问题,这就形成了新建车站与既有车站的整体均衡关系,显然这种关系也是非对称的均衡关系。

2. 车站建筑的稳定

稳定是车站轮廓的构图特征,车站平面构图也是总平面设计不可或缺的重要框架体系。不管什么样的构图方式,稳定都会给设计者带来比较良好的感受。车站的功能特征决定了车站有两个中心点:一个中心点是有效站台的形心位置,另一个中心点是车站主体的形心位置。

车站出入口与有效站台有着密切关系。从标准车站布局上可以看出,出入口最合理的接口位置相对于中心里程的距离是固定的,出入口最理想的构图就是以车站有效站台的形心为中心向外放射性地布置,形成中心稳定性。若两个出入口朝向一个方向就会出现顺拐情况,形成不了中心点的稳定;当某一个出入口没有向外延展,而是朝向车站形心位置,也形成不了中心点的稳定；当出入口布局像刮风一样拐向同一个方向时，也形成不了稳定的出入口布局。

风亭是以车站主体形心点为中心进行布局的，其出地面的位置受边界影响最大。当风口出地面位置不能通过风道与环控机房顺接时，就是风道布置不稳定的表现。有时候，出入口的稳定与风亭的稳定会存在矛盾，会出现顾此失彼的情况，这就需要设计者有较强的设计功底，及时调整车站的功能布局，使出入口与风亭共同完成构图稳定。在的确有困难的情况下，需要找到出入口与风亭稳定的平衡点，以实现总体布局最优。

4.2.2 地铁车站总平面方案布局

地铁车站的建设环境一般较为复杂，几乎没有理想的建设环境，就像是在建筑密集的市中心狭小地块内建设房屋一样，需要考虑道路交通状况、相邻建筑的朝向、日照、常年风向等各种因素。一幢建筑物之所以设计成某种形式，与内、外两方面因素的影响都有着不可分割的联系，尤其是在特殊的地形条件下，这种来自外部的影响表现得尤为明显。

地铁车站往往选址在城市最繁华的十字路口，这就意味着需要开挖大型基坑来实施车站的地下结构，并且建设期间还需要解决交通疏解和路下管线问题。同时，车站附属设施的落位需要征用较大的用地空间，这会导致较多的拆迁问题。相较于民用建筑，地铁的建设环境控制因素更为复杂。

1. 地铁车站主体落位

车站主体是与轨行区密切相关的空间，主体落位是车站方案稳定的前提条件。地铁车站主体落位包括主动落位与被动落位。主动落位是指车站主体不受控于边界条件，完全根据功能需求落位；被动落位是指受到各种外界控制因素的影响，在矛盾中寻求平衡，兼顾功能与可实施性的落位。在很大程度上，被动落位需要依靠线路规划的协助，当车站功能与边界条件发生不可调和的矛盾时，需要线路配合移动站位、优化线形、调整站台形式，甚至是调整配线形式来解决矛盾。

主动落位是车站主体不受控于区间障碍物、交通、管线、拆迁等情况的落位，具有较理想的设计条件，站位沿线路方向和垂直于线路方向可移动调整的余地较大，然后根据规划要求，在满足客流吸引、站间距布置合理的情况下，完成车站主体落位。这种情况下的主体落位应重点关注主体落位之后，方便车站附属设施的布置，特别是有重要服务功能的出入口，主体落位应方便出入口的合理布局，自然向外延展，方便吸引客流。同时，主体落位也应便于风道布置，使风道平顺、功能合理、且不影响周边环境。

被动落位是车站主体受制于多种控制因素情况下的落位，主要的控制因素包括区间障碍物、交通疏解、管线拆迁、征地拆迁和上位规划等。这些控制因素都是需要设计师提前做好调研的，它们是车站方案设计的重要输入信息，有了准确的输入信息才能进行准确的信息整合，而信息整合过程是一个权衡利弊后进行取舍的过程。在所有的控制因素中，管线问题是相对复杂和难以判断的，管线情况的排摸及与产权单位的沟通本身也是一个复杂的过程。车站能不能跨路，很大程度上取决于垂直于车站的道路路中的管线现况，站位位于路中还是路侧也取决于沿车站方向的道路管线情况，遇到不可动管线时，车站方案只能考虑避让。

换乘车站的主体落位相对来说更加复杂，需要同时照顾两条线的情况，兼顾两条线的区间障碍物情况、周边拆迁情况以及多条道路的交通管线影响。总之，换乘车站要在更加复杂的边界条件下找到工程可实施性的平衡点,兼顾车站功能、工程造价和可实施性等多个设计要点,使换乘车站的主体能够稳定落位。如果远期换乘线路建设时序上有延后,在近期方案的考虑中一定要思虑周全,不给远期项目留有后患。

2. 地铁车站出地面附属设施落位

车站出地面附属设施也被称为地面四小件,主要包括出入口、风亭、无障碍电梯和冷却塔。出入口和无障碍电梯是车站外三区的出入口通道与外部空间的接口;风亭和冷却塔是车站内三区的环控功能区与外部空间的接口。附属设施的落位主要受控于车站外部因素和车站内部因素。车站外部因素由边界条件控制,内部因素由车站自身功能需求控制。车站外部控制因素主要包括城市规划、环境保护、消防间距、征地拆迁、管线搬迁等;车站内部控制因素包括风道的功能需求和出入口的客流服务需求。

1) 外部环境控制因素

大部分地铁车站都建设在已经落实规划的区域,多数情况下,车站的附属设施需要在完整的环境里切割出来部分空间,这很可能会破坏原有环境的整体性,因此车站出地面附属设施并不是最初就能与环境和谐共处的。附属设施布局落位的任务之一就是协调二者的关系,只有使它们巧妙地结合,才能在更大的范围内求得和谐统一。附属设施周边经常会有相邻建筑,如果没有全局观念,只顾及车站附属自身的形态,就不可能在更大的范围内达到统一。附属设施特别是出入口应考虑在形式、材质方面与周边建筑环境相融合,鼓励采用统一的建筑表皮,利用材质疏密变化实现不同功能的需求,以形成统一的建筑外观和有机整体。如果脱离了环境、群体,孤立地存在,即使车站建筑本身尽善尽美,也会在环境中显得格格不入。

2) 环保控制因素

风井和冷却塔都会产生较大的噪声,需要考虑其与敏感建筑之间的环境保护距离。敏感建筑包括住宅、学校、医院等。按照规范要求一般最小间距应保持在 15 m 以上,但在实施过程中,如果风亭、冷却塔设施邻近居住建筑,即使满足环评要求,也会带来较大的协调难度。所以,在这些附属设施落位的时候,在有条件的情况下,应尽量远离敏感建筑,以确保方案稳定。

除考虑地铁附属设施的噪声对周边敏感建筑的影响以外,还应考虑周边建筑设施对地铁车站的影响。新风井是车站新鲜空气的主要入口,所以,新风井与污染源应保持一定的卫生距离。对新风井影响较大的污染源包括普通医院、传染病医院、疾控中心、垃圾收集站、大型公厕以及有毒、有害气体和烟尘、粉尘排放超标的场所。具体的距离值一般以环评要求为准,车站方案总体布局阶段遇到以上不利环境,首要原则是新风井尽量远距离避让,在避无可避的情况下,及时与环评部门沟通确定合理间距。

3) 征地拆迁控制因素

在城市中心区域,建筑密度较高,想要找到合适位置布置出入口、风亭的难度很大,因而也经常会出现附属设施落位反过来决定车站主体站位的情况。在附属设施落位难度很大,无计可施的情况下,就要考虑拆迁来解决建设场地问题了。当寻求拆迁解决附属落位问题时,自然优先选择建筑体量小、拆迁难度小的建筑,当然也可以考虑后续拆迁建筑与车站地面附属设施结合还建的方案。车站主体实施期间的交通疏解和管线搬迁也可能带来拆迁问题,车站附属设施恰好结合临时借地的拆迁范围进行布置,则能够减少征地拆迁矛盾。

4）消防控制因素

地铁车站有较多出地面的附属设施，车站附属设施与周边建筑的间距应满足相关消防要求。《地铁设计防火标准》(GB 51298—2018)规定，地下车站的出入口、风亭、电梯、消防专用通道、采光井等附属设施按照一、二级耐火等级的多层民用建筑与周边建筑控制消防间距(图4-6)。这简单概述了消防间距的控制原则，对于特殊情况，还是需要仔细研读《建筑设计防火规范(2018版)》(GB 50016—2014)，了解民用建筑相关规定的来龙去脉，以便在不满足消防间距基本规定的情况下，采取相关措施来满足规范要求。

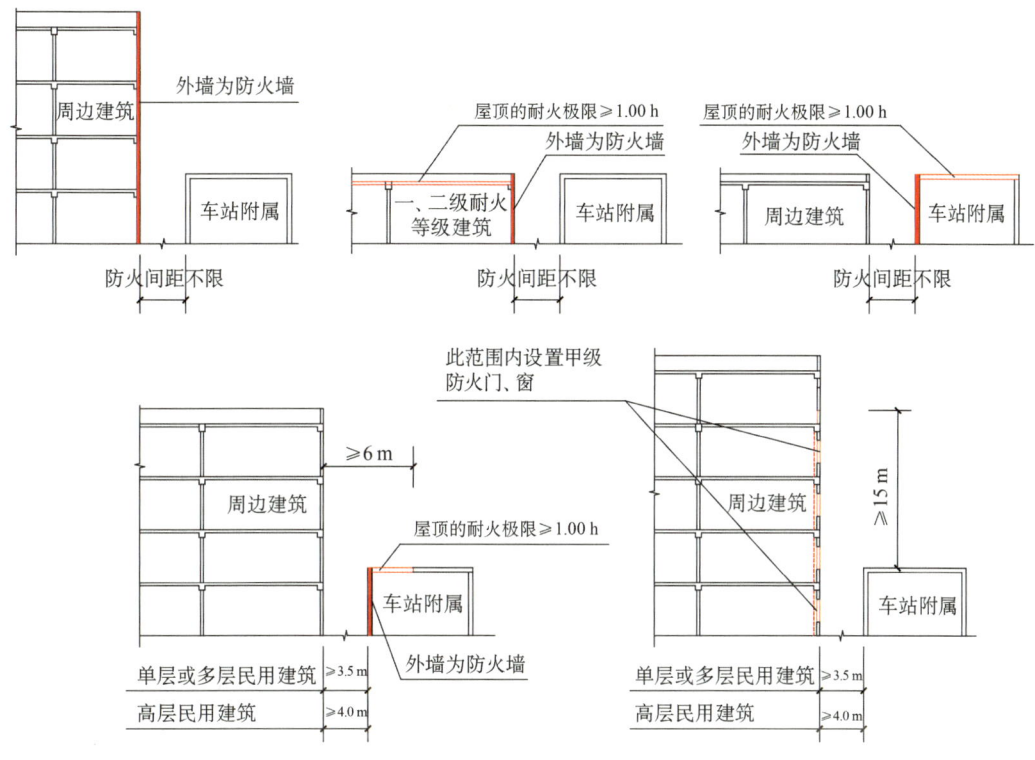

图4-6　车站附属设施与周边建筑消防关系

为了解决用地问题和减小车站附属设施对景观环境的影响，车站的出入口、风亭等设施经常与开发建筑结合起来设置。地铁的建筑空间与开发建筑的空间是两种完全不同的使用功能，分界面处需要采取防火分隔措施，二者之间开口部位的间距也应保持一定的安全距离，如图4-7、图4-8所示。

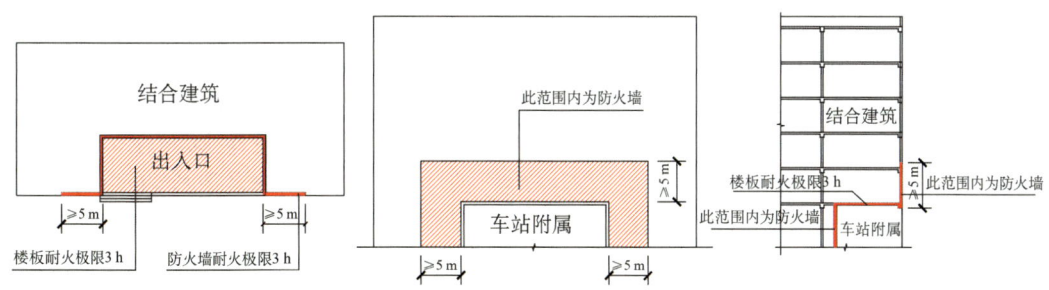

图4-7　出入口与建筑整合要求

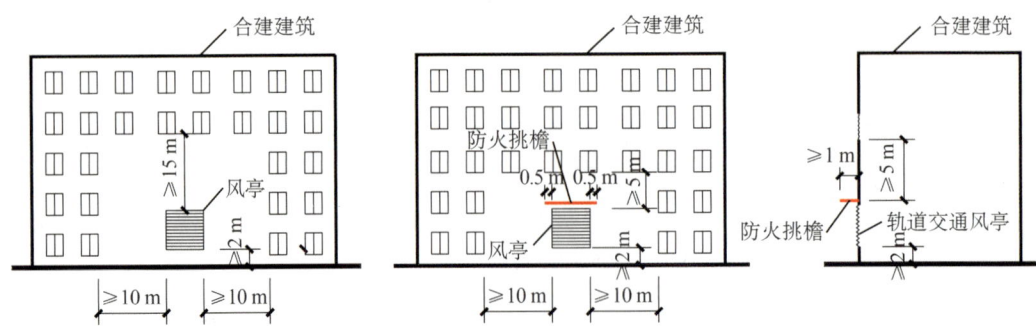

图 4-8　风亭与建筑整合要求

对于车站的总图布置,除了熟悉《地铁设计防火标准》(GB 51298—2018)和《建筑设计防火规范》(GB 50016—2014)外,还应熟悉输油、燃气、加油加气站、电力等的相关规范,这些设施对车站的附属设施落位都有重大影响。

《输油管道工程设计规范》(GB 50253—2014)规定:原油、成品油管道与城镇居民点或重要公共建筑的距离不应小于 5 m。这一条适用于出入口风亭等设施与油管的间距控制。

《城镇燃气设计规范(2020 版)》(GB 50028—2006)规定:高压燃气管道 A 级(压力为 $2.5 \text{ MPa} < P \leqslant 4.0 \text{ MPa}$)与建筑物净距不应小于 30 m,当壁厚 $\geqslant 9.5$ mm 或对高压燃气管采取有效措施时不应小于 15 m;高压燃气管道 B 级(压力为 $1.6 \text{ MPa} < P \leqslant 2.5 \text{ MPa}$)与建筑物净距不应小于 16 m,当壁厚 $\geqslant 9.5$ mm 或对高压燃气管采取有效措施时不应小于 10 m;次高压燃气管道 A 级(压力为 $0.8 \text{ MPa} < P \leqslant 1.6 \text{ MPa}$),与建筑物外墙的间距为 $5.0 \sim 13.5$ m 插入法计算。

《汽车加油加气加氢站技术标准》(GB 50156—2021)规定,重要公共建筑与加油站的汽油加油机、油罐及油罐通气管管口的距离为 50 m。

《电力设施保护条例》规定,电力线路保护区、架空电力线路保护区、导线边线向外侧水平延伸并垂直于地面所形成的两平行面内的区域,在一般地区各级电压导线的边线延伸距离要求为 $1 \sim 10$ kV 不小于 5 m,$35 \sim 110$ kV 不小于 10 m,$154 \sim 330$ kV 不小于 15 m,500 kV 不小于 20 m。

5) 内部控制因素

出地面附属设施落位对车站主体落位的影响较大,还是车站主体落位对出地面附属落位的影响较大,这是一个辩证关系,它们之间的影响是相互的,随着控制因素的变化,这种影响也是动态变化的。

车站出地面附属落位的内部因素包括车站主体落位、车站配线、车站功能需求等。当无配线车站主体被强控制因素锁死时,车站的附属设施也被车站主体锁定在一定范围内,可调整的余地有限。当配线车站的主体被强控制因素锁死时,配线端的车站附属相对调整余地较大,可以通过调整内部空间布局来调整出入口、风道的位置,如在主体内设置通道,将出入口调整至实施条件较好的位置,或者调整环控机房模块位置,改变车站几大功能区模块的布局,相应的风道就可以进行调整,出地面风口自然也随之调整。

3. 车站各功能区的落位

车站内部可分为"外三区"和"内三区"六大功能区。外三区包括站厅公共区、站台公共区和出入口通道,内三区包括核心功能区、环控功能区和变电所功能区。这六大功能分区共同决定了车站的总体功能布局,车站的总平面图轮廓也是几大功能区布局的体现。

1) 各功能分区的特点

车站的"外三区"虽然功能较多、流线复杂,但其功能落位是被有效站台位置锁定的,也就是说,不管车站多长,其站厅层公共区和站台层公共区基本限制在主体范围内。所以说,车站公共区是随着车站有效站台而落位的,出入口通道与车站主体接口位置也间接被有效站台限制在一定范围内,从出入口地面厅至主体接口位置的连通道就是车站的出入口通道。反之,如果车站没有设置出入口地面厅的位置,则车站最重要的服务空间就没了出口,站厅公共区和站台公共区也就没有实现落位的目标。

车站"内三区"的功能落位与车站有效站台之间没有明确的对应关系。车站的核心功能区虽然非常重要,但其功能布局相对来说比较灵活,可以设置在主体内部,也可以设置在主体之外,可以同层设置,也可以分层设置,但其功能关系相对比较紧密,不宜设置得过于松散。

变电所功能区对设备运输和管线路径的要求较高,在有条件的情况下,优先将其设置在站台层,当站台空间不足时可以考虑设置在站厅层或外挂空间。一般情况下,变电所的相关功能房间必须集中紧凑布置,特殊情况下,可以考虑分区布置,但管线沟通应顺畅便利。另外,车站的变电所宜与冷冻机同侧布置,也就是冷水机组应靠近负荷中心,这会影响车站的整体功能布局。

内三区中规模最大、对车站布局影响最大的是环控功能区,主要包括区间通风机房、环控机房和冷冻机房。这个功能区的落位对车站整体轮廓的影响至关重要,它的布局没有核心功能区那么灵活,需要同时连接车站的内部空间和外部风井,有较强的功能逻辑关系,同时还要充分考虑其服务功能的均衡性。其中,车站的区间通风必须分设于车站两端,分别服务两端的区间;环控机房正常情况下也考虑分设在车站两端,从两端向中间设置风管,这样服务均衡性会更好,同时考虑与区间通风机房组合布置,方便整合风道布局;特殊情况下,也可以考虑将环控模块布置在车站中部,将两个环控机房合并布置在中间,服务功能逻辑是从中间向两端设置风管以提供通风服务。冷冻机房的落位相对比较灵活,可以独立设置,也可以与环控机房结合设置,对内宜与变电所同端靠近,对外宜与冷却塔同端靠近。

2) 车站主体落位是各功能区落位的突破点

根据前面的方案研究,车站主体落位后,首先要分析的是哪些功能模块可以在主体范围内解决,主体范围内解决不掉的剩余空间再通过附属围合空间、外挂空间来解决。

标准车站整体规模一般差异不大,以 6B、6A 车型为例,受到站型、出入口数量、变电所类型等影响,标准车站的整体规模在 12 000~15 000 m^2,主体不足的空间通过附属空间来补充。当然,补充出来的空间不是随意就能够满足车站的功能要求的,需要按照车站功能布局的相应逻辑关系,落位这些从主体溢出的设备管理用房。

外挂空间的形态布局在受制于功能需求的同时还应兼顾出地面附属设施的落位情况,以最简单、最紧凑的外挂形式来解决空间不足问题。例如,标准站型,车站长度范围内能够解决大部分的功能用房,只需考虑风道、出入口通道从主体接出地面;当车站长度受控时,结合附属的功能布局,考虑将大部分设备用房采用外挂形式;如果车站主体与出地面附属设施的落位较近,风道长度不足,则可考虑通长型的外挂;如果车站主体与出地面附属设施距离较远,则考虑采用局部外挂,或者是局部双层外挂,等等。总之,从功能上兼顾各模块的逻辑关系,从空间布局上实现各层空间的充分利用。

对于三层车站,也是考虑将部分主体内解决不掉的面积设置在外挂空间。一般来说,三层车站从主体内溢出的空间不多,充分利用出入口风亭的围合空间,即可实现车站的完整功能。三层车站或大外挂车站的通风功能布局有两种形式:一种是两端机房,另一种是中间合并机房。这两种方案的选择以外界因素作为控制条件。如果车站两端都有较好的附属设置条件,优先考虑两端机房方案,服务功能合理,覆盖面积较大;如果两端附属条件较差,可以考虑采用中间合并方案,这时可以把新排风井集中设置在车站中央,从而避免出地面风亭的实施难度。

对于配线车站,原则上,车站的所有功能模块都可以在主体范围内解决,这个时候考虑的就不是如何解决空间不足问题,而是应考虑如何充分利用车站主体内空间,尽量减小外挂空间。对于通风功能来说,如果车站位于路中,则仅考虑风道从主体内接出连接风井,不设置任何外挂用房,避免风道与出入口的围合;对于配线车站的小头端,可参考标准车站的功能布局进行方案布置。

4. 车站总体功能布局

如前所述,车站总图布置一般包含三个步骤:车站主体落位、车站出地面附属落位、车站各功能区落位。不同的落位步骤有不同的控制因素,在不同的控制因素下,落位顺序也是不同的,三者之间的落位关系是相互影响、相互制约、相互矛盾的。只有将三者协调统一,在矛盾中找到平衡点,才能设计出功能合理、可实施性强的车站方案。方案的变化都是矛盾推动的,把矛盾研究清楚了,也就把握住了方案变化的趋势,还能在一定程度上预见方案实施的难易程度。

图 4-9 车站功能与环境因素的关系

车站的总图布局不是线性思维模式,而是立体思维模式。线性思维认为事物之间只存在单向、直线的因果关系,看不到事物之间更多方向、更复杂、更曲折的因果关系。显然,地铁的功能布局不是一个简单的线性过程,线性思维容易让设计者陷入局部,不能从更广泛的角度来解决复杂的矛盾。人类所拥有的而计算机暂时还无法取代的一项独特能力就是立体思维能力,车站总体功能布局就需要强大的立体思维能力,是无法依赖计算力来解决的。立体思维能力能让设计师在分散且复杂的边界条件下,深入研究隐秘的因果关系,洞察破局点的方向,它是地铁车站设计师必备的一项能力。

从辩证的角度来看,功能对于车站形态有决定性作用,车站形态也是内部空间合乎逻辑的反映,根据内部空间的组合情况来确定车站的轮廓,同时,车站形态又受制于外部环境因素。从某种意义上来说,建筑设计的任务就是把内部功能和外部环境因素两方面统一起来。车站功能与环境因素的关系如图 4-9 所示。

相对来说,车站主体落位是最复杂的,它受控于线路规划、交通、管线、拆迁等影响车站的控制因素,同时也受制于出地面附属设施的落位。再好的站位,某一端的风亭无处安放也就成了无法实施的方案,因此一个风亭布局可以否定车站的整体方案。就像唯物辩证法的理论,部分制约整体,关键节点对整体起决定性作用。出地面的附属设施主要受控于拆迁、环保、消防等控制因素,同时也受制于车站主体的位置,条件再好的空地,车站主体无法落位,那么风亭也无法与车站主体取得联系。

主体落位之后,风道和出入口通道从主体接出,分别与出地面附属设施相连,这些骨架搭好之后,再谋划车站的内部功能布局,考虑是否外挂设备用房等。有时,若各功能区无处安放,也会反过来限制车站主体的形态,如果没有外挂空间,则只能考虑加长车站或采用三层车站的方案来解决功能的空间需求。

三落位之间的矛盾以及内部功能与外部边界条件之间的矛盾始终贯穿着方案决策的全过程,需要地铁建筑设计师找出其中的主要矛盾,那么一切问题就迎刃而解了。很多专业技术人员因为不懂这个方法,事无巨细,任何问题都想一次性解决,找不到核心矛盾,也就找不到解决矛盾的方法。下面笔者将介绍如何运用立体思维模式来合理地解决总平面布置中遇到的各种矛盾问题。

1) 主从分明、有机结合

一座地铁车站,不论它的轮廓怎样复杂,都不外乎是由一些基本功能模块组合而成的。只有在功能合理的基础上,这些功能模块巧妙地结合成一个有机整体才有意义。

在车站这个有机整体的内部空间里,任何一个功能的缺失,都无法让地铁的整体功能完完全全地实现。就像人一样,缺失了任何一个肢体或器官都无法正常生活,但也有主次之分,如人体的大脑、心脏和躯干是绝对不能缺少的器官。地铁车站的主体相当于人体的躯干,占据车站空间的主导地位,特别是配线车站,其绝大部分重要功能都可以在主体内解决,主体方案的稳定有着绝对至关重要的地位。相对来说,出地面的出入口、风亭等空间处于从属地位,出入口相当于人的四肢,风亭相当于人的鼻孔,虽然不是那么至关重要,但也是不可或缺的。

明确了主从关系之后,还必须使主从之间有良好的连接。特别是在复杂边界条件下,就出入口如何与车站主体连接、通风机房如何与风亭连接,必须把所有要素都巧妙地连接成一个有机整体,也就是通常所说的"有机结合",同时,组成整体的各要素之间必须排除任何偶然性和随意性,表现为一种相互依存、相互制约的关系。

2) 合理布局、有章可循

地铁车站空间组合既受到外界边界条件控制,也受到内部功能需求影响,由于受控于不同的控制因素,因此很难找到两座完全相同的车站。为满足复杂的功能要求,地铁车站内部空间组合必然呈现出多样化的差异性,而这种差异性不可避免地会反映在车站的外部轮廓上。但是,各种站型的车站其功能组成都较为相似,不管多复杂,也都有章可循。

标准车站的主体长度是一个变量,其长度受到边界条件、出地面附属的位置、管线、障碍物等控制因素的影响。车站短至有效站台两端各外放 5~10 m,长至所有的车站功能模块都在主体内。车站的长度决定了有多少功能空间需要从主体溢出至外挂空间。然而,外挂空间也不是随意布置的,需要与出入口、风亭等功能进行整合,最好能够利用出入口风亭的围合空间,使车站的形状和轮廓简单集中。如果外挂空间不足,可考虑设置双层外挂。当然,双层外挂也是需要充分利用风道、出入口的底部空间，实现上下协调统一，避免造成高高低低、零零散散的外挂空间。

配线车站的大部分功能都可以在车站主体内解决，所以空间组合上反而相对简单。这时，附属空间只有车站主体与出地面附属之间连接的出入口通道和风道。

3）整合轮廓、大道至简

车站外轮廓线是反映设计水平的一个重要方面，不同于地上建筑，需要采用复杂的体形来展现轮廓之美，车站轮廓需要的就是最原始、最简单的体形，也就是矩形。对地铁车站来说，原始体形就是最美的，它既能与功能相适应，也能够与结构的合理性相契合。越是简单的体形，单位面积需要的围护结构越少，性价比越高；越是原始的体形，空间利用率越高，空间组合越合理。

车站的附属功能的整合能够使原本复杂的轮廓变成简单的矩形构图，合理的功能布局使车站附属设施具备整合条件，使围合空间得到充分利用。筹划方案时，应提前思考附属的整合问题，以减少车站的围护工程量。

第5章 地铁车站技术经济优化控制

前面章节系统性地介绍了地铁车站的配线形式、功能模块、空间结构、环境布局等方面的内容,其中对地铁车站建筑的经济性问题也有部分表述,本章将对车站的技术经济问题做系统性的总结。

地铁车站的经济性目标对车站建筑方案有着重大影响,经济性目标与功能性目标、可实施性目标共同组成了车站设计的三大重要目标。设计师要研究它们的制衡机制,掌握控制它们的方法,寻找三者之间的平衡点,把握好三大目标的辩证关系是实现地铁车站技术经济优化任务的前提。三大目标之间有一定的矛盾性,共同组成对立的辩证统一体,不可孤立地进行车站规模优化,如果在功能性和可实施性上出现问题,即使实现经济性优化也是得不偿失的。

三大目标中,功能性是第一位的。建筑功能的好坏必然影响可实施性和经济性,只有符合功能要求才能谈得上可实施性和经济性。很多情况下会出现因经济性优化而造成功能性和可实施性变差。但是,当从全局角度出发,车站的方案优化可以出现功能性、可实施性和经济性共赢的情况。这也是地铁车站建筑方案优化的终极目标。

在地铁建筑设计领域,一种较为普遍的场景是:设计师在不充分调研的情况下和紧迫的时间压力下,只要能按时提交设计,不延误工期即为完成任务,而缺失了设计本身的整体构思和优化调整过程;拿到图纸的建设单位亦没有时间比选,便开始马不停蹄地建造,投入大量的成本,却难以成就经济性好、品质高的地铁项目;很可能因为考虑不周全,造成工程费用高昂,同时未来还要承担高额的运营费用。所谓优化,并不是发现问题去补救,而是在设计之前就应该开始。需要设计师在方案初期从宏观上找到工程的控制要素,解决大方向上的问题,而后再去解决基础层面的不合理性,用智慧和经验去做优化设计。地铁车站建设环境越复杂,车站建筑功能越复杂,其优化空间就越大,前期方案尤其要重视经济性问题。

地铁车站建筑方案的优化不仅局限于建筑专业,涵盖的内容很广,需要跨专业协作,是一个规划、线路、行车、建筑、结构、机电、消防等多领域协调作用的过程。在整个地铁建设过程中,为了提高工程的可实施性,需要变化车站轮廓,采取"躲"和"让"的技巧,使车站实施期间尽可能地减少对边界条件的影响;同时,优化内部空间布局,合理选择车站站型,对三大目标实现有效控制,在保证功能性和可实施性的前提下,降低地铁车站的建造成本,取得更好的经济效益和社会效益。

5.1 地铁车站的各类技术经济指标

地铁车站的机电设备和装饰装修基本上全线统一标准,其技术经济指标在设备和装修等方面的差异性不大。地下工程单位面积土建造价高,完成相同的车站建筑功能,建筑方案的布局对其经济性影响非常显著。设计者在进行方案设计时会发现,明明相同的技术要求,相同的车站形式,有些车站的面积指标较低,有些车站的面积指标很高。这里就需要分析平面利用率问题,与住宅建筑得房率一样,好的设计有效空间更大,而不好的设计不仅浪费面积,功能性也差,还不便于使用。

有些地铁车站的面积和其他车站差不多,但工程造价差异巨大,究其原因可能是车站埋深过深,也就是空间体积上的利用率不高。当车站面积和埋深都相同时,有些地铁车站仍表现出了较大的造价差异,究其原因,可能是车站的轮廓形状曲折复杂,附属分布零散,造成围护结构费用较高。为了更加透彻地分析车站的经济技术问题,下面笔者将对车站的各项技术经济指标进行分析。

1. 平面利用率

平面利用率对工程方案影响较大,也是最体现建筑设计水平的重要因素,合理的功能布局才能有效提升平面利用率。通常,平面利用率可以用有效功能面积系数来体现。地铁车站的有效功能面积是指满足车站基本功能的各类空间最小净面积的总和,由于一条线路中各座标准车站的技术要求基本相同,所以有效功能面积差异并不会很大,但往往最后车站的总建筑面积仍有较大的差别。为了能够量化差异,笔者将有效功能面积系数定义如下:

$$有效功能面积系数 = \frac{有效功能面积}{建筑面积} \qquad (5-1)$$

其中,地铁车站的有效功能面积包括内部空间的设备管理用房有效净面积和外部空间公共区的有效面积。设备区非有效空间包括交通走廊、楼梯、电缆井等空间的面积,这些空间都有功能需求,但通过合理布局可以减少这些面积;也有一些非有效空间是功能需求都没有的,比如过长风道浪费的面积,房间过大或者因房间内有柱导致浪费的面积,或者其他无法利用的无效空间等。

公共区的有效面积是指为了满足功能需求,相关空间与设施功能相匹配的有价值空间的面积。公共区的非有效面积即不可利用的无价值空间的面积,比如过长的站厅空间会造成大量的死角空间,站台宽度与垂直交通设施能力不匹配也会造成站台宽度的浪费等。不同站型的空间利用率会存在较大差异,如三层车站由于内部交通空间占比较大,自然会降低平面利用率。

2. 体积利用率

地铁工程是大型的地下工程,开挖深度对工程造价影响非常大,只控制面积系数,依然不能很好地分析其经济问题,还须考虑如何充分利用高度空间,并在空间组合时有效地控制建筑体积。这个体积不仅指建筑的本体空间,还包括覆土体积,由于围护结构占据了大量的工程费用,所以,计算地铁建筑体积时,高度上应从地面算到底板底。充分利用夹层空间和地势高差,在相同的体积空间内创造更多有价值的建筑面积,对于车站选型有着重大影响。建筑体积的有效面积系数公式如下:

$$建筑体积的有效面积系数 = \frac{有效面积}{建筑体积} \qquad (5-2)$$

其中,有效面积是指建筑平面中可供使用的面积。

从控制系数角度来看,单位有效面积的建筑体积越小越经济,单位体积的有效面积越大越经济。所谓越大或越小是相对的,须建立在使用合理、协调均衡的基础上,一般地铁车站每平方米的体积约 $7\sim8\ m^3$。有了这些经验数字,设计师便可在设计中快速分析车站方案的经济性,从而有助于决策车站是增加埋深还是增加面积的方案比选。

3. 车站体形系数

地上建筑为了体现美感,为了立面有所变化,很多建筑不会采用方盒子的体形。但地下建筑没有外立面要求,力求简单。建筑大师柯布西耶说:"原始的体形是美的体形,因为它能使我们清晰地鉴赏。"在审视车站总图布局时,若看到零零散散的附属设施、七扭八歪的风道,给人的总体感受一定是不舒服的。

在本书前面相关章节中,笔者也提到了地下结构的土建造价很高,甚至是地上建筑的 10 倍以上,导致造价高的主要原因是围护结构的费用占比过高,因此,减少埋深和围护工程量是降低造价的有效手段。在方案设计时,地下空间的形状应尽量规整,可以使单位长度的围护结构能够创造出更多的空间。

通过计算分析可知,面积越大、形状越规则(接近于圆形或正方形),其单位长度的围护结构所创造的空间也就越大;相反,面积越小、形状越是狭长转折的空间,其单位长度的围护创造出来的有效空间越小。为了更清晰地量化理解这个问题,提出一个车站的体形系数概念:

$$体形系数 = \frac{围护结构周长}{地下结构投影面积} \tag{5-3}$$

一般来说,体形系数越小,性价比越高,越经济。这里需要提醒的是,明挖车站的附属设施应尽可能整合设计,形状尽量规则,避免出现狭长弯曲的形态,从而有效提高内部空间的利用率和外围护结构的性价比。例如,很多设计师把消防专用通道单独设置为 1.5 m 宽的长通道,出地面部分设计为 3 m×6 m 的空间,整体空间细长狭小,其单位面积的工程造价其实很高,同时对工期影响较大,征地难度也大。消防专用通道单独设置的方案,也许功能上能满足使用要求,但从工程造价、地下结构的特点及经济性上来说都是不合理的。

综上所述,在地铁车站建筑设计中,经济问题是一个不容忽视的重要影响因素。如果说功能问题是地铁车站建筑设计的基础,结构技术是实现地下空间的手段,那么,经济问题则是决定地铁车站建筑设计的支撑保障。所以,在着手进行地铁车站建筑的空间组合时,应力求布局紧凑,充分利用空间,以期获得较好的经济效果,这才是合理又全面地解决设计问题的良好方法。在建筑设计中,既有相对性质的技术经济分析,例如上文一些运用比例系数值的控制方法,也有绝对性质的经济分析与控制方法,也就是常用的工程概算、预算和决算。建筑设计师需要具备的是相对技术经济指标分析能力,可以在方案分析阶段迅速排除一些不合理的方案,给有价值方案比选提供更充分的时间,避免浪费过多时间来做无用功。当然,在运用相对指标分析问题时,需要持全面的角度和观点,防止因片面追求各项系数的表面效果,导致走道过窄、层高过低、无效空间等情况出现,这样一来,不仅不能带来真正的经济效果,而且会严重损害合理的功能要求。

4. 标准车站建筑面积指标

标准车站建筑面积是指一条线路的标准车站根据相关技术要求和基本功能需求,在理想状态下设计出来的车站建筑面积。风道长度和出入口长度都是满足功能需求的最短尺寸,浪费面积较少,空间利用率较高。考虑到出入口数量的不同会导致指标差异,一般按照两个出入口的面积进行计算,主要是考虑与风亭有关的两个出入口。提出标准车站建筑面积指标的主要目的是:衡量同一条线路中设计出来的不同车站的空间利用率问题;有利于设计者在初期总图方案研究阶段对车站规模有大致的把控。

不同设计人员所做的设计方案,在车站形式差别不大的情况下,空间利用率的差别往往很大。究其原因是很多空间利用率很低的方案,将面积浪费在了无形之中,既没有提升服务水平,也没有给未来预留发展空间。

5.2 地铁车站技术经济的主要控制因素

工程经济性是评判车站方案优劣的一项重要指标。建筑空间布局、建筑设计标准、平面利用率、体积利用率等对于工程造价的影响很大;同时,结构工法、加固措施等也是影响地铁车站造价的重要因素,需要根据不同的地质条件和车站规模选择合理的工法和措施。另外,很多工程建设环境因素(如交通疏解、管线搬迁、征地拆迁、障碍物等)都影响着车站的实施难度、工程风险等,故需要采取大量的临时措施,最后也会反映在工程造价上。

1. 建设环境因素

第一个影响地铁车站工程造价的重要因素是建设环境。

在总体方案设计阶段,做好交通、管线、拆迁、障碍物的调查工作,才能根据不同的边界条件,采用不同的功能布局,尽早实现稳定建筑方案的目标。边界条件里的交通、管线、拆迁、障碍物等因素与车站方案密切相关,在复杂的建设环境里,影响车站工程造价的主要控制因素是边界条件,然而边界条件反过来也制约着车站的埋深、空间布局、结构工法、保护措施等。例如,为了躲避路中管线,车站设置在路侧,从而影响了车站的功能布局,不同的站型由于空间利用率的差别带来造价差异;为了减少附属拆迁,车站的附属功能避让拆迁,影响了车站站位,建设环境的不同对造价的影响很大;由于区间下穿障碍物,车站从两层车站变为三层车站,同样会有较大的造价差异。总之,建设环境越复杂,边界条件对车站建设造价的影响就越大。

影响工程造价的建筑布局、结构工法、边界条件等因素是相互制约、相互影响的。不同的地质条件决定了不同的建筑布局,哪种方案的实施风险更小、工程造价更低、社会影响最小都是决策方案的重要考量因素。边界条件会影响车站的站位、埋深,也就间接影响了车站的建筑布局,同时影响结构工法。例如,实施一座车站需要拆除一处立交桥,除社会影响之外,费用代价也是巨大的;如果在既有工程下方实施车站结构,可采用暗挖法施工,但费用高、工期长。这些情况都会对总造价产生重大影响,需要采用相关技术手段来解决,甚至需要牺牲一部分车站的使用功能。又比如配线车站下穿综合管廊,车站由两层变成三层,工程费用增加了几亿元,这属于费用问题,究竟是搬迁管廊,还是调整配线,抑或是增加埋深,需要通过综合比选来决策。如果对工程造价影响不大,例如小型桥梁的拆除复建、车站为了解决交通问题采用局部盖挖等,则应以车站功能为主,在满足功能的前提下适当优化。

很多工程方案,如果纯粹是结构技术措施问题,各种措施通过造价比选可以非常直截了当地反映工程方案的合理性,能够通过技术经济分析迅速作出决策。如果车站横跨路口设置,导致交通管线问题增加的费用较多,且协调难度很大,此时就要综合衡量一下是否有必要横跨路口,但只看经济指标也不能作出决策,还应结合用地规划和客流情况,这就是一个复杂的决策过程。

2. 结构工法因素

第二个影响地铁车站工程造价的因素是结构工法,包括保护措施等。近年来,国内的地铁建造技术和施工工法不断发展,然而不同的工法对工程造价影响很大。地铁车站的设计方案除受自身的功能需求影响以外,很大程度上也受工程造价的影响,以工程造价为导向的方案决策会提出对施工工法进行比选,而不同的工法又影响着车站的功能布局。

首先,分析明挖法施工对造价的影响。明挖法施工需要设置临时基坑围护结构,围护形式包括工法桩、钻孔灌注桩、地下连续墙等。一般情况下,工法桩围护形式占土建费用的15%左右,钻孔灌注桩围护形式占土建费用的25%左右,地下连续墙围护形式占土建费用的40%左右,比较下来可知地下连续墙的费用相对最高。

其次,结构影响工程造价也体现在建筑体形系数和建筑埋深上:建筑轮廓越简单,单位面积围护长度越短;基坑越浅,工程造价也就越低。另外,结构影响工程造价还体现在地铁与周边重要的建(构)筑物的距离上:距离越近,基坑等级越高,保护费用就越高。

在埋深受控的情况下,只能在车站站型上节约工程造价。比如,对于地下二层需要设置地下连续墙的地铁车站而言,应尽量减少地下二层的外挂附属面积,从围护角度节省造价;抑或是整合附属设施,从而节约大量的围护工程量,进而节约工程造价。如果是两层车站,且主体具备设置钻孔灌注桩的地层条件,就不用刻意减少两层外挂附属面积,甚至有时为了减少占地和对交通管线的影响,还可以适当设置双层外挂空间。所以,地层条件影响着车站工法,工法影响车站造价,考虑造价就要研究合理的车站布局,这是一个相互影响、层层递进的关系。选择合理的站型,优化车站埋深,可以从结构方面节约工程造价。

在地层条件较好的情况下,地铁车站可以采用暗挖法施工,能够最大限度地减小对交通管线的影响,但其自身的土建工程费用较高,一般是明挖法施工的2倍左右。车站是否采用暗挖工法,需要结合线路埋深条件,综合土建工程费和前期工程费(包括交通、管线、拆迁、清障等),以进行综合技术经济分析。

在城市中心区域建造地铁车站,工程实施会涉及大量的交通、管线、拆迁等问题。明挖法施工对于交通、管线的影响相对较大。为了解决交通、管线问题或拆迁问题,在特殊情况下,可以采用局部暗挖工法来解决重要的管线或者障碍物等问题,如此可实现整体工程费用和性价比最优。局部暗挖工法包括洞桩法、矿山法、顶管法、大盾构、矩形盾构、管幕法等,除洞桩法和矿山法以外,其余非开挖工法也可以应用在软土地区,尤其是类矩形盾构现阶段技术逐渐成熟,在车站实施阶段,结合车站配线调整等手段,在复杂边界条件下具有"起死回生"的作用。工程造价比选应采用综合费用,即包括明挖或暗挖的工程费、拆迁费、交通疏解费和管线搬迁费。需要综合各方面因素选择合理的施工方法,哪种工法更经济,优先采用哪种工法;如果两种工法综合费用相当,则优先选用施工风险小、施工速度快、质量有保障、社会影响小的工法。

3. 建筑空间因素

建筑空间布局是影响工程技术经济指标的重要因素,主要体现在建筑设计标准和空间利用率两个方面。空间利用率包括平面利用率和体积利用率,对车站技术经济指标影响较大,也是设计师水平的重要体现。

平面利用率体现在合理利用平面空间、提升有效功能面积比例、减少无用空间等方面。体积利用率体现在单位有效面积对应的体积量,对于设备管理用房区域,高度够用即可,多了反而浪费;但如果把高度空间留给公共区,虽然造价偏高,但提升了公共空间的品质,应认定为高度空间得到了充分利用。建筑空间因素对地铁车站建筑空间组合的影响最大,所以,建筑空间因素是本章后续的重点研究内容。

5.3 地铁车站建筑技术经济的优化措施

5.3.1 优化地铁车站的平面利用率

提高地铁车站的空间利用率是车站方案优化的最有效手段。优化过程可以从总体性优化入手,结合个体车站的功能需求和边界条件进行空间优化。

1. 全线总体性优化

一条地铁线路上会有多种不同的站型,如不同的配线形式、不同的层数、不同的换乘关系等。同时,每座车站的功能用房也有一些差别,如降压变电所车站和混合变电所车站的规模差异较大,工区用房对于车站规模也有较大影响。另外,每座车站的边界条件也会存在很大差别,不同的功能与不同的边界条件都会产生较大的规模差异。全线总体性优化可从以下几方面考虑:

(1) 优化全线车站配线布局。车站配线应尽量布置在实施条件较好、轨面埋深不受控的车站。三层及三层以上车站设置配线对车站规模影响巨大,车站主体内的空间无法得到充分利用,尤其是停车线等长配线车站,应尽量避免设置在三层及三层以上车站。

(2) 优化配线形式。在满足行车功能的前提下,应尽量采用规模小、适应边界条件较好的配线形式。例如,采用侧式站台,对于单渡线、交叉渡线的配线端建筑面积会大幅减少,车站长度也会有较大的压缩空间。

(3) 配线车站主体内部空间大,混合变电所、工区用房等应尽量布置在配线车站,从而有效地优化其他标准车站的规模。

2. 内部空间优化

1) 变电所功能区的空间优化

一个降压变电所和一个混合变电所的规模差异体现在建筑面积上约为300~400 m^2,如果能够把面积较大的混合变电所非常有效地对位布置在配线车站,就可以将标准车站设计成小规模的降压变电所车站,且由于降压变电所的布局非常灵活,因而能够有效优化标准车站的建筑面积指标。

变电所内部空间优化主要有两种手段:一种是压缩配电柜尺寸,尤其是低压开关柜室,配电柜数量较多,对规模影响较大,现阶段招标的配电柜大多是800 mm的,但设计中为了包容所有产品,通常按照1 000 mm的尺寸来控制土建规模,如果是12个配电柜,每个配电柜差200 mm,则低压配电室的总长度可以减小2.4 m;另一种手段则是变电所的房间整合,以降压变电所为例,可以考虑将低压开关柜室和开关柜室合并设置,共享检修空间,这样可以大幅压缩变电所的整体规模,如图5-1所示。

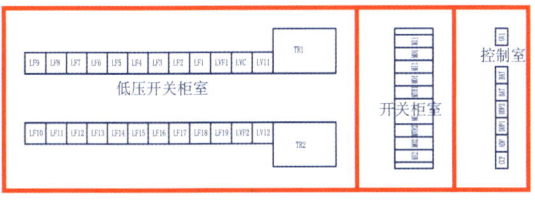 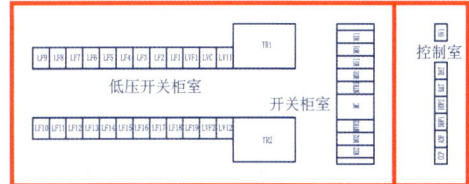

图 5-1 变电所房间整合压缩方案

除了内部空间优化,变电所的落位布局对于工程造价也会产生较大影响。优化变电所落位布局包括以下几种手段:

(1) 合理选择变压器的位置,使变压器靠近吊装孔或设备运输门洞,以缩短设备运输路径,从而大量优化建筑空间。

(2) 充分利用建筑的高度空间。变电所需要设置电缆夹层,对建筑空间高度要求较高,如果设置在主体内很容易造成整层空间抬高。变电所落位的最优做法是设置在站台层,电缆路径最短,还可利用站台板下空间设置电缆夹层,设备运输也方便,不需要布置专用的运输通道。

(3) 对于节点换乘车站中的三层车站,设备层本来就具有较高的高度,这种情况变电所应尽量布置在设备层。如果车站为一般三层车站,设备层高度会受变电所限制,在极致压缩车站长度的情况下,可将变电所布置在外挂空间,从而提高车站的体积利用率。

(4) 当配线车站的变电所设置在站厅层时,可考虑将变电所置于环控机房之后,利用上排热风道空间设置电缆夹层。

(5) 最后是合理布置走廊,以最短走廊解决每个变电所的房间开门问题。节约交通面积也是一种重要的空间优化手段。

2) 环控功能区的空间优化

一座地铁车站,它的公共区面积和设备区面积总体来说基本各占一半。环控功能区又占据了设备管理用房面积的一半,所以,环控功能区的空间利用率对于车站规模的整体优化意义重大。例如,风道布局绕行很远,或风道空余面积过大,都会浪费大量的空间。有时,风道利用率甚至会影响车站站位。例如,为了控制风道面积,通过主体偏移来缩短风道长度。当活塞风道过长时,可以考虑将两台风机都设置在外挂风道,从而减少对车站主体空间的占用。笔者在本书前面的环控功能区章节中已经介绍了很多种的风道布局形式,以及不同形式所对应不同的风道长短情况,参考其布局形式可以大大提升空间利用率。有些风道进入地块后,通过做风道夹层来优化风道布局,也可以显著提升空间利用率(图 5-2)。另外,通过对通风功能自身系统的优化,局部采用变频设备也可以大幅提升空间利用率,如图 5-3 所示。

车站站台层的设备区被吊装平台和排热风室占用了大量空间,必要时,可以考虑取消这两个空间,以控制车站长度,优化车站规模(图 5-4)。可以利用活塞风孔兼顾吊装的方式。排热风室取消后,可以在取消站台下排热风道的情况下,采用上排热风道直接开孔至排风道的方式;如果需要保留下排热风道,则将上排热风道直接开孔,而下排热风道集中采用一个小井连通至排热风道。对于北方寒冷城市,为了减少冬季热量交换,活塞风道处于关闭状态,考虑到区间内减小空气阻力的需求,会在站台层设置迂回风道,而迂回风道占用了较大的站台层空间,因此考虑将中板的活塞风孔扩大,通过站厅迂回,以实现节省站台层空间的目标。

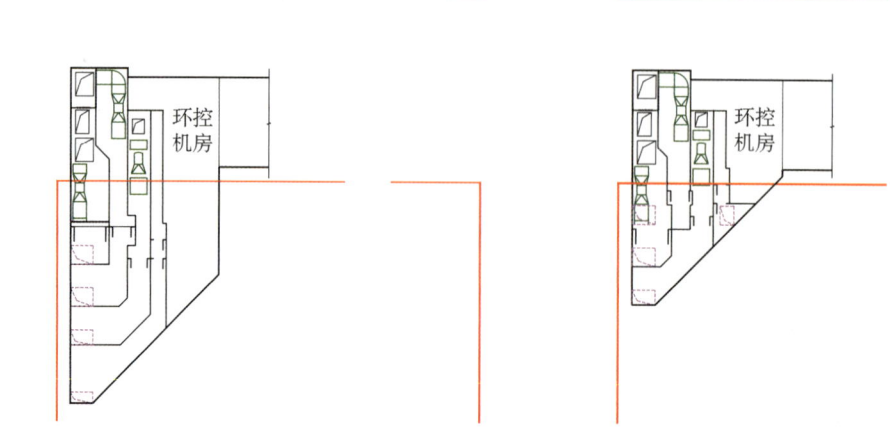

图 5-2 风道提升利用率优化示意

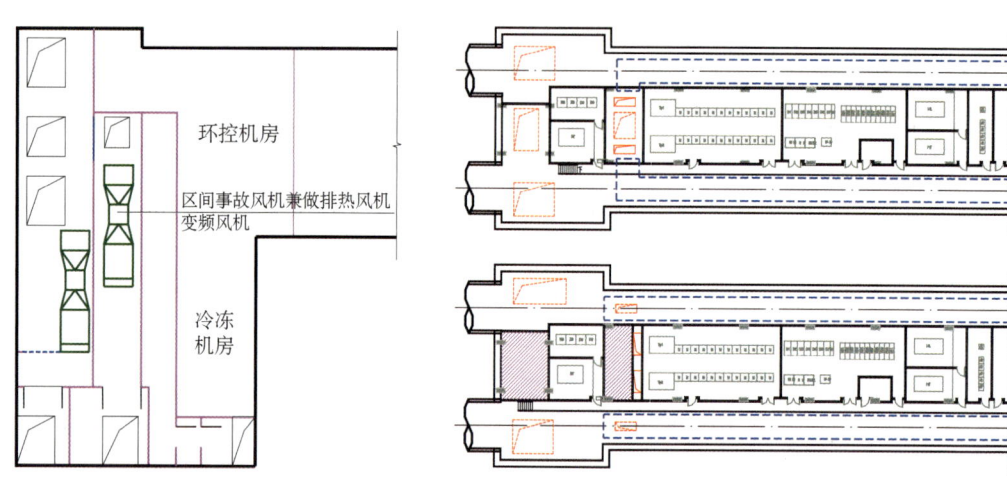

图 5-3 区间事故风机兼做排热风机示意　　图 5-4 取消吊装平台及排热风室示意

3）核心功能区的空间优化

核心功能区以弱电房为主，包括少量的管理用房和水电用房。由于管理用房和水电用房的优化空间有限，因此将多个弱电房整合成弱电综合用房是一种比较有效的优化方案，例如通信、信号、综合监控、AFC 设备室等房间，设备与墙体之间的检修空间整合后变成了设备与设备之间的检修空间，从而大幅提升了空间利用率，有效控制了弱电用房的整体规模。站台层的废水泵房一般也有较大的优化空间，废水泵房的面积通常由废水池的容积决定，但可以压缩废水泵房面积，房间内仅布置泵孔和配电柜即可，废水池则设置在站台板下的扩大空间以保证其容积。

同时，设备管理用房区域的狭长空间会造成空间利用率下降，狭长空间的一条走廊仅能给一侧房间提供交通空间，交通面积占比较大，且狭长房间本身利用率就不高，比如单排布置的环控电控室就比双排布置的环控电控室浪费空间更多。

车站设备区有很多的电气房间，它们不仅对面积有要求，对尺寸也有要求，而且还要求房间内不能设置立柱。在方案布置阶段,房间尺寸应大于或等于系统技术要求的最小尺寸,想要完全按照系统的要求布置房间,一点不浪费几乎是不可能的。方案设计中只能在兼顾电气房间功能合理的前提下,尽可能地寻求合理的位置,将房间尺寸与系统要求的尺寸尽量贴合,以减少空间浪费,提升空间利用率。针对多数电气房及设备用房都有固定尺寸的要求,从功能上来说,它们的需求都是矩形空间,这就使得在进行方案设计时尽量将车站的整体轮廓设计为规则形状,以减少因斜角空间造成不必要的空间浪费。

核心功能区作为车站的神经中枢系统,在车站的内部设备区占据了较大面积。核心功能区的弱电房间通过光纤信号控制车辆的行驶和车站的内部功能。从理论上来说,这些房间的功能都可以通过远程控制来实现。这里给读者留下一个课题:一条线路里有多个车站是配线车站,其主体富余大量的空间,可以考虑把就近的标准车站的核心功能区集中设置在配线车站。在标准车站的核心功能区大部分转移至配线车站之后,其配套的通风功能同样被大幅压缩,整体用电负荷降低,相应地,变电所规模也会得到有效控制。在省规模、控投资的大背景下,这种整合思路有望逐渐应用于新建线路中。

3. 外部公共空间优化

地铁车站公共区采用统一的标准化布置,不仅能够给乘客使用提供一定的便利性,也有利于公共区的服务设施和公共区装修的标准化布置。但是,同时也会带来部分车站空间利用率不高的问题,毕竟一条线路上的每座车站的客流量和客流特征都存在很大差异,如果完全采用相同的布局,一定会造成空间上的浪费。如何在节约空间、节约工程造价的前提下,采用差异化的公共区布局是现阶段需要重点考虑的问题。结合车站的客流情况、配线情况和边界条件,选择不同的站台宽度和不同的楼扶梯组数及布局形式,在保证服务功能的前提下优化车站公共区的规模。

1) 车站公共区的优化

车站公共区的主要优化手段包括压缩站厅层公共区的长度和压缩站台的宽度,这两个优化手段需要根据具体站型协调配合使用。站厅层公共区虽然是一个狭长空间,但相较于站台层来说还是宽敞很多。站厅层作为车站的交通枢纽空间,客流均在此空间内快速通过,乘客在站厅空间基本上不停留,所以,站厅层的集散能力一般会大于站台层。

站厅层公共区的客流集散能力一般不会是车站服务功能的瓶颈位置,所以还有较大的优化空间可以挖掘。当无配线车站需要压缩车站宽度时,可以减少公共区的面积,但不能压缩设备区的面积,而压缩宽度必然会带来部分设备用房面积不足,从而增加主体长度或外挂附属空间。在站厅公共区长度不变的情况下,每压缩 1 m 的站台宽度,站厅、站台公共区能够减少的面积仅有 200 m^2 左右,但对于公共区的服务区水平影响巨大,所以,简单压缩站台宽度对于车站优化的贡献很小。只有配线车站压缩站台宽度才有积极意义,既能压缩车站整体宽度,又能减少车站的整体长度,还不会因为压缩了主体规模而增加附属规模。但是,压缩站厅层公共区长度和压缩站台宽度有时会相互矛盾,不同站型的优化效果也会存在较大差异,具体优化手段有两种:以站厅公共区宽度换车站长度、以站厅公共区长度换车站宽度。

(1) 增加站厅公共区宽度以压缩车站长度。

标准车站的站厅层由两端非付费区和中间付费区共同组成。早些年,非付费区主要承担客流集散、售票、问询、安检等多项功能。随着手机扫码进出站功能的普及,以及手机导航查询周边道路信息更加便捷,非付费区仅需承担客流的集散功能。所以,非付费区有较大的可优化空间。当地铁车站某一端只有一个出入口时,非付费区完全可以仅保留一跨空间;有两个出入口的一端也未必一定要按照两跨设计,可以考虑采用一跨半或局部大跨的方案。

付费区的长度受楼扶梯布局影响较大。通常情况下,6A、6B车型标准车站的公共区多为三组楼扶梯布局形式,付费区长度约5~6跨(图5-5)。考虑到楼扶梯之间的缓冲空间需求,三组楼扶梯的付费区很难压缩长度。国内很多城市已运营地铁的客流量较小,公共空间根本无法被充分利用,在这种情况下是否还要把每个车站的楼扶梯都按三组来设计是值得思考的。尤其是6B车型标准车站,两组楼扶梯对于站台层的服务均衡度水平并不差。如果标准车站回归两组楼扶梯布局,则付费区的长度可以控制在4跨,这对于站厅公共区的规模优化有很大贡献。如果不想降低垂直提升能力,可以考虑适当加宽,按照单柱偏心布局,两组楼扶梯均按照上下行扶梯加楼扶的形式布置(图5-6),这样,其垂直交通能力与两边上下行扶梯中间T形楼扶的布局基本相同,但站厅层可以大幅度地压缩长度。当两组楼扶梯向中间靠拢时,有利于充分利用有效站台范围内的空间来布置设备用房。在优化非付费区长度和优化付费区楼扶梯组数以及充分利用有效站台端部空间后,标准车站的整体规模可优化将近 500 m^2。

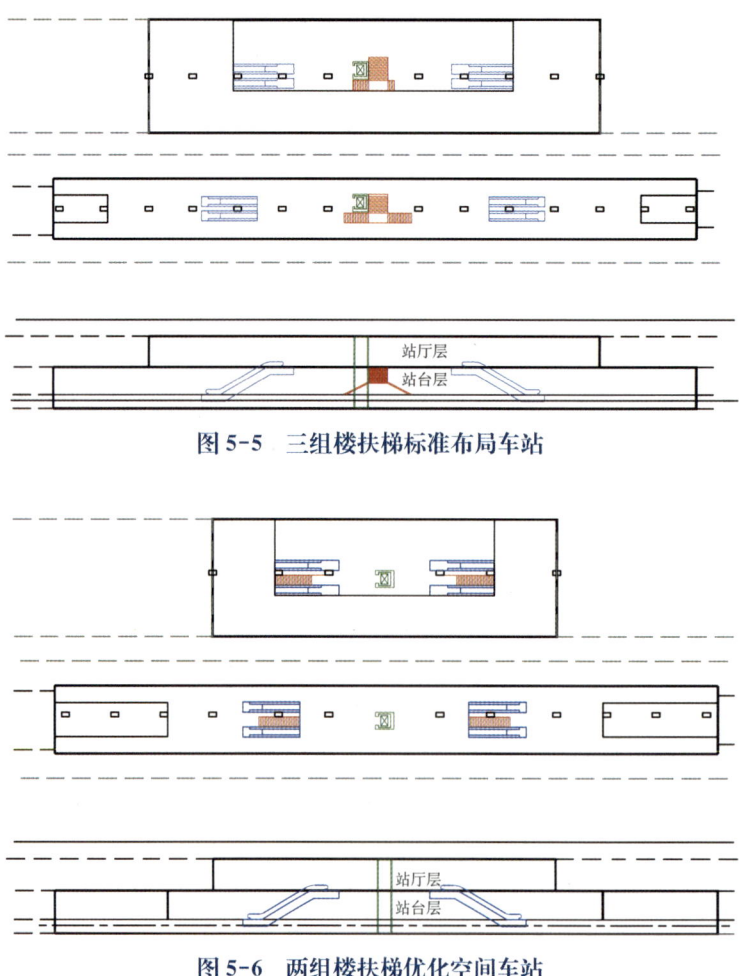

图 5-5　三组楼扶梯标准布局车站

图 5-6　两组楼扶梯优化空间车站

(2) 增加站厅公共区长度以减少车站宽度。

配线车站压缩站台宽度对于控制车站规模有着重要意义。车站的岔区长度与线间距有较大关系，站台宽度变小，线间距会同时变小，那么，岔区长度也会随之变小，配线车站的整体长度就会变短。所以，配线车站压缩站台宽度，不但能压缩整个车站的宽度，还能压缩车站的整体长度。

一座车站客流服务功能的瓶颈点主要在于站台层的侧站台宽度和垂直交通能力，公共区空间优化过程中不能以牺牲侧站台宽度和消减垂直交通能力为代价，需在确保服务功能的前提下进行优化。配线车站的站台宽度压缩后，可以减少横向结构柱的数量，但如果想保持侧站台宽度不减小，还需要压缩楼扶梯的整体宽度，甚至由原来的两扶夹一楼形式改为上下行扶梯或一楼一扶形式。在这种情况下，如果保持楼扶梯的组数不变必然要降低垂直交通能力，即使能够满足疏散要求，也会影响整体服务水平。如果要保持垂直交通能力不变，则需要增加楼扶梯组数。一般6B车型的车站可以设计为4组顺向布置的楼扶梯形式；6A车型的车站可以设计为4组双"八"字布置的楼扶梯形式，或4~5组顺向布置的楼扶梯形式。增加楼扶梯组数会加大站厅公共区长度，但是对于配线车站来说，车站的整体规模不会因为公共区加长而增加。

通过对站台宽度的优化，如果将14 m宽的岛式三组楼扶梯布局的配线车站优化为11 m宽的岛式四组楼扶梯布局的配线车站，车站主体规模可以优化4 000 m² 左右，如图5-7—图5-9所示。如果是三层配线车站，那车站的主体规模可以优化约6 000 m²，土建工程费用可以节约上亿元，且车站的服务功能差别不大。采用压缩站台增加楼扶梯组数的方式能大幅提升经济性。

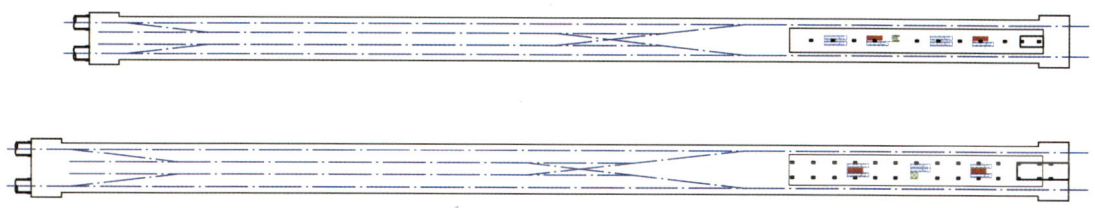

图5-7 宽岛停车线车站与压缩站台停车线车站规模对比

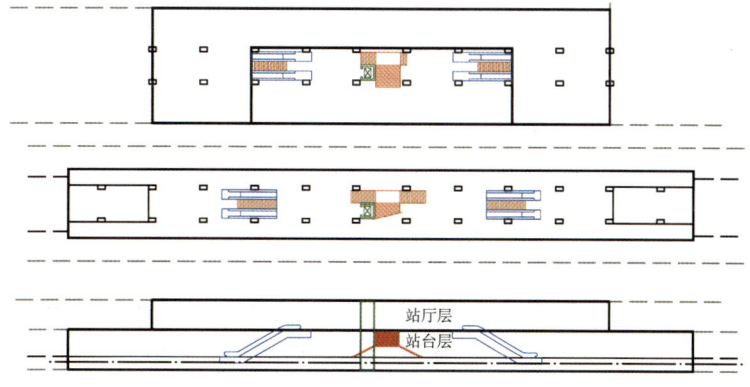

图5-8 宽站台三组楼扶梯布局

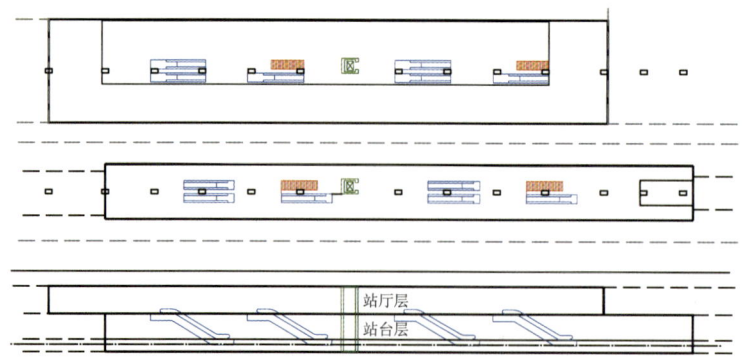

图 5-9 窄站台四组楼扶梯顺向布置

2）站台空间优化

为了节约工程造价，根据客流计算情况，一条线路的站台宽度采取差异化设计是很有必要的，标准车站的站台宽度可以选择 10 m、10.5 m、11 m、11.5 m 和 12 m 等；换乘车站的站台宽度可以选择 12 m、12.5 m、13.0 m、13.5 m、14.0 m 和 15 m 等。设计时，应结合客流量、配线情况和边界条件，合理选择站台宽度。

地铁车站的有效站台通常设计为直线，特殊情况下也可以采用曲线。当车站建设受到边界条件控制，必须削减站台宽度时，首选采用站台端部削角的方式，一般情况下车站有效站台端部 30 m 范围内不会布置楼扶梯，在这个位置缩减站台宽度对车站功能影响不大，车站的侧站台宽度和垂直交通能力都可以按照标准车站的布置形式。当车站的场地条件受限，某一端需要大量压缩站台宽度时，可以考虑车站整体做成梯形站台，一头宽一头窄，宽站台对应大客流或换乘客流方向，在宽站台处提升垂直交通能力，窄站台对应小客流方向，削减垂直交通能力，同样可以满足车站的功能需求。

关于车站的侧站台宽度，除了通过计算客流量来确定外，还需要满足规范规定的最小 2.5 m 宽度要求。实际使用中，还应该考虑站台门的应急门打开之后，前方是否满足 1.1 m 的净通行宽度。通过计算发现，2.7 m 以上的侧站台宽度才能满足应急门打开之后的通行需求。如果侧站台宽度按照 2.5 m 设计，则应急门位置应避让设备用房区域和楼扶梯区域。

侧站台宽度要求是针对站台整体的要求，但实际使用过程中，侧站台不同位置的使用功能还是有很大差别的。站台最中间位置的客流向两端疏解，应急门一般也不会正对这个位置布置，该位置自身的通过性穿行客流较少，所以，车站有效站台中间位置通常设置无障碍电梯，局部侧站台宽度也可以按照最小侧站台宽度 2.5 m 进行设计，在计算整体侧站台宽度的时候，不将该位置作为最不利计算点。

3）出入口通道的优化

出入口通道所占用的空间面积较大，每个出入口的面积约有 300～800 m²，造价也非常高。出入口的提升高度、宽度、长度、数量对于工程造价都有较大影响。

其中，出入口的数量对工程造价影响最大。想要优化出入口布局和数量，先要分析客流。对于确无需求的方向，可考虑取消该方向的出入口；当某个方向的两个出入口通道较长时，可考虑用 T 形口来兼顾两个方向的客流，以减少出入口水平通道所占用的空间。

另外，出入口的宽度和长度对工程造价影响也较大。一般考虑出入口通道净宽度为 6 m，但是日常通行时的利用率却较低，所以，在客流量不大的情况下，可以适当压缩出入口宽度。有些配线车站在条件允许的情况下可以考虑配线端采用顶出出入口的形式，由于配线车站主体空间富余，所以相当于保证了功能，还减少了一个出入口的土建工程量。出入口通道过长会造成毫无意义的造价增加，所以在协调站位时，应充分考虑出入口通道的长度所带来的工程量增加，特别是不跨路车站，单独拉一个长过街通道对造价的影响很大，应充分结合客流情况考虑其必要性。当然，若是为了避让拆迁，出入口通道只能拉至很远的位置，甚至在标准车站的主体内设置长通道，这都会增加造价，尤其是当长度超过 100 m 时，还需要增加疏散口，会进一步增加出入口的工程费用。但在配线车站主体内设置长通道，使出入口找到目标位置再出地面，这种方案对于车站的造价增加很少。

5.3.2 优化地铁车站的体积利用率

地铁车站的建筑空间组合不能完全依赖于平面思维，因为它是一个三维立体空间，所以需要"立体"概念。很多平面中解决不了的矛盾也许可以从立体空间关系中寻求突破点。立体空间关系中影响最大的因素是车站的层数、层高、埋深等，它们对地铁车站的工程造价和实施难度的影响都非常大，在设计中应充分引起重视。

车站的标准层高是由多年实践经验和研究总结得到的，是充分考虑了乘客比较舒适的净空高度和设备管线安装空间的结果，其压缩潜力不大。当轨面埋深受区间控制或地势高差较大时，经常会出现超深覆土或超高层高的情况，这时可以利用竖向空间设置设备夹层或风道夹层来提高空间利用率。当竖向富余高度不多时，一般设置风道夹层，风道对空间高度的要求不高；当层高超过 4.5 m 时，可作为设备夹层使用；如果仅有 4 m 层高，作为设备用房偏低，但若没有其他用途时，可考虑作为设备区，同时设置一条专用廊道作为设备区的管廊空间，以此来解决层高问题。

影响车站埋深的因素有很多，其中影响最大的是市政管线，但实际控制车站埋深的管线也就那么几根，如果为了一根管线将整个车站压低是非常不值得的，这时可以考虑局部落低或采用管廊的方式，即以局部压低换整个车站的埋深减小。

如果轨面加深一点就可以创造出一整层的可用空间，建议直接加深轨面，按照加一层方案进行设计；有些路中车站主体覆土略深，附属在地块范围内，可考虑附属按照浅覆土设计，利用覆土设置设备夹层，以提升体积利用率。

1. 地铁车站覆土厚度的确定

路中地铁车站的覆土厚度很多情况下受市政管线控制，为了减小管线对车站覆土的影响，可选择避让深埋管线或局部设置管廊的方式。

当地铁车站所在路中没有影响车站埋深的管线时，路中车站的覆土厚度一般按 3 m 设计，这是考虑到覆土厚度也是城市地下空间资源，太浅的覆土对于后续城市市政工程建设或地下管线工程敷设的影响会较大，所以，3 m 覆土空间是地铁为城市后续发展预留的空间资源。

如果车站位于路侧，则应减小覆土厚度。城市广场范围内只需满足铺装要求，一般覆土厚度在 1 m 左右即可；绿化范围内主要满足绿化种植要求，一般覆土厚度在 1.5 m 左右即可；如果与开发结合，车站顶板甚至可以采用 0 m 覆土厚度。

2. 地铁车站埋深的控制优化点

（1）当配线车站跨河或跨深埋管线时，首选其配线端横跨河道或深埋管线。一般，配线端空间富余量较大，可充分利用配线上部空间设置设备管理用房。设计时，可将河道或深埋管线范围内的车站局部层高压缩至 2.6 m，河道或深埋管线之下留出走廊空间，其余全部作为管廊空间，以保证下凹两侧设备管理用房的沟通即可（图 5-10）；甚至可以将中板局部落低 1 m，使上排热风道上翻至中板之上，没有上排热风道的区域设置走廊，走廊以外空间作为上排热风道和用于站厅层两侧设备管理用房相互沟通的管线空间。

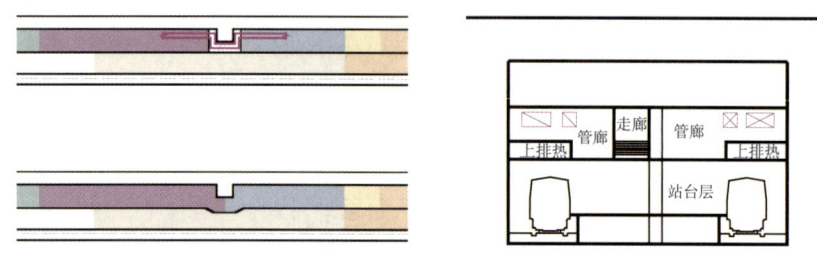

图 5-10　配线端横跨河道或深埋管线示意

（2）当公共区下穿深埋管线时，应将管廊设置在公共区中部，车站两端的通风机房向中间送风，局部管廊位置可以将风管断开，其余桥架和水管平铺通过管廊下方，以保证公共区的装修高度，如图 5-11 所示。

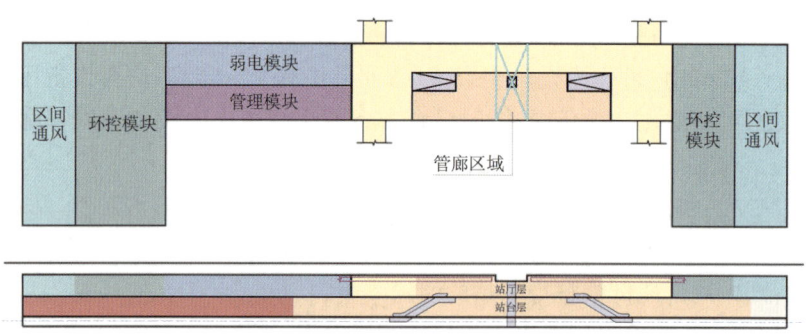

图 5-11　局部管廊位置风管断开示意

（3）从建筑空间角度来看，换乘车站的换乘节点处需要较高的空间。很多换乘车站的换乘节点刚好位于十字路口，而路口处恰恰是管线最多、最密集且相互交叉的地方，需要的覆土厚度也更大，很容易造成换乘节点位置的站厅空间高度被下压。因此，优先将换乘节点避让路口或偏于路口一侧设置，甚至直接设置在地块范围内，这样，换乘节点处净高不会被下压得太多，而其他位置被压低则更容易解决空间效果问题。

当换乘节点无法避让路口管线集中区域时，换乘节点处可按单向梁设计，梁下翻位置的公共区主要风管需要与下翻梁平行，使公共区的大风管从梁旁边穿过，另外一条线的风管在换乘节点处断开，不影响装修高度。若结构需要两个方向主梁都要拉通，则将市政管线和车站内部管线统筹考虑，一条线的梁上翻，另一条线的梁下翻，下翻梁与车站近期建设车站的风管平行，风管从梁格中间穿过，上翻梁与市政道路深埋管线方向一致，从而保证深埋的市政管线从上翻梁中间穿过。

(4) 当换乘车站的顶板需要落低来设置管廊时:首选设置在换乘车站的配线部分,设备用房可调节余地较大;其次可选择在三层车站的公共区,特别是T形换乘车站中的三层车站与两层车站接口处,这个位置原则上没有风管通过,可以局部落低;当在三层车站中间设置管廊时,可考虑部分风管从设备层穿行,以减少对公共区层高的影响。

有时,管廊位置的选择是主动的,车站整体方案不需要调整,可将管廊设置在理想位置。有时,管廊位置的选择却是被动的,由于管线位置只能微调,故需要调整车站方案来适应管廊的位置,以减少整个换乘车站的埋深。

(5) 当深埋管线与车站主体平行时,车站主体和风道都优先选择避让。当车站主体和风道与深埋管线无法避让发生碰撞时,首选在风道上方设置管廊,管廊位置宜避让外挂设备用房。这样一来,纯风道在高度上更容易处理。

出入口本身的净高要求比车站主体低约2 m,如果考虑做坡道或设置台阶,则出入口的顶板还可以更低。风道部分的净空也比较灵活,可以考虑风道错层局部底板落低,也可以局部加宽,只要满足过风面积即可。这里需要重点指出的是,地铁车站的风道如果没有特殊原因,应尽量设置在同向,不建议道路一侧一个,否则可能会导致车站实施期间附属影响更多管线,从而增加管线导改次数;如果单侧设置风道,另外一侧仅布置出入口,则出入口可以采用顶管等非开挖工法下穿深埋管线。

(6) 公共区下穿较宽河道,局部落低范围太大,而不能将风管断开时,可以考虑将公共区局部外扩增加一个管廊空间,将风管设置在管廊范围内,采用侧向通风排烟的方式,如图5-12所示。一般情况下,仅在单侧设置管廊空间即能满足管线敷设要求,送排风管采用上下叠放的方式;同时,管廊空间的设置应考虑消火栓安装空间的影响。

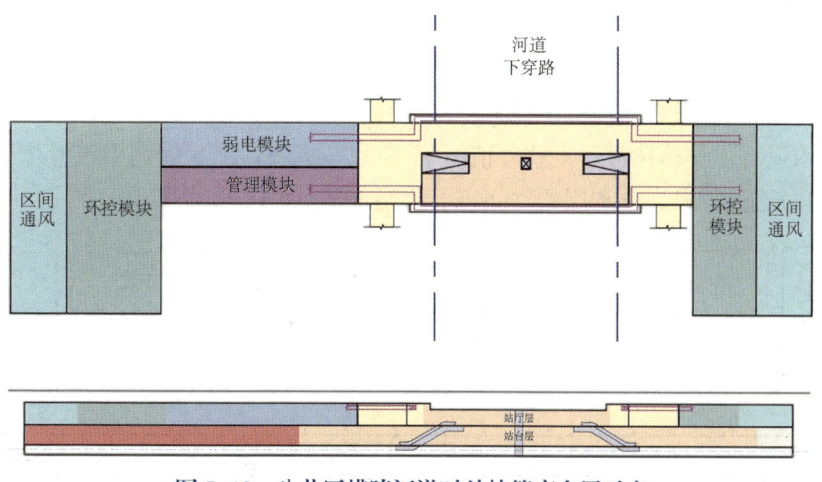

图5-12 公共区横跨河道时外挂管廊布置示意

(7) 当车站主体侧边有深埋管线时,若客流吸引需求使得出入口必须下穿深埋管线,则车站整体埋深将受到出入口下穿位置控制。

当车站主体与深埋管线间距较大且有条件设置坡道或楼梯踏步时,车站可以按照正常埋深设计。当管线埋深较深,管线与车站距离仅够满足一个出入口的宽度时,可以设置一段与主体平行的楼扶梯，在达到下穿标高后再采用非开挖方式下穿深埋管线。当管线为超深埋管线时，出入口可以在主体内先抬升一段，然后采用非开挖方式上穿超深埋管线。当车站与深埋管线距离很近，没有条件局部下落时，可考虑在主体内利用上排热风道高度局部下落 1 m，上排热风道通过局部外扩来解决。对于配线车站，配线端可以在主体内设置长通道，并利用管线浅埋位置下穿，再利用上排热风道高度，通过这两种手段联合解决出入口通道下穿深埋管线问题。

（8）当车站部分主体位于道路之下时，由于深埋管线原因设计为深埋两层车站，部分主体和附属位于地块范围内，可以设计为浅覆土。浅覆土范围内可以设置设备夹层以提升车站的体积利用率。

（9）因为变电所模块需要设置电缆下夹层，故占用空间高度较大。当地铁车站为配线车站时，其站台层空间很可能放不下变电所模块；如果将变电所模块放置在站厅层，则需顶板上抬才能满足设置夹层的需求；如果将变电所模块设置在环控机房前面，则会给管线综合设计带来较大麻烦。这种情况下，可以考虑将变电所模块设置在站厅层设备管理用房的端部，环控机房的后侧，该位置没有排热风道，中板可以局部落低 1 m，从而减少顶板上抬问题，如图 5-13 所示。

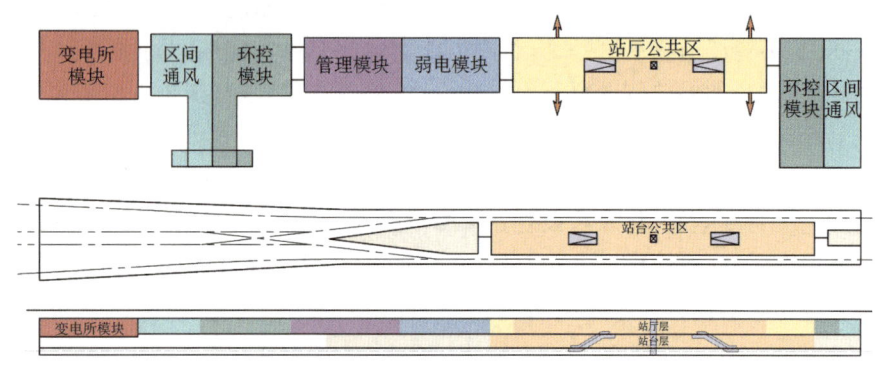

图 5-13 站厅层末端变电所模块局部落低方案

对于配线车站，如果将环控机房前置，环控机房前仅保留车控室等少量房间，则环控机房后的站台层均没有上排热风道。在这种情况下，可以考虑将后面房间的中板整体落低 1 m，如果配线区地势较低，可以充分利用的空间将会大幅增加，如图 5-14 所示。

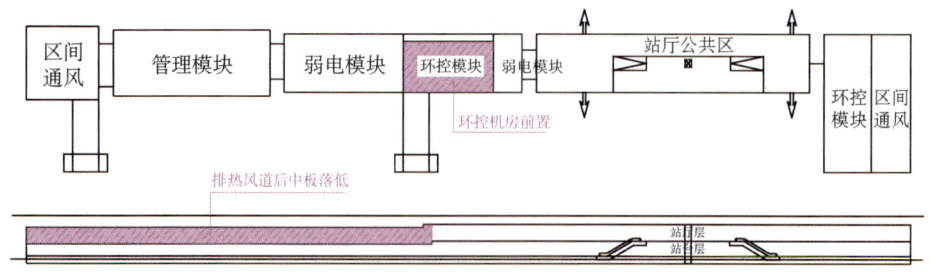

图 5-14 环控机房前置方案

（10）带配线的换乘车站规模较大，三层部分如果被河道或下穿道路限制车站高度时，可考虑站厅错层设置，即将换乘车站的三层部分站厅设置在地下二层，通过楼扶梯实现两个车站站厅的连接。

(11) 当地铁车站与城市隧道平行或相交时,车站出入口过城市隧道有两种方案:一种是上穿,另一种是下穿(图 5-15)。上穿出入口需要将城市隧道埋深压低较多,造成城市隧道的工程造价增加。相比之下,下穿是比较理想的方案。标准车站可以考虑设计为三层车站,地下二层设计为站厅层,出入口下穿隧道就没有标高压力了。如果车站为配线车站,应尽量浅埋,分析城市隧道的纵断面,在城市隧道埋深较浅的位置下穿能够减少车站的埋深。另外,配线车站还可以考虑通过配线上部空间设置长通道追坡,甚至可以考虑局部占用上排热风道空间设置长通道,尽量减少车站埋深。

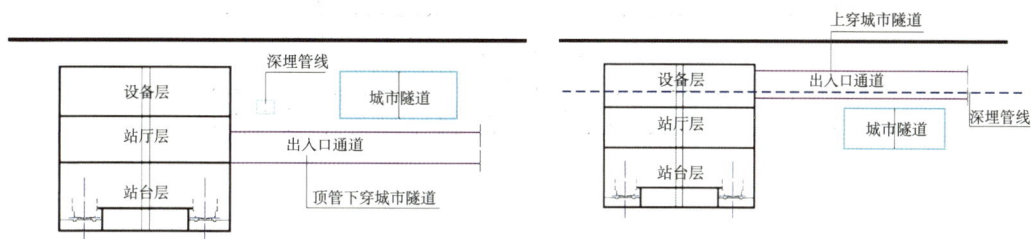

图 5-15 地铁车站出入口穿越城市隧道过街示意

无论是采用上穿方案还是下穿方案,都需要仔细研究城市隧道的设计方案,同时综合分析城市道路下市政管线以及车站位于路侧还是路中、埋深多少等具体情况,才能做出合理的方案。对于已经建成的城市隧道,则结合隧道的具体情况,研究出入口通道上穿或者下穿隧道的方案。

(12) 当沿车站纵向有深埋重力流管线回搬至车站顶板上方时,可以考虑将车站边侧一跨局部落低,剩余两跨层高尽量抬高,车站的主风管布置在抬高的两跨范围内,采用支管接入落低一跨的房间内。

(13) 三层配线车站规模较大,造价较高,所以,如果有条件抬高轨面标高,可压缩设备层层高,将变电所区域做成上下通高的形式来解决变电所夹层问题,其余空间按照标准层高设计,不必以变电所的需求来控制设备层层高。

(14) 三层车站的出入口或换乘通道接口高度如果受深埋管线控制,可以在主体内找坡,但这个找坡区段应避让变电所,在设备层净空较高区域设置变电所。

(15) 配线车站降低站厅层层高,以平面空间换高度空间。配线车站的站内空间较大,造价较高,尤其是停车线车站,主体空间非常富余,车站自身的建筑功能布置完成后依然有大量空间剩余。很多车站所在区位没有任何开发价值,多数都作为空腔封存,造成大量浪费,所以,配线车站的规模优化需要重点研究。

一般地铁车站的管线是考虑在吊顶内敷设,如此便会占用车站大约 1.5 m 的高度空间。对于配线车站,可以考虑在设备用房区域设置专用管线通道,管线通过侧向与房间联系,用平面空间换车站的高度空间,从而进一步降低层高(图 5-16)。这种方案可以应用于配线区覆土变浅的情况,如果想要优化整个配线车站的站厅高度,可以采用离壁墙加宽布置管线或者公共区外扩管廊的方式。

(16) 车站在区间受控的情况下也会采用浅埋单层车站方案,但考虑到区间覆土需求,单层车站的覆土也不会很浅,所有的建筑功能都平铺布置,每平方米的建筑体积较大,工程造价

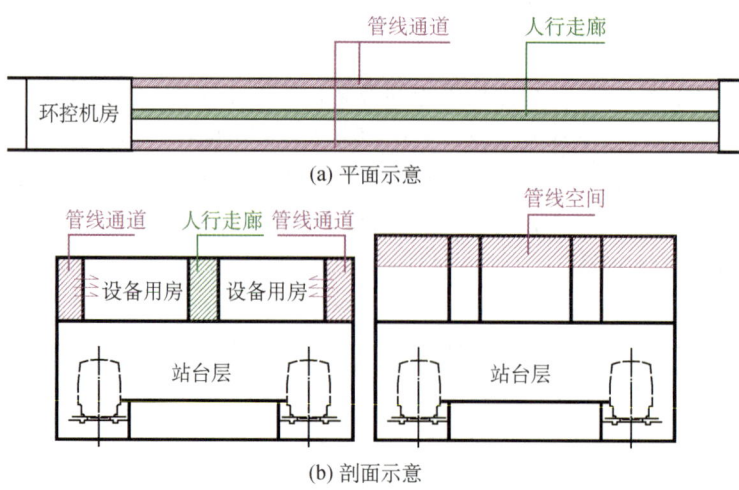

图 5-16 配线车站管线空间优化

较高,同时,平铺后的车站占地面积很大,对道路交通管线影响很大,其经济性不强,但如果是单层配线车站,从整体造价上来说,会有较大的经济优势。

(17) 位于路侧的地铁车站,在场地条件和规划景观允许的情况下,可以考虑设置地面站厅,将车站的地下空间转移到地面,地面建筑空间相较于地下建筑空间的经济性优势非常明显。对于带配线的换乘车站而言,如果有一条线可以浅埋,站厅设置在地面,其整体工程造价会有大幅度的优化。

3. 充分利用地势高差,优化车站设计

(1) 坡地设站时应充分利用地势高差,设置局部设备夹层,进而大量压缩车站规模。设计方案时,原则上要将车站大头端设置在地势较高区域,便于充分利用地势高差布置局部设备夹层;公共区设置在地势较低区域,根据地势可以局部抬高;小头端顶板可以局部低于标准层高,甚至可以考虑将环控机房、区间通风机房外挂,主体内仅保留风道,从而极大限度地利用地势高差解决车站各个部位的高度需求。如图 5-17 所示,设备大头端设置在坡上可以大幅压缩车站的长度。

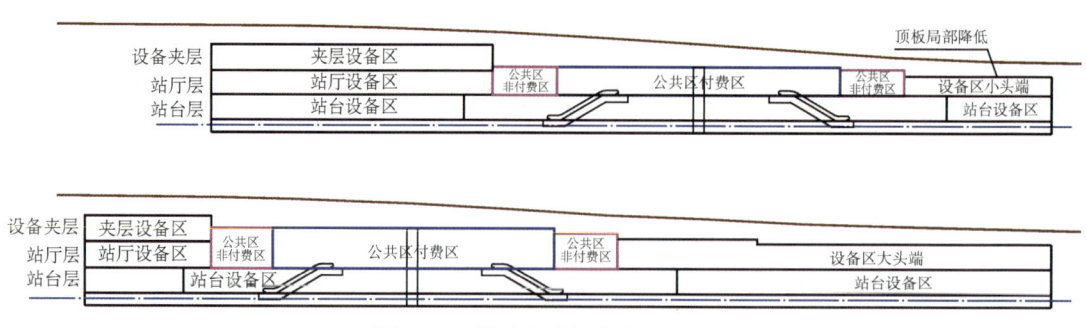

图 5-17 坡地车站竖向布置示意

(2) 长配线车站如果行车功能允许,优先将停车线一端布置在下坡段位置,坡度减少的空间刚好是配线上部富余空间,反而使车站整体埋深变浅(图 5-18)。但还是需要考虑充分利用主体空间设置设备管理用房,如利用没有上排热风道的区域降低中板,增加站厅可利用空间等,从而避免寻求外挂空间来解决面积不足的情况出现。

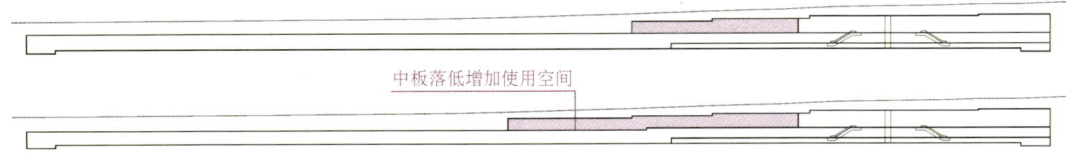

图 5-18　停车线车站纵坡空间利用示意

(3) 当车站主体位于道路下方,被边界条件控制形成深埋车站时,应考虑充分利用路侧地块内可以做浅覆土的特点,在外挂附属的上方设置设备夹层,以提升空间利用率(图 5-19)。这种情况下,主体建筑面积越小,附属面积越大,空间利用率越高,所以更适合大外挂车站,大外挂车站可以利用设备用房的侧向送风方式将整个车站的主体站厅层层高压低。

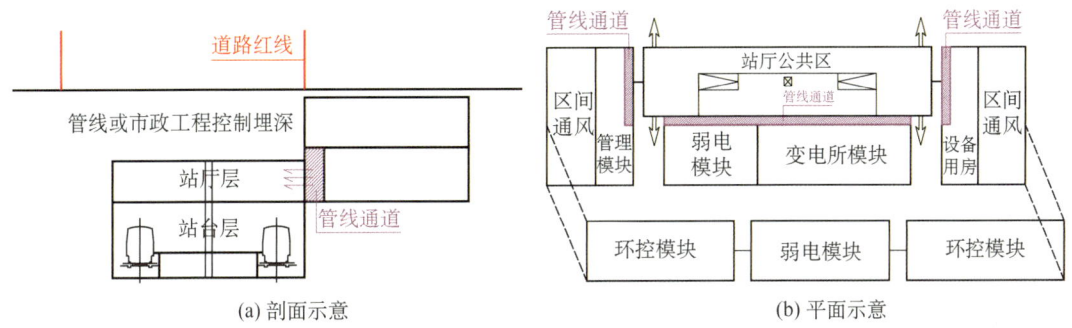

图 5-19　附属上部空间夹层利用示意

4. 三层车站的空间利用研究

地下车站的基本站型一般为两层车站,相对来说,三层车站造价较高,特别是配线车站,会富余大量空间,导致工程造价剧增。三层车站的楼扶梯交通占用了大量的设备层空间,变电所区域增加了设备层层高,故整体空间利用率不理想。如果三层车站的风道采用顶出形式,则很难协同三层空间整体优化,空间利用率会进一步降低。但在特殊的边界条件控制下,也存在必须设置三层车站的情况,其选择需要结合多方面因素来统筹考虑。

(1) 区间障碍物。在进行大方案决策时,要充分考虑清障与设置三层站哪个代价更大。标准车站的三层布局相对于两层车站而言,造价增加得不多,可以考虑不清障直接加深车站,区间下穿障碍物(图 5-20)。但配线车站若设计为三层,工程造价将大幅增加,此时需要重点考虑清障方案,或干脆改变站位来远离障碍物拉纵坡下穿障碍物,这就有可能涉及对上位规划的影响。当客流吸引和服务功能差距不大时,可以考虑调整站位。

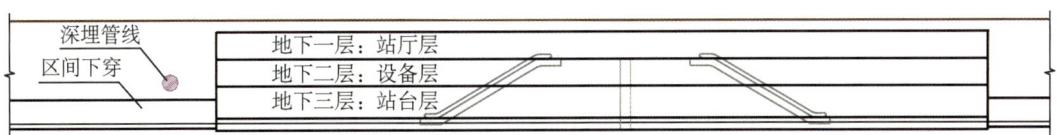

图 5-20　区间下穿障碍物竖向关系

（2）换乘车站一般由一个两层车站和一个三层车站共同组成。如果两线同步实施，需要考虑施工顺序问题，同时还要考虑谁有配线、谁的配线更长等问题。在没有其他控制因素影响的情况下，宜优先选择没有配线或配线较短的车站设计为三层。当两线都没有配线时，若其中一条线的埋深受到管线、河道、障碍物等控制，则线路埋深较深的车站应优先被设计为三层车站。

（3）当地铁车站的长度受到限制且附属可实施空间较小而无法满足车站设备用房的空间需求时，会被设计为三层车站。

（4）当地铁车站与隧道合建，需留出一层给隧道空间时，车站通常会被设计为三层车站。这时可以充分利用附属高度，设置双层附属，以节约工程造价。

（5）当标准车站受区间控制轨面埋深比正常两层车站的埋深多 3 m 时，可以考虑继续增加埋深按三层车站设计，从而大大压缩车站长度，相应的，工程造价也会较两层深埋车站略低。当车站主体和附属进入地块范围很大时，比标准两层车站埋深多 3 m 的车站可以在路侧位置局部做成三层，如此同样可以节约大量工程造价。配线车站的长度主要受配线控制，应避免埋深加深做成三层车站的方案。

5.3.3 车站规模优化整体思路

1. 调整相关功能布局，实现空间平衡

应充分利用车站的站厅层和站台层空间，不应出现某一层因房间布局松散导致过多空间，而另一层空间又非常紧张的情况，可以通过气瓶间、民用通信、冷冻机房、变电所等房间来调节上下层的空间关系，实现内部空间的平衡。

2. 集约利用资源，整体优化换乘车站

换乘车站宜尽量将两线靠近设置，避免换乘通道过长导致使用不便，以及增加土建工程量，造成资源浪费。在换乘车站中，设备用房优先资源共享，尤其是合并环控机房可以大大节约空间面积。合理选择换乘车站的配线关系，将有配线的车站优先设计为两层车站。换乘车站中配线车站的空间较为富余，尤其是三层配线车站，富余空间更大，在功能布局上应考虑将另外一条线的功能用房尽量布置在配线车站的主体内，从而大幅压缩非配线车站的规模。对于设置了联络线的换乘车站，优先选择联络线规模较小的站型，如平行换乘方案等，同时考虑将联络线布置在建设条件较好的车站。

3. 分析整体平衡关系，合理选用围合空间

地下车站的出入口及风道由于其有特殊功能需求，在空间上往往呈现出狭长曲折的形态，这样的空间在实施阶段会浪费大量的围护结构，性价比很低。如果将车站主体、出入口通道、风道等功能围合起来充分利用，比较复杂曲折的附属共同组成一个完整空间，便能大量节约围护结构的成本。

关于外挂附属空间的围与不围，主要看车站空间的整体平衡关系。若围合空间能够得到充分利用，就有围合价值；若围合空间不仅没有得到充分利用，还增加了车站造价，则不宜采用。

一般情况下，配线车站配线端的主体空间比较富余，须尽量减少外挂面积，尽量避免附属围合。当车站长度受控，需缩短车站长度时，可以考虑围合空间设计，将车站主体缩短后溢出的房间设置在围合空间范围内。当车站小头端希望压缩端头井至有效站台长度时，可以考虑围合，甚至利用出入口移位来增加围合面积。当混合变电所车站长度受控于站台，主体较长时，应避免将设备集中端的出入口、风亭围合。当降压变电所的风道长度适中时，降压变电所全部放置在站台，以降压变电所的布置空间来控制车站长度，站厅的围合空间内可以布置主体溢出的房间，以实现厅台空间的均衡。

在建筑方案设计阶段应提前对车站的整体功能布局做好筹划，从空间平衡角度预判附属空间是否采用围合形式。如果需要围合，应充分考虑围合面积能否与车站主体长度相适应，是否能够满足车站的功能需求；如果不需要围合，则出入口与风道等空间应尽量远离布置，避免造成即将围合的假象以及设计方向上的错误。

4. 充分利用站台空间，有效控制小头端规模

车站设备非集中端一般被称为"小头端"。通常，地铁车站的小头端功能比较单一，主要是环控功能模块，包括区间通风机房、环控机房、环控电控室、配电间、气瓶间等功能用房。当风道长度能够满足活塞风道和排风道横向设置需求时，地铁车站小头端有效站台至车站端部 10 m 左右的长度就能够满足功能布置需求；如果风道较短，车站主体需要适当加长，部分风道可设置在主体范围内，甚至可以将排风道设置在站台。当风道只能顶出时，一般车站整体长度需要增加约 15～20 m。如果风道全部布置在车站主体范围内，这时需要重视站台层的空间利用，否则会造成大量的空间浪费，站台层可以考虑设置区间通风机房或排热风道。

站台层空间利用越充分，对车站规模的控制越有利。在极特殊情况下，也会在地铁车站小头端出现出入口风亭全部顶出的情况，该方案的车站设备管理用房很难得到充分利用，站台层浪费大量的空间却无法利用，对车站整体规模控制极其不利，应尽量避免。在这种情况下，优先考虑出入口垂直于车站主体设置，风亭单独顶出车站小头端；如果出入口没有条件垂直于车站设置，则考虑将出入口或风亭紧贴车站主体布置，其中车站小头端出入口顶出对车站规模的影响更大，会造成更多空间无法被利用，所以优先考虑风亭顶出、出入口侧出的方式；同时，出入口顶出还需要解决高差问题，更不利于车站规模的控制，就算采用楼梯来解决高差问题，车站的服务功能也不理想。经过比较分析发现，车站小头端顶出方案的规模大于小头端侧出方案的，所以在方案布局阶段，优先考虑将车站小头端设置在靠近路口的位置，方便小头端采用侧出形式（图 5-21）。

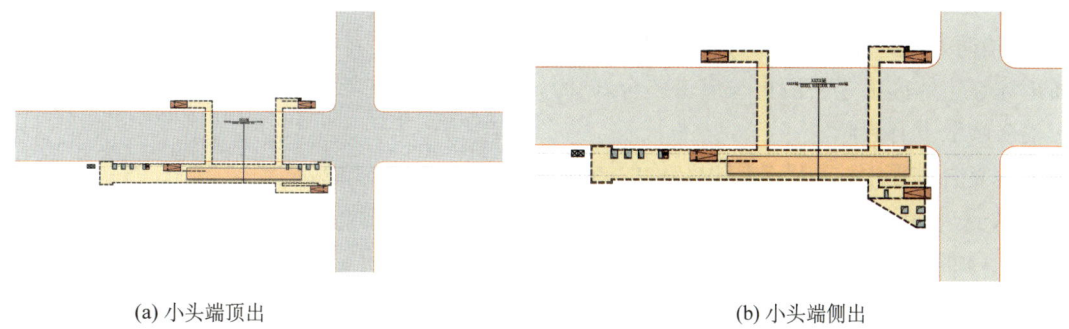

(a) 小头端顶出　　　　　　　　　　　(b) 小头端侧出

图 5-21　车站小头端功能布局对比

小头端的出入口、风亭的围合空间是否利用也是常见的疑难点。如果风道特别长，围合空间过大，没有办法利用其设置有效功能房间。在这种情况下，一般不考虑围合，而是尽量将风道和出入口分开设置。如果风道长度刚好满足区间布置风机的需求，可以利用围合空间设置环控相关功能房间，甚至可以考虑将环控机房设置在围合部分，使附属设施可以得到充分整合。如果风道很短,自然是优先采取围合利用的方案,但要思考利用方式。

当地铁车站小头端出现围合空间时,车站主体长度需要得到有效控制。车站主体内的空间利用顺序优先级为:首先是区间通风机房,它应尽量控制在端头井范围内;其次是排风道、新风道、环控机房,新风道可以不占用车站长度而布置在外挂空间,环控机房则应紧邻公共区布置,合理地控制在12.5 m左右的开间;再次,环控机房与公共区之间不再设置其他房间,否则对控制车站长度不利,主体内布置不下的房间放至围合空间;最后,如果需要设置便民服务空间,则考虑将部分房间搬至围合空间,在主体范围内设置便民服务空间。

5. 规整外挂空间形态,整合车站附属设施

明挖车站的地下空间开挖需设置围护结构,从而满足地下结构的施工要求。围护沿着地下空间的外边缘设置,地下空间的形状越狭长,曲折单位长度的围护结构所能围合的空间越小,相对来说,土建实施的性价比越低;地下空间的形状越规整,单位长度的围护结构所能创造的空间越大,围护结构的性价比也就越高。不同于地上建筑经常会为了建筑形态上的需求而将建筑形体做得比较丰富复杂,地下建筑在满足功能的前提下更希望建筑形态尽可能规则简单,尽量减少围护结构的工程量。

地铁车站主体是与轨行区密切相关的空间,其空间形态是受限制的;而车站附属设施是由多处风道、出入口通道及设备用房共同组成,整合设计对于减少车站工期、控制车站规模有着显著意义。设计中应尽量避免出现出入口、风亭形成围合空间却不利用的情况,相当于在外圈打了一圈围护,内圈也打了一圈围护,中间空心却不开挖,这必然会造成围护结构的大量浪费。围合空间如何利用可参考前文所述。

配线车站附属设施的整合设计也是设计中应该重点考虑的问题。由于配线车站的配线端较长,为了功能布局简单和使用便利,设计人员常将风道分组设置,导致疏散距离难以保证,这时就会出现单独拉一根消防专用通道连通至路侧的情况,从而附属设施非常零散,需要整合设计。配线车站不宜将新排风道过于靠后,会使环控功能的服务性较差,而应将活塞风道从端部移至车站中部与新排风道整合在一起;变电所等房间可以考虑设置在环控机房和区间通风机房之后,避免大系统风管与变电所小系统风管的标高产生冲突,同时也能提升通风机房的服务水平;消防专用通道宜与风道整合布置,当局部疏散距离不满足要求时,可以考虑将消防专用通道先在主体内横走一段再与风道整合,同时,消防专用通道考虑设置正压送风,通道长短对于消防疏散没有影响。

在整合过程中注重节省围护结构的同时,也应关注相关附属设施整合之后的相互关系,特别是风亭、风道和出入口的整合,一定要关注出入口、风亭及消防专用通道的位置关系,避免造成出入口前方的风亭、消防专用通道等设施影响出入口的通行空间及景观要求,可以考虑通过风道夹层将风井设置在出入口背部,以减少因新风井和排风井之间的间距问题而造成出入口前方空间狭小的情况出现。有时候整合之后,风口距离出入口过近,需要设置高风亭才能满足消防要求,这会严重影响附属的景观效果,反而得不偿失。以上这些都是在整合附属空间过程中应该注意的问题。

6. 合理选择车站出地面附属顶出位置,提升车站空间利用率

地铁车站大头端顶出地面附属设施的空间利用率一般比较高,尤其是风道长度越短,利用率越高,同时,空间上还可以通过冷冻机房、弱电房间的调整来实现上、下两层空间的平衡关

系。在正常情况下，由于站台层空间有限，可布置的房间较少，且通常布置为单侧走廊形式，走廊宽度一般采用1.2 m，需要的交通面积较小，空间利用率较高。但顶出车站需要增加长度，同时会带来轨行区面积的增加，相应的区间长度也会减少，如果空间布局合理，顶出与侧出的造价基本上是持平的。

地铁车站小头端顶出利用率会降低很多，因为小头端的站台层空间很难被利用。特别是应该避免出现出入口和风亭都采用顶出形式的情况，这样会造成站台层大量空间的浪费。如果遇到实在无法破解的局面，一定要在小头端顶出出入口和风亭，可以调整变电所、民用通信等房间来平衡空间布局。

7. 大幅缩减配线车站的附属空间，充分利用主体空间

设计中优先将配线车站设置为两层车站，且宜布置在实施条件较好的建设环境内，如此可以大量节约工程造价。

配线车站的主体长度受控于配线形式，配线车站的配线端主体空间一般都较为富余，主体空间足够满足车站的建筑功能布局需求，如何减少附属空间是配线车站需要重点考虑的问题。首先，尽量避免任何功能用房设置在外挂空间，甚至事故风机也应考虑设置在车站主体范围内，附属设施仅作为纯风道和纯出入口通道。其次，优化车站主体位置，减少车站主体与风亭及出入口地面亭的距离，从而压缩风道、出入口通道的长度。最后，可以考虑将车站主体布置在路侧或骑道路红线，出入口风亭采用顶出形式，车站所有的功能都在主体内解决，如此可进一步节约工程造价。

5.4 运营成本对地铁车站技术经济指标的影响

前文中的工程造价分析都是以工程建设期为研究对象，也就是站在空间维度上思考问题，事实上，百年地铁的运营成本非常可观，还需要从时间维度，从全生命周期的角度来分析思考问题，研究车站方案的合理性不能忽视运营成本的影响。

运营成本包括日常的管理成本、机电运行成本、土建维护成本、装修维护成本、机电维护成本和更新升级成本。其中，建筑方案影响运营成本的因素主要体现在以下几个方面。

1. 无效空间过多，造成运营成本增加

无效空间包括对客流服务水平提升不大的超长出入口，以及对客流组织没有实际意义的公共区死角空间等。它们在地铁运营过程中都会带来较大的运营成本。

以配线车站为例，车站主体空间较为富余，利用车站主体空间设置长通道来实现远距离客流服务需求，所导致的土建费用增加其实并不多。但是，长通道不仅增加了建设期间的装修费用，也大大增加了运营成本，有些长通道的建筑面积甚至达上千平方米。试想一下，一千多平方米的空间运营维护100年，这笔费用还是非常可观的。

2. 区间过长，造成运营成本增加

在车站方案优化过程中，为了避让障碍物，有些方案会调整站位或线路角度，导致整体线路长度增加几百米，且线路线形变差。按照部分城市的统计情况，地铁每公里每年的运营成本约2 000万～3 000万元，长度增加几百米就相当于运营成本每年增加几百万元，百年的话成本增加也有几亿元，同时还增加了线路的运行时间。因此，在分析工程合理性时，也要从运营角度同步分析问题。

3. 提升高度增加，造成运营成本增加

大部分情况下，客流从地面进入站台或从站台提升至地面都是通过自动扶梯来实现的，提升高度越高，乘客使用自动扶梯的比例越大，自动扶梯的运维成本也就越高。所以，在研究地铁车站方案时，若选择深埋方案，除了工程费用增加外，也需要考虑运营成本的增加。

深埋车站随着每平方米空间土建造价的增加，垂直交通占用面积和自动扶梯初期投入也会随之增加，同时还需要考虑自动扶梯等垂直交通的运营维护成本。以上海地铁为例，每台扶梯每提升 1 m 高度，每年的电费及维护成本增加约 1.5 万元。从运营角度考虑，这也是衡量方案合理性的一个重要因素。

第 6 章
地铁车站的建筑空间组合

本章是本书内容的综合性总结,前面各章分别介绍了地铁车站各个功能区的基本功能和特性,列举了车站建筑空间组合的外部控制因素,论述了地铁车站的总体环境布局思路,阐述了结构与空间的关系,也分析了地铁车站的各类技术经济指标。本章主要详细讲述地铁车站建筑如何进行空间组合。

地铁车站的方案布局是一个内外兼修的过程。在设计过程中,各种外部控制因素共同影响着车站的站位和轮廓。如果没有对车站内部功能布局的了解,设计师掌握再多外部控制因素也无法确定车站的轮廓;反之,内部功能和平面布局方案再完美,若不考虑把外部控制因素放到总图上也会处处碰壁。地铁车站的设计难点包括总图布局、平面功能组合、空间功能对位等。

地铁车站项目如同一个大型拼图,这个拼图相对来说是动态变化的。当然,边界条件越复杂,控制因素越多,其合理的排列方式就越趋于固定。但是,由于受控因素过多,实现最优方案的难度就会加大,设计师往往由于经验不足,在设计中陷入困局无法自拔,此时就需要找到破局点来实现方案由"死"到"生"的转变。

所谓局,是指事物所处的某个特定的环境条件。破局,就是要突破那个特定的环境条件。破局可能是突破一点,也可能是突破一面,还有可能是跳出包围圈。地铁车站所处的建设环境就是一个"局",多个边界条件限制了地铁车站的自由发挥,甚至有的边界条件使得地铁车站方案不具备可实施性。那么,在复杂边界条件下,能够使地铁车站方案具备可实施性的破局点在哪呢?这不仅与边界条件限制有关,也与地铁车站的功能需求有关。

对于地铁车站功能布局的正常思维顺序一般是首先研究有效站台落位,再研究通风功能落位,接下来研究出入口通道落位,最后考虑设备功能分区的落位。车站站厅、站台公共区与有效站台是紧密的对位关系,在前期方案总图布置中已经完成落位,是最先被锁定的功能区块,有效站台稳定后公共区也就同步稳定了,公共区在前期已经经历过无数的思考过程,它的稳定受边界条件控制,也受出入口、风亭的落位控制。环控功能区既要对内服务,又要与外界沟通,其功能的复杂性决定了公共区落位完成后应优先解决通风问题。出入口通道既要连接公共区,又要连接市政人行道体系,且担负着公共区的客流引导与疏散功能,它的功能落位也是重要的设计内容。有效站台(公共区)、环控功能区、出入口通道这三者的落位是相互关联、相互制约和相互影响的,例如,当出入口和风道位置被锁定、有效站台可调节余地较大时,考虑有效站台屈从出入口通道和风道进行调整;又如,当有效站台被线路制约无法调整时,出入口和风道只能服从车站主体进行调整,甚至通过改变车站的整体通风格局、出入口迂回弯转来解决问题。总之,在相关功能落位的过程中,哪个功能碰到了阻力,它就是破局点,所以,方案突破的过程不完全是一个线性思考的过程,而是一个需要立体思维、统筹考虑的过程。

相对来说，车站主体落位是最难的，因其体量巨大，又受线路的平面和纵断面制约，特别是配线车站，主体体量更大，不仅是车站设计中矛盾最突出的点，也是车站设计的重要破局点。好在地铁车站的主体可以设置在道路之下，仅临时占用道路资源。出入口、风亭虽然体量小，但是需要设置在地块范围内，然而，在已建成区征地拆迁的难度是非常大的。另外，风道与车站主体的对位关系紧密，需要考虑对周边敏感建筑的影响，所以风亭的落位难度也很大。相比之下，出入口的布局相对灵活，占用空间小，形式多样。当周边地块环境较为复杂时，风亭的布局和组合形式需要服从环境要求，出入口布局在考虑功能和可实施性的前提下，也要服从车站主体与风亭的大局，各功能区块协同寻求方案的破局点。

当有效站台（公共区）、环控功能区和出入口通道的功能落位之后，基本完成了车站的主要骨架。接下来，车站方案的破局点就在于设备区的功能布局，设备区的布局逐渐将车站的骨架丰满起来。车站的主体宽度随站台宽度确定，无配线的车站主体长度是个变量，与设备区的功能落位有密切关系。当车站主体长度按照标准布局设计时，车站主体内可以解决大部分的功能用房，适当考虑局部围合空间的利用，车站空间布局基本形成；当车站主体长度受边界条件控制或附属落位限制了主体长度时，车站主体内部满足不了内部设备区的空间需求，需要寻求大外挂、双层外挂或利用围合空间等来解决车站内部功能落位的问题。在设备区布置之前，首先要把公共区范围确定，再结合风亭落位布置环控功能区的相关内容，剩下的空间就是其他设备管理用房空间，然后根据功能需求寻找各功能模块的合理位置。以车控室为首的核心功能区，其需求是靠近站厅公共区，车控室需能直接观察到公共区，还有警务室、票务室等房间与站厅公共区联系紧密；变电所功能区需要重点考虑设备运输路径和电缆路径，并靠近负荷中心。当各功能区落位完成之后，再开始进行具体房间的布局，设备区的内部布局优先构建疏散救援体系和交通走廊体系，最后再落实房间的细部划分。

配线车站的总图布局思路与标准车站的总图布局思路有较大差异。配线车站的主体规模较大，其方案整体稳定的前提是主体落位成功，设备用房空间可以在主体范围内基本解决。主体落位需要重点考虑两个方面：一是主体自身的可实施性，包括对交通、管线、拆迁的影响；二是出入口、风亭等出地面附属设施的影响。配线区一般规模较大，其上部空间有较大的调节余地，配线端的出入口可以在主体内走一段再出地面，活塞风井可以根据功能需求在车站端部到岔区范围内灵活调节。在规模优化方面，配线车站主要是控制附属设施的规模，减小出入口风道长度，避免配线端空间围合和设备用房外挂，甚至路侧有条件时尽量考虑配线车站路侧设站，以减少对交通管线的影响，同时也能极大限度地减小附属规模。

同步设计的换乘车站相对而言更加复杂，方案的破局点是整体考虑两个车站的主体和附属的落位，相关功能模块落位也需要统筹兼顾。与既有线通道换乘的车站，主体落位的重点是考虑换乘功能，优先落实主体，再确定换乘通道，最后考虑车站的附属设施。车站的附属设施需要给主体和换乘通道的落位让路，换乘功能是最重要的功能，不能轻易为了附属落位而妥协。

设计师通过充分的调查研究，立于车站建筑各功能区的"拼图"碎片之前，不停地尝试着不同的组合方式，直至找到接近完美的答案。出入口、风亭、无障碍电梯、冷却塔、消防专用通道，这些附属设施相当于拼图的边块和角块。当周边建筑密集、控制因素过多时，这些边块、角块发挥着重要作用，甚至决定了车站方案的整体布局；当周边环境较为宽松，有足够的绿化空间设置附属设施时，车站的站位和客流吸引就成为核心问题，待解决核心问题之后，附属设施根据功能就可以完成布局。

根据不同的条件研究方案推进方法，例如有的方案从边框向内拼，而有的方案由内向外拼，不管采用哪种拼接方式，为了方便拼接，还是需要分区。对于地铁车站来说，可以根据功能模块进行分片区组合，也就是前文所述的"外三区"和"内三区"，以便于最后的建筑空间组合。

地铁车站建筑空间组合不是元素的简单拼凑，而是统一与协调的过程，每一处构成都呈现出设计师的思考。对车站功能的认识在其中占据了重要地位，这也是设计时首要考虑的问题。经过长时间的研究分析，地铁车站建筑空间布局趋于稳定，这张拼图也就可以定稿了。当然，对于设计师来说最后悔的是浇上了定型胶水后发现有个地方拼错了，想要重新来过，然而，无论是从边界条件的协调上，还是对于工期而言都来不及。慌乱中赶出来的方案，没有经过长期的论证和磨合，很难成为优秀的成果。

格局决定层次，细节决定成败。前面以拼图理念对地铁车站空间组合的大方案进行了分析，下面笔者将进一步讨论细节问题。在拼图游戏中经常会出现以下这种情况：以为这一块和那一块是拼在一起的，但放了半天也放不上；或者非常顺利地将两块拼在了一起，但却不知这个组合位于整体布局中的具体位置。其实，有时拼不上去只是因为位置上下颠倒了，但却意识不到，这就是整体思路下的细节问题。有些方案甚至就是细节决定成败，功能上某些关键细节没有研究清楚导致整体方案不成立，比如车站的通风功能，如何解决上下排热风道的汇集问题，如何解决活塞风道的过轨问题，甚至是公共区的无障碍问题，在特定环境下，这些问题都有可能成为决定方案是否可行的关键点。通过唯物辩证法可知，部分制约整体，关键部位对整体也会起决定性作用。

综上所述，地铁的空间关系虽然复杂，但也有章可循。方案设计时应同时关注量、形、质等各方面需求。在进行空间组合时，需要针对地铁建筑的特殊性进行深入研究和探索，切实掌握地铁车站建筑空间组合的理论基础，立足于全局视角，因地制宜地处理建筑空间的组合问题，并灵活地运用各种设计手法使得地铁车站建筑空间组合的形式可以适应千变万化的外部条件，同时也要有所创新，切忌生搬硬套。

6.1 建设工期对地铁车站建筑空间组合的影响

近年来，地铁快速发展，其建设工期往往都非常紧张。在一条地铁线路的土建工程里，车站的建设难度最大、控制因素也最多，很多因素都会影响车站的建设工期，而每座车站的建设工期也会影响整条线路的建设工期。为了实现全线土建工程齐头并进，很多地铁车站的建筑方案就需要适应工期需求。对于地铁车站来说，影响工期和建筑方案的主要因素包括拆迁、交通、管线和工程筹划等。

1. 对车站站位的影响

对于地铁车站的建设工期来说，拆迁是最不可控的影响因素。例如，户数众多的住宅，任何一家人都可能成为钉子户，最后很有可能会把车站方案兜底翻；如果是学校、医院等拆迁都需要异地建设完成后才能拆迁，大大延长了车站的建设工期；如果拆迁地块存在银行担保、账户冻结、财务纠纷、产权纠纷、土地移交未完成等问题，征地拆迁困难对车站的工期影响更大。为了避免拆迁对车站建设工期的影响，最好的办法就是避免拆迁，这从客观上也就影响了车站站位，同时也影响着站型。

如果一条线路的某一区段拆迁量较大，则拆迁进度对车站方案会有很大影响。若连续几个车站的拆迁量都很大，但是工期又不能等，拆迁不可控的因素又太多，为了满足工期要求，可以考虑连续几个车站中的部分站点克服其他控制因素，实现车站主体不拆迁，从而保证困难区段也能完成盾构始发井的建设，这从整体工程筹划角度对全线工期的推进有着重要意义。所以，在考虑车站站位方案时，即使有拆迁，也要将车站主体施工时不拆迁或拆迁难度小作为一个重要的考量因素，然后在主体施工阶段再慢慢推进附属的拆迁工作。等主体施工完成了，附属的拆迁工作也完成得差不多了，即使没完成，至少区间可以顺利施工，继而完成洞通、轨通和电通，主要设备也可以进行调试。

如果部分车站附属一直没有施工条件，那也可以考虑此站过站运营，虽然部分区域客流服务水平下降，但全线通车的意义还是非常重大的。待部分车站的附属具备施工条件后再施工，从真正意义上实现全线通车。特别是一条线中间的几个车站，如果车站主体迟迟不能开工，轨通和电通的步伐都被卡在正中间，无法实现两个主变同时供电就会导致分段运营无法实现。如果是位于末端的几个车站其主体无法开工，还可以考虑分段运营。

2. 对设备管理用房布局的影响

地铁车站的附属往往在主体施工完成后才会施工，然而经常受制于拆迁因素，导致工期严重滞后，因此车站的设备管理用房也要充分考虑附属工期的影响。当遇到附属拆迁难度较大的情况时，车站的主要设备用房（如车控室、通信、信号等弱电房间和变电所、环控电控室、配电间等强电房间）尽量设置在主体之内；当有一部分用房必须设置在附属时，可将管理用房设置在附属范围内，以保证车站主体施工完成后车站设备的基本功能能够实现，可以提前进行系统调试工作，为尽早通车创造条件，之后车站附属再去各个击破，同时可以采用临时风亭和临时出入口等形式保证车站运营的基本条件，剩下的土建工程部分可以慢慢完成；当主体受制于其他因素导致空间有限而附属必须设置大量设备用房时，则主要设备用房应设置在拆迁难度相对较小的区域内。

3. 对换乘车站方案的影响

换乘车站工程规模较大，工期是其最重要的控制性因素之一。节点换乘车站需根据两条线的竣工计划考虑两线主体的施工顺序，竣工节点靠后的项目如果工期不可控，那么，近期开通的车站附属应避免靠近晚开通的车站主体设置，以免其附属受到远期车站主体施工进度的影响。

从工程造价的角度出发，建筑空间组合的基本原则是附属优先整合设计。但当远期线和近期线整合设置风井的位置受拆迁等控制性因素影响，导致工期不可控时，方案设计应避免风道整合设置，让近期线的风亭设置在不拆迁或容易拆迁的地块，以保证近期线路可以顺利通车。近期线车站的出入口，特别是影响疏散距离的出入口，不应设置在征地拆迁不可控位置，也不应与工期不可控的附属整合设计，以免影响关键工程的关键节点，避免因方案颠覆而带来过多的反复劳动。

平行换乘车站中，选择上下叠合还是水平平铺的换乘方案，工期是一个重要的影响因素。当平行换乘车站所处道路路幅较窄且采用平铺换乘形式时，若同步实施，则需要一个大基坑来开挖主体，交通和管线迁移会造成路侧大量的拆迁；若左右分坑开挖，先施工一条线路的主体，交通和管线搬到另外一条没开挖线路的主体上方，待先建主体施工完成后再施工另外一条线路的主体,最后施工车站附属,工期将严重滞后。特别是为了减少拆迁,将两线风道集中在一侧设置,如此一来,只有待两条线路都完成了才能保证通车。尤其当两线工程进度平行推进,初期方案研究无法判断哪条线路先竣工,导致附属方案也很难决策,风道设置在哪一侧更为合适也无法判断。因此,在路幅较窄的情况下,平行换乘选择上下叠合的换乘方案更加合适,车站占用道路宽度较小,两线主体可以同步基坑开挖,也不会因交通、管线问题导致大量拆迁。综上所述,在选择换乘方案时,不应只考虑基本功能,还需要考虑工期进度的影响。相对来说,平铺方案的换乘功能更好,服务水平高,也方便设置联络线;上下叠合方案设置联络线难度较大,区间相互关系复杂。但在特定环境下,影响方案最终决策的可能就是工期。

总的来说,不管哪一种换乘形式,同步实施的换乘车站所带来的工期压力相对来说较大,同时,对于交通、管线、拆迁的影响也更大。设计中,在综合考虑可实施性、工程造价、工程风险等因素的同时,一定要重视工期对项目的影响。对于复杂的换乘站,提前做好沟通协调,进一步明确两线的建设时序,确保先期开通线路的相关主体和附属设施的土建部分能够按时交付,且先期开通的车站的相关功能所占用的城市空间必须提前具备施工条件。另外,先期开工建设的土建部分也有先后顺序,重要的设备用房包括变电所、通信信号等强弱电房间必须提前交付,提前具备安装条件,提前实现设备调试,不应与工期不可控的远期土建部分纠缠在一起。换乘车站资源共享的房间涉及两条线的运营调试,虽然从空间布局上来看是合理集约的,但共享房间设置在工期不可控的土建空间内,从工期角度出发,应该考虑不共享。重要的功能用房共享与不共享对于车站的空间组合影响较大,应综合考虑多方因素进行建筑空间组合,避免建筑功能布局的反复,一边施工,一边进行方案调整。

6.2 综合开发对地铁车站建筑空间组合的影响

城市轨道交通建设对于车站周边地块的价值提升具有很大作用,车站与开发地块相结合,实现空间互通是社会发展和促进区域繁荣的必然趋势。如果车站的出入口、风亭等附属设施单独建设,则需要与开发建筑之间保证消防间距,这样便会占用大量用地,所以,最理想的方案是将车站的出入口、风亭、消防专用通道、无障碍电梯、冷却塔等附属设施与开发建筑结合设置。当然,开发商最希望结合设计的是出入口和连通口,但却不想要风亭和冷却塔,因为出入口、连通口能够带来客流,创造经济效益,而风亭影响立面,影响沿街商业面积。总之,开发方案对车站方案影响很大,主要体现在以下几个方面。

1. 对车站站位的影响

从规划角度来看,地铁车站站位宜向待开发地块靠近布置,不仅有利于附属设施与开发建筑结合设置,也能大量减少地铁车站附属征地的协调工作量。地铁车站与开发项目设置连通口,能够促进和提升商业价值。

有些地块刚好位于线路转角处,并被线路斜切,如果地铁车站位于地块以外,盾构区间下穿地块,这对地块之后的建设影响很大,特别是地下空间的开挖,需要远距离退让盾构区间才能实施,盾构区间上方实施地下空间更是困难重重;如果采用明挖区间,工程造价就会提升很多。所以,一般考虑将车站站位直接设置在地块范围内,让车站与开发地块同步设计、同步实施,避免造成对地块开发的影响,减少土地资源的浪费。

如果配线车站有效站台无法邻近开发地块布置，也尽量让配线端邻近开发地块，将配线上部可利用的开发空间与开发建筑邻近，并设置接口与地块开发建筑沟通衔接，在提升商业地块价值的同时，也提高了配线上部空间的开发价值。

2. 对车站站型的影响

与开发建筑结合设置的地铁车站，其站型与车站和地块的位置关系、开发地块的长度、地块地下空间开发层数等因素有关。

如果车站设置在路中，仅车站附属设施与开发建筑结合，当风道长度满足要求时，车站可以按照标准形式布置；如果车站位于地块边缘，将风道与出入口设置在开发建筑边缘，与开发建筑结合设置（图6-1）；如果车站设置在地块中间，则需要根据地块长度考虑风道、出入口的布置形式，将附属采用顶出或者外挂形式，并优化调整附属布局，尽量将风井和出入口靠近开发建筑的外立面设置，方便风井结合建筑布置的同时，也方便出入口服务于市政道路的客流。在线路方案优化过程中，优先考虑车站位于地块边缘，将车站的附属设施设置在地块边缘，方便与开发建筑结合，同时也方便车站与地块开发分期实施。如果车站位于地块中间，且对地块切割较为严重，地下商业空间或地下停车场被车站的功能隔断，则地块的地下空间就失去了商业连续性。两种布局对比如图6-1、图6-2所示。

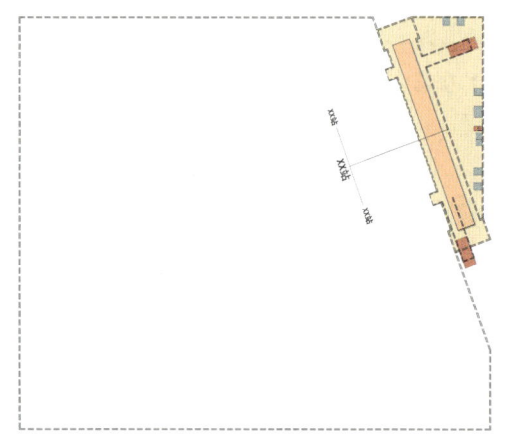

图6-1 车站位于地块边缘

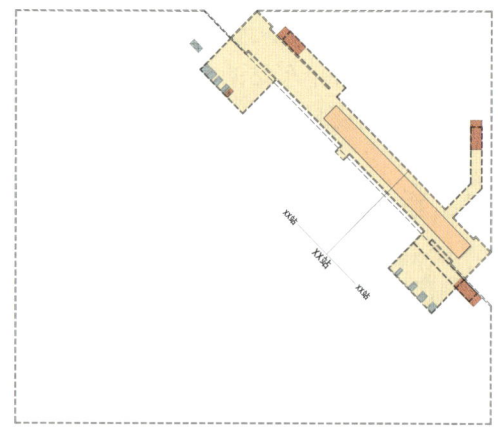

图6-2 车站斜穿地块

当地块开发方案未定且车站主体位于长大地块范围内时，加长开挖的车站应充分利用站台层空间设置设备管理用房，站厅层空间也优先利用主体范围内空间，车站的出入口、风亭都采用顶出形式，这种站型能够充分利用空间，同时也能减少对地块开发的影响。公共区多预留一些门洞与开发方案连通即可，以不变应万变，提早稳定方案，而不受制于开发方案。

当车站位于道路下方时，其层数与开发建筑关系不大，仅考虑设置连通口即可，路中车站优先考虑附属与开发建筑整合。当车站位于地块范围内时，车站层高不再受管线控制，而是随着开发建筑的层高来确定。当车站位于地块边缘时，可设置两层车站，如开发地块仅有一层地下商业，则站厅层可以考虑设置在地下一层与开发空间地下一层平接；如果开发地块有两层地下商业，为了带动地下二层的商业价值，可以考虑将车站设计为三层车站，站厅层位于地下二层并与开发建筑的地下二层平接，使地下二层的商业不会成为客流流线的死角空间。如果车站需要缩短,可将地下一层空间用来设置设备管理用房;为了减小盾构对基坑开挖的影响,车站需要加长时,三层车站的地下一层可以全部还给开发空间。如果车站斜穿或者正穿地块中部,一般考虑将站台层设置在地下三层,地下一层空间全部还给开发空间,地下二层作为站厅层,富余的空间可作为地下车库。方案设计时,应尽量避免出现一半主体在道路下、一半主体在地块内的情况。因为这种情况下车站的层高很难与地块层高相匹配,造成空间上的浪费。

6.3 柱网布置

柱网布置是地铁车站建筑设计的重要内容,既要满足结构要求,又要满足建筑功能布局的需求。柱网是结构空间的骨架,对建筑空间的划分和组合都有较大影响。建筑师在柱网布置的沟通协调中必须掌握主动权,否则,建筑布局在与结构配合过程中会陷入被动,造成方案反复。对于地铁车站来说,详细的空间划分应先布置柱网再进行空间划分,当空间划分与既定柱网产生矛盾且无法克服时,再相互协同配合,局部通过变跨调整柱网来解决功能问题。比如地铁车站公共区的楼扶梯布局一般考虑与柱网之间找到对应关系,公共区规模也优先采用整数跨度,设备区走廊尽量考虑沿柱网布置,避免柱子凸入设备房间,从而影响空间划分。

1. 柱网的布置原则

地铁车站是箱型框架结构,车站主体两侧的墙体可视为一排柱子,应重点分析车站中柱的布置。首先需要对梁跨和板跨的概念有所了解:纵向柱网的间距就是纵梁的梁跨;通过纵梁和侧墙的划分,能够将车站划分为多个矩形板带,板带短边为主受力方向,则板带短边的长度就是板跨。纵向柱网间距受制于纵梁的跨度,当纵向柱网间距较小时,虽然梁的跨度和费用减少了,但柱子的数量和费用随之增加;当纵向柱网间距较大时,柱子的数量和费用随之减少,但梁的尺寸加大,配筋增加,梁的费用增加。因此,合理地布置柱跨和板跨是车站建筑空间组合设计前需要研究的重点内容之一。

由于地下工程荷载较大,经过长期的结构实践和经验总结发现,地下工程的经济柱跨约 8 m,一般不宜大于 10 m。按照民用建筑理论,经济板跨为 3~4 m,需要通过次梁分隔来实现,次梁搭在主梁上,共同形成较为经济的梁板体系。但是,此时所有管线的安装高度只能从梁底起算,影响装修高度,进而加深车站埋深,反而不经济。因此,结合地铁的结构特性,综合考虑围护结构成本,地铁的经济板跨按照 8 m 左右考虑,一般情况下,不宜大于 10 m;另外,车站采用单柱还是双柱通常取决于板跨的要求,如图 6-3 所示。

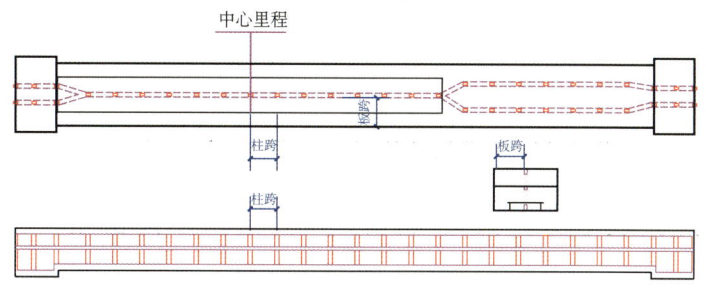

图 6-3 车站的柱跨与板跨

2. 横向柱网

横向柱网根据板跨分布、配线设置以及设备用房房间布置等需求进行布局，公共区的横向柱网一般依据站台宽度和板跨来确定。

首先需要明确车站是单柱车站还是双柱车站。当车站为岛式车站时：若站台宽度为 10～12 m，优先考虑设置单柱布局（图 6-4）；若站台宽度为 13 m 及以上，应考虑双柱布局（图 6-5）；若车站站台宽度为 12～13 m，考虑到双柱对侧站台的影响，现阶段仍以单柱居多，但应按照偏心布置，从而增加中间垂直交通的布置空间（图 6-6）；端头井位置为了满足盾构机进出洞需求，需局部外扩，板跨增加很多，所以端头井一般采用双柱；站台层布置变电所区域不希望房间中间出现柱子，所以一般也考虑设置双柱。

侧式车站主要根据板跨确定柱网，跨度太大的位置需补充一排柱网，若需要在轨行区之间增加立柱，需要提前与线路和限界确认合理的线间距（图 6-7）。

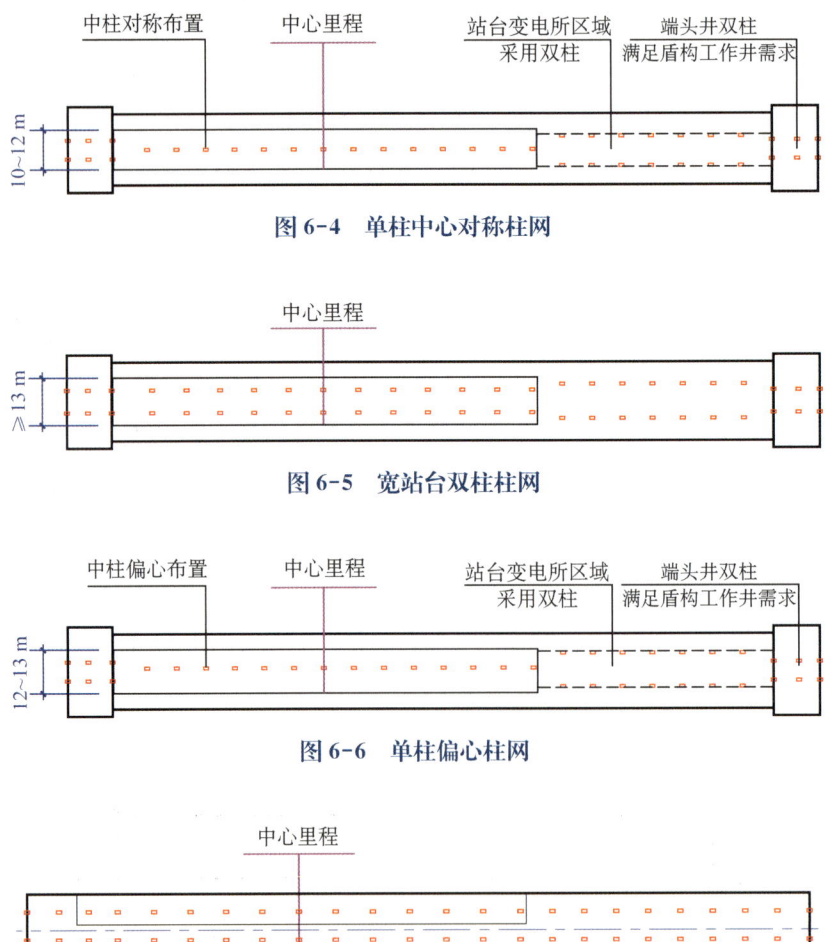

图 6-4　单柱中心对称柱网

图 6-5　宽站台双柱柱网

图 6-6　单柱偏心柱网

图 6-7　侧式站台柱网

3. 纵向柱网

1) 公共区的纵向柱网

公共区的纵向柱网布置在考虑公共区经济柱跨的同时,还应考虑公共区的规模,与楼扶梯位置关系及与站台门的匹配性,单柱车站一般采用 8 m、8.5 m、9 m 三种柱跨形式。单柱车站由于立柱位于站台中部,与站台门没有强对位关系,所以一般不需要考虑站台门的影响。

单柱车站由于中间一排立柱承担了车站一半的竖向荷载,所以柱网间距不宜过大,公共区建议采用小柱网形式,适当压缩非付费区规模,增加付费区规模(图 6-8)。双柱车站的立柱靠近侧站台,与站台门对位关系紧密,为了充分利用中跨空间,给地铁列车门前留有更大的排队空间,车门位置应避让结构柱,所以,双柱车站的柱网模数应与车门相匹配,B 型车站台对应柱网尺寸为 9.75 m,A 型车站台对应柱网尺寸为 9.12 m。

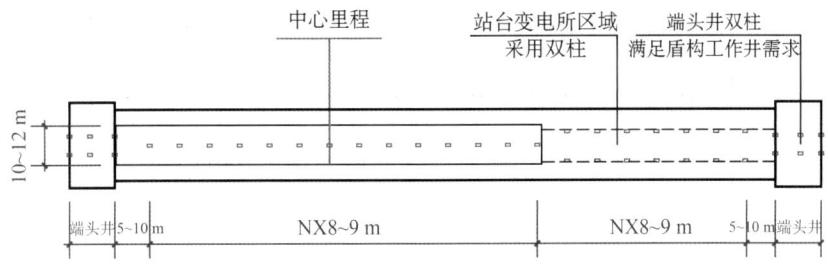

图 6-8　单柱纵向柱网布局

当然,不是匹配柱网后就一定能够实现柱子避让车门,还需要保证柱网与车站中心里程的对位关系。有两种对位关系可以保证柱子避让车门:一种是车站中心里程正对应位置设置一根轴线(图 6-9、图 6-10);另一种是车站中心里程正对两根轴线的中心(图 6-11、图 6-12)。采用哪种对位形式主要依据公共区整体布局和楼扶梯的对位关系。如果由于某些特殊原因需要局部变跨,变跨完成后应回到原来的对位关系上,比如某 A 型车车站,中心里程两边的柱跨局部变跨为 8 m,那么接下来的两跨应布置为 10.24 m,这样虽然中间一跨 8 m 的柱网与车门对位关系不合理,但其他柱网又回到原来的对位关系上。

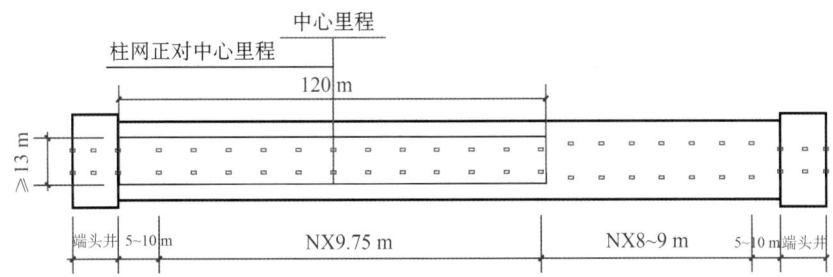

图 6-9　B 型车宽站台双柱柱网正对中心里程

2) 设备区的纵向柱网

设备区的纵向柱网除了考虑柱网的经济性,还要重点关注柱网对设备用房布置的影响,同时也要注意柱网的均匀性和连续性。从经济性角度出发,设备管理用房区域的纵向柱网优先采用 8 m 柱网。如果由于某几根柱子对车站的功能布局影响很大,例如站台层的变电所,由于

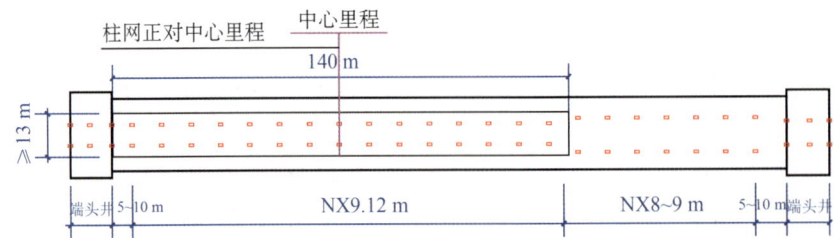

图 6-10　A 型车宽站台双柱柱网正对中心里程

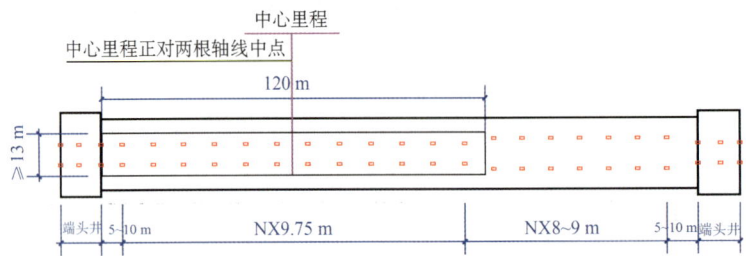

图 6-11　B 型车宽站台双柱中心里程对两根轴线中点

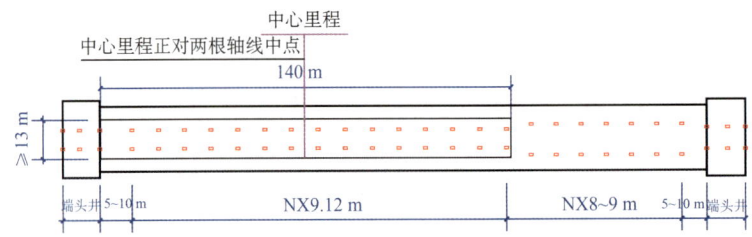

图 6-12　A 型车宽站台双柱中心里程对两根轴线中点

房间非常大,经常会出现设备运输路径被柱子遮挡的情况,而且不断调整房间布局也无法避免,这时就需要调整柱跨,最简单的方法就是局部调整,通过某一跨调整为 10 m、旁边一跨调整为 6 m 来实现避让。但是,这样柱网有可能会凌乱不均匀,同时也会给结构设计带来麻烦。最合理的方式应该是大范围的连续调整,比如原来设备区柱网都是 8 m,尝试设备区柱网都调整为 8.5 m,多跨累积之后就有可能实现避让。如果还是不行,可以尝试设备区一部分采用 8 m 柱跨、一部分采用 8.5 m 柱跨的变跨方式。

端头井局部外扩,可以独立成为柱网体系,设备区柱网尽量做到均匀布置,到端头井之前的最后一跨可以适当降低标准,也可以考虑最后两跨均衡布置。总之,不要为了避免一个房间内出现柱子,或者为了躲避一个开门,或者避让一处运输路径,就局部调整两三跨,从而造成柱网的不均匀。这其实并不是结构无法实现,而是会导致设计缺乏美感。这也是设计水平和经验不足的一种表现。

4. 配线区的柱网

配线区的柱网布置是个难点,需要注意满足限界的同时也要兼顾柱跨和板跨的需求。为了满足限界要求,配线区柱网设计时尽量让配线在柱跨中间穿过;为了保持柱网的均匀性,岔心附近也会设置柱子,尤其要注意限界问题,需要不断地尝试来进行连续性调整,使配线区的柱网更加合理均匀(图6-13)。同时,岔区的柱网布置还要配合设备专业,确认管线敷设路径,对于需要设置电缆支架的区位,应考虑限界加宽,避免土建实施完成后没有设备安装空间。

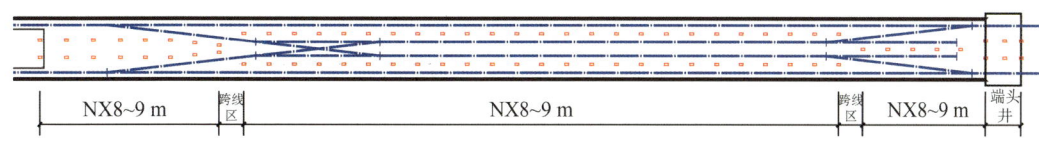

图6-13 配线区柱网布局

5. 车站外挂附属柱网

车站外挂附属部分的柱网布置也是设计中的难点,多数情况下,附属轮廓形状极不规则,柱网布置规律性不强,需要关注的问题就比较多。

1) 单层附属柱网

单层附属柱网设计遵循随机应变原则。附属内有很多风道空间,同时还有一部分风道需要设置临空墙来抵御人防荷载。因为柱网的规则性与风道的不规则性很难匹配,经常会出现柱子位于风道中间的情况,因此,风道区域可以不考虑设置柱网,不管是否为临空墙,均设计为混凝土墙,兼承重结构,同时,利用临空墙承重也能节约工程造价。

车站的外挂附属除风道以外尚有大面积空间,这部分附属原则上应尽量与主体的柱网统一或是主体柱网的延伸,把外墙、内衬墙和风道混凝土墙作为一排立柱,附属的柱网轴线与主体内的柱网轴线尽量找到平行或垂直关系,形成相对均匀的柱网,柱跨也优先采用8 m左右的经济柱跨布置,如图6-14所示。

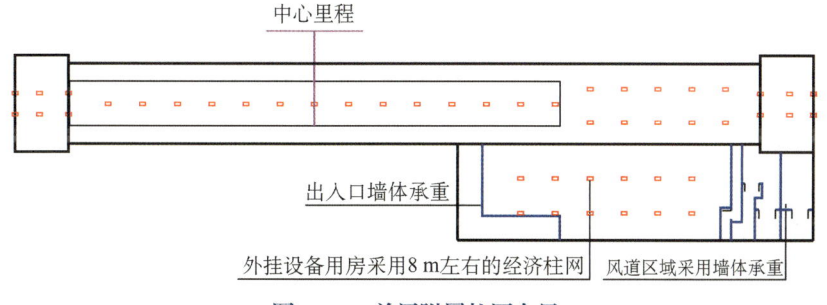

图6-14 单层附属柱网布局

为了方便附属内的管线布置,原则上外挂部分的梁也采用单向梁体系,宜沿车站纵向设置,上翻之后对道路上的管线影响较小。如果外挂部分整体在路侧,则可以考虑双向梁,但是要考虑梁局部上翻的问题,以方便管线布置为准。

2) 双层附属柱网

双层附属柱网的布置思路与单层附属柱网的布置思路有较大差异。双层附属的上、下两层功能一般差别较大,某一层设置风道,另一层可能就是设备用房,即使两层都有风道,上、下层风道的尺寸位置也未必相同。这种情况下,就不能考虑仅利用风道混凝土墙作为承重结构,风道人防以外的空间仍按混凝土墙设计,但临空墙尽量布置在柱网上,方便下方布置结构梁,而人防以内的风道可以按照砖隔墙进行设计,如图6-15所示。

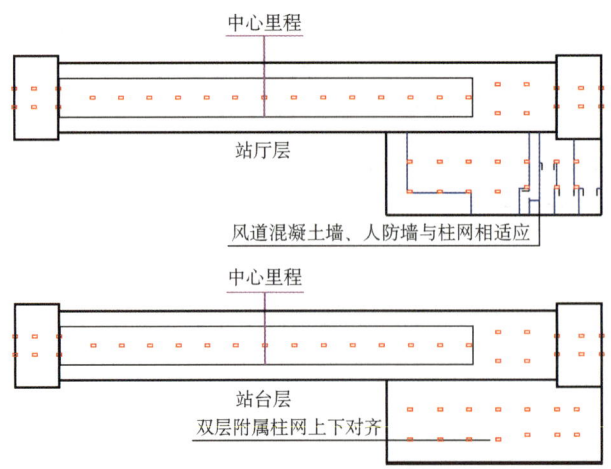

图 6-15 双层附属柱网布局

风道位置的柱网应尽量照顾风道功能,避免柱子设置在风道内,其余部分的柱网布置原则与单层附属的柱网布置原则相同。但当双层附属上、下两层都要设置设备管理用房时,为了方便上、下两层的房间布置,柱网上下协调互动的调整过程相对来说就比较复杂。

6. 换乘车站的柱网

换乘车站的站台较宽,其柱网布置原则基本与双柱标准车站类似,需要注意的是节点换乘车站节点处的柱网处理,很多设计方案到了换乘节点处连续出现了几个非标小跨柱网,究其原因是没有搞清楚站台与站台之间的位置关系对柱网的影响以及轴线与车站中心里程的位置关系对柱网的影响。这里对 A 型车及 B 型车的几种换乘形式进行总结分析。

首先是现阶段应用较多的 T 形换乘方案,为了解决缓冲空间问题,T 形换乘两线的有效站台投影线一般是脱离式布置,T 形换乘的"一横"一般按照两层设计,T 形换乘的"一竖"一般为三层车站,具体原因在换乘章节进行详述。在三层车站中心里程正对一根轴线、柱网采用与车型匹配的模数(B 型车柱网尺寸为 9.75 m,A 型车柱网尺寸为 9.12 m)情况下,与两层车站相接处的柱网能够均匀布置的尺寸是两线有效站台的投影线相距 4 m 或者 12 m。接口处柱网间距的选择主要取决于三层车站活塞风道的布置位置,以 6B 车型为例:如果活塞风道穿过两层车站的主体,设置在对面,则考虑采用 4 m 的投影间距,能够有效控制车站长度,优化土建规模(图 6-16);如果活塞风道设置在两层车站之前,则考虑采用 12 m 的投影间距,方便布置活塞风口和活塞风道,又能照顾柱网均衡性,兼顾土建经济性(图 6-17);如果三层车站中心里程对应两根轴线的中心位置布置,则两线站台的投影线按照 8 m 也能实现柱网均匀的目标既能满足设置风口的要求,又能有效控制车站土建规模(图 6-18),但这种布局不利于站台层换乘楼梯的局部拓宽处理,柱网与楼扶梯的对位关系也不理想,采用这种柱网布局形式,需要综合考虑换乘量以及活塞风道布局等多种因素。

T 形换乘车站中的两层车站比较理想的柱网形式是采用中心里程对应两根轴线中心的形式,能够与三层车站的柱网合理对应。但当两层车站部分柱网遇到前文所述的局部变跨问题时,应注意与车门位置关系的匹配。B 型车的换乘车站,两层部分可仅考虑设置两组楼扶梯,因而,两层车站有效站台的中心点对应三层车站有效站台的中心点。A 型车的换乘车站,两层车站部分考虑到客流服务水平提升的需求,一般需要设置三组楼扶梯,在这种情况下,A 型车两层车站的有效站台中心线就需要偏心对应三层车站的有效站台中心位置,根据柱网和楼扶梯的布置,一般偏心一跨柱网距离,也就是 9.12 m,站台大端设置两组楼扶梯,站台小端设置一组楼扶梯,刚好实现站台层楼扶梯的均匀布置,且不影响换乘节点的柱网布置,同时考虑三层车站的柱网布置需求,综合考虑 A 型车换乘车站的柱网布局,以 6A 车型为例,如图 6-19—图 6-22 所示。

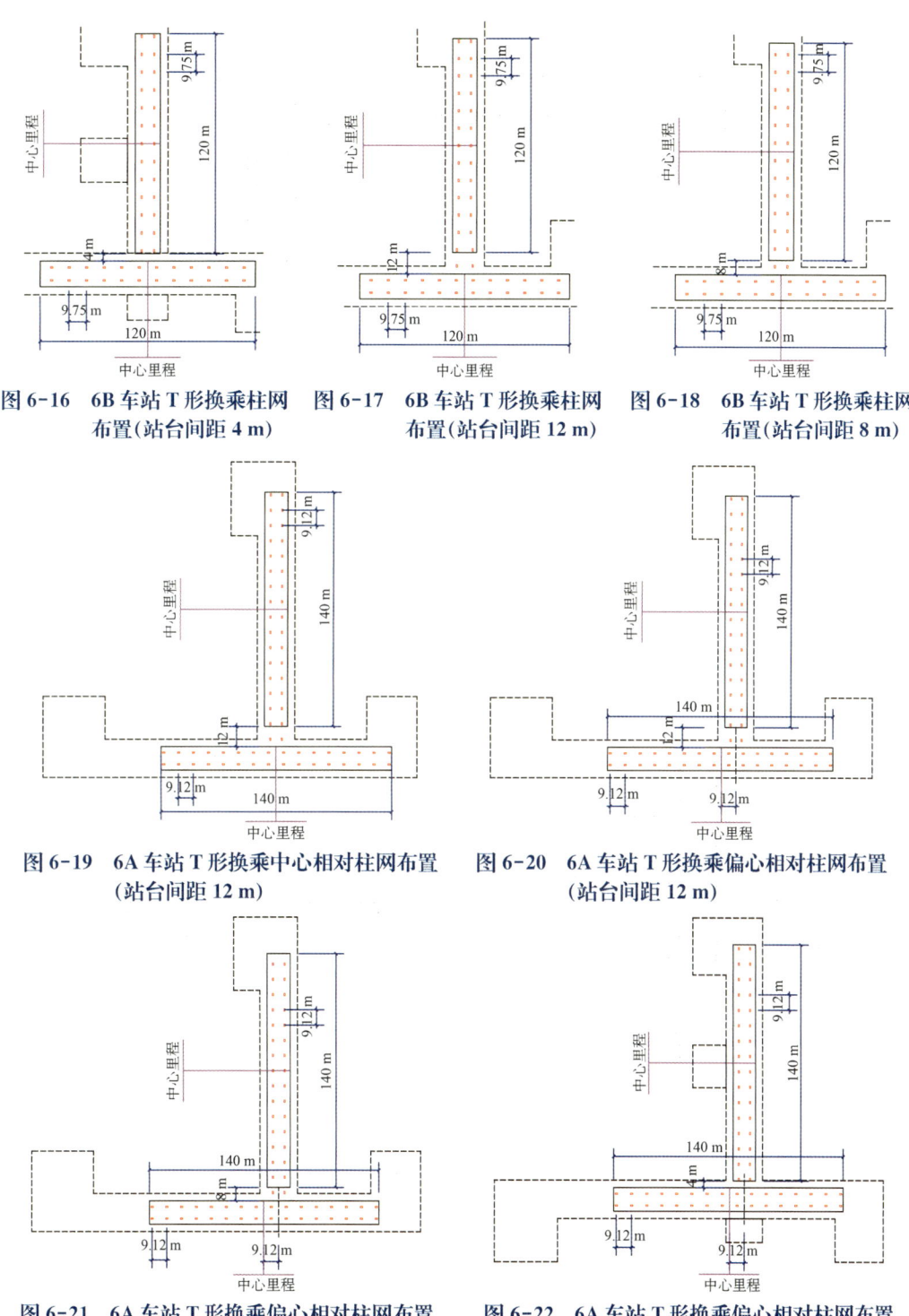

图 6-16　6B 车站 T 形换乘柱网布置(站台间距 4 m)

图 6-17　6B 车站 T 形换乘柱网布置(站台间距 12 m)

图 6-18　6B 车站 T 形换乘柱网布置(站台间距 8 m)

图 6-19　6A 车站 T 形换乘中心相对柱网布置(站台间距 12 m)

图 6-20　6A 车站 T 形换乘偏心相对柱网布置(站台间距 12 m)

图 6-21　6A 车站 T 形换乘偏心相对柱网布置(站台间距 8 m)

图 6-22　6A 车站 T 形换乘偏心相对柱网布置(站台间距 4 m)

L形换乘车站:两线的有效站台投影线之间的距离优先采用 4 m 或 12 m,选择依据主要考虑活塞风井的布置位置,设计思路与 T 形换乘车站基本相同,两线有效站台之间的间距宜靠近布置,避免换乘楼梯处的疏散距离不满足规范要求,以 B 型车为例,如图 6-23 所示。

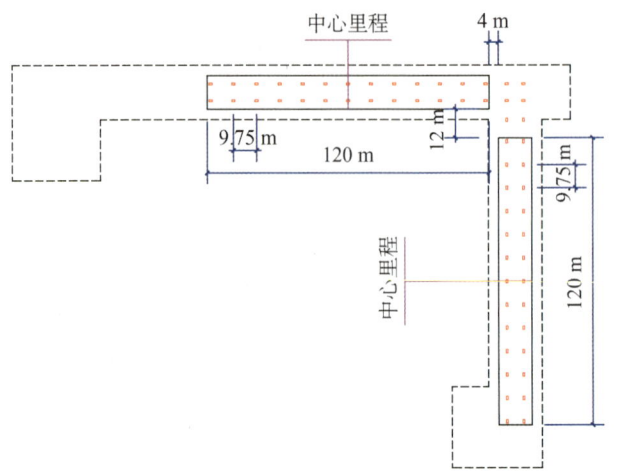

图 6-23　6B 车站 L 形换乘柱网布置

"十"字形换乘车站:如果车辆均为 B 型车,则中心对中心布置,两线相接的位置需要相互适应,局部变跨,其余柱网还要回到 9.75 m 的柱网模数,以 6B 车型为例,如图 6-24 所示;如果车辆均为 A 型车,则偏心对偏心布置,两线相接处同样需要相互适应局部变化,其余柱网还要回到 9.12 m 的柱网模数,以 6A 车型为例,如图 6-25 所示;如果车辆是 A 型车和 B 型车的换乘组合,则两线各自根据车型特点选择对应关系。

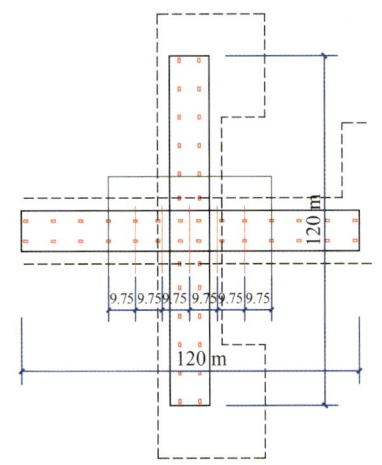 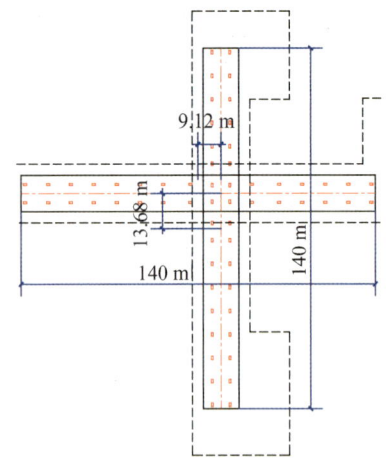

图 6-24　6B 车站"十"字形换乘柱网布置　　图 6-25　6A 车站"十"字形换乘柱网布置

6.4　地铁车站建筑的内部空间平衡

地铁车站建筑的内部布置达到平衡是车站空间设计追求的最高境界。通常,地铁车站会设计成两层或三层，要在空间上实现每一层的均衡，不出现某一层有太多空间富余或过于紧张的情况，就需要设计师具有很强的空间组织能力，要了解车站内部功能的每个细节，掌握每个房间的功能需求，还要熟悉每个设备管理用房之间的物理关系和空间关系。其实，每个房间之间都有它的底层逻辑关系：为了方便管理，有些房间之间要求水平空间距离邻近；为了方便连通，有些房间只是空间上要求邻近，可以是水平关系或上下层关系，例如电气房间通过电缆竖井联络。回到平衡问题上，了解了每个房间的功能需求也就知道了哪些房间可以在层间进行调整。随着设计师工作经验的不断积累以及对车站各个功能模块认知的提升，研究车站外部边界条件，分析规划情况，车站建筑方案就在这个框架里逐渐形成。先是构建方案的整体格局，也就是它的"骨架"和"灵魂"；接着深化方案的内部细节，也就是它的"血肉"和"神经"，使车站的每部分空间都能得到充分利用；最终，自然会形成和谐平衡的方案。当然，车站的内部平衡需要外部平衡的支撑，外部平衡也依赖于车站内部空间的配合。

下面具体分析地铁车站内部关系的平衡，包括上、下层平衡和左、右端平衡。先根据外部边界条件确定合理的车站轮廓，而车站轮廓的确定是建立在对功能熟知的基础上，特别是环控功能区的功能布局，它对于车站轮廓的影响最大；在掌控通风逻辑关系的基础上，与其他功能模块在空间上做好协同布局，共同实现车站内部的空间平衡。

1. 车站上下空间的平衡

车站实现上、下层空间平衡的目标是使内部每一层空间都能被充分利用，不会出现某一层空间特别紧张，而某一层空间过于浪费的情况。有了车站的整体轮廓，根据各系统的功能分析，确定哪些房间可以上下移动，通过这些房间的移动就可以实现空间平衡，下面针对不同站型具体分析上、下层平衡方案。

1) 标准站型的上下平衡关系

一般标准站型是指无配线且变电所设置在站台层的站型。按变电所性质，又可分为降压变电所标准站型和混合变电所标准站型。

标准站型上下平衡的关键点在设备集中端也称为大头端。降压变电所标准站型车站其大头端有两种平衡方式：一种是将降压变电所设置在站台层，其余非必要房间如气瓶间、应急照明室等全部设置在站厅层，然后尽量压缩车站长度，站厅层通过出入口与风亭的围合空间来消化因车站缩短后溢出的房间，使站厅和站台之间形成上下平衡关系；另一种是不利用围合空间，调整气瓶间、民用通信机房、冷冻机房等用房至站台层，与降压变电所一起用足站台层空间，同时，站厅层空间也刚好能够被充分利用，实现上、下层之间的平衡关系。混合变电所标准站型车站基本上只有一种平衡关系，就是站台层长度满足混合变电所全部空间需求后，在站厅层空间不围合的情况下也能实现站厅层与站台层之间的平衡。

2) 缩短站型的上下平衡关系

缩短站型是指压缩车站站台长度，站台层的设备用房溢出至外挂空间的站型。因外部边界条件限制，需要压缩车站长度，导致整个变电所模块溢出至外挂空间。

当主体缩短后采用单层外挂时，在站台层公共区及基本的水电用房空间得到满足之后，从站台层溢出的变电所及从主体内溢出的所有设备房间都考虑设置在外挂空间，而外挂空间的大小取决于空间功能需求，很容易实现上、下层的空间平衡。

当主体缩短后采用双层外挂时，为了整个车站的轮廓形态规整，应尽量避免双层外挂出现高低坑。所以,地下二层需要考虑与地下一层实现空间利用平衡。一般情况下,地下二层外挂空间最理想的房间布置包括变电所模块、冷冻机房、环控机房等。当空间无法完全平衡时,可以考虑将区间通风机房或部分弱电功能模块设置在外挂地下二层,通过功能模块的组合与拆分,最终实现上、下层的空间平衡。对于长度居于标准站型和缩短站型之间的车站,在外挂空间不足的情况下,一般设置双层外挂,主体站台设置部分变电所功能或者部分弱电功能,双层外挂部分考虑上下空间的平衡,协调设备用房布局的思路与缩短站型相同。

3) 顶出车站的上下平衡关系

顶出车站的附属功能都设置在了主体范围内,势必会增加车站长度,而加长之后的车站需要寻求新的平衡关系。当大头端顶出时,能够实现站厅层和站台层上下平衡的布局形式较多,包括降压变电所顶出、混合变电所顶出、仅风亭顶出以及风亭和出入口都顶出,每一种形式都能找到平衡的方式。通常,上下平衡主要通过民用通信机房、冷冻机房、气瓶间等设备房间的转移来实现。一般情况下,小头端尽量不考虑顶出,否则小头端的站台层空间很难被充分利用。

4) 三层车站的上下平衡关系

三层车站的上下平衡关系相对简单,一般变电所布置在设备层,车站长度控制在有效站台长度以外增加 20~40 m 就可以满足要求。对于外挂围合空间大的三层车站而言,车站可以适当缩短;当车站空间不足时,可以扩大外挂或者局部考虑设置两层外挂空间,把主体溢出的设备用房布置在外挂空间。总之,有外挂的三层车站,其车站长度相对来说灵活一些,可以通过附属增加或减少外挂来实现平衡。三层车站的上下平衡方式有多种形式,站台层可利用的空间较少,主要是找到站厅层和设备层的平衡关系。站厅层和设备层的平衡关系主要依靠环控功能区和核心功能区的拆分与重组来实现。

如果采用顶出三层车站站型,车站的上下平衡关系相对较为复杂。顶出三层车站需要加长,变电所根据降变和混变情况选择整体布置在站台或者拆分布置在站台层和设备层。所有弱电房间可以在站厅和设备层之间调换位置。考虑到站厅层受出入口和风亭顶出影响,一般优先将环控机房设置在设备层,从而可以有效提高空间利用率。环控区域最怕零散空间,会导致利用率极低,浪费车站建筑面积。没有出入口和风亭影响的设备层空间更适合通风机房等房间的布置。如果仅是风亭顶出,可考虑环控机房与区间通风机房上下分层布置。

5) 配线车站的上下平衡关系

配线车站的配线上部空间面积较大,配线段的站台层空间可利用面积较小。变电所首选落位在站台层,当配线条件不满足变电所设置需求时,站厅层也有足够空间可满足变电所模块的占位需求。所以,配线端的空间一般不用过多考虑平衡问题,只要按照各功能模块最理想的位置设置即可。小头端的空间平衡与其他标准车站是相同的思路。

2. 车站左右空间的平衡

在满足车站上、下层空间平衡的同时,还要考虑左、右空间的平衡,特别是设备用房外挂和特殊工法的车站,左、右空间平衡对车站的功能和规模影响很大。厅台公共区与有效站台是对应关系,可调节余地不大,空间平衡的主要控制因素是车站的"内三区"。其中,"核心功能区"在空间占位需求上最灵活,其房间可以同层布置,也可以分层布置,为了方便使用,管理用房区域需要与车控室同层同区布置,其他弱电房间可以与车控室分层布置,一旦上、下层有对应关系后,便可通过电缆井实现弱电房间之间的功能联络;"环控功能区"包括环控机房、区间通风机房和冷冻机房三大部分,它们之间的关系同样是可分可合;变电所模块的房间原则上优先紧邻布置,特殊情况下,可以考虑将 0.4 kV 开关柜室与其余变电所房间同端上下拆开,也可以将混合变电所的降压部分与牵引部分分开布置。

标准站型的核心功能区与变电所同侧布置,每端均设置通风模块,可实现天然的平衡关系。当车站缩短时,核心功能区和变电所若都集中在一端难以解决落位问题,就需要考虑左右分开的方案。几大功能分区自身有其不同的组合和拆分方案,通过几大功能分区的不同排列组合可以形成多种站型。第一种站型是单层大外挂:车站两端布置通风模块房间,主体范围内除了公共区和环控功能区再没有别的房间,在单层大外挂区域一端设置车站核心区用房,另一端设置变电所用房,通常冷冻机房作为负荷中心宜与变电所布置在同一侧。第二种站型是双层大外挂,主要考虑上下平衡而不是左右平衡问题。

降压变电所车站还有另外一种左右平衡方式,即把降压变电所围合在小头端的一层外挂空间,大头端的核心区房间则利用主体及附属围合空间设置,具体采用局部外挂还是通长外挂则取决于外部边界条件限制。

三层车站的左右空间平衡主要是设备夹层的空间平衡,大头端为车控室所在的一端,站厅层仅布置少量的核心区设备用房,其他核心区用房设置在设备层,靠近核心区一端的设备层延续核心区的功能布置,待核心区的功能布置完成后再考虑设置变电所、冷冻机房等房间。

3. 换乘车站的空间平衡

换乘车站可以理解为两个或两个以上独立车站的联合体,各车站自身都应该保证各自空间的平衡,但在两个车站空间交界处,换乘功能的合理性是最重要的控制因素。

标准车站主要考虑设备管理用房的空间平衡,但换乘车站则需要考虑设备空间与公共空间之间的平衡关系,节点换乘车站应该考虑将换乘接口处的站厅空间打开,所有通风功能全部给换乘功能让步。换乘车站的方案设计应首先以换乘公共空间为控制因素,再去寻求空间上的平衡。换乘功能在线路方案确定的前提下,以换乘功能为主导构思公共空间布局,而设备管理用房可以有较大的转换调整余地适应换乘功能,可根据各大功能模块的特性及合并拆分等原则合理布置空间格局。

6.5 地铁车站建筑方案的外部环境平衡

地铁车站方案的演变过程就像一棵小树的成长过程,根红苗正,有阳光和好的土壤,细心浇灌就会健康成长,其中根正是最重要的成长因素,这个根正也就是方案的稳定。地铁车站方案的稳定与否主要取决于外部因素,而方案反复大多数情况也是由外部因素造成的。所以,地铁车站在方案设计阶段只有实现与外界环境的平衡,才能实现方案的稳定。

地铁车站布局实现与环境平衡的基本步骤如下。

(1) 解读边界条件。了解站点周边现状交通情况,掌握控制管线的管位及标高,调查周边地块建筑的权属及使用情况,调查站点周边的用地规划及交通规划情况,综合多方因素,梳理车站的主要控制因素。

(2) 地铁车站的主体落位。根据线路线形、周边规划、边界条件以及客流服务等因素合理确定地铁车站的主体落位。

（3）地铁车站附属设施落位。综合考虑交通、管线、拆迁、环保、消防、景观等问题落实地铁车站附属设施的落位。

（4）构思地铁车站基本功能布局，主要考虑车站的"内三区"和"外三区"总体功能落位。

以上步骤是一个往复递推的过程。

作为一名建筑师，在构思地铁车站方案时，首先会遇到建设环境的各种控制因素问题，很多地铁车站建造在城市繁华地段的道路之下，车站与外部环境的平衡主要是需要考虑可实施性、功能性和经济性，这些因素甚至决定着车站项目的"生"与"死"。

地铁车站方案设计过程中，主要考虑两方面的问题，即内在因素和外在因素。地铁车站自身的功能布局属于内在因素，而城市规划、线路方案、周边建筑、道路交通、市政管线、障碍物等都属于外在因素。在进行空间组合时，内在因素的功能分区往往受到外部因素影响，内部功能与外部边界条件的矛盾不断出现与解决的过程就是方案构思的过程，也是车站与周边环境的融合过程，这个过程包含了实施层面的融合，也包含永久设施的融合。设计过程就是结合外在因素的具体条件和多种因素加以综合地思考与推敲的过程，也就是常说的"因地制宜、因时制宜、因材制宜"，方能找到理想的建筑空间组合方法。各个车站的内部功能有章可循，但外部边界条件和控制因素却各有不同，各控制因素之间甚至会存在矛盾冲突，每个控制因素在不同的环境里表现出来的轻重缓急程度也不尽相同，这些不同的控制因素排列组合后出现千变万化的边界条件，就好比世界上没有完全相同的两片叶子一样，不同的环境对应着不同的车站方案。设计师应该做到在复杂的边界条件下，能够综合考虑各种控制因素，找到其中的平衡点，使地铁车站方案能够兼顾可实施性、功能性和经济性。

对于地铁车站来说，单一控制因素的避让或化解相对容易，但地铁车站方案仅面对一个控制因素的情况是少之又少，多数情况下都是多种控制因素共同影响着车站方案，生搬硬套每种控制因素对应的解决办法经常会出现顾此失彼的情况。比如，为了避让一个控制因素可能会影响另一个更难解决的控制因素；或者化解了三个控制因素，但剩下一个影响最大且无法解决的控制因素；又或者所有因素都实现避让，但功能性太差。这些情况的发生都是不被接受的。如何在复杂且相互矛盾的外部环境控制因素中寻求平衡点，并以最小的代价实现合理的车站功能是决策方案的目标。

6.6 标准地铁车站的空间组合

地铁车站站型受外部边界条件的影响较大。当车站周边环境复杂、边界条件苛刻，或者车站方案与外部控制因素发生了不可调和的矛盾时，须调整站型，对边界条件进行闪转腾挪、迂回避让，使变形之后的车站与周边环境达到平衡，同时，车站内部空间也需要根据各大功能模块的功能特性重新进行空间组合，再寻求新的平衡，从而形成车站的多种布局形式，例如标准型、外挂型、顶出型等。每种布局形式都有不同的适应条件，都需要考虑其空间的充分利用，以实现内部空间的自平衡，满足使用功能需求。

前面研究了车站的内部平衡与外部平衡问题，本节主要对标准车站的各种站型进行分析研究。由于地下车站的岛式站台应用最为广泛，所以以岛式车站为基本站型，并研究其衍生站型。

岛式车站的基本站型是指站位设于路中,变电所位于站台,风道长度适中,跨路设置,出入口各象限均布的站型,从线路线型和服务功能上都比较合理,如图 6-26 所示。

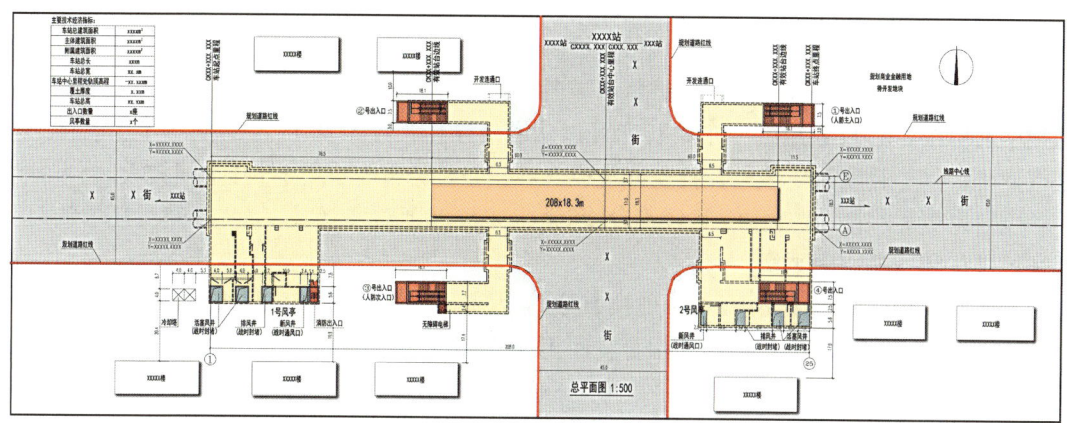

图 6-26　标准车站总平面布置

1. 车站主体长度的确定

确定车站主体长度是稳定车站外轮廓的一项重要步骤。车站主体长度需要在功能与边界条件的相互协调过程中得以确定,同时车站主体长度也受主体位置、出地面附属位置、车站内部功能需求、边界条件、车站配线等因素影响。无配线标准车站的主体长度是一个变量,与站型有很大关系。

车站长度的确定包括两种情况:一种是无边界条件控制的情况,另一种是有边界条件控制的情况。

1) 车站长度无边界条件控制的情况

基本型标准车站的大头端有效站台外的长度与变电所关系密切,车站小头端有效站台外的长度受站厅层通风功能模块控制。

当车站为基本型混合变电所车站时,站台层大头端设备区被变电所撑满,站厅层风道侧出设备用房不围合,刚好能实现上下空间平衡。当车站为基本型降压变电所车站时,变电所规模较小,车站大头端的长度有多种长度控制方案:可以按照降变撑满长度控制,则站厅层需要利用围合空间来布置主体溢出的核心功能区房间;可以按照将部分核心功能区房间下移至站台层与降压变电所共同撑满站台层设备区,站厅层不围合也能布置完剩余的核心功能区,从而形成厅台平衡关系。除了这两种长度外,还可以将少量房间从站厅层下移,并采用少量围合空间。所以,降压变电所车站的长度有多种控制方案。最后,车站长度是有效站台长度加上车站两端站台外的设备区长度。

当车站风道从主体至风井外边缘的长度少于 10 m 时,无法按照基本布置形式来解决风道空间,就需要利用主体空间设置部分风道,继而会增加车站主体的长度。车站主体长度撑大之后需要转移站厅核心功能区用房来平衡上、下层空间,从而也就有了新的车站长度。当采用路侧顶出站型时,所有的风道都需要在主体内解决,导致车站长度被撑得很长,为此需要进一步转移站厅层核心功能区用房至站台层。一般情况下,风井全顶出车站大头端需要加长 15~20 m,如果大头端的出入口也顶出,那车站的主体长度还需要再加长 10 m 左右。

2) 车站长度有边界条件控制的情况

标准车站的长度在很多情况下也会受到边界条件控制。当车站长度受控于边界条件时，如重要管线等，则需要按照控制条件压缩车站长度。当受出地面附属设施控制，无法按照标准站型设计时，则考虑在主体与出地面附属设施方便连接的前提下缩短车站。

车站的最小长度一般按照有效站台两端各外扩 10 m 左右控制，从主体内溢出的房间寻求外挂空间解决，所以，缩短站型车站长度可以从有效站台长度＋20 m 左右到基本型长度之间进行变化。具体长度需要结合外挂空间规模和边界条件统筹考虑，当外挂空间较大时，车站主体长度可以更短一些；当外挂空间较小时，车站主体长度则需要加长一些。同时，还要满足外部环境平衡和内部空间平衡。

当地下三层车站位于路中时，一般按有效站台两端各加长 10～15 m 来控制车站长度。其中，地下一层由出入口、风道形成的围合空间可适当利用，混合变电所车站的设备层富余空间较少，可在站厅多利用一些围合空间。如果车站的出入口、风道较短，甚至是顶出形式，那么只能通过加长车站主体来满足功能布局和空间平衡。

2. 基本站型空间组合

基本站型空间布局为典型的三段式空间布局：站厅、站台的中部区域为公共区，两端为设备管理用房（图 6-27）。其中，一端是车站的设备集中端，站台层设置变电所，站厅层对应位置设置车站核心功能区的设备管理用房及环控功能区，风道从主体延伸至路侧；另一端为非集中端，以环控功能模块为主。为了实现站型的空间布局平衡，部分设备用房（如气瓶间、民用通信机房等）可以上下移动以平衡空间关系。

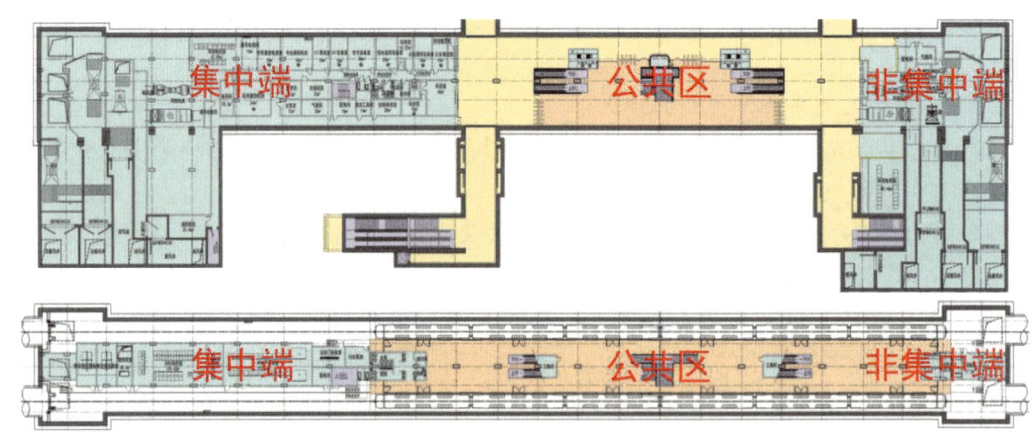

图 6-27　基本站型平面布局

基本站型车站按照变电所性质可分为降压变电所基本站型车站和混合变电所基本站型车站。

1) 降压变电所基本站型车站

降压变电所基本站型车站的小头端设备房间较少，主要围绕着环控机房。大头端为集中设备区，有两种平衡方式：一种是将降压变电所设置在站台层，其余非站台必要房间全部设置在站厅层，同时尽量压缩车站长度，站厅层通过出入口与风亭的围合空间来消化车站因缩短后主体溢出的房间，从而达到站厅层和站台层之间形成上下平衡的关系，如图 6-28 所示；另一种是

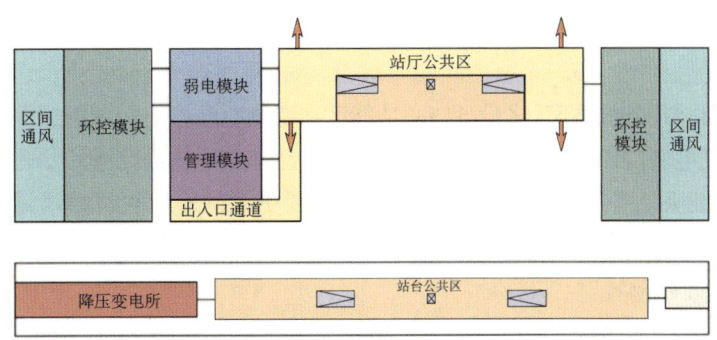

图 6-28　标准车站基本站型(降压变电所一)平面布局

出入口、风亭没有围合空间,降压变电所在站台层布置完成后,再将站厅层部分设备用房调整至站台层,可调整的用房包括气瓶间、民用通信机房、冷冻机房等,从而使站厅和站台的空间都能被充分利用,实现上、下层之间的平衡关系,如图 6-29 所示。一般情况下,将民用通信机房和气瓶间从站厅移至站台就能基本实现上下平衡。

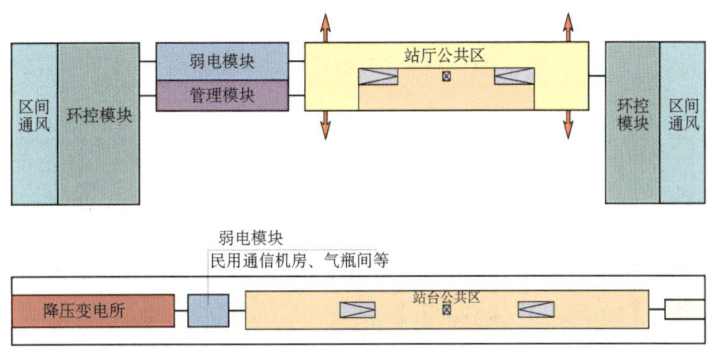

图 6-29　标准车站基本站型(降压变电所二)平面布局

2) 混合变电所基本站型车站

混合变电所基本站型车站只有一种平衡关系:站台层的混合变电所所有房间全部落位之后,站厅层的大头端出入口与风亭不围合,就可以实现站厅与站台之间的平衡,如图 6-30 所示。

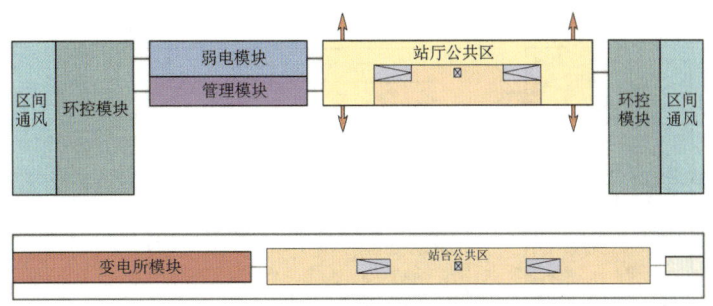

图 6-30　标准车站基本站型(混合变电所)平面布局

3. 单层外挂型

单层外挂型是指考虑部分设备管理用房外挂在车站主体的外部空间。这主要适用于主体至路侧距离较远,需要较长的出入口和风道,出入口、风道围合区域可利用空间较多,且车站主体长度受控的情况。

可以考虑局部单层外挂方案,将设备核心功能区和变电所外挂在一层附属围合空间,这里的变电所只能是降压变电所,否则外挂空间不足(图6-31)。当车站主体需要进一步缩短,主体内除了公共区,剩余空间只能满足部分通风模块的需求时,则需要更大的外挂空间,甚至是与车站主体同长度的大外挂方案。大外挂方案可以采用环控机房两端分设的方案(图6-32),也可以采用环控机房中间合设的方案(图6-33)。

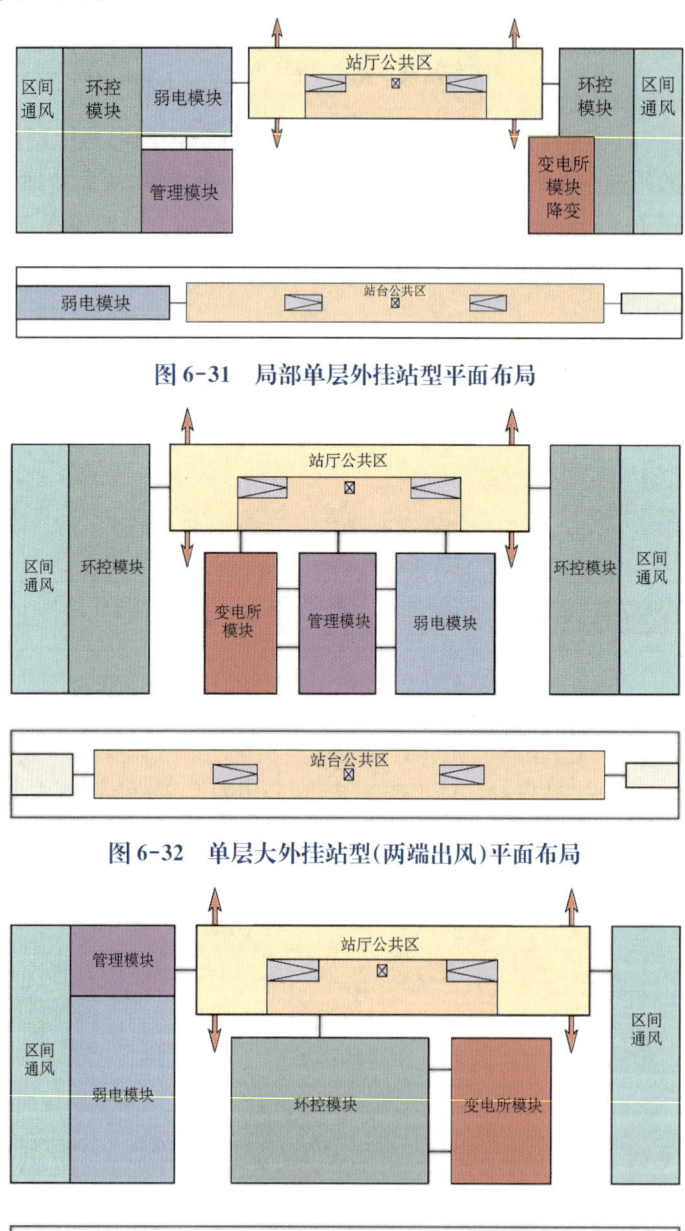

图6-31　局部单层外挂站型平面布局

图6-32　单层大外挂站型(两端出风)平面布局

图6-33　单层大外挂站型(中间出风)平面布局

4. 局部双层外挂站型

局部双层外挂站型常用于路中设站。当车站长度受控时，为了压缩车站长度，将主体内的变电所移至地下二层的外挂空间，地下一层风道、出入口围合空间作为车站的核心功能区，以实现集中端双层外挂的上下空间平衡，如图 6-34 所示。

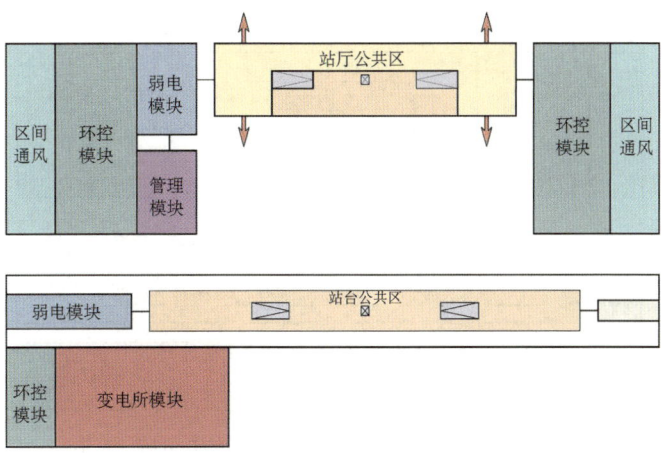

图 6-34　局部双层外挂站型平面布局

5. 局部双层外挂站型（中间出风）

局部双层外挂站型可以根据外部条件将新排风集中布置在车站中部空间，适用于需要更短车站长度的建设环境，且车站某一端附属落位空间局促，需要减少风井数量的情况。这种站型的风道长度适中，变电所对应上部空间设置车站核心功能区，外挂空间环控功能上下重叠设置，上部设置环控机房，下部设置小通风机房和冷冻机房等，如图 6-35 所示。

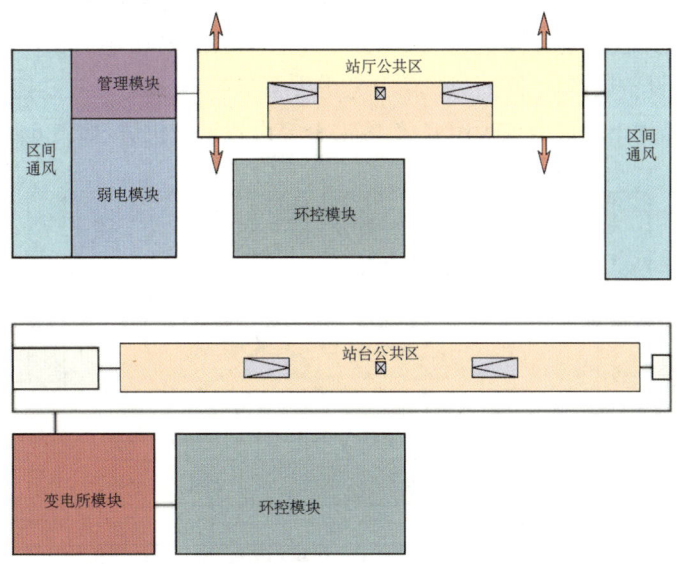

图 6-35　局部双层外挂站型（中间出风）平面布局

6. 通长双层外挂站型

通长双层外挂站型的主体与路侧较近，风道较短，车站长度若要做到很短，只能采用通长双层外挂的形式,车站两端上下均设置环控功能模块(图6-36)。一般这种站型的地下二层空间较为富余,可以考虑将区间通风机房上下重叠设置,冷冻机房及小通风机房考虑设置在地下二层,同时将变电所设置在地下二层,甚至部分弱电房间也可以设置在地下二层,地下一层主要设置车站的核心功能模块,即主要的弱电房间和管理用房。

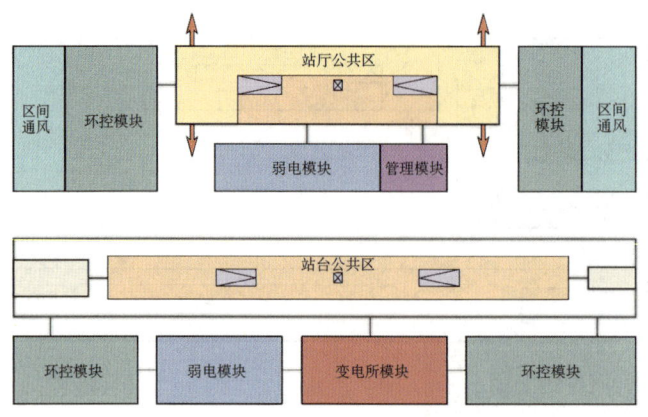

图6-36 通长双层外挂站型平面布局

7. 通长双层外挂站型(地下一层空间开放)

与开发地块结合的地铁车站,在地块宽度有限、车站长度无法按照两层基本站型设计的情况下,一般考虑采用外挂设备用房的方案。但是,外挂设备用房会阻碍车站与开发地块之间的紧密衔接,因此可以考虑将车站的大部分设备用房布置在价值较低的地下二层,地下一层的外挂空间则作为开发空间使用,由于开发空间与车站公共区邻近,故方便采用下沉式广场等形式将车站与开发空间零距离衔接。车站核心功能区的有人房间还是考虑放到站厅层车站主体内,大部分的弱电房间、变电所模块、环控模块都可以考虑设置在地下二层的外挂空间;另外,为了减少站厅层的设备用房,区间通风机房可考虑重叠布置,大部分环控功能区设置在地下二层外挂空间的情况下,地下一层根据规范要求,需要补充设置排烟机房,如图6-37所示。

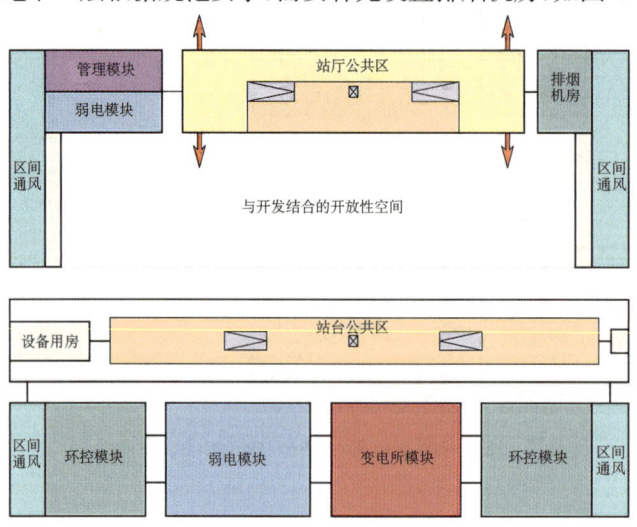

图6-37 通长双层外挂站型(地下一层空间开放)平面布局

8. 通长双层外挂站型(中间出风)

通长双层外挂车站中间出风和两端出风在空间布局上的主要差异是通风功能模块的形式不同,适用于环境保护或征地等原因导致附属风井落位较难的情况,将风井集中布置在车站中部,以减少风亭对车站两端环境敏感建筑的影响,如图6-38所示。

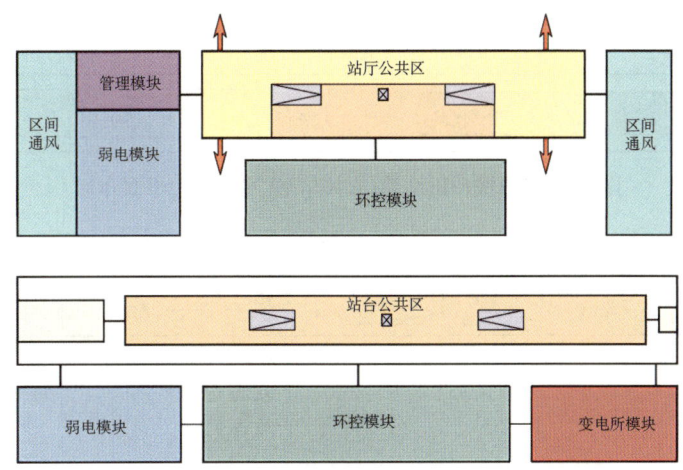

图6-38 通长双层外挂站型(中间出风)平面布局

9. 路侧顶出站型

路侧顶出站型主要是为了避让路中的重大管线,减少交通压力,以及区间避让障碍物。车站主体位于道路一侧,或将车站主体的一半设置于道路红线以内,风亭、出入口采用顶出形式。当然,由于空间利用率问题,一般不考虑小头端的风亭和出入口顶出。为了解决出入口自动扶梯底坑带来的高差问题,可以采用上排热风道外挂、站台层加高、中跨顶出、单扶梯顶出等多种方案,如图6-39—图6-42所示。

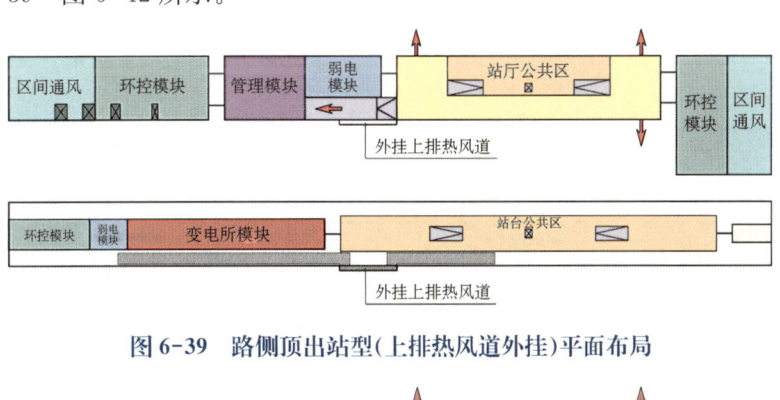

图6-39 路侧顶出站型(上排热风道外挂)平面布局

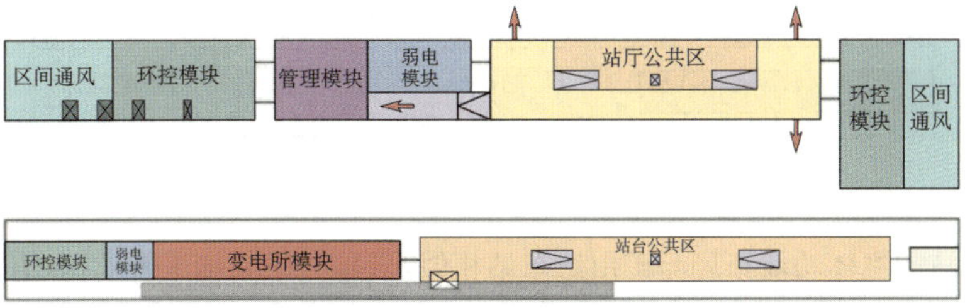

图6-40 路侧顶出站型(站台层加高)平面布局

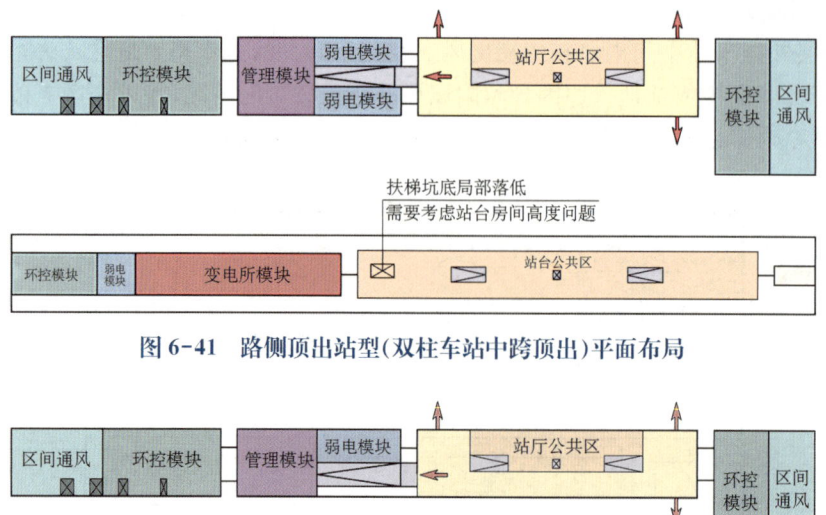

图 6-41　路侧顶出站型(双柱车站中跨顶出)平面布局

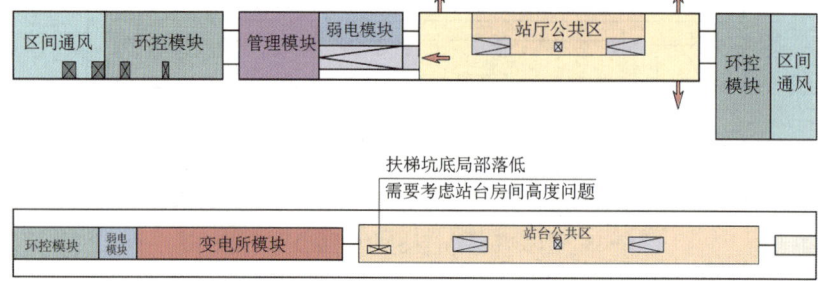

图 6-42　路侧顶出站型(单扶梯顶出)平面布局

10. 暗挖法车站

暗挖法车站一般包括两种：矿山法车站和洞桩法车站，采用基本站型布局形式，车站的主要功能全部在主体内解决，一般不考虑外挂设备管理用房，仅考虑出入口、风道从主体内暗挖接出。

矿山法车站的风道尽量分离布置以减小暗挖跨度，降低工程风险，风道一般考虑上下重叠布置的方式，从主体接入路侧的竖井内，在竖井内设置风亭，如图 6-43 所示。

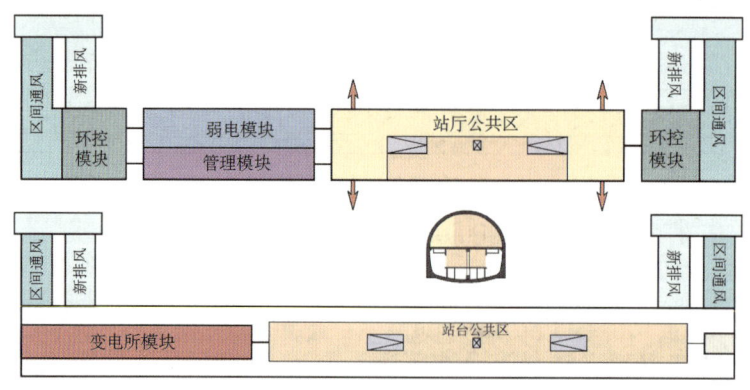

图 6-43　矿山法车站平面布局

洞桩法车站的主体功能布局与矿山法车站相似，只是考虑到施工需求，风道需要设置较宽的横通道，所以，风道采用大断面上下重叠布置的方式，如图 6-44 所示。

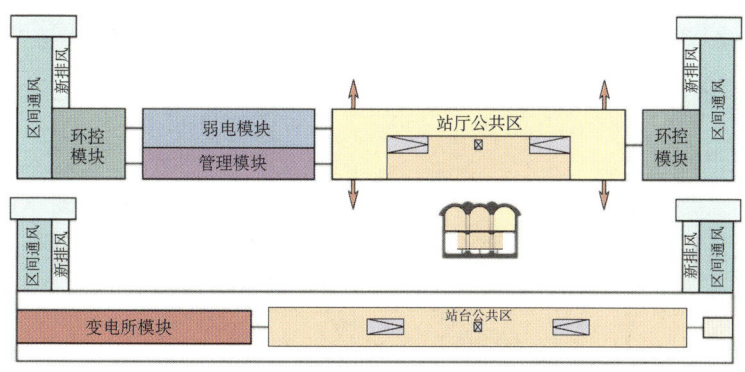

图 6-44　浅埋暗挖法车站平面布局

11. 地下三层车站基本站型

地下三层车站基本站型一般适用于受区间线路控制而需要设置三层车站来解决区间埋深的情况。为了减少出入口的提升高度，一般站厅层设置在地下一层，地下二层设计为设备层，地下三层为站台层。地下三层基本站型的理想空间组合形式是核心功能区尽量设置在地下一层，核心功能区对应的地下二层设置环控模块，其中区间通风机房可考虑布置在站厅，地下一层溢出的核心区房间设置在地下二层，变电所设置在设备层的另一端；站台层仅设置必要的功能用房，如图 6-45 所示。

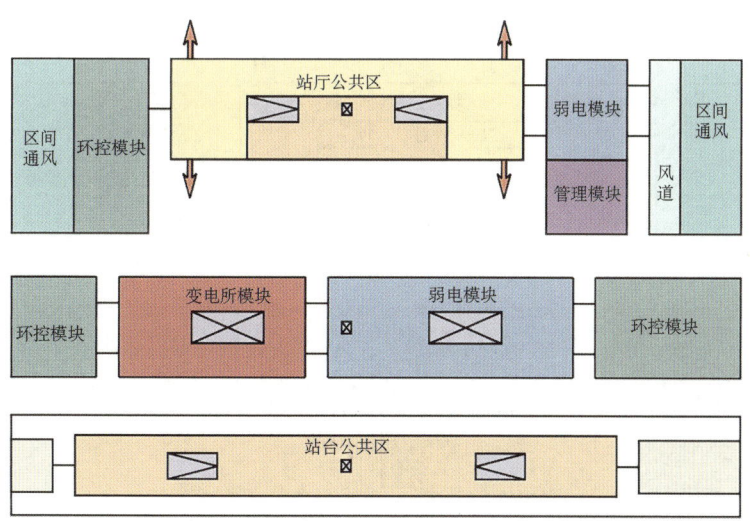

图 6-45　地下三层车站基本站型平面布局

当车站受场地条件限制时，例如场地内有无法搬迁的深埋管线和公路隧道等，出入口通道标高被限定在地下二层，则会将地下二层设置为站厅层，设备层设置在地下一层，地下三层为站台层，如图 6-46 所示。

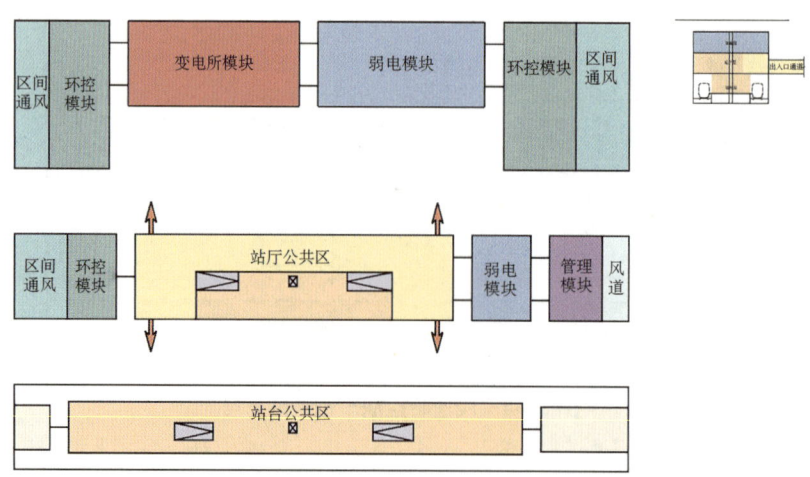

图 6-46 地下三层车站站厅下移站型平面布局

12. 地下三层中间出风站型

地下三层中间出风站型是三层基本站型的变形,由于受车站两端的风亭征地、拆迁、环保等因素影响,地面风亭落位困难,故将新排风井设置在车站中部,两端仅设置区间活塞风井。当新排风井设置在车站中部时,相应的环控机房设置在地下二层设备层的中间区域,两端分别是变电所功能区和车站部分核心功能区;站厅层中间为公共区,一端设置车站核心模块和区间通风机房,另一端仅设置区间通风机房;站台层仅设置必要的功能用房,如图 6-47 所示。

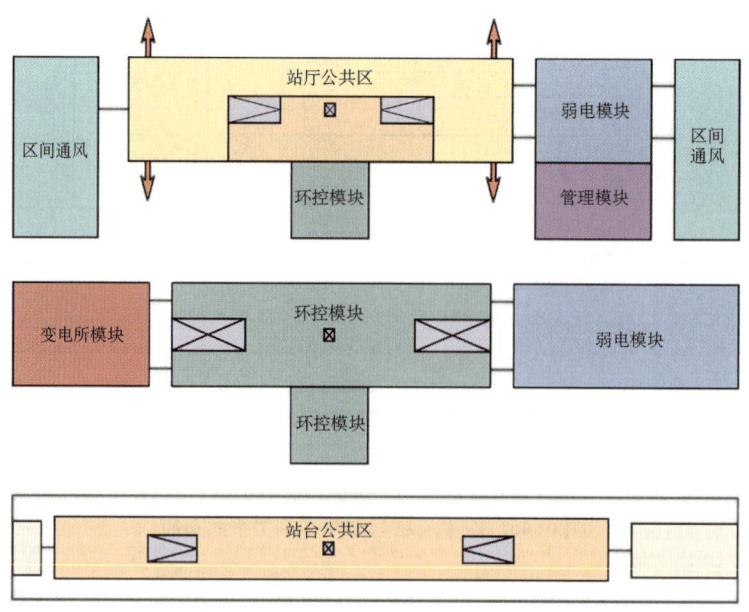

图 6-47 地下三层中间出风站型平面布局

13. 路侧地下三层顶出站型

路侧地下三层顶出站型和路侧地下二层顶出站型的应用场景基本相同,都是为了躲避路中的管线、交通和障碍物等采用的站型。由于车站顶出,因此环控机房考虑分设两边,风亭布局一般呈"一"字形布局和"品"字形布局。其中,"一"字形布局附属轮廓规则,景观效果较好;"品"字形布局灵活,可以节省车站规模。

如图 6-48 所示,车站站厅层中部布置公共区,一端布置车站核心功能区部分房间和环控模块,另一端布置环控模块;设备层两端是环控模块,中部布置部分核心功能区的弱电房间和部分变电所房间;由于车站顶出,车站长度较一般三层车站长,所以,部分变电所房间可以放至站台层,如果仅设置降压变电所,甚至可以将全部的变电所都布置在站台层。当然,路侧顶出车站尽量不要两端都顶出,有条件的情况下优先考虑一端侧出比较理想,否则,会出现空间利用率较低的问题。

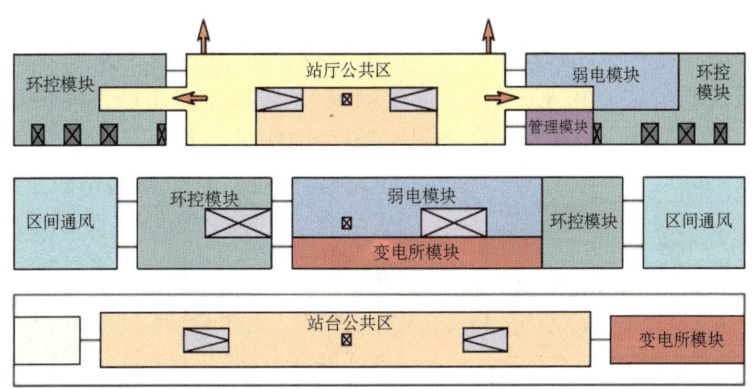

图 6-48 路侧地下三层顶出站型平面布局

14. 地下三层楼扶梯顺向布置站型

地下三层楼扶梯顺向布置站型公共区垂直交通提升能力强,这种站型适用于三层换乘车站。为了减小换乘距离,楼扶梯全部顺向布置朝向换乘线路的方向,车站站厅层小头端不考虑设置设备管理用房,将环控模块全部设置在地下二层的设备层或地下一层外挂空间;站厅层另外一端设置车站部分核心功能区房间和环控功能区的区间通风机房,设备层中部布置变电所功能区和核心功能区的部分弱电房间,如图 6-49 所示。

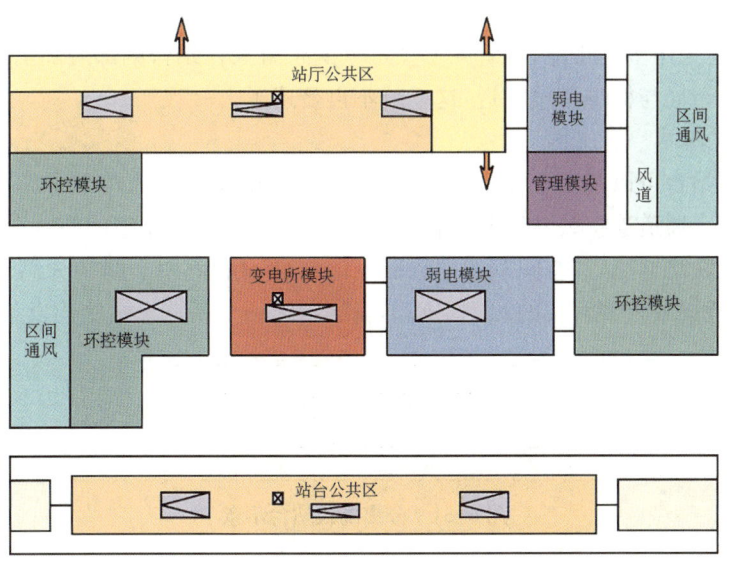

图 6-49 地下三层楼扶梯顺向布置站型平面布局

6.7 特殊站型研究

地铁车站建设通常处于复杂环境下,车站方案受交通疏解、管线搬迁、征地拆迁、障碍物等边界条件影响较大,同时还需要满足配线功能、换乘功能、客流吸引等运营服务功能。车站方案既要满足各类功能需求,又要具备较好的实施条件。很多常见站型无法同时满足以上诸多条件。下面笔者将分析为了应对特定环境而采用的一些特殊站型。

1. 站台变形

车站方案稳定的首要条件就是车站主体能够合理落位,主要受制于建设边界条件和线路线形等因素。站台形式对于车站主体的轮廓影响很大,也决定着车站主体是否能够适应边界条件。最常见的有效站台为直线形站台,但是在复杂的建设环境下,有时候没有条件建设直线形站台,于是就有了变形站台形式,如鱼腹式岛式站台、梯形岛式站台、曲线站台、错位岛站台等,如图6-50所示。不管是岛式站台还是侧式站台都有相应的变形手段,只要曲线半径能够满足规范要求即可。一般B型车的站台曲线半径不应小于1 000 m,A型车的站台曲线半径不应小于1 500 m。

为了满足盾构施工需求,车站两端的端头井需要外凸2 m左右。当车站的宽度方向受建设条件控制,除了直接减小站台宽度外,还可以将站台设计为局部削减的形式或鱼腹式。车站的端头井甚至可以与车站主体收平,从而实现避让管线的目标。梯形站台一般是为了车站的一端避让障碍物而产生的。曲线站台是为了配合线路线形和避让区间障碍物时才会采用的。特殊情况下,也可同时采用多种手段,或者某一个点上的矛盾只在站台端部局部削角。这几种站台变形车站的功能布局与标准车站相近,这里就不再赘述了。

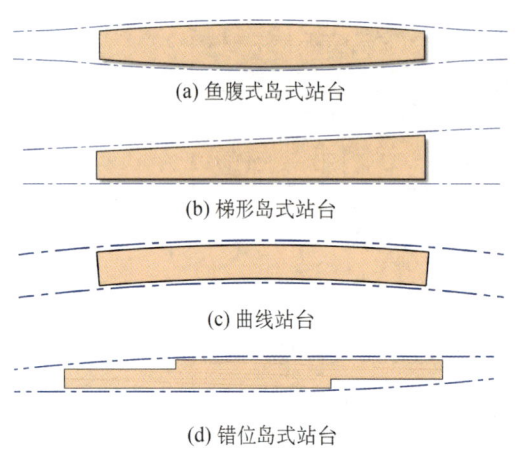

图6-50 变形的站台形式

(a) 鱼腹式岛式站台
(b) 梯形岛式站台
(c) 曲线站台
(d) 错位岛式站台

2. 分离岛式车站

车站两侧的站台可以是一个完整的岛式,也可以是相互脱离的两个半岛,在站厅层、站台层公共区通过多个通道连接公共区和设备区(图6-51)。这种站型空间较为分散,为了连通两侧会增加很多的联络通道,其空间利用率较低。该站型一般适用于路中为高架桥梁或有重要管线的情况,且桥梁或重要管线的两侧空间不满足实施一个完整车站的建设条件。

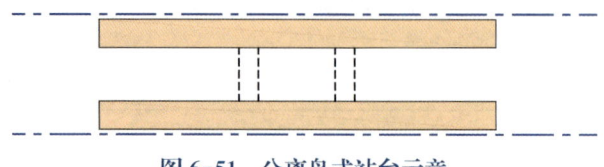

图6-51 分离岛式站台示意

分离岛式车站站型的施工工艺可以采用明挖方案,同时,这种站型由于车站主体被一分为二,宽度变小,也具备了非开挖工法应用条件,当地质条件较好时,可以采用暗挖工法,实际应用中,可以根据地质条件和建设环境灵活运用各类工法,这种站型甚至可以采用大盾构工法,每边一个大盾构,每个大盾构内空间满足一侧轨行区和一半的站厅站台需求。

分离岛式车站的空间组合与标准站型相似,只是需要考虑各功能模块分离布置,一般考虑左右分离布局,也可以考虑核心功能区和变电所功能区上下分离布局,如图 6-52 所示。

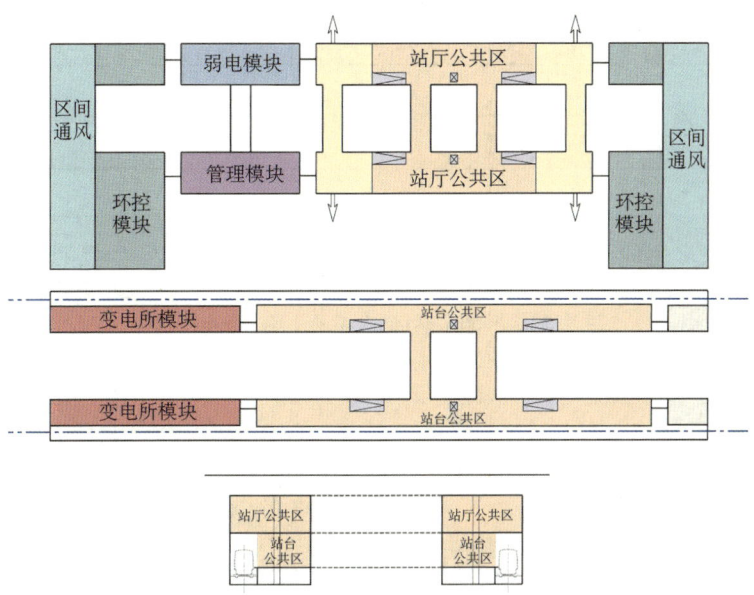

图 6-52　分离岛式车站功能布局

3. 叠侧车站方案

当区间穿越条件受限时,只能上下叠落走行,且上下叠落的位置需要设置车站,这就产生了叠侧车站站型。这种站型的一个轨行区在上,另一个轨行区重叠或者局部错位在下(图 6-53)。上、下两个轨行区各自形成一个侧式站台。

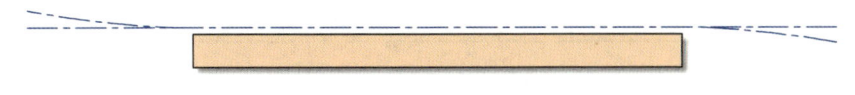

图 6-53　叠侧车站站台示意

叠侧三层车站是最常见的叠侧站型,主要应用于受区间影响导致两个区间上下叠落的情况。当车站建设条件困难、主体没有很宽的实施空间时也会采用,上、下两个侧站台一般考虑重叠布置。这种站型的站厅层设置在地下一层,地下二层和地下三层分别是轨行区的上、下行线(图 6-54)。站厅层空间较为局促,下层站台的楼扶梯穿越上层站台,影响上层站台的空间。设备用房空间组合与两层标准站型相似,公共区一端是设备集中端,另一端是非集中端,集中端三层之间根据相关功能模块的拆分原则实现空间平衡。

当区间受控重叠布置,但车站站址建设环境较好时,可考虑上、下层站台错位布置,这种布局的公共区较为开阔,两个站台之间的楼扶梯不会互相穿越,大客流车站可以设置三组楼扶梯,以提升垂直交通设施的能力(图 6-55)。设备管理用房的空间组合要点主要是充分利用轨

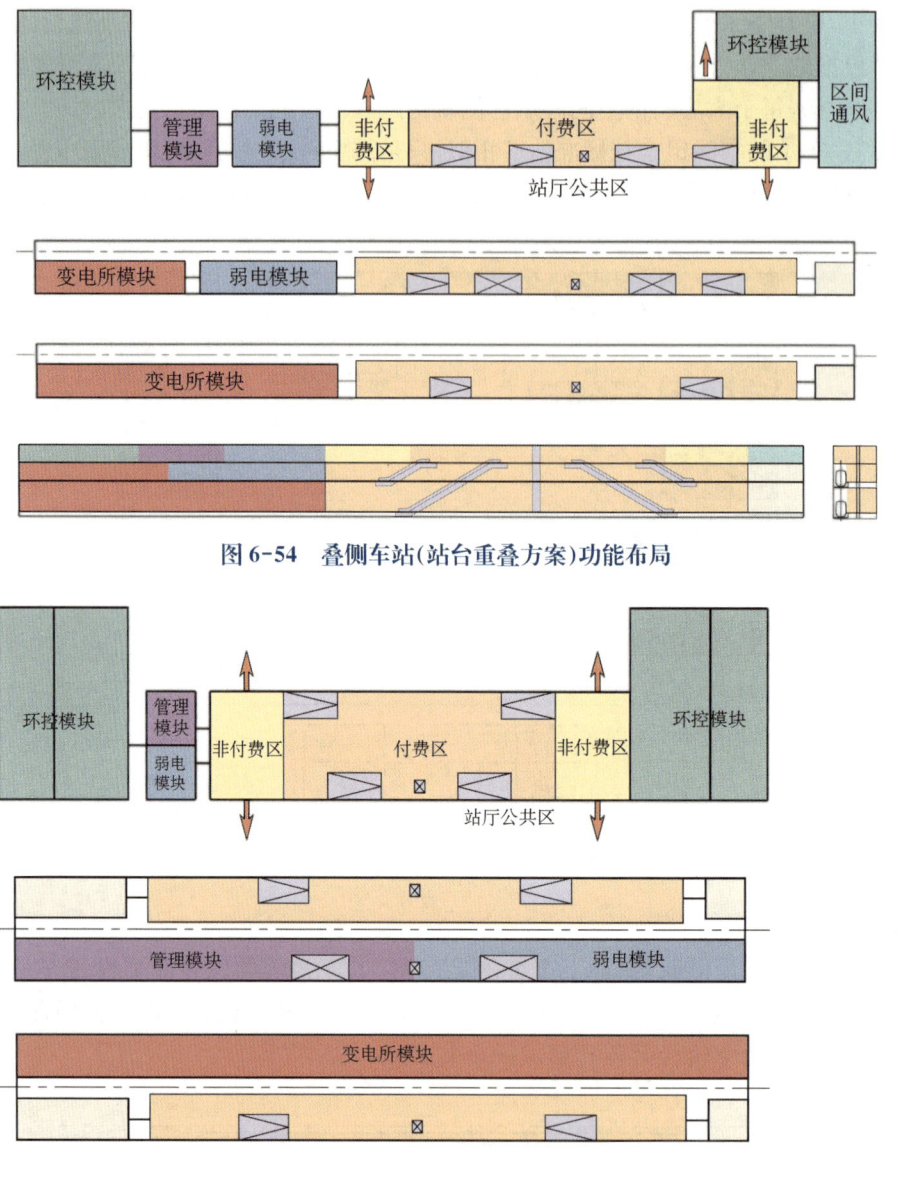

图 6-54　叠侧车站(站台重叠方案)功能布局

图 6-55　叠侧车站(站台不重叠方案)功能布局

旁的富裕空间,地下二层的轨旁空间通常布置站厅层放不下的核心功能区用房,地下三层轨旁空间设置变电所模块,如果轨旁空间还有富余,则考虑将冷冻机房设置在轨旁空间。

叠侧两层车站主要应用于区间受控的场景,车站主体可以加宽以满足设置出入口和设备管理用房的需求。地下一层为公共区厅台同层,公共区一端为核心功能区和环控功能区,另一端为单独的环控功能区;变电所位于地下二层公共区旁边,与站厅非付费区对位,如图 6-56 所示。为了满足区间的抗浮需求,一般两层叠侧车站的覆土较深,可以利用覆土夹层设置过轨出入口通道或风道。

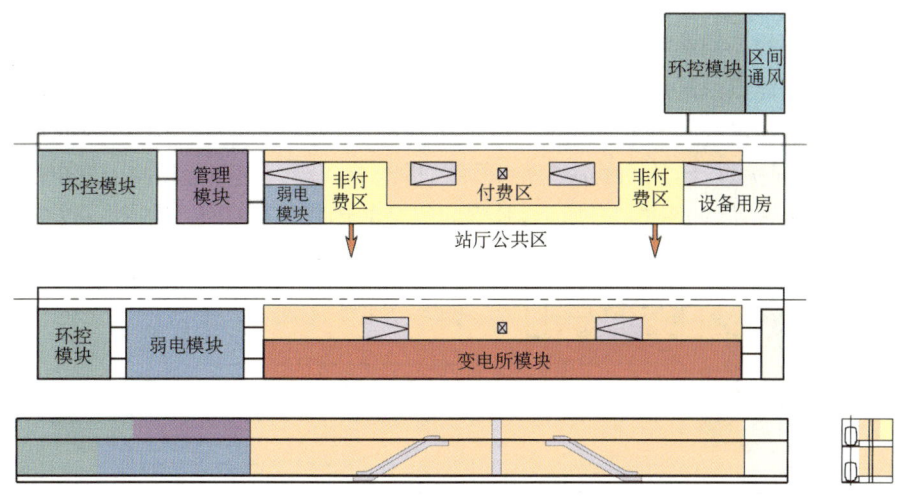

图 6-56 叠侧两层车站功能布局

4. 厅台倒置车站

两层地铁车站的常规做法是地下一层为站厅层,地下二层为站台层。但当车站两端区间需下穿的障碍物埋深较深时,可考虑上穿障碍物方案。区间上穿障碍物之后如果覆土较浅,仅能满足区间抗浮要求,而无法在线路上方设置一个站厅层空间,这种情况下就产生了厅台倒置的方案。厅台倒置的缺点是站台层的疏散难度较大,需要在站台层设置专用疏散通道。

一般厅台倒置方案都位于路中,因为对于路侧车站而言,当覆土能够满足区间抗浮要求时,在路侧零覆土的情况下,可以满足设置车站的站厅空间,甚至可以考虑设置地面站厅,如此还能降低工程造价。厅台倒置车站空间组合的形式基本与标准车站相同,只是楼层对换,部分风道需要从地下二层接出,一般以双层风道布局为主(图 6-57)。

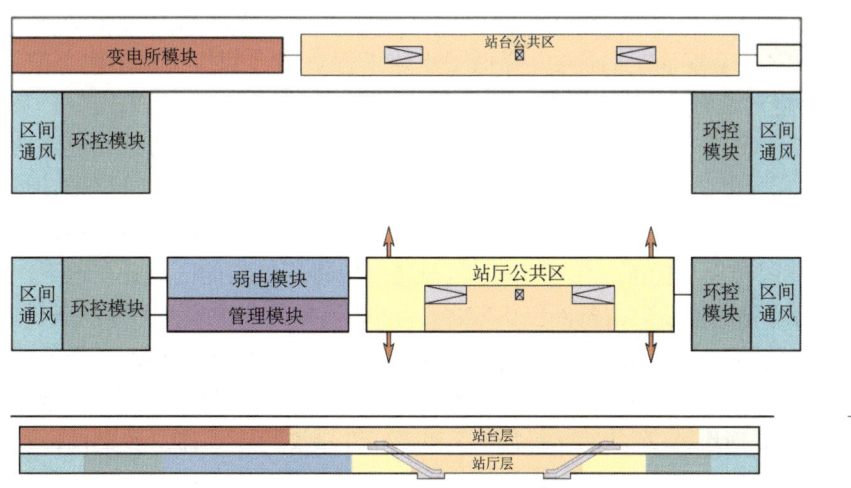

图 6-57 厅台倒置车站功能布局

5. 半岛一侧车站

半岛一侧车站的一侧站台按照岛式车站的乘车习惯,另一侧站台则按照侧式车站的乘车习惯。这种站型的优点是区间线路间距较小,方便侧穿障碍物,同时如果该站型设置配线,便能减小渡线段的整体规模。在特定环境下,由于这种站型的站台分散布置,因此可以灵活布局,避让障碍物及避免拆迁,从而解决交通、管线、拆迁等问题。这种站型除了变电所模块需要在两个站台分开布置外,如图 6-58 所示,其空间组合的形式与标准站型基本一致。

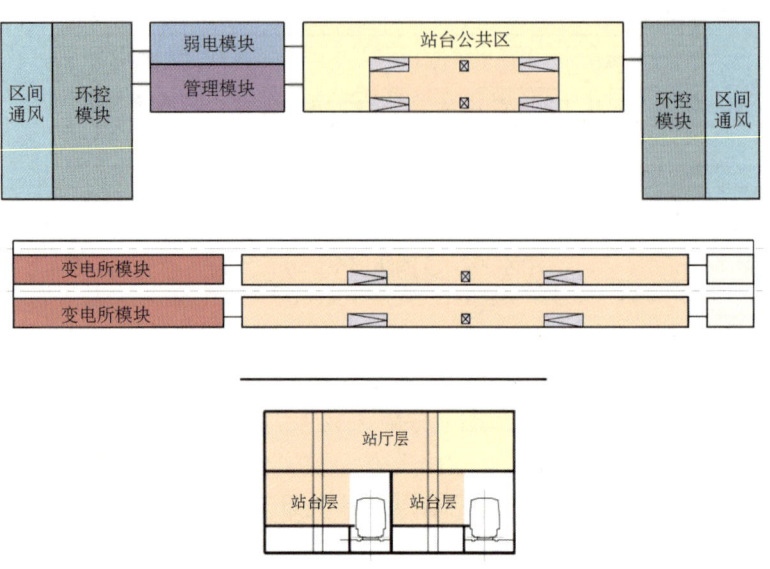

图 6-58　半岛一侧车站功能布局

6. 地面站厅车站

地面站厅车站从空间上来说是地下、地上相结合的一种车站形式,这种站型优先以路侧车站为主,在特殊情况下,也可以通过转换厅从路中转至路侧地面站厅。

这种站型的应用场景有几种:第一种应用场景是以节约工程造价和运营成本为目标,将站厅空间从地下置换至地面,从而大大降低了土建工程费用,同时,相较于地下空间,地上空间的运营成本也得到了有效节约,根据地面站厅的位置,楼扶梯可灵活地采用"八"字形布置(图 6-59)和顺向布置(图 6-60)两种方案,浅埋跨路口车站地面站厅可以考虑在道路两侧设置两个分站厅(图 6-61);第二种应用场景是区间有上穿障碍物的需求,为了控制车站埋深,车站只能设计为单层车站或者路侧零覆土两层车站,当路侧空间有建设地面厅的条件时,可以考虑设置地面站厅,其空间布局与标准三层车站相似,只是一般将环控功能区设置在地下。

当然,地面站厅车站的建设限制条件也比较多,地面必须具备实施地面站厅的条件,且对城市规划和城市景观的影响也比较大。如果选在规划绿地范围内设置地面站厅,还涉及绿化平衡问题,需确定绿化面积重新选址补偿。如果选址在开发地块,则优先考虑与开发建筑结合设置,一般适用于较大的开发地块,且车站站厅布置不会影响开发建筑的主立面。如果选址在小地块的商业建筑,则很难结合布置,地面站厅将首层临街商业面全部隔断,降低了地块的商业价值。最理想的规划用地是交通枢纽用地,方便交通接驳。当车站站厅位于绿地范围内,同时又想尽量避免对景观产生影响,则可以采用堆土坡方案,车站上盖设计为景观绿化,如图 6-62 所示。

第 6 章 地铁车站的建筑空间组合 | 247

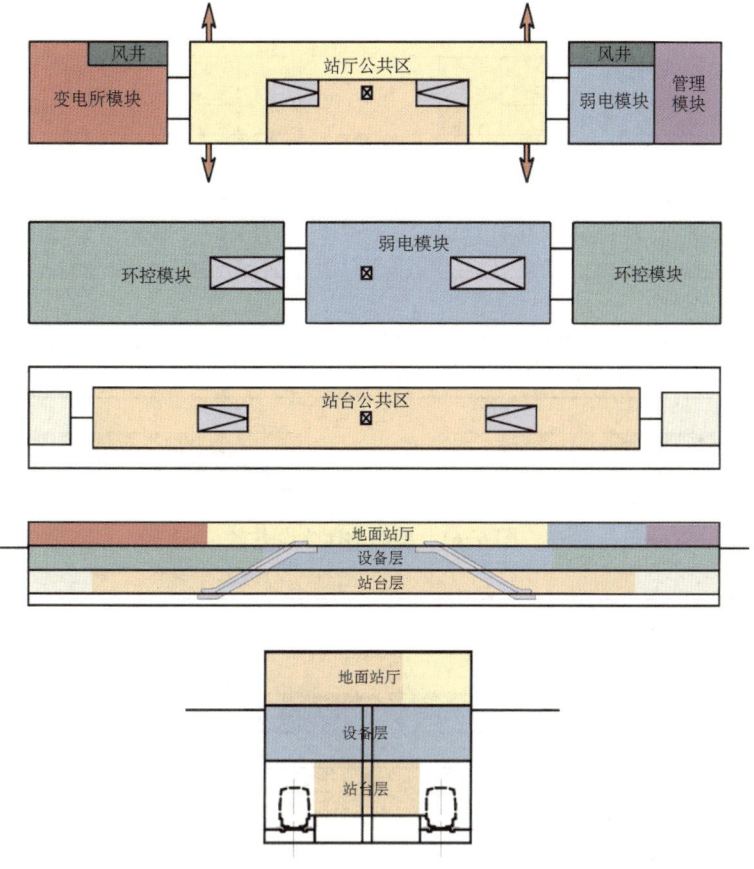

图 6-59 地面站厅楼扶梯"八"字形布置方案

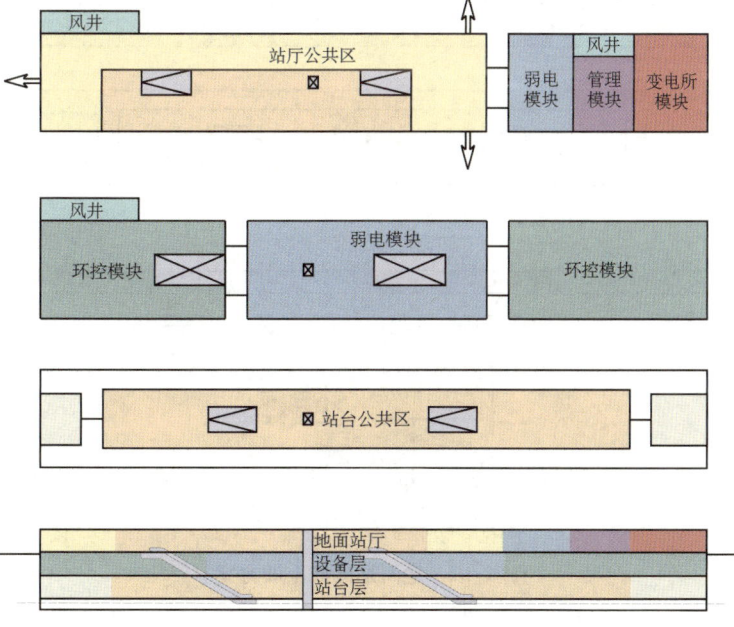

图 6-60 地面站厅楼扶梯顺向布置方案

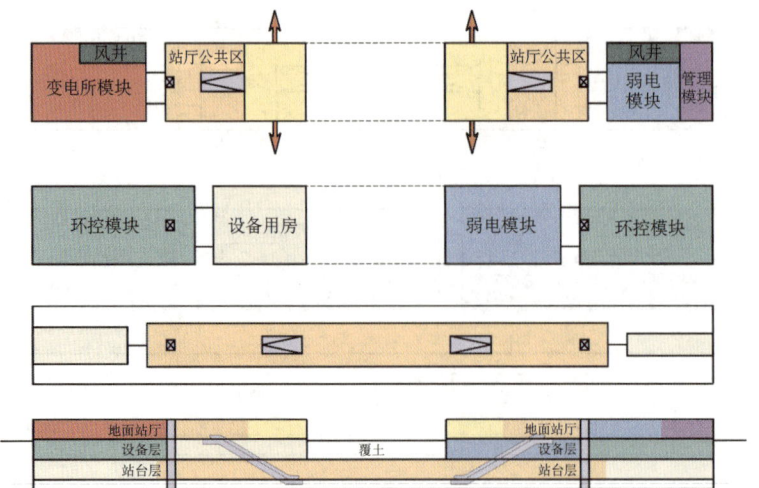

图 6-61　地面站厅分设方案

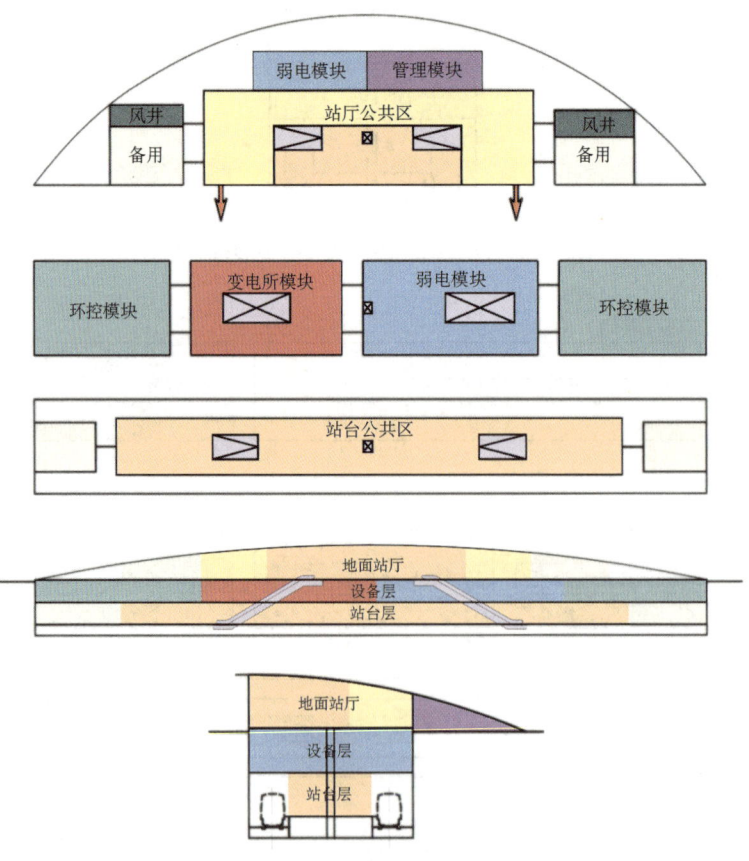

图 6-62　地面站厅堆土坡方案

性价比最高的地面站厅方案是在换乘车站或配线车站中采用,可以大大减小车站的土建工程量。例如,换乘车站的两条线都设置停车线,常规做法为一条线为地下两层车站,另一条线为地下三层车站,但这种方案工程量巨大,为了解决这个问题,考虑将地下三层车站站位设置在路侧,并将站厅设置在地面或者半地下,将地下三层停车线车站变成地下一层站台和地面站厅的车站,从而大幅节约项目成本,如图6-63所示。

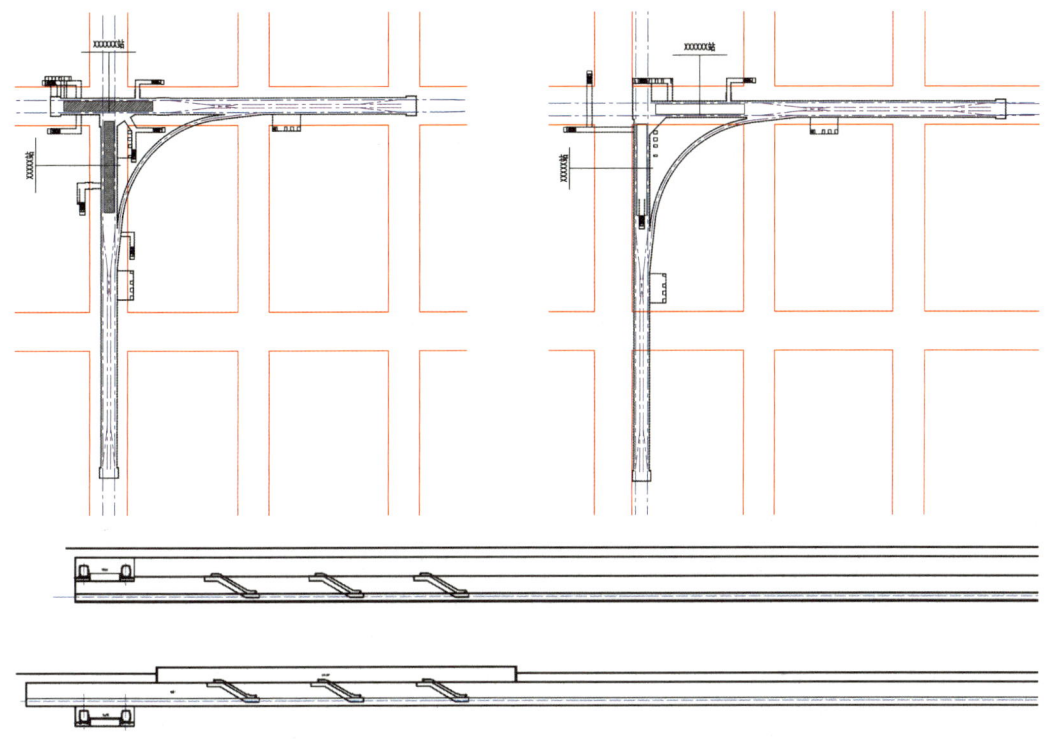

图6-63 地面站厅在带配线的换乘车站中的应用

7. 单层侧式车站

单层侧式车站轨面标高埋深较浅,该站型的产生主要是为解决轨面标高问题。有些是由于线路的整体纵坡问题,线路敷设方式由地下转为地上,线路爬出地面的纵坡不足才考虑设置浅埋车站;有些则是线路区间上穿既有线路或障碍物,整体轨面标高被控制,车站被动设计为浅埋车站。

由于整个车站平铺位于地下一层,所以车站整体开挖面积较大,对道路交通管线的影响也较大,空间利用率不高。同时,作为侧式车站,其服务功能也较差,需要通过下过轨通道才能解决两个侧站台之间的沟通,侧式车站两线并行,区间一般考虑明挖工法。这种站型的空间组合通常采用左右对称的布局形式,一端设置核心功能区,另一端设置变电所功能区,环控机房分散布置,以解决服务的均衡性问题,如图6-64所示。

8. 单层岛式车站

单层岛式车站一般是超宽岛,如此才能将站厅和站台公共区功能同层布置在宽岛之上。从服务功能的角度来说,上、下行线之间的沟通比较方便。同时,付费区与非付费区比较集中,方便管理,空间利用率较高。为了能够充分利用站台空间,宽岛之上有效站台范围内也可以大

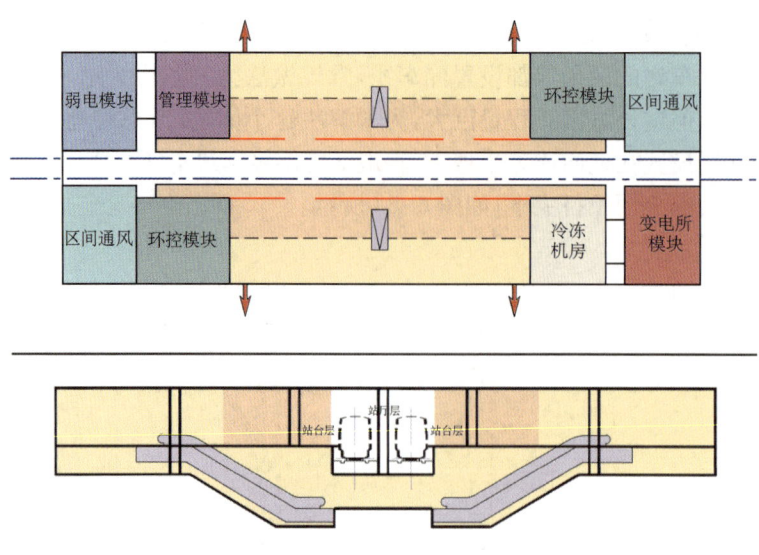

图 6-64　单层侧式车站

范围地设置设备用房,如此一来,该站型的面积指标甚至会比标准两层车站还要低。

宽岛方案比较理想的站位是位于路侧或部分位于路侧,这样便于出入口、风亭直接顶出。如果宽岛位于路中,则考虑利用覆土夹层设置出入口通道和风道。该方案在空间组合上的重难点是公共区布置,如何能够在同一个平面内组织客流需要充分的研究,而在宽岛之上设置设备各功能用房难度不大,环控功能区一般位于两端,核心功能区和变电所功能区可以同侧布置,也可以两侧对称布置。宽岛顶出方案如图 6-65 所示,宽岛侧出方案如图 6-66 所示。

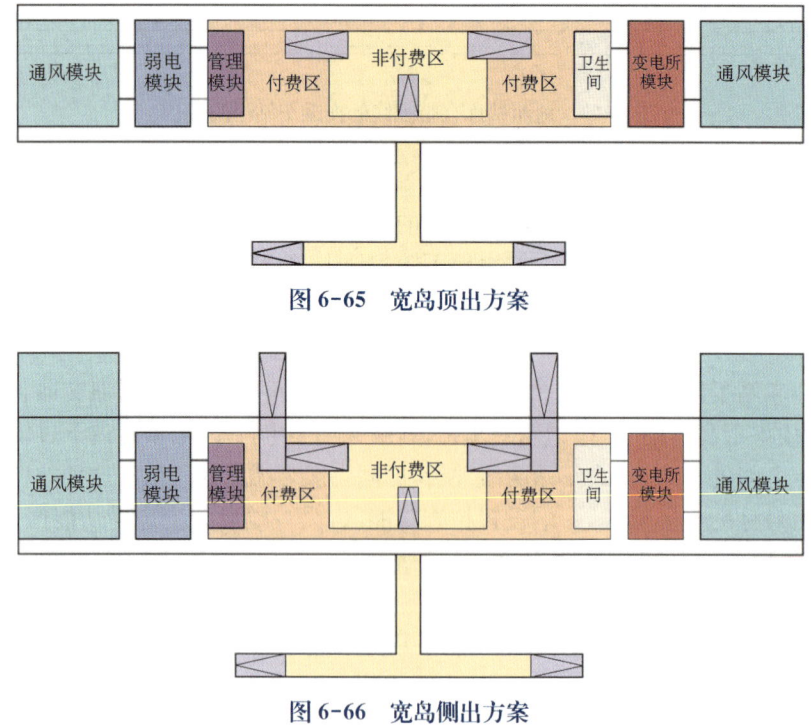

图 6-65　宽岛顶出方案

图 6-66　宽岛侧出方案

单层侧式车站自身的服务功能较弱，故作为换乘车站就更不合适了，但是单层宽岛车站可以作为换乘车站，只需考虑适当增加宽岛的面积即可。单层宽岛车站作为换乘车站有一个独特的服务优势，那就是可以直接实现台到台的扶梯换乘。宽岛T形换乘车站如图6-67所示，其在功能上也有缺点，两个站厅不能实现贯通，同时宽岛开挖宽度较大，会给后续实施阶段带来较大难度。宽岛换乘车站的主要应用场景是优化换乘车站的整体土建规模，在特殊的区间标高控制情况下，浅埋车站与配线车站换乘可以解决较大的土建规模问题，比如三角形互相穿越的三线换乘形式，其中有一条线能够设计为浅埋车站，则另外两条线的车站的整体标高都能得到有效提升，特别是另外两条线如果有配线或联络线的情况下，都可实现土建规模的大幅优化。

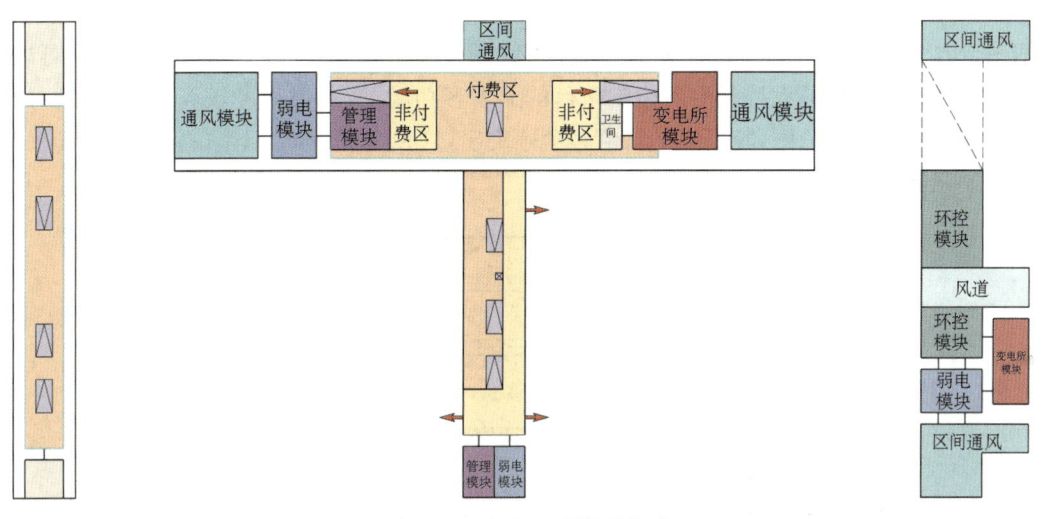

图6-67　宽岛T形换乘车站

宽岛"十"字形换乘车站可实现换乘车站整个公共区的集中布置，甚至可以实现三线及三线以上公共区集中布置的功能，如图6-68所示。宽岛"十"字形换乘适用于广场范围内实施的

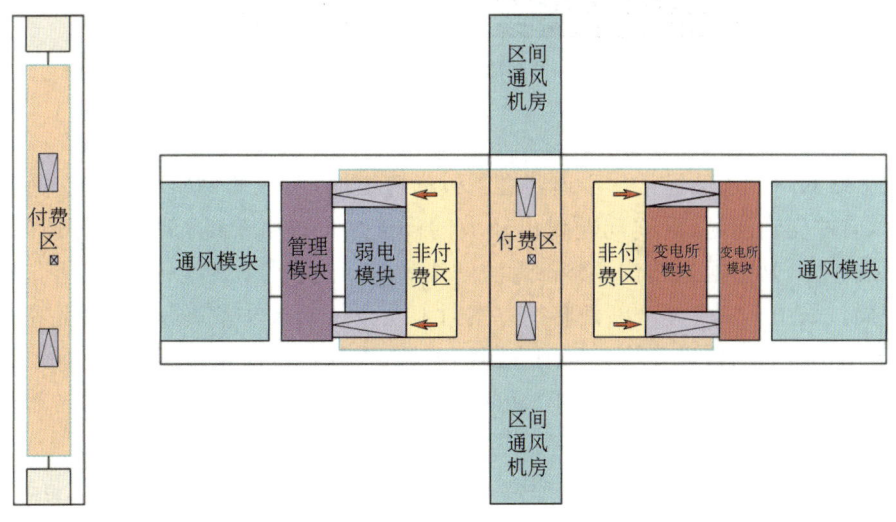

图6-68　宽岛"十"字形换乘车站

换乘车站,特别是在地下空间的下方实施换乘的车站,可以减少整体车站的埋深,比如在火车站站前广场或国铁市政通廊下方,通过垂直交通下去就是厅台同层的大站厅,既解决了埋深问题,又解决了站厅与国铁市政通廊同层的交通拥堵问题。

9. 一岛两侧车站

一岛两侧车站作为标准车站或通道换乘车站,可以实现双侧开门,其上下客功能较为强大,但这种站型规模特别大,垂直交通设备较多,对于工程造价控制较为不利,仅在超大客流车站考虑采用,如图6-69所示。尤其是地下三层车站,更应慎重采用这种站型,这种站型的地下三层车站主体内的设备层富余空间过多,根本无法实现充分利用,从而造成设备层空间的浪费,其土建规模接近一般岛式车站的两倍。在考虑采用这种站型的时候,还有一个因素需要考虑,那就是配线问题,设计中遇到客流超大,需要设置宽岛时,配线长度较长,造价较高,如果将中间站台收窄,线间距变小,则可以大大减小配线部分的工程量(图6-70)。这种站型可以根据早晚高峰的客流特征设计开启两边侧站台的上下客功能,服务灵活度较高。有些车站的早高峰客流特别集中在一侧,晚高峰的峰值客流不突出,这种情况下,可以考虑设计为一岛一侧,只考虑大客流集中一侧站台双侧开门。

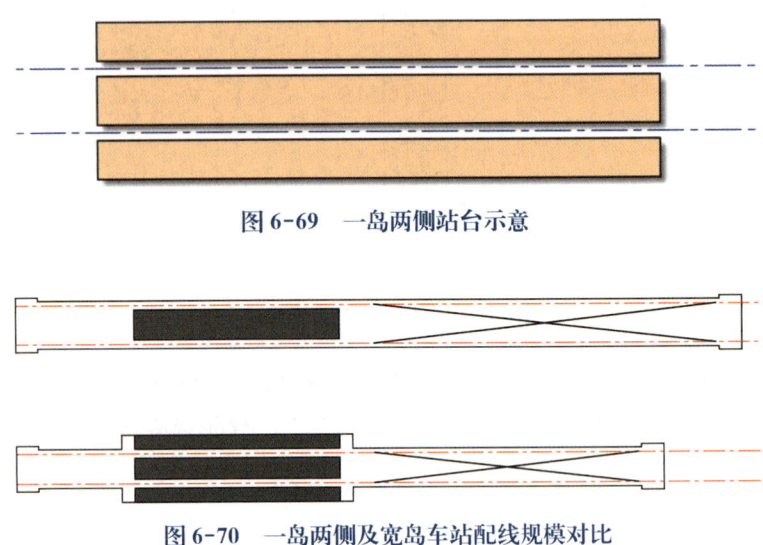

图6-69 一岛两侧站台示意

图6-70 一岛两侧及宽岛车站配线规模对比

10. 局部非开挖工法的应用

地铁车站的站位选址经常位于道路之下或横跨道路,明挖车站对于道路交通管线的影响非常大,有些交通问题、管线问题付出较大的代价是可以解决的,但有些交通问题、管线问题却无法克服,甚至通过站位调整都无法解决。对于这种情况可以考虑采用非开挖工法来破解困局。采用车站主体全断面暗挖方案对地质条件要求非常高,软土地区等地质条件较差、地下水位较高的建设环境若采用全断面暗挖,不仅代价非常巨大,而且有较高的工程风险,为了适应建设环境以及降低风险,可以考虑将车站主体化整为零,采用局部暗挖工法来解决局部工程难题。

6m左右的小顶管技术已经非常成熟,8m以上的大断面顶管现阶段应用也较为普遍。通过功能分析,8m以上的大顶管断面除了能够实现单洞双线的功能外,还可以满足轨行区和侧站台的宽度需求。当车站主体在长度方向实施空间受控,连车站有效站台都放不下时,车站已经不具备全明挖施工的条件,站台空间可以局部采用大顶管方案来解决。比较常见的一种方式是顶管段位于车站中部,站厅层公共区采用断站厅方案,这种站型虽然解决了工程的可实施性问题,但因断站厅带来的功能损失也较大(图 6-71);只有三层车站才能考虑在站厅设置顶管连通,但公共区布置也较为分散。还有一种方式是车站的有效站台端部采用大顶管,车站站厅层公共区还是一个完整的空间,这种站型的服务功能与标准站型基本相同,如图 6-72 所示。

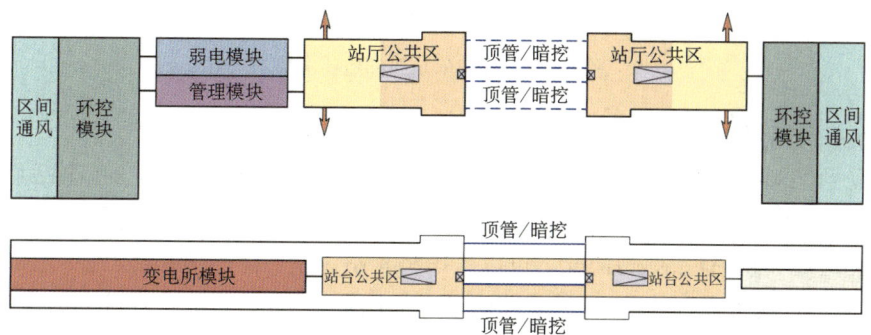

图 6-71　站台中部大顶管方案

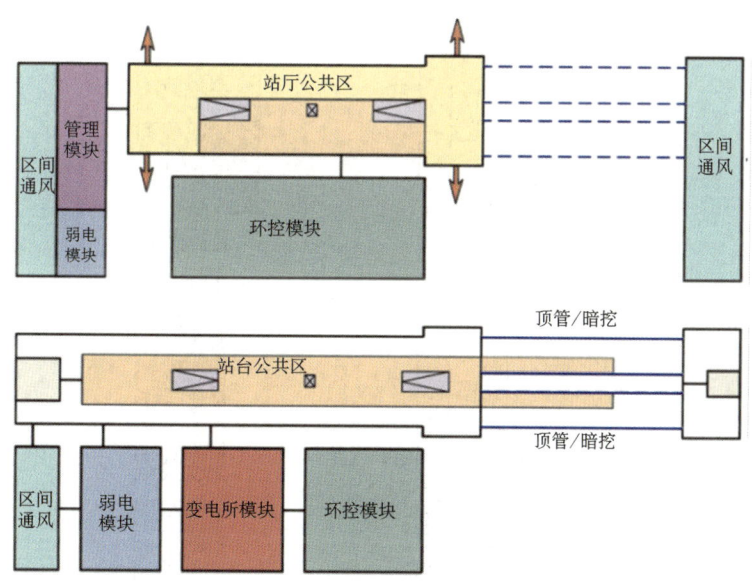

图 6-72　站台端部大顶管方案

配线车站的主体影响范围较长,工程实施难度较标准车站要大,当实施过程中遇到中部横跨管线无法实施时,可以考虑站台层用小盾构推一段,站厅层采用顶管进行沟通的方案,如图 6-73 所示。中间盾构段可以避让一些无法克服的边界条件矛盾,配线区明挖段考虑盾构过站的需求。

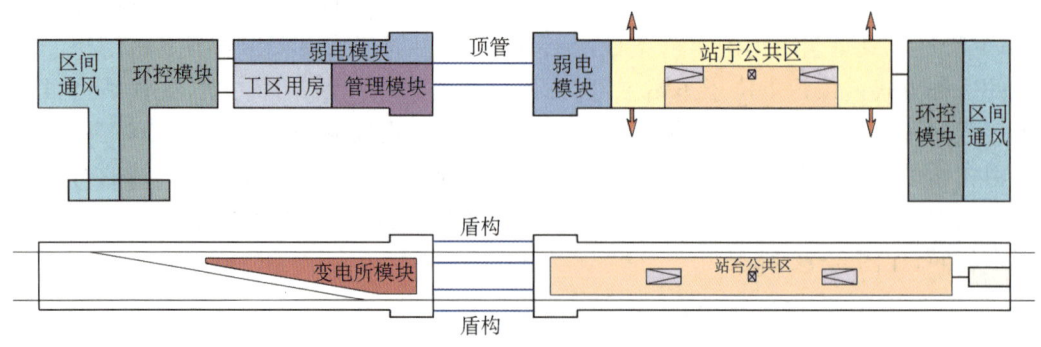

图 6-73　配线车站局部盾构方案

11. 四层及四层以上深埋车站

有些受到区间控制的明挖深埋车站,当车站层数达到四层及四层以上时,车站主体内的空间较为富余,应尽量缩短车站长度,考虑充分利用车站主体空间设置设备管理用房,尽量减少车站的外挂附属面积,有条件的情况下可以考虑将车站设置在路侧,附属设施尽量采用顶出的形式(图 6-74)。这里强调的是,如果是路侧顶出的四层站型,车站是没有过多的富余空间的,不应考虑开发面积。如果四层车站位于路中,附属规模较大,且车站周边有商业开发价值的情况才考虑增加开发层。

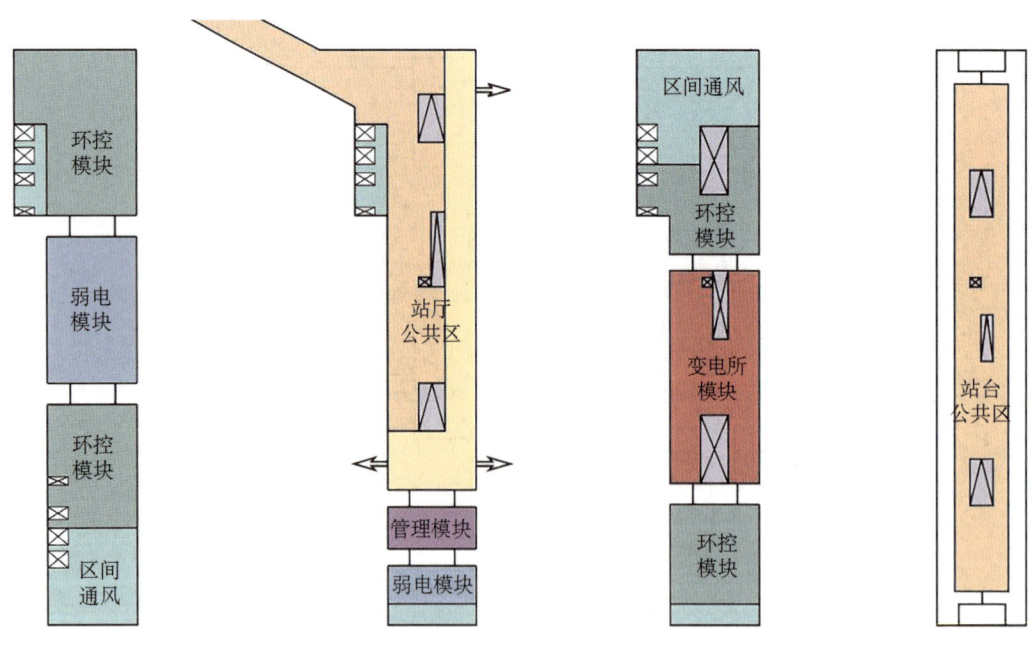

图 6-74　四层车站平面布局

6.8　配线车站研究

如前所述,每一条线路都有部分车站需要根据行车组织要求设置配线。车站的配线主要包括停车线、单渡线、交叉渡线、折返线、安全线、出入段(场)线、联络线、越行线和主支线等。配线功能由单个配线或者多个配线组合而成。

配线车站的长度一般受配线控制。配线端控制车站长度的影响因素有两个：一个是岔心到端头井的距离，在无人防门的情况下，一般最小可以按照岔心到车站端部 15 m 左右设计，在有人防门的情况下，一般最小可以按照岔心到车站端部 18 m 左右进行设计；另一个是线间距，在区间采用盾构的情况下，线间距需达到 9 m 以上才能满足两条盾构平行推进的需求。一般配线端作为车站集中端进行设计，非配线端按照基本站型车站的非集中端进行设计。

由于配线车站的规模较大，对边界条件的适应性较差，所以，配线车站前期的交通、管线、拆迁费用及土建规模都有较大的优化空间，在设计中应结合配线功能、边界条件、站型特点等来合理优化配线车站方案。

1. 起终点折返车站

起终点站需要具有折返功能。一般，起终点站的建设条件较好，但起终点站的方案往往很难稳定下来，其中不稳定因素主要是线路规划、全线的配线布局及线路延伸的建设规划情况等。设计中一定要充分重视前置条件的稳定。

终点折返站包括站前折返、站后折返以及站前站后组合折返。站前折返一般采用交叉渡线折返，站后配合安全线；站后折返一般设置两条折返线，长度满足列车身位长度和安全线长度。从折返能力来看，站前折返能力较弱，站后折返能力较强，站前站后组合形式的折返能力更强。从客流分析来看，现阶段作为终点站，未来可作为小交路折返站，应考虑岛式站后折返功能。而侧式站后折返及岛式站前折返都是利用正线进行折返，会影响正线运营，折返功能和折返能力都较弱，所以不具备作为小交路折返的能力。

终点折返站的配线形式较多，尤其是线路的延伸情况对配线影响最大，永久终点站需要按照最高标准配置折返条件，临时终点站线路还没有到达远期就已经延伸了，所以，近期不需要考虑太强的折返能力。

1) 站前折返

在延伸线有明确规划和时间节点的情况下，可考虑设置站前折返站。站前设置交叉渡线，站后设置安全线，车站整体规模较站后折返有较大优势；同时，考虑安全线后设置端头井，方便远期线路延伸。由于这种站型两端都有配线，所以设计为路侧车站可大量节约附属工程费用，同时减少对道路交通管线的影响，如图 6-75(a)所示。顶出站型安全线一端空间不足以满足核心功能区的空间需求，需要将核心功能区设置在交叉渡线一端。终点站变电所通常都是混合变电所，可以站厅、站台分开布置。当终点站位于道路路中时，可以考虑将车站核心功能区设置在安全线一端，交叉渡线一端的富余空间可预留一定的开发空间，如图 6-75(b)所示。

2) 站后折返

延伸线有网络规划，但无明确的建设规划，不确定延伸建设周期，或者近期要延伸的终点站，线路延伸后是小交路折返站，这些情况都应考虑设置站后折返。如果场地实施条件较好，且出入段(场)线与终点站较远，需要折返线在线路延伸后作为停车线使用，应考虑四线平行开挖方案，站后折返线一端的配线上部空间富余量较多，车站设备用房尽量设置在主体范围内，以减少外挂附属工程量(图 6-76)。配线上部富余空间可作为开发空间，在主体内预留与开发空间的连通道。

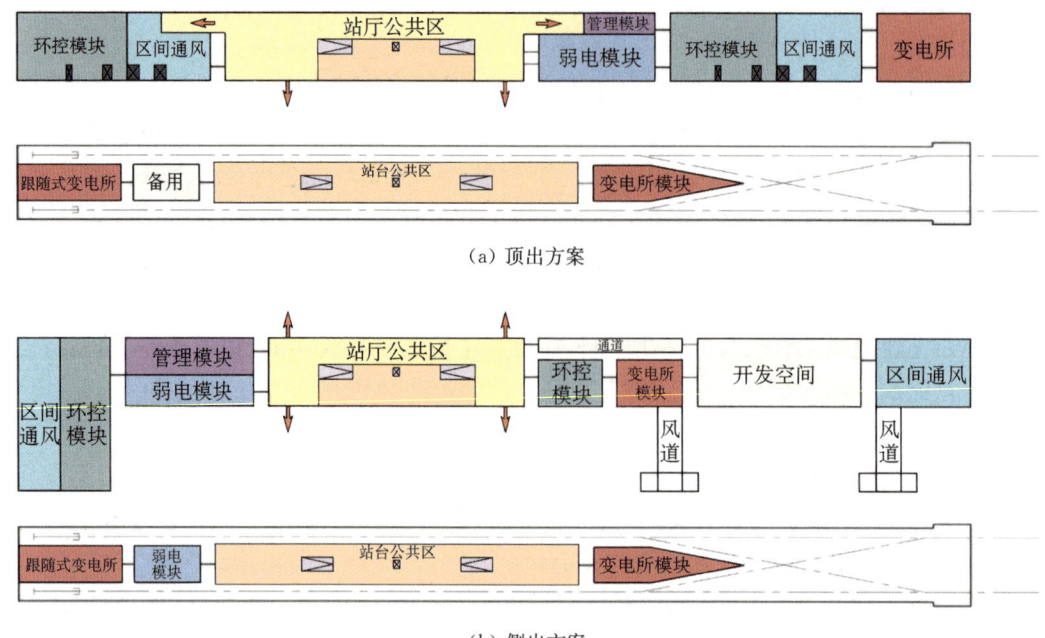

(a) 顶出方案

(b) 侧出方案

图 6-75 站前交叉渡线终点折返站平面布局

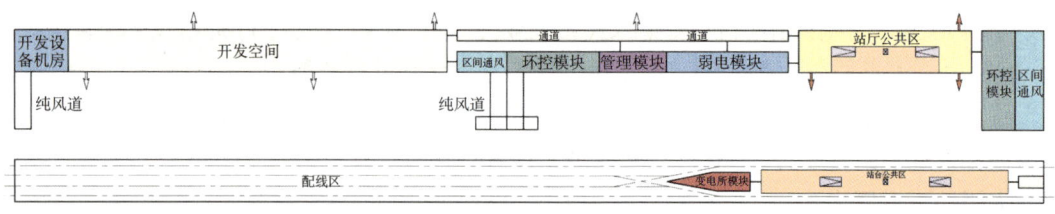

图 6-76 站后折返四线明挖方案平面布局

3) 永久终点站

若线网规划已经明确线路不再延伸,车站的配线则应按照站后折返加站前单渡线的形式配置,以提升车站的折返能力。这种配线形式一般考虑将车站集中端布置在单渡线一侧,另外一边设置环控功能区,富余空间考虑作为集中开发空间。带停车线功能的永久终点站如图 6-77 所示。

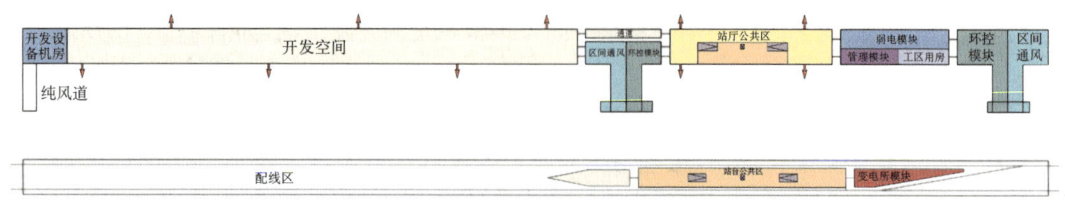

图 6-77 带停车线功能的永久终点站平面布局

站前站后都设置配线的车站其规模非常大,为了优化车站规模,在有条件的情况下,宜考虑采用路侧方案,出入口、风亭等设施都顶出,从而可以大量节省车站附属规模,减少对道路交通管线的影响(图6-78)。这类站型优化规模的核心思想就是要减少附属的工程量及埋深。

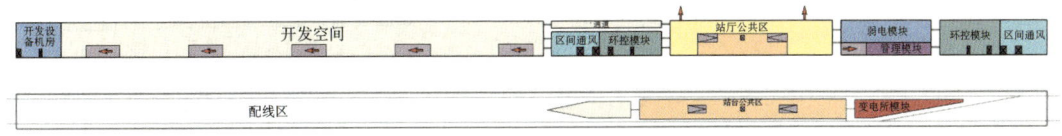

图6-78 顶出带停车线功能的永久终点站平面布局

为了控制两端配线车站的主体规模,可采用压缩站台的方式,为了不影响车站的服务水平,可考虑增加楼扶梯组数,压缩楼扶梯占用的宽度,从而整体优化车站的站台宽度。在站台宽度缩小以后,也能间接地减小配线区的长度,实现压缩车站整体长度的目标,如图6-79所示。

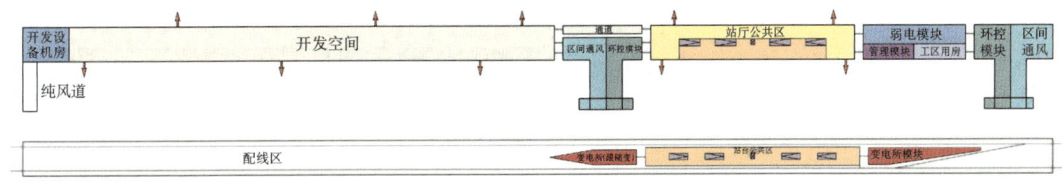

图6-79 永久终点站压缩站台宽度方案平面布局

4) 非开挖工法的应用

终点折返站规模较大,车站长度较长,经常跨越几个路口,对建设环境的适应能力较弱。为了提升终点折返站的可实施性,可以考虑在停车线部分采用非开挖工法。

站前折返站其站前的交叉渡线上部空间已经可以满足车站设备用房的布置需求,而站后安全线采用明挖方案对土建规模影响较大,空间不能充分利用,故可考虑采用盾构形式作为安全线,站后选择合理的位置设置工作井,从而为近期提供较多的停车空间,如图6-80所示。

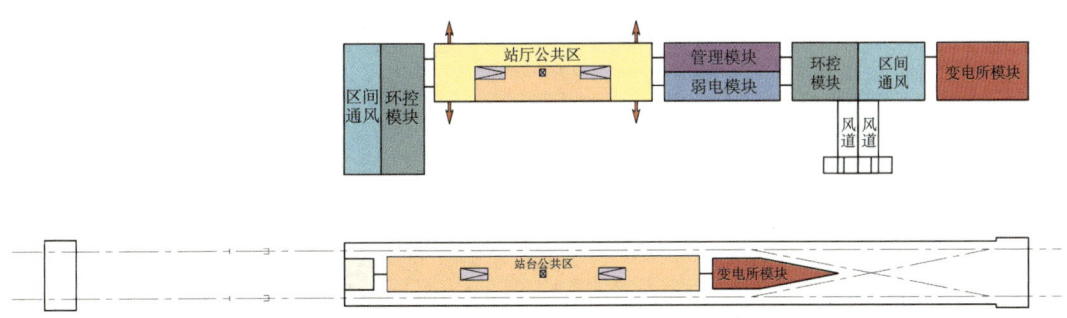

图6-80 岛式站前折返站后安全线盾构方案平面布局

线路延伸后无停车功能的终点站,当开挖长度方向受控时,可以考虑采用侧式车站方案来压缩车站的明挖长度,站后折返可以局部采用单洞双线非开挖的形式来回避边界条件矛盾(图6-81)。由于车站开挖空间较短,故需要设置大外挂附属空间来布置设备管理用房。

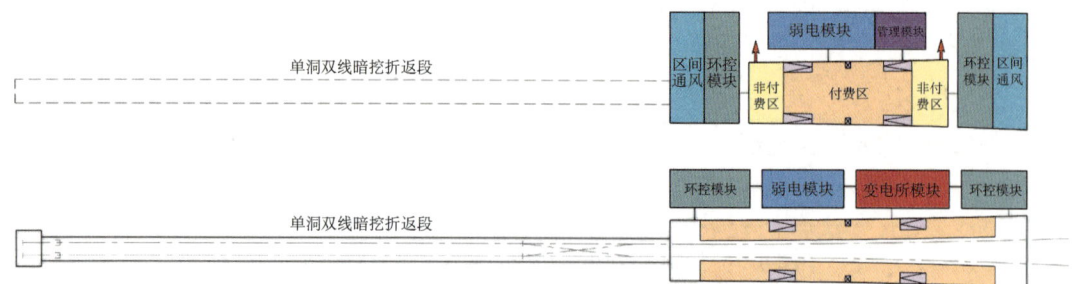

图 6-81　侧式车站站后折返线采用单洞双线暗挖方案平面布局

当车站实施条件受控时,可考虑两根正线提前掰开线间距设置端头井,中间折返线采用单洞双线非开挖方案(图 6-82),但这种方案线路延伸后停车功能较差。配线端虽然部分采用非开挖工法,但其站厅层空间还是足够满足车站集中端的设备管理用房布置需求。

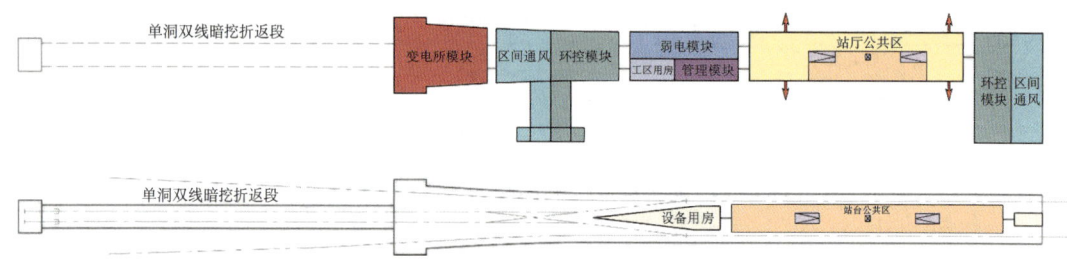

图 6-82　站后折返(正线盾构)车站平面布局

永久终点站线路不再考虑延伸的情况下,站后设置两条折返线即可,正线可以截断处理,无须撇开线间距预留盾构实施条件,这种情况下,折返线已具备采用单洞双线的非开挖工法条件(图 6-83)。永久终点站的站前单渡线空间可满足车站设备集中端的布置需求,折返线上部空间会有较多的富余空间,可作为工区用房或考虑放大公共区面积。

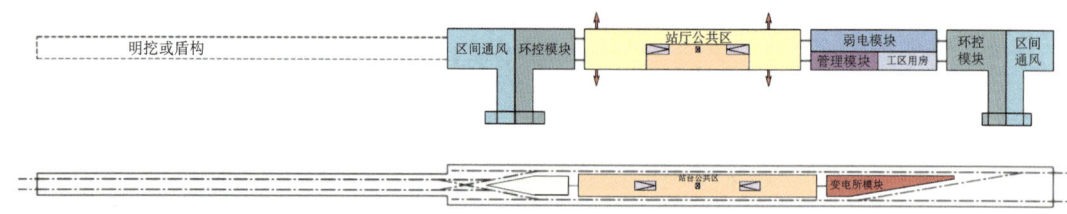

图 6-83　不带停车线功能的永久终点站平面布局

2. 中间折返站

小交路折返站,也称中间折返站。由于折返能力需求不大,一般不考虑站前站后组合的方式。但是中间折返线只能采用站后折返,有专用的折返线,不能采用站前站后交叉渡线的形式。

站后折返线一般在小交路上会同时兼顾故障停车线使用(图 6-84),通常采用站后四线明挖的形式。这种站型配线端上部空间富余较多,若周边有规划商业,可以考虑在主体内预留通道与配线上部开发空间连通。当实施场地长度受控时,也可采用岛侧式中间折返(图 6-85),从而大幅减少车站长度,但是车站主体较宽,也会引发新的矛盾,且该站型的折返能力较弱,一一般不作为小交路折返站,仅作为故障停车线功能的车站。因而只有在特殊情况下才会采用这种形式。

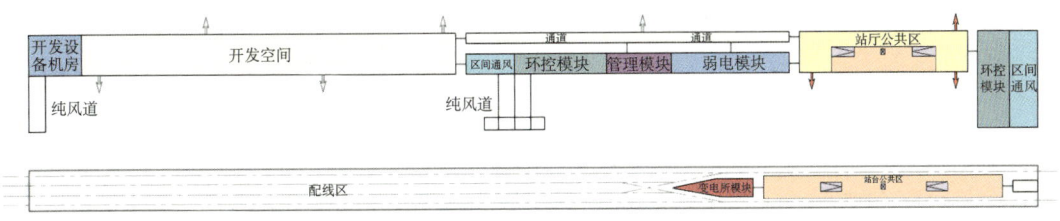

图 6-84　中间折返站(兼停车线)平面布局

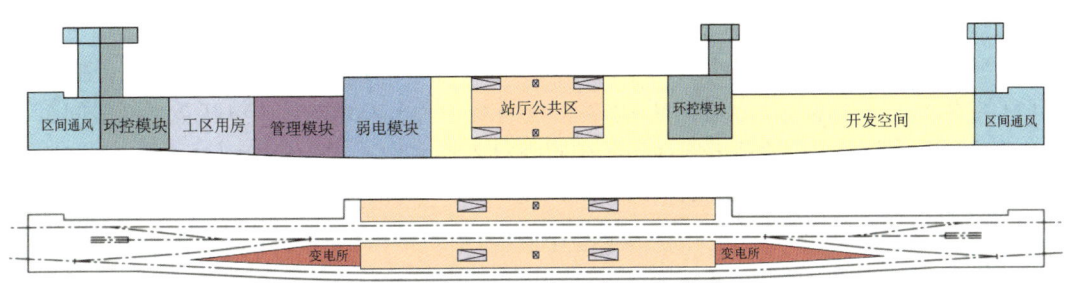

图 6-85　岛侧式停车线(兼折返线)平面布局

3. 出入段(场)线

出入段(场)线是连接车站与车辆段(停车场)之间的联络线,单个车站接轨时,两根线联络车站,岔区之后为四线并行状态,当拉开线间距达到9m以上才能满足盾构施工的要求。出入段(场)线车站控制主体规模的思路与一般配线车站是完全不同的,站台变窄的情况下,为了拉开线间距,车站主体反而越长。这类站型配线上部富余空间较多,可以考虑设置大量的工区用房和备用间(图 6-86),但规模有限没有设计成开发空间的价值。

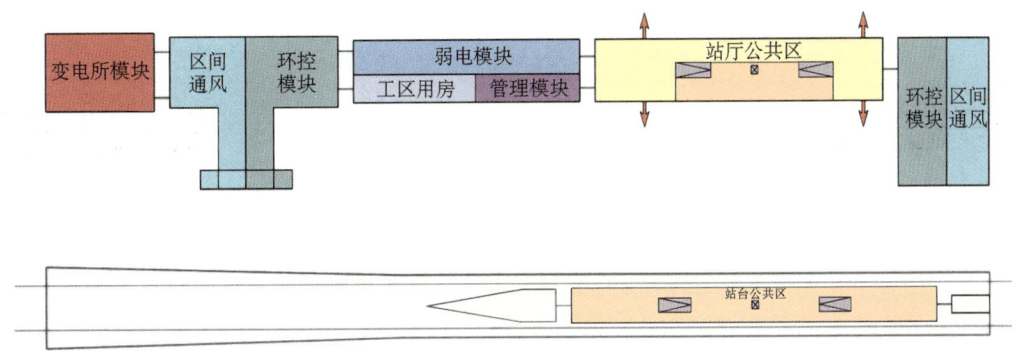

图 6-86　出入场(段)线车站平面布局

根据建设环境需求的不同,通常有以下两种站型:

最短的出入线车站站型是四线过岔心后迅速拉开线间距,当四线之间线间距同时拉开至9m时,车站端部停止明挖开始推盾构(图 6-87)。但这种站型局部车站的宽度较宽,可能会影响道路交通和管线,当建设条件长度方向受控时,可采用此种方案。

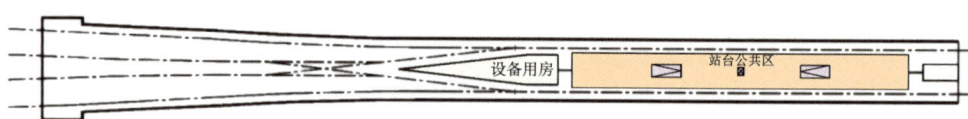

图 6-87　出入线车站最短方案

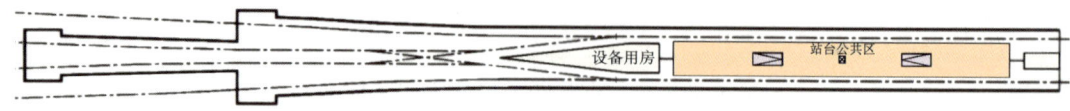

图 6-88　出入线车站最窄方案

最窄的出入线车站站型是中间两根出入线线间距先不动,正线出岔心后迅速向外撇开,两个正线与出入线之间达到 9 m 后截断,过了正线截断点后出入线再迅速拉开至 9 m 线间距,再推出入线盾构(图 6-88),此种方案适用于建设条件宽度方向受控的情况。

如果车站想要更短更窄,则考虑出入线采用单洞双线的类矩形盾构或单洞双线的暗挖工法,正线与出入线拉开线间距至 9 m,两侧推小盾构,中间推类矩形盾构,以下是矩形盾构出入线车站站型,如图 6-89 所示。

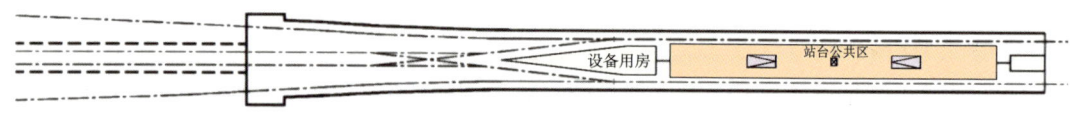

图 6-89　矩形盾构出入线车站

出入线能够兼顾停车线使用,如果出入线采用"八"字形线,则认为两个车站都具备停车功能,同时"八"字形线接轨的功能性更好(图 6-90)。"八"字形接轨的出入线车站正线之间只有一根线,线间距很容易就拉开 9 m,所以车站长度能够进一步缩短,宽度也可进一步变窄,适用于建设环境比较困难的情况。

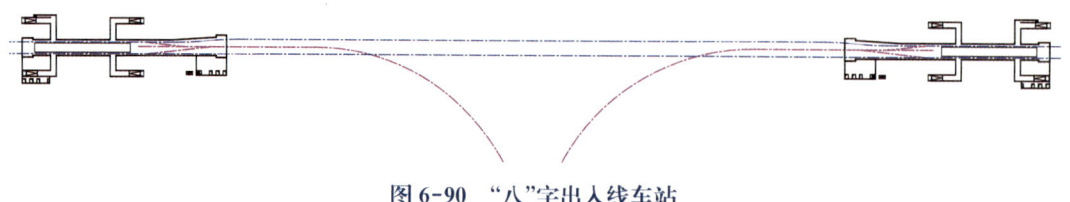

图 6-90　"八"字出入线车站

4. 停车线车站

停车线车站是指设置了故障列车临时停车功能的车站,其同样也有各种不同的配线形式。由于停车线车站一般较长,所以在实施阶段经常碰到车站无法跨越的障碍,然而为了适应建设边界条件,根据不同的工法也产生了很多种配线站型。

1) 岛式站后停车线方案

岛式站后停车线方案是最常见的,从停车线规模来说包括两线一列位、两线两列位、一线两列位和一线一列位等形式。岛式站后停车线最标准的站型是站后两线一列位停车线。

该站型既能满足停车需求,又能兼顾折返功能,但车站明挖段较长,对于 14 m 岛式车站来说,为了压缩车站长度,线路出岔后需要收缩线间距,这样便可适当压缩车站配线区的宽度和长度。站后两线一列位停车线与小交路中间折返站的站型是完全相同的,如图 6-84 所示。

2)侧式中间停车线方案

侧式中间停车线方案的停车线与有效站台平行布置,车站长度较短,如图 6-91 所示,在长度受控的情况下使用这种站型。但这种站型在故障情况下,清客之后再进停车线的过程比较复杂,停车功能性较差,且没有折返功能,故仅在特殊的建设环境条件下采用这种站型。

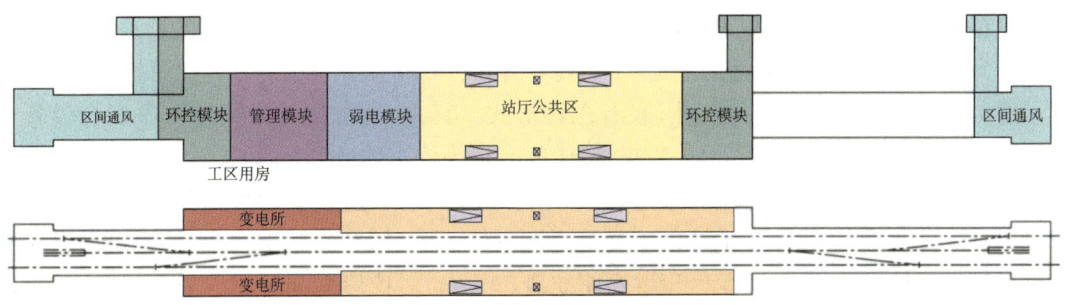

图 6-91　侧式中间停车线车站平面布局

3)一岛一侧中间停车线方案

一岛一侧中间停车线方案的车站长度较站后停车线站型的车站长度要短,但车站整体宽度较宽,其清客停车功能较好,主要适用于长度受控但宽度不受控的建设边界条件情况。另外,由于车站两端均有配线,车站主体空间较大,所有的设备管理用房均能在主体内消化掉,一般考虑一端设计为车站集中端,另一端设置环控功能模块,其他富余空间可作为开发空间使用,如图 6-92 所示。

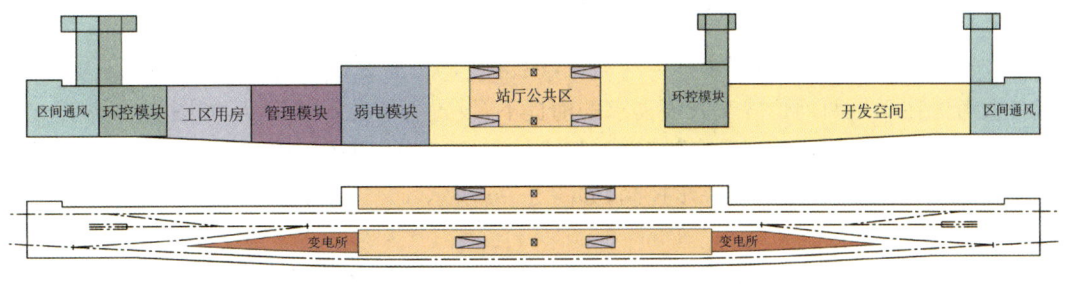

图 6-92　一岛一侧中间停车线车站平面布局

4)岛式两侧停车线方案

采用岛式两侧停车线方案的车站可作为越行站使用,且兼顾停车线功能,加单渡线后也具备一定的折返能力。这种车站的站体较宽,车站两端均有配线,为了控制规模,可适当缩小站台宽度,增加楼扶梯组数,当个别区域层高受控时,可以利用超宽车站的站厅两侧设置管廊来解决层高问题,如图 6-93 所示。

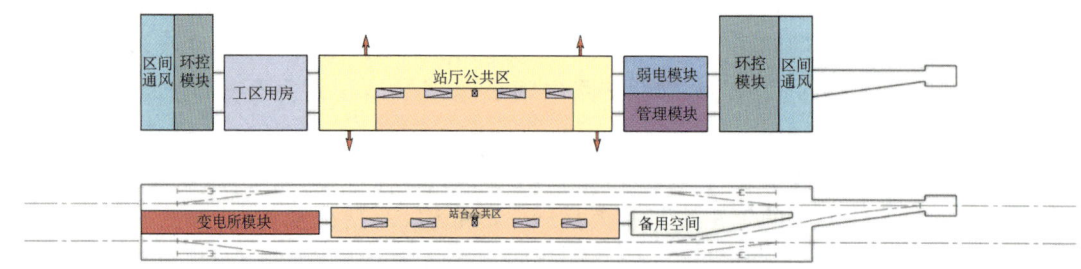

图 6-93　岛式两侧停车线(兼顾越行功能)车站平面布局

5) 非开挖工法的应用

停车线车站的规模较大,车站长度较长,经常跨越几个路口,对建设环境的适应能力较弱。为了提升停车线车站的环境适应能力,可考虑在停车线部分采用非开挖工法。

盾构是较为经济的非开挖工法,且有多种形式。其中,最常见的形式是两站配合设置道岔,两站之间采用三盾构方案,两根为正线,中间一根为停车线(图 6-94)。三盾构停车线方案适合站间距不大的情况,如果站间距超长,中间停车线的工程造价会增大,同时影响联络通道的设置,性价比较低。当车站配线区不具备明挖条件,且相邻车站间距较大时,也可以考虑采用站后设置明挖段的方式,将岔区设置在明挖段,车站与明挖段之间采用三盾构方案,从而回避一些边界条件上的矛盾。另外一种常见的盾构停车线形式是矩形盾构,站后推一根矩形盾构包含一根停车线和一根正线,再推一根小盾构作为另外一个正线。

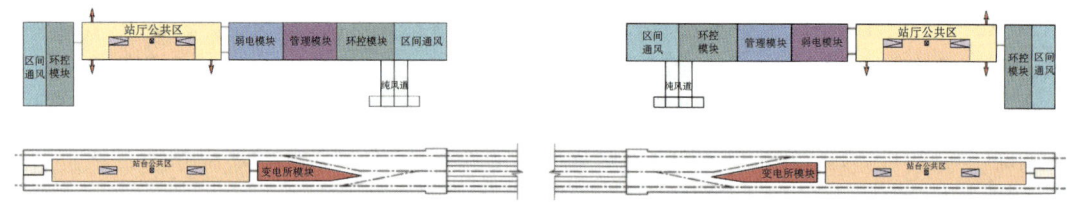

图 6-94　三盾构停车线车站平面布局

停车线根据功能需求最好设计为两列位,使得停车功能更加合理。采用三根盾构平行推进,一般考虑在满足两列位停车长度需求的前提下,设置工作井布置道岔,如图 6-95 所示。这种站型在特殊环境下也可以解决局部施工困难的问题。如果采用三开道岔方案,中间工作井的长度和车站长度能够得到进一步控制,如图 6-96 所示。

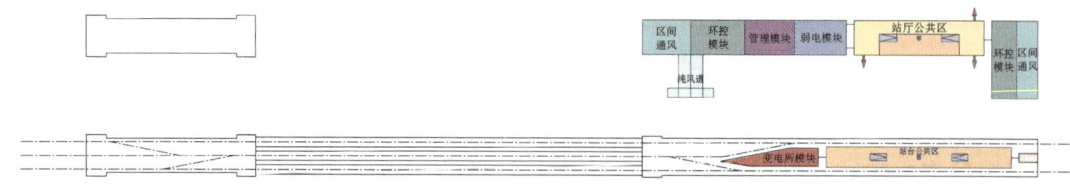

图 6-95　三盾构加工作井停车线车站平面布局

与站后两线一列位相比,三盾构方案的停车功能更强,土建费用也相对较少,特别是对于深埋车站,尤其是在三层车站设停车线的情况下,可以大大节约车站的土建规模。

图 6-96　三盾构三开道岔加工作井停车线车站平面布局

站后停车线非开挖工法也可以采用类矩形盾构方案,将一根正线与停车线采用类矩形盾构方案推进,另一根正线区间采用小盾构方案(图 6-97)。其中,类矩形盾构可以一直推至下一个车站,也可以在半截位置设置工作井,其规模长度可控。一般,采用类矩形盾构方案时,应考虑设置一线两列位以上长度的停车线,以提升故障列车的停车功能。

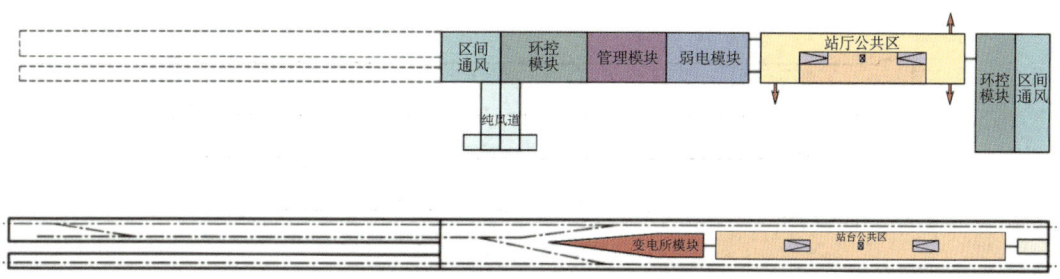

图 6-97　站后一线停车线(类矩形盾构)车站平面布局

站后两线两列位停车线方案的明挖工程量过大,不利于控制工程造价,只有在需要进行区间开发的情况才会采用这种配线形式。当开挖范围长度有限,又要求设置双线双列位停车线时,可以采用两根类矩形盾构形式来解决开挖问题,包括部分站台也可以利用大顶管推出来,如图 6-98 所示。对于主体明挖空间不满足设备管理用房需求的情况,可采用外挂方案来解决空间不足问题,配线端区间通风机房考虑设置在工作井内,配线区的排烟问题需要区间通风机房和车站明挖部分的排烟设施协同解决。

图 6-98　站后两线两列位类矩形盾构车站平面布局

在实际工程应用中,每座车站的建设边界条件都不太一样,如果采用不同配线形式和不同工法都不能满足复杂的建设环境,则应对全线的配线布局进行整体分析,将停车线调整至建设条件较好的车站,建设环境复杂站点采用无配线车站,如此一来车站方案的可调整空间更大。《地铁设计规范》(GB 50157—2013)要求正线每隔 5~6 座车站或 8~10 km 需设置停车线。

有些停车线车站,其两侧停车线间距只有 15 km 左右,那中间几个车站的停车线设置就比较灵活,只要不超过规范要求就可以灵活调整至建设条件较好的相邻车站。

5. 单渡线车站

为了便于运营灵活调度,方便事故情况下的救援组织,《地铁设计规范》(GB 50157—2013)要求正线每隔 2~3 座车站或 3~5 km 应加设单渡线,且宜设置在车站端部,中间站的单渡线道岔宜按顺岔方向布置。

单渡线车站的设计思路如下:

(1) 单渡线车站应优先采用缩短渡线的方案,这样可以大幅压缩车站长度,如图 6-99 所示。当建设环境长度方向受到边界条件控制时,还可以通过配线端局部削减站台压缩线间距的方式来实现压缩车站长度的目标(图 6-100)。线间距越小,渡线长度就越短。当然,这种方式对线路线形的影响较大,一般可结合曲线来压缩线间距。

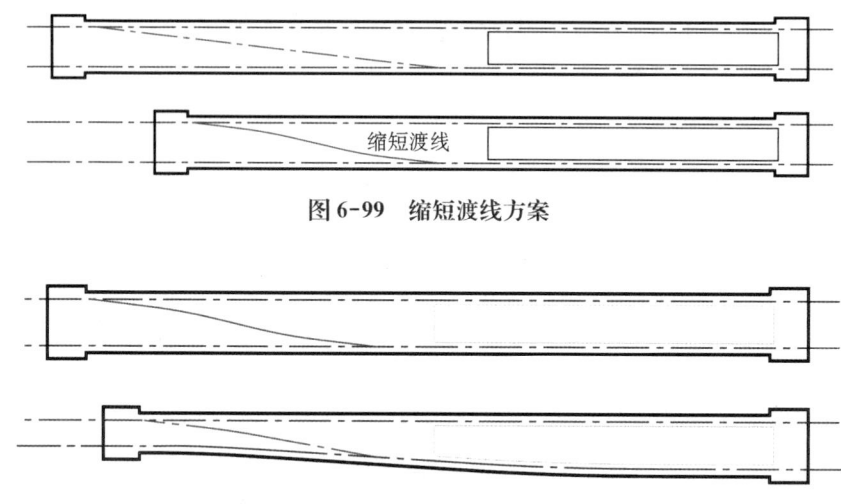

图 6-99 缩短渡线方案

图 6-100 配线端站台收窄压缩车站长度

(2) 单渡线车站明挖长度受控于岔心位置,岔心向外 15~18 m(区间隔断门端)左右就是车站明挖的终点位置。对于远离单渡线岔心的一根正线,当其与单渡线的间距达到 9 m 时就可以截断,形成一个刀把形车站,解决部分边界条件问题。单渡线车站配线端的空间较为富余,可以尽量将车站主体靠近路边布置,从而缩短附属长度,控制车站规模。

(3) 单渡线采用何种站型需视建设条件而定:当车站附属较短时,其配线上部空间富余较少,可以采用配线端平齐的单渡线车站(图 6-101);当车站与道路斜交时,采用刀把形车站可以减轻交通管线压力。三层单渡线车站的空间规模较大,可以考虑采用刀把形站型,能有效控制车站规模。建筑空间组合应考虑尽量减少外挂空间,单渡线的站台层空间较大,可以满足变电所功能区的布置需求。

6. 联络线车站

由于地铁线路之间需要考虑车辆的临时调度问题,以及运送大修、架修车辆和工程车运行等问题,所以线路之间需要设置联络线。每条线路至少应有一处接入网络的联络线,联络线一

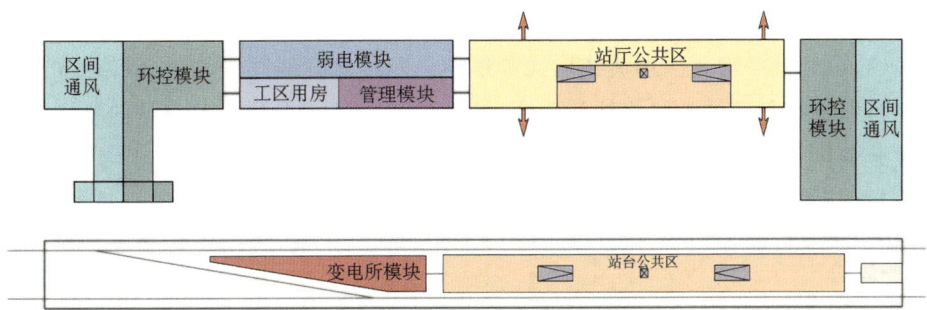

图 6-101 单渡线车站平面布局

一般设置在换乘车站,且有多种形式。

1) 节点换乘联络线

节点换乘联络线是指在一个象限内,两个车站的远端设置联络线,为了调度车辆方便,一般会同时配置单渡线(图 6-102)。在统筹单渡线布局时,需要考虑联络线位置,以便能够充分利用单渡线功能。在节点换乘车站的两层车站上联络线可以与停车线、出入线结合设置,这样就不用单独布置单渡线,也不会因为联络线而增加车站长度。联络线可以采用明挖方案,也可以采用暗挖或者盾构方案。该站型的建筑空间组合思路与一般节点换乘车站基本相同,由于配线带来的主体增加空间应被充分利用。

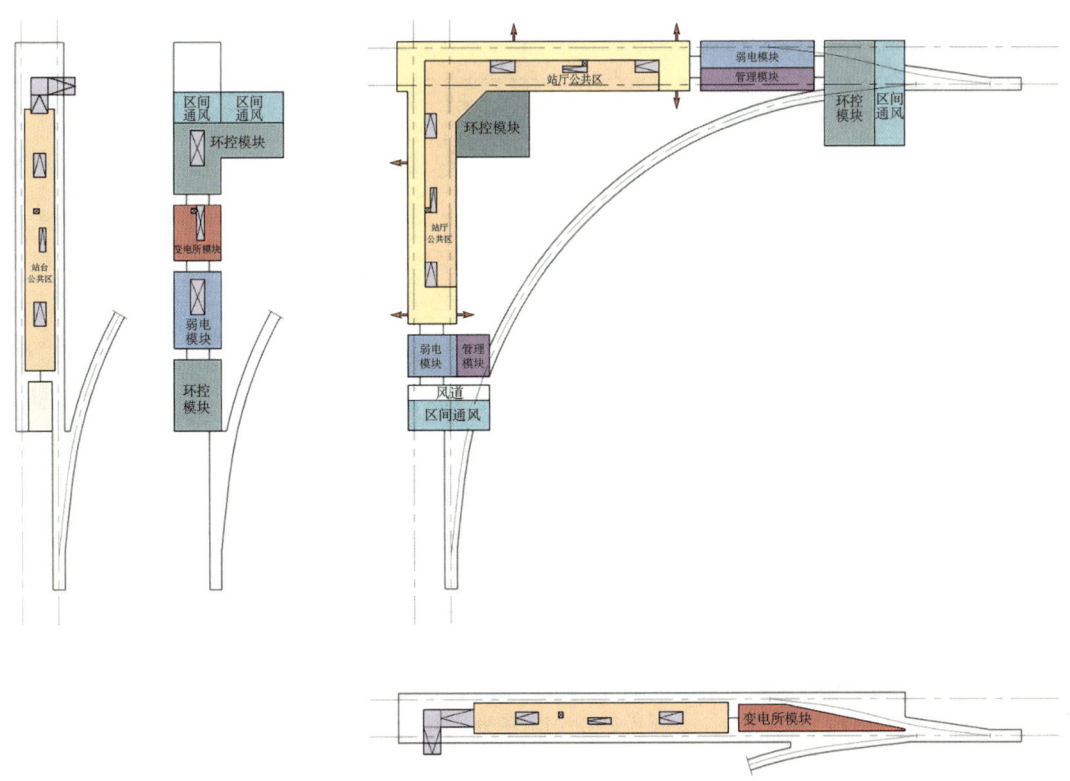

图 6-102 节点换乘联络线车站平面布局

2）平行换乘联络线

平行换乘联络线一般是以单渡线形式实现的。两线之间线间距越近，联络线的长度就越短，比如平行双岛换乘车站的联络线就较短（图 6-103），岛侧平行换乘车站的联络线就较长；另外，上下叠侧同台换乘车站也是以单渡线的形式实现联络线功能，如图 6-104 所示。其建筑空间组合思路与不带联络线的平行换乘车站相同，该站型增加联络线并没有对车站轮廓带来较大的变化。

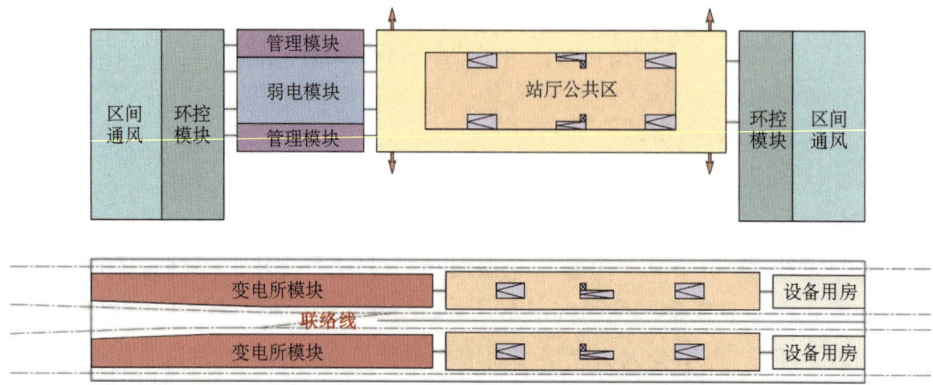

图 6-103　平行双岛换乘联络线车站平面布局

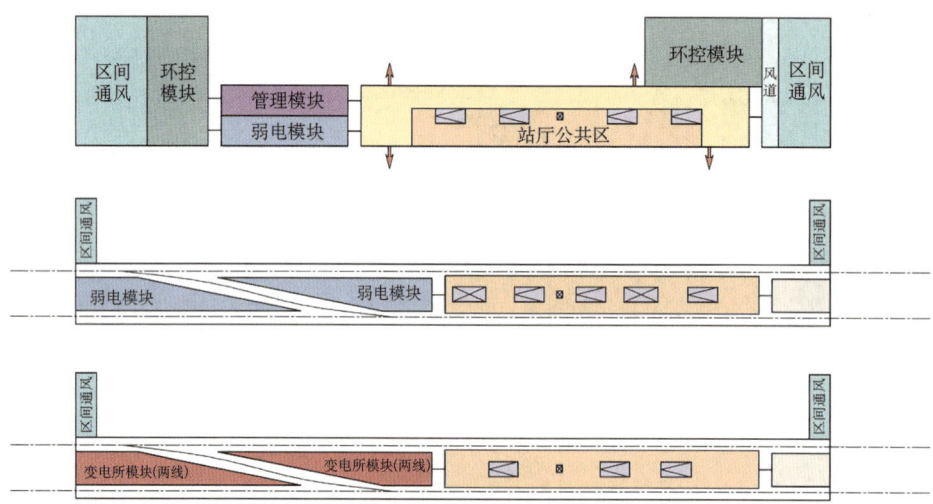

图 6-104　叠侧同台换乘联络线车站平面布局

3）上下叠岛换乘侧边联络线方案

在线路线形控制情况下，平行换乘的两条线没有足够长的平行段，因此没有条件实现叠侧同台换乘，只能采用上下叠岛换乘形式。在这种情况下，只能考虑在车站侧边设置联络线，如图 6-105 所示。这种站型车站主体规模较大，应充分利用主体空间设置设备管理用房，但其两端的刀把形空间较长，会带来一定的实施难度。另外，这种站型车站主体较宽，对工程整体实施较为不利，故仅在特殊线路条件或特殊建设边界条件下使用。该站型的建筑空间组合主要考虑充分利用站台空间以及两线的资源共享问题，其中公共区的楼扶梯布局是设计的重难点。

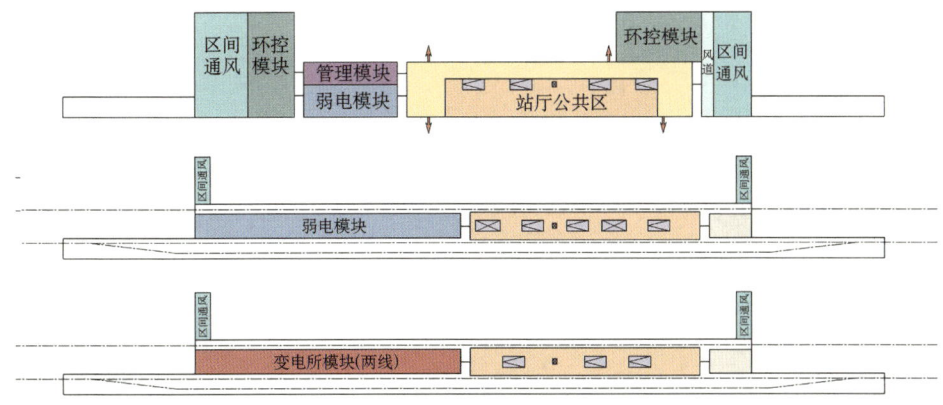

图 6-105 上下叠岛换乘侧边联络线车站平面布局

4）盾构联络线方案

传统联络线方案：节点换乘车站在同车站两线之间采用明挖或盾构的方式实现联络功能（图 6-106）；平行换乘车站时，采用单渡线形式解决联络线问题。在工程实践中，如果遇到车站既需要联络线，同时两线又需要停车线，就可以采用盾构联络线方案。该方案既能实现两线之间的沟通，又能兼顾两线的停车线功能，当然还需要两站之间或相邻车站在道岔上配合来实现这个功能（图 6-107）。这种形式适用于两线需要设置联络线，但局部土建条件又不具备设置联络线的情况，可考虑将换乘站中某个车站设置联络线接口，然后推盾构至另一条线的相邻车站，如此既可作联络线，同时又兼顾两条线的停车线，不仅节约了土建工程造价，还减少交通管线拆迁难度，一举四得。盾构联络线侧向开岔（不兼顾停车线）布置如图 6-108 所示，盾构联络线车站的建筑空间组合平面布局如图 6-109 所示。建筑空间组合的要点是如何充分利用配线上部空间，减少附属土建规模。

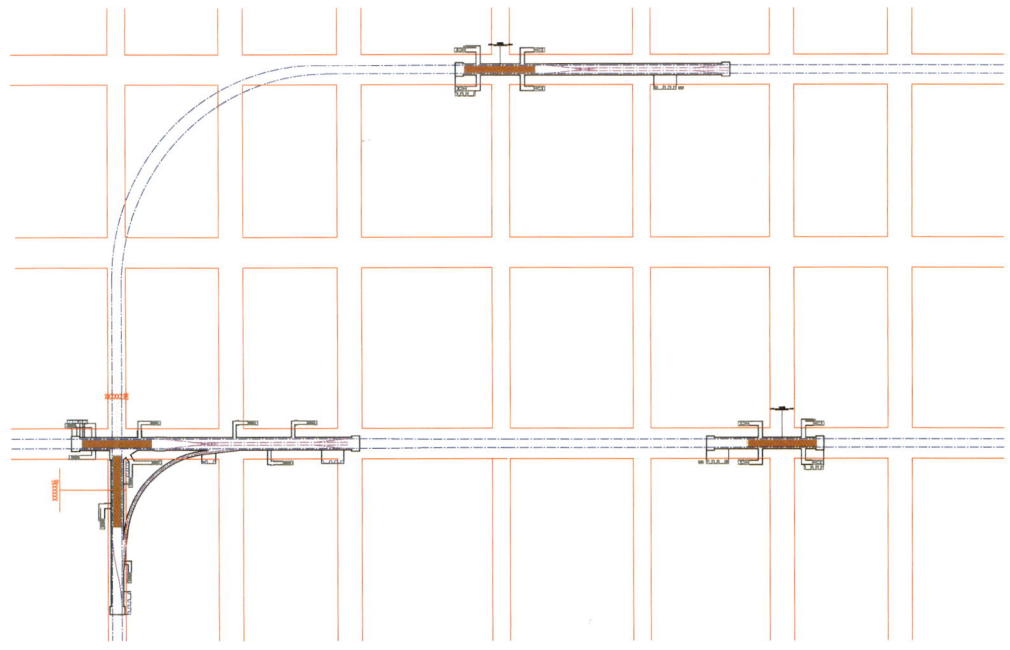

图 6-106 节点换乘车站联络线方案（停车线在车站内明挖）

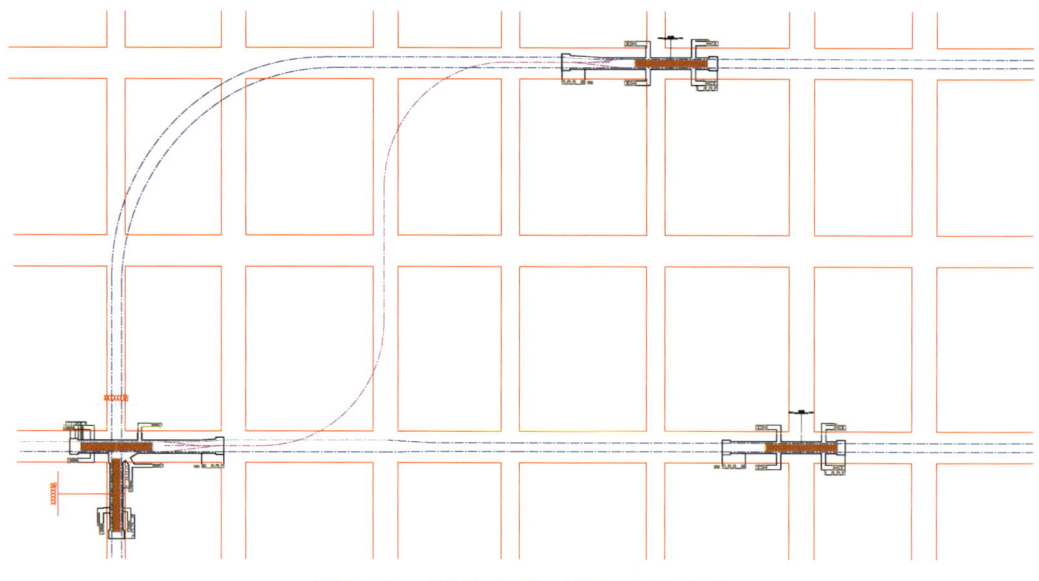

图 6-107　盾构联络线（兼顾停车线）方案

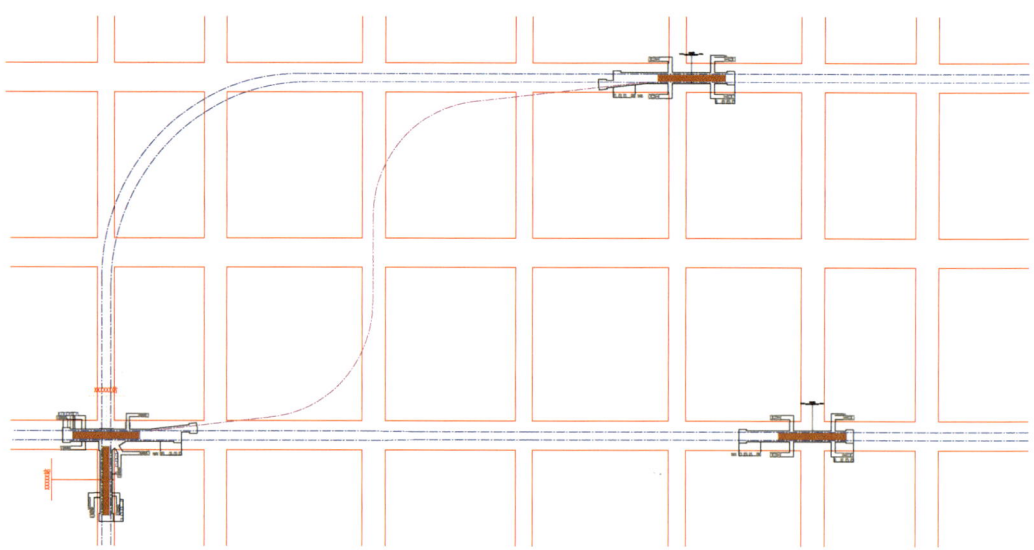

图 6-108　盾构联络线（不兼顾停车线）方案

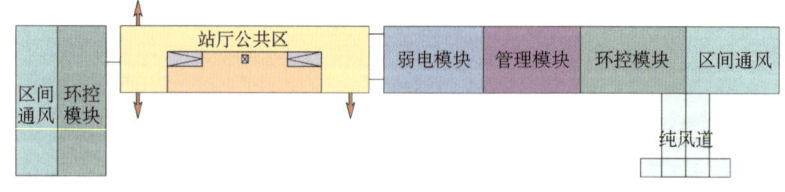

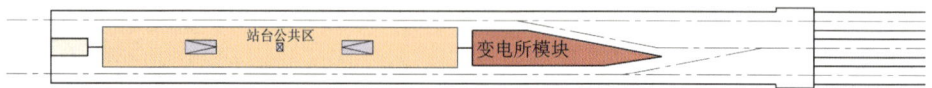

图 6-109　盾构联络线车站平面布局

连续两站平行换乘车站，也可采用盾构方式实现停车线和联络线的功能，如图 6-110 所示。例如，连续两站平行换乘为叠侧同台换乘车站，可以在一个车站的某一层设置联络线接口，采用盾构一直推至下一个车站的联络线接口处，这根联络线同时可以作为停车线使用（图 6-111）；如果连续两站平行换乘为叠岛换乘车站，则考虑中间停车线兼顾联络线从一个车站的上层站台推至下一个车站的下层站台，由于高差原因，停车列位数会减少；如果连续两站平行换乘为岛侧同台换乘，可以考虑在一侧站台中间出联络线推盾构至下一个车站实现联络线和停车线功能。平行换乘的上下重叠方案较平铺方案车站变窄、联络线设置更方便、土建规模变小且工程可实施性增强。

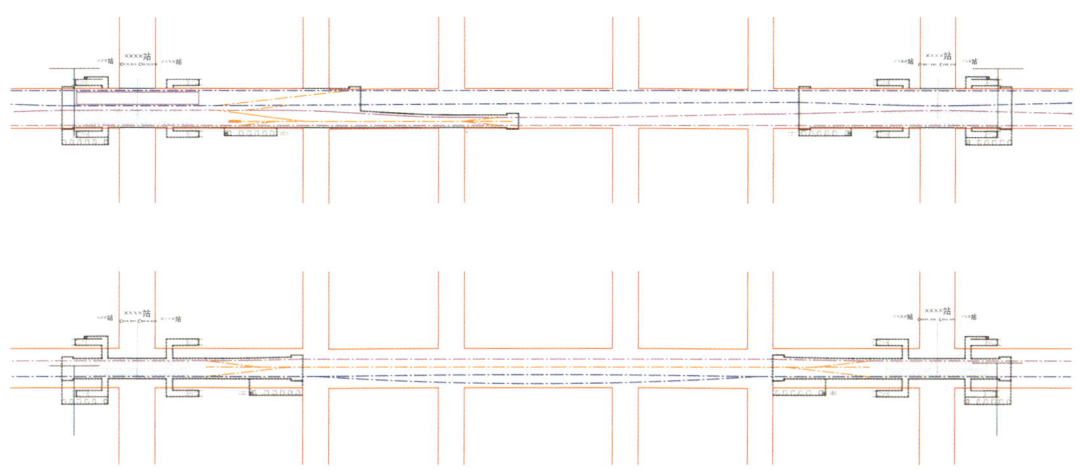

图 6-110　平行换乘联络线及停车线方案对比

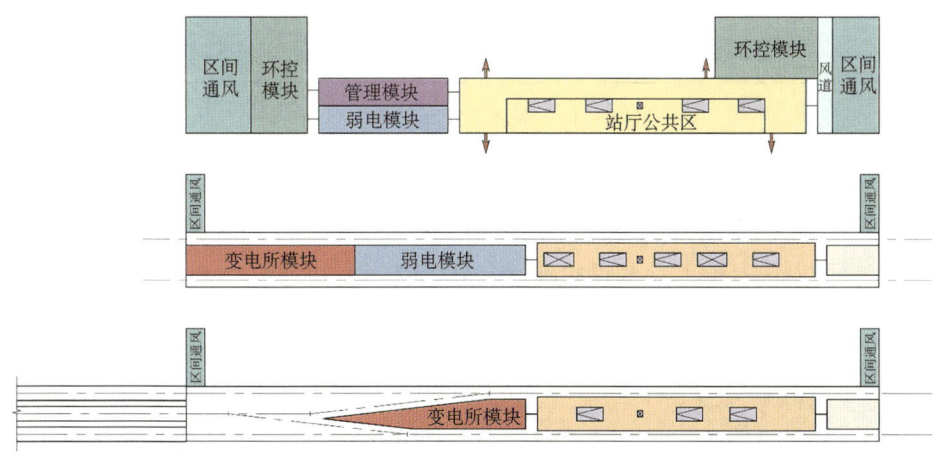

图 6-111　叠侧同台联络线兼停车线车站平面布局

7. 主支线接轨站

主支线接轨站应按进站方向设置平行进路，避免列车区间停靠等待的情况发生。当支线进入本站一侧时，应保证主、支线车辆独立拥有上下客的站台，而支线出站一侧方向主支线车辆可以只有一个站台,这种站型就是岛侧式支线站型,其平面布局如图 6-112 所示。另外,也可以考虑主支线进出站在本站都有独立的上下客侧站台,这种站型就是典型的双岛站型,其平面布局如图 6-113 所示。岛侧式车站整体规模较双岛规模小,同时也方便预留远期出支线条件。这两种站型的主体富余空间均较多,建筑空间组合应充分利用主体内空间,尽量减少附属工程量。

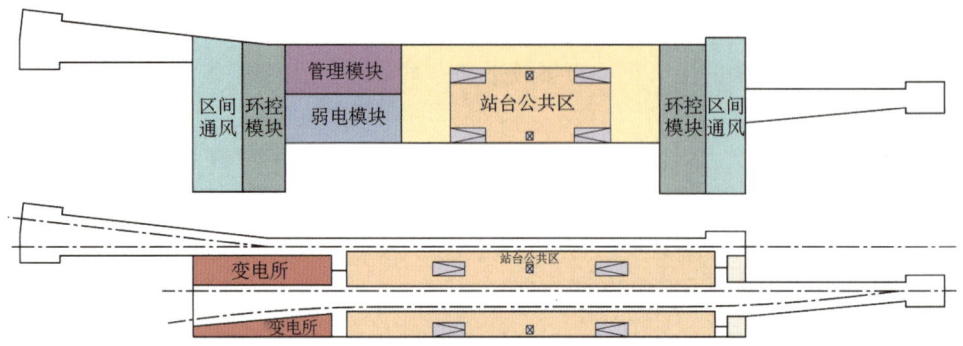

图 6-112　岛侧式支线车站平面布局

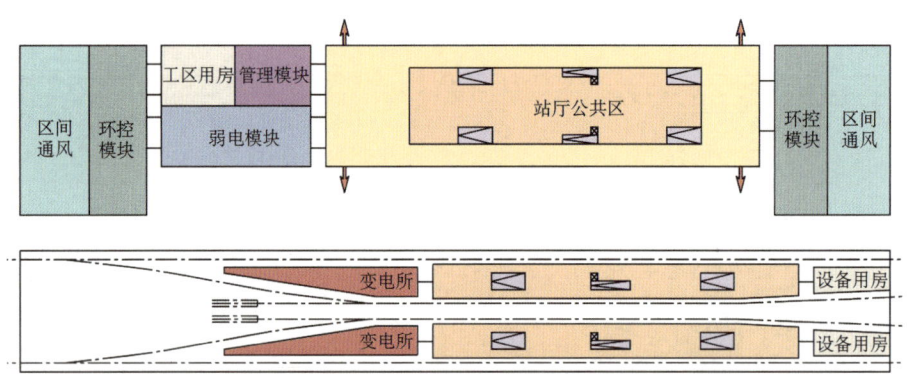

图 6-113　双岛支线车站平面布局

8. 越行车站

岛式两侧停车线方案可作为越行车站使用,兼顾停车线功能。该方案有两种基本站型,分别为不过岔越行方案(图 6-114)和过岔越行方案(图 6-115)。

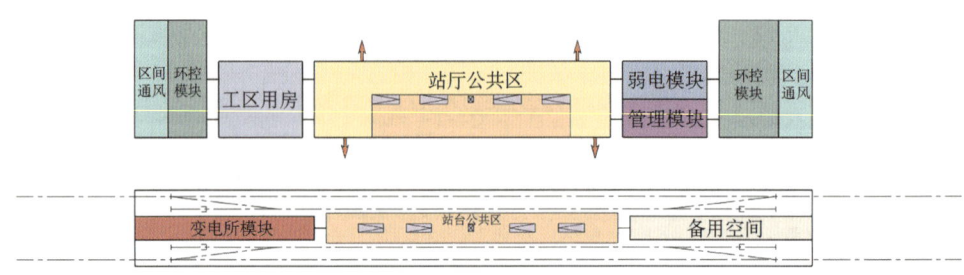

图 6-114　单岛越行车站(不过岔越行)平面布局

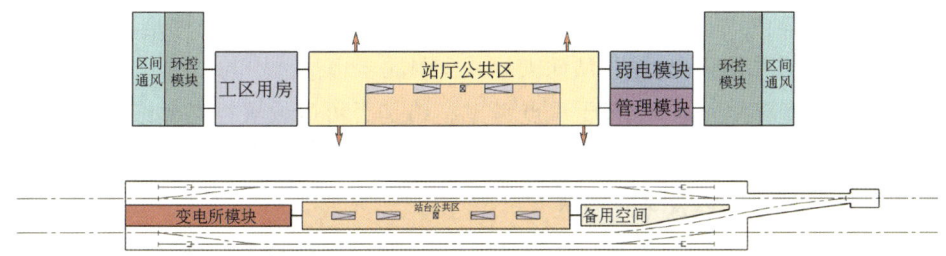

图 6-115 单岛越行车站(过岔越行)平面布局

过岔越行方案便于设置单渡线,有利于事故停车。这类车站的站体较宽,车站两端均有配线,为了控制规模,可适当缩小站台宽度,增加楼扶梯组数。当个别区域层高受控时,可以利用超宽车站两侧设置管廊来解决层高问题。车站主体内空间较为富余,应充分利用主体空间设置设备管理用房,减少附属规模,集中端设备用房参考标准站型布置,非集中端的面积富余量较大,可作为工区用房或开发空间。双岛越行车站主体内的空间富余量更大,一端作为设备集中端,另一端布置完环控模块后可预留大量的可开发空间,如图 6-116 所示。

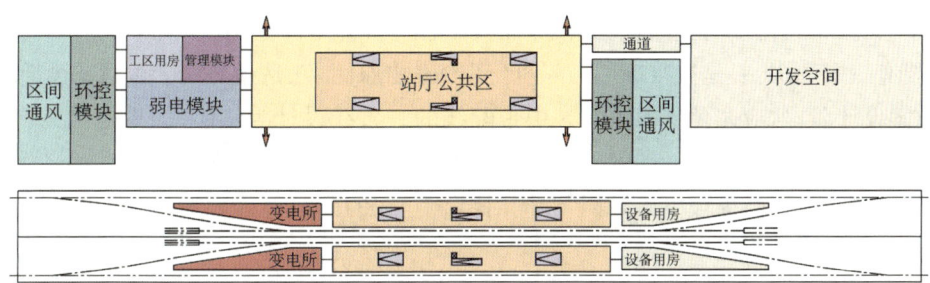

图 6-116 双岛越行车站平面布局

9. 配线车站的规模优化思路

(1) 配线车站的车站长度和站位受线路和配线条件控制,可优化空间较小。为了优化全线整体规模,应调整全线配线整体布局,在满足配线功能的前提下,尽量将配线布置在实施条件较好、受控因素较少的车站。

(2) 当某座车站的配线无法移除且受到边界条件控制没有实施条件时,考虑调整车站的配线形式,优化车站工法,尤其是终点车站,可以结合远期延伸条件等,线路配线的可调整余地较大。

(3) 尽量减少明挖工程量,增加盾构工程量。配线车站的小头端参考标准车站布局;配线端需要与线路专业配合解决明挖工程量问题。对于停车线车站和单渡线车站,两根正线过有效站台后尽量压缩线间距以减少岔区长度,缩短车站整体长度。平行换乘车站的联络线、单渡线等会影响车站长度,因此可以在兼顾客流功能的前提下,采用平行双岛换乘或岛侧同台换乘的形式,其中平行双岛换乘车站联络线的明挖规模要小很多。对于出入场(线)车站及三盾构停车线车站,则需要尽量拉开线间距,当线间距达到 9 m 以上时,就可以采用盾构工法。

(4) 尽量减少外挂,充分利用主体内配线上部空间。通常,减少外挂有两种手段:一种是车站位于路中,仅考虑将风道、出入口等需要出地面的设施放置在外挂空间,甚至将风机等设施都设置在车站主体内，从而最大限度地减少外挂附属空间面积；另一种是整体移动站位，将车站主体靠近路侧或采用顶出形式，从而大幅减少附属工程量。

（5）对于两端都有配线的车站，要重点考虑车站是否可以设置在路侧或将车站主体骑红线布置，出入口、风亭等设施全部按顶出方式设置，从而可以大大节约车站附属设施，同时也可以减少车站实施期间对交通管线的影响。

（6）优化全线变电所布点，尽量将混合变电所布置在配线车站。变电所占用空间较大，将其设置在配线车站不会增大车站规模，相对于整条线的土建工程来说节约了大量的工程量。

（7）调整全线相关工区用房布点，尽量将工区用房布置在配线车站，可以有效减小整条线的土建规模。

（8）尽量控制车站埋深，对于深埋管线及河道横穿车站应考虑设置管廊。如果管廊位于公共区，则考虑位于公共区中部，风管断开设置；如果落低范围较大，可以考虑车站主体外扩，侧向设置管廊。有条件时，尽量将落低管廊放置在配线末端，甚至直接将配线端的站厅层空间都让给管线或河道。

（9）配线车站设计为三层是方案设计中的大忌。一般，两层配线车站其主体空间都有一定的富余，三层车站富余的空间就更多了，而其工程造价都是以亿元级增加的。车站被设计成三层主要有三个原因：一是换乘原因，二是区间障碍物原因，三是地势高差原因。如果因为换乘，在方案设计阶段，应避免将换乘车站中带配线的一条线设计为三层；如果是因为区间穿越障碍物或地势高差，可以考虑区间障碍物的清障方案，若无法清障，则可以考虑牺牲客流吸引优势，移动站位，使区间纵坡下穿障碍物，同时结合全线的配线设计方案尽量考虑将配线调整至实施条件较好的相邻两层车站。

（10）配线车站在实施阶段经常会受到两个控制因素（配线长度和线间距）的限制。当配线长度受控时，优先考虑调整配线位置或配线形式，之后再考虑压缩线间距来减少配线长度。

（11）当一条线路中部分车站为地面车站或高架车站时，优先考虑将配线车站设置在地面车站或高架车站，这样可以大大优化全线的整体规模。

（12）关于侧式车站的选择。相较于岛式车站，侧式车站的服务功能的确有不合理之处，但对于配线车站来说，侧式车站有多种配线形式且规模较小，能够有效地减少与边界条件的矛盾。当然，由于侧式车站的服务功能不佳，在大客流车站或者换乘车站应慎用。

（13）配线车站的有效站台落位之后，配线设置在哪一端对边界条件的影响会有较大差异。有时，车站右侧有控制因素，但配线也在右侧，就会产生实施上的矛盾，配线调整方向需要根据配线功能和车站所在位置具体问题具体分析。如果是有折返功能的配线，其方向一般没有调整的可能性；如果是普通停车线或单渡线，因其功能单一，特别是位于线路中段的配线车站，其方向一般是可以调整的；对于位于线路末端的配线车站，需要兼顾临时折返的可能性较大，一般不能随意调整配线方向。

6.9　换乘车站研究

地铁线路的最终目标是服务乘客出行，每一条线路都是根据客流情况规划出来的重要客流走廊,但其服务特征仍是线性的,无法满足乘客多目的地的出行需求,需要通过地铁网络上的换乘才能实现全市域的通行需求。其中,实现条线间换乘功能的车站便是换乘车站,它们是轨道交通网络系统中重要的节点工程。

随着全国各大城市地铁线路持续建设,各大城市的地铁逐步进入网络时代,在两条或两条以上地铁线路的交叉点或汇合点处形成换乘车站,换乘目标是乘客无须出站,在付费区内即可由一条线路转乘另一条线路。换乘车站的特点是除进出站客流以外,还有大量的换乘客流在车站本体内转换,需要占用大量的公共空间和垂直交通设施。换乘线路公共区贯通,客流流线和设备区的功能布局更加复杂,需要克服的外部边界条件也更多。地铁换乘站和换乘枢纽作为地铁网络运送客流的节点,将整个城市串联起来,并成为城市空间中的重要节点,在大城市客运交通网络中起着重要作用。

6.9.1　换乘车站建筑空间组合的影响因素

1. 基本换乘形式影响建筑空间组合的整体方向

基本换乘形式是换乘车站的整体功能骨架,对车站建筑空间组合影响巨大,车站的功能布局都是围绕着这个功能骨架组合搭建而成的。两线的线路走向决定了相交换乘或平行换乘的大关系,同时根据换乘线路的建设时序、换乘客流特征、工程可实施性等因素确定具体的换乘形式。在确定换乘形式之后,再结合各部分功能模块的落位进行建筑空间组合。

2. 换乘线路上下层关系对建筑空间组合的影响

换乘线路上下层关系的选择直接影响着建筑空间组合的整体布局。结合配线、区间障碍物等情况,合理选择节点换乘车站的上下层关系,以达到功能最优、造价最省、可实施性最强的目标。特别是有配线的换乘车站,一定要将配线车站设计为两层车站,非配线车站设计为三层车站,这样才能避免出现三层配线车站的主体内部空间无法被充分利用的情况。选择好车站的上下层关系才能合理地进行车站建筑空间组合。

3. 换乘功能在建筑空间组合阶段占主导地位

换乘车站应选择最佳的换乘方式。保证换乘距离最短、换乘最便捷是换乘车站功能布局的主要思路。由于大部分换乘车站的换乘客流量大于自身的进出站客流量,故换乘功能至关重要。换乘车站外部换乘空间的合理性是功能布局的首要目标。当车站内部设备管理用房空间与外部换乘公共空间发生冲突时,应以保证外部换乘功能为主。当矛盾无法解决时,设备管理用房及风道等可以采用上跃下穿的方式来解决矛盾。

4. 资源共享对换乘车站建筑空间组合的影响

换乘车站的设备管理用房不需要完全分线路设置,很多房间可以资源共享。换乘车站的资源共享主要分为管理用房共享和设备用房共享两个方面。

管理用房的共享房间包括车控室、站长室、交接班室、更衣室、警务室、票务室、茶水间、清扫间、垃圾间、员工卫生间等,这些都可以采用两线集中设置、集中管理的模式。设备的资源共享主要体现在通风空调、给排水及消防、气体灭火、动力照明、供电系统(降压变部分)等设备用房上,但弱电系统可共享的房间不多。环控专业是最适合资源共享的设备专业,完全可以根据其服务范围考虑房间合设;环控机房和冷冻机房可以资源共享,但区间通风机房的功能必须按照线路独立开来；给排水专业的消防泵房可以共享；动力照明可根据功能需求配置，优先采用共享设计。

最适合资源共享的站型是同步实施的平行换乘车站，从物理空间和实施周期上都适合资源共享。同步实施的节点换乘车站（T形、L形、"十"字形）可根据车站内部空间利用及其空间组合形式，结合各专业特点合理选择资源共享的内容；非同步实施的节点换乘车站，由于远期线路存在很大的不确定性，容易造成较大的资源浪费，因而一般不考虑资源共享。通道换乘车站两线物理空间距离较远，不适合资源共享方案。

同时，资源共享还有更多实施层面的限制因素，边界条件复杂的换乘车站共享的设备管理用房相互渗透到对方的空间范围内，由于实施周期原因，很容易造成先通车线路在设备调试阶段其设备用房位于另外一条线路尚未实施的建筑空间内，这种情况下，车站的推进工作就会陷入被动，且带来不必要的方案反复。

5. 客流组织对建筑空间组合的影响

换乘站作为城市轨道交通系统的"纽带"，其公共区客流包括进出站客流和换乘客流，客流组织较为复杂。为了避免客流交叉和拥堵，建筑空间布局和垂直交通设施布局均应考虑与客流特征相匹配。例如，客流组织会对通道换乘的接口位置和L形换乘的组合方向产生很大影响。所以，在建筑空间布局阶段应充分考虑客流组织对建筑空间组合的影响，内部空间布局应服从外部空间的客流组织需求。

6. 建设规划对建筑空间组合的影响

（1）当换乘线路在同一轮建设规划周期内时，可同步实施的换乘车站应优先选择节点换乘或同台换乘形式，考虑资源共享，建筑空间组合应充分考虑工程筹划的影响，先通车线路的相关功能空间应提前具备土建移交条件。

（2）不在同一轮建设规划周期内的换乘车站，当后续线路方案较为稳定时，一般考虑预留换乘节点，以给未来换乘线路留有足够的调整余地，包括线路、限界、换乘节点等。车站的出入口、风亭等设施的布置也应为远期线路预留可实施的空间，以增强后续线路的可实施性。

（3）不在同一轮建设规划周期内的换乘车站，当后续线路方案不稳定时，要以最小的代价考虑多种后续线路方案的可能性。车站应预留可穿越条件，合理选择公共区的付费区位置，给未来实现换乘功能提供便利。

7. 边界条件对换乘车站建筑空间组合的影响

车站的建设环境边界条件包括征地拆迁、交通疏解、管线搬迁、障碍物和地块开发等。当车站方案与边界条件发生矛盾时，应在兼顾建筑功能的前提下尽量避让环境矛盾。特别是征地拆迁对车站的附属功能落位影响较大，附属功能落位又会影响主体的功能落位和内部空间布局。相比之下，换乘车站的边界条件更为复杂，对车站的建筑空间组合影响更大，这些边界条件的控制点非常多，甚至控制点之间也存在相互矛盾。如何在矛盾中寻求空间组合的平衡是换乘车站建筑设计的重点和难点。

6.9.2 节点换乘

节点换乘通常指两线主体相交，且设置了站台到站台的换乘楼梯的一种换乘形式。三线及三线以上的线路主体相交且设置站台到站台换乘楼梯的换乘形式归类于多线组合换乘之中,后续再详细讨论。

概念上根据两线之间有效站台的位置关系对不同的换乘形式进行定义:一条线的有效站台中部与另一条线的有效站台端部相接,形成一个 T 字,这样的空间关系便形成 T 形换乘;两条线的有效站台中心点十字相交,形成"十"字形,这样的空间关系便形成"十"字形换乘;两条线的有效站台首尾相接,形成一个 L 形,这样的空间关系便形成 L 形换乘,如图 6-117 所示。以上是节点换乘的三种基本形式,实际工程中经常会碰到两线斜交的情况,或两线的位置关系介于三种换乘关系之间的过渡形式的情况,设计中可视其接近于哪种位置关系,对其换乘关系进行定义即可。车站的基本站型包括岛式和侧式,节点换乘每种形式都有不同的组合,如 T 形岛岛换乘、T 形岛侧换乘、T 形侧侧换乘等。现阶段岛式车站较为普遍,研究过程中主要以岛式车站为研究对象,侧式车站可参考岛式车站的空间组合形式。

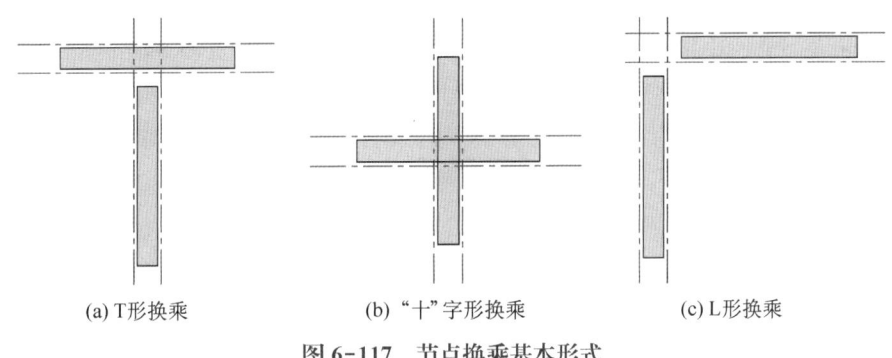

(a) T 形换乘　　　　(b) "十"字形换乘　　　　(c) L 形换乘

图 6-117　节点换乘基本形式

1. 节点换乘形式选择

节点换乘是较为常见的换乘形式,不同的节点换乘形式对于客流的适应性差别较大。由于换乘车站体形庞大,因此不同的换乘形式对于所适应的不同边界条件也有较大差异。同时,很多换乘车站需要预留远期的实施条件,而不同的节点换乘形式对于工程预留条件也有很大差异。在实际应用过程中,应充分考虑客流特征、边界条件、建设规划时序等因素,合理选择换乘形式。

1) 从客流特征角度分析节点换乘方案的选择问题

不同的客流特征适应不同的换乘形式,换乘车站的客流包括换进客流、换出客流、进站客流和出站客流。大部分换乘车站以换乘客流为主,也有少部分换乘车站以进出站客流为主。同时,不同的换乘车站其整体客流量级差别较大,其中超大客流换乘车站的客流组织矛盾尤为突出。有些车站早晚高峰的客流以单方向为主,例如切向线路与径向线路之间的换乘,早高峰时,大部分客流从切向线路换向径向线路,晚高峰时,大部分客流从径向线路换向切向线路。

由于 T 形换乘车站的换乘节点分别位于两线站台的中间和端部,因此使其兼具换乘的便捷性和缓冲性,方便引导单向换乘模式,能够适应大客流换乘及早晚高峰时段的单向换乘,对于路口四个象限的客流兼容性也较好。所以,在没有特殊条件的情况下,T 形换乘一般是节点换乘的首选方案。

"十"字形换乘是节点换乘方案中换乘最便捷的方案,对于路口四个象限的客流兼顾性也最好,但容易带来换乘节点的拥堵,不适用于换乘客流量较大的车站。同时,由于换乘节点位于中部,对车站垂直提升能力的影响较大,导致车站的整体服务水平不高,所以在设计中慎用"十"字形换乘,仅在换乘客流量较小、整体客流量不大的情况下采用。

L形换乘形式两线站台的形心位置距离最大,这种换乘形式也是几种节点换乘形式中便捷性较差的,平均换乘距离较大,但首尾相接的站厅和站台提供了足够大的缓冲空间。另外,端部换乘楼梯的使用不便促使大部分换乘客流通过站厅进行换乘。L形换乘更适用于超大换乘客流需求。在路口出现客流不均衡的情况下,如某一个象限有体育中心、会展、大型商务中心等重要客流吸引点的时候,L形换乘可将车站主体偏于主客流方向,以适应客流吸引的需求。

2) 从工程可实施性角度分析节点换乘方案的选择问题

从工程可实施性角度来看,换乘车站的体量较大,很多单线能够避让的边界条件对于节点换乘车站来说却很难避让。特别是"十"字形换乘车站,通常设置在十字路口,加上换乘节点四周需要局部拓宽,对于道路交通和管线的影响巨大,如果四周没有足够宽的交通疏解和管线搬迁空间,很难有实施条件,同时四个象限都需要设置车站的附属设施,拆迁影响也较大。

对于T形换乘而言,一般T形的"一横"会出现跨路情况,可以考虑靠近一边路侧设置,T形的"一竖"设在路侧,这样只有T形的"一横"跨路。对于单线跨路,可以考虑倒边施工来解决交通管线问题。

对于L形换乘而言,其躲避边界条件的能力最强。如果四个象限只有一个象限有空间可以实施车站的附属,L形换乘车站两线的主体可以向这个象限靠近,既避让了道路上的交通管线,也解决了附属的设置问题,其余三个象限可根据实施条件,采用顶管方案设置过街出入口。

3) 从建设时序角度分析节点换乘形式和节点预留问题

根据不同城市在地铁建设过程中总结出来的经验得到,地铁的建设时序对换乘形式的影响如下:

(1) 处于同一轮建设规划周期的两条线路应考虑同步设计、同步实施,在综合了客流特征、线路条件、边界条件、周边规划等的情况下,按最理想方案同步设计两线的换乘方案。

(2) 不在同一轮建设规划周期的两条线路,在后续线路方案稳定的情况下,应考虑预留换乘节点,待后续工程实施完成后可实现节点换乘目标。其中,T形换乘方案和L形换乘方案更加适合预留换乘节点,工程界面切分方便。

(3) 不在同一轮建设规划周期的两条线路,在后续线路方案和路由不稳定的情况下,不考虑实施换乘节点,近期车站预留穿越条件,后续通过通道实现换乘功能。

2. T形换乘

T形换乘具有一定的便捷性,能够适应大客流和单向换乘的需求,对周边客流的兼顾性也较好,所以,T形换乘是现阶段各城市地铁换乘车站中最常用的节点换乘形式。A、B两线的有效站台形成T形空间关系,换乘节点位于A线有效站台的中部,位于B线有效站台的端部,A线为T形中的"一横",B线为T形中的"一竖"。

1) T形换乘车站的竖向关系

一般,T形换乘车站的地下一层为站厅层,地下二层和地下三层分别为两条线的站台层。

在不考虑外部制约条件的情况下,把"一横"作为地下二层车站、把"一竖"作为地下三层车站的这种空间关系是最合理的。

从服务角度进行分析,一般情况下认为楼梯作为下行垂直交通设施,其服务水平是可接受的,作为"一横"的A线其换乘节点位于有效站台中部,大部分乘客能够就近走向换乘楼梯,方便引导客流通过T形换乘楼梯换乘至"一竖"的B线站台。而B线站台的乘客想要换乘至A线站台,走换乘楼梯就需要上行,且B线站台的换乘楼梯位于有效站台端部,大部分乘客想要到达B线站台的换乘楼梯是不方便的;同时,在大客流情况下,也应避免乘客长距离从侧站台穿行至有效站台端部,只有少部分在站台端部换乘节点附近下车的B线站台乘客会使用换乘楼梯。在这种情况下,应该采用导向标志引导B线站台乘客通过自动扶梯上升至站厅层,再通过站厅层下至A线站台层,自然形成一个单向换乘方案。不论从客流组织还是服务水平来看,这都是比较理想的状态。

反之,如果A线站台位于地下三层,B线站台位于地下二层,那么,A线站台上的大部分乘客都能够方便到达换乘楼梯,但其换乘需要上行才能实现;B线的换乘楼梯在端部,但由于是下行,便会有很多乘客为了缩短换乘距离奔向换乘节点,造成长距离的侧站台穿行,给站台带来压力,也给换乘楼梯带来客流的对冲。

以上是从客流组织角度得到的分析结果,接下来分析公共区布置的情况。当采用标准布置形式即T字"一横"的A线站台位于地下二层、"一竖"的B线站台位于地下三层时,A线厅台之间提升高度不大,楼扶梯在站台布置均匀合理,站厅层楼扶梯之间空间开阔;B线站台位于地下三层,其提升高度较大,楼扶梯朝向A线方向顺向布置,到达站厅层时,两线距离进一步拉近,也缩短了B线的公共区长度。反之,当A线站台在下、B线站台在上时,A线站台的厅台之间提升高度较大,为了空出换乘节点,楼扶梯只能采用"八"字形布置,站厅楼扶梯相对位置较近,站厅公共区空间局促,站台层楼扶梯由于提升高度过大,造成楼扶梯被顶至站台端部,对客流服务较为不利;而B线由于提升高度较小,楼扶梯竖向布置提升至站厅后与A线的公共区距离远,楼扶梯没有长距离向前延伸,造成B线公共区过长;总体形成A线公共区过短、B线公共区过长的情况,造成整体空间上的不协调。

通过上述客流组织和公共区布局分析得出,两层车站作为T形的"一横"、三层车站作为T形的"一竖"的正T形换乘方案的功能是比较合理的,具体哪条线设计为两层或三层,需根据区间埋深和深穿障碍物情况及配线情况来确定。同时,T形换乘车站选取两条线的层间关系还应考虑客流特征,尤其是早晚高峰潮汐性较强的车站。一般情况下,早高峰的客流比较集中,晚高峰的客流相对分散,三层车站楼扶梯顺向布置,垂直提升能力强,方便疏导客流进入站厅进行换乘,适合早高峰以换出客流为主的线路;反之,两层车站早高峰以换出客流为主,则换乘客流从两层车站中部的换乘楼梯集中冲击三层车站的端部,这样很容易造成客流拥堵。

2) T形换乘车站的楼扶梯布置

T形换乘车站楼扶梯的布置应适应换乘客流的需求,对于T形换乘车站的"一竖"而言,其楼扶梯的布局宜顺向布置,开口朝向换乘方向(图6-118);对于T形换乘的"一横"而言,一般采用"八"字形布置,根据列车编组情况考虑不同的楼扶梯组数。"一竖"的站台端部中心正对着"一横"的站台长度中心点。斜T形换乘同样是以形心位置来确定两线站台关系。

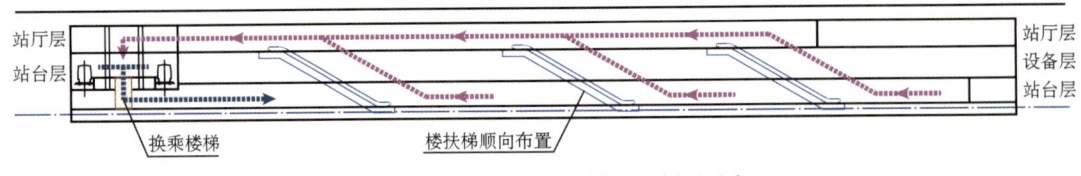

图 6-118　T 形换乘楼扶梯布局剖面示意

当侧式站台与岛式站台共同组合成 T 形换乘车站且相对位置关系不受边界条件控制时，一般考虑侧式站台设置在地下二层，作为 T 形的"一横"，岛式站台设置在地下三层。根据前文分析，两层车站有效站台中部的换乘楼梯利用率较高，侧式站台向下层换出的客流不用选择方向，更容易组织客流，同时考虑到侧式车站相对来说面积较大，设置于地下三层的话，工程量也较大。从客流引导和工程量两个方面来看，都倾向于将侧式车站作为地下二层车站进行设计，同时现阶段侧式车站经常会作为配线车站使用，所以更不适合设置在地下三层。当两个侧式车站组合成 T 形换乘形式时，不建议设置节点换乘楼梯，由于换乘方向较为复杂，辨识难度大，容易造成换乘节点处的客流拥堵。

一般 T 形换乘车站，两线站台分别设置垂直电梯，无障碍换乘路径先上后下。设计中也可以考虑地下三层站台局部压缩换乘楼梯宽度，留出垂直电梯的通路；或在 T 形楼梯的后部设置垂直电梯，也可以实现垂直电梯换乘的目的，甚至也可以考虑设置两台垂直电梯。

公共区楼扶梯的宽度应按照客流特征和服务特征进行设计，换乘车站一般采用两扶夹一楼的形式。其中，两层车站的楼扶梯一般按"八"字形布置，楼扶梯组数偏少，楼梯宽度应按照 2.4 m 以上的双向楼梯进行设计，同时，两层车站的楼梯使用频率较高，加宽楼梯能有效提升垂直交通设施的服务水平；三层车站采用三组楼扶梯顺向布置，提升能力强，服务水平较高，所以，其两扶梯之间的楼梯可以按照 1.8 m 单向楼梯设计，通过压缩楼梯宽度来增加侧站台宽度，同时也方便两层车站通过换乘楼梯下来的客流从侧站台穿行，从而缓解换乘节点的客流拥堵情况。

当不同车型进行 T 形换乘组合时，T 字的"一横"和"一竖"公共区的楼扶梯布局应分别按照上述方案独立考虑，且均以实现方便换乘、提升公共区的垂直交通设施能力和人性化服务水平为设计目标。

3）T 形换乘车站的空间组合

T 形换乘的空间组合可以理解为一个两层标准站型和一个三层楼扶梯顺向布置站型的组合体，两个站型之间通过公共区和换乘楼梯连接在一起。作为 T 形换乘中"一横"的两层车站，其空间布局可结合建设环境条件选择标准型、外挂型等形式；变电所落位根据不同站型选择设置在站台层或外挂空间，环控专业布局也是标准站型布局，设备核心功能区布置在车站设备集中端。

三层楼扶梯顺向布置站型根据建设环境可选择两端出新排风形式（图 6-119），也可以选择中间集中出新排风形式（图 6-120）。当没有特殊控制因素时，一般优先选择两端出风形式，这样服务更加均衡，也避免了送风竖井对公共区的影响。同时，三层车站部分还需要选择端头井是否从两层车站主体"出头"，若端头井"出头"，会给交通和管线带来影响，因此，一般只有当两线相交处活塞风井没有落位空间时才会考虑采用。三层车站部分的变电所一般落位在设备层空间,车站核心功能区布置在公共区远端,当站厅层空间不足时,可将部分设备管理用房调整至设备层。

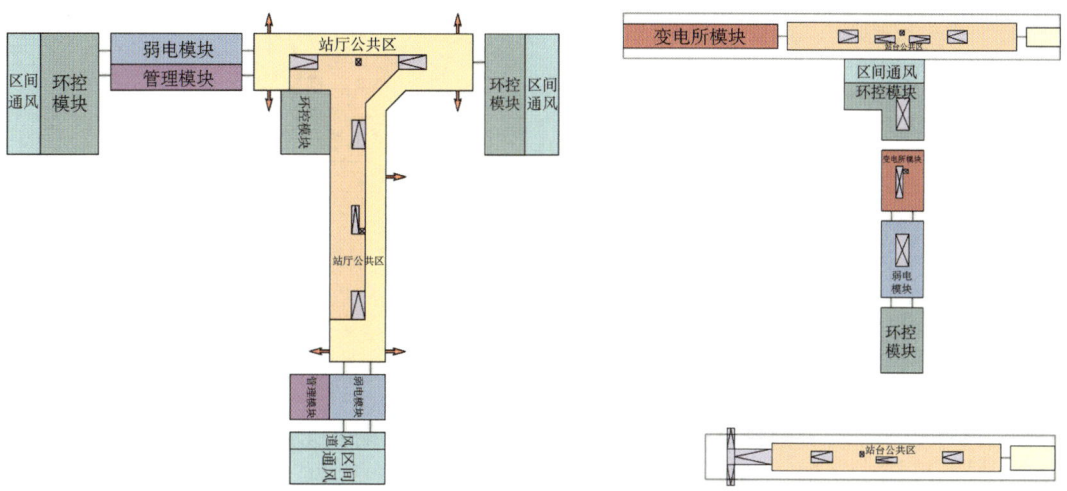

图 6-119　T 形换乘车站平面布局(三层站两端出风)

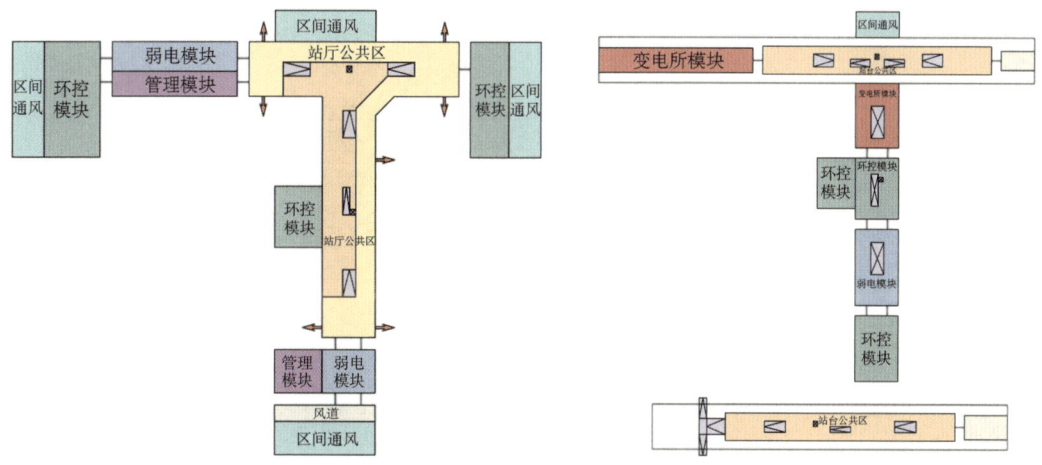

图 6-120　T 形换乘车站平面布局(三层站中间出风)

3. 十字形换乘

十字形换乘方案是 A、B 两线有效站台投影线十字相交的一种站台形式。6B 车型两线比较理想的位置关系是两个有效站台的形心相对应。两线之间的换乘楼梯也设置在两个站台中间位置;6B 车型的车站公共区楼扶梯采用两组正"八"字形布置,如图 6-121、图 6-122 所示;8A 车型的车站采用四组楼扶梯双"八"字形布置。从前文可知,6A 车型换乘车站宜采用三组楼扶梯布局,且三组楼扶梯布局为非对称的布局形式,其站台的换乘楼梯位置需要进行调整,导致 6A 车型的车站需要相对另一条线的中心位置适当偏心。经过平面分析,一般情况下,采用偏心一跨的形式就可以实现三组楼扶梯的功能布局,且不影响换乘楼梯的布置。

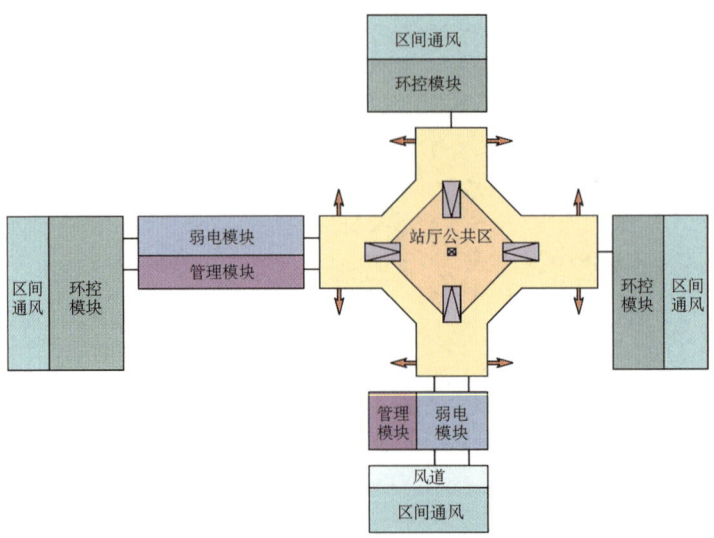

图 6-121　6B 车型"十"字形换乘方案站厅平面布局

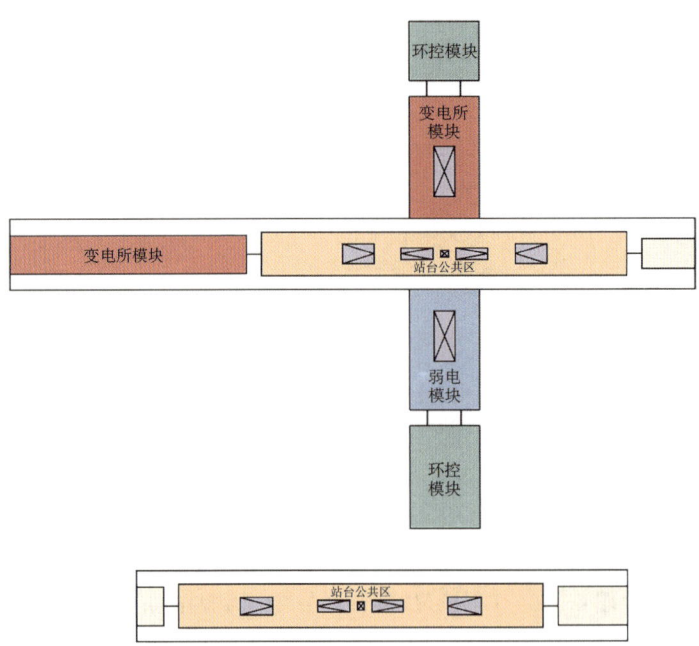

图 6-122　6B 车型"十"字形换乘方案站台平面布局

不同车型组合的换乘车站,各线遵从各自的逻辑规律,组合成十字换乘关系,其站厅层公共区集中在两线站厅的中部位置,该站厅层空间较为集中,但客流关系较为复杂,须处理好"十"字形换乘车站的站厅层客流组织关系,两线接口处应局部外扩,满足非付费区的客流集散功能和过街功能。

6B 车型的"十"字形换乘车站,其垂直提升能力受到换乘楼梯布置影响,两线都只能设置两组楼扶梯,提升能力较差。设计中,应将两线公共区两扶梯之间的楼梯都设计为 2.4 m 的双向楼梯,从而解决提升能力问题。6A 车型的"十"字形换乘车站可按照偏心十字相交的形式设置三组楼扶梯,如图 6-123、图 6-124 所示。

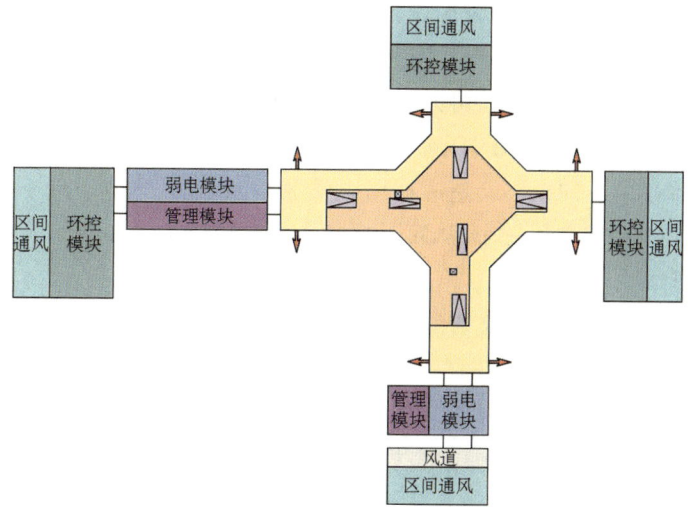

图 6-123　6A 车型"十"字形换乘方案站厅平面布局

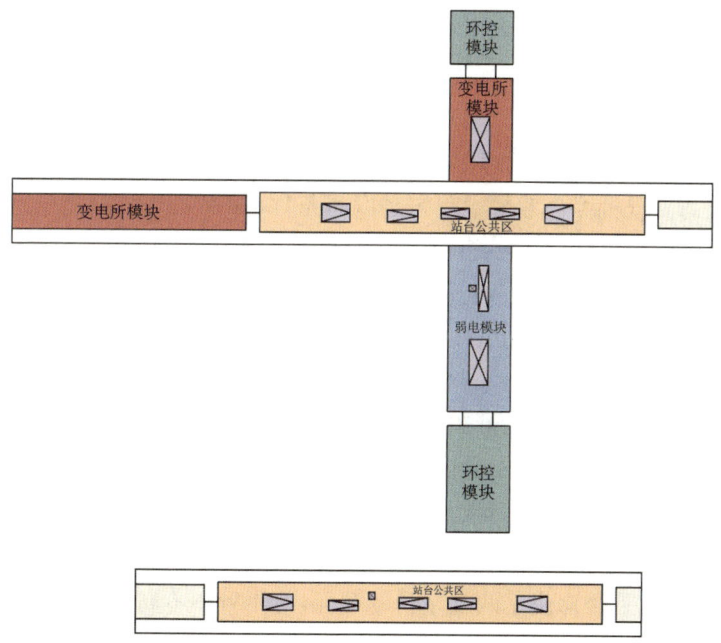

图 6-124　6A 车型"十"字形换乘方案站台平面布局

"十"字形换乘站型是一个两层标准站型和一个三层标准站型的组合,站厅层公共区空间根据换乘需要局部外扩形成"十"字形换乘空间。两层车站部分的相关功能落位基本参考标准站型布置,变电所落位在站台层空间或者外挂空间,环控功能空间设置在车站两端,核心功能区与变电所集中设置在一端。三层车站的设备层被两层车站轨行区一分为二,通风功能一般只能采用两端布置形式;站厅层一端为环控功能模块,其设备层对应布置变电所模块，另一端为部分核心功能区和部分环控功能模块，对应设备层布置剩余的核心功能区用房和环控功能用房。

侧式车站与岛式车站组合的换乘形式，如果不受其他因素控制，宜将侧式车站设置于地下二层，这样有利于控制车站规模。同时，由于乘客上、下行的行进速度不同以及上、下行的人员数量也不同，因此，若侧式车站在上，可以减少下行换乘人员的辨识难度，上行换乘的乘客可以在地下三层的岛式站台选择行进方向，地下三层车站楼扶梯更加靠近站台端部，站台中部空间较为开阔，在此选择换乘方向也不会造成拥堵。反之，若岛式车站位于地下二层，其换乘节点占用较大空间，换乘楼梯前空间较小，从而影响换乘功能。

4. L形换乘车站

L形换乘车站由A、B两线有效站台首尾相接组成，站台端部设置L形换乘楼梯。从空间关系来看，两线之间仅在站台端部相连，换乘距离在所有节点换乘形式中是最远的。当L形换乘车站受到边界条件控制时，站台投影端部也可以叠在一起布置，但换乘节点两侧都有乘客上下车，这不利于换乘节点处的客流组织，因此只在车站主体长度受控、换乘客流不大的情况下可以采用。

L形换乘车站的楼扶梯均应考虑顺向布置，朝向换乘客流的方向，如果没有特殊原因，应将车站的环控机房设置在两线围合的夹角空间，使公共区完全打通，形成比较通透的换乘空间。一般情况下，楼扶梯顺向布置能实现每线3~4组扶梯的布局，垂直交通设施能力强；同时，可适当压缩楼梯宽度，给侧站台宽度提供空间。

1）L形换乘车站的竖向关系

L形换乘车站的站台分别位于地下二层和地下三层，至于选择哪条线位于地下二层，哪条线位于地下三层，需要进行综合考虑。首先是区间条件，如果某条线路有下穿障碍物的需求，自然优先考虑轨面标高被区间线路压下去的一条线作为地下三层站台；其次是配线情况，哪条线路有配线，则优先作为地下二层站台，从而可以大幅度压缩车站规模；如果两条线路都有配线，则选择配线相对较长的那条线路作为地下二层站台。

相较于T形换乘车站，L形换乘车站选择上下关系相对来说比较简单，主要考虑线路条件和配线情况，当然，也需要兼顾车站附属设施的落位、交通管线和征地拆迁等问题。附属的落位对层间关系有较大影响，三层车站的附属设施布置相对更加灵活，通过设备层辗转调整空间较大，可选择布置在外部环境较差的环境里。

2）L形换乘车站的换乘楼梯

L形换乘车站的换乘楼梯位于两线站台的端部，使用频率不高，在车站中柱范围内设置换乘楼梯即可，不需要考虑局部拓宽。同时，应注意换乘节点处的疏散距离是否满足要求：当下层防火卷帘落下后，卷帘以内为下层公共区，楼扶梯的疏散距离应覆盖该区域；卷帘以外的楼梯空间算作上层空间，其楼梯上的任意一点到达厅台之间的楼梯口间距也应满足疏散距离要求。如果换乘客流量较小，甚至可以考虑在换乘节点处增加垂直电梯，以压缩换乘楼梯宽度，实现无障碍电梯换乘的目的。

3）L形换乘车站建筑空间组合

L形换乘车站由标准两层车站和标准三层车站端部相接组成。两层车站的远端部分作为设备集中端,变电所布置在站台层,对应的站厅层布置核心功能区和环控功能区,或可以根据边界条件选择外挂站型。三层车站的远端布置部分核心功能区和部分环控功能区,对应设备层布置剩余的部分核心功能区和部分环控功能区,设备层其余空间则作为变电所空间。

L形换乘车站的设计难点在两线相交位置,站厅层空间需要将公共区贯通,不能设置设备管理用房。通常的做法是将两层车站部分适当加长,区间通风机房设置在换乘节点以外,避免过轨问题,但这种站型对道路交通和管线的影响均较大,且站台层空间无法被充分利用,如图6-125所示。

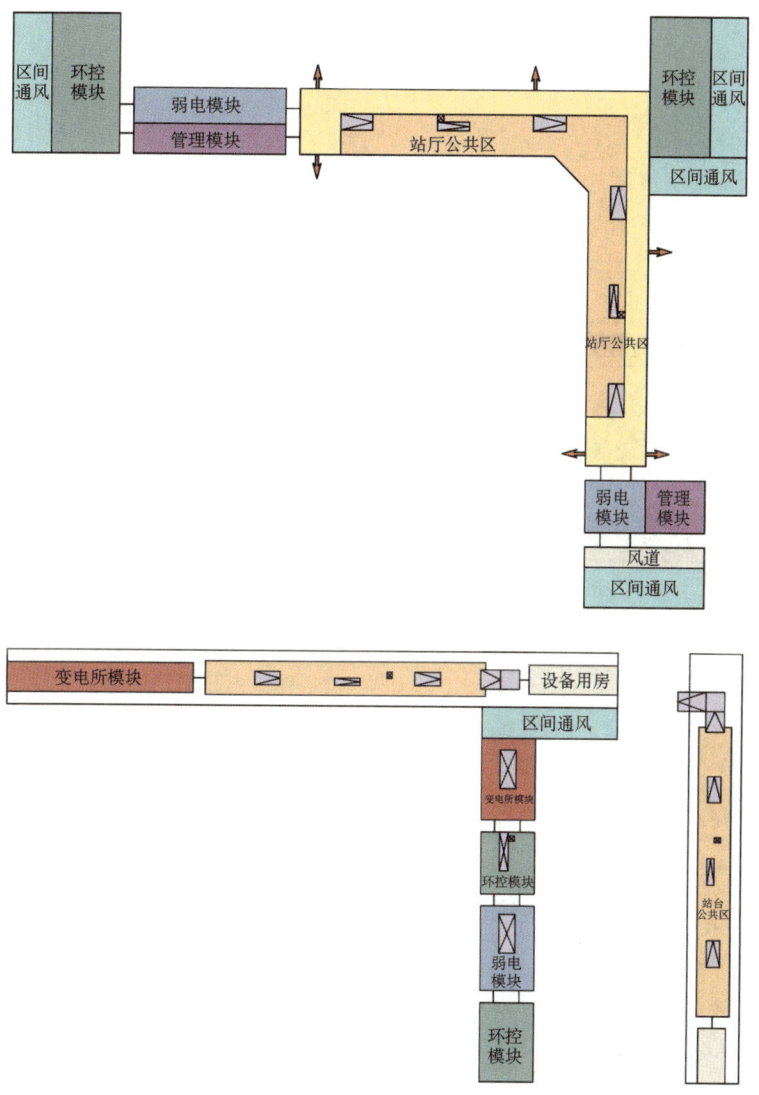

图6-125　L形换乘车站平面布局(方案一)

对三层车站的环控功能区和两层车站的环控功能区进行整合。两线相交处内侧布置环控功能区,外侧轮廓不再外凸,这种站型对交通管线的影响较小,甚至可以将车站靠近路口四个象限的某个象限;两线的非集中端都布置在换乘节点位置;公共区贯通后只能考虑采用外挂两线环控功能区的形式,且资源共享,将车站大部分的附属设施集中设置在一个地块,相对来说,征地拆迁的难度会大大降低。这种站型应注意两层车站活塞风道的过轨问题,如果车站位于路侧,则可以考虑设置上夹层的方式;如果车站位于路中,且没有条件设置上夹层,则可局部加长一点端头井,采用中板夹层过轨方式,如图 6-126 所示。

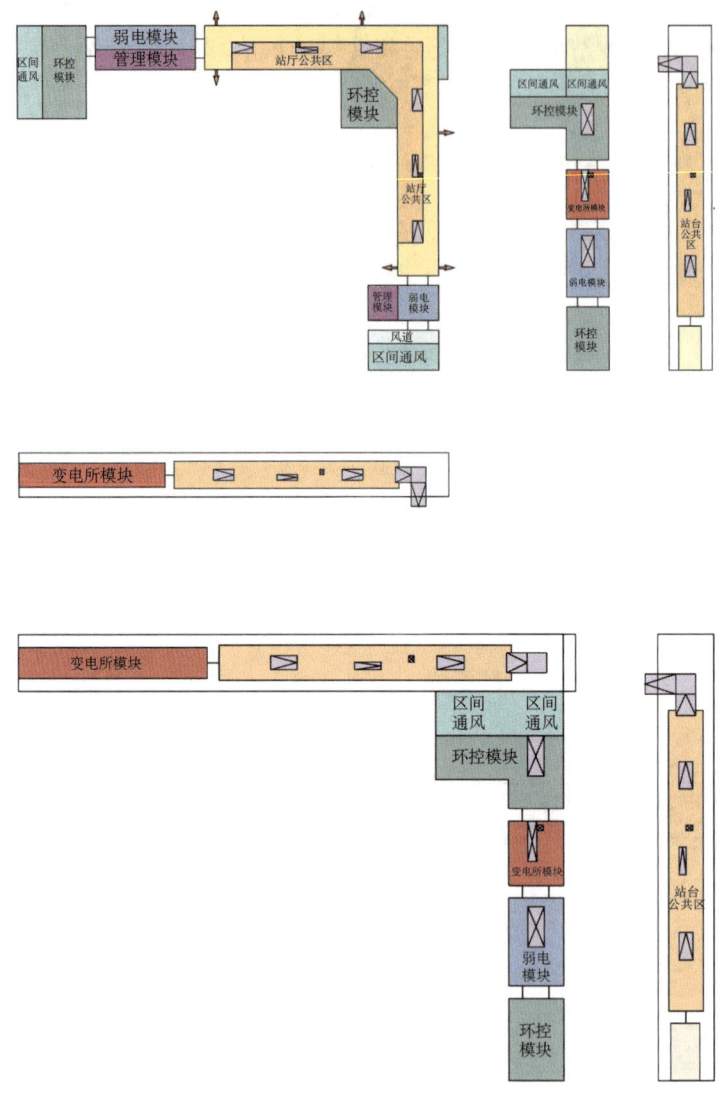

图 6-126　L 形换乘车站平面布局(方案二)

在特定的边界条件下,配线车站被区间控制必须设计为三层车站,与其节点换乘的无配线车站则被动地设计为两层车站。按照正常的设计思路,三层配线车站的空间无法被充分利用,两层车站布置设备用房需要外挂或者加长主体。但是,为了充分利用三层车站的主体建筑空间,可将两层车站的核心功能区与三层车站的核心功能区整合布置在三层车站配线上部空间,管理用房和风、水、电用房以及部分弱电用房可按照资源共享原则来布置;

两线的冷冻机房布置在三层车站站台上方的设备层空间，两线的降压变电所功能区也可集中布置在这个区域，以服务于车站的负荷中心——冷冻机房；另外，配线车站的站台层也可以布置部分变电所模块。三层配线车站 L 形换乘平面布局如图 6-127 所示。

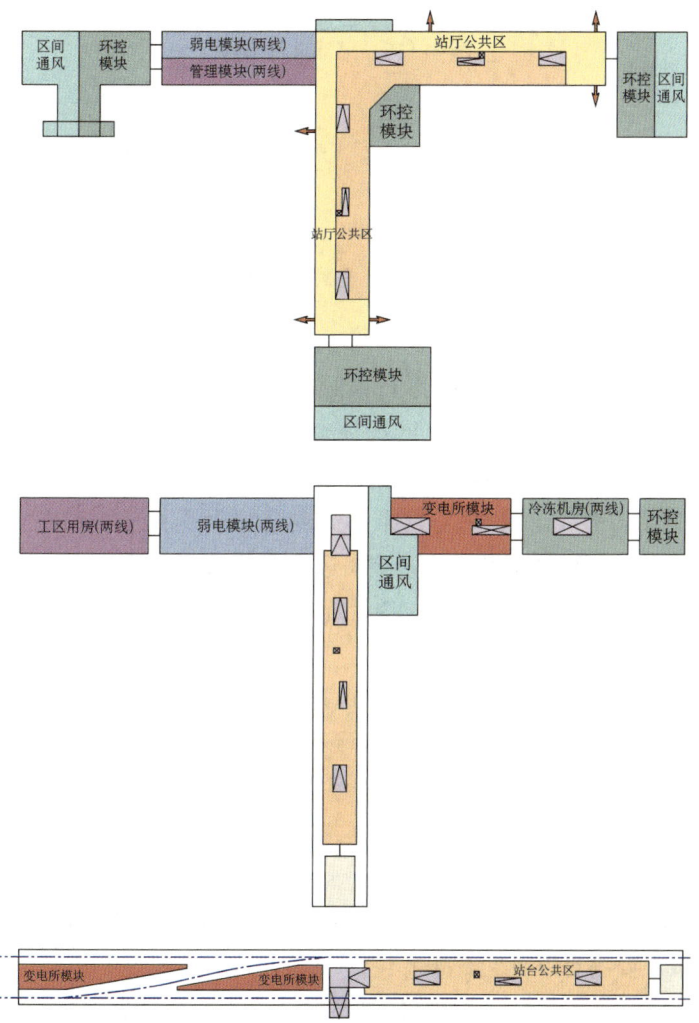

图 6-127　三层配线车站 L 形换乘平面布局

6.9.3　平行换乘

平行换乘是两线站台平行布置情况下的换乘形式。从线路的位置关系来说，平行换乘有两大类：一类是平铺平行换乘，包括岛侧同台换乘、平行双岛换乘，如图 6-128 所示；另一类是叠落平行换乘，包括叠侧同台换乘、上下叠岛换乘，如图 6-129 所示。

除此之外，平行换乘方案为了减小配线规模，也可以考虑采用一岛两侧平行换乘方案、侧式平行换乘方案等，在减小线间距的情况下，车站长度可以被大大缩短。但这两种换乘形式其自身的服务功能较差，因此不是主流方案，故不在此处进行详细分析。

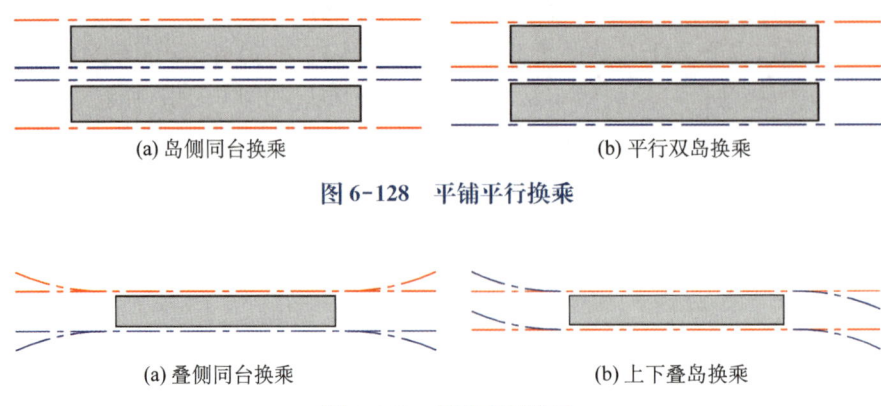

(a) 岛侧同台换乘　　　　　　　　(b) 平行双岛换乘

图 6-128　平铺平行换乘

(a) 叠侧同台换乘　　　　　　　　(b) 上下叠岛换乘

图 6-129　叠落平行换乘

1. 平行换乘形式的选择

平行换乘是比较常见的换乘形式,平行换乘车站一般同步实施。平行换乘形式对于客流的适应性差别较大,需要根据客流特征选择合理的换乘形式;平铺平行换乘和叠落平行换乘的主体宽度差别较大,平行换乘形式的选择还要考虑受边界条件的影响;多数平行换乘形式会有区间交叉的情况出现,平行换乘形式的选择会受控于线路条件;同时,联络线的设置对平行换乘形式的影响也较大,换乘形式选择也需要考虑联络线的影响。在实际应用过程中,应充分分析客流特征、边界条件、线路情况、联络线等影响因素,最终合理选择换乘形式。

1)从客流特征角度分析平行换乘形式的选择问题

从换乘方式来看,平行换乘可以分为同台平行换乘和非同台平行换乘。同台平行换乘包括岛侧同台换乘和叠侧同台换乘,非同站台平行换乘包括平行双岛换乘和上下叠岛换乘。同台换乘能够实现从站台的一侧走向另一侧的便捷换乘功能,但是不能实现四个方向都同台换乘,总有部分乘客需要通过站厅层转换至目标站台;同时,因为便捷的换乘形式给予乘客的辨识距离较短,在选择站台的过程中容易造成乘客的迟滞和拥堵。所以,从客流特征角度分析,选择同台平行换乘需要满足以下两个条件:

(1)客流特征应以通勤客流为主,乘客熟悉换乘方式和换乘路线,在对外交通枢纽、旅游景点等陌生客流较多的平行换乘车站应慎用同台换乘形式。

(2)在高峰时段,尤其是早高峰时段,通过合理配对之后,能够实现 75% 以上的换乘客流在同站台换乘时,较为适合采用同台换乘形式。如果四个方向的换乘客流量较为均衡,则应慎用同台换乘形式。

2)从工程可实施性角度分析平行换乘形式的选择问题

从站台空间关系来看,平行换乘车站包括平铺平行换乘和叠落平行换乘。当两个站台平铺布置时,换乘车站主体宽度达到 40 m 以上,施工围挡宽度则在 50 m 以上,对道路交通和管线的影响极大。当两个站台叠落布置时,换乘车站主体宽度约 20 m 左右,与普通车站相近,主体施工期间对道路交通和管线的影响较小。

所以,在选择换乘形式时,须充分考虑工程的可实施性。一般在道路较宽、道路两侧绿化带有足够的交通和管线疏解空间时,可采用平铺平行换乘方案;当道路路幅宽度较小、周边建筑退界也很少、交通疏解和管线搬迁难度大时,应考虑采用叠落平行换乘方案。

3) 从线路条件情况分析平行换乘形式的选择问题

平行换乘的两线线路关系有两种:一种是两线相交,另一种是两线相切,如图6-130所示。

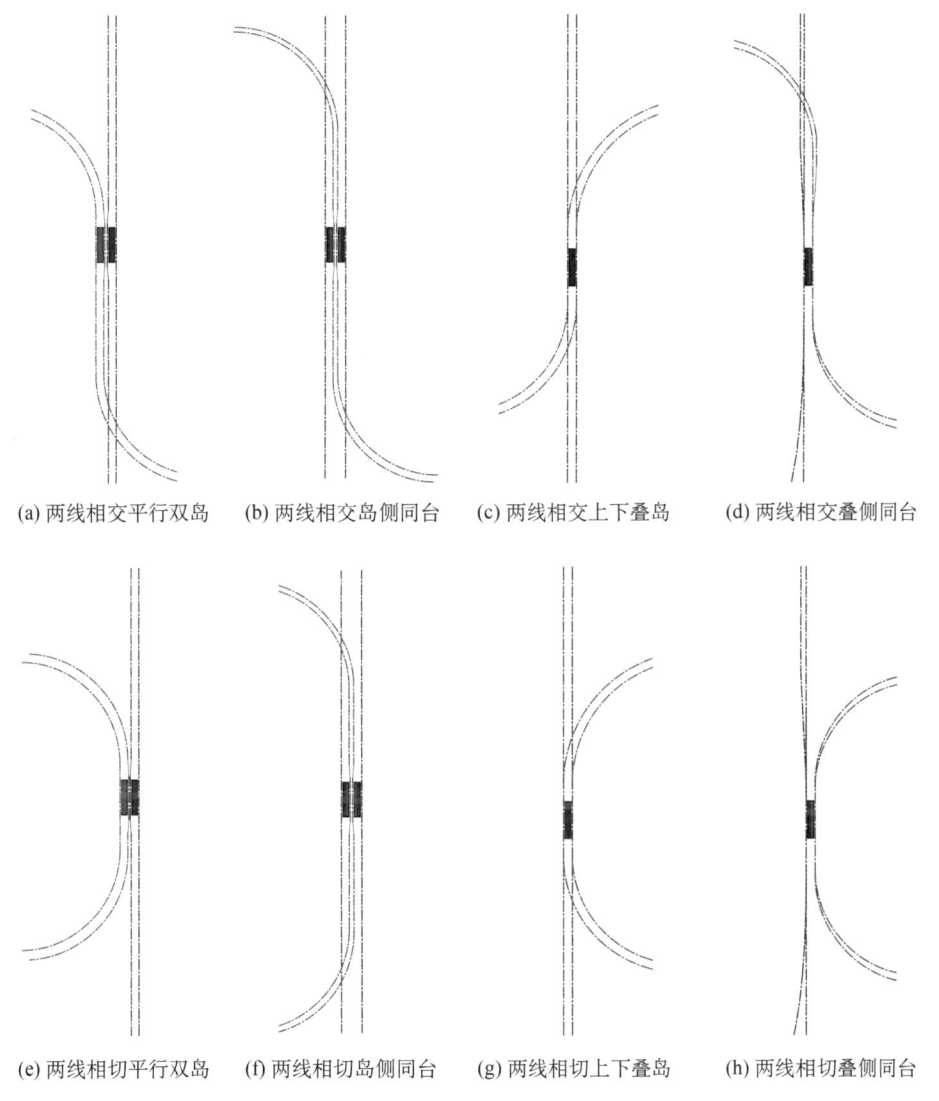

图 6-130 平行换乘线路关系示意

当两线相交时:平行双岛换乘车站的两线仅需在站前或站后相交一次,两线需要的平行段不长,且交点可以选择在站前或站后,线路布局相对灵活;岛侧同台换乘车站的两线在站前和站后都需要相交一次,线路所需的平行段较长,对线路要求高,经常会出现区间下穿障碍物或地块的情况;上下叠岛换乘车站的线路在两端都不需要相交,需要的平行段最短,布置也最灵活;叠侧同台换乘车站需要线路在一端相交,对平行段的长度要求不高,同样可以选择站前相交或站后相交,布局相对灵活。

当两线相切时:平行双岛换乘车站的两线没有交叉,该方案对线路要求不高,布置灵活;岛侧同台换乘车站的两线需要两端相交,且所需平行段较长,对线路要求高;上下叠岛换乘车站和叠侧同台换乘车站的两线都不需要相交,对线路要求不高。

从以上分析可知,不同的换乘形式对于线路条件的要求也不同,多数情况下,不能过于强求某种换乘形式,为了实现换乘的便捷也可能会带来区间下穿地块、线路绕行距离远等问题。工程的可实施性和运营成本对于换乘形式的选择也是一个需要考虑的重要因素。

4) 从联络线设置情况分析平行换乘形式的选择问题

相较于节点换乘车站,平行换乘车站的联络线设置较为方便,基本上采用单渡线就可以实现两线之间的联络,但不同形式的代价差别较大。岛侧同台换乘时,两线之间的线路间距较大,单渡线需要占用较大空间;平行双岛换乘时,中间两线之间的间距较小,单渡线占用空间较小,几乎不会带来土建规模的增加;上下叠岛换乘时,实现两线之间的联络需要侧边联系上、下行两线,由于高差较大,联络线较长,对车站宽度影响较大,代价相对较大;叠侧同台换乘时,上、下两根单渡线可以实现两线之间的联络,相较于上下叠岛的联络线更容易实施。在综合考虑换乘形式时,联络线形式影响着车站的整体规模,进而也影响车站换乘方式的选择。

连续两站的叠侧同台换乘(图6-131)和上下叠岛换乘(图6-132)可以从正线中部出岔,推盾构至下一个车站的中间出岔位置,既可以作为两线的联络线,也可以作为两线的停车线,从而极大地优化了两个车站的整体土建规模,并具有较好的停车功能。

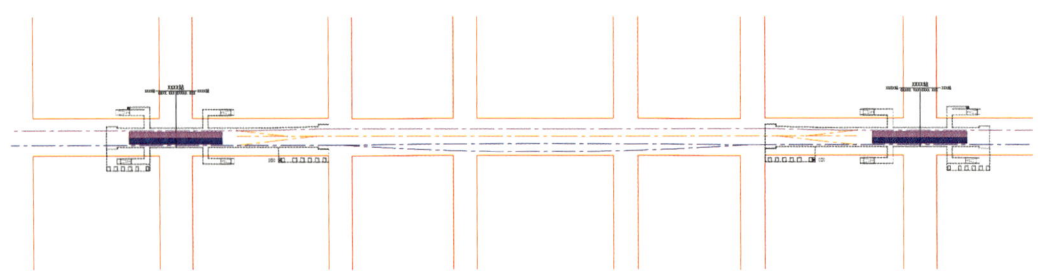

图6-131 叠侧同台换乘(设置联络线)两站一区间方案

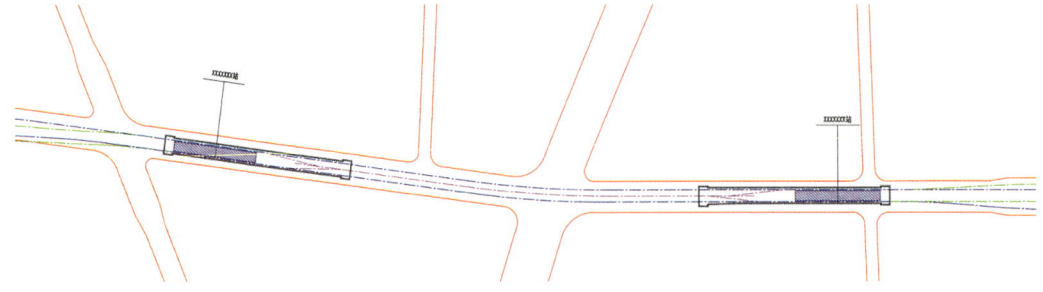

图6-132 上下叠岛换乘(设置联络线)两站一区间方案

2. 岛侧同台换乘

岛侧同台换乘形式可使部分乘客实现同台换乘。岛侧同台换乘的线路布局如图 6-133 所示，其中 A 线的左、右线邻近布置，乘客从两侧下车，采用侧式运营模式；B 线的左、右线位于 A 线左、右线外侧，采用岛式运营模式；A 线与 B 线的轨行区之间夹着两个站台。A、B 两线之间可以通过两个岛式站台直接实现换乘，A 线为侧式运营模式，B 线为岛式运营模式，所以被称为岛侧同台换乘。

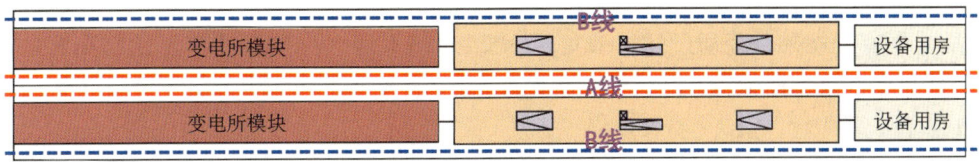

图 6-133　岛侧同台换乘站台布局

岛侧同台换乘的换乘距离是各种换乘方式中最短的，也是最为便捷的一种换乘形式，但这种换乘形式受到区间限制较多，必须留有足够的空间使两线可以交叉。为了实现交叉，对于车站埋深、联络通道的设置等都有较大的限制，需要线路专业密切配合才能实现。

另外，这种站型虽然换乘便捷，但其缺点也很明显，乘客下车后需要马上判断是走到同站台的对面换乘还是上至站厅层去另外一个站台进行换乘。这种换乘形式适用于顺向换乘客流占较大比例的情况，且换乘客流以通勤客流为主，乘客熟悉换乘方式才不会存在选择困难，避免出现在站台观望迟滞的情况。比如两条从郊区到市区的线路，短暂地在郊区平行相遇，而后奔向市中心的不同区位，早高峰的换乘客流大部分都顺向于市中心方向，可以选择岛侧同台换乘模式。而对于市中心的换乘车站，四个方向的换乘客流几乎均衡相等，商务客流和陌生客流较多，则不适合采用岛侧同台换乘方式；对于铁路枢纽站、对外旅游景点、商务会展等站点，由于陌生客流太多，方向选择困难，也不适用于岛侧同台换乘形式。

对于两线以上的多线换乘车站，也不适合采用岛侧同台换乘的方式。例如，一个三线换乘车站，其中两条线是岛侧同台换乘，另外一条线是通道换乘，换乘客流不同于进站客流，属于集中客流，当第三条线的两列车同时到达，集中换乘至岛侧同台换乘的两个车站，乘客到达楼梯口很难判断下到哪个站台能够到达换乘目标，这更容易出现乘客辨识困难、观望拥堵的情况。

连续两站都是岛侧同台换乘（图 6-134），线路在区间交叉换位一次，在两个车站内可以实现不同的换乘目标，以满足乘客不同的换乘方向需求，通过广播提前引导乘客在哪个车站进行换乘，这样就可以避免乘客在识别换乘目标时发生拥堵。连续两站平行换乘是比较理想的换乘形式。

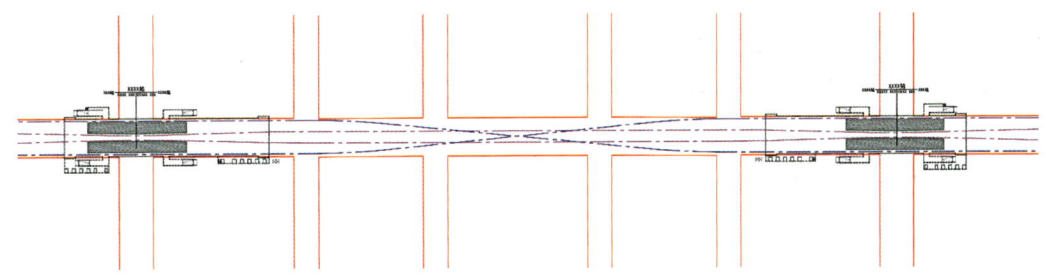

图 6-134　岛侧同台换乘两站一区间示意

3. 平行双岛换乘

平行双岛换乘的空间关系相对简单,两个岛式车站贴临布置,各走各的站台。这种换乘方式可以作为两条线路的换乘方案,也可以作为多条线路的平行换乘方案,虽然便捷性不强,但客流组织简单,换乘客流和出站客流均提升至站厅层来实现行为目标,共享站厅层形成统一的换乘大厅,有足够的缓冲空间,适用于四个方向客流均衡的大客流车站和多线换乘的枢纽车站。

平行双岛换乘的线路布局是 A 线的左、右线之间夹着一个站台,B 线的左、右线之间夹着一个站台,所有的换乘路径通过站厅来实现,可以理解为两个标准岛式车站贴临布置的形式,所以被称为平行双岛换乘,如图 6-135 所示。

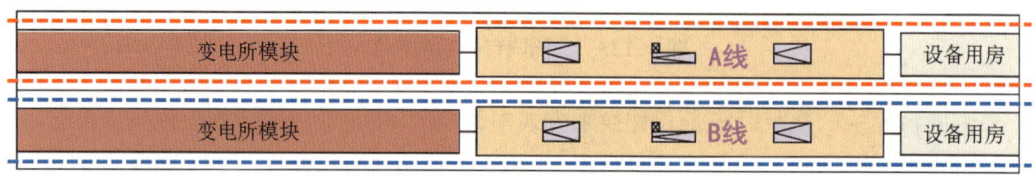

图 6-135 平行双岛换乘站台布局

这种换乘方式对于各种客流特征都有较强的适应性,同时可以避免或减少区间交叉,降低实施难度和工程风险。另外,平行双岛换乘方案可以实现分期实施的目标,当然对于同一轮建设规划周期里的项目而言,在方案稳定的前提下,还是优先考虑同步实施,可以压缩中间两线的线间距,大大节约工程规模。

4. 平铺平行换乘车站的建筑空间组合

岛侧同台换乘车站及平行双岛换乘车站都属于平铺平行换乘车站,这类站型的建筑空间组合在设计中应做好资源共享。资源共享程度取决于两线的建设周期,如果两线同步推进,应做到极大限度的资源共享,风、水、电等设备专业能共享也应尽量共享,管理用房必须统筹考虑,没有必要分线设置,与行车相关的系统专业也可根据系统功能需求进行调整。平铺平行换乘车站的两种站型基本相同,只是运营阶段的换乘形式和区间通风机房的布局会有所不同。

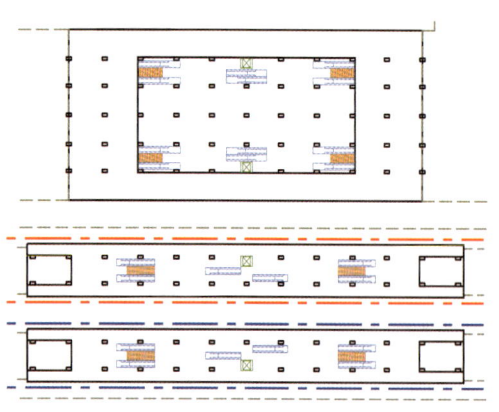

图 6-136 平行双岛换乘车站的楼扶梯布局

另外,在垂直交通设施的布局思路上,也有较大差异:平行双岛换乘车站应着重提升垂直交通设施能力,因为所有的换乘客流都是通过楼扶梯实现的,上、下行扶梯之间的楼梯宜按照 2.4 m 宽进行设计,楼扶梯的组数也应尽量多设,且扶梯数量尽量多,当换乘客流较大时,结合配线情况甚至需要考虑顺向布置(图 6-136、图 6-137);而岛侧同台换乘车站会有部分客流通过站台实现换乘,因此更应重视站台层的集散空间,同台换乘的客流瞬间到达,对侧站台宽度的要求较高,站台乘客站立密度宜按照规范上限 0.75 m^2/人取用,并以此计算侧站台宽度,其设计思路应该是压缩垂直交通设施的宽度、增加侧站台的宽度、控制楼扶梯组数、提升站台空间的通透性以及增加同台换乘的缓冲空间,如图 6-138 所示。

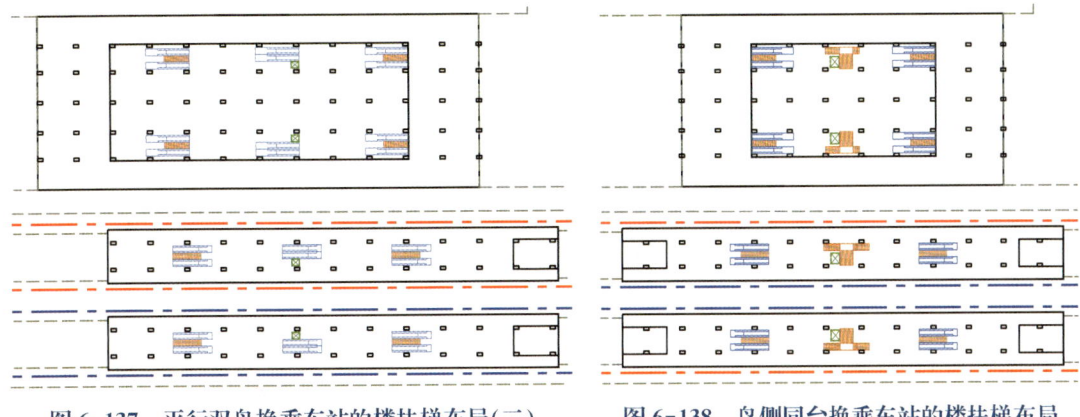

图 6-137　平行双岛换乘车站的楼扶梯布局(二)　　图 6-138　岛侧同台换乘车站的楼扶梯布局

这两种换乘车站建筑空间组合的思路可以借鉴标准车站:将车站的主要功能区集中在一端布置;核心功能区布置在集中端靠近公共区位置,两线的核心功能区可以考虑资源共享;两线的变电所功能设置在核心功能区对应的站台层;环控功能区设置在车站两端,区间通风机房分线考虑,环控机房宜按照两线资源共享方式设计,如图 6-139 所示。

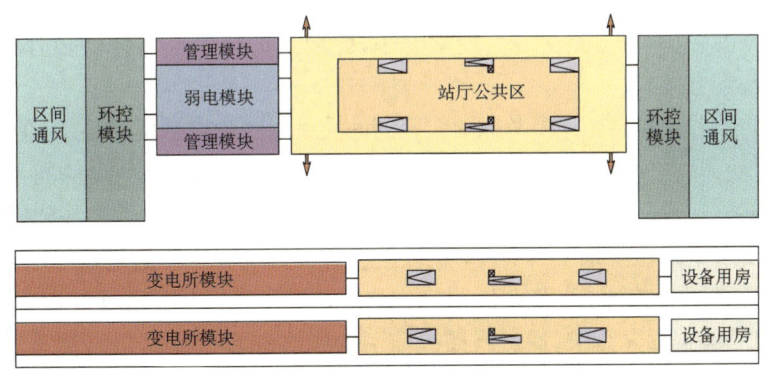

图 6-139　平铺平行换乘车站平面布局

5. 叠侧同台换乘

叠侧同台换乘车站的一条线路的左、右线上下重叠布置,另一条线路的左、右线也上下重叠布置,两线之间设置站台。这种布局形式可实现部分乘客下车之后直接走到本层站台对面就可以进行换乘的功能。

叠侧同台换乘的具体站台布局如图 6-140 所示,其中 A 线的左、右线叠落布置,B 线的左、右线也叠落布置,A 线的左线与 B 线的左线在上层夹着一个站台,A 线的右线与 B 线的右线在下层夹着一个站台,A、B 线之间可以通过上下两个岛式站台实现换乘。由于 A、B 线的左、右线都是叠落布置,对于单线来说,通常称为叠侧车站,对于换乘车站,则以叠侧同台换乘命名。

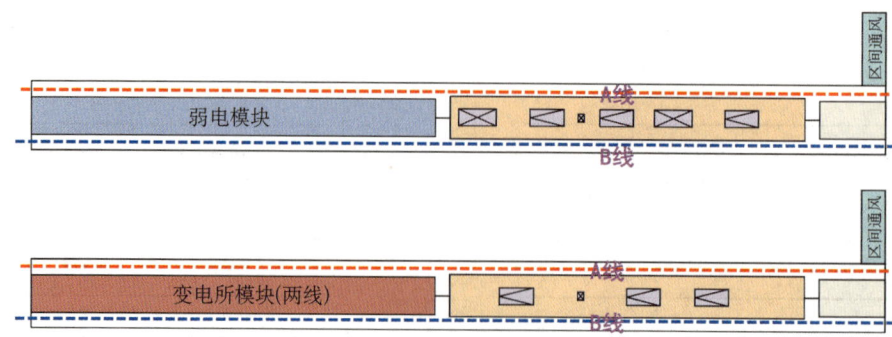

图 6-140 叠侧同台换乘站台布局

叠侧同台换乘的基本换乘功能与岛侧同台换乘较为相似，但其站厅层空间较为局促，地下二层的站台层也被地下三层的垂直交通空间严重切割，所以相对于岛侧同台换乘形式来说，其服务功能偏弱。为了提升客流集散能力，一般叠侧同台换乘车站的站台宽度较岛侧同台换乘车站的站台宽度应适当加宽，通过增加站台宽度，以提升单组楼扶梯的垂直交通能力，控制垂直交通组数，进而增加站台空间的客流集散能力；在考虑台到厅楼扶梯的同时，也要考虑台到台的楼扶梯，方便乘客选择换乘方向。考虑到地下二层站台的空间被垂直交通切割严重，换乘空间较为局促，在选择两线之间的换乘配对关系时，应将四种换乘组合中客流量最大的一对布置在地下三层。

虽然，叠侧同台换乘较岛侧同台换乘的功能性差，但在实际工程实施过程中，由于其具有车站主体整体宽度较小、对道路交通管线影响小、能减少拆迁量等优势，因此设计中也经常会选择叠侧同台换乘方案。

另外，叠侧同台换乘车站还需要考虑两线区间的交叉问题和自叠落问题，但在两线相切时，叠侧换乘车站可避免两线之间的区间交叉。叠侧同台换乘形式的适用性与岛侧同台换乘形式的相同，不宜应用于对外交通枢纽站、三线以上换乘车站以及市中心四个方向的换乘量较为均衡的车站。

叠侧同台换乘车站在换乘上有其便捷性，但仍有部分乘客需要通过站厅层进行换乘，如果连续两站都是叠侧同台换乘，线路在区间交叉换位一次，在两个车站可以实现不同的换乘目标，以满足不同的换乘方向需求，通过广播提前引导乘客在哪个车站进行换乘，这样就可以避免乘客在识别换乘目标时发生拥堵，可以克服一定的服务缺陷，如图 6-141 所示。

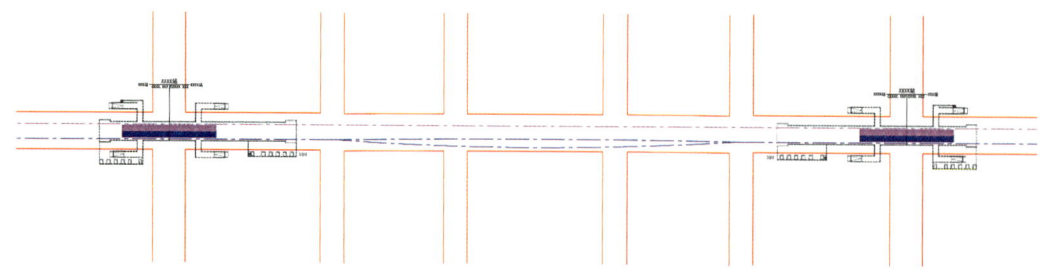

图 6-141 叠侧同台换乘两站一区间方案

6. 上下叠岛换乘

上下叠岛换乘车站一般设计为三层车站，地下一层为站厅层，地下二层为一条线路的左线和右线,地下三层为另外一条线路的左线和右线。两线站台各自独立,布置在不同的楼层,需要经过站厅层或通过地下二层与地下三层的楼扶梯进行换乘。相较于平行双岛换乘,上下叠岛换乘设置了台到台的换乘楼梯,减少换乘客流在站厅迂回的压力。换乘方案选择阶段在确定了平行换乘的前提下,车站施工空间不足时可选择这种站型,其客流组织方案也较为简单。该换乘方案可以通过台到台的楼扶梯进行换乘,也可以通过站厅层进行换乘,不会出现站台集散空间不足的问题,所以一般情况下不用特意增加站台宽度,但应重视垂直交通能力的提升。

叠岛换乘的具体站台布局如图 6-142 所示,其中 A 线的左、右线夹着一个站台在上层,B 线的左、右线夹着一个站台在下层,两线之间各自站台独立设置,换乘需要通过站厅层或台到台的楼扶梯实现。因为上、下两个岛重叠起来,所以被称为叠岛换乘。

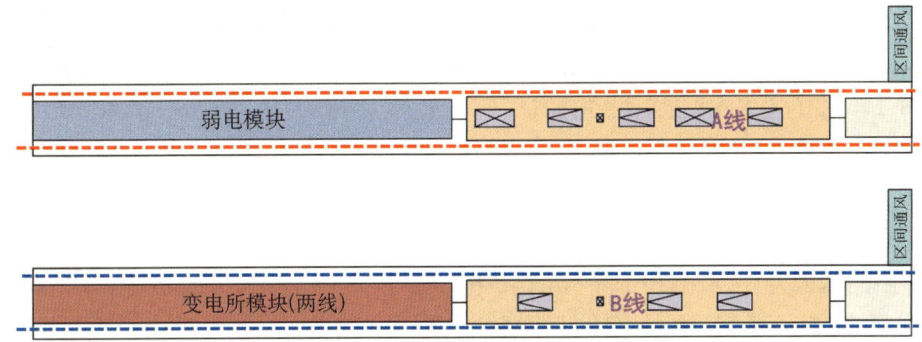

图 6-142　上下叠岛换乘站台布局

7. 叠落平行换乘车站的建筑空间组合

叠侧同台换乘和上下叠岛换乘都属于叠落平行换乘,这类站型的建筑空间组合在设计中同样需要做好资源共享。这种站型只能两线同步实施,故应极大限度地实现资源共享,车站的风、水、电专业应尽量共享,管理用房应统筹考虑,与行车相关的系统专业可根据系统功能需求进行整合布置。

这类站型的车站都不具备远期线路预留条件,土建工程必须同步实施到位,所以对远期线路的方案稳定性提出了较高要求,需要做好远期线路的三站两区间方案研究。同时,车站端部的设计应注意远期线路盾构进出洞的相关要求,远期区间施工时,不应影响近期线路的使用。

这类车站的站型基本相同,主要差异是运营阶段的换乘形式和区间通风机房的布局。从公共区布置来看,上下叠岛换乘需要注重垂直交通设施能力的设计,尤其是上、下两个站台之间的换乘垂直交通设施能力,一般考虑两个站台分别设置两组楼扶梯直达站厅层,同时分散布置两组楼扶梯以实现换乘功能(图 6-143)。上下叠岛换乘时,如果换乘客流量超大,甚至可以考虑两线有效站台错位叠岛布置方案,通过增加楼扶梯组数来

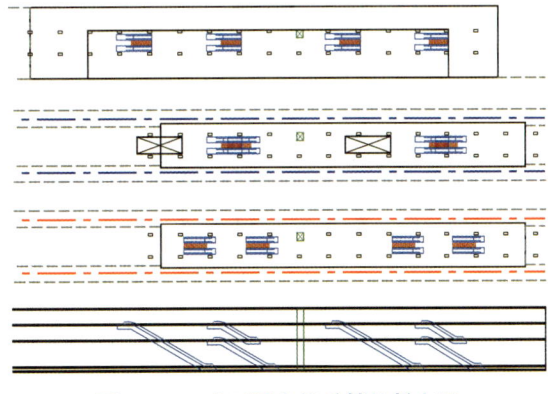

图 6-143　上下叠岛换乘楼扶梯布局

提升垂直交通设施能力(图6-144)。对于叠侧同台换乘车站而言,部分换乘客流已经通过站台实现换乘功能,换乘垂直交通设施能力可适当降低,设计中可以考虑只设置一组上下层站台联络的换乘楼扶梯(图6-145)。

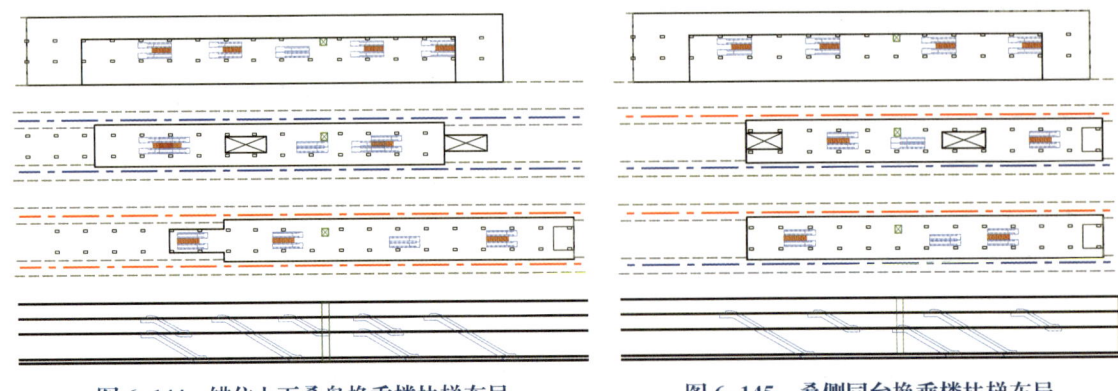

图6-144　错位上下叠岛换乘楼扶梯布局　　　　图6-145　叠侧同台换乘楼扶梯布局

叠侧同台换乘车站设计中应更加重视站台层的集散空间设计,建议在计算侧站台宽度时,客流密度按照规范上限值 0.75 m²/人考虑。设计中选择上下层站台关系时,应优先将最大换乘客流组合放至下层站台,因为上层站台中除本层楼扶梯外还穿行了下层站台的楼扶梯,对中部集散空间严重切割,集散空间不足,而下层站台仅为本层楼扶梯,中部集散空间较大,更有利于大客流集散。

叠侧同台和上下叠岛换乘车站的两线空间范围均是完全融合在一起的,没有分期实施条件,所以在建筑空间组合阶段应充分考虑资源共享。这两种换乘形式一般采用地下三层车站,地下一层为站厅层,地下二层、三层分别为两个站台层。空间整体布局思路与标准车站相似:主要功能区域集中在一端布局;核心功能区的相关功能房间靠近公共区集中布置,对应下方的两层站台分别设置变电所和余下的核心功能区弱电用房;车站两端布置环控功能区,其中区间通风机房分线布置,环控机房、冷冻机房等房间应考虑资源共享,如图6-146所示。

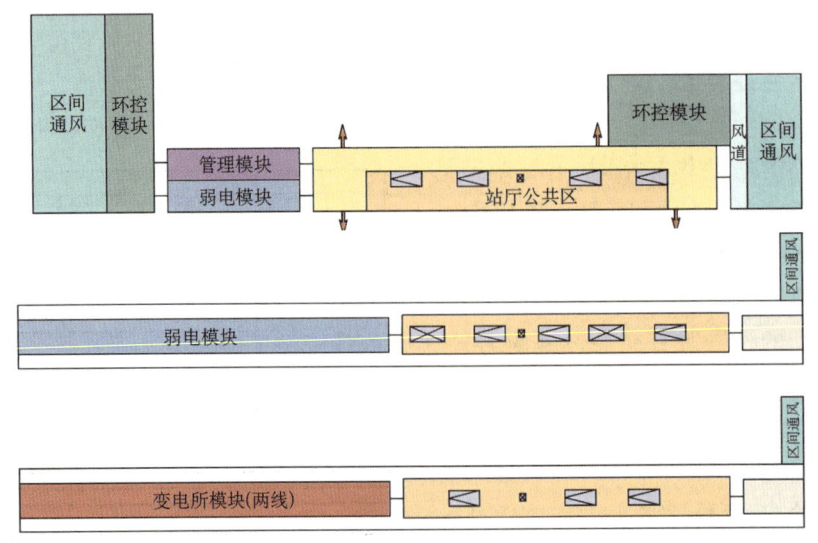

图6-146　叠落平行换乘平面布局

6.9.4 通道换乘

通道换乘,顾名思义,就是采用通道形式连接两个及两个以上地铁车站,实现付费区连通的一种换乘形式。由于通道换乘的便捷性较弱,所以一般都是被动采用的。一种情况是新建车站在远期线路不稳定的情况下,近期车站仅仅为远期换乘预留了通道接入条件;另一种情况是新建车站与既有线路进行换乘所采取的一种补救措施。通道换乘的缺点是换乘距离长、不便捷。但也有自身的优势,例如对于大客流车站,有利于客流疏导和缓冲;且车站布置较为灵活,对复杂的建设环境有较大的适应性。因此,对于建设年限相差较远的线路间的换乘,为避免初期投资风险和考虑到远期线路布置的灵活性可采用通道换乘,但通道长度不宜太长,一般不超过 100 m,因为过长的换乘通道会造成换乘服务水平的下降。

被动的通道换乘是后续建设线路中最常见的情况。通道换乘车站一般都不是两线同周期建设时考虑的方案,而是在既有运营车站的基础上,后续线路车站主动寻求换乘时才使用的方案。通道换乘车站的站位确定,除考虑客流吸引、边界条件等因素以外,还应重点考虑是否方便换乘以及换乘通道是否具备实施条件。原则上,两线的换乘功能的合理性和方便程度在方案设计时应处于首要地位,其优先级应高于车站周边客流吸引问题,同时,两线车站的公共区应尽量靠近布置,只有在碰到不可调和的矛盾时才考虑牺牲换乘功能,确保可实施性。主体落位时,应尽量靠近要换乘的车站,同时还应兼顾换乘通道的可实施性,如此,站位和换乘方案的合理性才有了良好的基础。有些车站区间下穿既有线路区间,为了保证安全距离,新建车站的埋深会比一般三层车站加深很多。对此应充分考虑利用车站内部空间,在有条件的位置可设置夹层,甚至增加一整个设备层来大幅减少车站的开挖规模。

主动通道换乘方案是新建线路在换乘线路方案尚不稳定的情况下采用的。这种通道换乘方案具有一定的主动性和合理性,给后续线路预留好了穿越条件。车站的附属设施在近期建设时,也会充分考虑远期线路附属设施的落位空间,不会给后续线路落位造成困难。主动通道换乘主要有两种预留方式:一种是车站主体退出十字路口,让后续线路从其区间下穿,这样做既解决了近期线路的交通、管线问题,又解决了后续线路的穿越问题(图 6-147);另一种是新建线路跨路设置,在围护结构上预留穿越条件,后续线路区间从其底板下方的围护结构穿越(图 6-148)。

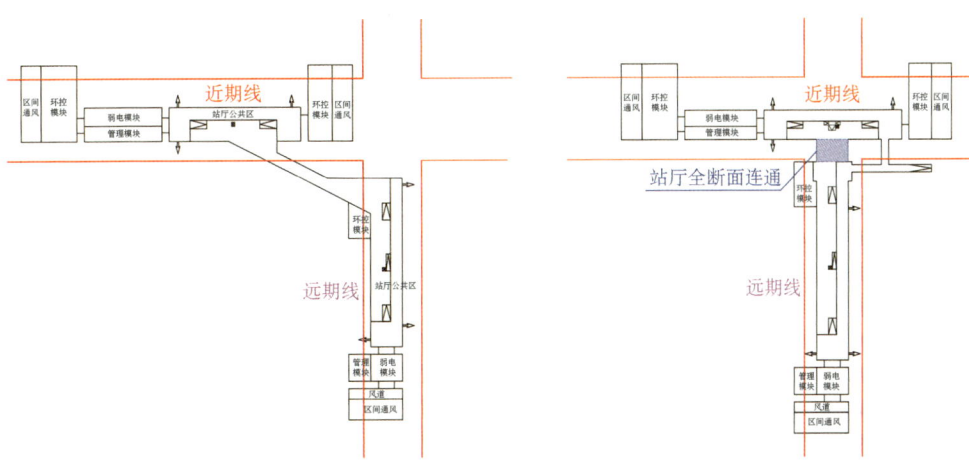

图 6-147 区间互穿通道换乘　　图 6-148 区间下穿车站通道换乘

1. 通道换乘的基本形式

通道换乘是采用通道将两个车站的公共区连接起来的一种换乘形式,连接通道有多种形式,包括单换乘通道、付费区双换乘通道、付费区加非付费区双换乘通道、上下双层换乘通道、错层换乘通道、地下接高架换乘通道和原空间改造换乘通道等。

1) 单换乘通道

单换乘通道是最常见也是最简单的换乘通道形式,两个方向的换乘客流混行在一个通道内。根据客流情况采用隔断形式进行分流,两个车站一般分别为两层车站和三层车站,根据客流特征和边界条件确定换乘通道的接口位置,根据客流量计算换乘通道的宽度。两个换乘车站的相关功能自成体系,分别考虑自身的空间组合,可以认定为一个是两层标准车站,另一个是三层楼扶梯顺向布置标准车站,如图 6-149 所示。

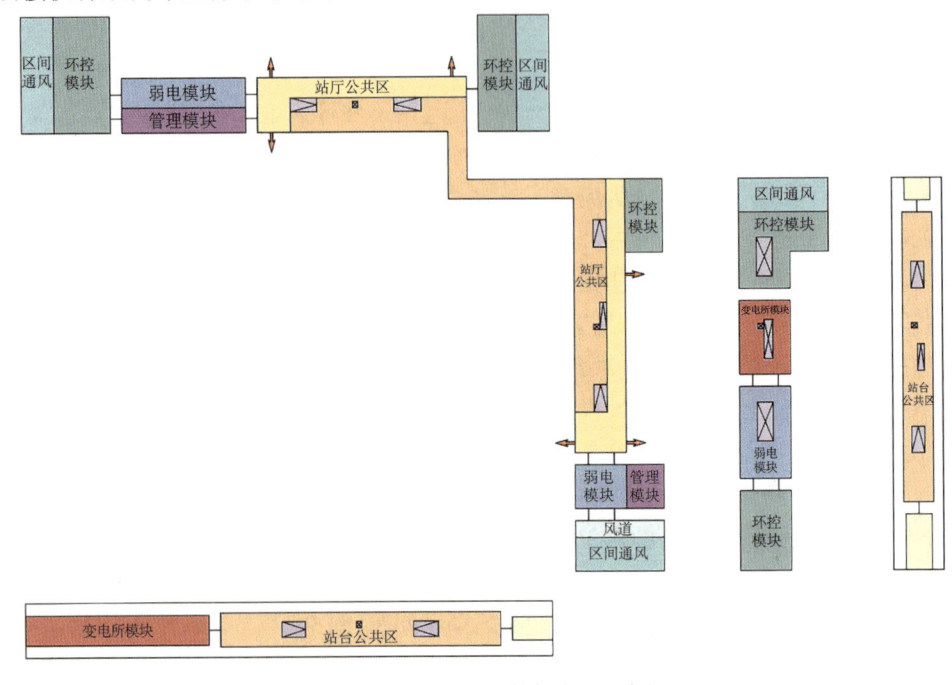

图 6-149　单换乘通道车站平面布局

2) 付费区双换乘通道

当换乘客流量较大、换乘流线较为复杂时,通道换乘车站宜采用双通道换乘,两个方向的换乘客流采用不同的换乘通道,实现单向客流的通行,避免客流对冲。双通道方案换乘能力较强,可以适应复杂的客流组织,但工程量较大,一般考虑在两线平行或类平行的情况下采用。建筑空间组合的形式为独立考虑两个车站的空间布局,最后在付费区设置双换乘通道,在考虑两线自身的空间组合的过程中需要考虑付费区的对位关系,以便于设置换乘通道,如图 6-150 所示。

3) 付费区加非付费区双换乘通道

当换乘客流量较大、站址周边环境复杂且过街客流需求量大,进出站客流在付费区内穿行换乘通道乘车的客流较多时,宜采用付费区加非付费区的双通道换乘形式(图 6-151)。类平行通道换乘车站,应分别采用两个通道分别连接付费区与非付费区;类 T 形通道换乘车站,主体全断面连通形成付费区通道,利用出入口连通形成非付费区通道;类 L 形通道换乘车站,在

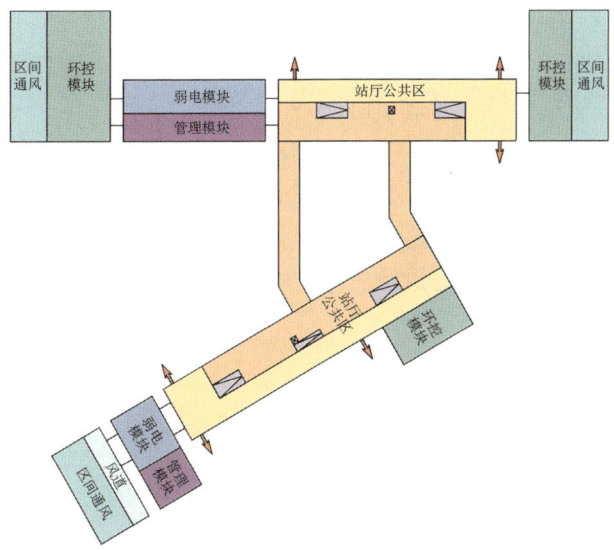

图 6-150　付费区双换乘通道车站平面布局

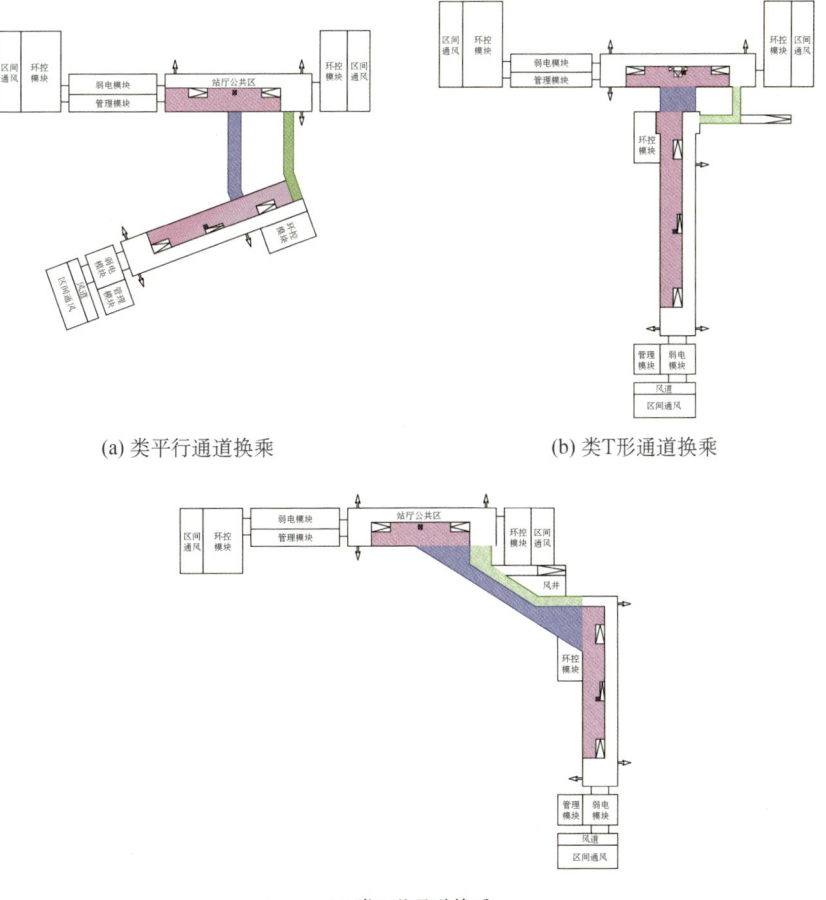

(a) 类平行通道换乘　　　　(b) 类T形通道换乘

(c) 类L形通道换乘

图 6-151　付费区加非付费区双换乘通道的几种形式

两层车站的中部及三层车站的端部采用宽通道连接,通过栏杆划分为付费区与非付费区。通道换乘的两个车站的建筑空间组合自成体系,在换乘通道布局时,应以换乘功能的便捷、合理为主导,车站的附属设施应为换乘通道妥协让路。

4) 上下双层换乘通道

当换乘通道实施空间狭窄时,可采用上下叠落双通道换乘方案(图 6-152)。换乘通道与两层车站接口处局部拓宽,部分换乘通道采用楼扶梯向下与上层通道叠落起来。上层换乘通道接三层车站的站厅层,下层换乘通道接三层车站的设备层,在设备层设置专用换乘楼梯接至站台层。

图 6-152 上下双层换乘通道车站平面布局

5) 错层换乘通道

边界控制条件是换乘通道方案的重要控制性因素,换乘通道应具有可实施性,且考虑避让障碍物、重要管线等设施。当深埋管线挡在换乘通道路径上,标高与换乘通道冲突时,可采用找坡或设置楼扶梯的方式来解决矛盾。如果高差较小,坡道可解决问题。如果高差较大,解决矛盾的手段有三种(图 6-153):第一种是将三层车站的地下二层作为站厅层,采用错层换乘通道连接两个公共区;第二种是采用换乘通道先下后上的形式解决换乘通道实施难度大的问题,但这种形式的高差段需要占用土建空间,且换乘客流需要上下迂回;第三种办法是换乘通道接入设备层,在设备层设置专用楼梯接入三层车站的站台层,这种换乘通道形式对于换乘客流比较友好,路径没有迂回,但对于 B 线进站、A 线乘车和 A 线乘车、B 线出站等穿行的乘客很不方便。在解决深埋管线影响换乘路径时,三层车站站厅下移,采用错层换乘通道是最合理的方案,如图 6-154、图 6-155 所示,三层车站的站厅层布置在地下二层,地下一层作为设备层,功能布局与三层标准车站相似,仅层间关系不同。

第 6 章 地铁车站的建筑空间组合 | 299

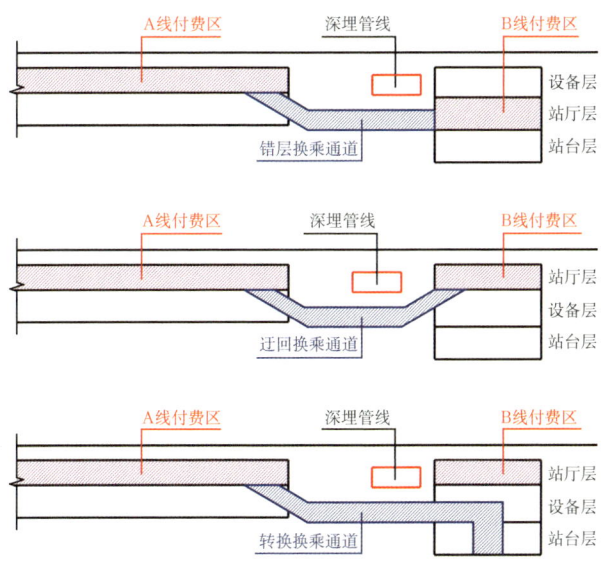

图 6-153 通道换乘竖向避让深埋管线方案

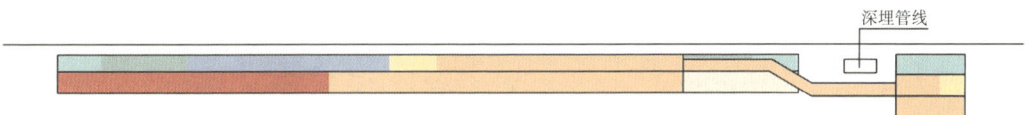

图 6-154 换乘通道避让深埋管线竖向关系图

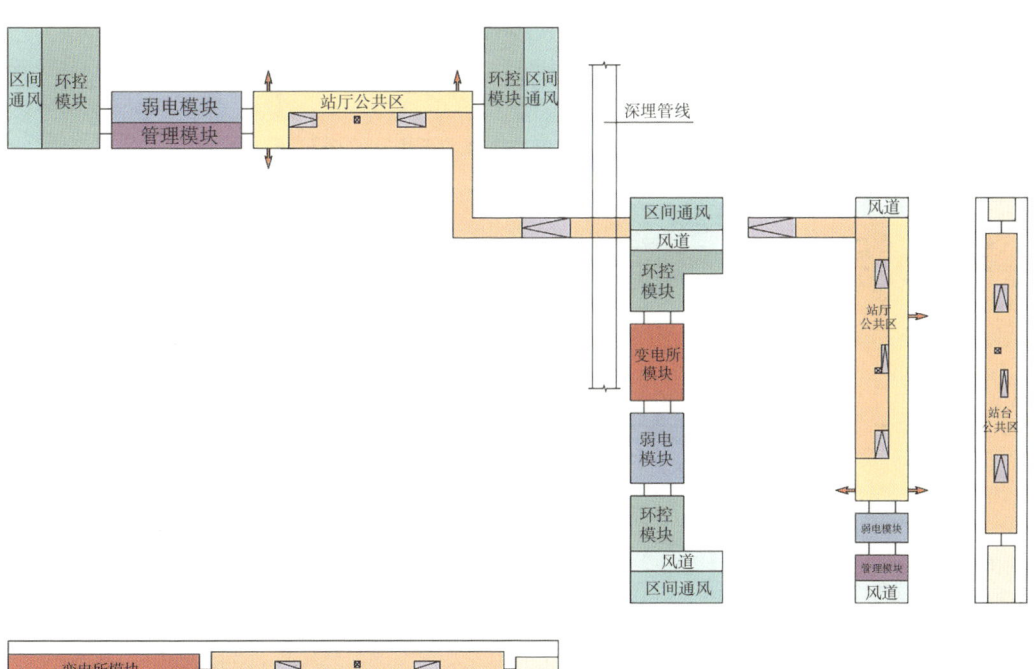

图 6-155 错层通道换乘车站平面布局

6）地下车站与高架车站换乘通道

由于地下车站换乘高架车站的换乘距离一般都较长,因此应该重视换乘通道"简短直接"原则,地下车站站位应兼顾换乘通道的便捷性和换乘通道的可实施性。

当高架车站位于路中时,宜考虑在出地面位置设置小站厅,小站厅可考虑与开发建筑结合设置,在小站厅内布置进出站功能,进入付费区之后,向上去往高架车站,向下去往地下车站,进出站客流与换乘客流之间保持足够的缓冲空间(图 6-156),小站厅既能作为换乘通道空间,又能兼顾两线车站的出入口功能。若为路侧地面站厅高架车站,则考虑在地面站厅旁补充换乘厅,进出站功能与原高架车站的地面站厅整合(图 6-157)。

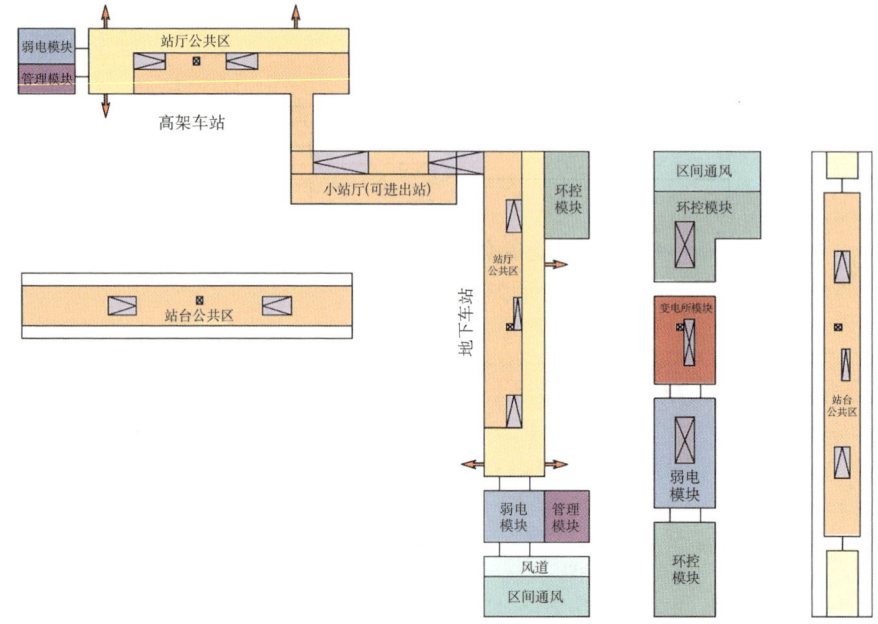

图 6-156　路中高架车站换乘地下车站平面布局

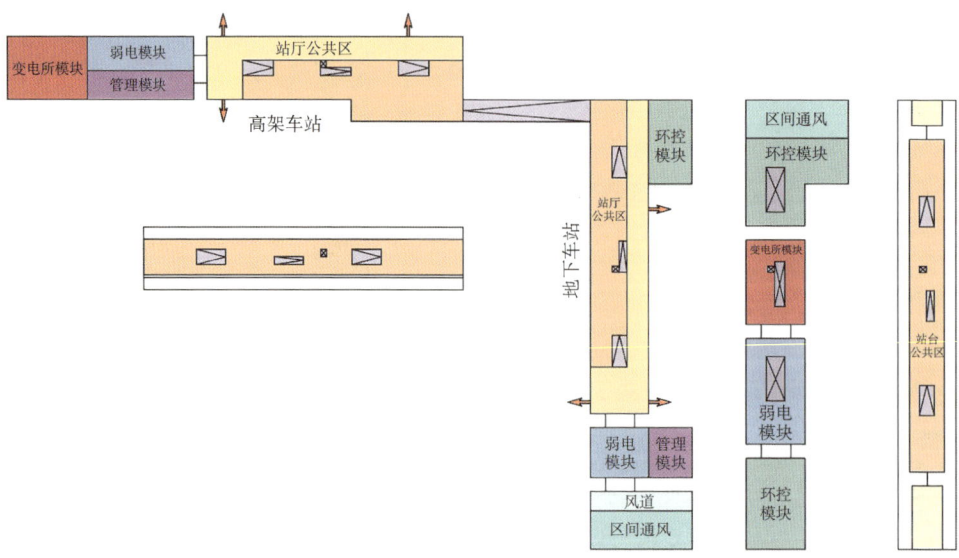

图 6-157　路侧地面站厅高架车站换乘地下车站平面布局

7）原空间改造换乘通道

新建车站与既有车站通道换乘时，换乘通道应具有可实施性。当受到边界条件控制，换乘通道实施困难时，对既有车站相关设施进行改造来实现换乘功能是解决实施问题的重要手段。

换乘通道路径上如果遇到既有车站的出入口、风亭等设施，该设施会对换乘功能影响较大，或者影响到换乘通道的实施，则需要考虑改造方案，对原有车站和现有车站的功能进行整合，并做好过渡方案。

换乘通道对既有车站相关设施的改造方案有以下几种形式：

（1）利用原车站的出入口通道作为换乘通道（图6-158），若新建车站的出入口能够替代该出入口的功能，则可废除原出入口功能；若无法取代原来的出入口功能，则应考虑设置小站厅保留原出入口的服务功能。同时，考虑原车站公共区的疏散距离是否满足要求，否则出入口改造阶段需采取临时过渡方案。

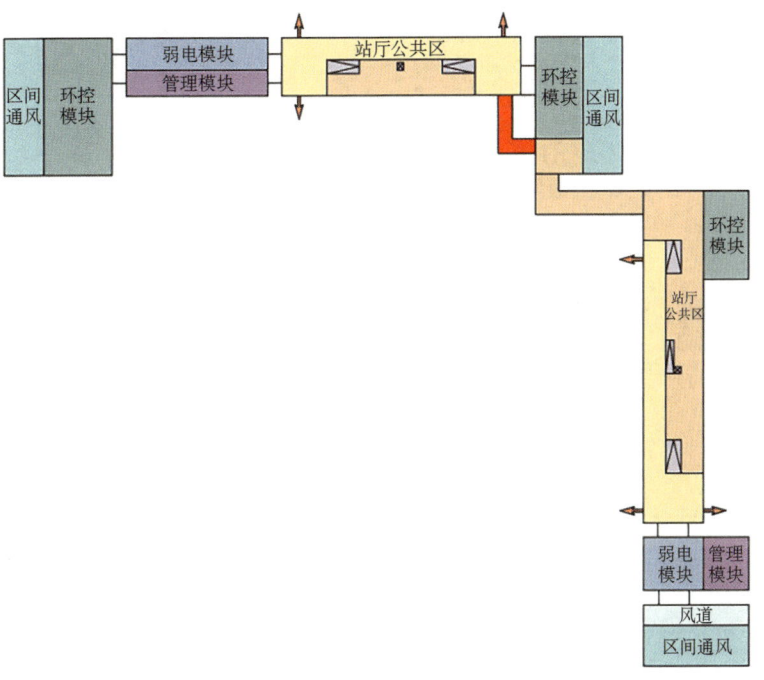

图6-158　废除原出入口作为换乘通道

（2）当既有车站的出入口通道不满足换乘功能需求时，可考虑破除原风道，拓宽换乘通道，利用换乘通道的上部夹层空间设置风道；同时，需考虑风道改造的临时过渡方案，以确保既有车站的正常运营，如图6-159所示。

（3）改造车站设备管理用房区域作为换乘通道，需要临时过渡的房间在既有空间内腾挪或在新建车站的范围内实施，待这些房间启用之后再废除原设备管理用房作为换乘通道使用，如图6-160所示。在特殊情况下，包括变电所、环控机房等在内的大型设备用房也可以考虑被改造为换乘通道空间。

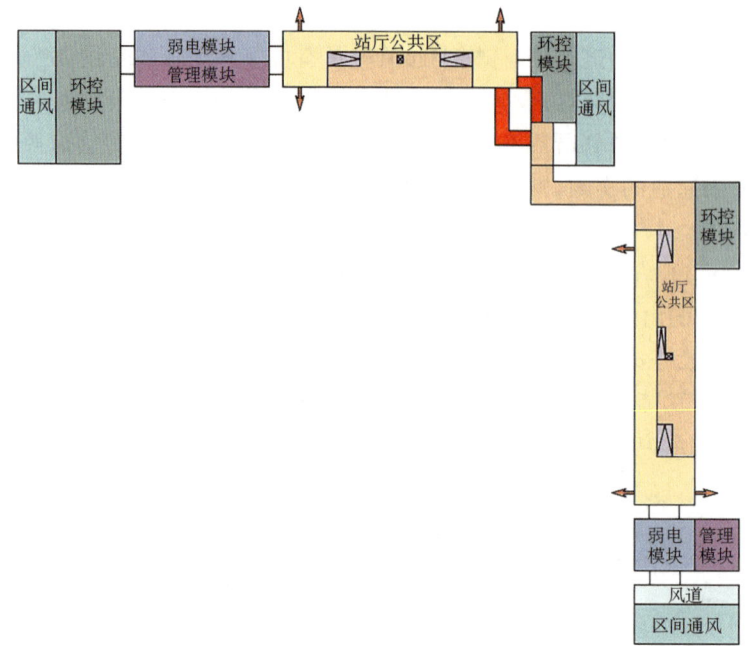

图 6-159　废除原出入口通道加改造风道作为宽换乘通道

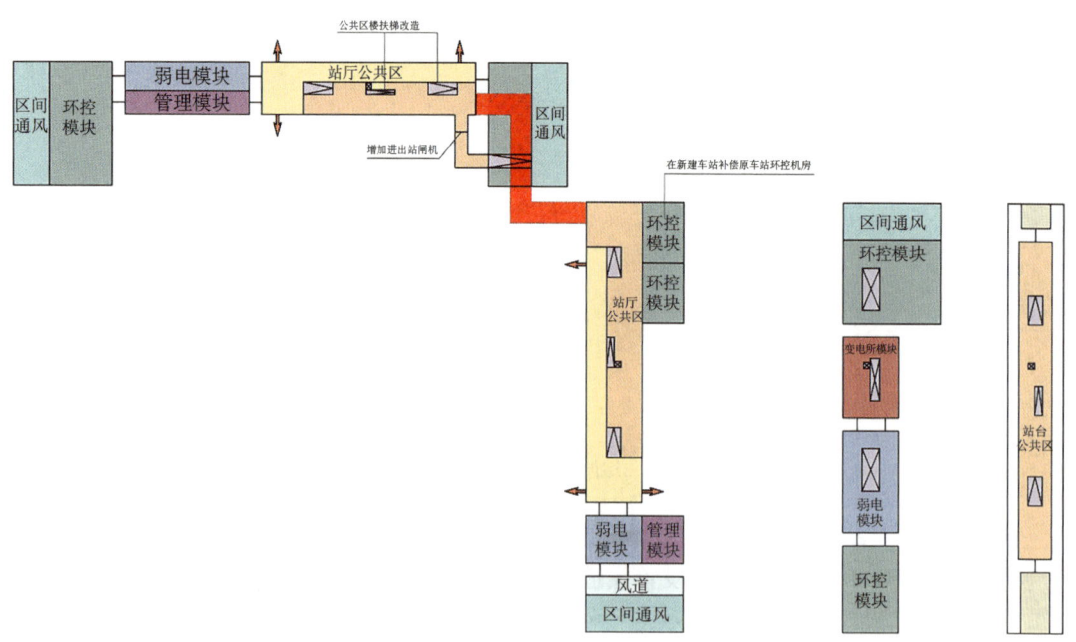

图 6-160　改造设备区作为换乘通道

2. 换乘通道方案的控制因素

换乘通道在方案选择上受控于两线的线站位、换乘客流量、两线公共区的位置关系、公共区布局、边界条件、施工工法、客流流线组织和设备用房布置等控制因素。

(1) 首先控制换乘通道方案的是两线的线站位情况。两线车站的主体应分别根据边界条件、客流吸引、附属功能落位等因素来确定线站位，同时还应兼顾换乘功能的便捷性和可实施性。两线主体的位置关系对换乘通道的布局有较大影响。通道换乘车站两线之间的关系总体上是平行或相交关系，只是两线之间没有预留换乘节点。有效站台平行或近似平行的两线通道换乘可定义为"类平行"通道换乘，换乘通道布置灵活且方便设置双通道；区间相交有效站台端部邻近的通道换乘一般定义为"类L形"通道换乘，两线一般为两层车站和三层车站的相交关系，换乘通道根据站型和客流特征设置在车站的中部和端部；一条线的区间与另外一条线的车站主体相交的通道换乘可定义为"类T形"通道换乘，一般也是两层车站和三层车站的相交关系，换乘通道考虑采用与主体同宽度通道连通付费区，通过出入口通道实现非付费区连通；在采用矿山法时，甚至会出现两线主体相交的"类'十'字形"通道换乘。

(2) 接下来对换乘通道方案影响较大的是换乘客流量，通过换乘客流量可以计算出宽度需求。对于超大换乘客流的通道换乘车站，宜首选双通道设计，能够有效分散客流，避免客流在单通道与公共区的接口处产生拥挤，从而有效缓解穿行客流对换乘客流的影响。

(3) 客流流线组织也是通道换乘方案选择的重要依据。一般来说，通道换乘的便捷性较差，所以在换乘通道的设计中能够实现客流就近换乘才是合理的方案，可以将两线的公共区直线连接，以最短距离实现换乘功能。新建车站与既有车站之间的换乘接口位置、换乘形式的选择也要充分考虑客流特征，避免集中客流给既有车站的相关服务功能设施带来冲击。

(4) 两线车站公共区楼扶梯布局对换乘通道的布局有较大影响：与"八"字形楼扶梯布局的车站进行换乘，有条件时，应优先从其公共区中部设置换乘接口；与顺向楼扶梯布局的车站进行换乘，有条件时，应优先在车站端部设置换乘接口；总之，换乘通道的接口位置应方便客流走行，减少换乘客流折回走行。换乘通道与主体的相接位置往往需要迎接通过几组楼扶梯同时从站台上来的集中客流，为了避免付费区通行空间的局部拥堵，可以考虑换乘通道与公共区接口位置局部外扩，解决客流冲突问题。另外，换乘通道接口位置还需要考虑客流特征的影响，高峰时段以换出为主的车站换乘接口与几组楼扶梯口部宜拉开距离差，避免乘客同时到达接口位置；高峰时段换入为主的车站换乘接口与几组楼扶梯口部宜等距，避免换乘客流集中于一点涌入站台。

(5) 施工工法对换乘通道方案的影响较大，跨路施工的换乘通道经常采用顶管法施工，顶管法换乘通道需要结合工作井的位置来确定通道的走向。顶管通道由于没有转弯能力，需要调整好主体站位，确定好换乘通道接口，尽量一步顶到位。若无法实现一步到位，可选择一处实施条件较好的位置设置工作井，进行通道转折；如果通道过长，应充分利用顶管工作井设置安全疏散口、通风机房、风亭等设施。顶管工作井的尺寸需要与结构专业充分配合，一般情况下，始发井较大，应布置在施工空间较大、施工条件相对较好的位置，施工条件相对差的地方可作为接收井。在顶管与车站主体接近垂直的情况下，可利用车站主体作为顶管工作井。

3. 通道换乘需要注意的问题

换乘通道作为换乘车站最重要的公共空间，一定要在方案策划阶段对其引起足够重视，甚至是把换乘通道方案放在首要位置。通道换乘方案应该注意以下几个问题：

(1) 换乘通道的形态应顺直简短，避免平面和剖面上的迂回。平面上，为了避让障碍物、附属设施等,有时会出现换乘通道曲折弯转的不合理情况,这时可以从根源上考虑,如调整站位或接口位置等,使换乘通道在顺直的情况下也能够避让障碍物。车站的附属设施原则上应为换乘通道让路,采用躲避、上穿、下穿等手段来解决矛盾。当既有车站的附属影响换乘通道顺直时,在代价不大的情况下可考虑进行改造。剖面上也应避免迂回,尽量避免换乘路径上上下下的情况发生,平着走、一路向下或一路向上都是合理的换乘路径。

(2) 换乘通道作为重要的通行空间,除应满足通行需求以外,还应关注通行空间的品质需求。特别是长大通道,在有控制节点处可局部压缩宽度,在其他未控制区域仍应保证基本的宽度和高度。一般情况下,换乘通道的宽度不宜小于 8 m。换乘通道还应做好无障碍设计,确保无障碍通行需求。换乘通道较长时,乘客紧急使用厕所的概率增加,宜考虑在长换乘通道内设置公共厕所。

(3) 在地块内区间明挖的车站,车站内部空间较大,可考虑利用轨行区之间的站台层空间作为换乘通道或过街通道,同时按照公共区的功能考虑消防疏散和防排烟问题。将站厅层的明挖空间留给开发使用,分担地铁投资,同时,避免因换乘通道造成对开发空间的切割。

(4) 很多换乘通道会设置在商业地块范围内,两线之间距离较远,换乘通道较长,对此,可以考虑利用换乘通道设置进出站功能,增加一个小站厅。小站厅可以由开发商代建,相关配套设施可以布置在开发空间。紧急状态下,考虑卷帘落下,车站与开发空间分别组织消防疏散。这种布局方式能够较好地解决与商业地块的谈判问题,在给开发空间提供更好服务的同时,具有较好的空间兼顾性。在换乘通道实施难度较大的情况下,通过回购商业地块的部分地下室空间作为换乘通道可以实现方案上的突破。甚至可以将整个换乘通道都纳入商业的疏散体系,紧急状态下,换乘通道与两端车站的接口处防火卷帘落下,车站与换乘通道各自独立组织疏散;换乘通道的门禁打开,瞬间转换为原来的商业疏散模式,由于商业的消防配置大于地铁的消防配置,所以完全能够满足疏散要求。地铁的付费区仅与管理界面有关,与消防界面没有本质联系,故做好分隔措施即可。

(5) 随着城市建设的快速发展,由于线网调整,造成很多车站由标准车站被动升级为换乘车站,实际客流与预测客流早已不适应,导致原设计难以满足目前的大客流需求。因此,需要对既有车站进行充分评估,以确定其公共空间及垂直交通设施能力是否满足换乘需求。如果不满足需求,则要提出车站加大换乘能力、改善换乘条件的改造方案,以满足换乘需求。垂直交通设施能力的提升需要根据新的客流资料对原有设施进行功能评价,新的客流资料需要结合既有线站点周边的环境变化以及换乘线路的影响,对既有线重新进行客流预测,如此才能准确判断改造的必要性和紧迫性。

(6) 楼扶梯布局形式及换乘通道接口位置应与客流特征相匹配。通道换乘车站楼扶梯顺向布置,换乘接口位于车站端部的形式,站台层乘客步行至换乘通道口部的距离差较大,更有利于稀释客流,减轻集中换乘客流对换乘通道口部的压力。这种布局的垂直交通能力强,更有利于缩短换乘通道长度。但这种布局形式在客流换进时,乘客习惯就近下站台,会在换进客流集中时造成客流在站台端部拥堵;同时,楼扶梯顺向布置会增大公共区面积,车站整体规模会有所增加。总的来说,楼扶梯顺向布置更适合早高峰客流集中换出、客流量较大的车站,如

图 6-161 所示的 A 线。在晚高峰换入客流较为集中或早高峰换进客流量与换出客流量同样较大时,应考虑扩大换乘接口,方便将换进客流引导至端部以外的楼扶梯组,如图 6-162 所示的 A 线。

通道换乘车站的楼扶梯"八"字形布置形式更适用于两层车站。这种站型的换乘通道接口一般布置在公共区中部,接口位置与楼扶梯的口部距离较近,更适合用在高峰时段以换进客流为主的换乘车站,方便换乘客流分散至站台层的每个角落,从而减轻站台局部拥堵压力,如图 6-161 所示的 B 线。但这种站型在换出客流量较大时,站台层乘客更容易集中到达换乘通道的口部,从而造成通道口部的拥堵。为了解决这个矛盾,宜将换乘通道口部外扩处理,以增大缓冲空间,如图 6-162 所示的 B 线。

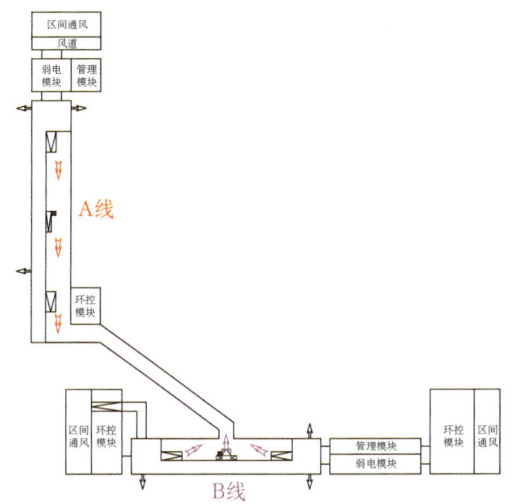
图 6-161 通道换乘接口位置示意(标准接口)

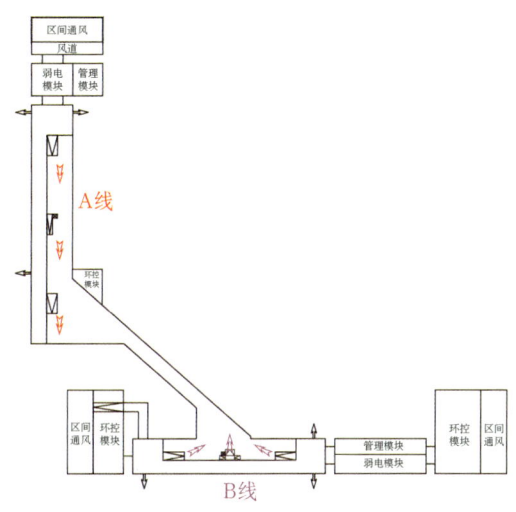
图 6-162 通道换乘接口位置示意(扩大接口)

当三层车站作为通道换乘选择"八"字形楼扶梯布局时,6B 车型楼扶梯的垂直交通设施只能设置两组,导致能力不足,且站台层的服务极不均衡,站厅层的客流缓冲空间也不足。所以,在客流量较大的情况下,一般三层车站 6B 车型不宜选择"八"字形楼扶梯布置方式;在高峰时段以换进客流为主且客流量较小的情况下,为了控制三层车站的规模,可选择"八"字形楼扶梯,如图 6-163 所示的 A 线。两层车站的楼扶梯采用"八"字形布置和顺向布置的服务能力都不弱,只是两层车站楼扶梯顺向布置,小头端站台层会浪费较多的空间,如图 6-163 所示的 B 线。所以,一般情况下,作为换乘车站的两层车站不宜采用楼扶梯顺向布置方案,但配线车站的配线端可考虑楼扶梯顺向布置。

(7) 换乘通道作为公共区的一部分,与站厅层和站台层的公共区一样,需要考虑防火分区划分和疏散距离问题。当两线站厅层公共区加上换乘通道的总面积不超过 5 000 m² 时,可将两线站厅层公共区和换乘通道纳入同一个防火分区;当车站的出入口无法覆盖通道内 50 m 疏散距离时,需要在出入口通道内设置疏散口以解决疏散问题。当两线站厅层公共区加上换乘通道的总面积超过 5 000 m² 时,需要划分防火分区,防火分区的分隔位置应结合疏散口位置进行设计,当防火卷帘落下后,卷帘两侧的公共空间能够独立解决疏散距离问题。

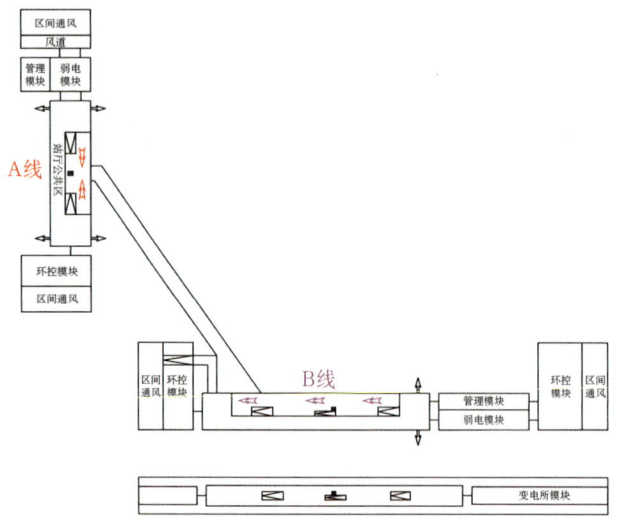

图 6-163　通道换乘接口位置示意（两层楼扶梯顺向布置、三层楼扶梯"八"字形布置）

4. 通行能力的验算

通道换乘车站其换乘通道的瓶颈位置通常在换乘通道与两线主体的接口位置，尤其是早高峰时段以换出客流为主的线路，其换乘通道与车站主体接口位置是计算通行能力的最不利断面。如图 6-164 所示，A 线与 B 线采用通道换乘，如 A 线早高峰以换出客流为主，B 线早高峰以换进客流为主。

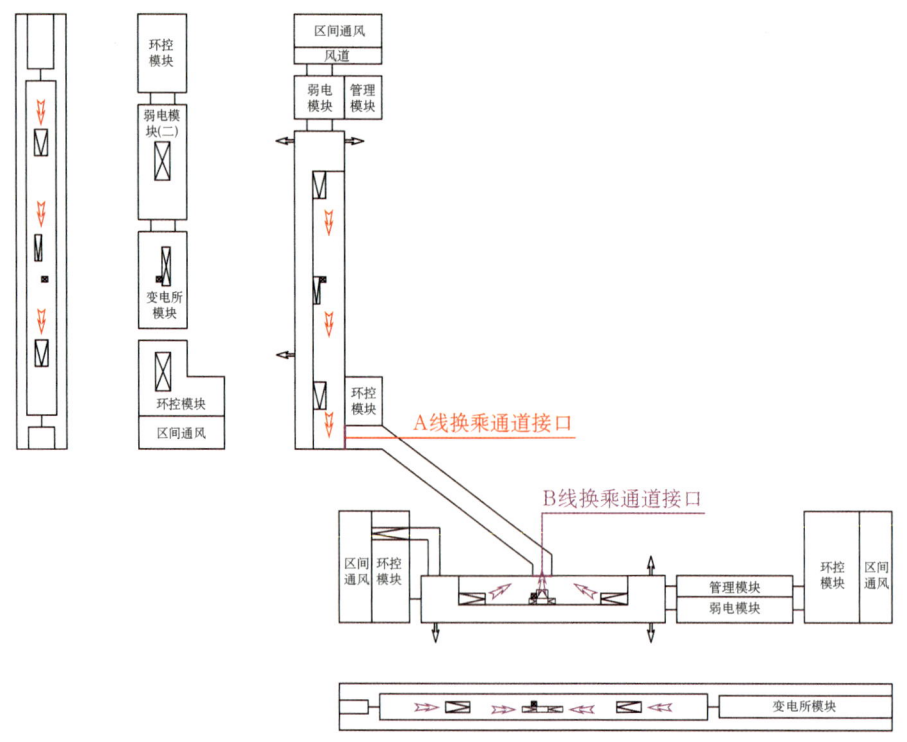

图 6-164　通道换乘瓶颈位置示意

A 线的换乘通道接口处通行的客流包括：A→B 线换乘客流、B→A 线换乘客流、从 A 线进站去 B 线乘车客流、从 B 线进站去 A 线乘车客流、A 线乘车去 B 线出站客流、B 线乘车去 A 线出站客流。后面 4 个客流数据为两线之间进出站交叉穿行的客流，虽然占比不大，但也不能忽视其影响。如果 A 线的早高峰以换出客流为主，则应重点研究 A 线换乘接口处的通行能力。由于 A 线换乘通道接口处集中到达的客流包括 A→B 换出客流和 A 线乘车去 B 线出站客流，这两股客流对换乘通道的影响不能按照连续客流的通行能力来计算。

　　A 线客流早高峰以换出为主，客流比较集中，但 A 线换乘通道接口位于公共区端部。三组楼扶梯到达换乘通道口部的距离差较大：第一组楼扶梯从站台到换乘通道口部的距离约为 60 m，最后一组楼扶梯从站台到达换乘通道口部的距离约为 130 m，步行速度一般为 50～100 m/min，从站台换出的乘客最快到达换乘通道口部的时间为 60 m÷100 m/min=0.6 min，从站台换出最慢的乘客步行时间为 130 m÷50 m/min=2.6 min，时间差达到 2.0 min，远期一列车的行车间隔通常为 2 min 左右，也就是说，A→B 线的换乘客流从站台到达换乘接口处的时候已经完全稀释为连续客流，B→A 线换乘客流到达这个接口位置也都稀释为连续客流。所以，该接口位置完全可以按照连续客流验算其通行能力。

　　B 线为两层车站，换乘通道接口位于公共区中间位置，三组楼扶梯与换乘节点距离相近，B 线站台层乘客从最远点走到换乘通道接口位置的距离约为 70 m，从站台层最近点走行至换乘通道接口位置距离约为 20 m，则最短走行时间为 20 m÷100 m/min=0.2 min，最长走行时间为 70 m÷50 m/min=1.4 min，时间差为 1.4－0.2=1.2 min。而远期一列车的行车间隔通常为 2 min，也就是说，换乘客流出现了集中达到的情况，如前所述乘客的速度差和距离差使乘客到达换乘通道口部的时间差达到 2 min 以上才能按照连续客流计算断面宽度，1.2 分钟的时间差对通道的通行能力要求更高，按照连续客流通行宽度的倍数计算通行宽度需求，也就是 2÷1.2≈1.67 倍。那么，B 线换乘通道接口处的通行宽度为 B→A 线换乘客流及 B 线乘车 A 线出站客流按连续客流计算宽度的 1.67 倍，再加上 A→B 线换乘客流、A 线进站 B 线乘车客流、B 线进站 A 线乘车客流和 A 线乘车 B 线出站客流按连续客流计算宽度的总和。当乘客到达换乘通道接口处的时间差小于 1 min 时，按照 1 min 计算，也就是换乘通道口部的通行需求最大为连续客流计算通行宽度的 2 倍。当车站的付费区换乘通道宽度不足时，增加非付费区连通道能够有效分流穿行客流，减轻换乘通道压力。

　　同时，在考虑车站服务设施的通行能力时，不能完全按照连续客流的方式来计算，越靠近站台的客流乘降区域，越容易出现客流集中拥堵在交通功能空间口部的情况，所以站台层的垂直交通设施能力应满足两列车同时到达的情况下，下车乘客在 1 min 内能够通过所有垂直交通设施的口部。1 min 是比较理想的通行能力，当这个时间超过 2 min 就是垂直交通设施通行能力的极限状态，远期高峰时段可能会出现站台层下车乘客还没有出站完成，下一列车又到达的情况。小于 1 min 则垂直交通设施浪费，大于 2 min 则垂直交通设施不满足日常使用需求。一般新建车站的垂直交通设施能力皆可满足日常通行能力需求，但既有车站被动成为换乘车站时，新建车站的换乘客流叠加至既有车站进出站客流，就需要验算既有车站的垂直交通设施能力和侧站台宽度是否满足要求。在计算这个通行能力时，进站乘客和换进乘客按照连续客流计算其占用的通行宽度，剩下的垂直交通设施宽度计算一个行车间隔内，两列车同时到达的情况下是否能够满足出站乘客及换出乘客在合理的时间内通过垂直交通口部的要求。

合理的计算离不开准确的基础数据,当既有标准车站升级为换乘车站后,原则上,既有车站的进出站客流会被新建线路分担掉一部分,但既有车站又会增加换入客流和换出客流。同时由于新线路的建设,周边的城市发展也会带来新的客流。所以,简单地将既有车站的现状客流叠加换乘客流来验算既有车站的侧站台宽度和垂直交通设施能力是一种不准确的做法。不管原来车站的客流情况如何,也不管运营了多久,应该将既有车站按照新建车站的模式统一进行客流预测;同时,考虑到新建换乘车站之后,车站的总出入口数量增多,导致换乘通道内的穿行客流也会增加。所以,在预测每条线路的进出站和换乘情况的同时,还应预测新旧两条线路的分向客流,有了分向客流,才能较为准确地判断穿行客流的数量。

6.9.5 多线换乘枢纽

在大型城市的轨道交通线网中经常会出现三线或三线以上的换乘枢纽,通常包括两大类:第一类是同步规划、同步设计、同步实施的换乘枢纽站,其有严格的形式;第二类是分期升级为换乘枢纽站,也就是原本为标准车站或两线换乘,后续根据线网调整,增加了一条或两条线路,从而形成了三线或三线以上的换乘枢纽。

1. 同步实施多线换乘枢纽

同步规划、同步设计、同步实施的换乘枢纽,可以综合考虑线路条件、换乘功能、实施条件等因素,设计出比较理想和比较规整的换乘方案,如"工""门""△""艹""川""丰""井""口"等换乘形式(图 6-165)且有条件实现节点换乘、压缩车站埋深、合理布置换乘大厅等。但是,也要充分意识到多线换乘枢纽站的大客流特征,尽量减少单站台多换乘节点的情况出现,尤其是在站台中部不应出现两处及两处以上的换乘节点,如"艹""丰""井"等换乘形式。因为在站台中部出现两处换乘节点容易造成乘客拥堵,且会影响站台自身的垂直交通设计。当然,如果将多节点的站台做宽,提供足够的缓冲空间,在不影响站台自身垂直交通设施能力的前提下,可以考虑设置多换乘节点。

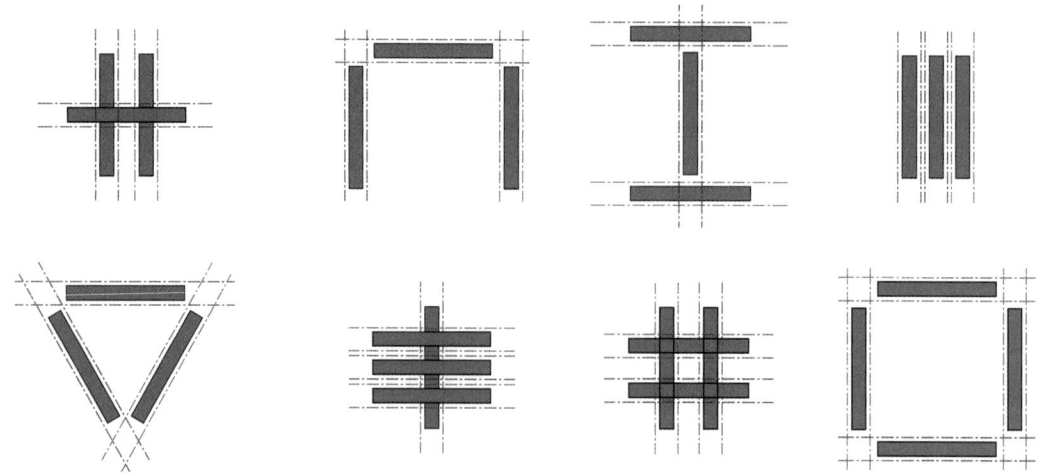

图 6-165 多线换乘枢纽常见形式

对于"工""门""△"等换乘形式，单个站台的两个换乘节点一般位于有效站台的两端，避免了站台中部的拥堵；当单个站台的换乘节点位于站台中部且只有一处时，具备很好的便捷性和缓冲功能，配合标识导向系统能够提供较好的换乘服务功能。对于具有平行换乘功能的"艹""川""丰""井"等换乘形式，应尽量回避同台换乘功能的方案，特别是对于枢纽站来说，其导向性较差，容易造成乘客方向选择困难，出现客流的迟滞和拥堵等情况。

换乘大厅是枢纽换乘站需要重点设计的地方，对于其空间布局应注重客流服务功能、消防疏散功能和建筑空间品质等内容，尽量做到公共空间的完整性、通透性。对于"工""门"等换乘形式，两边车站需要借用中间车站的站厅层进行换乘，因此需要充分考虑中间车站付费区的通行能力，有条件时，应考虑中间车站付费区通道局部拓宽，或补充一条付费区换乘通道。

2. 分期升级多线换乘枢纽

由于规划调整，有些车站由原来的单线车站或两线换乘站与后续加入的车站组合成了多线换乘枢纽。既有车站实施期间没有考虑后续线路的可实施性成为新建线路的重要控制因素。新建线路既要确保工程可实施性，又要兼顾换乘功能，还要确保既有线的安全运营。

对于既有车站为单线车站，后续增加两条及两条以上线路形成换乘枢纽的这类情况，后续线路应优先设计为更便捷的换乘形式，比如节点换乘等。后续两线应具有良好的导向性，给既有车站换乘提供合理的辨识距离；新建两线应避免设计成复杂的同台换乘，否则，换乘客流抵达后很难选择下到哪一个站台或走哪一组楼扶梯；新建两线的站位选择应考虑方便与既有线设置换乘通道，根据不同的站位组合形式，可以考虑设置双换乘通道，既有车站的两端能够分别与两条新建线路进行换乘；同时，应避免三线近距离互穿，导致某一条线的站台被压至地下四层，这不仅会增加实施难度，也不便乘客使用。

对于由普通两线换乘车站升级为换乘枢纽车站的这类情况，既有换乘车站一般是同步设计、同步实施的节点换乘车站或平行换乘车站，而新增的第三条线只能采用通道换乘形式，其站台宽度应充分考虑换乘功能的需求。在站位选择上，应尽量能够均衡地实现与既有两线的换乘，可考虑采用双通道进行换乘。当既有两线为节点换乘车站时，两线站台层分别位于地下二层和地下三层，则新建线路尽量与两线中的一条线路平行或近似平行，与哪条线接近平行，其埋深就可以依据哪条线的深度来控制。当新建线路与既有两线都是近距离下穿时，则其轨行区会被压至地下四层，这对于工程造价和使用功能的影响都比较大。当新建线路位于地块范围内时，则可以考虑在地块范围内设置浅埋车站甚至是地面站厅车站，然后区间上穿既有线区间，以进一步减小新建线路的埋深。

当过街需求较大时，付费区连通的同时还应考虑非付费区的连通。当既有换乘车站的站厅空间不能满足换乘功能需求时，可以在新建车站与既有车站之间将换乘通道局部扩大为换乘大厅，以提升服务品质。

3. 付费区与非付费区的空间划分

对于大型枢纽换乘车站，付费区与非付费区的空间划分也是极为重要的设计内容。首先，必须保证大型枢纽换乘车站付费区的连通，如果出现两个付费区，势必会造成客流组织和空间格局的混乱。其次，尽量实现非付费区的环通功能，兼顾过街功能的同时，乘客可以在非付费区寻找自己的目标线路再进行安检进站,从而避免了大量客流集中在付费区穿行,给枢纽站付费区的客流组织带来压力。

当枢纽车站与火车站、长途汽车站等对外枢纽交通进行换乘时,其客流组织具有独特性,对外交通接口位置的客流比较集中,需要充分考虑安检和购票等缓冲空间,同时,需要配合对外交通的上下客流线做好车站内部客流组织和相关服务设施的调整。

4. 枢纽换乘形式的选择

根据规划和既有线路情况,选择合理的枢纽换乘形式,力求车站换乘功能更强,既保证具有足够的换乘能力,又便于工程实施及乘客使用。三线或三线以上的换乘通常是上述换乘形式或其变形,都具有规模大、客流流线复杂的特点。但只要线网规划合理,实施方案考虑周全,就能实现较为理想的大型换乘枢纽站,成为城市地铁线网中的客流集散中心。

5. 多线换乘枢纽车站的建筑空间组合

多线换乘枢纽车站的建筑空间组合应根据不同的换乘枢纽类型选择不同的组合形式。

对于同步实施的多线换乘枢纽,其公共区根据站台的基本组合形态确定楼扶梯布局,以便于换乘和管理作为设计目标。设备管理用房宜集中布置,除区间通风机房以外的设备管理用房应优先考虑资源共享,尤其是车站的风、水、电功能区。设备管理用房集中区优先布置在几条线主体围合的区域,配线车站宜靠近配线区,有利于充分利用车站空间。同时,设备集中区应考虑对几条线的服务均衡性,同时不能影响公共区的通透性。

对于分期升级的多线换乘枢纽,其空间布局较为松散。根据建设周期情况,单线独立或两线结合考虑建筑空间组合,在空间组合的过程中应关注换乘功能的合理性和便捷性。

6.9.6 综合交通枢纽站

综合交通枢纽站是由城市地铁线、市域快线和国铁干线形成三个层级轨道交通高效衔接、快慢组合的大都市区轨道交通一体化网络,辅以长途汽车、公交枢纽、出租车等交通衔接方式,满足大都市区一体化、同城化的发展需求。

本书所描述的综合换乘枢纽站是指两线或两线以上的换乘车站与火车站、市域快线、长途汽车站等对外交通枢纽组合形成的综合性车站。由于现阶段新建的大型高铁火车站基本上都采用上进下出的客流组织模式,地上为出发大厅,地下为到达通道。同步规划设计的综合枢纽站,由于地铁车站常位于地下,其位置关系与高铁到达通道的关系较为密切。出站通道与地铁之间的接口位置也是客流最为集中的位置。

1. 综合交通枢纽站基本站型

地铁与高铁之间的换乘形式通常按照地铁的站位与铁道线路的位置关系来确定,基本换乘关系包括线下同层换乘、线下分层换乘、线外大厅换乘和线外通道换乘。

1)线下同层换乘

线下同层换乘形式是将地铁站厅层布置在高铁出站通道的旁边,或位于高铁出站通道中间(图6-166)。当地铁两线平行换乘时,考虑将地铁站厅设置在高铁出站通道一侧,并保证一定的缓冲空间,高铁出站通道的另一侧则作为出租车、社会车辆、长途汽车站等的布置空间,高铁出站客流根据需求选择出站通道两侧的交通形式,避免因各种交通方式的换乘导致人流的穿行和交叉。

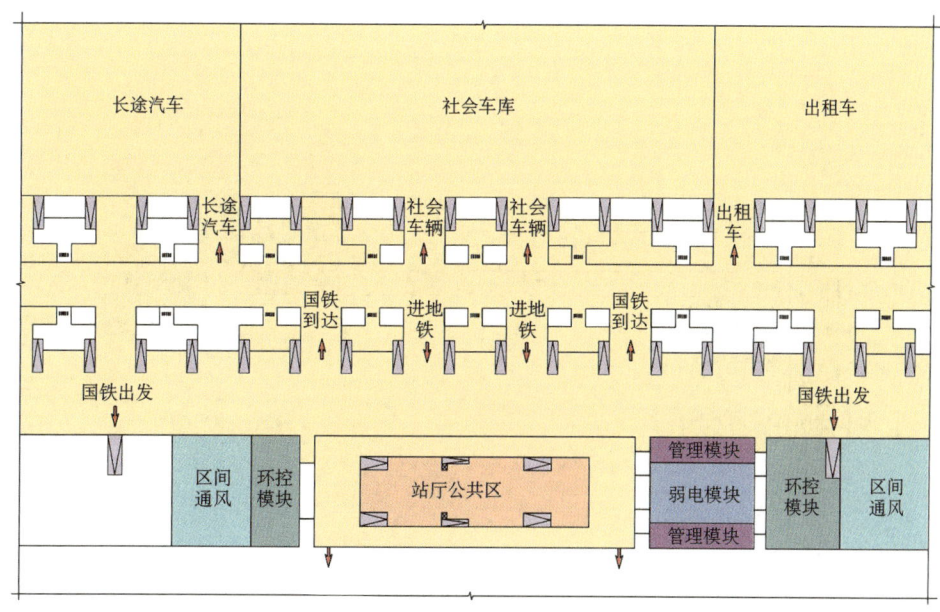

图 6-166　综合交通枢纽站线下同层换乘平面布局

当单线地铁车站与高铁采用通道换乘时,可考虑加宽高铁出站通道,将地铁站厅设置在出站通道上。但这种方案容易造成高铁出站通道的拥堵,需提前做好客流组织工作,将进站客流引导至公共区两端,避免购票和安检的乘客排队空间侵入高铁出站通道的通行空间。

2) 线下分层换乘

线下分层换乘形式是将地铁站厅设置在高铁出站通道的下方,如图 6-167、图 6-168 所示。当地铁车站为节点换乘车站时,另一条线设置在线外,两线站厅可同层布置或错层布置。这种换乘方案在高铁出站通道与地铁站厅之间需设置垂直交通设施。垂直交通设施的布局包括两种不同的形式:一种形式是将垂直交通设施分设在高铁出站通道两侧,高铁出站客流出站前即可选择是进入高铁出站通道还是地铁进站小厅,如果高铁乘客选择进入地铁进站小厅,则该客流可直接进入车站安检区以内,实现安检互信,这给乘客出行带来了便利;另一种形式是垂直交通设施设置在高铁出站通道中间,这样可以节约空间,且垂直交通设施位置醒目,方便引导客流,但这种客流组织方式使换乘客流在高铁通道内出现了混行的情况,若要实现安检互

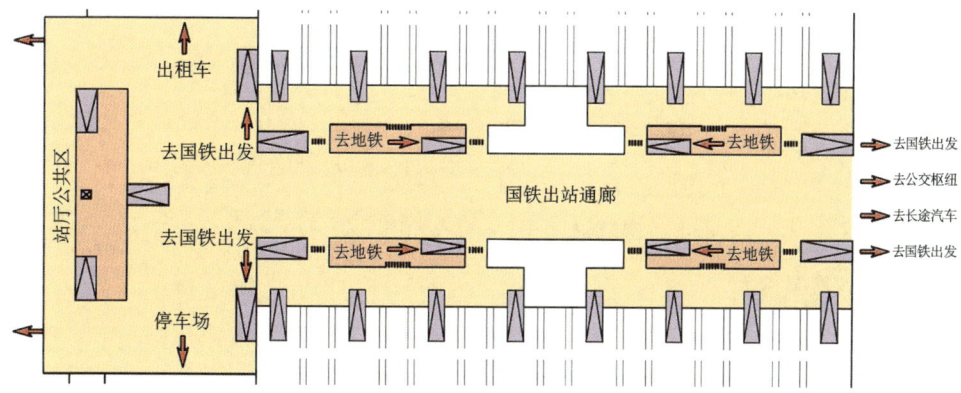

图 6-167　线下分层换乘国铁出站通道层平面布局

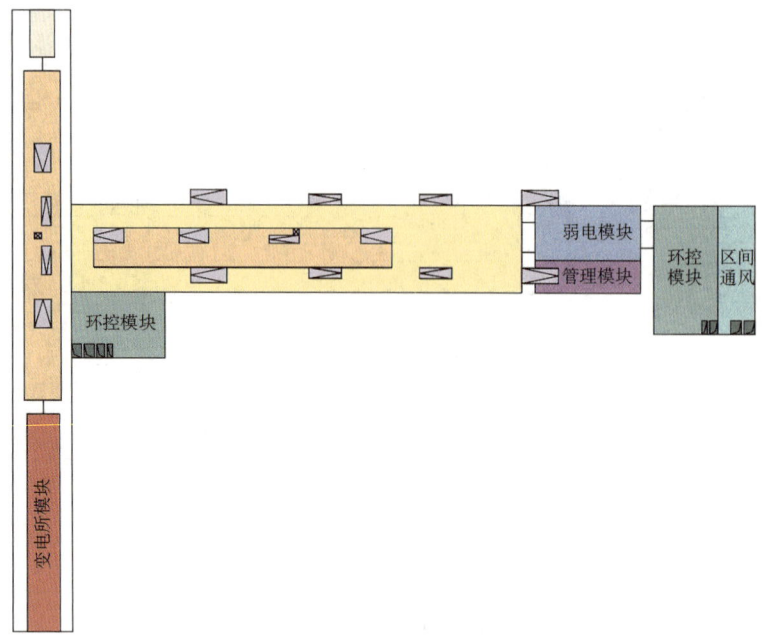

图 6-168 线下分层换乘地铁站厅层平面布局

信,需要扩大安检区域。

以上两种换乘形式的便捷性都较好,换乘距离也较近,能有效地节约土地空间,但同样容易造成客流拥堵,一般建议应用在中型高铁车站或施工场地较小的高铁车站。

3) 线外大厅换乘

线外大厅换乘形式是将地铁车站的站厅布置在高铁线路投影线以外的广场空间,地铁的站厅层公共区大厅与国铁出站通道平接,形成通透的整体空间(图6-169)。为了避免高铁与长途汽车等换乘客流穿行地铁公共区,考虑在高铁出站通道与地铁公共区之间将换乘长途汽车、公交车、出租车等客流进行提前分流,实现清晰的客流组织流线方案。对于地铁车站自身的换乘形式可以根据线路条件进行选择,首选是比较对称的"十"字形、T形和平行双岛等形式。

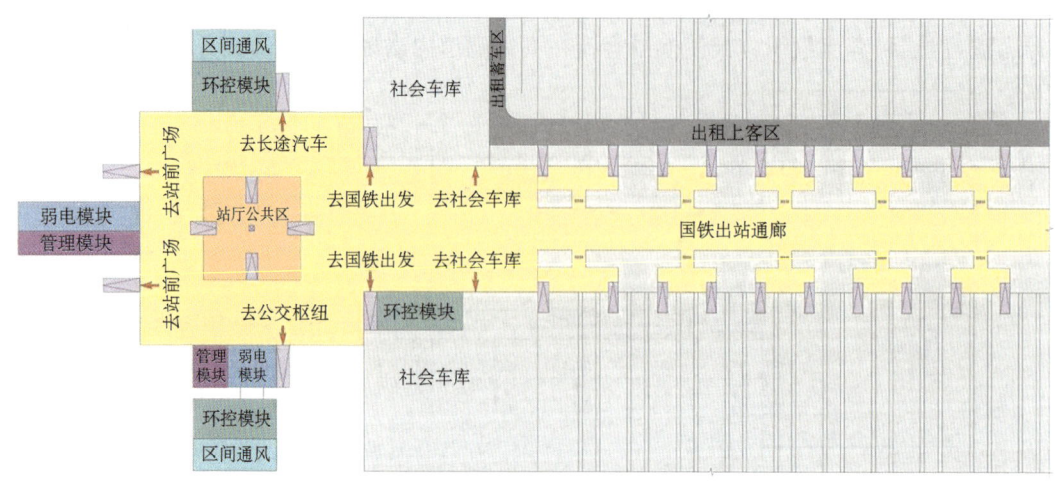

图 6-169 线外大厅换乘站厅层平面布局

线外大厅换乘需要高铁车站具有较大规模的站前广场，满足车站在线外的实施条件。相较于线下换乘形式，线外大厅换乘的便捷性较差，换乘距离较远。但对于超大型枢纽车站而言，在具备实施条件的情况下，建议优先选用线外换乘形式，因为这种换乘形式具有足够的缓冲空间，且客流组织明晰，能够适应超大客流的冲击。

至于线外换乘的地铁车站主体设置在高铁车站的哪个广场，需要根据客流情况判定。高铁车站一般位于城市边缘区域，建议将地铁车站设置在靠近城区方向且客流量比较集中的一侧广场上，在有条件且站间距合理的情况下，也可以两个广场都设地铁车站，服务功能分布将更加均衡。

4）线外通道换乘

线外通道换乘形式一般都是在非同步规划、非同步设计的情况下出现的，地铁车站作为后续工程设置在火车站的站前广场，以长通道的形式接入高铁出站通道。这种车站形式不同于同步规划的综合换乘枢纽站，特别是两线或两线以上的换乘车站，其实施空间一般较为局促，且站点周边往往是规划较为成熟的城市中心区域，地铁车站除面对高铁的换乘客流以外，还需要承担周边的通行客流。

线外通道换乘方案宜采用非付费区环通方式，在客流较大的情况下，通过标识导向引导至目标位置进出站，避免高铁进出站客流穿行地铁车站付费区，与付费区内地铁之间的换乘客流产生冲突。

2. 地铁车站与综合枢纽的长途汽车站、公交枢纽站之间的换乘问题

地铁车站与长途汽车站、公交枢纽站之间的换乘一般采用通道换乘。地铁车站与长途汽车站之间的换乘客流量不大，也不强求安检互信，设计重点在于布局二者之间的通道接口位置，减少长途汽车站与地铁之间的流线与其他流线的交叉。

地铁车站与公交枢纽之间的换乘宜采用分层布置，换乘通道与公交站台垂直布置，在每个公交站台设置垂直交通可实现多岛公交站台直达地铁站厅层公共区的目标。此外，当高铁与公交枢纽和出租车进行换乘时，同样宜采用分层设置，可实现多股人流同时排队的目标，避免人等车也等的情况发生。

3. 综合交通枢纽安检互信问题

安检互信是综合枢纽车站设计中需要重点研究的内容。首先明确安检的概念，简单来说，就是对乘客进行安全检查，检查之前和检查之后分别划分为非安检区和安检区，其概念类似于地铁车站的付费区与非付费区。高铁乘客多数带着较大行李，如果换乘地铁车站之前再将行李搬上搬下进行一次安检，非常不便。同时，安检设备的通行能力有限，在平峰期尚可满足通行要求，但当节假日高铁客流骤增时，安检前需等待较长的排队时间，导致乘客的换乘体验非常差。考虑到高铁车站的安检标准一般高于地铁车站，如果出站乘客能够闭环进入地铁安检区以内，则可免除二次安检，实现安检互信。

实现安检互信有两种方式：一种方式是在高铁乘客出站之前进行分流，一部分高铁出站闸机接入出站通道，另一部分高铁出站闸机直接接入地铁的安检区内，实现安检互信，这种方式只能应用于线下分层换乘形式和线外通道换乘形式；另一种方式是扩大安检区，将国铁出站通道与地铁公共区整体划为一个安检区，所有进入这个安检区的口部均设置安检岗位，这种安检互信方式虽然方便了换乘客流，但给市政过街客流和接送乘客的人员带来了不便。

想要实现理想的安检互信,需要提前规划,从源头上进行方案构思,结合客流组织方案来设计安检互信方案,尽量避免换乘客流与外来客流的交叉。

4. 接口处的缓冲空间布局

与高铁车站进行换乘的地铁车站应特别注重缓冲空间的布局。旅游旺季或节假日,当几列高铁列车同时抵达时,势必会造成高铁出站通道与地铁站厅层接口处客流排队拥堵。缓解这个矛盾的主要方法是预留足够的缓冲空间和蓄客空间,以供安检和购票大厅使用,若空间足够可以多布置几套安检和购票设备,以应对超大客流的冲击。

尤其是在高铁线下同层换乘车站,一定要注意客流缓冲空间的设计,当横向宽度无法满足要求时,应从纵向长度方面思考解决办法。线下分层方案应适当增加非付费区的规模,实现安检互信时,也要注意保留蓄客购票空间。线外大厅换乘和线外通道换乘都有天然的缓冲空间,设计中根据功能关系布置好相关服务设施即可。

5. 换乘枢纽整体客流组织设计

综合换乘枢纽的整体客流组织是设计的重点内容,尤其是大型枢纽车站的整体客流组织问题。以线外大厅换乘为例,综合枢纽内部的客流流线组织如下(图6-170)。

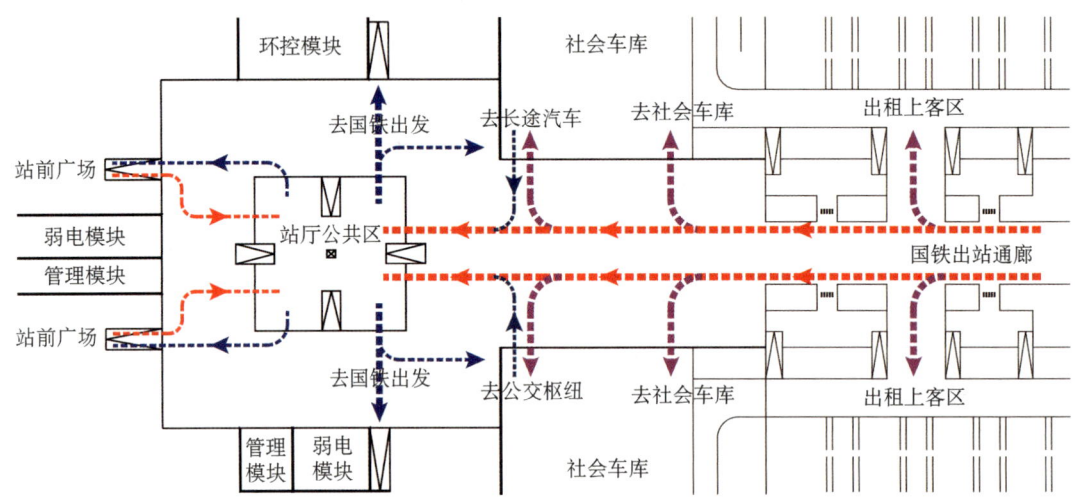

图6-170 枢纽站主要客流流线示意

(1)换乘枢纽的主要流线:地铁出站去高铁出发层乘车流线、高铁到达换乘地铁的流线、地铁出站换乘长途汽车流线、长途汽车出站换乘地铁流线、地铁车站各线之间及地铁车站与市域快线的换乘流线。

(2)换乘枢纽的次要流线:枢纽周边上客流线、枢纽周边下客流线、高铁送客返回流线、高铁接客返回流线。

(3)外部客流流线:长途汽车站换乘高铁客流、高铁换乘长途汽车客流等。

其中,最重要的是地铁车站与高铁之间的换乘客流问题。为了避免高铁换进地铁和地铁换出高铁的流线交叉,对于线外站位,一般考虑靠近国铁出站通道位置设置车站进站接口,高铁出站通道接入地铁公共区之前设置社会车辆接口、出租车接口、公交枢纽接口和长途汽车接口,提前分流各种交通换乘方式,避免其他客流穿行地铁的公共区域。在远离高铁出站通道位置，设置楼扶梯直达高铁进站大厅，这样就可以避免客流流线交叉。

这里需要重点指出的是地铁与高铁进站大厅之间的垂直交通应简短直接，避免迂回曲折，不应该出现客流被引导至露天广场后再二次提升进入高铁出发大厅这样的路径，因为换乘路径上会经历风吹日晒，导致服务品质较差。同时，又因为很多时候地铁设计和高铁设计不是一个团队，换乘路径上的服务品质问题经常被忽略，高铁设计不重视地铁接口，地铁设计也控制不了高铁方案。对于服务品质来说，合理的客流组织设计尤为重要，应做好协调工作，设计出功能合理且服务水平高的综合换乘枢纽流线体系。

对于线下站位，一般将地铁车站设置在高铁出站通道的一侧，在高铁出站通道的另一侧则设置社会车辆、出租车、长途汽车等功能。高铁出站客流可以在通道两侧选择换乘方式，避免客流交叉。

在综合换乘枢纽里，地铁车站与市域快线若票制不同，一般不考虑付费区内换乘，通常采用通道换乘方式。地铁车站宜与市域快线并列布置，高铁出站通道出来之后，向左是地铁车站，向右为市域快线，在方便换乘的同时也减少了客流交叉。同时，地铁车站与市域快线也可采用前后布置，分别为地铁付费区和市域快线付费区两个组团，同样可以解决几股主要客流的交叉问题。当地铁车站与市域快线票制相同时，可参照地铁换乘模式考虑地铁车站与市域快线之间的换乘关系。

后　记

　　本书所述内容皆为笔者的个人观点，是对过往经验的归纳总结。复杂的边界条件很难形成完全相同的建设环境，有道是"兵无常势，水无常形"，没有什么方案是可以完全生搬硬套的，见招拆招才是最好的方案。本书中所述内容仅为读者提供一些思路，希望每位读者都能通过自己的经历、实践和思考来书写自己心中的无字书。

　　对于地铁车站这样工期较长的工程来说，设计师的成长是一个漫长的过程，各类站型以及各种不同的控制因素排列组合使得设计师很难经过几个项目就能完全掌握地铁建筑设计的精髓。通过阅读本书，希望读者主要掌握的是思维方法以及设计过程中所运用的技巧和手段，归纳总结车站建筑内部的空间功能特性，以灵活多变的思路来应对多种因素构成的外部动态边界条件。希望读者通过阅读本书，能够打破原有的思维定式，化有形于无形，随机应变，能够非常准确地掌握方案的优缺点分别是什么，遗憾在哪里，可提升的空间又有哪些。

　　本书中首先对"内三区"和"外三区"等各部分的功能模块进行了系统性的论述，而后对空间结构、建设环境、技术经济指标等内容进行了论述，最后全面介绍了各类站型的空间组合方案。本书采用"先部分、再整体"的论述方式。各位读者在最后建筑空间组合部分的阅读过程中，有些功能模块的论述内容需要回看前面相关章节，通过整体看细节，再通过部分细节总结整体，才能系统性地掌握各类地铁站型下的建筑空间组合的技术要领。

　　尽信书不如无书，条条框框多了，反而影响判断。本书中的每一句话、每一个站型都有特定的应用场景。由于篇幅有限，本书重点介绍了地铁车站的基本功能以及各类站型建筑空间组合的相关知识。研究内容以内部空间组合及空间平衡为主。实际应用过程中，在复杂边界条件下，一定是外部空间与内部空间协调融合、逐渐妥协的过程。希望后续有时间和精力再写一本以地铁车站建筑的外部建设环境为重点研究对象的书，两本书配合使用，可进一步帮助读者提升车站建筑方案的设计能力以及方案决策能力。